BTS PI
PROFESSIONS IMMOBILIÈRES

W0267317

3e édition

Tout en un !

Programmes de 1re et 2e années

Coord. Frédérique **Brossillon** – Adine **de Gantho-Didierlaurent** –
Marie-Hélène **Fougeron** – Florence **Gain** – Josiane **Guihot** – Clémence **Lautard-Mattioli**

Entraînement intensif
aux 4 épreuves de l'examen final

- *E1. Culture générale et expression* – **Adine de Gantho-Didierlaurent**
- *E2. Langue vivante étrangère (Anglais)* – **Marie-Hélène Fougeron**
- *E3. Conseil en ingénierie de l'immobilier* – **Josiane Guihot et Clémence Lautard-Mattioli**
- *E51. Transaction immobilière* – **Florence Gain**
- *E52. Gestion immobilière* – **Frédérique Brossillon**

ellipses

LISTE DES ÉPREUVES ÉCRITES

Liste des épreuves écrites	Code	Durée	Coefficient
Culture générale et expression	E1	4 heures	2
Langue vivante étrangère (Anglais)	E2	2 heures	2
Conseil en ingénierie de l'immobilier	E3	3 heures	4
Transaction immobilière	E51	3 heures	3
Gestion immobilière	E52	3 heures	3
TOTAL			15

ISBN 9782340-025523

32, rue Bargue 75740 Paris cedex 15

www.editions-ellipses.fr

Table des matières

E1

CULTURE GÉNÉRALE ET EXPRESSION

E1 Présentation de l'épreuve

L'épreuve U1 « Culture Générale et Expression » est un travail qui requiert des capacités multiples. Sa vocation est d'évaluer les aptitudes du candidat sur différents points, dont aucun ne doit être négligé :

- Sa maîtrise de la méthodologie de la synthèse ;
- Son respect du principe d'**objectivité** ;
- Son aptitude à la **concision** ;
- Sa capacité à soutenir une **argumentation pertinente** ;
- La richesse de sa **culture générale** ;
- Ses qualités d'**expression**, qui doivent être correction et clarté.

Dans le cadre d'une épreuve de 4 heures, l'étudiant se voit confronté à un énoncé portant sur **un corpus de quatre documents** (nombre standard ces dernières années) de natures variées, qui traitent tous d'**un des deux thèmes au programme**. Ces thèmes changeant chaque année, à raison d'un sur deux, le propos n'est pas ici de les traiter. Chaque étudiant l'aura fait, en cours, sous la houlette de son professeur et dans le cadre de son travail personnel. Il ne s'agit pas en l'occurrence de maîtriser un nombre préétabli de références qui seraient attendues de chaque candidat : la richesse d'une copie viendra aussi de l'originalité des références apportées sur le thème abordé par l'énoncé.

Dans la pratique, le candidat aura à traiter un énoncé en deux parties :

- Une **synthèse de documents**, à réaliser à partir du corpus proposé, notée sur 40 ;
- Une **écriture personnelle** qui consiste en une réflexion à mener pour répondre à une question en rapport avec le thème du corpus, notée sur 20.

L'ensemble constituera donc une note sur 60, ramenée à la note finale sur 20.

Cela signifie très concrètement que chacune des deux parties de cette épreuve est importante et que, tactiquement, vous ne pouvez pas négliger l'une ou l'autre. Or, une des difficultés majeures des candidats est de parvenir à une **organisation de leur travail** qui leur permette de traiter les deux volets de l'épreuve de façon satisfaisante. Comme vous le constaterez par la suite, la répartition de temps recommandée est la suivante :

- **2h30** pour la synthèse ;
- **1h30** pour l'écriture personnelle.

Les deux parties de l'épreuve font appel à des méthodes de travail quasiment opposées : il faut donc bien maîtriser les compétences à mettre en œuvre pour chacune. Une connaissance **précise de la méthodologie** pour chacune est donc indispensable. L'apprentissage en est généralement fait lors de la première année, la deuxième étant plutôt consacrée à l'acquisition d'une culture variée sur les deux thèmes au programme.

CONSEILS PRATIQUES

Vous ne pouvez miser sur vos éventuelles qualités naturelles pour affronter cette épreuve. Les lacunes méthodologiques sont immédiatement repérées par les correcteurs et sévèrement sanctionnées. Votre travail, aussi intéressant soit-il, ne peut obtenir une note satisfaisante que s'il répond aux **exigences de l'épreuve**. Or ces acquisitions ne peuvent s'effectuer dans l'urgence car pour bien les maîtriser, vous devez les avoir expérimentées. Seul un **entraînement régulier** peut vous préparer efficacement à l'examen. Pour être pleinement efficient, il vous faut aussi le faire **en temps limité**, un des écueils récurrents étant la difficulté à traiter intégralement le sujet dans le temps imparti. Seul un entraînement régulier peut vous permettre de surmonter progressivement vos éventuelles faiblesses car une des difficultés de l'épreuve consiste à ne négliger aucune des **multiples contraintes imposées**.

Le jour de l'épreuve, pensez à vous munir d'une **montre**, sans compter sur votre téléphone portable, que vous devrez laisser, éteint, dans votre sac. Votre succès dépendra en partie de votre capacité à respecter le chronométrage recommandé dans les fiches méthodologiques. Au vu de la quantité de travail à fournir, vous n'aurez guère le loisir de vous détendre en cours d'épreuve : chaque minute est précieuse et doit être consacrée au travail. Il vous faut donc **rester concentré(e)** tout au long des quatre heures.

Le travail de **brouillon** doit être fait proprement si vous voulez être efficace : si vous peinez à vous relire, vos efforts auront été, au moins en partie, vains.

Veillez aussi à respecter les conseils qui vous sont donnés quant à la **longueur attendue** des deux parties du travail. Gardez-vous d'un excès de zèle, qui ne pour-

rait que se révéler nuisible : l'évaluation de votre travail tient compte de votre aptitude à produire une **copie complète, donc achevée, mais concise**, au moins en ce qui concerne la synthèse. Quant à l'écriture personnelle, une longueur exagérée risquerait de compromettre la qualité de l'expression et/ou de l'orthographe, voire celle de la réflexion menée.
On ne saurait trop vous recommander d'effectuer un travail final de **relecture** soigné, qui vous permettra de corriger vos éventuelles erreurs et/ou maladresses.
Enfin, de manière générale, la présentation de votre copie est à soigner : elle est le signe visible de votre sérieux, de l'importance que vous accordez à votre travail... et du respect que vous manifestez à l'égard du correcteur. Par ailleurs, sur les copies d'examen qui sont à petits carreaux, pensez à n'écrire qu'une ligne sur deux : là encore, vous rendrez plus lisible votre copie et ne prédisposerez pas le correcteur contre vous avant même qu'il ait lu un seul mot de votre travail !

Thème 1
La synthèse de documents

Thème 1

1. Préparation de la synthèse

A. Composition du corpus

L'énoncé propose un corpus de quatre à cinq documents, de natures variées : le plus souvent :

- deux textes d'idées (articles de journaux, extraits d'essais ou de traités) ;
- un texte littéraire (extrait de roman ou de pièce de théâtre, poème...) ;
- un document iconographique (dessin, photo, affiche de film ou de publicité... et plus exceptionnellement graphique ou tableau statistique).

La composition du corpus n'est cependant pas régie par une règle fixe et peut varier d'une année sur l'autre : ainsi, il a pu arriver, ces dernières années, que le corpus ne comporte pas de document iconographique.

B. Principe du travail

Il est extrêmement simple : vous devez réduire et confronter les documents, pour obtenir un travail de quatre à cinq pages manuscrites – une synthèse **concise, objective et ordonnée**, selon les termes officiels.

C. Réalisation du travail

Elle est en revanche plus ardue, car elle fait appel à des techniques de travail particulières. Il est essentiel, pour y parvenir, de procéder par étapes. Un temps approximatif est indiqué pour chaque étape.

Étape 1 : Lecture analytique du corpus – ⏲ 25 mn

- Le corpus ne sera lu qu'**une seule fois** : le temps imparti pour réaliser le travail est très court !
- Cette lecture doit donc être menée avec efficacité et intelligence. Le thème de la synthèse étant en général indiqué dans l'intitulé du sujet, vous savez sur quels points vous devez cibler votre lecture : uniquement ceux qui sont en rapport avec le sujet. Les autres idées contenues dans les documents, aussi intéressantes soient-elles, ne seront pas retenues.
- Pour mener à bien cette partie du travail, vous parcourrez, avec la plus grande attention, chaque document à l'intérieur duquel vous mettrez en **relief chacune des idées à retenir** à l'aide d'un surligneur ou d'un stylo, à votre convenance.
  – Textes d'idées

Il est assez simple de saisir les idées de l'auteur dans ce type de textes, les documents étant sélectionnés justement pour leur clarté. Faites bien **la part entre l'essentiel et l'accessoire**, et veillez à ne pas sur/souligner deux passages qui expriment la même idée de façons différentes.

– Textes littéraires

Il faut ici déduire les idées suggérées par un texte qui, bien souvent, ne présente pas de généralités, mais la singularité d'un personnage, fictif ou réel. Il vous faut alors sur/souligner les passages importants du texte et, dans la marge, inscrire **l'idée qui en découle** lorsqu'elle n'est pas exprimée directement dans l'extrait.

– Document iconographique

Le travail est ici quelque peu délicat car vous devez restituer le contenu du document, sans en livrer une interprétation personnelle puisque la synthèse doit respecter une totale objectivité. Il faut donc vous attacher aux **éléments divers qui constituent l'image**, à sa composition (premier plan, toile de fond...), mais aussi à son ton (dessin humoristique, caricature...) et à son objectif (émouvoir, faire acheter...).

Étape 2 : Tableau synoptique – ⏲ 30 mn

- Lorsque vous avez fini de lire le corpus, vous devez préparer un tableau qui reprenne tous les éléments que vous aurez relevés dans les documents. Ce tableau est l'élément à partir duquel vous allez réaliser la synthèse, il est donc très important que vous y apportiez le plus grand soin.
- Il s'agit d'être le plus méthodique possible, par exemple en utilisant une feuille de format A4, dans le sens horizontal, qui vous offrira une espace de travail plus confortable. Vous devez préparer **une colonne par document, plus une pour les pistes de réflexion** qui se dessineront lorsque vous en aurez rempli toutes les colonnes qui traitent des documents.

- Chaque colonne doit d'abord comporter un en-tête qui reprenne toutes les références du document : titre de l'extrait s'il en a un, entre guillemets ; titre de l'œuvre dont il est extrait, souligné ; nature de cette œuvre la plus précise possible (quotidien, magazine, roman, autobiographie, tableau...) ; nom de l'auteur ; date de parution du document.
- Ensuite, dans chaque colonne, vous devrez faire la liste des idées que vous avez relevées dans les documents, en les **reformulant**. La synthèse ne doit en effet en aucun cas constituer un patchwork de citations que vous emprunteriez aux textes. Vous devez restituer chacune des idées avec vos propres mots, en étant le plus fidèle possible aux documents de départ. Il est donc plus simple d'effectuer ce travail de reformulation dès la deuxième étape, cela facilitera d'autant toute la partie rédaction.
- La **fidélité** aux documents d'origine est également impérative, car la synthèse devant être objective, il importe que vous ne trahissiez en rien les idées des différents auteurs et que rien, hormis ce qui vient des documents, n'apparaisse dans le tableau ou la synthèse : aucune remarque personnelle, aucun exemple – aussi pertinent soit-il – pour illustrer un propos, aucune réserve quant à une idée qui ne vous aurait pas totalement convaincu(e)...
- Le nombre d'idées retenues pour chaque document est variable : elle dépend de la richesse des documents. Il faut vous fixer comme objectif d'extraire au moins trois idées par documents, et tâcher de ne pas dépasser le nombre de dix.
- Les pistes de réflexion sont les grands axes qui apparaissent à la **confrontation** des documents : points communs mais aussi divergences entre les idées contenues dans les documents. Ce sont les éléments à partir desquels vous allez établir problématique et plan, ils doivent donc s'appuyer sur plusieurs des documents et offrir une vision globale sur le corpus. Il ne faut donc pas les multiplier à l'envi, mais vous limiter à quatre, cinq ou six maximum.

⇨ *Voir exemple de tableau en fin de fiche.*

Étape 3 : Problématique – ⏲ 5 mn

L'élaboration de la problématique est une étape délicate : la question que vous posez ne doit être ni trop précise, car elle serait réductrice, ni trop vague, car vous vous éloigneriez du sujet : elle doit vous permettre d'exploiter les idées que vous aurez relevées dans les documents. Vous devez donc la formuler en fonction de ce que vous allez développer dans votre synthèse.

Étape 4 : Plan – ⏲ 15 mn

- Le plan doit être composé de **deux parties**, trois maximum. Cependant, étant données les difficultés que vous devrez résoudre, il est plus raisonnable de vous en tenir à deux. Il vous sera ainsi plus facile de proposer un travail composé de parties équilibrées, ce qui est un des objectifs à respecter.
- Chaque partie doit être subdivisée en deux ou trois **sous-parties** environ, et chacune doit faire référence à au moins deux des documents du corpus, voire davantage. La confrontation doit être effective à cette étape de votre travail.
- Le principe de base à respecter lors de la préparation du plan est que chaque document doit être exploité au moins une fois dans chacune des deux ou trois grandes parties.

Étape 5 : Rédaction de la conclusion – ⏲ 5 mn

- Il est recommandé de rédiger la conclusion dès que le plan est établi, facilitant le bilan qu'elle doit comporter puisque vous avez alors la totalité du travail en tête.
- La conclusion comporte **deux étapes :**
  - un **bilan** qui répond à la question posée par la problématique, et doit correspondre à une phrase environ ;
  - puis une **ouverture**, qui peut être un élément du corpus que vous n'avez pas eu l'occasion d'exploiter dans la synthèse ou un aspect du sujet qui n'apparaissait pas dans le corpus. C'est le seul moment où vous pouvez vous permettre un ajout personnel... Si vous manquez d'inspiration, vous pouvez le plus souvent ouvrir votre synthèse en faisant déboucher le bilan sur la question posée pour l'Écriture personnelle.

Étape 6 : Rédaction de l'introduction – ⏲ 10 mn

Vous devez ensuite rédiger l'introduction, qui est constituée de trois étapes :

- Il faut d'abord **amener le sujet**, en évitant les généralités absurdes (« *De tout temps, l'homme...* »), mais en situant par exemple le cadre dans lequel s'inscrit ce sujet.

- Vous devez ensuite poser la **problématique**, de préférence sous forme de question indirecte, en montrant que, dans le cadre que vous venez de poser, cette question est tout à fait pertinente.
- Il faut enfin annoncer le **plan**, en tâchant de ne pas faire appel à la formulation du type : « *Dans une première partie, nous verrons que...* ».

Attention !

- Vous allez devoir **présenter les documents** du corpus, mais cette présentation doit absolument se faire dans la première partie, au fil de la synthèse et non dans l'introduction.

Étape 7 : Rédaction de la synthèse – 60 mn

Cette dernière étape comporte de nombreux impératifs. Reportez-vous à la fiche suivante, qui traite de cette question.

« Titre du doc. n° 1 », Titre de l'œuvre, nature de l'œuvre, Prénom NOM de l'auteur, date de parution.	« Titre du doc. n° 2 », Titre de l'œuvre, nature de l'œuvre, Prénom NOM de l'auteur, date de parution.	« Titre du doc. n° 3 », Titre de l'œuvre, nature de l'œuvre, Prénom NOM de l'auteur, date de parution.	« Titre du doc. n° 4 », Titre de l'œuvre, nature de l'œuvre, Prénom NOM de l'auteur, date de parution.	Pistes de réflexion
– Idée n° 1 – Idée n° 2 – Idée n° 3 – Idée n° 4...	– Idée n° 1 – Idée n° 2 – Idée n° 3 – Idée n° 4...	– Idée n° 1 – Idée n° 2 – Idée n° 3 – Idée n° 4...	– Idée n° 1 – Idée n° 2 – Idée n° 3 – Idée n° 4...	– Piste de réflexion n° 1 – Piste de réflexion n° 2 – Piste de réflexion n° 3 – Piste de réflexion n° 4

2. Rédaction de la synthèse

A. Méthode à suivre

- Avant toute chose, pensez à noter, en préambule « Synthèse » sur votre copie, pour bien marquer cette première étape de votre travail.
- Vous n'avez bien entendu pas le temps de rédiger votre synthèse au brouillon puis de la recopier au propre. Vous devez donc faire ce travail directement sur votre copie d'examen. N'oubliez pas le conseil donné au début : n'écrivez qu'une ligne sur deux dans les feuilles d'examen à petits carreaux.
- Pour cela, vous vous laisserez guider par le plan détaillé que vous aurez préparé au brouillon, avec, en parallèle, votre tableau synoptique dans lequel vous avez déjà effectué le travail de reformulation. Cela vous confirme tout le soin que vous devez apporter à ce travail de préparation.
- Il n'est en effet pas question que vous reveniez aux documents du corpus lors de cette étape de rédaction, vous y perdriez un temps précieux.

B. Consignes générales d'expression

- La synthèse doit être objective, vous ne devez donc **jamais employer la première personne**, que ce soit du singulier ou du pluriel. Le « je » est relativement facile à éviter, mais le « nous » vous est interdit aussi, sous peine que votre synthèse soit jugée subjective. Il faut être extrêmement vigilant !
- Le pronom indéfini « on » en revanche respecte parfaitement la neutralité que réclame l'objectivité. Vous pouvez l'utiliser autant qu'il vous plaira.
- La synthèse doit être concise, vous devez donc exprimer les idées contenues dans les documents en des termes plus courts que ceux de l'auteur. Il s'agit de **résumer**.
- Pour être pleinement efficace, il faut adopter une **expression simple et claire**. Évitez tout vocabulaire que vous n'êtes pas absolument sûr(e) de maîtriser. L'objectif n'est pas de produire un écrit qui ait du style, mais de restituer fidèlement et clairement le contenu des documents.

C. Les références aux documents

- Les références aux documents doivent être **systématiques** : on doit toujours savoir dans quel document se trouve l'idée que vous énoncez.
- Les références aux documents ne doivent pas se faire en fonction du numéro du document dans le corpus : votre synthèse doit pouvoir se lire et se comprendre même si l'on n'a pas le corpus en vis-à-vis. Vous devez donc faire référence aux documents en citant **le nom de leur auteur ou leur titre**.
- Il faut donc veiller à varier les éléments de référence, afin d'alléger globalement votre synthèse : alternez nom de l'auteur, titre du document, voire titre de l'œuvre-source lorsque c'est possible.

1. La reformulation

- Vous ne devez **en aucun cas citer un passage** de document. Votre travail ne doit pas être un collage de citations mises bout à bout.
- Vous ne devez pas non plus reprendre des formulations particulières à l'auteur : métaphores ou expressions imagées, « formules-chocs » ne peuvent être reprises dans votre copie.
- Vous devez reformuler chacune des idées retenues avec vos propres mots.

2. La présentation des documents

- Chaque document doit être présenté dans le détail. Vous devez indiquer **le nom de l'auteur, le titre du document, entre guillemets** si c'est une partie d'œuvre (article, chapitre, poème...), **le titre de l'œuvre souligné** (journal, essai, roman...), la nature de cette œuvre si vous l'avez identifiée (quotidien, hebdomadaire, autobiographie, recueil de poésie...) et la date de parution de l'œuvre.
- Afin d'éviter les lourdeurs, vous ne présenterez pas les documents tous à la fois. Vous le ferez pour chacun la première fois que vous y ferez référence, puis vous pourrez ne citer qu'un de ces éléments les fois suivantes.

- Comme chaque document doit être exploité au moins une fois dans chacune des grandes parties, **la présentation des documents se fait donc au fil de la première partie**.

3. La confrontation des documents

- Comme vous devez confronter systématiquement les documents, les références que vous faites aux documents doivent se faire dans ce sens-là : dans la plupart des cas, vous aurez à faire référence à deux documents à la fois, voire davantage.
- Vous devez donc utiliser des **formulations variées**, pour les convergences (*s'accorder à penser, se retrouver sur une idée, confirmer...*) comme pour les divergences (*s'opposer, contredire, diverger sur un point...*).
- Il peut arriver qu'une idée n'apparaisse que dans un document et que vous ne parveniez pas à l'exploiter en parallèle avec un autre. Cela ne doit cependant être qu'exceptionnel.

D. La mise en page de la synthèse

1. Introduction

- L'introduction ne doit constituer **qu'un seul paragraphe**. Vous ne devez pas revenir à la ligne pour chacune des trois étapes qui la constituent.
- Afin de montrer la logique de votre démarche, tâchez d'utiliser un connecteur logique pour passer d'une étape à l'autre.
- Veillez à formuler la problématique sous forme de question indirecte (« *On peut se demander si/pourquoi/comment...* »).
- N'oubliez que l'interrogation indirecte ne comporte ni inversion du sujet, ni point d'interrogation final.
- Pour l'annonce du plan, interdisez-vous les formulations de type « *Dans une première partie, nous verrons que...* », d'abord pour éviter un découpage lourd mais aussi pour **ne pas recourir à la première personne** !

2. Développement

- Il faut séparer clairement le développement de l'introduction et de la conclusion : sautez par exemple quatre lignes avant et après le développement.
- Il faut séparer aussi les grandes parties entre elles : sautez un nombre de lignes inférieur, deux par exemple.
- À l'intérieur de chaque partie, vous devez constituer **deux ou trois paragraphes correspondant chacun à une sous-partie**. Dans chaque paragraphe, vous devez exploiter en même temps plusieurs documents.
- Vous devez absolument éviter les « faux paragraphes », qui consistent à revenir à la ligne après chaque phrase. Vous devez au contraire utiliser des connecteurs logiques qui relient entre elles vos différentes phrases et qui mettent en relief la cohérence de votre travail.
- Vous devez également **éviter absolument de consacrer un paragraphe à chaque document**. Votre travail serait alors un catalogue, non une synthèse.

3. Conclusion

- La conclusion doit elle aussi constituer **un seul paragraphe** : pas d'alinéa pour l'ouverture.
- Là aussi, vous devez montrer la logique de votre démarche en utilisant un connecteur pour relier le bilan à l'ouverture.

E. Longueur du travail.

- Une synthèse doit être concise, donc votre capacité à produire un travail relativement court est un des critères d'évaluation. À l'inverse, une copie trop courte ne vous permettra pas d'exploiter le corpus de façon satisfaisante. Votre synthèse doit donc représenter quatre pages minimum, six en moyenne.
- Sur l'ensemble, l'introduction doit correspondre à un paragraphe d'une dizaine de lignes maximum.
- Quant à la conclusion, cinq ou six lignes suffisent le plus souvent.

ENTRAÎNEMENTS

▶ Exercice 1 (d'après sujet d'examen 2011)

GÉNÉRATION(S)

- **Document 1** : Christine Castelain-Meunier, *Pères, mères, enfants* (1998)
- **Document 2** : Philippe Geluck, *Entrechats* (1999)
- **Document 3** : Nicolas Jonas, *La famille* (2007)
- **Document 4** : Victor Hugo, *Les Misérables*, Tome III, Livre III, « Le grand-père et le petit-fils » (1862)

DOCUMENT 1

Soucieux de leur identité personnelle, convaincus des valeurs que sont la performance et l'efficacité, les parents entretiennent parfois des rapports de compétition, que l'on retrouve dans les relations parents-enfant. L'enfant constitue un merveilleux support de projection des affects personnels, il peut être investi par les représentations les plus inattendues. De plus, la jalousie peut s'installer entre l'enfant qui fait son entrée dans la vie et l'adulte nouvellement parent, exacerbée par la valeur culturelle liée à la « fraîcheur » génétique, cellulaire, instinctuelle, rajeunissante du nouveau-né et par l'attendrissement que son état de dépendance et sa fragilité suscitent. L'adulte refoulera ce sentiment et tentera de présenter une authenticité positive dans ce contexte culturel en mouvement, qui mythifie la jeunesse et dévalorise le vieillissement, le contourne et l'évite.
L'ambiguïté inhérente à la venue de l'enfant est patente. La journaliste Claire Brisset évoque dans son livre, *Un monde qui dévore ses enfants*, les dieux de la mythologie aux prises avec l'enfant dans le combat pour l'éternité. L'enfant est source de fierté, il projette l'adulte dans l'avenir, dans la continuité de l'histoire humaine, dans le registre de la transcendance. Le père, en acceptant de reconnaître l'enfant, de lui donner son nom, l'inscrit dans son histoire familiale, par le biais de la filiation, et le fait accéder à une part d'éternité. La mère, unie à l'enfant, en s'en déliant physiquement, est reconnue comme l'actrice principale, en même temps qu'elle doit, progressivement, se distancier de cette situation particulière qu'est la grossesse et qui l'a définie pendant neuf mois. Elle doit accepter que l'histoire de l'enfant lui succède et l'inscrive, elle aussi, dans l'éternité.
Si pour le père et pour la mère le bébé est symbole de fierté, de régénérescence (à condition qu'il se révèle conforme aux « normes » médicales socialement en vigueur), il est aussi le symbole d'un achèvement. Il constitue la relève et représente ainsi la fin d'une étape. Or, l'acceptation philosophique de la limite n'est pas si facile. La force intérieure et l'équilibre psychique doivent être individuellement suffisamment développés pour accepter cette notion de limite, afin de permettre à un troisième être, aussi adorable soit-il, de prendre sa place. [...]
Concevoir un enfant dans un contexte marqué par la recherche d'excellence comporte des risques : l'écart entre l'enfant réel et l'enfant imaginaire peut constituer un fossé de plus en plus difficile à compter.
Des rituels d'accompagnement et d'initiation à l'entrée et au suivi de la parentalité devraient pouvoir se développer afin de favoriser une meilleure acceptation de l'enfant par les parents et une meilleure prise de responsabilité. Car accepter l'enfant tel qu'il est n'est pas facile. Lorsque l'individu devient parent, ce sont ses ressources individuelles qui sont sollicitées. Avant l'industrialisation, lorsque la référence à la communauté était prévalente, l'histoire de l'enfant était toute tracée. S'il survivait, son arrivée à maturité représentait une garantie pour l'avenir. Cela n'a désormais pas le même sens : les rapports entre les générations n'intègrent pas la même solidarité familiale qu'autrefois, les conditions de la retraite et les organismes spécialisés ont changé.

La confusion des places

Il est attendrissant de constater que dans les faire-part de naissance contemporains règne une confusion des places telle qu'il est parfois difficile d'identifier les parents, la petite sœur ou le grand-frère, et le nouveau-né. Tout le monde semble en apparence appartenir à la même génération. Le nouveau-né annonce qu'il est en pleine forme, la grande sœur qu'elle est fière... La réponse à la devinette apparaît, au bas du faire-part, en petits caractères : le prénom des parents et leur adresse. On est loin des faire-part de naissance qui passaient en revue une partie de la généalogie familiale. La distinction entre générations. À l'inverse, les traumatismes interrompent la transmission car ils ne peuvent pas être scénarisés et figurés dans la psyché : ils ne peuvent faire l'objet d'une narration et restent présents comme des blessures non cicatrisées, non mentalisées, corps étrangers dans le corps qui poussent à la répétition pour décharger la tension et la souffrance qu'ils maintiennent.

Christine Castelain-Meunier, *Pères, mères, enfants* (1998)

1. Qui concerne l'esprit, la pensée, l'âme.

DOCUMENT 2

Philippe Geluck, *Entrechats* (1999)

DOCUMENT 3

Le désir d'affiliation existe-t-il encore ?

Ce que les acteurs contemporains reprochent à la famille, c'est surtout sa fonction d'assignation[2], son caractère obligatoire qui enferme chacun dans des rôles et des allégeances[3] non discutables. Avec la montée de l'individualisme, soulignée par tant de sociologues, la norme qui semble s'imposer est celle de l'élection, de la gratuité et du libre arbitre. Mais les individus refusent-ils pour autant de se réclamer d'une famille ? Le lien familial est-il vraiment devenu un lien comme un autre, fragile et révocable ?

Pour savoir si le lien de filiation a gardé encore une spécificité, Jean-Hugues Déchaux a analysé la façon dont les individus gardent la mémoire de leurs aïeux décédés, lors de la fête de la Toussaint. Contrairement à ce qu'on aurait pu penser, l'individualisme n'a pas conduit à la disparition du souvenir des morts. On conserve, on fête et on ravive encore de nos jours le souvenir de nos parents décédés. Ce constat peut sembler paradoxal, mais Jean-Hugues Déchaux nous explique bien que cette survivance de la mémoire provient de la nécessité de se construire une identité : « Le symbolisme de la filiation procure au sujet une sécurité ontologique[4] d'autant plus précieuse qu'elle est mise à mal par l'évolution de la société. » On n'existe qu'à partir de quelque chose. Or, repenser à ses ancêtres, perpétuer leur souvenir revient à s'inscrire dans une histoire, une chronologie qui permet de s'ancrer dans une réalité stable, perpétuelle et anhistorique. Se souvenir permet de conjurer l'angoisse de la mort, de s'inscrire dans une filiation et, surtout, d'affirmer son identité.

Il est donc difficile d'être soi dans sa vie familiale sans pouvoir s'approprier une mémoire. Or, cette nécessité de se créer une origine est une caractéristique relativement récente, comme le montrent les débats actuels sur l'accouchement sous X. L'accouchement sous X, qui consiste en un accouchement anonyme suivi de l'abandon de l'enfant auprès d'institutions médicales, est reconnu par le Code civil en 1993. Mais on est passé en l'espace de dix ans de la légalisation de cette forme d'abandon à sa remise en cause profonde. Pour Cécile Ensellem, ce retournement s'explique par la capacité des défenseurs de l'« accès aux origines » à soutenir l'idée que l'abrogation de la loi est nécessaire pour tout le monde.

Beaucoup craignaient, en effet, que la possibilité pour un enfant adopté de connaître l'identité de sa mère biologique ne fragilise la position de la famille adoptive. Les opposants à la loi sous X expliquent, au contraire, que le fait que l'enfant adopté sache d'où il vient lui permettra de se construire dans de meilleures conditions. Le droit d'accès aux origines serait le garant du bien-être des familles d'accueil et de l'enfant adopté. Il est nécessaire, pour tout le monde, de connaître et de se voir reconnaître ses origines biologiques. Mais cette nécessité d'affiliation ne concerne-t-elle que des parents liés par le sang ?

Bérengère Véron a montré, dans une étude sur les familles recomposées, qu'un enfant pouvait accorder à son beau-parent une place dans sa mémoire biographique aussi importante que celle qu'occupe un vrai père ou une vraie mère. Pourtant, cet attachement presque filial au beau-parent n'engendre pas d'affiliation avec la famille du beau-parent. L'enfant n'a pas le sentiment d'appartenir à cette famille par alliance et préfère s'inscrire dans les lignées de ses parents biologiques. Il y a donc une forme d'idéologie du sang dans ce désir d'affiliation qui s'exprime aujourd'hui. Mais les individus disposent d'une certaine marge de manœuvre. Ils choisissent, parmi leurs aïeux, ceux avec lesquels ils se reconnaissent un lien. On peut se choisir des références parmi les membres passés et présents de sa parenté, mais on n'est pas obligé de les accepter tous. On a donc surtout affaire à une affiliation imaginaire, une affiliation symbolique. Même si elle est dominée par l'idéologie du sang (et donc par un certain déterminisme contraire à l'idée de libre arbitre), elle exprime l'idéal d'une affiliation sans contrainte conforme à la montée de l'individualisme.

Nicolas Jonas, *La famille* (2007)

2. Fait de déterminer, fixer, de façon autoritaire.
3. Soumission (au Moyen-Âge, allégeance du vassal envers le suzerain).
4. Une assurance sur son être.

DOCUMENT 4

Dans le roman Les Misérables, *le personnage de Marius est élevé par son grand-père M. Gillenormand, fidèle à la Monarchie de la Restauration (1815-1830). Le grand-père de Marius refuse de revoir son fils, partisan de Napoléon et opposé à la Monarchie. Marius ne connaît donc pas son père.*

En 1827, Marius venait d'atteindre ses dix-sept ans. Comme il rentrait un soir, il vit son grand-père qui tenait une lettre à la main.

— Marius, dit M. Gillenormand, tu partiras demain pour Vernon.

— Pourquoi ? dit Marius.

— Pour voir ton père.

Marius eut un tremblement. Il avait songé à tout, excepté à ceci, qu'il pourrait un jour se faire qu'il eût à voir son père. Rien ne pouvait être pour lui plus inattendu, plus surprenant, et, disons-le, plus désagréable. C'était l'éloignement contraint au rapprochement[5]. Ce n'était pas un chagrin, non, c'était une corvée.

Marius, outre ses motifs d'antipathie politique, était convaincu que son père, le sabreur, comme l'appelait M. Gillenormand dans ses jours de douceur, ne l'aimait pas ; cela était évident, puisqu'il l'avait abandonné et laissé à d'autres. Ne se sentant point aimé, il n'aimait point. Rien de plus simple, se disait-il.

Il fut si stupéfait qu'il ne questionna pas M. Gillenormand. Le grand-père reprit :

— Il paraît qu'il est malade. Il te demande.

Et après un silence il ajouta :

— Pars demain matin. Je crois qu'il y a cour des Fontaines une voiture qui part à six heures et qui arrive le soir. Prends-la. Il dit que c'est pressé.

Puis il froissa la lettre et la mit dans sa poche. Marius aurait pu partir le soir même et être près de son père le lendemain matin. Une diligence de la rue du Bouloi faisait à cette époque le voyage de Rouen la nuit et passait par Vernon. Ni M. Gillenormand ni Marius ne songèrent à s'informer.

Le lendemain, à la brune[6], Marius arrivait à Vernon. Les chandelles commençaient à s'allumer. Il demanda au premier passant venu : *la maison de Monsieur Pontmercy*. Car dans sa pensée il était de l'avis de la restauration[7], et, lui non plus, ne reconnaissait son père ni baron ni colonel[8].

On lui indiqua le logis. Il sonna. Une femme vint lui ouvrir, une petite lampe à la main.

— Monsieur Pontmercy ? dit Marius.

La femme resta immobile.

— Est-ce ici ? demanda Marius.

La femme fit de la tête un signe affirmatif.

— Pourrais-je lui parler ?

La femme fit un signe négatif.

— Mais je suis son fils, reprit Marius. Il m'attend.

— Il ne vous attend plus, dit la femme.

Alors, il s'aperçut qu'elle pleurait.

Elle lui désigna du doigt la porte d'une salle basse. Il entra.

Dans cette salle qu'éclairait une chandelle de suif posée sur la cheminée, il y avait trois hommes, un qui était debout, un qui était à genoux, et un qui était à terre et en chemise couché tout de son long sur le carreau. Celui qui était à terre était le colonel.

Les deux autres étaient un médecin et un prêtre qui priait. [...]

À la clarté crépusculaire de la chandelle, on distinguait sur la joue du colonel gisant et pâle une grosse larme qui avait coulé de son œil mort. L'œil était éteint, mais la larme n'était pas séchée. Cette larme, c'était le retard de son fils.

Marius considéra cet homme qu'il voyait pour la première fois, et pour la dernière, ce visage vénérable et mâle, ces yeux ouverts qui ne regardaient pas, ces cheveux blancs, ces membres robustes sur lesquels on distinguait çà et là des lignes brunes qui étaient des coups de sabre et des espèces d'étoiles rouges qui étaient des trous de

balles. Il considéra cette gigantesque balafre qui imprimait l'héroïsme sur cette face où Dieu avait empreint la bonté. Il songea que cet homme était son père et que cet homme était mort, et il resta froid.
La tristesse qu'il éprouvait fut la tristesse qu'il aurait ressentie devant tout autre homme qu'il aurait vu étendu mort.
Le deuil, un deuil poignant, était dans cette chambre. La servante se lamentait dans un coin, le curé priait, et on l'entendait sangloter, le médecin s'essuyait les yeux ; le cadavre lui-même pleurait.
Ce médecin, ce prêtre et cette femme regardaient Marius à travers leur affliction sans dire une parole ; c'était lui qui était l'étranger. Marius, trop peu ému, se sentit honteux et embarrassé de son attitude ; il avait son chapeau à la main, il le laissa tomber à terre, afin de faire croire que la douleur lui ôtait la force de tenir.

Victor Hugo, *Les Misérables*, Tome III, Livre III, « Le grand-père et le petit-fils » (1862)

5. Le petit-fils, éloigné de son père, est contraint de s'en rapprocher.
6. Fin du jour, tombée de la nuit.
7. Période politique qui marque le retour à la monarchie après l'Empire (Napoléon 1er).
8. Marius appelle son père M. Pontmercy au lieu de M. le baron de Pontmercy car, ayant hérité des idées politiques de son grand-père, il ne reconnaît à son père ni son titre de noblesse ni son grade militaire.

Travail à faire

1. Cernez la thématique du sujet.
2. Réalisez le tableau synoptique correspondant à ce corpus de documents.
3. Posez une problématique.
4. Bâtissez un plan détaillé pour la synthèse.
5. Rédigez la synthèse, avec introduction et conclusion complètes.

▶ Exercice 2 (d'après sujet d'examen 2012)

RIRE : POUR QUOI FAIRE ?

- **Document 1** : H. Bergson, *Le rire. Essai sur la signification du comique*, 1899
- **Document 2** : Jean de La Bruyère, *Les Caractères ou les mœurs de ce siècle*, « De la ville », 1688
- **Document 3** : Axel Kahn, *L'homme ce roseau pensant*, 2007
- **Document 4** : D. Noguez, « L'humour contre le rire », *Pourquoi rire ?*, 2011

DOCUMENT 1

Le rire est, avant tout, une correction. Fait pour humilier, il doit donner à la personne qui en est l'objet une impression pénible. La société se venge par lui des libertés qu'on a prises avec elle. Il n'atteindrait pas son but s'il portait la marque de la sympathie et de la bonté.
Dira-t-on que l'intention au moins peut être bonne, que souvent on châtie parce qu'on aime, et que le rire, en réprimant les manifestations extérieures de certains défauts, nous invite ainsi, pour notre plus grand bien, à corriger ces défauts eux-mêmes et à nous améliorer intérieurement ?
Il y aurait beaucoup à dire sur ce point. En général et en gros, le rire exerce sans doute une fonction utile. Toutes nos analyses tendaient d'ailleurs à le démontrer. Mais il ne suit pas de là que le rire frappe toujours juste, ni qu'il s'inspire d'une pensée de bienveillance ou même d'équité.
Pour frapper toujours juste, il faudrait qu'il procédât d'un acte de réflexion. Or le rire est simplement l'effet d'un mécanisme monté en nous par la nature, ou, ce qui revient à peu près au même, par une très longue habitude de la vie sociale. Il part tout seul, véritable riposte du tac au tac. Il n'a pas le loisir de regarder chaque fois où il touche. Le rire châtie certains défauts à peu près comme la maladie châtie certains excès, frappant des innocents, épargnant

des coupables, visant à un résultat général et ne pouvant faire à chaque cas individuel l'honneur de l'examiner séparément. Il en est ainsi de tout ce qui s'accomplit par des voies naturelles au lieu de se faire par réflexion consciente. Une moyenne de justice pourra apparaître dans le résultat d'ensemble, mais non pas dans le détail des cas particuliers. En ce sens, le rire ne peut pas être absolument juste. Répétons qu'il ne doit pas non plus être bon. Il a pour fonction d'intimider en humiliant. Il n'y réussirait pas si la nature n'avait laissé à cet effet, dans les meilleurs d'entre les hommes, un petit fonds de méchanceté, ou tout au moins de malice. Peut-être vaudra-t-il mieux que nous n'approfondissions pas trop ce point. Nous n'y trouverions rien de très flatteur pour nous. Nous verrions que le mouvement de détente ou d'expansion n'est qu'un prélude au rire, que le rieur rentre tout de suite en soi, s'affirme plus ou moins orgueilleusement lui-même, et tendrait à considérer la personne d'autrui comme une marionnette dont il tient les ficelles. Dans cette présomption[1] nous démêlerions d'ailleurs bien vite un peu d'égoïsme, et, derrière l'égoïsme lui-même, quelque chose de moins spontané et de plus amer, je ne sais quel pessimisme naissant qui s'affirme de plus en plus à mesure que le rieur raisonne davantage son rire.

Henri Bergson, Le rire. Essai sur la signification du comique (1899)

1. Prétention, suffisance, opinion trop avantageuse de soi-même.

DOCUMENT 2

Dans son ouvrage, La Bruyère dépeint la fin du règne de Louis XIV, dénonçant avec distance et humour les excès et les injustices de la société à laquelle il appartient.

La ville est partagée en diverses sociétés, qui sont comme autant de petites républiques, qui ont leurs lois, leurs usages, leur jargon, et leurs mots pour rire. Tant que cet assemblage est dans sa force, et que l'entêtement subsiste, l'on ne trouve rien de bien dit ou de bien fait que ce qui part des siens, et l'on est incapable de goûter ce qui vient d'ailleurs : cela va jusques au mépris pour les gens qui ne sont pas initiés dans leurs mystères. L'homme du monde d'un meilleur esprit, que le hasard a porté au milieu d'eux, leur est étranger : il se trouve là comme dans un pays lointain, dont il ne connaît ni les routes, ni la langue ni les mœurs, ni la coutume ; il voit un peuple qui cause, bourdonne, parle à l'oreille, éclate de rire, et qui retombe ensuite dans un morne silence ; il y perd son maintien, ne trouve pas où placer un seul mot, et n'a pas même de quoi écouter. Il ne manque jamais là un mauvais plaisant qui domine, et qui est comme le héros de la société : celui-ci s'est chargé de la joie des autres, et fait toujours rire avant que d'avoir parlé. Si quelquefois une femme survient qui n'est point de leurs plaisirs, la bande joyeuse ne peut comprendre qu'elle ne sache point rire des choses qu'elle n'entend point, et paraisse insensible à des fadaises qu'ils n'entendent eux-mêmes que parce qu'ils les ont faites : ils ne lui pardonnent ni son ton de voix, ni son silence, ni sa taille, ni son visage, ni son habillement, ni son entrée, ni la manière dont elle est sortie.

Jean de La Bruyère, *Les Caractères ou les mœurs de ce siècle* « De la ville » (1688)

DOCUMENT 3

De la réflexion ironique incitant quelqu'un à prendre conscience de certains de ses travers et rigidités au ridicule jeté sur son action ou sur son personnage, il existe toute une gamme de mises en cause des personnes par le moyen du rire. Pour qui en est victime, il s'agit sans doute du degré le plus douloureux du rejet par l'autre puisqu'il ne manifeste de sa part aucune considération et ne laisse pas même place au doute qui accompagne l'indifférence. N'être pas pris au sérieux, se trouver tourné en ridicule, revient à être nié dans sa capacité à raisonner de façon logique et cohérente, c'est-à-dire à se comporter en authentique homme sage, *Homo sapiens,* un stade avant le racisme avéré. Nul ne s'étonne par conséquent de la fureur qu'un tel regard provoque chez ceux qui se sentent par là d'autant plus gravement bafoués dans leur dignité que la dérision s'accompagne d'une vacuité émotionnelle[1] insultante pour qui se voit de la sorte notifier son insignifiance.

Le potentiel séditieux[2] du rire vis-à-vis de toute autorité et de tout pouvoir découle des caractéristiques que je viens d'évoquer, sa capacité à dissiper les émotions paralysantes, à dessiller les yeux du public sur les ridicules et les absurdités des grands de ce monde, à contester leur sérieux et leur valeur.

La déférence, la peur, l'attachement passionnel, voire l'adoration, ne résistent pas à l'éclat de rire, faisant de la dérision une arme contestatrice efficace et crainte. On dit d'un humour qu'il est décapant, ravageur, qu'il ne respecte rien. Toute l'intrigue du *Nom de la Rose*[3] d'Umberto Eco est fondée sur les efforts déployés par un religieux mystique pour éviter que les moines ne prennent connaissance d'un ouvrage d'Aristote sur le rire, et ne soient incités par là à se détourner de la magnificence divine qui implique le sérieux et la dévotion. [...]

Même d'un niveau plus léger, le rire libère ou préserve de la sujétion[4]. Être capable de se moquer de la pédanterie[5] de l'académicien, des tics du capitaine, des discours pontifiants et des clichés de l'homme politique, de la posture martiale du patron, du style pompeux du sous-préfet, du pathos[6] dégoulinant des propos de l'expert en bien-pensance ou des déclarations enflammées du galant protège des interférences nuisibles entre la lucidité et l'émotion ou l'adhésion a priori, permet de se trouver fortifié dans l'affirmation de soi. Il est, en effet, toujours valorisant de railler quelqu'un, c'est-à-dire de se positionner, au moins quant à l'objet des moqueries, au-dessus de lui.

Axel Kahn, *L'homme ce roseau pensant* (2007)

1. Absence totale d'émotion.
2. Capacité à créer une révolte contre l'autorité légale.
3. Roman adapté ensuite en film.
4. Soumission à une autorité, un pouvoir.
5. Tendance à faire étalage de son savoir.
6. Discours faisant un usage abusif des sentiments.

DOCUMENT 4

Voilà précisément la raison de mon titre : l'humour contre le rire. Il peut être pris en au moins deux sens. L'humour est contre le rire en ce qu'il est une manœuvre pour s'en protéger. Considéré non plus seulement comme un phénomène physique, mais comme un phénomène social, le rire peut en effet devenir la manifestation relativement agressive d'une sanction collective. C'est une des manières dont la société entend corriger – Bergson dit même châtier – la raideur ou l'inadaptation de ses membres. Quand cette correction s'applique aux convictions et aux mœurs, le rire peut être la dernière étape avant le lynchage.

Dans cette perspective, l'humour est une stratégie d'auto-exagération destinée à se protéger à l'avance des exagérations de la société. Je me diabolise volontairement, mais en laissant tout de même entendre que je joue, pour n'être pas traité de fait comme un diable. Comme je l'ai déjà évoqué à propos de l'autodérision, l'humour est ici une mithridatisation[1] – un paratonnerre contre le rire. On rit souvent de nous *dans notre dos*. Difficile de contrôler son dos : la solution est de faire toujours *comme si* on avait une tache ou une bosse dans le dos, de mettre en quelque sorte son dos devant soi et d'être le premier à en ricaner.

Mais « contre le rire » signifie aussi que l'humour comme cause et comme processus de communication ne cherche pas à *faire rire* au sens habituel de l'expression.

D'abord il se meut dans des zones tristes, voire noires et macabres, de la réalité. Même si c'est pour les soumettre à cette puissante alchimie qui consiste à en faire l'occasion à la fois d'un défi (ou d'une révolte) et d'un plaisir.

Ensuite, il affectionne la subtilité et l'impassibilité[2]. Nous connaissons tous de ces gens qui veulent faire rire les autres, de ces raconteurs d'histoires drôles ou de ces faiseurs de bons mots qui, n'étant peut-être pas tout à fait sûrs de leur drôlerie, rient eux-mêmes très fort d'avance, pour aider au déclenchement du rire d'autrui, comme quand, sur les anciennes voitures, on tournait la manivelle pour faire partir le moteur. L'homme d'humour, au contraire, ne veut pas avoir l'air de plaisanter. Il feint le plus grand sérieux. Dans bien des cas, il est ce qu'on appelle – et l'expression est particulièrement parlante – un *pince-sans-rire*.

Dominique Noguez, « L'humour contre le rire », *Pourquoi rire ?* (2011)

1. Accoutumance à un poison par ingestion progressive.
2. État de celui qui ne laisse apparaître aucune émotion.

Travail à faire

1. Cernez la thématique du sujet.
2. Posez une problématique.
3. Bâtissez un plan détaillé pour la synthèse.
4. Rédigez l'introduction et la conclusion correspondant à ce plan détaillé.

▶ Exercice 3 (d'après sujet d'examen 2015)

CES OBJETS QUI NOUS ENVAHISSENT : OBJETS CULTES, CULTE DES OBJETS

- **Document 1** : Philothée GAYMARD, *Le vintage. Le monde expliqué aux vieux*, Éditions 10/18, 2013.
- **Document 2** : Propos recueillis par Aude LASJAUNIAS, *M, le magazine du Monde*, 5 juillet 2012.
- **Document 3** : Nathalie SARRAUTE, *Le Planétarium*, Éditions Gallimard, 1959.
- **Document 4** : Affiche de l'Anjou Vélo Vintage, 2014.

DOCUMENT 1

Paris, 2013. Une jeune fille en robe à fleurs et veste en jean élimé enfourche son vélo. Arrivée chez elle, elle allume une lampe de bureau industrielle, posée sur une antique table d'écolier, à côté du canapé Ikea. Elle a presque terminé la saison 6 de *Mad Men :* son MacBook sur les genoux, elle recherche sur Internet des sous-titres en français pendant que le dernier épisode se télécharge. Cette jeune fille appartient à la génération Y. Elle est née en Occident entre 1980 et 1995. Elle vit à Paris, mais elle pourrait aussi bien être nantaise, nîmoise, montpelliéraine. Elle pourrait également être berlinoise, new-yorkaise ou londonienne. Elle pourrait, aussi bien, être un garçon. Sa vie quotidienne est peuplée de références à un temps qu'elle n'a pas connu : elle possède des meubles des années 1950, porte les robes *seventies* de sa mère, écoute souvent Elvis Presley et Ella Fitzgerald. Pourtant, elle est considérée par les sociologues comme une *digital native*, c'est-à-dire quelqu'un qui était assez jeune quand les nouvelles technologies de communication ont émergé pour avoir grandi avec elles. Elle possède un smartphone et un ordinateur. Elle utilise depuis longtemps Twitter, Skype et Facebook. Ses photos et vidéos de la vie quotidienne, prises avec son téléphone, alimentent son profil sur Instagram ; elle y applique des filtres qui imitent le rendu de la pellicule, c'est plus joli. Quand elle part en vacances, elle utilise plus volontiers un vieil appareil argentique que ses parents lui ont donné. Un objet symbolise cette fusion entre la technologie contemporaine et celle du passé : la platine vinyle qui trône dans son salon, dotée d'un port pour y brancher son iPod. Les deux derniers concerts qu'elle a vus sont ceux de We Were Evergreen, trio français aux sonorités qui rappellent la beach pop des années 1960, et Tame Impala, un groupe australien dont le chanteur a piqué la voix de John Lennon. Elle appartient à la génération Y, et le vintage[1] peuple sa vie.

Le vintage, c'est la mode de l'ancien. Depuis le début des années 2000, la jeunesse occidentale s'adonne à une sorte de culte pour les vêtements, les accessoires, les meubles et les productions culturelles de la seconde moitié du XXe siècle. Le mot « vintage » fleurit partout, sur les devantures des magasins de vêtements et aux frontons des festivals et salons. Il hante les séries télévisées à succès comme *Mad Men*, qui met en scène des publicitaires new-yorkais des années 1960, et sert de prétexte à des films d'époque dont les auteurs sont nostalgiques. La musique se fait sous l'ombre tutélaire[2] de Bob Dylan, de Pink Floyd, de Serge Gainsbourg. Les meubles de Pierre Paulin et le lounge chair d'Eames[3] n'ont jamais été aussi prisés. Les jeunes des années 2010 vivent dans un équilibre permanent entre des éléments ultra-contemporains et des résidus des Trente Glorieuses[4].

En même temps qu'ils sont en train de construire le monde de demain, ils chérissent une époque qu'ils n'ont pas connue. [...]

Le vintage est le témoin d'un nœud d'incompréhension entre les *baby-boomers* et leurs enfants. Et ce nœud est fondé sur une définition de la jeunesse qui a changé. Quand on dit « jeunesse », la génération de nos parents entend « révolte », « nouveauté », « nihilisme », « liberté ». Confrontés au goût de leurs enfants pour le vintage – c'est-à-dire pour des choses qu'eux se sont efforcés de repousser pour la seule raison qu'elles n'étaient pas neuves –, les *baby-boomers* y voient une fascination morbide, des jeunes déjà vieux, confits dans la peur de l'avenir et incapables de créer quoi que ce soit.

Quand on dit « jeunesse », la génération Y entend « inquiétude », certes, mais aussi « enracinement », « harmonie », « cohérence », « responsabilité » et, oui, « enthousiasme », « envie », « innovation », « création ».

Tous ces mots se retrouvent dans le vintage parce que cette mode est un reflet fidèle de la génération Y, de ses craintes et de ses aspirations. Il serait difficile de trouver un phénomène contemporain qui illustre mieux la manière de vivre des jeunes des années 2010. Plus qu'une mode, le vintage est une manière d'appréhender le monde, en termes esthétiques, économiques, éthiques, sociaux. Et malgré son attachement au passé, cette manière est inédite.

Philothée GAYMARD, *Le vintage. Le monde expliqué aux vieux*, Éditions 10/18, 2013.

1. Étymologiquement, terme qui caractérise des alcools ayant longuement vieilli en fût, ce qui est un gage de qualité.
2. Protectrice.
3. Fauteuil et repose-pied conçus par le designer américain Charles Eames.
4. Période de forte croissance économique de trente ans débutant au lendemain de la Seconde Guerre mondiale.

DOCUMENT 2

La journaliste Aude Lasjaunias interroge ici Didier Ludot, spécialiste de la haute couture vintage et propriétaire de plusieurs boutiques à Paris.

Les pièces et accessoires vintage sont devenus de plus en plus populaires chez les amateurs de mode, comment expliquez-vous cet essor ?

C'est un peu sociologique tout ça. Les gens ont besoin de se rassurer, de revenir aux vraies valeurs. Il y a une réelle prise de conscience du fait que les vêtements haute couture vintage sont des pièces très rares : ils ont été faits, à l'époque, à très peu d'exemplaires et ont souvent disparu avec le temps. Les gens veulent de plus en plus l'exclusivité. Imaginez, dans une soirée, deux dames arriver avec la même robe Dior des années 1950... C'est hautement improbable. Il existe une espèce de snobisme aussi pour une femme en se disant : « Je suis la seule à avoir ce tailleur Dior ou ce tailleur Balmain. »

Par ailleurs, les femmes en ont assez de suivre les diktats de la mode, d'entendre des remarques comme : « Tiens, celle-là porte un tailleur Chanel de l'année dernière, quelle ringarde ! ». Les femmes qui achètent des vêtements vintage ont une démarche proche de l'achat d'un bijou. Elles savent qu'elles vont pouvoir le porter longtemps, dans la mesure où c'est un vêtement au départ démodé mais qui en définitive ne l'est plus, il en devient intemporel. Aujourd'hui, le vintage dans la garde-robe d'une femme est devenu comme une griffe. Une femme élégante, maintenant, elle va s'habiller chez Prada, chez Gucci et en vintage.

Dans un vêtement vintage, il y a une notion de trésor. La femme sait que c'est une pièce unique, donc elle en prend soin. L'achat et le port d'un vêtement vintage en définitive c'est tout un cérémonial.

Existe-t-il une « mode » dans le vintage ?

On ne suit pas du tout les tendances de mode dans le vintage. Par ailleurs, je trouve personnellement qu'il n'y a plus de tendance de mode : une femme peut porter une mini-robe comme une robe sous le genou ; il n'y a plus comme dans le temps les couleurs : à telle saison il fallait du rouge, à telle saison il fallait du jaune...

Dans le vintage les femmes « tombent amoureuses » d'un vêtement, qu'il s'agisse d'un tailleur des années 40, d'un ensemble Courrèges ou d'un manteau Cardin. Il n'y a pas de démarche du type : « Tiens, tel élément est à la mode cette saison, je vais en chercher une déclinaison vintage. » Beaucoup de femmes apprécient le savoir-faire incarné dans un vêtement vintage. Elles appréhendent les vêtements de haute couture anciens comme une forme de patrimoine culturel.

Plus largement, le vintage n'est pas une mode en tant que tel. Il y a quelques années, tout le monde pensait que le vintage était un phénomène éphémère. J'ai ouvert ma boutique en 1975 et elle marche toujours.

Propos recueillis par Aude LASJAUNIAS, *M, le magazine du Monde*, 5 juillet 2012.

DOCUMENT 3

Gisèle, jeune femme vivant en couple avec Alain, universitaire, discute avec sa mère. La conversation tourne autour de leurs projets de décoration, notamment de l'acquisition d'une bergère[1] d'époque, que le jeune homme veut absolument acheter. La mère ne comprend pas cet entêtement. C'est elle qui prend la parole dans l'extrait suivant :

« Chez Alain, c'est une passion, c'est de la frénésie... quand il s'y met, ça devient une idée fixe... J'en ai dit un mot à son père un jour, il ne m'a pas dit non, je suis sûre qu'il était de mon avis... c'est pour ça que son travail n'avance pas comme il veut, que sa thèse n'est pas terminée... C'est une façon de s'oublier, de se rattraper sur des futilités... Un homme a d'autres chats à fouetter, il se moque de ces choses-là, des bergères Louis XV, des fauteuils... qu'ils soient comme ça ou autrement... pourvu qu'il y ait quelque chose de confortable où l'on soit bien assis, où on puisse se reposer... Je sais ce que tu vas me dire, qu'il aime ce qui est beau... Je comprends ça très bien... Qu'il aille dans les musées, qu'il regarde de beaux vieux meubles, des tableaux, des œuvres d'art, il n'y aurait rien à redire à ça... mais ces courses chez les antiquaires, ce besoin d'acheter... il faut absolument que ce soit à lui... ces efforts... comme tante Berthe qui passe son temps à fignoler des petits détails comme si elle devait recevoir le pape, quand elle n'a jamais été capable d'offrir une tasse de thé à une amie... Tout ça, vois-tu, non... ce n'est pas ça... » Ce n'est pas l'homme qui devait donner son bras à la jolie mariée, un homme calme, fort, pur, détaché, préoccupé de choses graves et compliquées qui leur échappent à elles faibles femmes, le regard fixé au loin, son bras solide la conduisant par degrés, la faisant avancer avec lui à longues foulées vers la fortune ? la gloire ?... « Il faut regarder les choses en face. » Elles regardent. Comme elle est loin de coller à l'image qu'elles avaient évoquée, celle de cet enfant gâté, exigeant et capricieux, gaspillant ses forces dans des futilités, tandis que le temps passe... les années les plus précieuses... son travail n'avance pas assez, ils vivent dans un petit logement étriqué... « Je comprends encore si vous aviez un bel appartement, il pourrait s'amuser à le meubler avec des bergères d'époque... Mais chez vous, rends-toi compte, mon petit, c'est de la vraie manie... »

Nathalie SARRAUTE, *Le Planétarium*, Éditions Gallimard, 1959.

1. Fauteuil de style

DOCUMENT 4

Affiche conçue pour l'édition 2014 de l'Anjou Vélo Vintage, randonnée annuelle à vélo organisée par le département de Maine-et-Loire et au cours de laquelle les participants sont invités à rouler sur de vieilles bicyclettes en tenue d'époque.

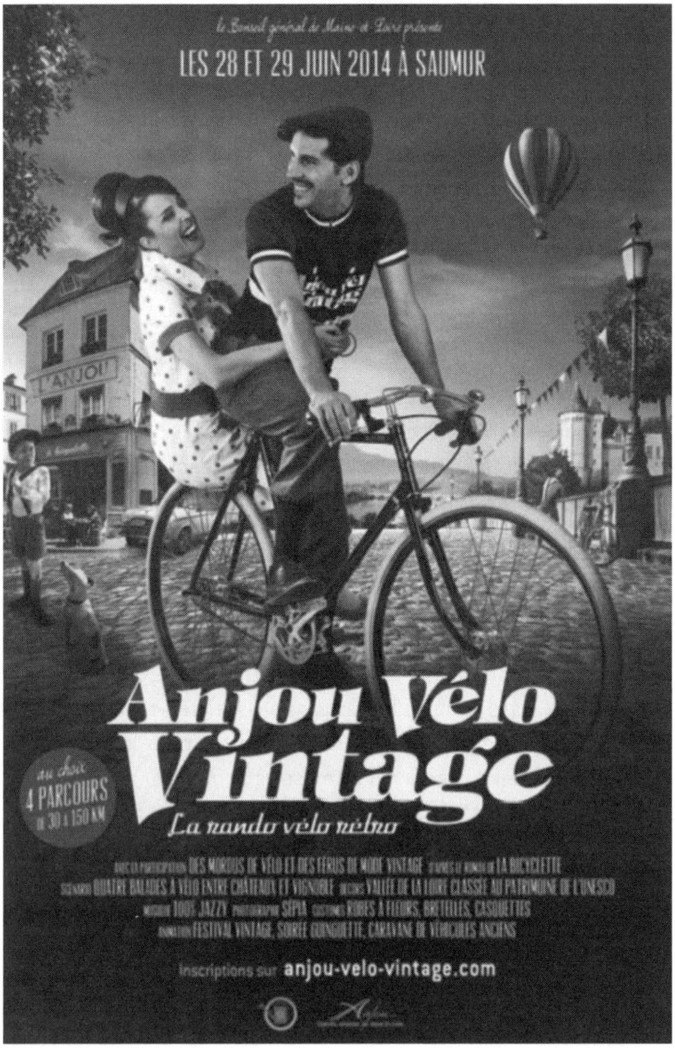

Travail à faire

1. Cernez la thématique du sujet.
2. Posez une problématique.
3. Bâtissez un plan détaillé pour la synthèse.
4. Rédigez l'introduction et la conclusion correspondant à ce plan détaillé.

Thème 2
L'écriture personnelle

3. Préparation de l'écriture personnelle

A. Présentation du sujet

L'énoncé se présente sous la forme d'une question directe, en lien étroit avec le thème abordé dans la première partie du travail, donc au cœur des documents du corpus sur lesquels vous venez de travailler pour la synthèse.

B. Principe du travail

Il est là encore extrêmement simple : vous devez répondre à cette question sous la forme d'un travail construit et organisé d'environ trois pages, deux au minimum – d'une façon **argumentée**, en vous appuyant sur les **documents du corpus, vos lectures de l'année et vos connaissances personnelles**, selon les termes mêmes du sujet.

C. Réalisation du travail

Elle fait appel à des méthodes de travail que vous êtes censé(e) maîtriser en tant que bachelier(e). Il s'agit en effet de traiter le sujet sous la forme de ce qu'on pourrait considérer comme une mini-dissertation. Pour être efficace, il est là encore recommandé de procéder par étapes. Un temps approximatif est indiqué pour chacune d'elles.

Étape 1 : Lecture du sujet – Problématique – ⏲ 10 mn

- Le sujet se présente en général sous la forme d'une question assez simple. Il est en lien direct avec un des deux thèmes au programme, dont l'un change chaque année. Le travail mené tout au long de l'année sur des œuvres et des supports variés constitue donc une préparation essentielle pour cette partie de l'épreuve : vous devrez en effet dans le cadre de l'écriture personnelle montrer que vous avez acquis **une culture riche sur les deux thèmes au programme**, qui vous rend apte à mener sur ces sujets une **réflexion intéressante**.
- L'élaboration de la problématique ne constitue pas en l'occurrence un travail très complexe : il s'agit au plus de **reformuler la question du sujet**. Dans des cas extrêmes, liés à une mauvaise gestion du temps, il est même possible de simplement reprendre la question du sujet comme problématique.

Étape 2 : Recherche d'idées – ⏲ 10 mn

- Lorsque la problématique est établie, il vous faut trouver comment répondre à la question posée. Dans l'absolu, on vous demande votre avis et il s'agit bien sûr de le donner. Toutefois, on attend de vous **une réponse argumentée** : l'idéal est alors de montrer que votre opinion est le fruit d'une réflexion qui vous a amené(e) à envisager le point de vue opposé au vôtre.
- Il ne s'agit pas d'être exhaustif sur le sujet proposé : vous n'en avez matériellement pas le temps. On attend de vous que vous présentiez plusieurs arguments qui permettent de répondre au sujet. Il vous faut donc parvenir à trouver approximativement deux idées pour chaque point de vue envisagé.
- Dans le pire des cas, vous devez toujours présenter **plusieurs idées qui répondent à la question posée**. Même si, pris par le temps, vous peinez à envisager deux points de vue divergents sur le sujet, vous ne pouvez vous contenter d'une réponse qui ne soit constituée que d'un seul argument. Il faut en prévoir au moins trois.

Étape 3 : Recherche d'exemples – ⏲ 10 mn

- Cette étape est en relation directe avec le travail effectué en cours et elle vous permet de montrer que, outre la maîtrise de la méthodologie, vous avez acquis **une culture générale solide et variée**. N'oubliez pas que l'intitulé même de la matière réunit l'expression et la culture générale.
- Pour les candidats libres, qui doivent effectuer sans aide le travail de préparation au fil de l'année, il existe de petits fascicules parascolaires qui proposent, pour chacun des deux thèmes au programme, des références culturelles variées ainsi que des pistes de réflexion pour en conduire une analyse pertinente. Ces ouvrages varient selon les changements annuels du programme.
- Vous devez associer chacun de vos arguments avec un exemple qui l'illustre de façon convaincante. Selon le sujet abordé, ces exemples peuvent être de natures fort diverses :

  - œuvres littéraires, que ce soit un roman, une pièce de théâtre, un essai... Dans tous les cas, vous devez être capable de citer son titre – souligné ! – et le nom de son auteur ;
  - œuvres cinématographiques, dont il faut aussi savoir donner des références précises, titre et nom du réalisateur, sans vous contenter du nom de l'acteur/actrice principal(e) ;
  - œuvres d'art, de quelque discipline qu'elles relèvent : peinture, sculpture, architecture... dont vous prendrez soin d'indiquer le titre et le nom de son créateur ;
  - émissions de télévision ou de radio, en précisant le nom de l'émission et le média sur lequel on peut la suivre ;
  - événements historiques, qu'il faut savoir dater, au moins approximativement ;
  - mouvements culturels, que vous devez être capable de nommer et de situer dans un contexte historique et/ou géographique ;
  - phénomènes de société...
- Dans tous les cas, il faut être capable de proposer **un regard critique** sur l'exemple que vous proposez et **une analyse rapide**, quelle que soit sa nature. Vous pouvez ainsi être amené(e) à citer des séries télévisées de façon tout à fait pertinente : si vous montrez que la production actuelle est révélatrice de comportements sociaux face aux médias, par exemple. En revanche, si les situations proposées dans ce type de productions sont assimilées dans votre propos à la réalité, vous ne serez guère convaincant(e).
- Idéalement, il faut vous efforcer de **varier la nature de vos exemples** : une copie citant une œuvre littéraire, un film et un phénomène de société sera valorisée par rapport à une autre n'utilisant des références que d'un seul type. De manière générale, les copies d'examens s'appuient le plus souvent sur des films, voire des séries télévisées, ou des phénomènes très actuels ; il est donc évident que celles qui font preuve d'une culture plus variée se distinguent de la masse.
- Vous pouvez enfin utiliser les documents du corpus comme références : vous y êtes même incités dans le sujet, en général. Il est donc parfaitement légitime de le faire. Veillez cependant à ne pas en abuser car l'absence de toute autre référence signifierait pour le correcteur que vous ne possédez aucune culture personnelle, alors que cette épreuve a justement pour but, entre autres, de vérifier que vous en avez.

Étape 4 : Plan – ⏲ 10 mn

- Le plan doit être composé de **deux parties**. Vous devez en effet donner votre avis, argumenté, sur la question posée et le meilleur moyen pour cela est de défendre votre opinion en montrant qu'elle est justifiée par le fait que vous avez auparavant envisagé l'opinion contraire.
- Chaque partie doit comporter au minimum un argument accompagné d'un exemple qui l'illustre. Dans l'absolu, il faut tâcher de présenter **deux arguments pour chaque point de vue envisagé**, ce qui vous permet une réflexion plus convaincante et également des références plus variées puisque vous aurez ainsi à proposer quatre exemples.
- Dans le cas extrême où vous n'auriez pas le temps de construire un plan digne de ce nom, veillez à prévoir trois arguments, là encore illustrés d'exemples, que vous vous efforcerez de hiérarchiser.
- Quant à l'organisation du plan, il vaut mieux terminer par la partie la plus convaincante de votre argumentation, que ce soit parce que l'idée en elle-même a davantage de poids, parce que l'exemple qui l'illustre est de meilleure qualité ou pour toute autre raison.

Étape 5 : Rédaction de la conclusion – ⏲ 5 mn

- Là encore, il est recommandé de rédiger la conclusion avant de commencer la rédaction du développement, pour les raisons précédemment invoquées mais aussi parce que, si vous avez des difficultés à terminer votre travail, vous vous garantissez ainsi la possibilité de proposer malgré tout une écriture personnelle conclue, donc a priori achevée.
- La conclusion comporte **deux étapes** :
  - un **bilan** qui répond à la question posée par le sujet, et doit correspondre à une phrase environ ;
  - puis une **ouverture**, qui doit être en lien avec ce bilan, représenter en quelque sorte sa suite logique et qui doit constituer une nouvelle piste de réflexion sur le thème abordé. Il faut tâcher d'éviter les questions factices et trop générales, en essayant par exemple de considérer le sujet sous un angle que vous n'avez pas eu le loisir d'explorer dans votre travail.

Toutefois, la conclusion doit former **un seul paragraphe**, sans retour à la ligne pour séparer le bilan de l'ouverture.

■ Étape 6 : Rédaction de l'introduction – ⏲ 5 mn

Vous devez ensuite rédiger l'introduction, qui est constituée de trois étapes :

- Il faut d'abord amener **le sujet**, toujours en évitant les généralités absurdes *(« Depuis la nuit des temps, l'être humain... »)*, mais en montrant par exemple que le sujet s'inscrit dans un mouvement historique ou un contexte actuel.
- Vous devez ensuite poser **la problématique**, de préférence sous forme de question indirecte, en montrant que cette question est particulièrement pertinente dans le cadre que vous aurez posé lors de la première étape.
- Il faut enfin annoncer **le plan**, en vous efforçant, là encore, de soigner la formulation en évitant les lourdeurs de type « *Dans une première partie, nous verrons que...* ».
- D'une façon générale, l'introduction doit apparaître comme **un tout cohérent**, non comme une succession d'étapes ajoutées les unes aux autres sans lien logique. Elle est d'ailleurs constituée d'**un seul paragraphe :** aucun retour à la ligne pour marquer les différentes étapes !

■ Étape 7 : Rédaction de l'écriture personnelle – ⏲ 30 mn

Cette dernière étape comporte des impératifs particuliers, différents de ceux de la synthèse. Reportez-vous à la fiche suivante, qui traite de cette question.

4. Rédaction de l'écriture personnelle

A. Méthode à suivre

- Avant tout, indiquez sur votre copie « Écriture personnelle » pour marquer la deuxième étape de votre travail.
- Vous n'avez là encore pas le temps de rédiger un brouillon de votre écriture personnelle au préalable. Vous devez faire ce travail directement sur votre copie d'examen. Petit rappel : sur les petits carreaux, on n'écrit qu'une ligne sur deux.
- Pour cela, vous suivrez le plan détaillé que vous aurez établi lors de votre travail de préparation. Cela vous confirme l'importance d'avoir prévu lors de cette étape tous les arguments mais aussi tous les exemples que vous allez exploiter.
- Il n'est en effet pas question que vous perdiez du temps en cours de rédaction pour trouver un exemple qui ne vous serait pas apparu précédemment, par exemple. Vous devez dans cette dernière ligne droite être toujours aussi efficace.

B. Consignes générales d'expression

- L'écriture personnelle vous demande de formuler un avis : vous avez tout loisir d'employer la première personne, que ce soit du singulier ou du pluriel. Il ne s'agit cependant que d'une possibilité, ne vous en faites pas une obligation.
- Vous pouvez, à juste titre, estimer qu'une formulation plus générale peut à l'occasion donner davantage de poids aux idées que vous avancez. Veillez toutefois à ne pas généraliser à outrance et ne prêtez pas à la majorité une opinion très partisane qui serait la vôtre.
- Pour être pleinement efficace, il faut adopter ici aussi une **expression simple et claire**. Vous devez une fois de plus montrer que vous maîtrisez la langue française et que vous êtes capable de l'utiliser pour transcrire vos idées de façon intelligible.

C. Mise en page de l'écriture personnelle

1. Introduction

- Les consignes restent les mêmes que pour la synthèse : l'introduction ne doit constituer **qu'un seul paragraphe**. Vous ne devez pas revenir à la ligne pour chacune des trois étapes qui la constituent.
- Afin de montrer la logique de votre démarche, tâchez d'utiliser un connecteur logique pour passer d'une étape à l'autre.
- Veillez à formuler la problématique sous forme de question indirecte *(« On est ainsi amené à s'interroger sur... »)*. Rappelez-vous que l'interrogation indirecte ne comporte ni inversion du sujet, ni point d'interrogation final.
- Pour l'annonce du plan, tâchez de ne pas avoir recours aux formulations dont il a déjà été fait mention.
- De manière générale, même si vous êtes pris par le temps, ne négligez pas l'introduction : mieux vaut trois lignes qui énoncent le sujet et la façon dont vous comptez le traiter plutôt qu'un développement qui débute sans avoir été introduit.

2. Développement

- Les conseils donnés pour la synthèse restent valables : il faut séparer clairement le développement de l'introduction et de la conclusion : sautez par exemple quatre lignes avant et après le développement. Vous pouvez adopter ces règles de présentation de façon systématique : avec l'entraînement, cela représentera une difficulté que vous aurez définitivement résolue.
- Il faut séparer aussi les grandes parties entre elles : sautez un nombre de lignes inférieur, deux par exemple.
- Chaque partie doit au moins représenter un paragraphe clairement identifiable. Si vous êtes parvenus à bien organiser votre travail et que vous disposez du temps nécessaire pour rédiger deux parties significatives, comportant chacune plusieurs arguments, veillez à bien constituer **un paragraphe pour chaque argument**, avec un alinéa clair.
- Vous devez, là encore, absolument éviter les « faux paragraphes », qui consistent à revenir à la ligne après chaque phrase. Votre capacité à structurer votre réflexion se révèle aussi dans l'usage que vous ferez des connecteurs logiques, ainsi que dans le

découpage de votre travail, et entre pour une part non négligeable dans la note qui vous sera attribuée.

3. Conclusion

- La conclusion de l'écriture personnelle doit elle aussi constituer **un seul paragraphe :** pas d'alinéa pour l'ouverture.
- Tâchez cette fois encore de montrer que votre réflexion est pertinente et que la question que vous soulevez en ouverture est directement en rapport avec le travail que vous venez de mener.
- La remarque faite à propos de l'introduction est tout aussi valable pour la conclusion : ne la négligez pas. D'ailleurs, si vous avez suivi les conseils dispensés dans la fiche sur la préparation de l'écriture personnelle, vous aurez pris soin de la rédiger à l'avance. Vous proposerez alors un travail achevé et complet.

D. Longueur du travail

- L'écriture personnelle n'a pas pour objectif de traiter totalement un sujet. Elle doit cependant vous amener à une réflexion qui se présente sous la forme d'un travail construit. N'oubliez pas qu'elle constitue aussi pour vous la seule occasion de montrer votre culture. Ainsi, elle doit représenter un minimum de deux pages, quatre au maximum. En deçà, vous n'auriez pas le loisir de proposer un travail satisfaisant ; au-delà, vous consacreriez trop de temps à cette deuxième partie de l'épreuve, et auriez bâclé la synthèse.
- Sur l'ensemble, l'introduction doit correspondre à un paragraphe de cinq ou six lignes.
- Quant à la conclusion, trois ou quatre lignes suffisent le plus souvent.

E. Relecture

- Si vous avez été vigilant quant à la répartition du temps qui vous a été recommandée, vous n'aurez pas manqué de constater qu'il vous reste dix minutes sur les quatre heures d'épreuve. Ce temps doit être consacré à **l'étape finale essentielle qu'est la relecture**.
- Il s'agit d'un vrai travail ! Vous devez l'effectuer avec un stylo à la main, afin de corriger toute erreur que vous relèveriez :
  - L'orthographe, d'abord, peut, en cas de défaillance, pénaliser votre copie de façon significative ;
  - Les oublis de mots, faciles à rectifier pour vous qui êtes l'auteur, peuvent compromettre gravement l'intelligibilité d'une phrase, voire d'un paragraphe ;
  - Les maladresses d'expression, qu'il s'agisse d'erreurs de construction ou de ruptures dans la syntaxe ;
  - Toute autre erreur que vous relèverez : lorsqu'on rédige, pris par le fil de ses pensées, on n'a pas toujours le recul nécessaire pour une expression rigoureuse et il n'est pas rare que l'on fasse des erreurs que l'on est par ailleurs capable de détecter et de corriger.
- Il est pour cela préférable de ne vous relire globalement, synthèse et écriture personnelle, qu'à la fin de l'épreuve : vous êtes davantage à même de porter sur votre travail un regard critique, sinon objectif, plutôt que lorsque vous venez juste de le terminer.

Entraînements

▶ Exercice 4 (d'après sujet d'examen 2011)

Utiliser l'énoncé de l'exercice 1, thème 1.

À partir du corpus de documents proposé pour l'entraînement à la synthèse, le sujet pour l'écriture personnelle était le suivant :

Selon vous, les liens intergénérationnels s'imposent-ils ou se construisent-ils ?

Travail à faire

1. Cernez la thématique du sujet.
2. Posez une problématique.
3. Bâtissez un plan détaillé correspondant à cette problématique.
4. Rédigez l'écriture personnelle, avec introduction et conclusion complètes.

▶ Exercice 5 (d'après sujet d'examen 2012)

Utiliser l'énoncé de l'exercice 2, thème 1.

À partir du corpus de documents proposé pour l'entraînement à la synthèse, le sujet pour l'écriture personnelle était le suivant :

Selon vous, celui qui fait rire détient-il un réel pouvoir sur les autres ?

Travail à faire

1. Cernez la thématique du sujet.
2. Reformulez la question pour poser une problématique.
3. Proposez un plan détaillé correspondant à cette problématique.
4. Rédigez introduction et conclusion complètes correspondant à ce plan détaillé.

▶ Exercice 6 (d'après sujet d'examen 2015)

Utiliser l'énoncé de l'exercice 3, thème 1.

À partir du corpus de documents proposé pour l'entraînement à la synthèse, le sujet pour l'écriture personnelle était le suivant :

Selon vous, le culte des objets du passé n'est-il qu'une attitude superficielle ?

Vous répondrez à cette question d'une façon argumentée en vous appuyant sur les documents du corpus, vos lectures et vos connaissances personnelles.

Travail à faire

1. Cernez la thématique du sujet.
2. Reformulez la question pour poser une problématique.
3. Proposez un plan détaillé correspondant à cette problématique.
4. Rédigez introduction et conclusion complètes correspondant à ce plan détaillé.

BTS BLANC

▶ Culture Générale et Expression – Session 2018

Durée : *4 heures*

PREMIÈRE PARTIE : SYNTHÈSE (/40 POINTS)

Vous rédigerez une synthèse objective, concise et ordonnée des documents suivants :

- **Document 1** : Daphné BETARD, « Le tatouage dans la peau », *Beaux-Arts magazine*, juillet 2014.
- **Document 2** : Philippe PONS, *Peau de brocart*, Éditions du Seuil, 2000.
- **Document 3** : David LE BRETON, « La scarification fait office de saignée identitaire », propos recueillis par Jeanne RAY, *Causette*, n° 34, avril 2013.
- **Document 4** : François GARDE, *Ce qu'il advint du sauvage blanc*, lettre IX, Éditions Gallimard, 2012.

DEUXIÈME PARTIE : ÉCRITURE PERSONNELLE (/20 POINTS) :

Selon vous, rendre notre corps artificiel, est-ce trahir notre nature ?
Vous répondrez à cette question d'une façon argumentée en vous appuyant sur les documents du corpus, vos lectures et vos connaissances personnelles.

DOCUMENT 1

Non, le tatouage ne se résume pas à ce fulgurant phénomène de mode qui, durant les trois dernières décennies, a conquis près de 20 % des Américains et un Français sur dix ! Comme le rappelle aujourd'hui le Quai Branly[1], il s'agit d'une pratique millénaire et universelle. Difficile de dire à quand elle remonte exactement, mais les archéologues en ont trouvé la trace sur tous les continents, de la Sibérie au Pérou, de la Polynésie à l'Arctique. Le plus vieux tatoué connu s'appelle Ötzi. Conservé dans la glace des Alpes pendant quatre millénaires, son corps a révélé de petites marques sur les zones souffrant d'arthrose. Le tatouage, ici, aurait été pratiqué à des fins magico-thérapeutiques, mais il pouvait alors aussi bien être réalisé lors de rites de passage ou dans le cadre de coutumes religieuses. Cet usage païen est frappé d'interdit par l'Église dès le début du Moyen Âge et disparaît d'Occident jusqu'à ce que les explorateurs européens ne le découvrent lors de leurs expéditions, à partir du XVIIe siècle. On doit ainsi au navigateur James Cook le terme « tattow », « tatau » en tahitien, qu'il découvre lors d'un voyage dans l'île polynésienne en 1769. Dès lors, les marins vont ramener à même la peau les témoignages de cette pratique ancestrale et la réintroduire dans leur pays d'origine.

Passage obligé dans la marine, largement répandu dans l'armée, le tatouage a également été utilisé pour marquer à jamais l'épiderme des esclaves, bagnards, prisonniers de camps, taulards ou prostituées. Et cette image très négative va longtemps lui coller à la peau. [...] Subversif, sulfureux, le tatouage devient petit à petit l'emblème d'une contre-culture aux États-Unis, qui dépasse largement le champ des taulards et de l'armée. Il accompagne le mouvement pacifiste et hippie, la libération des femmes, qui s'y mettent franchement à la manière d'une Janis Joplin tatouée par Lyle Tuttle. [...]

Se faire tatouer, c'est dévoiler une partie de soi, affirmer et afficher son identité. C'est aussi un acte radical, sans retour en arrière possible ; un engagement à vie. Pour les « porteurs d'encre », comme les nomme la sociologue Elise Müller, il s'agit souvent de s'approprier son corps et de l'inscrire dans une certaine permanence à l'heure où tout se consomme et se jette à une vitesse vertigineuse... Dans l'intimité du studio, des liens, indélébiles eux aussi, se créent entre tatoueur et tatoué, parmi lesquels on trouve de véritables collectionneurs prêts à attendre des années avant de pouvoir passer entre les mains de leur idole. L'expérience peut s'avérer bouleversante. Tatouée intégralement par Shinge, véritable légende vivante dans le domaine, Uki Yoko raconte ainsi, dans *La Voie de*

l'encre (film diffusé au Quai Branly) : « Mon tatoueur m'a révélé des choses sur ma personnalité. Désormais, je me sens plus libre de vivre selon mes propres règles. »
Au quotidien, elle dissimule ses tatouages sous des vêtements amples et porte une perruque, car au Japon le tatouage reste très mal vu et c'est sa nature secrète qui lui confère sa beauté. Certains tatoués, au contraire, se mettent en scène dans des performances spectaculaires, n'hésitant pas à recouvrir leur visage pour aller au bout de leur personnage.
Le tatouage a désormais conquis de nouveaux territoires, envahissant les champs de la publicité, de la musique et de la mode. Les hard-rockers d'ACDC ou les Red Hot Chili Peppers en avaient fait leur tenue de scène avant qu'il ne devienne l'apanage des stars du hip-hop, tandis que Jean-Paul Gaultier le faisait défiler dès 1994. Il a ensuite rapidement séduit la planète people, des frêles épaules d'Angelina Jolie aux biceps de David Beckham, en passant par la nuque de Rihanna. Résultat : la pratique s'est démocratisée, voire banalisée – elle est même la star d'une émission de téléréalité américaine. Avec, pour conséquence, une explosion du nombre de tatoueurs : en France, il existait une quinzaine de boutiques en 1982, contre plus de 1500 aujourd'hui ! Tous les tatoueurs ne sont évidemment pas des artistes et beaucoup se contentent de reproduire les motifs diffusés sur Internet. Comment réagissent les aficionados, les purs et durs ? « On ne choisit pas toujours ses voisins », répond l'un d'eux, la mâchoire serrée. D'autres, comme Filip Leu, se félicitent de cet engouement populaire qui, selon lui, attire de nouveaux talents prêts à renouveler l'art du tatouage. Jusqu'où ira la déferlante « tattoo » ? Nul ne le sait, mais il a d'ores et déjà laissé son empreinte indélébile sur les sociétés du XXIe siècle.

Daphné BETARD, « Le tatouage dans la peau », juillet 2014

1. Musée des arts et civilisations non occidentales qui abrita en 2005 une exposition *Tatoueurs, tatoués*.

DOCUMENT 2

Journaliste, correspondant à Tokyo pour quotidien Le Monde, *Philippe PONS évoque, dans* Peau de brocart, *le tatouage traditionnel au Japon. Le titre de son ouvrage est la traduction de « nishiki hada », expression désignant les tatouages par rapprochement avec cette étoffe de soie, d'or et d'argent qu'est le brocart.*
Se faire tatouer, c'est non seulement accepter un investissement financier important (de trois à cinq millions de yens[1] pour un corps intégral au début des années 1990), mais encore endurer pendant des mois, voire des années, un traitement douloureux. C'est enfin choisir de réduire délibérément son champ d'activités sociales – se marginaliser. Qu'est-ce qui pousse des individus à se marquer ainsi dans une société où précisément le conformisme est de mise ? (Un dicton populaire ne dit-il pas « Lorsqu'un clou dépasse, il faut l'enfoncer » ?).
On peut penser que, sous-jacente au désir de tatouage, existe une aspiration à un lien total, un lien « qui ne mente pas ». Un lien dont l'homme est délibérément l'auteur et le produit. Un lien symbolique qui, à la lettre, ligature tout son être dans un rapport narcissique à soi[2]. Mais au Japon, de telles aspirations communes aux tatoués de par le monde doivent être replacées dans un contexte culturel spécifique qui infléchit la signification du tatouage par rapport à celle prévalant en Occident. Dans ce dernier cas, le tatouage est généralement perçu comme un refus individuel à l'intégration sociale : des marins et des bagnards, premiers Occidentaux en contact avec les peuples primitifs d'outre-mer au XVIIIe siècle, il s'est étendu à un monde en rupture de ban (voyous, prostituées) et, par la suite, à un cercle d'amateurs n'appartenant pas à ces milieux, mais il a conservé de manière diffuse sa signification de transgression des normes sociales. Alors que le tatouage en Occident relève d'une revendication d'individualité et de différence, au Japon il paraît en revanche l'expression d'une volonté d'adhésion à un groupe, note Donald Richie dans son analyse de la psychologie du tatoué. [...]
Le tatouage devient une expression de repérage social, d'autodéfinition par un façonnement de son propre corps en emblème d'appartenance. Le tatouage est enfin le symbole de l'entrée dans une communauté : la voyouterie ou le corps des sapeurs-pompiers à l'époque d'Edo[3], des charpentiers ou des mineurs d'autrefois. C'est le signe

de l'appartenance à un groupe, à une communauté (*nakama*). Se faire tatouer, c'est entrer dans une relation de fraternité élective avec d'autres.

La pression pour se situer socialement dans la mouvance d'un groupe et ainsi se donner une appartenance est, au Japon, particulièrement forte. Les groupes dont l'un des signes de reconnaissance est le tatouage sont évidemment ceux dont les liens sont particulièrement étroits (c'est le cas de la pègre).

La plupart des tatoués japonais, estime Donald Richie, sont des individus isolés qui cherchent un ancrage. Le tatouage devient pour eux un acte irréversible par lequel leur vie change : ils acquièrent quelque chose, un *insigne*, qu'ils auront en commun avec d'autres. Ils ne se sentent plus isolés. Le tatouage est leur jardin secret. [...]

À la suite de vedettes du spectacle sacrifiant à une mode venue des États-Unis, certains jeunes Japonais affectionnent les petits tatouages comme une sorte de cachet sur un membre. Les hommes et les femmes « à la peau de brocart », quant à eux, continuent à former un monde marginal, ramassé dans les zones d'ombre de la société. Avec la scène classique, immortalisée au *kabuki*[4] et abondamment reprise par les feuilletons télévisés ou les films de *yakuza*[5], du personnage qui découvre une épaule superbement tatouée en abaissant d'un geste brusque la manche de son *kimono*, le tatouage a été investi d'une signification de bravade et abusivement identifié à la pègre. Il est assurément une expression de défi à l'ordre établi, une forme de revendication d'identité plébéienne[6] et il peut encore de nos jours être porté par des truands. Si la volonté de se couper de la société admise existe toujours, le tatouage s'apparente davantage à une beauté secrète qui s'offre, dans son dévoilement, comme l'expression gravée sur la peau des ténèbres que chacun porte en soi.

Philippe PONS, *Peau de brocart*, 2000

1. Entre 25 000 et 40 000 euros actuels.
2. Attachement excessif à sa propre personne.
3. Ancien nom de Tokyo.
4. Genre théâtral traditionnel.
5. Mafieux.
6. Relative au peuple.

DOCUMENT 3

Spécialiste des représentations du corps humain, David LE BRETON répond ici aux questions de Jeanne RAY, pour le magazine Causette.

Que signifient les tatouages, les piercings qu'arborent de plus en plus de jeunes aujourd'hui ?

David Le Breton : C'est une manière d'embellir son corps, d'esthétiser son rapport au monde. Les piercings et les tatouages renvoient, la plupart du temps, à la satisfaction d'être soi. Ils apportent un plaisir, un bonheur supplémentaire. Les personnes qui se sont fait poser un piercing ou tatouer, que j'ai rencontrées dans mon travail, sont bien dans leur peau, mais elles s'y sentent encore mieux après s'être fait faire ces marques. Il y a comme une forme de « narcissisation », d'érotisation du corps, qui s'amplifient quand elles se regardent dans le miroir et quand les autres les regardent.

C'est ce que vous appelez les « formes heureuses » d'appropriation du corps ?

D.L.B. : Exactement. D'ailleurs, l'expression « *je me suis réapproprié mon corps* » revient souvent dans les enquêtes que j'ai menées. Les tatouages et les piercings sont comme une signature. On signe son corps en disant : « *il m'appartient, je suis libre* ». Les tatouages sont devenus une marque d'identité dans le monde actuel. Les gens les affichent avec bonheur. Alors que dans les années 60-70, ils étaient un objet de stigmatisation[1], de dissidence, de rébellion, aujourd'hui ils renvoient plutôt au narcissisme.

La douleur a-t-elle aussi une valeur symbolique ?

D.L.B. : Dans ces pratiques, elle est presque toujours revendiquée par les jeunes, car elle permet de sanctionner un moment très fort de leur vie. Une sorte de rite de passage initiatique où ils vont faire peau neuve. La douleur signifie l'importance de l'instant, elle est consentie donc elle ne fait pas mal. Beaucoup de femmes tatouées évoquent la métaphore de l'accouchement, qui n'est jamais totalement un plaisir ni totalement une douleur. [...]

Les marques corporelles, dans nos sociétés, ont-elles quelque chose à voir avec celles des sociétés dites « traditionnelles » ?

D.L.B. : Pas du tout. Dans les sociétés traditionnelles, les scarifications ou les tatouages renvoient à une vision religieuse, culturelle, collective. Elles traduisent l'appartenance au groupe, à la communauté, à un « nous autres ». Chez nous, elles renvoient au « moi », au « je », à l'individualisme. Quand un jeune emprunte aux tatouages maoris, dans la majorité des cas, il ne connaît pas leur culture. Parfois même, il ignore leur localisation géographique.

David LE BRETON, « La scarification fait office de saignée identitaire », propos recueillis par Jeanne RAY, avril 2013

1. Rejet public.

DOCUMENT 4

Le roman de François GARDE évoque le destin de Narcisse Pelletier, jeune matelot français abandonné au milieu du XIXe siècle sur une plage d'Australie et retrouvé dix-sept ans plus tard, nu, tatoué et ayant perdu l'usage de sa langue maternelle. Il est pris en charge par Octave de Vallombrun, le narrateur, qui le ramène en France. Ce dernier le présente ici à l'impératrice Eugénie, épouse de Napoléon III.

« Mais, dit la princesse, vous avez été certain dès le début de la véracité de cette histoire ? Vous n'avez pas craint d'être la victime d'une mauvaise plaisanterie ?

— À Paris, de peur d'être dupé, on n'ose plus rien, déclara M. Mérimée.

— Lorsque j'ai vu ce malheureux garçon pour la première fois dans les jardins du gouvernorat, il ne portait qu'un pagne. Ses tatouages sur tout le corps parlaient pour lui.

— Les tatouages ne sont-ils pas habituels chez les marins ? objecta la princesse.

— En effet, Votre Altesse. Mais ceux-là – et les autres signes gravés sur sa peau – ne ressemblent à rien de connu. Peut-être seriez-vous intéressée à les voir ? »

Une inclination de l'éventail impérial accepta l'offre, et je priai Narcisse de quitter sa veste et de retrousser sa manche de chemise droite jusqu'à l'épaule.

Une scarification part du biceps, s'enroule deux fois autour de l'avant-bras et vient finir sur le dos de la main. Elle traverse un long tatouage en damiers, réalisé avant, et qui est comme labouré par ce tracé tortueux. Dans les espaces restants, des lignes brisées, des cercles, des tourbillons alternent sans ordre visible. Les motifs réalisés avec un pigment noir, réhaussés de rouge sur la face intérieure de l'avant-bras, sont d'une netteté parfaite, et l'on devine des dizaines d'heures de travail qui ont permis leur réalisation.

S.M.[1] et son entourage, même les officiers de hussards, restèrent bouche bée devant un spectacle aussi nouveau. Narcisse, avec un rien de fatuité[2], tournait lentement le bras, ouvrait et fermait le poing pour faire ressortir l'étrange décor de sa peau.

« Mère, moi aussi je veux un dessin sur le bras ! »

La princesse Pauline expliqua au Prince impérial qu'il fallait un millier de piqûres avec une aiguille très longue et très grosse, et le Prince impérial parut alors moins décidé.

Je fis signe à Narcisse de redescendre sa chemise et de remettre sa veste, pour éviter qu'on ne lui demande l'autre bras – voire les jambes, avec la blessure à la cuisse, ou le dos. Ces marques n'étaient pourtant que l'écume de ce que Narcisse avait enduré, et j'espérais que de nouvelles questions allaient lui permettre d'en révéler d'autres pans.

François GARDE, *Ce qu'il advint du sauvage blanc*, 2012

1. Sa Majesté.
2. Prétention.

E1 Corrigés

Exercice 1. Synthèse

1. **Thématique** : Les liens intergénérationnels.

2. **Tableau synoptique** :

Christine CASTELAIN-MEUNIER, *Pères, mères, enfants* – essai (1998)	Philippe GELUCK, *Entrechats* – dessin humoristique (1999)	Nicolas JONAS, *La famille* – essai (2007)	Victor HUGO, *Les Misérables*, Tome III, Livre III, « Le grand-père et le petit-fils » – roman (1862)	Pistes de réflexion
• contexte contemporain de compétitivité complique relations parents/enfants • risque d'identité familiale qui enferme l'enfant • liens entre générations complexes, mais possibles • sentiments pour enfant ambigus chez les parents, fiers mais menacés • travail de mémoire fait entre générations : narration histoire individuelle et familiale • parents doivent accepter l'existence de l'enfant en tant qu'individu • transmission d'une identité figée a perdu sens dans société industrielle sans avenir garanti • ambiguïté quant au statut de chacun pose problème	• critique radicale de filiation : visage identique tous âges confondus → même identité et finalement absence d'identité • espace familial saturé par photos souvenirs et groupe familial agglutiné • mais individus arborent tous le même sourire et semblent satisfaits de ces relations familiales • chaîne générationnelle solide et sûre : toutes générations rassemblées autour des ancêtres au mur • mais étouffante aussi : conformité absolue, aucune fantaisie ni individualisation • ... et grotesque : même les animaux domestiques semblent coulés dans le même moule	• risque d'une identité imposée aliénante • rapports entre générations bouleversés par contexte socioculturel : individualisme remet en question la filiation au nom de la libre détermination • au-delà de désagrégation des rapports communautaires, il y a travail de mémoire sur ancêtres et disparus • malgré fragilisation des liens intergénérationnels, besoin pour chacun de connaître ses origines • dans accouchement sous X, remise en question actuelle de l'anonymat • nouveaux modèles familiaux proposent filiation non-biologique mais fruit d'un choix symbolique et libre pour l'enfant	• rupture dans chaîne familiale pose problème • identité imposée à Marius par grand-père à travers idéologie politique (royalisme contre bonapartisme du père) • ce clivage politique qui sépare générations du grand-père et du père prive le petit-fils d'une relation fondamentale • en découvrant son père, Marius retrouve une identité biologique • affiliation prend son sens sur plan symbolique : il reconnaît héroïsme paternel • émotion face au décès du père impossible chez Marius, entravée par l'interdit que le grand-père a posé • lorsque Marius découvre son père, la chaîne générationnelle est restaurée, mais trop tard : relation au père à présent impossible à cause de la mort	• possibilité d'une identité aliénante, imposée par la famille • ambiguïté des sentiments intergénérationnels • filiation = facteur de cohésion familiale • filiation = élément essentiel dans la construction de soi

Remarques :

- La première ligne du tableau est aussi précise que possible, et elle indique, pour chaque document, sa nature (essai, dessin humoristique, roman) afin de faciliter le travail de rédaction, qui pourra ainsi varier la formulation des références.
- Rappel : pour cette première ligne, les titres d'œuvre sont ici en italiques, mais dans une copie manuscrite, la convention veut que ces mêmes titres soient soulignés.
- Les pistes de réflexion ne sont pas trop nombreuses, ce qui est bien dans l'esprit de la synthèse et facilitera la construction du plan.

3. **Problématique possible** : Que représentent les liens familiaux intergénérationnels dans la société actuelle ?

Remarque

- La problématique est relativement simple, ce qui présente l'avantage d'englober l'essentiel de ce qui a été relevé dans les documents. Il vaut mieux éviter les problématiques complexes, qui réduisent de fait le champ de réflexion et ne permettent pas toujours d'exploiter le corpus de façon satisfaisante.

4. **Possibilité de plan** :

I. Le lien générationnel : une relation difficile

Les valeurs de la société actuelle rendent plus complexes les liens intergénérationnels : compétitivité, culte de la jeunesse (doc. 1), individualisme (doc. 3) suscitent des sentiments ambigus, chez les parents comme chez les enfants. Ces relations se révèlent ainsi difficiles (doc. 1,2,3,4) :

1. Ambiguïté des sentiments parentaux

- Possibilité de se projeter dans une continuité historique et temporelle (doc. 1, 2, 3) et d'échapper ainsi à l'angoisse de la mort (doc. 1, 3) mais aussi confrontation à sa propre finitude (doc. 1).
- L'enfant représente un successeur (doc. 1, 2), ce qui peut provoquer des sentiments ambivalents : fierté mais aussi angoisse face à l'incarnation de la jeunesse (doc. 1).
- Difficulté à accueillir l'enfant, soit concrètement, avec l'abandon partiel (doc. 4) ou total (doc. 3), soit symboliquement, en tant qu'individu (doc. 1).

2. Ambiguïté des sentiments filiaux

- Le lien filial peut être vécu comme une contrainte que l'enfant peut être tenté de refuser (doc. 1, 2, 3, 4).
- Le lien filial peut être détruit ou mis à mal par des traumatismes, que ce soit des difficultés intrafamiliales ou une absence parentale (doc. 1, 3, 4).
- Trop fusionnel, le lien filial peut constituer un obstacle à la construction d'une identité propre (doc. 1, 2, 3).

II. Le lien intergénérationnel : une relation fondamentale

Malgré toutes les difficultés évoquées précédemment, les liens intergénérationnels sont cependant un élément essentiel dans la construction de l'individu, et prennent une importance grandissante (doc. 1, 2, 3, 4) :

1. Le lien intergénérationnel contribue à la cohésion familiale

- Ce lien, biologique ou symbolique, ancre l'individu dans une tradition stable (doc. 1, 3, 4).
- Le lien intergénérationnel permet de s'inscrire dans une histoire, réelle ou symbolique (doc. 1, 3) : récits familiaux (doc. 1), rites célébrant la Toussaint ou choix d'une filiation biologique ou spirituelle (doc. 3).
- La famille apparaît comme un bloc identitaire, symbolisé par les faire-part de naissance, où toute distinction générationnelle est parfois gommée (doc. 1), et peut même présenter une unité familiale excessive, épinglée par la caricature (doc. 2).

2. Le lien intergénérationnel constitue une base capitale dans la construction de l'individu

- Le lien intergénérationnel est à la base de la construction individuelle, pour les parents comme pour les enfants (doc. 1, 3).

- La connaissance de ses origines biologiques est essentielle pour que l'individu se construise, dans une situation traditionnelle (doc. 2) ou hors du commun, avec accouchement anonyme ou famille recomposée (doc. 3).
- Outre la stabilité, la famille offre un choix pour les références familiales : ancêtres (doc. 3), parents ou beaux-parents (doc. 1, 3), ou famille proche (doc. 4).

Remarques

- Le plan détaillé permet de vérifier que la synthèse constituera un travail équilibré : chacune des grandes parties se compose ici deux sous-parties qui comptent chacune trois idées.
- La présentation du plan détaillé, schématique et claire, est une garantie qu'aucun des documents n'a été « oublié » dans une des grandes parties et permet ici de vérifier que chacun d'entre eux est exploité de façon satisfaisante : au moins une fois dans chaque grande partie.
- Les documents apparaissent tous dès la première sous-partie, ce qui permettra de les présenter rapidement, et évitera un oubli malheureux : souvent, les candidats pensent bien à effectuer ce travail pour les premiers documents exploités, mais, pris par le flot de la rédaction, il arrive qu'ils omettent de le faire pour les suivants.
- Il vaut cependant mieux éviter de les présenter tous à la fois, ce qui peut provoquer une certaine lourdeur. L'idéal est de prévoir une présentation répartie sur les deux premiers paragraphes.

5. **Synthèse rédigée** :

« Familles, je vous hais ! » clame André Gide dans *Les Nourritures terrestres*, exprimant par cette formule lapidaire la difficulté à trouver sa place dans le cercle de famille et les vicissitudes de l'être qui s'efforce de se construire en tant qu'individu au sein de la famille. Or la question de ce que représentent les liens familiaux intergénérationnels se pose encore dans la société actuelle. Si cette relation se révèle souvent difficile, elle n'en demeure pas moins fondamentale.

Les valeurs de la société actuelle ont tendance à accentuer la complexité des liens familiaux intergénérationnels : la compétitivité et le culte de la jeunesse relevés par Christine Castelain-Meunier en 1998 dans son essai *Pères, mères, enfants* ou l'individualisme noté par Nicolas Jonas dans le sien, *La famille*, en 2007, suscitent des sentiments ambigus chez les parents comme chez les enfants. L'extrait du roman de Victor Hugo, *Les Misérables*, publié en 1862, qui confronte le jeune Marius, élevé par son grand-père, au décès paternel ou le dessin humoristique de Philippe Geluck, tiré d'*Entrechats*, en 1999, confirment que ces liens constituent une relation difficile, pour les ascendants comme pour les jeunes.

Les deux essais et le dessin cités ci-dessus assimilent la parentalité à une possibilité de se projeter dans une continuité historique et intemporelle, permettant ainsi aux parents de soulager leur angoisse face à la mort, selon N. Jonas et C. Castelain-Meunier, mais les obligeant aussi, selon cette dernière, à accepter leur propre finitude. En effet, d'après elle, l'enfant incarne un successeur, idée qui se trouve illustrée par P. Geluck. Or, cela peut provoquer des sentiments ambivalents : la fierté de leur progéniture que tous deux prêtent aux parents peut, aux dires de C. Castelain-Meunier se trouver mêlée à une certaine jalousie face à l'incarnation de la jeunesse que représente leur enfant. D'autre part, il peut se révéler difficile pour les parents d'accueillir un enfant, au sens premier du terme d'abord, puisque Victor Hugo met en scène un fils abandonné par son père aux mains de son grand-père tandis que N. Jonas évoque les accouchements sous X suivis d'un abandon de l'enfant par sa mère. Mais l'écueil peut résider aussi dans la capacité des parents à reconnaître, symboliquement, leur enfant comme un individu à part entière, comme le souligne C. Castelain-Meunier.

En ce qui concerne les enfants, les quatre auteurs suggèrent à des degrés plus ou moins évidents que le lien filial peut être vécu comme une contrainte : la caricature de P. Geluck laisse peu de place à l'individualisation, le personnage romanesque de Marius n'a guère eu le choix dans ce qui lui a été imposé par son grand-père.

C. Castelain-Meunier et N. Jonas s'accordent quant à eux pour évoquer le risque d'une identité imposée par la famille, susceptible d'ailleurs d'être rejetée par l'enfant. Ils évoquent ainsi la destruction possible du lien filial par des traumatismes, que ce soit les difficultés intrafamiliales que cite C. Castelain-Meunier, l'abandon à la naissance soulevé par N. Jonas ou l'absence paternelle rapportée par Hugo à travers le personnage de Marius. Toutefois, la défection parentale n'est pas seule mise en cause et, a contrario, un lien filial trop fusionnel peut aussi constituer un obstacle à la construction d'une identité propre chez l'enfant : C. Castelain-Meunier et N. Jonas abordent tous deux cette difficulté, illustrée sur le mode humoristique par le dessin de P. Geluck.

Malgré toutes ces difficultés inhérentes au lien intergénérationnel, il apparaît cependant comme un élément essentiel dans la construction de l'individu et semble prendre une importance grandissante. Tout d'abord, il contribue à la cohésion familiale. En effet, ce lien, qu'il soit réel ou symbolique, ancre l'individu dans une tradition stable, ainsi que le soulignent C. Castelain-Meunier, N. Jonas et même V. Hugo. Il lui permet effectivement de s'inscrire dans une histoire, que ce soit à travers les récits transmis au sein de la famille, évoqués dans *Pères, mères, enfants* et indirectement dans *Les Misérables* ou par le biais d'une filiation choisie, qu'elle soit biologique, avec un parent, ou spirituelle, avec un beau-parent, comme le suggère N. Jonas lorsqu'il fait allusion aux nouvelles structures familiales qui existent dorénavant. Ce même auteur mentionne également la célébration des rites liés à la Toussaint comme une forme que peuvent prendre les liens intergénérationnels. Plus généralement, la famille constitue un bloc identitaire que l'on retrouve dans la façon dont sont aujourd'hui rédigés les avis de naissance, gommant souvent toute distinction générationnelle, comme le remarque C. Castelain-Meunier et qui peut parfois confiner à un excès d'unité, épinglé par le dessin de P. Geluck où tous les membres de la famille arborent le même faciès.
Au-delà de la cohésion du groupe que constitue la famille, le lien intergénérationnel est aussi fondamental pour l'individu. Il y trouve en effet une base capitale à la construction de son identité, qu'il soit parent, pour C. Castelain-Meunier qui affirme que composer avec le statut de père ou de mère modifie la perception qu'on a de soi-même ou enfant, de façon plus évidente, pour N. Jonas. Ainsi, la connaissance de ses origines biologiques est essentielle pour que l'être se construise, dans un contexte familial traditionnel comme celui que P. Geluck met en scène dans son dessin ou dans une situation hors du commun dont N. Jonas cite comme exemples l'accouchement sous X ou la famille recomposée. Enfin, outre une certaine stabilité, la famille offre un choix assez large pour les références familiales : ancêtres d'après N. Jonas, parents ou beaux-parents toujours selon lui et C. Castelain-Meunier ou même grands-parents comme le montre V. Hugo avec le personnage de Marius qui rejette un père qui l'a abandonné mais s'identifie à son grand-père qui l'a élevé.

Le lien intergénérationnel peut ainsi induire des relations problématiques, mais il reste un élément essentiel dans la construction de soi. Il prend aujourd'hui des formes variées et chacun peut désormais choisir plus librement ses références, au lieu de les subir. On peut d'ailleurs facilement imaginer que ces références familiales seront de plus en plus larges, eu égard aux évolutions de la société, dont la légalisation récente du mariage pour tous est un témoin.

Remarques

- Aucune utilisation de la première personne n'est à relever dans cette synthèse rédigée, pas même dans des expressions de type « à notre époque ».
- Aucune référence aux documents ne se présente sous la forme d'un numéro : à partir du plan détaillé, dans lequel il est plus simple de noter le numéro du document que l'on compte exploiter, lors de la rédaction de la synthèse il faut au contraire citer le nom de l'auteur et/ou le titre de son œuvre.

• Lors de la présentation des documents, les titres d'œuvre apparaissent ici en italiques : les conventions pour un texte imprimé sont en effet celles-ci. Pensez bien que, dans votre travail, manuscrit, vous devez les souligner.

Exercice 2. Synthèse

Remarque

• Ce sujet a été retenu car, outre qu'il aborde un thème différent des autres corpus proposés dans les Entraînements et les Annales ou BTS blanc, il n'est constitué que de textes et ne comporte aucun document iconographique, ce qui est assez rare mais peut se produire.

1. **Thématique** : Le rire aux dépens d'autrui.

2. **Problématique possible** : La violence exercée à travers le rire est-elle toujours légitime ?

3. **Possibilité de plan** :

   I. **Une pratique sociale légitimée**

   1. Une violence reconnue (doc. 1, 2, 3, 4)

   - Le rire est présenté comme un mécanisme social violent, comparable à une agression, une sanction (doc. 1, 4).
   - Le rire peut constituer un mouvement de rejet d'autrui, soit directement (doc. 3), soit indirectement, à travers l'exclusion (doc. 2).
   - Tous s'accordent sur la cruauté qu'on peut manier envers autrui à travers le rire (doc. 1, 2, 3, 4).

   2. Une violence justifiée

   - Le rire s'exerce au nom de la société ou du groupe (doc. 1, 2, 4) pour punir ceux qui n'en respectent pas les règles ou les codes. On peut aussi considérer qu'il permet de rectifier les comportements inadaptés, que ce soit pour les membres du groupe (doc. 1, 4) ou pour les étrangers (doc. 2).
   - Le rire constitue une possibilité de révolte vis-à-vis des puissants (doc. 3), une forme de contestation face aux excès de la société (doc. 4).
   - Le rire se révèle utile car il permet de préserver un certain équilibre social : l'individu peut grâce à lui mesurer ses erreurs et s'améliorer (doc. 1) et il peut représenter une protection contre les abus de pouvoir (doc. 3).

   II. **Les dérives possibles**

   1. La non-pertinence du rire

   - Le rire est déconnecté de la réflexion, il constitue une forme d'habitude sociale qui peut se montrer injuste et sans rapport avec le mérite de l'individu visé (doc. 1, 2).
   - La victime peut devenir un bouc-émissaire visé pour ses opinions, son mode de vie (doc. 3, 4) ou simplement son incompréhension des références communes au groupe (doc. 2).
   - Les codes invoqués pour provoquer le rire peuvent être arbitraires s'ils relèvent d'un groupe (doc. 2) qui peut avoir pour objectif l'exécution symbolique de l'individu ciblé (doc. 4), sa négation (doc. 3).
   - Le rire et ses codes peuvent relever d'une connivence restreinte et, loin de viser une certaine harmonie sociale (doc. 1) il peut se révéler comme un désir d'exclusion (doc. 2), de domination d'autrui (doc. 3).

   2. Le pouvoir du rieur

   - La capacité à provoquer le rire ne dépend pas uniquement de la légitimité de la moquerie : le rire se présente comme une mécanique (doc. 1, 4) et il peut s'appuyer sur des raisons arbitraires (doc. 2).
   - Cette aptitude permet d'exercer un pouvoir sur ceux que l'on fait rire : figure du meneur du groupe (doc. 2) ou plus généralement, ceux qui veulent à tout prix susciter le rire chez les autres (doc. 4).

– L'intention du rieur peut aussi être égoïste, sans volonté de réformer sa victime (doc. 1), ni d'améliorer le fonctionnement de la société (doc. 2). Il peut s'agir de la volonté d'humilier l'autre, qui révèle finalement une certaine mésestime d'autrui mais aussi de soi (doc. 1).

Remarques

• On retrouve dans ce plan détaillé le souci d'équilibre : deux grandes parties, deux sous-parties dans chacune. On peut noter que dans le II, la première sous-partie comporte quatre points, tandis que la deuxième en compte trois : il s'agit ici d'une petite variation qui ne nuit pas à l'équilibre global du plan. Vous pouvez vous permettre ce genre de petit écart.

• Dans le I, les deux premiers points de la première sous-partie permettent de présenter les documents assez rapidement dans le début du développement, afin d'éviter l'oubli malencontreux d'un, voire de deux documents dans la présentation.

4. Introduction rédigée :

Le rire est depuis Rabelais considéré comme le propre de l'homme et il est généralement appréhendé comme un acte joyeux et éminemment sympathique. Il peut cependant s'exercer aux dépens d'autrui et constituer une forme de cruauté, plus ou moins raffinée. Il est donc intéressant de se demander si la violence exercée à travers le rire est toujours légitime. Il semble en effet qu'elle constitue une pratique sociale légitimée mais qu'elle contienne en germe un certain nombre de dérives possibles.

Remarques

• On peut noter que la première étape de l'introduction permet, sans nuire à l'objectivité de la synthèse, de faire allusion à un auteur et donc de montrer d'ores et déjà une certaine culture.

• La présentation de la problématique se fait sous forme d'interrogation indirecte, sans inversion du sujet ni point d'interrogation : une formulation telle que *« il serait intéressant de se demander si la violence exercée par le rire est-elle toujours légitime ? »* serait doublement incorrecte, et c'est malheureusement ainsi que s'expriment de trop nombreux candidats.

• Le connecteur logique « donc » souligne que cette problématique est tout à fait pertinente sur le sujet du rire, et « en effet » dans la phrase qui annonce le plan montre là encore la cohérence de la démarche.

• L'annonce du plan, sans utiliser les termes « premier(e) » ni « second(e) », s'appuie sur l'articulation autour du connecteur logique « mais » qui montre bien que la réflexion sera menée en deux temps, et envisagera deux thèses plutôt opposées.

5. Conclusion rédigée :

Si le rire aux dépens d'autrui relève donc d'un fonctionnement social qui se trouve une légitimité, il peut également constituer un jeu de pouvoir, dans lequel les victimes endurent des souffrances qui sont bien loin de l'apparente légèreté du rire. Ce comportement humain, s'il est salutaire par ce qu'il implique de dédramatisation, peut aussi avoir des conséquences ravageuses sur ceux qui en font les frais.

Remarques

• On peut noter ici que le bilan ne consiste pas à reprendre mot pour mot, comme le font trop de candidats, les termes de l'annonce du plan. Il rappelle toutefois les deux étapes de la réflexion et souligne que le plan qui a été adopté est bien « dynamique » : on a progressé logiquement de la première à la seconde partie.

• L'ouverture n'est pas formulée ici sous forme de question, mais il propose une nouvelle « piste de réflexion » qui n'était pas envisagée dans le corpus, axé sur les « rieurs » : il s'agit d'envisager la question de ce que ressentent ceux qui subissent le pouvoir de ces « rieurs ».

Exercice 3. Synthèse

Remarques

- Le corpus est composé de quatre documents, trois textes et un document iconographique : il s'agit donc d'un corpus classique.
- Tous les documents sont récents : le plus ancien, extrait du roman de Nathalie Sarraute, date de 1959, le plus récent, l'affiche, de 2014. Aucun ne présente de difficulté particulière de compréhension.
- Tous traitent de l'engouement contemporain pour les objets anciens, mais on ne peut limiter le sujet à la question du vintage, puisque cette notion n'existait pas en 1959, lorsque le roman a été publié.

1. **Problématique retenue** : Comment peut-on expliquer l'engouement pour les objets anciens ?

2. **Plan détaillé** :

I. L'engouement pour les objets anciens

1. En quoi consiste cet engouement ?

Il peut s'agir d'un goût en matière d'ameublement (doc. 3), d'habillement (doc. 2), de technologie (doc. 1) ou de loisirs qui reposent sur l'utilisation d'objets anciens (doc. 4).

2. Les objets concernés sont donc fort divers

Ce peut être des meubles, qu'ils soient d'âge séculaire comme un fauteuil du XVIIIe (doc. 3), ou plus récents comme un bureau d'école du XXe (doc. 1) ; des pièces de haute couture des collections passées de la 2e moitié du XXe (doc. 2, 4), voire des objets relevant d'une technologie obsolète (doc. 1, 4).

3. Qui manifeste ce goût pour l'ancien ?

Ce sont des Occidentaux (doc. 1), essentiellement des jeunes, comme le couple affiché pour annoncer la randonnée cycliste (doc. 4), des représentants de la génération Y (doc. 1) ou de jeunes couples qui débutent dans la vie (doc. 3).

Les plus âgés, souvent, ne comprennent pas, voire condamnent, cette tendance (doc. 1, 3) mais l'amatrice de mode férue de vintage ne semble pas avoir un âge déterminé (doc. 2).

II. Les raisons de cet engouement

1. Des objets qui appartiennent à l'Histoire

Ils permettent de connaître une époque révolue (doc. 1, 4) ; certains les considèrent même comme une part de l'héritage culturel (doc. 2), qui permet à son propriétaire de bâtir un avenir enraciné dans le passé (doc. 1).

2. Des objets précieux

Ces objets séduisent par leur rareté (doc. 2, 3) qui en fait tout le prix.

Ils deviennent aussi des références qui défient le temps (doc. 2, 3) et peuvent s'intégrer à un cadre de vie très actuel (doc. 1).

3. Des objets qui inspirent la passion

La recréation à l'identique de tenues, la restauration de vieux objets pour certaines manifestations (doc. 4) représentent un investissement en temps de la part des participants qui témoigne de l'importance qu'ils y accordent.

Certains objets peuvent provoquer une sorte de coup de cœur (doc. 2), voire générer un sentiment très fort, qui peut confiner à la monomanie chez certains collectionneurs (doc. 3).

3. **Introduction rédigée** :

Dans un monde dominé par la société de consommation, les objets tendent à devenir des biens de consommation à la durée de vie de plus en plus limitée. Dans ce contexte, on peut légitimement s'interroger sur ce qui explique l'engouement pour les objets anciens. Ces objets deviennent en effet parfois source d'un engouement qui peut être très intense. Il apparaît alors que les raisons de ce qui s'apparente parfois à un culte sont variées.

4. **Conclusion rédigée** :
   Le goût pour les objets anciens est donc une réalité qu'on ne saurait nier, et qu'on peut expliquer aussi bien par la nature même de ces objets que par la personnalité de ceux qui s'y intéressent. Il s'inscrit toutefois dans une conception de l'existence qui reste essentiellement matérialiste et qui suscite des interrogations profondes sur les rapports que chacun entretient avec l'objet, qu'il soit ancien ou ultra-moderne.

Exercice 4. Écriture personnelle

1. **Thématique du sujet** : Les liens intergénérationnels, choisis ou subis/construits ou naturels ?

   Remarque
   - La formulation du sujet laisse planer une ambiguïté : le verbe « s'imposent » peut être compris dans le sens d'un lien forcé, par opposition à une relation qui laisse un choix possible, ou dans le sens d'un lien évident, naturel, par opposition à une relation qui se décide et se construit.
   - Les deux lectures possibles du sujet amènent donc des problématiques différentes, mais aucune n'a plus de validité que l'autre.
   - Dans la suite du corrigé qui est proposé, on a opté pour la première des deux lectures.

2. **Problématique possible** : Les liens intergénérationnels sont-ils imposés ou doivent-ils être construits ?

3. **Possibilité de plan détaillé** :

   I. Les liens intergénérationnels peuvent être imposés

   1. Au niveau collectif
   Héritage d'une génération à l'autre : nazisme en Allemagne, Résistance en France ; mai 68.

   2. Au niveau individuel
   Structure familiale imposée à l'individu : Marius dans *Les Misérables* ; *Plus rien ne s'oppose à la nuit* de D. de Vigan.

   II. Ils peuvent aussi être construits

   1. Au niveau individuel
   Nouveaux visages de la famille actuelle, influence de F. Dolto : relations avec les beaux-parents.

   2. Au niveau collectif
   Nouveau statut de la jeunesse qui renouvelle les rapports intergénérationnels : projets culturels faisant intervenir plusieurs générations.

   Remarque
   - On propose ici un plan détaillé construit ; cependant si la gestion du temps a été un peu maladroite, vous n'aurez pas toujours la possibilité d'en élaborer un. N'oubliez pas que vous devez absolument produire un travail qui soit malgré tout construit, et que votre réflexion doit s'appuyer sur un minimum de trois arguments, dont chacun sera illustré par un exemple, puisé dans les références travaillées au cours de l'année. Si vous y ajoutez une introduction et une conclusion, vous vous assurez ainsi que votre travail obtienne une note égale ou supérieure à la moyenne.

4. **Écriture personnelle rédigée** :
   Au fil des siècles, le lien intergénérationnel a plutôt été présenté comme une source de conflit, que ce soit sur le mode de la comédie avec les oppositions entre les pères de Molière et leurs enfants au XVIIe, ou plus récemment dans un registre moins léger avec la guerre ouverte que se livrent une mère et son fils dans le roman autobiographique d'Hervé Bazin, *Vipère au poing*. La famille, cependant, est une réalité en constante évolution comme en témoigne l'adoption du projet de loi autorisant le mariage pour tous. Dans ce contexte actuel, on peut à juste titre s'interroger sur les liens entre générations et se demander s'ils sont imposés ou

s'ils doivent être construits. Il apparaît alors que s'ils se révèlent parfois comme une contrainte, ils peuvent aussi être librement inventés.

En ce qui concerne l'aspect collectif du lien intergénérationnel, il semble assez évident qu'il ne subsiste guère de place pour le libre choix et chaque génération reçoit de la ou des précédente(s) un héritage qu'elle n'a pas eu le loisir de choisir, qui peut se révéler lourd à assumer, comme le nazisme pour les Allemands nés après la seconde guerre mondiale, ou objet de fierté et d'admiration comme l'a été la Résistance pour les Français à la même époque. Plus généralement, il est incontestable que les générations nées en France après 1968 ont subi l'influence de ce printemps agité qui a conduit à un certain nombre de bouleversements sociaux. Le statut de la jeunesse, par exemple, n'est résolument plus le même depuis.
De la même manière, au niveau individuel, nul ne choisit la situation familiale dans laquelle il grandit et même si le Marius des *Misérables*, en tant que personnage fictif, du XIXe siècle qui plus est, abandonné par son père et élevé par son grand-père, semble éloigné des réalités actuelles, il n'en reste pas moins qu'à notre époque encore, la grande majorité des enfants se voit imposer de grandir dans une famille traditionnelle, monoparentale ou recomposée, voire sans foyer familial. Ainsi, nombreux sont les écrivains qui explorent l'histoire familiale afin de saisir leur vérité individuelle, comme Delphine de Vigan explorant le parcours de sa mère dans *Plus rien ne s'oppose à la nuit*, afin de mieux comprendre sa propre histoire.

Toutefois, il est indéniable que le XXe a vu de grands bouleversements dans les rapports entre les générations. Le statut de l'enfant, au niveau familial, a bénéficié des travaux de pédopsychiatres tels que Françoise Dolto et les adultes sont désormais soucieux de l'équilibre et du bien-être de leur progéniture. Ainsi, les nouvelles structures familiales, si elles se révèlent souvent perturbantes pour les enfants, leur offrent aussi un espace de liberté relationnelle. Les rapports entre les enfants et leurs beaux-parents, pour ne citer que ceux-ci, sont en effet à inventer et offrent, à ces deux générations, de nombreuses possibilités.
Plus largement, la jeunesse représente aujourd'hui une entité avec laquelle il faut compter, que ce soit économiquement ou culturellement. De la même manière que les grands-parents sont parfois initiés aux nouvelles technologies par leurs petits-enfants, les jeunes générations, surtout depuis mai 68, sont reconnues comme susceptibles d'enrichir leurs aînés par leur créativité. Leurs relations avec les plus âgés ne s'inscrivent donc désormais plus dans une continuité qui leur serait systématiquement imposée mais dans un échange réciproque, comme le prouvent les nombreux projets municipaux dans le domaine culturel qui font de la mixité générationnelle un enjeu majeur ainsi qu'un atout pour le dynamisme des villes : le Défilé, organisé dans le cadre de la Biennale de la danse à Lyon, en est un exemple probant. De nombreuses municipalités y participent par le biais de groupes constitués d'amateurs de toutes générations qui travaillent sous la houlette de jeunes artistes, qu'ils soient musiciens, chorégraphes ou plasticiens.

Les liens intergénérationnels sont donc encore subis en partie, mais la famille et la société d'aujourd'hui laissent une grande place à la liberté de l'individu. Preuve en est que les enfants quittent de plus en plus tard le foyer parental, tant ils y trouvent un espace dans lequel s'épanouir. Cette évolution peut cependant masquer de nouvelles formes de dépendance des enfants vis-à-vis de leurs parents, mais aussi de ces derniers par rapport à leur progéniture, consenties de part et d'autre, mais aliénantes malgré tout.

Remarques

- La mise en page de votre travail doit faire apparaître sa structure. Si vous êtes pris par le temps et que vous réduisez votre travail à la présentation de trois arguments, veillez à bien distinguer de ce « développement » vos introduction et conclusion et à mettre en évidence chacun des arguments par un alinéa.

• Le sujet, lié à un contexte très actuel, suggère des exemples davantage en lien avec l'actualité qu'avec des œuvres plus anciennes. Il faut veiller cependant à en introduire dans votre travail quitte à ce que ce soit dans l'introduction ou la conclusion. Quoi qu'il en soit, on notera que les exemples cités ici font appel à la littérature, avec Delphine de Vigan, à d'autres formes d'art, avec le Défilé de la Biennale de la danse, mais aussi à l'Histoire à travers la seconde guerre mondiale ou mai 68 et pas seulement aux phénomènes de société actuels.

Exercice 5. Écriture personnelle

1. **Thématique du sujet** : La capacité à faire rire les autres.

2. **Problématique** : Être capable de faire rire les autres confère-t-il un pouvoir ?

Remarque

• Comme on peut le constater, la formulation de la problématique consiste juste ici à reformuler la question posée par le sujet « celui qui fait rire détient-il un réel pouvoir sur les autres ? ».

3. **Plan détaillé possible** :

I. Les pouvoirs de celui qui fait rire

- Il détient un pouvoir sur celui dont il rit, c'est ce qu'affirme Axel Kahn, cité dans le corpus : en soulignant les défauts de l'autre, on le décrédibilise, objectif poursuivi par Molière à l'encontre des faux dévots à travers son *Tartuffe*.
- Il détient un pouvoir sur le groupe, qu'il peut exercer avec bienveillance : faire rire un groupe peut l'aider à dépasser ses difficultés, ce qui explique le succès de comédies populaires telles que *Bienvenue chez les ch'tis* de D. Boon, malgré leur manque éventuel de finesse et/ou leur scénario sans surprise.
- Il peut incarner aussi un contre-pouvoir, qui permet une contestation face aux dirigeants : Coluche candidat aux élections présidentielles de 1981 s'inscrit dans la tradition des chansonniers, comme P. Desproges, face à J.M. le Pen dans *Le Tribunal des flagrants délires*.

II. Les limites de ce pouvoir

- Le rire s'inscrit dans un contexte donné et l'évolution sociale peut modifier les codes : les générations ne rient pas toutes des mêmes choses. Notre époque du « politiquement correct » réduit le champ des sujets dont on peut rire, comme le souligne P. Timsit, violemment critiqué pour son sketch sur les trisomiques.
- Le pouvoir détenu par celui qui fait rire se trouve aussi réduit par une certaine banalisation du rire dont nos médias ont tendance à oublier l'aspect subversif : pléthore d'émissions qui se veulent comiques et recyclent les mêmes images ad libitum, ou généralisation des rires préenregistrés en fond sonore.
- Le rire peut se trouver confronté à la censure, qu'elle soit officielle comme ce fut le cas de Molière, victime au XVIIe siècle de la cabale des dévots à cause de *Tartuffe*, ou officieuse comme l'a été celle qu'ont subie, à travers des menaces de mort, les auteurs des caricatures du prophète Mahomet, publiées au Danemark en 2005. Très récemment, cette censure est allée jusqu'au meurtre dont ont été victimes les membres de l'équipe de *Charlie Hebdo* en janvier 2015.

Remarques

• Ici encore, les références culturelles sont variées : littérature avec Molière, cinéma avec *Les chtis*, radio avec *les flagrants délires*, spectacle vivant avec Timsit et actualité avec les attentats de janvier 2015.

• On choisit de terminer cette seconde partie par la référence aux attentats contre *Charlie hebdo*, appliquant le principe qui consiste à utiliser en dernier lieu l'argument le plus fort : on montre ainsi que non seulement le pouvoir de celui qui fait rire possède des limites, mais qu'il peut même comporter un danger mortel.

4. **Introduction rédigée** :

À une époque qui voit se multiplier les vocations de comique chez les comédiens et autres animateurs, on peut s'interroger sur le pouvoir que détient celui qui fait rire. Il semble que cette aptitude à provoquer le rire d'autrui confère différents types de pouvoir, mais que ce phénomène connaisse certaines limites.

Remarque

- Vous avez ici un exemple d'introduction très courte, qui correspond au minimum évoqué des trois étapes, que l'on retrouve malgré tout dans ce paragraphe.

5. **Conclusion rédigée** :

Comme le fou du roi pouvait se permettre une certaine outrecuidance à travers ses bouffonneries, aujourd'hui encore, celui qui fait rire détient une forme d'ascendant, limité mais indéniable, sur les autres. Au-delà du rire, D. Noguez évoque l'humour qui permet, sans nécessairement cibler une victime, d'aborder des sujets sérieux avec une certaine légèreté. Ces dernières années ont ainsi vu apparaître des films qui traitaient de sujets sensibles dans un registre humoristique, comme l'ont fait *Intouchables* d'E. Toledano avec la question du handicap ou *Le Nom des gens* de B. Kasmi et M. Leclerc avec celle de l'altérité et de la mixité sociale : ces deux œuvres ont connu, à des degrés divers, un succès populaire qui confirme que le rire peut être dépourvu de toute cruauté.

Remarque

- L'ouverture de cette conclusion élargit le champ de la réflexion à des thèmes nouveaux, comme la mixité sociale, ou la question du rire sans méchanceté

Exercice 6. Écriture personnelle

Remarques

- La réflexion porte uniquement sur les « objets du passé », donc sur les choses anciennes.
- Le terme « culte » suppose un attachement fort à l'objet, qui peut relever de la vénération, voire du fétichisme, que certains peuvent ressentir pour les objets anciens.
- L'expression « attitude superficielle » peut être entendue de différentes façons, mais elle pose, entre autres, la question de ce qui se joue dans cet engouement : comportement sans importance ni réelle implication, ou au contraire révélateur de vérités plus profondes sur l'individu. C'est cet axe de réflexion qui sera ici retenu, mais il était également possible d'envisager le sujet comme un questionnement sur l'intérêt, réel ou factice, d'une telle tendance.
- La négation partielle contenue dans la question posée implique qu'il faut envisager cet engouement, de fait, comme une « attitude superficielle », mais qu'il faut s'interroger sur une autre interprétation possible.

1. **Problématique retenue** : Quelle valeur le rapport affectif aux objets anciens a-t-il ?

2. **Plan détaillé** :

I. L'amour des objets anciens, un comportement sans consistance

1. L'objet ancien est en général coupé de sa fonction première, utilitaire. La société de consommation actuelle fait évoluer très vite la notion d'ancien opposé au nouveau : ce qui apparaît comme un gadget futile et luxueux se transforme en quelques années un élément quotidien pour tous (téléphone portable), ou au contraire une innovation technologique révolutionnaire devient, dans les mêmes délais, obsolète (magnétoscope). Dans cette perspective, l'attachement aux objets anciens n'a guère de sens.
2. L'objet ancien, coupé de sa dimension utile, peut devenir un objet décoratif, interchangeable. Le goût pour ce type d'objets peut être considéré comme un phénomène un peu anecdotique, exploité de façon commer-

ciale : les Bourses ou Marchés de la mode vintage fleurissent dans de nombreuses villes, mais contrairement à la boutique de Didier Ludot, on n'y trouve que rarement des pièces de haute couture issues des collections passées, mais des vêtements de prêt-à-porter qui, souvent, datent d'un ou deux ans seulement.

3. L'engouement pour les objets anciens relève très rarement du culte, il s'agit plus souvent d'un goût modéré, d'une tendance un peu marginale. Ainsi, la jeune fille évoquée par Philotée Gaymard possède, certes, une platine vinyle, objet *a priori* ancien, mais il ne s'agit pas d'un exemplaire datant du siècle dernier puisqu'il dispose d'un port permettant d'y relier un iPod, fruit d'une technologie de pointe.

II. Un goût porteur de sens... multiples

1. Le goût pour l'ancien n'est pas une attitude récente. Les vieux meubles, par exemple, ont depuis des siècles un intérêt qui va au-delà de leur utilité, comme en témoigne « Le Buffet », poème de 1870 dans lequel le jeune Arthur Rimbaud, insistant sur l'âge vénérable de ce meuble, met en relief sa valeur de mémoire et lui confère une dimension aussi poétique que symbolique. Les nombreux musées, qui présentent des objets quotidiens des civilisations passées confirment d'ailleurs cette valeur historique des objets anciens.
2. Cependant cette nostalgie peut aller jusqu'à une attitude passéiste, qui témoigne d'un refus de la réalité contemporaine, d'une façon un peu malsaine de se rassurer face à un monde en perpétuelle mutation. C'est le reproche que formule la mère de Gisèle à l'encontre du compagnon de sa fille, qu'elle considère comme un homme inconséquent dans *Le Planétarium*.
3. Ce culte des objets anciens peut enfin, bien au contraire, s'apparenter à une démarche militante, proche de la décroissance, contre la société de consommation et cette soif inextinguible de possession dénoncées par de nombreux artistes contemporains tels qu'Alain Souchon avec sa chanson « Foule sentimentale ». Depuis quelques années, des associations promeuvent le recyclage des objets anciens, prenant en charge leur réparation qui allonge leur durée de vie.

Remarque

- Le sujet abordé rend difficile le recours à des exemples qui ne relèvent pas de notre société contemporaine. Toutefois, la référence à Rimbaud ouvre sur la littérature et on a veillé, pour les autres exemples, à varier les domaines exploités : musées, phénomènes de mode, nouvelles technologies, etc.

3. Introduction rédigée :

Parallèlement à une évolution qui, depuis des siècles, pousse l'homme à créer sans cesse de nouveaux objets, vecteurs de progrès, s'est développé le goût pour l'ancien. Ainsi, les romans du XIXe mettent en scène la nouveauté commerciale que représentent les grands magasins à travers *Au Bonheur des dames* d'E. Zola, mais aussi une boutique d'antiquaire qui fait cohabiter des objets variés issus de civilisations passées dans *La Peau de chagrin* de Balzac. On peut, dans cette perspective, se demander quelle valeur a le rapport affectif aux objets anciens. Cet engouement relève, dans certains cas, d'une attitude superficielle ; toutefois, il peut aussi être porteur de sens multiples.

Remarque

- Comme on l'a déjà relevé dans la remarque précédente, le sujet abordé rend difficile le recours à des exemples qui ne relèvent pas de notre société contemporaine. On compense donc en proposant, dans cette introduction, deux références à la littérature classique avec les romans de Zola et Balzac.

4. Conclusion rédigée :

Si l'amour des objets anciens relève parfois d'un comportement un peu factice, il correspond aussi pour certains à une vérité profonde de leur être. Lorsque le culte de l'objet ancien se révèle souvent stérile chez les collectionneurs, proche alors de la compulsion, le respect que certains lui manifestent procède au contraire d'une volonté de s'affranchir d'une forme de servitude au matériel qui caractérise à certains égards la société actuelle.

BTS blanc – Annales 2018

SYNTHÈSE

Remarques

- Comme c'est déjà arrivé ces dernières années, le corpus est constitué de quatre textes, sans document iconographique.
- Ces quatre textes sont très récents, de 2000 pour le plus ancien, jusqu'à 2014.
- La répartition en est assez « classique » :
  - deux articles de journaux, dont un entretien (doc. 3),
  - un extrait d'essai (doc. 2),
  - et un passage tiré d'un roman.
- Aucun de ces textes ne présente de difficulté particulière de langue et/ou de référence.

1. **Problématique** :

   De nombreuses problématiques étaient envisageables, comme c'est souvent le cas :
   – Le tatouage est-il une marque d'appartenance à un groupe ou l'affirmation d'une identité propre ?
   – Comment peut-on expliquer l'engouement actuel pour le tatouage ?
   – Le tatouage est-il une marque d'exclusion ou une façon de revendiquer une appartenance ?
   Plusieurs des documents suggèrent, voire soulignent une dimension historique du tatouage, selon qu'il s'agit d'une pratique traditionnelle ou d'une réalité contemporaine.

2. **Problématique retenue** : On retiendra ici la première problématique envisagée, la plus évidente et la plus simple.

3. **Proposition de plan détaillé** :

   I. Le tatouage, une marque forte d'identité

   1. Un phénomène universel
   - Une tradition extrêmement ancienne, datant de la préhistoire ou des sociétés primitives (doc. 1) de même que pour les Maoris (doc. 3) ou en Polynésie (doc. 4).
   - Mais également une pratique très contemporaine, en Occident, à partir du XXe siècle (doc. 1, 2, 3).

   2. Une modification physique radicale
   - Une inscription forte sur le corps, marque identitaire (doc. 3), ou quête d'appartenance (doc. 2).
   - Une expérience aussi forte que définitive (doc. 1, 2).
   - Importance de la souffrance physique, acceptée comme faisant partie intégrante de cette expérience (doc. 2, 3, 4), de même que le coût financier, parfois très lourd (doc. 2).

   II. Le tatouage traditionnel, la marque d'une appartenance…

   1. … où le groupe prime sur l'individu
   - Un rituel tribal pour le personnage de Narcisse (doc. 4), ou une marque d'appartenance religieuse (doc. 1, 3).
   - Signe d'une adhésion à un groupe (doc. 2, 3) ou témoin d'une identité commune (doc. 1, 4).

   2. … à un groupe souvent marginal
   - Au Japon, signe d'une exclusion de la société, voire d'une appartenance à des milieux hors-la-loi (doc. 1, 2).
   - En Occident, avant l'époque actuelle, pratique condamnée par l'Église (doc. 1), ou punition infamante (doc. 1), ou encore signe d'un refus de la société (doc. 1, 2, 3).

   3. … qui provoquent des réactions ambivalentes
   - Pour la personne tatouée, à la fois fierté et dissimulation (doc. 1), marque très intime (doc. 2), voire quasi-exhibitionnisme (doc. 4).

- Pour ceux qui le voient, mélange de fascination et de répulsion (doc. 4), mais aussi exposition officielle dans un musée (doc. 1).

III. Une nette différence entre formes traditionnelles et formes contemporaines

1. Une évolution récente dans la pratique

- Influence de la société du spectacle, des médias et de la culture populaire (doc. 1,2).
- Reconnaissance de certains tatoueurs en tant qu'artistes (doc. 1).

2. Un changement de signification

- Des personnes tatouées épanouies, qui revendiquent et affichent leur tatouage (doc. 1), considérés comme vecteur de révélation de son identité (doc. 1), voire de reconnaissance (doc. 3).
- Une pratique très narcissique (doc. 2, 3).

3. Une pratique dévoyée, ou réinterprétée ?

- Une pratique contemporaine bien loin des traditions (doc. 4) : taille des tatouages (doc. 2), ignorance des significations d'origine (doc. 3) et mépris des anciens initiés pour ces pratiques actuelles (doc. 1).
- Quoi qu'il en soit, le tatouage est désormais un phénomène dont on ne peut nier l'aspect marquant et significatif (doc. 1, 3).

4. Introduction rédigée :

Pratique attestée en Égypte deux mille ans avant Jésus-Christ ou même en Eurasie depuis le Néolithique, le tatouage, en Occident, est longtemps resté un phénomène marginal, dans tous les sens du terme. Ces dernières décennies, toutefois, il a connu un engouement aussi fulgurant que répandu. On peut ainsi s'interroger légitimement sur cette évolution et se demander si le tatouage est une marque d'appartenance à un groupe ou s'il s'agit de l'affirmation d'une identité. Il apparaît en effet qu'il représente une marque forte d'identité ; cependant, le tatouage traditionnel constitue indéniablement un signe d'appartenance. On ne peut donc que noter une nette différence entre ces formes originelles et les pratiques contemporaines.

5. Conclusion rédigée :

Entre quête d'identité et revendication de son appartenance à un groupe, au-delà de son sens originel, le tatouage accède aujourd'hui au statut d'art reconnu. Roald Dahl, dans sa nouvelle « Peau », allait ainsi jusqu'à imaginer que le tatouage pouvait lui-même être une œuvre d'art : son personnage arborant un portrait tatoué par le peintre Soutine suscite d'ailleurs une convoitise qui lui coûte la vie.

ÉCRITURE PERSONNELLE

Remarques

• La formulation du sujet offre la possibilité d'une réponse nuancée, avec un plan didactique. Il est également possible d'adopter une position tranchée, mais il faut alors proposer un travail de qualité qui implique un point de vue justifié et étayé par des références nombreuses et variées.

• Le pronom « nous » utilisé dans le sujet suggère une réflexion sur la société occidentale contemporaine. Cependant, ce « nous » peut aussi être interprété comme une façon de désigner l'humanité toute entière, questionnant le rapport de l'Homme à son propre corps.

• Le sujet ne remet pas en cause la possibilité de rendre son corps artificiel : il interroge seulement sur les conséquences de cette démarche.

• Il faut cependant noter que le terme « nature » que l'on trouve dans le sujet, peut s'entendre de deux façons : la Nature, par opposition à l'artifice, évidemment, mais aussi la nature humaine, dans ce qu'elle a de plus complexe.

1. **Problématique proposée** : En rendant son corps artificiel, l'homme va-t-il à l'encontre de sa nature ?

2. **Proposition de plan détaillé** :

   I. **Modifier artificiellement son corps revient en effet à altérer la nature**

   – Utiliser l'artifice permet de lutter contre le vieillissement, processus naturel illustré par le tableau de Gustav Klimmt, « Les Trois Âges de la femme », comme le montre Guy de Maupassant dans son roman *Fort comme la mort*, dans lequel une femme du monde souffre de voir sa beauté se faner tandis que celle de sa fille s'épanouit : elle a recours au maquillage pour masquer sa décrépitude progressive.

   – D'ailleurs, si Baudelaire, dans son « Éloge du maquillage », affirme que l'usage de cet artifice permet d'exalter la beauté, il évoque aussi cette pratique comme un processus de création qui, loin de vouloir accepter et imiter la nature, cherche au contraire à transcender le corps humain.

   – Le mythe d'Icare, précurseur de toutes les augmentations corporelles que la technique rend aujourd'hui possibles (greffe d'une caméra à la place de l'œil, par exemple) met en garde contre la tentation humaine de dépasser ses capacités physiques naturelles : la sanction est irréversible, puisqu'il en meurt.

   – Dans ce que l'on appelle aujourd'hui l'Art corporel, certains corps, tatoués, scarifiés, percés, greffés d'implants corporels, n'ont ainsi, parfois, plus guère apparence humaine...

   II. **Cependant, modifier son corps peut aussi permettre de (re) trouver une certaine humanité**

   – La réappropriation de son corps passe parois par des pratiques telles que piercing ou tatouage, comme l'évoquent D. Bétard, D. Le Breton ou P. Pons dans le corpus, mais aussi, dans certains cas, et loin des dérives et autres abus, par une intervention de chirurgie esthétique qui permet de surmonter un complexe (rhinoplastie, par exemple).

   – Au-delà, la chirurgie réparatrice permet aux patients de renouer avec une existence plus « humaine » en ce qu'elle leur permet de recouvrer des fonctions biologiques naturelles, comme le souligne le roman de M. de Kérangal, *Réparer les vivants*, de même que M. Dugain, dans *La Chambre des officiers*, fait référence aux premiers pas de la chirurgie reconstructrice qui avait pour but de rendre aux « Gueules cassées » de 14-18 une apparence humaine.

   – Modifier son corps, finalement, n'est-ce pas assumer son humanité, dans sa dimension créatrice ? La nature humaine ne se loge-t-elle pas justement dans cette volonté de dépasser la nature ? Selon le mythe de Prométhée raconté par Platon, l'homme a été créé inachevé et doit se créer lui-même. Le feu volé aux dieux et donné aux hommes symbolise pour le philosophe grec que la nature de l'homme est paradoxalement de devenir autre chose qu'un être naturel.

3. **Introduction rédigée** :

   Depuis les Romaines qui utilisaient déjà des produits – parfois très toxiques ! – pour se maquiller jusqu'aux modifications apportées au corps humain par les technologies contemporaines, nombreux sont les exemples de tentatives humaines pour transformer le corps. Il découle de ces pratiques un questionnement quant aux conséquences de ces comportements : par le recours de l'artifice sur son physique, l'homme va-t-il à l'encontre de la nature ? On ne peut nier que modifier artificiellement son corps revient en effet à en altérer la nature. Il apparaît cependant que cette démarche peut aussi permettre à l'individu de (re) trouver une certaine humanité.

4. **Conclusion rédigée** :

   Même si, en rendant son corps artificiel, l'homme semble s'éloigner de sa nature, cela peut aussi l'amener à renouer avec ce qui fait l'essence même de l'humain. Toutefois, les techniques les plus récentes, qui ouvrent un champ de possibles dont les frontières sont sans cesse repoussées, soulèvent des inquiétudes éthiques complexes, qu'une législation, régulièrement mise à jour et très vite obsolète, a pour but d'apaiser.

E2

LANGUE VIVANTE ÉTRANGÈRE – ANGLAIS

E2 Présentation de l'épreuve

Introduction

L'épreuve écrite **E2 « Langue vivante étrangère »** du BTS Professions Immobilières (coefficient 2) se déroule en examen final.

Il s'agit d'une épreuve de deux heures comprenant une partie compréhension sur 10 points suivie d'une partie expression en langue anglaise également sur 10 points. Un dictionnaire bilingue USUEL est autorisé pour cette épreuve.

Modalités

La partie compréhension est évaluée à partir d'un document authentique, généralement un article de presse ayant trait à une problématique immobilière, ne pouvant excéder 500 mots.

Il est demandé à l'étudiant d'en rédiger un compte rendu synthétique en langue française dont le nombre de mots est généralement précisé (avec une marge de 10 %). Il s'agit là de démontrer que le candidat possède une connaissance de l'anglais qui lui permet de prendre le recul suffisant nécessaire au travail de synthèse exigé. La possibilité de consulter le dictionnaire peut faire perdre beaucoup de temps et empêcher l'étudiant d'appréhender la ou les problématiques soulevées par le texte de façon convaincante. Le dictionnaire est donc un outil à double tranchant qui a tendance à favoriser les étudiants dont le niveau d'anglais est satisfaisant.

La partie expression est évaluée à partir d'un écrit professionnel qui peut concerner n'importe quel thème lié à l'immobilier : transaction vente/location, gestion locative/copropriété, etc. Le nombre de mots proposé pour ce type d'Exercice l'est à titre indicatif : en effet, un courrier professionnel standard dépasse rarement les 200 mots. Dans cette partie, seront évaluées les compétences linguistiques (grammaire, syntaxe, lexique) ainsi que la posture professionnelle du candidat.

Ici encore le dictionnaire peut occasionner une perte de temps considérable si le candidat n'est pas préalablement habitué à manier le vocabulaire spécifique de la profession.

Tableau des entraînements

	Durée en minutes	Fiche 1	Fiche 2	Fiche 3	Fiche 4	Fiche 5	Fiche 6
Thème 1 : Métiers de la transaction							
QCM	5 min.	X	X				
Transaction vente							
Exercice 1 : Réponse par mail au vendeur	45 min.	X					
Exercice 2 : Réponse par courrier au vendeur	45 min.	X					
Exercice 3 : Rédaction d'un article publicitaire pour l'agence	60 min.	X					
Transaction locative							
Exercice 4 : Réponse par courriel à un locataire	30 min.		X				
Exercice 5 : Réponse par courrier à un bailleur pour une location saisonnière	30 min.		X				
Exercice 6 : Annonces locatives	70 min.		X				
Exercice 7 : Informations données au bailleur pour une location saisonnière	70 min.		X				

	Durée en minutes	Fiche 1	Fiche 2	Fiche 3	Fiche 4	Fiche 5	Fiche 6
Thème 2 : Métiers de la gestion locative							
QCM	5 min.				X		
Gestion locative							
Exercice 8 :informations par mail données par le locataire dans le cas d'une résiliation	30 min.			X			
Exercice 9 : Traduction d'un contrat de location saisonnière	70 min.			X			
Exercice 10 : Rédaction d'un écrit d'incitation à la location saisonnière	60 min.			X			
Exercice 11 : Rédaction d'une réponse à un courrier de réclamation d'un client saisonnier	30 min.			X			
Exercice 12 : Rédaction d'un courrier informatif répondant à une demande de location saisonnière	60 min.			X			
Exercice 13 : Avenant à un contrat de location saisonnière	45 min.			X			
Gestion de copropriété							
Exercice 14 : Rédaction d'un courrier répondant à une question d'un copropriétaire sur l'AG	30 min.				X		
Exercice 15 : Rédaction d'une réponse à un locataire mécontent	30 min.			X	X		
Exercice 16 : Rédaction d'un courrier explicatif à un copropriétaire	70 min.				X		
Thème 3 : Méthodologie de l'épreuve							
Exercice 17 : Sujet d'examen → Finding a property en France	120 min.	X					
Exercice 18 : Sujet d'examen → In New York, RVs are one answer to soaring rents	120 min.	X	X				
Exercice 19 : Sujet d'examen → Britain smallest house	120 min.	X					

Thème 1
Métiers de la transaction immobilière

Introduction générale

A. The real estate agent's missions

The role of a real estate agent in France is to inform, **advise** and accompany customers throughout the whole **selling,** buying and **renting** process. A part from **transaction missions**, estate agents can also be in charge of **rental management** and take care of **co-ownership management**. An extended **knowledge** of the legal aspects surrounding the above **procedures** is expected from a real estate agent, along with solid communication **skills.**

TRADUCTION Les missions d'un agent immobilier

Le rôle d'un agent immobilier en France est d'informer, de conseiller et d'accompagner les clients tout au long du processus de vente, d'achat et de location. En plus de ces missions de transactions traditionnelles, les agents immobiliers peuvent également se charger de la gestion locative et de la gestion de copropriété. On attend d'un agent immobilier une connaissance approfondie des aspects juridiques entourant les procédures citées ci-dessus, ainsi que de réelles compétences en communication.

B. The agency

An agency can be independent or be part of a large **franchised network.** As professionals, they are entitled to carry out all the missions quoted above, although a certain number of them can decide to develop specific activities (transaction or management). Large franchised networks benefit from their notoriety and omnipresence. Yet, local "**mom and pop**" agencies attract customers by their thorough knowledge of the area in which they **operate**; their customers' approach is less impersonal, therefore they are more likely to **establish customer's trust and loyalty.**

TRADUCTION L'agence

Une agence peut être indépendante ou bien faire partie d'un large réseau franchisé. En tant que professionnels de l'immobilier, les agences sont habilitées à effectuer toutes les missions citées plus haut, bien que certaines préfèrent se consacrer à des missions spécifiques. (transaction ou gestion). Toutefois, les agences de quartier souvent de tradition familiale attirent la clientèle grâce à leur connaissance particulière du terrain sur lequel elles opèrent ; leur approche clientèle est moins impersonnelle et elles sont donc mieux à même de susciter la confiance des clients, voire de les fidéliser.

1. Sales transaction: selling a property (la transaction/vente)

A. Prospection and visibility

A real estate agent must carry out **efficient** prospection missions to **enlarge** and **update** the agency's **listings** with a wide **panel** of **liable properties** to **sell** or to **let**. One of the most efficient prospection method is for an agent to **canvass** the agency's **neighborhood**, spotting **"for sale"** or **"to let" signs**, having casual **small talk** with **caretakers** and shopkeepers who represent an invaluable source of information on who is planning to move, to sell or to **rent** a property. **Cold calling,** on the other hand, (calling customers at random) has to be carried out carefully as it can be considered intrusive by the **prospect.**

Having a **user friendly** website where listings are constantly updated, where all types of information are **available** in one click is vital in today's highly connected world. Nevertheless, more traditional methods such as an **eye-catching**, easy to read **window display** along with **mailing**, **letter boxing** and **advertising** in local papers are still effective prospection **tools.**

TRADUCTION **La prospection et la visibilité**

Un agent immobilier doit mener à bien des missions de prospection efficaces de façon à élargir et à mettre à jour la liste des annonces proposées par son agence grâce à des biens fiables destinés à la vente ou à la location. Le démarchage dans le quartier où opère de l'agence demeure l'une des méthodes les plus efficace pour l'agent qui pourra ainsi repérer les panneaux « à louer » et « à vendre », bavarder avec les gardiens d'immeubles et les commerçants qui représentent autant de sources de renseignements précieux sur qui est sur le point de déménager, de vendre, ou de louer un bien. Le « cold calling » (appel spontané, appel à froid), par contre, doit être entrepris avec précaution du fait de son caractère intrusif auprès des prospects démarchés.

Posséder un site internet convivial où les annonces sont constamment mises à jour, où toutes sortes d'informations sont disponibles en un seul clic demeure essentiel dans le monde éminemment connecté d'aujourd'hui. Pourtant, des méthodes traditionnelles telles que les vitrines affichant des annonces qui attirent le regard tout en étant faciles à lire, le publipostage, l'envoi de mails circulaires, le boitage tout comme les encarts publicitaires dans les journaux locaux demeurent des outils de prospection efficaces.

B. Advertising for a property

A property **advertisement** must be both precise and concise. It must inform about the number of rooms, the **surface**, the equipment, the **compulsory tests (asbestos, lead,** energy), the area (transports and **amenities**), and the price, including the agency's **fees.**:

TRADUCTION **Annoncer un bien**

Une annonce pour un bien se doit d'être à la fois précise et concise. Elle doit donner des renseignements sur le nombre de pièces, la surface, l'équipement, les diagnostics obligatoires (amiante, plomb, consommation d'énergie), le quartier, le réseau de transports, les commerces et services de proximité, ainsi que le prix du bien, incluant les frais/ honoraires de l'agence.

C. Negotiating a sales mandate

When a person wishes to sell a property, the agent's role is to convince the **owner** that the agency offers services capable of making the whole procedure much easier and **time saving** for the owner. It is a fact that today's owners are often tempted to carry out the **transactions** by themselves thanks to the multitude of websites providing **tips**, **legal advice** as well as easy access to potential buyers; that is why the agent will have to prove that the agency's services are really **worthwhile**.

TRADUCTION **Négocier un mandat de vente**

Lorsque quelqu'un souhaite vendre un bien, le rôle de l'agent consiste à convaincre le propriétaire de ce bien que les services proposés par l'agence peuvent rendre la procédure beaucoup plus facile et rapide pour le propriétaire. Il est indéniable qu'aujourd'hui les tentations sont grandes pour les propriétaires de s'occuper des transactions eux-mêmes grâce à la pléthore de sites dédiés capables de fournir des astuces, des conseils juridiques, tout comme un accès facilité aux acheteurs potentiels ; c'est pourquoi, l'agent devra être en mesure de prouver que les services que l'agence peut lui rendre sont réellement avantageux.

D. Property valuation

In order **to set a price** and before signing a **mandate** with the seller, the agent will propose to establish the property's **value**. If there is a **discrepancy** between the owner's price and the agency's **valuation**, the agent will have to convince the owner that the agency's price is the most **accurate**. It is the agent's task to prove his professionalism in order to generate **customer's trust**. As professionals, real estate agents should be aware of the fluctuations of the real estate market prices at least in the areas where the agency operates. They should be able to give their clients the reasons why the market fluctuates (economic context, time of year, local changes, new buyers' expectations, etc.). When a seller and an agent agree on a price, the client must be informed whether the price includes the agency's fees or not (generally between 4 and 10% of the sales price). The fees can be negotiated according to the services the agency is ready to offer its clients when the latter agree to sign an exclusive **sales mandate**.

TRADUCTION **L'estimation d'un bien**

Afin d'être en mesure de fixer un prix et avant de signer un mandat de vente avec le propriétaire-vendeur, l'agent proposera d'estimer le bien. En cas de disparité entre le prix voulu par le propriétaire et celui estimé par l'agence, celle-ci devra convaincre le propriétaire du bien-fondé de son estimation. Il incombe à l'agent de faire la preuve de son professionnalisme afin que le client lui fasse confiance. En qualité de professionnels, les agents immobiliers doivent se tenir au courant des fluctuations des prix du marché, au moins dans les secteurs où ils opèrent. Ils doivent être capables d'informer les clients sur les raisons à l'origine de ces fluctuations (contexte économique, période de l'année, changements locaux, nouvelles attentes de la clientèle, etc..) Quand un vendeur et un agent sont d'accord sur un prix, le client doit être informé si ce prix inclut les honoraires de l'agence (compris généralement entre 4 % et 10 % du prix de vente).Ces honoraires peuvent être négociés en fonction des services rendus par l'agence à condition que le vendeur signe un mandat exclusif.

E. The sales mandate (also referred to as the listing contract)

In order to sell a property **on behalf of** a property owner, a contract must be signed between the seller and the agency; this contract is called a **mandate or a listing contract.** The most interesting mandate for an agent is the **exclusive mandate** which, as its name indicates, means that the seller cannot sell his property through another agency or on his own, in other words the agency has got the exclusivity of the sale (hence the name exclusive mandate).

In exchange for an exclusive mandate, the agency can offer a panel of services such as:

enhancing the property's visibility by advertising it through different channels (websites, window displays, etc.) :

- using the agency's **database** to contact potential buyers,
- **checking** the potential buyers' **financial capacity** in order to organize reliable visits,
- taking care of **the mandatory assessments,**
- **home-staging** (making the property appealing for buyers),
- organizing **open houses** (visits),
- doing all the above in order to conclude the sale within a reasonable **time span,**
- helping buyers and sellers to get a **mortgage loan** or a **bridge loan,**
- taking care of all the paperwork including the signing of the **pre -sale agreement,**
- providing a **solicitor/notary** *(notaire)* for the final sale.

Mandates are signed for a limited period of time set by both parties. Mandates can be renewed, but also **terminated** by the client at any time.

Besides the exclusive mandate, the **semi exclusive** and the **simple mandates** should also be mentioned as an option to the client. The semi exclusive mandate allows both seller and one single agency to find a buyer, whereas the simple mandate allows the seller to place his property in as many agencies as he wishes and to find his own buyer. It is a well known fact that the lack of exclusivity will generally deter the agent from doing the maximum in his power to sell the property; in other words, signing a simple mandate might not be profitable for either party.

TRADUCTION **Le mandat de vente**

Pour pouvoir vendre un bien au nom d'un propriétaire, un contrat doit être signé entre le vendeur et l'agence. Ce contrat est appelé mandat de vente. Le mandat le plus intéressant pour un agent est le mandat exclusif qui comme son nom l'indique confie à l'agence l'exclusivité de la vente. En échange d'un mandat exclusif, l'agence peut proposer un éventail de services tels que :

- *renforcer la visibilité du bien en en faisant la promotion à travers différents canaux publicitaires (sites internet, vitrines, publipostage, etc.) ;*
- *utiliser la base de données de l'agence pour entrer en relation avec les acheteurs potentiels ;*
- *vérifier la solvabilité des acheteurs potentiels en amont afin d'organiser des visites plus efficaces ;*
- *se charger des différents diagnostics obligatoires ;*
- *organiser du « home staging » (aménager le bien pour le rendre plus attractif) ;*
- *organiser les visites ;*
- *accomplir toutes les tâches ci dessus dans le but de conclure la vente dans un délai raisonnable ;*
- *aider les acheteurs et les vendeurs à obtenir un prêt immobilier ou un prêt relai ;*
- *s'occuper de toute la partie administrative y compris de la signature du compromis de vente ;*
- *prévoir un notaire pour l'acte de vente final.*

Les mandats sont signés pour une période limitée. Ils peuvent être renouvelés mais aussi interrompus par le mandant à n'importe quel moment.

En dehors du mandat exclusif, le mandat simple et le mandat semi-exclusif doivent être présentés au client comme des options possibles. Le mandat semi-exclusif permet à la fois au vendeur ainsi qu'à une seule agence de trouver un acquéreur, alors que le mandat simple permet au vendeur de placer son bien dans autant d'agences qu'il le souhaite, tout en conservant la possibilité de trouver lui-même l'acquéreur. Il est cependant reconnu que l'absence d'exclusivité n'encourage pas l'agent à faire de son mieux pour vendre le bien ; en d'autres termes, signer un mandat simple risque de n'être profitable ni au vendeur ni à l'agence.

2. Rental transactions (la transaction/location)

Part of the estate agent's missions also involve **rental** transactions, meaning the agent has to respond to both **landlords** and **tenants'** expectations.

TRADUCTION

Une partie des missions de l'agent immobilier peut être consacrée à la transaction locative, ce qui implique que l'agent doive répondre à la fois aux attentes des propriétaires et des locataires.

A. Working on the owners/landlords' behalf

One of the most challenging task today is to develop the adequate arguments in order to convince a property owner looking for a tenant to rely on the services of a real estate agency. On the other hand, a **foreign** client will be likely to need the professional help of an agent to find his way through the maze of the French legislation.

TRADUCTION **Être mandaté par les propriétaires/loueurs**

Aujourd'hui, l'une des tâches les plus ardues pour un agent consiste à développer les bons arguments auprès d'un propriétaire désireux de louer son bien afin de le convaincre d'avoir recours aux services d'une agence immobilière. Par contre, un client étranger aura, lui, vraisemblablement besoin de l'aide d'un professionnel pour se repérer à travers les méandres de la législation française.

B. Furnished or unfurnished?

The agent should give advice to what type of let and lease are the most suitable for the customer's needs, knowing that **furnished and unfurnished** lets follow different rules although they are both regulated by the 1989 law.

TRADUCTION **Meublé ou vide ?**

L'agent immobilier doit être en mesure de conseiller quel type de location et de bail conviendraient le mieux au lient, sachant que les locations meublées et vides obéissent à des règles différentes bien que toutes deux régies par la loi de 1989.

Furnished lets

In France, furnished properties (often students' favorites) generally propose a one year tacitly renewable lease, with a one month advance notice sent by registered mail with a certificate of receipt when the tenant wants to leave. If the landlord wants his tenant to leave when the lease terminates, the advance notice is of three months before the end of the lease and must also be sent by registered mail with a certificate of receipt. Specific nine or ten month leases can be proposed to students, from September/October to June. A part from the fact that this type of leases are not tacitly renewable, the rules are the same as for ordinary furnished lets.

Locations meublées

En France, les biens meublés (souvent plébiscités par les étudiants) proposent généralement un bail tacitement reconductible d'un an, prévoyant un mois de préavis pour le locataire lorsqu'il souhaite quitter la location à envoyer par courrier recommandé avec accusé de réception. Si le propriétaire souhaite que le locataire quitte les lieux à la fin du bail, le préavis est de 3 mois avant la fin du bail at doit aussi être envoyé par courrier recommandé avec accusé de réception. Des baux spécifiques d'une durée de neuf à dix mois peuvent être proposés aux étudiants de septembre/octobre à juin. Outre le fait que ces baux ne sont pas tacitement renouvelables, ils suivent les mêmes règles que les baux meublés ordinaires.

Unfurnished lets

Unfurnished properties obey to different rules: leases are signed for three years tacitly renewable, and the advance notice must be sent by the tenant three months before leaving the property (see above)

The landlord cannot give leave to his tenant except for statutory reasons; for example, in case the owner or a member of his immediate family wants to re-occupy the property, if the owner decides to sell the property or for another serious and legitimate reason, when the rent has not been paid, or the tenant has not taken home insurance, or abuses his rights to use the dwelling. In any of the above cases, the tenant must be given leave at least six months in advance through registered mail.

TRADUCTION **Locations vides**

Les biens vides suivent différentes règles: les baux sont signés pour trois ans tacitement reconduits, et le préavis doit être envoyé par le locataire 3 mois avant de quitter les lieux (voir plus haut).

Le propriétaire ne peut pas donner congé à son locataire sauf pour des raisons prévues par la loi ; par exemple, au cas où le propriétaire ou un membre de sa famille proche désire habiter les lieux, si le propriétaire désire vendre le bien, ou pour d'autres motifs sérieux et légitimes, comme par exemple lorsque les loyers ne sont plus versés, ou que le locataire ne possède pas d'assurance multirisques habitation, ou qu'il utilise le logement de façon abusive et non conforme. Pour chacun des motifs cités si dessus, le congé doit être donné au locataire au moins 6 mois à l'avance par courrier recommandé.

C. Finding a tenant

Finding a **reliable** tenant, meaning who has the **financial capacity** to pay the rent and will be respectful of the property is a very difficult task to achieve without the help of an agent, especially when the landlord comes from a foreign country and is not fluent in French.

The recruiting process of a tenant requires an impressive number of documents, the **purpose** of which is to anticipate potential problems in order to **avoid** them.

TRADUCTION **Trouver un locataire**

Trouver un locataire fiable, à savoir qui possède les moyens financiers de payer le loyer et qui respectera le bien est une tâche très difficile à mener sans l'aide d'un agent immobilier, surtout lorsque le propriétaire bailleur vient d'un pays étranger et ne parle pas le français couramment.

Le processus de recrutement d'un locataire exige un nombre impressionnants de documents administratifs dont le but est d'anticiper le moindre problème de manière à les éviter.

D. Financial capacity

In order to **assess** the financial capacity of a tenant, the estate agent is habilitated to ask the potential tenant for a **proof of income** generally provided by the latest **pay slips** or a copy of the **income tax**. In France, tenants must earn at least three times the **amount** of the rent. Moreover the tenant must prove he has a permanent job by joining a copy of a work certificate from his employer. In case the tenant's financial capacity is not satisfactory, another person/a third party can **stand surety** for him. For example, most students have their parents or close relatives stand surety for them. In this case, the proof of income must be provided by the third party.

TRADUCTION **La solvabilité**

Pour pouvoir évaluer la solvabilité d'un locataire, l'agent immobilier est en droit de demander au locataire une attestation de revenus fournie par des bulletins de salaire ou une copie de l'impôt sur les revenus. En France, les locataires doivent gagner un salaire au moins trois fois supérieur au montant du loyer. De plus, le locataire doit prouver qu'il a un CDI en joignant un certificat de travail signé et daté par son employeur.

Au cas où la solvabilité du locataire soit jugée insuffisante, un tiers peut se porter garant. Par exemple, la plupart des étudiants bénéficient de la garantie de leurs parents. Dans ce cas, la solvabilité du garant doit être établie et fournie par lui.

E. Inventory of fixtures

When the tenant **moves in**, the agent establishes with him an **inventory of fixtures**. Another inventory will be established when the tenant **moves out** in order to check if the property has not undergone any damage or unwanted transformation.

TRADUCTION **État des lieux**

Quand le locataire emménage, l'agent établit en sa présence l'état des lieux d'entrée. Un autre état des lieux sera effectué lors du départ du locataire afin de constater si le bien n'a pas été dégradé on n'a pas subi de transformations intempestives.

F. Damage deposit and home insurance

Tenants will be asked for a **damage deposit** corresponding to the cost of a month rent, the purpose of which being to cover any **repairs** which might be needed after the tenant has left. If the property is given back clean and **undamaged**, the damage deposit will be **refunded** to the tenant within two months.

In France, tenants as well as owners are responsible for insuring their home. Estate agents can advise their clients and even provide them with the adequate **home insurance** covering a certain number of risks, the major ones being fire, **flood** and **theft**.

TRADUCTION **Dépôt de garantie et assurance multirisques habitation**

On demandera aux locataires de verser un dépôt de garantie correspondant à un mois de loyer afin de couvrir les éventuelles réparations nécessaires après le départ du locataire. Si le bien est rendu propre et intact, le dépôt de garantie sera reversée au locataire dans les deux mois suivant son départ. En France, les locataires tout comme les propriétaires sont tenus d'assurer leur domicile. Les agents immobiliers peuvent conseiller leurs clients et même leur fournir une assurance habitation adéquate couvrant un certain nombre de risques dont les plus importants sont l'incendie, l'inondation et le vol.

G. Charges

Estate agents must inform the potential tenant on the cost of the monthly charges he will have to pay in addition to the rent. These charges vary according to a certain number of criteria. They include the maintenance of the **premises** plus other services, where required.

TRADUCTION **Charges**

Les agents immobiliers doivent informer leurs futurs locataires du coût des charges dont ils devront s'acquitter en plus du loyer. Ces charges varient en fonction d''un certain nombre de critères. Elles comprennent entre autres la maintenance et l'entretien des locaux, ainsi que d'autres prestations, le cas échéant.

H. Seasonal rentals

Seasonal rental can be a profitable **investment** solution, especially if the property is located in a touristic area. It can also be a solution for a foreign owner who has bought a property in France as a **secondary home**, and who does not wish (or hasn't got the possibility) to occupy it permanently. The estate agent has a significant role to play as he can take care of the rentals on behalf of an owner who lives **abroad.**

The agent's tasks will be the same as the ones listed above, but the paperwork will be of course made simpler and easier for holiday makers than for permanent tenants.

The agent's missions will be:

- to agree with the owner on rental dates, tariffs and rental conditions together with the agency's fees,
- to advertise for the property through multiple channels (web sites, press, window displays, mailings, etc.),
- to choose liable guests,
- to manage the rental in all its aspects (see chapter 3).

TRADUCTION **La location saisonnière**

La location saisonnière peut constituer un investissement rentable, surtout si le bien est situé dans un endroit touristique ; elle peut également être une solution pour un propriétaire étranger qui a acquis un bien en France en tant que résidence secondaire et qui ne souhaite pas (ou ne peut pas) l'occuper en permanence. L'agent a un rôle important à jouer car il peut se charger des locations à la place d'un propriétaire qui réside à l'étranger.

Les missions de l'agent seront les mêmes que celles citées plus haut, mais les documents administratifs sont plus simples pour les vacanciers que pour les locataires de résidence principale.

Les missions de l'agent immobilier seront de :

– se mettre d'accord avec le propriétaire sur les dates, tarifs et conditions de location ainsi que sur le montant des frais d'agence ;

– de promouvoir le bien à travers des canaux multiples (sites web,vitrines, publipostage, etc.) ;

– de choisir des clients fiables ;

– de gérer tous les aspects de la location (voir thème 3).

ENTRAÎNEMENTS

LANGUE VIVANTE

▶ QCM

1. COCHEZ LA (OU LES) BONNE(S) RÉPONSE(S)

1. The parties signing the sales mandates are:
   a) the seller and the buyer
   b) the buyer and the agency
   c) the seller and the agency
2. Tenants of a furnished let
   a) must give their notice 3 months before the end of the lease
   b) must give their notice 1 month before they leave
   c) can give their notice 48 hours before they leave
   d) must give their notice one month before the end of the lease

NB

- Le nombre de mots indiqué pour chaque Exercice est une valeur approximative visant à la concision de l'écrit avec une marge de plus ou moins 10 mots.

▶ Exercice 1. Réponse par mail au vendeur

Vous avez été contacté par un client britannique qui souhaite vendre son appartement parisien. Il voudrait savoir en quels seraient les avantages pour lui de passer par une agence, et aussi combien cela lui coûterait.

Travail à faire

1. Vous lui répondez par mail (150 mots).

▶ Exercice 2. Réponse par courrier au vendeur

Un propriétaire britannique souhaite vendre sa résidence secondaire qui se situe en Bourgogne dans un hameau de 200 habitants. Il vous en a demandé une estimation, sachant qu'il souhaiterait la vendre 400 000 euros. Vous avez estimé son bien à 380 000 euros.

Travail à faire

1. Dans un courrier vous lui expliquez comment vous êtes parvenu à ce chiffre (120 mots).

▶ Exercice 3. Rédaction d'un article publicitaire pour l'agence

Travail à faire

1. Vous rédigez un article publicitaire dans le journal de quartier pour annoncer l'ouverture prochaine de votre agence spécialisée en transaction vente (150 mots).

TRANSACTION LOCATIVE

Location à l'année

▶ Exercice 4. Réponse par courriel à un locataire

Vous avez reçu un courriel d'un étudiant britannique qui souhaite louer un studio à Paris pour deux ans. Il souhaite connaître les différentes possibilités existantes ainsi que les conditions à remplir.

Travail à faire

1. Vous lui répondez par courriel en lui fournissant les renseignements demandés et en l'invitant à prendre rendez-vous à l'agence pour finaliser son dossier (100 mots).

▶ Exercice 5. Réponse par courrier à un bailleur

Un de vos clients britannique, propriétaire d'un appartement en location à Paris vous a contacté par téléphone parce qu'il souhaite mettre fin au bail de 3 ans de son locataire car pour des raisons de mutation professionnelle, il doit récupérer l'appartement pour l'habiter d'ici 8 mois.

Travail à faire

1. Vous lui répondez par courrier en l'informant de la procédure (110 mots).
2. Location saisonnière.

▶ Exercice 6. Annonces locatives

Vous êtes chargé par votre agence de rédiger un mailing pour promouvoir 1 location saisonnière en Bretagne (Finistère).

Travail à faire

1. Vous en donnerez un descriptif à la fois concis et attractif, sans oublier les activités touristiques nombreuses de la région (250 mots).

▶ Exercice 7. Informations données au bailleur pour location saisonnière

Un propriétaire étranger d'une résidence secondaire en France souhaiterait louer sa maison située à proximité du Bassin d'Arcachon en location saisonnière en juillet et en août. Il s'agit d'une maison mitoyenne de trois pièces qui peut loger jusqu'à 6 personnes. La maison est entièrement équipée, avec un jardin et de la place pour stationner.

Travail à faire

Vous lui écrivez un courrier pour l'informer des conditions propres à la location saisonnière ainsi que des tarifs à la semaine. N'oubliez pas de vous présenter en tant que spécialiste du marché local et de faire la liste de tous les services que votre agence est à même d'offrir en location saisonnière. Vous n'oublierez pas d'indiquer les honoraires de l'agence (300 mots).

Thème 2
Métiers de la gestion immobilière

3. Rental management (la gestion locative)

A. Rental management

As already mentioned in the previous chapter, the agent will take care of the whole rental procedure **on behalf of** the owner. The agency's rental management fees can go up to 10% of the year renting price, and up to 20% of a week rent for seasonal rentals.

In addition to the missions already described in theme 2, rental managers are in charge of:

- writing and signing **leases** and contracts,
- securing the **damage deposit**,
- sending **notices** to pay,
- sending **rent receipts**,
- collecting rents,
- handling and following maintenance and **repair works**,
- sending **dunning letters** for overdue rents,
- giving notice to **tenants**,
- **evicting** tenants,
- handling **litigations**.

TRADUCTION **Gestion locative**

L'agent prendra en charge la totalité du processus locatif à la place du propriétaire (voir thème 2). Les honoraires de gestion locative peuvent atteindre 10 % du loyer annuel, voir 20 % du prix du loyer à la semaine dans le cas d'une location saisonnière.

En plus des missions décrites dans le thème 2, les gérants sont chargés de :

- *rédiger et signer les baux et contrats ;*
- *récupérer les dépôts de garantie ;*
- *envoyer les avis de paiement ;*
- *remettre les quittances ;*
- *percevoir les loyers ;*
- *s'occuper des travaux de maintenance et des réparations et d'en assurer le suivi ;*
- *envoyer des lettres de relance pour les retards de paiement ;*
- *donner congé aux locataires ;*
- *expulser les locataires ;*
- *gérer les litiges.*

B. Seasonal rentals

The agent's missions multiply when seasonal rental is involved due to intense tenant turnover.

Besides from the tasks quoted above, estate agents are accountable for the following duties : signature of contracts, **inventories of fixtures**, the handing over of keys, maintenance and cleaning of the properties after each departure and before each arrival, securing **down payments**, securing and refunding damage deposits, collecting rents, solving conflicts, providing holiday makers with useful information, both practical and touristic.

Holiday rental management requires agents to be ready to respond to any problems **guests** might face before, during and after their **stay**. Indeed, short term guests should not meet any inconvenience during their holiday such as problems with faulty **appliances**, **leaks**, etc.

TRADUCTION **La location saisonnière**

Les tâches de l'agent immobilier sont multipliées dès lors qu'il s'agit de location saisonnière en raison de la rotation importante des locataires.

En dehors des missions déjà citées ci-dessus, les agents sont responsables des missions suivantes :

Signature des contrats, état des lieux d'entrée et de sortie, remise des clés, maintenance et entretien des biens après chaque départ et avant chaque nouvelle arrivée, récupération et restitution des dépôts de garantie, perception les loyers, résolution des conflits, sans compter toutes les informations à transmettre aux vacanciers autant d'ordre pratique que touristique.

La gestion de location saisonnière implique que l'agent soit prêt à intervenir quel que soit le problème rencontré par les locataires durant leur séjour. En effet, les locataires saisonniers ne devraient pas rencontrer le moindre désagrément pendant leur séjour dû par exemple à des installations défectueuses, des fuites, etc.

Unfortunately, holiday rentals are much more liable to accelerate normal **wear and tear** due to the constant tenant turnover, that is why thorough inventories have to be carried out before and after each guest's stay. In case a problem should occur, it is the agent's role to do everything in his power to solve it in the fastest and most effective way. The agent must possess good communication **skills** and be capable of taking initiatives if he does not want to lose clients. In the case of holiday rentals, needless to say agents should at least understand and speak enough English to **cater** to foreign customers.

Malheureusement, l'usure normale est accélérée lors des locations saisonnières en raison de la rotation constante des occupants, c'est pourquoi des états des lieux minutieux doivent être effectués avant et après chacun des séjours. En cas de problème, il incombe à l'agent de faire tout son possible pour le résoudre de la manière la plus rapide et la plus efficace. L'agent doit posséder des compétences relationnelles solides et faire preuve d'initiative s'il ne veut pas perdre des clients.

Dans le cas de la location saisonnière, il va sans dire que les agents devraient au moins comprendre et parler suffisamment anglais pour prendre en charge les nombreux clients étrangers.

4. Co-ownership management (la gestion de copropriété)

In France, many properties are **co-owned**, especially in cities where most people live in residential buildings divided into flats. Every co-owned property must be managed either by the co-owners themselves (it is seldom the case), or by a managing agent known as the "syndic", a mission carried out by agencies specialized in co-ownership management. The "syndic" or **managing agent** is elected or re-elected by the majority of co-owners during the **annual general meeting** where decisions concerning the maintenance and repair of **communal areas*** are voted, along with the **provisional budget**. The managing agent also sends the notification for the AGM (annual general meeting) to each co-owner. The managing agent must have a thorough knowledge of the intricate real estate laws, among which the ones setting the number of **shares** each co-owner owes, which is essential in order to calculate the amount of charges every owner has to pay each **quarter** for **running expenditures** and repair works involving the building's communal areas

*: In apartment buildings, the common areas can include **landscaped areas**, car parks, lifts, front and back **yards**, **bin storage areas**, basements, staircases, etc.

TRADUCTION **Gestion de copropriété**

En France de nombreux biens sont en copropriété, particulièrement dans les grandes villes où les habitants résident dans des immeubles divisés en appartements. Chaque immeuble en copropriété doit être géré soit par les copropriétaires eux-mêmes (c'est rarement le cas),soit par un gestionnaire de copropriété appelé syndic. Le syndic est élu ou réélu lors de l'assemblée générale annuelle des copropriétaires où les décisions concernant l'entretien et les réparations des parties communes sont votés tout comme le budget prévisionnel. Le syndic envoie à chacun des copropriétaires une convocation à l'Assemblée Générale annuelle.*

Le syndic doit connaître précisément et complètement l'appareil législatif complexe encadrant l'immobilier en France, dont par exemple, les lois qui permettent de calculer le nombre de tantièmes détenu par chaque copropriétaire afin de calculer le montant des charges dont chaque propriétaire doit s'acquitter chaque trimestre et qui correspondent aux frais de maintenance et d'entretien des parties communes de l'immeuble.

** dans les immeubles résidentiels, les parties communes peuvent inclure les espaces paysagés, les parkings, les ascenseurs, les cours intérieures, les locaux à poubelles, les sous-sols, les escaliers, etc.*

A. The HOA (Home Owner Association)

In order to monitor the managing agent, a committee composed of co-owners is elected. They act on behalf of the Home Owner Association as representatives of the co-ownership. This restricted committee is composed of several elected co-owners, all volunteers. Besides helping the managing agent in establishing the building's rules and regulations, the representatives' role is also to check the **accounts** making sure they correspond to the services charged, to check whether the decisions voted during the AGM have been enforced, to study the various expenses, the energy consumption, the **caretaker**'s contract etc... The representatives also help the managing agent **draft** the provisional budget.

TRADUCTION **Le conseil syndical**

De manière à contrôler le syndic, un comité (ou conseil syndical) composé de copropriétaires est élu. Ces copropriétaires agissent au nom du syndicat des copropriétaires en tant que délégués. Ce comité restreint se compose de plusieurs copropriétaires volontaires élus par leurs pairs. En dehors de l'aide que le conseil syndical apporte au syndic dans l'établissement et le respect des règles de copropriétés, son rôle consiste également à vérifier les comptes afin de s'assurer qu'ils correspondent bien aux frais engagés, à vérifier que les décisions prises lors de l'Assemblée Générale soient suivies d'effet, à étudier les différentes dépenses engagées, la consommation d'énergie, le contrat de travail du gardien, etc. Les membres du conseil syndical peuvent aider le syndic à établir le budget provisionnel.

The co-owners' representatives are also habilitated to consult any professional of their choice: architects, lawyers, accountants etc... The managing agent is obliged to comply with the HOA's instructions, provided they fall into the **legal framework.**
The HOA advises on emergency repair work not included in the routine maintenance of the building (replacing a window, **light switch**, joint or **tap** in the basement etc.). However, the managing agent has the authority to order emergency work to be carried out, which must then be approved at the general meeting.

Le conseil syndical est habilité à consulter n'importe quel professionnel de son choix, aussi bien des architectes, que des juristes, avocats, comptables, etc. Le syndic est dans l'obligation de se conformer aux avis du conseil syndical à condition que ces avis soient en conformité avec le cadre juridique.
Le conseil syndical donne son avis sur les travaux urgents qui ne sont pas inclus dans le budget de maintenance de l'immeuble (remplacement d'une vitre, d'un interrupteur, d'un joint ou d'un robinet au sous-sol etc). Cependant, le syndic a le pouvoir d'ordonner des travaux d'urgence qui devront par la suite être votés lors de l'Assemblée.

B. The AGM (Annual General Meeting)

An AGM must be held once a year, and it is the managing agent's role to organize it and send a **notification** to each co owner by **registered mail** with a **certificate of receipt.**
The role of the AGM is to inform the co-owners of the financial situation of the co-ownership, to propose a budget and submit it to the co-owners' votes. All repair works are submitted to the assembly's vote, and important renovation works can be carried out only if the majority of co-owners agree to it. Each co-owner owns a certain number of shares depending on many criteria such as the surface of the flat, its location (high or low floor), if it goes with a private basement or parking space. The AGM is also a place of discussion and debate that is why it is preferable for co-owners to attend it. In case they cannot attend the AGM, co-owners have the right to vote **by proxy**, which means that any adult person of their choice will vote on the co-owner's behalf. At the beginning of each meeting, the co-owners have to vote to decide for or against the renewal of the managing agent's contract. If the co-owners are not satisfied with the managing agent's work, the AGM can **dismiss** him/her.

TRADUCTION **L'Assemblée Générale des Copropriétaires**

L'Assemblée Générale doit se tenir une fois par an ; il incombe au syndic de l'organiser et d'envoyer une convocation à chaque copropriétaire par courrier recommandé avec accusé de réception.
Le rôle de l'Assemblée Générale est d'informer les copropriétaires de la situation financière de la copropriété, de proposer un budget et de le soumettre aux voix des copropriétaires. Tous les travaux de réparation sont soumis au vote de l'Assemblée, et les réfections importantes ne peuvent être entreprises qu'avec l'accord de la majorité des votants. Chaque copropriétaire possède un certain nombre de tantièmes qui sont répartis suivant un certain nombre de critères tels que la surface du bien, sa situation (étage inférieur ou supérieur), la présence d'une cave ou d'un parking. L'Assemblée Générale étant aussi un lieu de débat et d'échange, il est préférable que chaque copropriétaire y soit présent. Au cas où ils ne puissent pas y assister, les copropriétaires ont le droit de voter par procuration, ce qui signifie que n'importe quelle personne majeure de leur choix peut voter à leur place. Au début de chaque assemblée, les copropriétaires doivent voter pour ou contre la reconduction du syndic. Si les copropriétaires ne sont pas satisfaits des services du syndic, l'Assemblée peut le renvoyer.

ENTRAÎNEMENTS

▶ QCM

1. Pick up the right sentence:
   a) The co ownership manager can take any decisions concerning the building he is in charge of
   b) The number of shares depends on the number of people living in the same flat
   c) A co-owner can be represented by any adult of his choice except by the co-ownership manager

GESTION LOCATIVE

▶ Exercice 8. Informations par mail données au locataire dans le cas d'une résiliation

Un client étranger désire annuler sa réservation une semaine avant la date effective du début de la location saisonnière et récupérer son apport.

Travail à faire

1. Vous l'informez par courriel que non seulement il ne peut pas récupérer son acompte mais qu'en outre il est redevable de la totalité du montant de la location (90 mots).

▶ Exercice 9. Traduction d'un contrat de location saisonnière

Travail à faire

1. Prenez connaissance des conditions de location saisonnière ci-dessous et rédigez l'équivalent en français.

Holiday Rental conditions

1. The tenant who signed the rental agreement is not allowed to sublet the property.

The name of all the occupants have to be registered in the rental agreement

2. Check-ins and check-outs

The opening hours for checking in are from 5pm to 7pm. If another schedule has to be arranged, please call the owner Rentals remain valid for 24 hours after the check-in date mentioned in the contract. Following this date, properties will be considered vacant and the tenant will be requested to pay the whole amount of the stay.

Check-outs must take place around 10am. For any other time, please ask the owner.

3. Terms of payment

The booking becomes valid after the rental contract is signed and the down payment has been paid.

The total amount of the stay has to be paid one month before arrival at the latest, unless another arrangement is mentioned on the contract. No discount will be granted in case of late arrival or early departure. If the payment is not completed on time, the rental will be automatically cancelled and the total amount of the stay will still be owed.

4. Charges

The price of the rental includes electricity, water and gas, except from September 15th to June 15th during which period the tenant will be asked to pay the electricity bill on departure after reading the meter with the owner.

5. Inventory

The owner must provide clean and healthy accommodation corresponding to the description advertised. The tenant must return it in the same condition.

Each property is equipped with crockery, indoor and outdoor furniture, bedding (except for sheets and towels) An inventory will be established on arrival and on departure, and signed in duplicate. The tenant is required to inform the owner in case of disparity before the next morning.

6. Damage deposit

Tenants are required to pay a deposit in case of damage to the property, (equipment and furniture included) and lack of cleanliness. This deposit can also be used to cover the cost of energy bills when mentioned in the contract. The amount of the damage deposit is written on the contract and must be paid with the rest of the amount. The damage deposit is not cashed in by the owner and will be returned to the tenants 8 days after their departure, provided no damage has been done and the property is returned clean.

If the cost of the damage is higher than the deposit, the tenant will have to pay the difference to the owner.

7. Insurance

The owner cannot be held responsible in case of theft, loss or damage during the length of the rental.

The tenant will have to hand in a home insurance certificate proving he is insured for holiday rentals abroad against risks of fire and water damage.

8. Open houses

The tenant cannot refuse the visits of the property provided he has been informed by the owner.

9. Repair works

The tenant allows the owner or someone working on the owner's behalf to carry out urgent repairs without asking for any financial compensation.

The tenant and the owner

signatures must be preceded by "read an approved"

▶ Exercice 10. Rédaction d'un écrit d'incitation à la location saisonnière

Vous êtes une agence située dans une région de France où de nombreux Britanniques possèdent une résidence qu'ils n'occupent pas toute l'année.

Travail à faire

1. Vous rédigez un papier dans le journal anglophone local pour inciter les propriétaires Britanniques à utiliser vos services et compétences pour gérer leurs biens en location saisonnière (200 mots).

▶ Exercice 11. Rédaction d'une réponse à un courrier de réclamation d'un client saisonnier

Un client saisonnier étranger vous réclame la restitution du dépôt de garantie qu'il a versé à son arrivée. Or des dégradations importantes ont été commises lors de son séjour : le lave-linge et le lave-vaisselle ne fonctionnent plus, 2 chaises ont disparu, une partie du papier peint a été arrachée dans une chambre.

Travail à faire

1. Vous répondez par courrier que l'argent du dépôt de garantie servira à couvrir une partie des réparations et qu'il est de plus redevable d'un reliquat de 200 euros.

▶ Exercice 12. Rédaction d'un courrier informatif répondant à une demande de location saisonnière

Une famille britannique vous a contacté car ils sont intéressés par l'annonce suivante, et envisagent de louer une semaine en août.

Travail à faire

1. Vous leur envoyez par courrier (ou mail) les informations concernant les conditions à remplir pour la location (180 mots).

Maisonnette en Bretagne Sud Finistère (Clohars Carnoet), **idéale pour 2 couples ou une famille avec 3 enfants/750 Euros par semaine (juillet Août) refait à neuf en 2011** (*6 couchages*) de plain-pied permet l'**accès aux personnes à mobilité réduite, 2 chambres** dont une **grande chambre** avec un lit 140cm et l'autre, plus petite, avec 2 lits superposés de 140 et 90, chacune ayant une penderie. Sdb, cuisine équipée (lave-linge/ lave-vaisselle, four et). Accès WIFI.

▶ Exercice 13. Avenant à un contrat de location saisonnière

Un client qui a réservé une location saisonnière pour 4 personnes dans votre agence vous demande par mail s'il est possible de faire venir une cinquième personne.

Travail à faire

1. Vous lui répondez en lui proposant une solution satisfaisante pour les deux parties (100 mots).

GESTION DE COPROPRIÉTÉ

▶ Exercice 14. Rédaction d'un courrier répondant à une question d'un copropriétaire sur l'AG

Un nouvel acquéreur britannique vient d'être convoqué à l'Assemblée Générale des copropriétaires de son immeuble. Il ne peut pas s'y rendre et vous a contacté pour connaître la marche à suivre ; d'autre part il souhaite faire des travaux d'aménagement et il ne sait pas si oui ou non il doit en demander l'autorisation au syndic.

Travail à faire

1. Vous lui répondez par courrier (100 mots).

GESTION LOCATIVE

▶ Exercice 15. Rédaction d'une réponse à un locataire mécontent

Vous êtes chargé de la gestion locative de plusieurs immeubles à Paris. Vous avez reçu la plainte d'un locataire anglophone qui est gêné quotidiennement dans son sommeil par les aboiements du chien du voisin du dessus qui lui est copropriétaire. Le locataire réclame votre aide.

Travail à faire

1. Vous lui répondez par mail (120 mots).

GESTION DE COPROPRIÉTÉ

▶ Exercice 16. Rédaction d'un courrier explicatif à un copropriétaire

Une anglaise propriétaire d'un 2 pièces au 4 étage d'un immeuble à Toulouse conteste le montant des charges qu'elle doit acquitter, elle ne comprend pas pourquoi elle paye plus que son voisin du rez-de-chaussée.

Travail à faire

1. Vous lui répondez en lui expliquant que l'immeuble n'a que 10 copropriétaires qui se répartissent les charges, qu'elle possède un boxe ce qui lui ajoute des tantièmes, qu'elle utilise l'ascenseur contrairement au voisin du rez-de-chaussée, que la chaudière de l'immeuble a été changée juste avant son arrivée et qu'il est nécessaire d'en répartir le coût (200 mots).

Thème 3
Méthodologie pour l'épreuve

5. Partie compréhension

A. Méthodologie

1re étape

Avant d'entamer la lecture intégrale du document, il est nécessaire de s'arrêter sur le para texte à savoir le titre, la source et la date, autrement dit se concentrer sur tout type d'information permettant de cerner la thématique principale de l'article en amont. Ne pas hésiter à entourer, souligner, surligner, noter en marge les éléments clés repérés.

2e étape

Lecture du document intégral, crayon, surligneur en main afin de noter les éléments déjà repérés lors de l'étape 1.

3e étape

Relire chaque paragraphe en en résumant l'essentiel par une ou deux phrases clés en français.

4e étape

Construire un compte rendu structuré en introduisant toujours le document en citant sa source et sa date de publication. L'ordre du document de départ ne doit pas être nécessairement respecté du moment que la pensée est claire, articulée et que la/les thématiques/problématique essentielles sont exposées. En rédigeant son compte rendu, l'étudiant doit penser à être compris par le lecteur/examinateur et s'assurer de bien transmettre les informations contenues dans l'article.

5e étape

Une relecture attentive est indispensable pour que le candidat puisse s'assurer non seulement de la correction de langue (orthographe, syntaxe) mais également de la pertinence de son propos.

Le candidat doit également indiquer le nombre de mots utilisés.

B. Exemple de compréhension à partir du sujet 2014

Making Web Sites Completely Addictive

Recognizing that it's no longer enough just to present real estate listings based on price, location and the number of bedrooms, many New York brokerage firms are redesigning their Web sites as glossy one-stop shops with new tools to help guide buyers and sellers through the deal.

Pages with eye-catching full-screen photos that translate well to iPads and other mobile devices are now de rigueur. On many sites, video walk-throughs of apartments are on the way out. They have made way for tours of neighborhoods and advice pieces on everything from timing the sale of a home to deciding whether it's better to buy or rent. Sites are also providing more comprehensive searches that make it easier for buyers to sort through new offerings and connect with agents through social media.

The idea is to give potential clients a reason to cleave to a particular site rather than shop the competition. After all, with apartment data made ubiquitous by sites like *Trulia*, *Zillow*, *NYTimes.com* and more, brokerage firms can no longer rely on listings alone. And while agents are still featured prominently on most sites, they have generally been recast as neighborhood specialists as opposed to the listing gatekeepers they once were.

Online consultants say that what is happening to online brokerage firms is not unlike what happened to brick-and-mortar travel agencies. "Once all flights were made available on *Expedia*, *Travelocity* and *Kayak*, what's the travel agent's unique value proposition?" said Marc Davison, a founder of *1000Watt Design*, a creative digital agency for real estate in Portland, Oregon. "Real estate brokers are grappling with that same problem. What compels you to come to my site, what else can I offer?"

In November *Corcoran.com* unveiled a new site with streamlined searches designed to uncover a smaller but more relevant number of listings based on what the consumer is looking for. Visitors to the site still select a neighborhood, a price range and a number of bedrooms and baths. But it now offers all results on one page and has turned its agent search into something of a matchmaking service, allowing customers to look up agents not just by the properties they represent, but by the languages they speak, hobbies or other interests. Signing in with *Facebook* or *LinkedIn* will turn up a list of agents who may be known to your friends or contacts.

Consumers can also use keywords to search apartment listings and agents. Want a view of the Chrysler building? A recent search produced more than 300 listings. You could even search for the word "sexy," just to make sure all your expectations were met. Such a search turned up 75 results.

Michelle Higgins, The New York Times, January 31, 2013

1re étape

Mots-clés du titre : Web sites/addictive.

Il s'agit vraisemblablement de **l'attractivité des sites web** liés à l'immobilier.

la source est visiblement **américaine** (*The New York Times*) et la parution relativement récente (2013).

ATTENTION

- La réalité décrite sera américaine et par conséquent il se peut qu'elle soit difficilement transposable en France.

2e étape

Lors de la lecture de l'article dans son intégralité repérage (surlignage) des passages qui font écho au titre :

§1 ***New York brokerage firms redesigning their websites.... help buyers and sellers***

§2 ***Eye-catching photos/videos/Ipads and other mobile devices/connect with agents through social media***

§3 ***Give client a reason to cleave to a particular site/ brokerage firms cannot rely on listings alone/neighborhood specialists***

§4 ***What compels you to come to my site, what else can I offer***

§5 ***Corcoran.com... relevant number of listings based on what the consumer is looking for/agent search = match-making service/look up the agents by the language they speak, hobbies, etc.***
§6: ***Consumers can also use keywords → 300 results***

3e étape

Synthèse de chaque paragraphe en français.
§1 Les agences immobilières new-yorkaises redessinent leurs sites internet pour mieux aider acheteurs et vendeurs.
§2 Les supports (photos/vidéos) attirants et compatibles avec la nouvelle technologie deviennent la norme prioritaire.
§3 Il faut fournir au client potentiel une ou plusieurs bonnes raisons de choisir un site plutôt qu'un autre ; les agents immobiliers deviennent des spécialistes de leurs quartiers, le nombre de biens proposés ayant cessé de constituer l'avantage comparatif essentiel.
§4 À l'instar des agences de tourisme traditionnelles qui ont du faire face à la concurrence des tour-opérateurs en ligne, les agences immobilières présentes sur le net doivent impérativement trouver des moyens efficaces pour attirer la clientèle.
§5 Un nouveau site Corcoran.com semble avoir trouvé la solution en proposant un site qui filtre les recherches selon des critères très pointus à partir d'un nombre plus restreint de biens.
§6 Les consommateurs peuvent utiliser des mots-clés pour personnaliser leurs recherches ; ils pourront ainsi se voir proposer parfois jusqu'à plusieurs centaines de biens correspondant à leurs critères.

4e étape

Rédaction d'un compte rendu en français en 180 mots (±10 %).
Il s'agit d'un article publié dans le quotidien américain The New York Times daté de janvier 2013 et traitant de la nécessité pour les compagnies immobilières en ligne d'offrir des sites de plus en plus attractifs et capables de répondre de façon précise aux attentes des clients potentiels, acheteurs ou vendeurs. Avec la montée en puissance des nouvelles technologies, les agences immobilières se doivent de proposer des sites internet compatibles avec tous les supports présents sur le marché.
L'attractivité, l'interactivité, la capacité d'inclure un grand nombre de critères par mots-clés sont devenues plus importantes que la quantité de biens proposés à l'achat ou à la vente. De plus, le consommateur d'aujourd'hui attend de l'agent immobilier qu'il soit un expert du quartier dans lequel il opère, qu'il soit présent sur les réseaux sociaux afin que la relation client se fonde également sur des affinités.
Les compagnies immobilières doivent rester à l'affût de toutes les nouveautés leur permettant de rendre leurs sites à même d'attirer et de fidéliser les clients toujours plus exigeants (177 mots).

6. Partie expression écrite

A. Méthodologie

Les Exercices d'expression écrite sont directement liés au domaine professionnel et peuvent par conséquent concerner n'importe quelle thématique qu'un professionnel de l'immobilier est susceptible de rencontrer avec une clientèle anglophone. C'est pourquoi, une bonne connaissance des thèmes 2 et 3 sont fondamentaux pour réussir cette partie de l'épreuve écrite.

1. Rédaction d'un courrier

Lorsqu'un agent s'adresse à un client particulier par courrier ou courriel, l'objet du courrier doit être immédiatement compréhensible par le destinataire. Le rédacteur se doit d'être précis, concis tout en montrant son professionnalisme et ses qualités de communiquant (reformulation, empathie, connivence, etc.).

■ Présentation d'un courrier postal

Pour les courriers professionnels, l'usage le plus fréquent en anglais est de tout justifier à gauche :
Expéditeur (nom et adresse)
Jean Carpentier, Loire Atlantique immobilier, 2 rue Dufour, 44xxx Nantes
Date (Mois, Année Jour) ex : *November 5 2015*

Cher(ère) Ms./Mrs./Mr. nom de famille: *Dear Mr Thomson*
objet : intitulé de l'objet *Subject: Title of Subject*
Corps du texte en plusieurs paragraphes pour donner de la lisibilité au texte
Formule finale
Yours truly/Yours sincerely/
signature : Prénom Nom

■ Présentation d'un courriel *(e-mail)*

La mise en page est simplifiée, le courriel commence par s'adresser au destinataire (*Dear Mr/Mrs...).*
La date est inutile. Par contre l'objet (*subject*) doit être signifié de façon claire et concise dans l'espace prévu à cet effet. Ne jamais envoyer un courriel "sans objet".
La formule de politesse de fin ne diffère pas du courrier postal ; il faut néanmoins ajouter la fonction et les coordonnées du rédacteur après la signature. (ex :Jean Thomas, agent immobilier, agence des Dunes,29xxx Brest).

■ Rédaction

Avant de commencer à rédiger, il est indispensable de comprendre exactement de quoi il s'agit et de réfléchir à la posture professionnelle que le candidat doit incarner. La réponse à une question d'un client confronté à un problème se doit d'être empathique et rassurante. Les techniques de communication étudiées dans d'autres cours peuvent être mises en œuvre, la reformulation en est un exemple parmi d'autres.
ex : *Dear Mr xxx*
I understand your personal situation has changed and you need to occupy the flat you are currently renting as soon as possible. → Je comprends qu'un changement soudain dans votre situation personnelle vous oblige à récupérer l'appartement que vous louez dans les plus brefs délais.
Pour rassurer le client et l'assurer que vous avez les compétences nécessaires pour l'informer ou démêler une situation complexe utilisez des formules telles que :
You shouldn't worry/don't worry/: → vous ne devez pas vous inquiéter, ne vous inquiétez pas.
Let us know as soon as..: → tenez-nous au courant dès que...
We will undertake all the necessary measures in order to... → Nous allons mettre en œuvre toutes les mesures nécessaires afin de...
We will come back to you when...... → Nous reviendrons vers vous quand.
Au cas où la demande du client soit difficile, voire impossible à satisfaire utilisez des expressions telles que :
I am afraid we cannot evict your tenant right away → J'ai bien peur que nous ne puissions procéder à l'expulsion de votre locataire dans l'immédiat.
We are deeply sorry but... → Nous sommes sincèrement désolés mais...

Rédaction d'un article de presse

Ces articles sont rédigés dans le but de promouvoir ou de communiquer sur un thème lié à l'immobilier.

Il faut mettre en valeur de façon attractive et concise les avantages concurrentiels proposés par ce que vous -rédacteur de l'article- souhaitez promouvoir. Il est donc utile de pouvoir varier le vocabulaire à l'aide d'adverbes et d'adjectifs qui permettent d'affiner le discours.
ex: *Our new agency is one of the very few* ***currently available capable*** *of providing foreign clients with the best advice concerning the* ***overnight*** *state of the French real estate market* → notre nouvelle agence est l'une des seules existantes capable de faire bénéficier à nos clients étrangers des meilleurs conseils liés à la situation au jour le jour du marché immobilier français.
Our website is ***constantly*** *updated in order to supply our clients with the* ***latest*** *listings in the most* ***accurate*** *way* → notre site est mis à jour constamment pour faire profiter à nos clients des tout derniers biens disponibles de la manière la plus exacte possible.
In an ***entirely renovated*** *area,* ***a few steps from/a short distance from/a stone-throw from*** *the Eiffel Tower, a new ultra modern flat building will be completed in 20xx. From two room* ***brightly lit*** *and* ***quiet*** *flats to* ***large*** *family 4 room* ***fully equipped*** *flats facing the Seine, you are* ***certain*** *to find the place to live you've always dreamed of* → dans un quartier entièrement rénové, à deux pas de/tout près de la Tour Eiffel, une résidence ultra moderne verra le jour en 20xx. Depuis les T2 lumineux et silencieux jusqu'au T4 familiaux tout équipé donnant sur la Seine, vous serez certains d'y trouver l'appartement de vos rêves.

B. Exemple d'expression écrite à partir du sujet 2014

II. EXPRESSION **10 points**

Vous traiterez **en anglais** le sujet suivant
(rédiger votre réponse en 200 mots +/- 10%) :

You are Jules Lamarche, a young real-estate broker having recently opened your agency in France.

Your region is very attractive to British buyers, but there is a sharp competition between local real-estate agencies to attract British clients.

In order to gain a competitive edge you decide to write an article in a newspaper for British expats to explain what more your agency has to offer.

1re étape

Lire et comprendre la situation de communication

La situation étant rédigée en anglais, il convient que le candidat prenne le temps de s'attarder sur celle-ci afin de cerner au mieux la posture qu'il incarne ainsi que la tâche qui lui est demandée.
Le candidat incarne ici un jeune agent immobilier qui doit rédiger un papier dans la presse locale (nombre de mots limités comme dans toute publication) pour promouvoir sa nouvelle agence auprès d'une clientèle britannique très présente dans la région concernée. L'obstacle à franchir est celui de la concurrence très présente sur ce segment du marché. Il faut donc offrir des services que les agences concurrentes ne proposent pas forcément.

Plusieurs compétences sont requises :

- compréhension et prise de recul → capacité à se « mettre dans la peau » du jeune agent dont le profil psychologique implicite indique qu'il est ambitieux ;
- réfléchir aux services qu'une agence peut proposer dans ce contexte ;
- avoir bien en tête les besoins spécifiques de la clientèle étrangère en général, britannique en particulier → trouver les arguments à même de séduire cette clientèle particulière ;
- la capacité d'exprimer à l'écrit tout ce qui a été cité ci-dessus en langue anglaise → compétence linguistique (lexique de spécialité, syntaxe, grammaire, mots de liaison) ;
- adapter la mise en forme au type d'écrit demandé → ici un article dans un journal local.

Exemple d'expression possible

***King George's* real estate agency at La Gonterie**

Our region has the pleasure to welcome not only many foreign tourists all year round, but also many British citizens who have chosen to live and settle here on a permanent basis. As a real estate agent, I am happy to inform them that two of my partners and I have just opened an independent agency willing to help our British guests to find a property to buy or to rent.

Thanks to a solid knowledge of both French and British legislations, my partners and I can guide our British clients all along the complex procedures required to buy a property. Moreover, having been born and raised in the area, my colleagues and I possess a thorough knowledge of the specificities of our region, including an expertise on the local real estate market. Thanks to our networks in the community, many homeowners have already entrusted us with their property to sell or available for rental. Thus our listings offer a wide range of properties, which have all been carefully appraised by architects and construction experts. We do invite you to visit us at King Georges' Agency opened 6 days a week, from Monday to Sunday, 9am to 7pm (201 words).

Jules Lamarche, real estate agent, King George's Agency, 4 place des Fontaines, 33xxx La Gonterie tel + 330576 xxxx.

TRADUCTION

Agence immobilière King George à La Gonterie

Notre région a le plaisir d'accueillir toute l'année non seulement un grand nombre de touristes étrangers, mais aussi de nombreux ressortissants britanniques qui ont choisi de s'installer ici de façon pérenne. En tant qu'agent immobilier, je suis heureux de leur annoncer que mes associés et moi-même venons d'ouvrir une agence indépendante désireuse d'aider nos hôtes britanniques à trouver un bien à acheter ou à louer.

Grâce à notre connaissance approfondie de la législation immobilière française et de celle du Royaume Uni, nous sommes à même de guider nos clients tout au long du processus complexe requis lors de l'acquisition d'un bien. De plus, étant tous natifs et résidents des environs, mes collègues et moi-même connaissons parfaitement les spécificités de la région, ce qui nous donne l'avantage d'exercer un regard expert sur le marché de l'immobilier local. Grâce à nos réseaux, de nombreux propriétaires nous ont déjà confié leur bien pour le vendre ou le louer. Ainsi, nos listings proposent une gamme étendue de biens qui ont tous été expertisés, évalués par des architectes et des experts en bâtiment.

Nous vous invitons à nous rendre visite à l'agence King George ouverte 6 jours sur 7, du lundi au samedi de 9 h à 19 h.

Jules Lamarche, agent immobilier,agence King Geaorge 4, place des Fontaines, 33xxx La Gonterie, tel+3356xxxxx.

▶ Exercice 17. Sujet type examen

Finding a Property in France

Much information is readily available from magazines and Internet websites advertising properties for sale in France. There are many ways to search for properties: estate agents, property magazines and house hunters. The location and type of the property should be carefully considered based on whether it is to be a main residence, second home, holiday home or a property to be let as an investment for the future. Make a list of the important elements: purchase price, overall size and number of rooms, requirement for a garden, terrace garage or cellar, or any other elements. Certain types of property such as wood cabins, stone *cabanons*, derelict barns are not acceptable. A property should be classed as "habitable". Some lenders do not accept properties that have been registered for commercial use such as *gîtes* and *chambres d'hôtes*. Certain French building regulations are very different from other countries and permission has to be granted from the local Town Hall. This might require the advice of an expert – an architect or surveyor. When relying on mortgage finance for renovation works, the works must be completed by tradesmen who are registered in France. Registered tradesmen have the correct insurances covering their work.

adapted from *http://poitoucharentes.angloinfo.com*

Travail à faire

1. Compréhension : Rédigez un compte rendu en français du document ci dessus en 140 mots à ± 10/%.
2. Expression : You are a real estate agent in a French agency located in Bordeaux. Write a mailing for potential foreign buyers. You will present your agency and all the services it can offer. (200 words ± 10%).

▶ Exercice 18. Sujet type examen

In New York, RVs are one answer to soaring rents

Rent free in New York City

NEW YORK – Steven Cintron stands up from a small sofa a mere couple of feet from his kitchen table. Cintron's roughly 200-square-foot pad isn't just any tiny apartment in the Big Apple. It's an RV.... As the most expensive city in the country gets even pricier, Cintron and other New Yorkers are taking drastic steps to survive the most brutal real estate market in the United States. They are avoiding sky-high rents and buying secondhand recreational vehicles. "I've got everything," said Cintron, "I'm comfortable here." Unable to find an affordable apartment, he found inspiration in a friend who owns an RV. So he bought a 1996 Gulf Stream for $5,000. He ended up parking near Brooklyn's tony Park Slope neighborhood, where he grew up but now can't afford to rent. By turning to mobile apartments, RV dwellers are something of real estate pioneers in New York. RVs give New Yorkers a way into trendy or exclusive neighborhoods they otherwise might not be able to afford. They don't have to worry rent prices or upstairs neighbors tap. But there are obvious trade-offs. Getting electricity takes some effort. Heating during the winter can get costly. New York renters are paying record amounts too. The average asking rent in New York was $3,105 in the third quarter of 2013.

* RV : recreational vehicle.

Adapted from *The Los Angeles Times*, November 17, 2013

Travail à faire

1. Compréhension : Rédigez un compte rendu du texte en 120 mots ± 10 %.
2. Expression : You are a real estate agent in charge of rental management. You reply to the following letter from a foreign tenant, Mr Thomson (about 180 words).

   Michael Thomson
   3, rue Dufour
   75006 Paris
   to :
   Agence des Fleurs
   4, Impasse Hoguet
   75xxx Paris
   Subject: lease termination
   Paris, March 1st 20xx
   Dear Sir/Madam
   My company has been quite suddenly transferred to the South of France, and I have to move to Marseille by April the 15th at the latest. "I am currently renting the flat rue Dufour through your agency. On my contract I can read" Contrat de location loi du 06 juillet 1989". My renewable lease for the flat is terminating on the 31st of March. I need to know what I can do to be able to leave the flat on such short notice.
   Thank you for letting me know a soon as possible.
   Best regards,
   Michael Thomson

▶ Exercice 19. Sujet type examen

Britain's smallest house

Is this Britain's smallest house? Tiny property that's less than 200 square feet goes on sale for £275,000 as fears grow over house market bubble. A house in London thought to be one of the smallest in Britain is up for sale, but it will set buyers back more than a quarter of a million pounds. The pint-sized property is made up of just 188 sq ft of living space but still crams in a kitchen, living area, bathroom and bedroom.

The house is on the highly-sought after Richmond Avenue, one street away from Tony Blair's former house on Richmond Crescent. Blair sold that house for £615,000 in 1997 but it is now worth more than £3million. Research by MailOnline earlier this year showed that in some parts of London, house prices rose by almost five times the average wage. The housing bubble has forced many Londoners into renting, but in turn this has pushed up rent and demand for flats across the capital. Some landlords have split their family homes into tiny "semi studios", meaning they can make more money but leaving tenants in cramped accommodation. While house prices and rent in London continue to soar, for just £5,000 more than the price of this property a buyer could purchase a two-bed house in the Lake District.

Adapted from *The Daily Mail online* 7 September 2014

Travail à faire

1. Compréhension : Rédigez un compte rendu en français de l'article ci-dessus en 150 mots (± 10 %).
2. Expression : You have been contacted by a wealthy British investor to buy a flat in the center of Paris. His budget is £ 200,000. You have several one room and two-room flats to propose him at 10,000 € per sqm. You write him to explain why buying a flat in Paris remains a good investment in spite of the high price per square meter. You propose to take care of the rental management in case he buys one of your properties. (220 words ± 10%).

Thème 4
Outils linguistiques fondamentaux

7. Les mots de liaison

A. Exprimer le début, la fin, la continuité

at the same time (as) → au même moment (que)
every time → à chaque fois que → Everytime a tenant calls.. → à chaque fois qu'un locataire appelle...
since → **depuis** we have been marketing this product **since** 2011 → nous commercialisons ce produit depuis 2011.
the first/second/next/last time → la première/deuxième/prochaine/dernière fois
whenever: call me back **whenever** you like → quand vous voulez= à n'importe quel moment)
while: → tandis que/pendant que
by the time → **by the time** you think it over, the product may be sold out → le temps que vous réfléchissiez, il se peut que le produit ne soit plus disponible
until → jusqu'à
meanwhile → pendant ce temps-là
eventually → en fin de compte, finir par → they **eventually** signed the contract → ils ont fini par signer le contrat
finally → finalement, enfin
as soon as → aussitôt que/dès que
following → suite à → **following** our conversation → suite à notre entretien
then/next → ensuite
at first → tout d'abord
first/firstly → d'abord, premièrement
secondly → deuxièmement
thirdly → troisièmement
finally → enfin, finalement
lastly → en dernier lieu

B. Conclure

in conclusion/as a conclusion → en conclusion
to conclude → pour conclure
in short/in brief → en bref
to sum up → en résumé

C. Concession

but → mais
yet → pourtant
although/even though → bien que
despite/en spite of: malgré (+nom) → **In spite of** its location/**despite** its location, the flat is very quiet → **malgré** son emplacement, cet appartement est très tranquille
instead of (+vbing): au lieu de → **Instead of buying** now, you should wait a couple of months → au lieu d'acheter maintenant, vous devriez attendre quelques mois.
whereas → alors que → I wish to live in a town **whereas** my husband wishes to live in the country → je souhaiterais habiter en ville **alors que** mon mari souhaite habiter à la campagne
however → cependant
nevertheless/nonetheless → néanmoins
on the contrary/conversely to/unlike → au contraire de/contrairement à
on the other hand → d'autre part

D. Exprimer la similitude/l'alternative

either ... or → **ou bien...ou bien/soit....soit** → you can **either** send your payment by mail **or** pay at the agency → vous pouvez payer soit /ou bien par courier soit/ou bien à l'agence.
neither ... nor → ni ...ni
in other words → en d'autres termes, autrement dit
likewise/in the same way → de la même manière/façon
by comparison → en comparaison → **by comparison** the price on the internet in much lower → en comparaison, le prix sur internet est beaucoup plus bas

E. Ajouter/illustrer /expliciter

besides → d'ailleurs
furthermore / moreover/in addition → de plus
for example/for instance → par exemple
such as → tel(les) que → companies **such as** Apple and Samsung... → les enterprises comme/telles que Apple et Samsung
indeed → en effet
in fact → en fait
that is to say → c'est-à-dire
actually → en réalité

F. Cause/but/conséquence

as a result → en conséquence
because of → à cause de
that is the reason why/that's why → c'est la raison pour laquelle/c'est pourquoi
thanks to → grâce à
in order to → de manière à/dans le but de → **in order to** meet our customers' expectations → de manière à répondre aux attentes de nos clients
accordingly/consequently → par conséquent/en conséquence (de quoi)
therefore → donc/par conséquent
thus → ainsi
hence → d'où → **hence** his reluctance to let his flat → d'où sa réticence à mettre son appartement en location

G. Exprimer la condition

even if → même si
in case → au cas où
as long as → **as long as** you call me back within 3 days → du moment que vous me rappelez. d'ici 3 jours
provided that/providing → du moment que
unless → à moins que
otherwise → autrement, sinon

Thème 5
Lexique

8. Lexique français/anglais

à l'étranger : abroad (adv)
à l'étage, au premier : upstairs (prep)
à la place de / pour le compte de : on behalf of (exp)
à vendre : for sale (exp)
acompte : down payment (n)
agence indépendante, souvent familiale : mom and pop agency(expression US)
agrandir : enlarge (vb)
amiante : asbestos (n)
annulation : cancellation (n)
annuler/dénoncer (un bail) : cancel (vb) ; denouncer
appartement : flat (UK)/apartment (US)
appartement à loyer modéré : council flat (n)
appel /visite à l'improviste : cold calling (n)
ascenseur : lift (UK) /elevator (US) (n)
assemblée générale des copropriétaires : annual general meeting (AGM)
assurance habitation : home insurance (n)
astuce : tip(n)
attestation de revenus :proof of income (n)
avantageux : worthwhile (adj)
bail : lease (n)
bailleur : lessor (n)
balcon : balcony (n)
base de données : database (n)
bâtiment : building (n)
bâtiment (secteur d'activité) : construction (n)
boitage : letter boxing (n)
budget prévisionnel : provisional budget (n)
bulletin de salaire : pay slip (n)
cadre juridique : legal framework (n)
cave, sous sol : cellar/basement
chaudière : boiler (n)
client : customer (n)
climatisation : air conditioning
co-propriétaire : co-owner (n)
co-propriété : co-ownership (n)
colocation : flat-sharing/apartment-sharing (n)
commodités : amenities (n.pl)
compétence : skill (n)
compromis de vente : pre -sale agreement(n)
comptable : accountant (n)
conseil : advice (nom indénombrable singulier)
conseil juridique : legal advice (n)
conseiller : advise (vb)
construire/bâtir : build (vb)
convivial, agréable à utiliser : user-friendly (adj)
convocation : notification (n)
copropriété résidentielle : condominium (n US)
cuisine américaine : open space kitchen (n)
débarras : utility room (n)
défectueux : faulty (adj)
démarcher : canvass (vb)
dépenses courantes/frais de fonctionnement : running expenditures (n)
dépôt de garantie : damage deposit (n)
diagnostics obligatoires : compulsory tests (n)
disponible : available (adj)
donner congé : give notice (vb)
double vitrage : double glazing (n)
DPE : EPC → Energy Performance Certificate
durée : time span (n)
échange de propos anodins : small talk (n)
efficace : efficient (adj)
efficace, performant : effective (adj)
emménager/déménager : move in/out (vb)
en bas, au rez-de-chaussée : downstairs/at ground level
encaisser : cash in (vb)
entrée/sortie/entrer/quitter (d'un bien en location saisonnière) : check in/check out (n/vb)
équipement électrique (four, machine à laver, tv etc.) : appliance (n)
escalier, cage d'escalier : staircase (n)
espace de rangement : storage space (n)
établir / fixer un prix : set a price (exp vb)
établir rédiger : draft (vb)
état des lieux : inventory of fixtures (n)
étranger : foreign (adj)
évaluation/estimation d'un bien : valuation (n)
évaluer, estimer : assess (vb)
éventail/choix : panel (n)
éviter : avoid (vb)
exact, précis : accurate (adj)
expulser : evict (vb)
fiable : liable (adj)
fiable, digne de confiance : reliable (adj)

fonctionner/travailler/opérer : operate (vb)
fournir : provide(vb)
franchise/franchisé : franchise (n)/ franchised (adj)
fuite : leak (n)
gagner la confiance du client/fidéliser le client : establish customer's trust/loyalty (exp)
gardien : caretaker (n)
gestion : management (n)
gestion locative : rental management (n)
habitat : housing (n)
haut plafond : high ceiling (n)
honoraires : fees (npl)
hôte, locataire saisonnier : guest (n)
impôt sur le revenu : income tax (n)
incohérence/disparité : discrepancy (n)
inondation/inonder : flood (n/vb)
interrupteur : switch/light switch (n)
investissement/investirl : investment(n)/invest (vb)
isolation : insulation (n)
le(s) dernier(s) en date= les plus récents : latest (adj superlatif de late)
lettre de relance : dunning letter (n)
liste de biens disponibles à la vente et/ou à la location : listings(npl)
litige : litigation (n)
localisation/situation/emplacement : location (n)
localiser, situer : locate (vb)
locataire : tenant (n)
location meublée : furnished let (n)
location non meublée : unfurnished let (n)
location saisonnière : seasonal rental/holiday rental(n)
location: rental (n)
location/louer : let(n/vb)
location/occupation : tenancy (n)
locaux : premises (npl)
logement : dwelling (n)
logement social : council housing/estate (n)
logement social/cité (US) : housing project (n)
loyer/louer : rent (n/vb)
maintenance/entretien : maintenance (n)
maison de campagne : country house (n)
maison individuelle : individual house (n)
maison mitoyenne : semi-detached house (n)
maisonnette, maison de charme : cottage (n)
mandat : mandate (n)
mandat simple : simple mandate(n)
mandate de vente : sales mandate (n)
mandate exclusif : exclusive mandate (n)
manoir : mansion (n)
minutieux, complet, détaillé : thorough (adj)
mise à jour, mettre à jour : update (n/vb)
mise en valeur d'un bien : home-staging (n)
montant : amount(n)
moquette : wall to wall carpeting (n)
notaire : solicitor/notary(n)
objectif, but : purpose (n)
obligatoire : compulsory (adj)
obligatoire : mandatory(adj)
outil : tool (n)
panneau/signer : sign (n/vb)
par mois/mensuel : pcm → per calendar month
parking privé : private car park (n)
parquet : parquet flooring (n)
part, tantième (copropriété) /partager : share (n/vb)
parties communes(copropriété) : communal areas (n)
paysage ; espace paysagés : landscape (n) ; landscaped areas
penderie : cloakroom (n)
perspective/client : prospect (n)
plomb : lead (n)
poubelle ; local poubelle : bin (n) ; bin storage area
préavis : advance notice (n)
préavis, avis : notice (n)
preneur : lessee (n)
prêt immobilier : mortgage loan (n)
prêt relai : bridge loan (n)
prévu par la loi : statutory (adj)
procédure, marche à suivre : procedure (n)
procédure, processus, démarche : proceeding (nom verbal)
procuration : proxy (n) : procuration
propriétaire : owner (n)
propriétaire (par opposition au locataire) : landlord (n)
propriété (immobilière) : property (n)
publicité (en général) : advertising
publicité, annonce publicitaire : advertisement/ad (n)
publipostage : mailing (n)
qui attire l'œil : eye-catching (adj)
qui fait gagner du temps : time saving (adj)
radiateur : heater (n)
rangement : storage (n)
rassembler, recouvrer, percevoir : collect (vb)

reçu, quittance : receipt (n)
réhausser/améliorer : enhance (vb)
reliquat, restant : remainder (n)
remboursement/rembourser : refund (n/vb)
renouvelable tacitement : tacitly renewable (adj)
rénover : renovate (vb)
renvoyer : dismiss (vb)
réseau : network (n)
résidence : resort (n)
résidence principale : main residence/home (n)
résidence secondaire : secondary home/holiday home (n)
résilier : terminate(vb)
responsable de : accountable (for) (adj)
robinet : tap (n)
s'assurer que / faire en sorte que/de : ensure (vb)
s'occuper de, se charger de : cater to (vb)
savoir/connaissance : knowledge(n)
se porter caution/garant pour quelqu'un : stand surety for (vb)
séjour (durée d'occupation) : stay (n)
semi-exclusif : semi-exclusive (n)
sol carrelé : tiled floor (n)
solvabilité : financial capacity (n)
sous-sol : basement (n)
surface : surface (n)
terrace : terrace (n)
tour d'habitations : tower block(n)
traiter, s'occuper de : handle (vb)
transaction : transaction (n)
travaux: repairs (npl)
un motif sérieux et légitime : serious and legitimate reason (exp)
urgence : emergency (n)
usure : wear and tear (n)
valeur :value (n)
vendre : sell (sold sold) (vb)
vérifier/vérification : check (vb/n)
visite (d'un bien) : open house (n)
vitrine : window display(n)
voisinage/quartier : neighborhood (n)
vol : theft (n)

9. Lexique anglais/français

abroad (adv) : à l'étranger
accountable (for) (adj) : responsable de
accountant (n) :comptable
accurate: (adj) exact, précis
advance notice (n) : préavis
advertisement/ad (n) publicité, annonce publicitaire
advertising (n v): publicité (en général)
advice (nom indénombrable singulier): conseil
advise (vb) : conseiller
air conditioning : climatisation
amenities (n.pl): commodités
amount(n): montant
annual general meeting (AGM) : assemblée générale des copropriétaires
appliance (n) : équipement électrique (four, machine à laver, tv etc.)
asbestos (n) : amiante
assess (vb): évaluer, estimer
available (adj): disponible
avoid (vb) : éviter
balcony : balcon
basement (n) : sous-sol
bin (n) : poubelle → bin storage area : local poubelle
boiler (n) : chaudière
bridge loan (n): prêt relai
building (n): bâtiment
build (vb):construire/bâtir
cancel (vb); annuler/denouncer (un bail)
cancellation (n) : annulation
canvass (vb): démarcher
caretaker (n): gardien
cash in (vb): encaisser
cater to (vb) : s'occuper de, se charger de
cellar/basement (n): cave, sous-sol
check (vb/n): vérifier/vérification
check in/check out (n/vb): entrée/sortie/entrer/quitter (d'un bien en location saisonnière)
cloakroom (n): penderie
cold calling (n): appel /visite à l'improviste
collect (vb): rassembler, recouvrer, percevoir
communal areas (n) : parties communes(copropriété)
compulsory tests (n) : diagnostics ogligatoires
compulsory (adj) : obligatoire
condominium (US): copropriété résidentielle
construction (n) : bâtiment (secteur d'activité)
co-owner (n) co-propriétaire
co-ownership (n): co-propriété
cottage (n) : maisonnette, maison de charme
council flat (n) : appartement à loyer modéré
council housing/estate (n) : logement social
country house (n) :maison de campagne
customer (n): client
damage deposit (n): dépôt de garantie
database (n): base de données
discrepancy (n): incohérence/disparité
dismiss (vb) : renvoyer
double glazing (n) : double vitrage
down payment (n): acompte
downstairs/at ground level : en bas, au rez-de-chaussée
draft (vb) établir rédiger
dunning letter (n) : lettre de relance
dwelling (n): logement
efficient (adj) : efficace
effective (adj) :efficace, performant
emergency (n) :urgence
enhance (vb):réhausser/améliorer
enlarge (vb) agrandir
ensure (vb) : s'assurer que / faire en sorte que/de
EPC → Energy Performance Certificate : DPE
establish customer's trust/loyalty (exp): gagner la confiance du client/fidéliser le client
evict (vb) : expulser
exclusive mandate (n): mandate exclusif
eye-catching (adj): qui attire l'oeil,
faulty (adj) : défectueux
fees (npl): honoraires
financial capacity (n) : solvabilité
flat (n UK)/apartment (n US): appartement
flat-sharing/apartment-sharing (n): colocation
flood(n/vb): inondation/inonder
for sale (exp): à vendre
foreign (adj): étranger
franchise (n)/ franchised (adj): franchise/franchisé
furnished let (n): location meublée
give notice (vb): donner congé
guest (n) : hôte, locataire saisonnier

handle (vb) : traiter, s'occuper de
heater (n) : radiateur
high ceiling (n) : haut plafond
home insurance (n): assurance habitation
home-staging (n): mise en valeur d'un bien
housing (n) : habitat
housing project (n) : logement social/cité (US)
income tax (n): impôt sur le revenu
individual house (n) : maison individuelle
insulation (n) : isolation
inventory of fixtures (n): état des lieux
investment(n)/invest (vb): investissement/investirl
knowledge(n): savoir/connaissance
landlord(n): propriétaire (par opposition au locataire)
landscape (n) :paysage → landscaped areas : espace paysagés
latest (adj superlatif de late): le(s) dernier(s) en date= les plus récents
lead (n) :plomb
leak (n): fuite
lease (n): bail
legal advice (n): conseil juridique
legal framework (n) : cadre juridique
lessee (n) :preneur
lessor (n): bailleur
let(n/vb): location/louer
letter boxing (n): boitage
liable (adj): fiable
lift (UK) /elevator (US) (n) : ascenseur
listings(npl) :liste de biens disponibles à la vente et/ ou à la location
litigation (n) : litige
locate (vb): localiser, situer
location (n): localisation/situation/emplacement
mailing (n): publipostage
main residence/home (n): résidence principale
maintenance(n): maintenance/entretien
management(n): gestion
mandate (n) :mandat
mandatory(adj): obligatoire
mansion (n) :manoir
mom and pop agency(expression US): agence indépendante, souvent familiale
mortgage loan (n): prêt immobilier
move in/out (vb): emménager/déménager
neighborhood(n) voisinage/quartier
network (n): réseau
notice (n) : préavis, avis
notification (n) : convocation
on behalf of (exp):à la place de / pour le compte de
open house (n): visite (d'un bien)
open space kitchen (n) : cuisine américaine
operate (vb): fonctionner/travailler/opérer
owner (n): propriétaire
panel (n):éventail/choix
parquet flooring (n) : parquet
pay slip(n): bulletin de salaire
pcm → per calendar month : par mois/mensuel
pre -sale agreement(n):compromis de vente
premises (npl):locaux
private car park (n) : parking privé
procedure (n): procédure, marche à suivre
proceeding (nom verbal) : procédure, processus, démarche
proof of income (n): attestation de revenus
property (n):propriété (immobilière)
prospect (n): perspective/client
provide(vb): fournir
provisional budget (n) : budget prévisionnel
proxy (n) : procuration : to vote by proxy : voter par procuration
purpose (n): objectif, but
receipt (n): reçu, quittance
refund (n/vb): remboursement/rembourser
reliable (adj): fiable, digne de confiance
remainder (n) : reliquat, restant
renovate (vb) : rénover
rent (n/vb): loyer/louer
rental (n): location
rental management (n): gestion locative
repairs (npl): travaux
resort (n): résidence
running expenditures : (n) dépenses courantes/frais de fonctionnement
sales mandate (n): mandate de vente
seasonal rental/holiday rental(n) : location saisonnière
secondary home/holiday home (n) : résidence secondaire
sell (sold sold) (vb): vendre
semi-exclusive (n) : semi-exclusif
semi-detached house (n) : maison mitoyenne

serious and legitimate reason (exp): un motif sérieux et légitime
set a price (exp vb): établir / fixer un prix
share (n/vb) : part, tantième (copropriété) /partager
sign (n /vb): panneau/signer
simple mandate(n): mandat simple
skill (n): compétence
small talk (n): échange de propos anodins
solicitor/notary(n): notaire
staircase (n) : escalier, cage d'escalier
stand surety for (vb): se porter caution/garant pour quelqu'un
statutory (adj): prévu par la loi
stay (n) : séjour (durée d'occupation)
storage space (n) : espace de rangement
storage (n) :rangement
surface (n): surface
switch/light switch (n) : interrupteur
tacitly renewable (adj): renouvelable tacitement
tap (n) : robinet
tenant (n): locataire
tenancy (n) : location/occupation
terminate(vb): résilier
terrace (n) :terrace
theft (n): vol
thorough (adj): minutieux, complet, détaillé
tiled floor (n) : sol carrelé
time saving (adj): qui fait gagner du temps
time span (n): durée
tip(n): astuce
tool (n) : outil
tower block(n) : tour d'habitations
transaction (n): transaction
unfurnished let (n): location non meublée
update (n/vb): mise à jour, mettre à jour
upstairs (prep) : à l'étage, au premier
user- friendly (adj): convivial, agréable à utiliser
utility room (n) :débarras
valuation (n): évaluation/estimation d'un bien
value(n): valeur
wall to wall carpeting (n) : moquette
wear and tear (n): usure
window display(n): vitrine
worthwhile (adj): avantageux

Corrigés

Thème 1

QCM

1. c
2. b et d

Exercice 1. Réponse par mail au vendeur

Dear Mr Hayes,

Thank you for your e-mail. We understand you wish to sell a flat you own in Paris, and we are ready to give you all the information and advice you need to carry out the sale in the best possible way. As a foreigner, I understand it is hardly possible for you to follow the complex selling procedures without the help of a professional agent; accordingly, here are some of the services our agency can offer :

We can establish a valuation of your property to set the most accurate price, we can find potential buyers thanks to our advertising channels and above all we can check the buyers' financial capacity, organize the visits, and

take care of all the necessary paperwork. As for our agency's fees, they amount to 6% of the selling price.

We are looking forward to meeting you in our agency soon, (148 mots)

Best regards,

Ghislaine Robert, real estate agent for Agence Frangle.

agencefrangle@immo.com

12, rue du Père Corentin 75014 Paris

Exercice 2. Réponse par courrier au vendeur

Dear Mrs Jennekins,

We are reporting back to you the result of your property valuation carried out by our agency's expert.

Your house is indeed in very good conditions and very few repair works will have to be carried out by the buyer.

The hamlet where it is located is not too far from the main town offering all sorts of amenities. Yet,

our agency studied closely all the elements to be taken into account, and the valuation expert established the most accurate price for your property at 380,000 € knowing that a house of the same surface and in good conditions was sold for 360,000 € last month.

We are looking forward to helping you sell your property in the most efficient manner. (123 mots)

Jean Josselin

Managing director of l'Agence Bourgogne

3, rue de la Petite Porte

89560 Joigny

agencebourg@immo.fr

Exercice 3. Rédaction d'un article publicitaire pour l'agence

You wish to sell or buy a property rapidly and at the best price? The Agence Nouvelle Bretagne is here now to help you! On June 2nd the Agence Nouvelle Bretagne is opening its doors today for the first time in your area. Our manager, Guy LeBihan, has lived and worked in the region for more than twenty years acquiring an unprecedented knowledge of the real estate market. All our agents are fluent in English and more than ready to help any foreigner wishing to buy or sell a property within a 70 miles radius. We offer many services such as advertising, valuation, home staging, compulsory ratings in addition to some invaluable advice to help you through the maze of the French legislation.

So, don't hesitate to walk in and have a chat with our estate agents, all highly specialized in sales transactions.

We do hope to greet you soon in our agency! (154 mots)

On behalf of The Agence Nouvelle Bretagne 's team

Guy Le Bihan, managing director

contact: agence.nouvellebretagne@immo.fr

Exercice 4. Réponse par courriel à un locataire

Dear Mr Page,

We thank you for choosing our agency to inform you on the French rental proceedings. As a student, we advise you to opt for a furnished let with a 10 month renewable lease. Your financial capacity must be assessed, but we suppose your parents can stand surety for you, meaning that they will have to provide a proof of income. There are still a significant number of lets on offer for the time being, but we advise you to contact us as soon as possible to arrange some visits and prepare your file.

We are looking forward to hearing from you soon,

Yours truly, (107 mots)

Amandine Gautier

Managing director of the Agence Trans Manche

agencetransm@immo.com

12 allée des Peupliers 72013 Paris

Exercice 5. Réponse par courrier à un bailleur

Dear Mr Plant,

We understand you wish to terminate Mr Bernard's lease before the end of the third year. Do not worry, the French law allows you to terminate a lease before it ends for serious motives. It appears that you wish to live in the flat you own for professional reasons, and it is considered a serious motive. Yet, if you need your tenant to leave within 8 months, we are sending him a notice today, the deadline being 6 months before you wish him to leave. Of course, we will need you to provide us with the documented proof of your professional transfer. We will keep you informed all along the procedure. (114 mots)

Best regards,

Claire Tallard, real estate agent, Agence de L'Ouest, 45 rue Vercingétorix, 75014 Paris

Exercice 6. Annonces locatives

Do not miss the most picturesque destination in Brittany!

Right in the heart of Port Garrec, enjoy an unforgettable stay at "Le Belem", a traditional cottage available for seasonal rentals all year round.

"Le Belem" is located at the heart of Port Garrec's exquisite cove, reputed as Brittany's most breathtaking natural cove, close to beautiful sandy beaches, not far from all the amenities, a 20 minute drive from the historical town of Lorient with its museums and famous WWII submarine base. It is a 15 minute drive from the picturesque town of Pont Aven, featuring in many impressionist work of arts, and keeping up with its artistic reputation, with a plenty of art galleries and local craftsmanship.

The cottage accommodates four persons; it has two bedrooms, one on the ground level, the other upstairs, each with its own private bathroom. The open kitchen is fully equipped (oven, microwave, fridge, deep freezer, ceramic glass cook tops, dishwasher, washing machine); the living room has cable tv and internet access and opens on a lovely garden with garden furniture, sunshades and a barbecue. There are two parking spaces and a basement which can be used for storage. It is ideal for a family of four or two couples.
The price is 800 € per week, all charges included, from June to September
400 € per week the rest of the year. Also available for rental during week ends and bank holidays.
If you are interested, please contact us at: lebelem@portgarrec.bzh.fr (236 mots)

Exercice 7. Informations données au bailleur pour location saisonnière

Dear Mrs Grant,
Thank you for trusting our agency for advice. Indeed, it is an excellent idea to rent your property as a holiday rental in the region of Arcachon, one of the most popular tourist destination in France.
Here is a short list of the major requirements indispensable to carry out this type of rental in the best of ways, provided you decide to entrust your property to our agency.
The owner and the agent have to agree on a calendar and on the various renting prices which vary according to the seasons. Prices during the full season can go up to 1000€s/week, depending on the comfort, location, equipment of the property.
As in any rentals, a contract stating the rental conditions must be signed by the two parties, generally by mail.
A down payment must be paid by the guests on booking, it represents half of the total price.
The whole amount of the rent must be paid on arrival, along with the damage deposit which will be refunded at the end of the stay if the property is clean and undamaged. Inventories are established on each arrival and departure of the guests. It is our agency's job to manage all the aspects of the rental, as well as to find guests by advertising your property through many channels. We are also available whenever your guests need to solve any problems they might encounter during their stay. We organize the maintenance and regular house cleaning. For all these tasks, we charge 10% of the weekly rental price.
There are many details we should develop further, so the best for you would be to arrange a meeting with us during your next travel to Arcachon, where we could give you all the details, plan a visit of your property and establish together the holiday rental conditions and contract.
We are looking forward to greeting you in our offices, (301 mots)
Jeanne Pila, Agence des Dunes, agencedesdunes@immo.fr, 6 rue de la Petite Tromenie, 33120 Arcachon

Exercice 8. Informations par mail données au locataire dans le cas d'une résiliation

Dear Mr Dexter,
We understand you wish to cancel the holiday rental you booked 3 months earlier. Unless you have subscribed a specific cancellation insurance, I am afraid your down payment cannot be refunded. This is clearly notified in the contract you signed, and there is no other solution. Moreover, it is also stipulated in the contract that the total amount of the rental has to be paid when a cancellation occurs less than two weeks before the rental begins. In other words, you still owe the remainder of the rent. We are sorry for this inconvenience,
Best regards,
Michel Martin, real estate agent, Agence Locason, agencelocason@immo.fr
14, rue Botero, 06000 Nice

Thème 2

QCM

c. A co-owner can be represented by any adult of his choice except by the co-ownership manager

Exercice 9. Traduction d'un contrat de location saisonnière

CONDITIONS GÉNÉRALES DE LOCATION

1. Engagements du preneur
Le locataire signataire du contrat ne peut en aucun cas sous louer le bien. Les noms de tous les occupants doivent figurer dans le contrat.

2. Gestion des arrivées et des départs
Les arrivées s'effectuent entre 17 h 00 et 19 h 00. Pour tout autre horaire prévenir le bailleur
Les locations sont conservées durant 24 heures après la date prévue de l'arrivée du preneur. Passé ce délai, elles cessent d'être réservées et la totalité du coût du séjour sera retenue au preneur.
Les départs sont prévus vers 10 h 00. Pour tout autre horaire prévenir le bailleur.

3. Paiement de la location
La réservation ne devient effective qu'après la signature du présent Contrat de Location et la réception de l'acompte.
Le montant du séjour est intégralement payable au plus tard un mois avant votre arrivée sauf accord contraire notifié sur le contrat. Aucune réduction ne sera consentie en cas d'arrivée retardée ou de départ anticipé.
En l'absence de paiement dans les délais, la réservation du preneur sera automatiquement annulée, la totalité du séjour restant due.

4. Charges
Le prix du séjour comprend les charges d'électricité, d'eau et de gaz sauf du 15 septembre au 15 juin ou un relevé d'électricité sera effectué par le bailleur et le preneur et facturé au preneur le jour du départ.

5. Inventaire
Le bailleur doit fournir le logement conforme à l'état descriptif et en bon état d'hygiène et de propreté.
Le preneur doit le rendre dans le même état.
Chaque logement est équipé de vaisselle, mobilier intérieur et extérieur, literie à l'exception des draps et du linge de maison. Il est convenu qu'un inventaire et un état des lieux (mobilier, matériel et ustensiles de cuisine) seront effectués lors de l'entrée et du départ du PRENEUR, et signés en double exemplaire. Le preneur devra signaler au bailleur toute anomalie avant le lendemain matin.

6. Garantie
Un dépôt de garantie destiné à couvrir les défauts de propreté, les dommages ou dégradations causés aux objets et lieux loués ainsi que les différentes charges et consommations éventuelles est prévu. Le dépôt de garantie est fixé sur le contrat.
Il est versé avec le solde et non retiré. Il sera restitué sous 8 jours, à condition que le bien soit restitué propre et en bon état.
Si le montant des dégradations est supérieur au dépôt de garantie, le preneur sera redevable auprès du bailleur du complément nécessaire au remplacement des différents matériaux endommagés.

7. Assurance
La responsabilité du bailleur n'est pas engagée en cas de vol, perte, ou dommage de toute nature pendant la durée du séjour.
Le preneur devra faire fournir une attestation stipulant que son contrat multirisques habitation est à jour du paiement des cotisations et comporte une clause voyage villégiatures, couvrant les risques incendie et dégâts des eaux.

8. Visites
Le preneur s'engage à autoriser les visites du bien à condition d'en avoir été averti.

9. Travaux
Le preneur autorise le propriétaire ou un tiers mandaté par lui à effectuer, pendant la durée de la location, toute réparation commandée par l'urgence et renonce par avance à une quelconque compensation financière.
Fait le ....
le preneur : le bailleur :
(signature précédée de « lu et approuvé »)

Exercice 10. Rédaction d'un écrit d'incitation à la location saisonnière

Opting for a profitable solution
Owning a property in France can appear so complex that many British citizens abandon the idea. It is indeed hardly profitable if the property you own is vacant most of the year, and occupied by the owners only a couple of months. We think we have a solution to solve this problem.
Being located in an outstanding part of France for its climate, landscapes, sites, not to forget its amazing food and wine, we can help you optimize your assets by renting your property while you are away.
Together with you, we establish a schedule featuring the periods of the year when your property is vacant while the rest of the time it remains at your complete disposal. For 10% of the weekly rent price, we can take care of everything: establishing the contracts, the inventory of fixtures, collecting the rents, handing in the keys, cleaning and maintaining the property. You must be aware that in full season the average price of a week rental is around 1000 euros. If you wish to have more details before contacting us or even better, before visiting us, you can log on our website: paysdelauzun@immo.fr
Our highly trained staff, all fluent in English are looking forward to working with you very soon.
220 mots
Alain Lagrange, real estate agent, agence pays de Lauzun, 47.
tel : 04 56 98 97 fax :04 56 98 95 site :paysdelauzun@immo.fr

Exercice 11. Rédaction d'une réponse à un courrier de réclamation d'un client saisonnier

Dear Mrs Atkinson,
I understand you wish to recover the 500 Euros corresponding to the damage deposit you paid on arrival to the rental. Unfortunately, as you may be aware, the inventory of fixtures on your departure has revealed a certain number of damages: both dishwasher and washing machine are out of work, two sitting room chairs are missing, and part of the wall paper in one of the children's room has been torn off. Accordingly, we will be using your damage deposit to cover the repairs, but you will be required to pay the remainder if the cost is higher. We will keep you informed of the total amount of the repairs.
Best regards,
Jean Duparc
Agence Riviera, 11 rue des Palmiers, 0600 Nice
agenceriviera.nice@immo.fr

Exercice 12. Rédaction d'un courrier informatif répondant à une demande de location saisonnière

Dear Mr Jenkins,

We understand you and your family wish to book a holiday rental in our traditional cottage in Clohars Carnoet for a week from the 1st to the 7th of August. To validate your booking the agency must receive through bank transfer 50% of the whole rent as a down payment. The remainder will be paid on arrival. The check in time is from 2 to 7pm, please call our agency 15 minutes before your arrival so that someone from the agency can be present and hand in the keys and establish the inventory. We remind you that you will have to pay a damage deposit which will be refunded at the end of your stay, provided the rental has not been damaged. As soon as we receive your down payment together with the contract filled in and signed (see document attached), we will send you a brochure with all the information you might need to better enjoy your stay.

We look forward to welcoming you in our region,

Yours sincerely (173 mots)

Edouard Leguennec

Agence Océane,

5, Chemin de Kerruster,29360, Clohars –Carnoet

agoceane.clohars@immo.fr

Exercice 13. Avenant à un contrat de location saisonnière

Dear Mrs Marple,

We understand you wish to add an occupant to the contract you signed for next summer's holiday rental in La Rochelle. You are aware that the maximum occupation is four people since the property is not equipped with a sufficient number of beds. However, we have spoken on the phone with the owner who doesn't mind a fifth occupant being understood that the agency cannot supply you with the necessary equipment to accommodate this extra occupant. Moreover, we will have to charge a supplement of 10 euros a day, meaning that you will have to pay 70 euros more than the regular price. You will find an attached document with the amendment to the previous contract.

Please return it by mail as soon as possible.

Thank you for choosing Agence Atlantique, (135 mots)

Jean Raquin, Agence Atlantique 4, rue des Carmélites,17 La Rochelle

agence.atlantique@immo.fr

Exercice 14. Rédaction d'un courrier répondant à une question d'un copropriétaire sur l'AG

Dear Mr Roth,

We understand you cannot attend the next AGM concerning your building. We have the pleasure to inform you that you can give proxy to any adult of your choice who can attend the meeting and cast a vote on your behalf. I advise you to ask one of the co-owners to represent you during this meeting, you will find a list of co owners with their details in the attached document.

Before I can tell you whether or not you need the AGM's approval to carry out your renovation work, the syndic must be informed of the kind of works you wish to carry out. (108 mots)

Best regards,

Henri Goujon, Syndic de copropriété, 6 rue Erlinger 75008 Paris

Exercice 15. Rédaction d'une réponse à un locataire mécontent

Dear Mrs Heyen,

We acknowledge receipt of your complaint and you should be informed that you are not the first occupant to complain about the noise induced by the constant barking of Mr XXX's dog.

In case you haven't already filed a complaint at the nearest police station, we encourage you to do it now. In a previous mail to the HOA, w e have strongly advised all the occupants disturbed by the noise to file a complaint, so that during the next AGM unanimous decisions can be taken in order to launch all the legal procedures available to solve the problem. We are aware of the negative impact this situation has on your daily life and we are doing everything in our power to find an effective solution (123 mots).

Best regards,

Ghislaine Favart

Syndic de copropriété

Exercice 16. Rédaction d'un courrier explicatif à un copropriétaire

Dear Mrs Hopkins,

I understand it is difficult for a newcomer to grasp the complex legislation regulating co-ownership. I wish first to assure you that the amount you are asked to pay for your maintenance charges is the right one. Indeed, in order to make relevant comparisons between what amount each co owner has to pay, you have to take into account many criteria. The surface of your flat is not sufficient in itself to decide of the number of shares you own. The floor you live on, whether you own a basement, a parking lot or both, have consequences on the sum you have to pay. For example, the co-owner you refer to in your mail pays less because he owns fewer shares than you as ground floor flats do not pay for the lift's maintenance and repairs, which seems logical. Moreover, the parking space you own inside the building also adds shares to your property. I could also quote the example of a co-owner with the same surface as yours, except that his two balconies increase his number of shares.

I hope I have answered your questions in a satisfactory way. Do not hesitate to come to the syndic during the opening hours, from Monday to Friday, 9am to 6pm, if you need to discuss the issue more thoroughly.

Remi Rodier

Cabinet Flambard,Syndic de copropriété, 5 rue des Flandres, 59000 Lille

Thème 3

Exercice 17. Sujet type examen

Finding a property en France

- *Compréhension :*

  Cet article en ligne concernant la région Poitou Charentes est destiné à informer et à guider les potentiels acquéreurs anglophones dans leur choix d'un bien immobilier. Les sites d'annonces sont nombreux sur la toile, dans la presse locale, dans les magazines, ainsi qu'auprès d'un réseau étendu d'agents immobiliers souvent bilingues. Le choix d'un bien dépend de sa destination : résidence principale, secondaire ou investissement. D'autre part, si un emprunt immobilier est nécessaire, certains biens tels que les cabanons et autres granges à rénover sont exclus par les organismes prêteurs, tout comme les biens répertoriés en tant que gîtes. Que l'on achète pour rénover ou pour construire du neuf, la règlementation française diffère parfois des autres pays, c'est pourquoi il est indispensable de se renseigner minutieusement afin d'opter pour un constructeur ou une entreprise de rénovation habilités 138 mots.

- *Expression :*

  Dear clients,

  Aquitaine Real Estate, dedicated to property buyers and sellers from the UK, has just opened its doors in the centre of Bordeaux. Our bilingual staff possesses an accurate knowledge of the meanders of the French real estate legislation which is constantly changing. We are familiar with the expectations and needs of clients from the British Isles, all the more so that the founder of Aquitaine Agency was born and raised in the UK before coming to live in our beautiful region.

  Our numerous listings covering all types of properties are already available and advertised in our window displays as well as on our website. We also have a network of local partners in many fields of activities who are eager to help our clients who might need their services. As an owner wishing to sell his property, our expertise on the local market will help you to put your property for sale at the best price, and we will carry out all the necessary tasks to ensure your property will be sold in less than 3 months.

  Whether you want to buy or sell, come and visit us during our opening hours from Mondays to Saturdays 9am to 7pm.

  We are looking forward to your visit!

  Katie Sherwood, real estate broker, Aquitaine Real Estate

Exercice 18. Sujet type examen

Rent free in New York City

- *Compréhension :*

  Cet article adapté du Los Angeles Times daté de 2013 est consacré à l'accroissement significatif des camping-cars dans le paysage newyorkais. En effet, les loyers inabordables (3105 dollars par mois en moyenne) dans la ville la plus chère des Etats Unis obligent un grand nombre de résidents à opter pour ce type d'habitat. Ceux qui témoignent ici expliquent leur choix, souvent motivé par leur histoire personnelle. Concernant l'aspect matériel, seul le prix d'un camping-car d'occasion est à débourser. Ainsi, toute une catégorie de la population jusque-là exclue de fait par le prix exorbitant des loyers peut installer son camping-car, souvent très confortablement aménagé dans le quartier de New York de son choix. Ces heureux résidents ne payent pas de loyer et ne risquent pas d'être importunés par le voisinage. Par contre, l'accès à l'eau courante et à l'électricité demeurent problématiques.

  145 mots

- *Expression :*

  Dear Mr Thompson,

  We acknowledge receipt of your letter dated from the first of March. We understand your company is relocating in Marseille and that you have to be there on the fifteenth of April at the latest. Since your motive for leaving the flat is considered legitimate according to the legislation, we advise you to send us your notice by registered mail with certificate of receipt before the fifteenth of March. We will then arrange a meeting to establish the inventory of fixtures so that you may reclaim your damage deposit within the two months following your departure from the flat. We remind you that the rent of the month of March is owed as your lease terminates at the end of March, even if you leave the flat before the deadline.

  In case you are looking for accommodation in Marseille, we would be pleased to support you in your search by recommending you to our local agents who will give you all the information and advice you need to find the most suitable property to rent.

  Best regards, (179 mots)

  Jean Dupin, real estate agent

Exercice 19 : sujet type examen

Britain smallest house

- *Compréhension :*

  Cet article adapté d'un article en ligne du Daily Mail daté du mois de septembre 2014 relate la mise en vente dans un quartier chic de Londres de la plus petite maison de Grande Bretagne pour la somme de 275 000 Livres sterling. Cette maison de 17m2 est pratiquement mitoyenne de l'ancienne maison de Tony Blair vendue en 1997 pour 165 000 livres et aujourd'hui évaluée à 3 millions.

  Ce dernier exemple en date est révélateur de l'envolée des prix de l'immobilier dans certains quartiers de Londres qui ont quintuplé ces dernières années, contraignant de nombreux londoniens à devenir locataires, ce qui réduit encore davantage l'offre de logements dans la capitale au point que certains propriétaires divisent leurs maisons en mini-studios qu'ils louent à prix d'or.

  À titre de comparaison, pour 5000 livres de plus que cette minuscule maison londonienne, il est possible d'acheter une maison familiale avec trois chambres en Cornouaille, dotée d'un jardin.

  157 mots

- *Expression :*

  Paris, September 6th 20xxx

  Dear Mr Jenkins,

  We acknowledge receipt of your e-mail asking for our advice concerning a real estate investment you wish to make in Paris. We understand the sum you plan to invest amounts to 200,000 pounds.

  Our agency benefits from a long experience with foreign investors and as such we are experts on the Parisian real estate market. It is the right time to invest as prices have been stagnating for a while but are expected to rise again in a very close future. The center of Paris is the right place to invest as prices there are bound to increase as the demand is much higher than the supply. Right now our agency has several properties for sale at 10,000 euros per square meter in the 6th an 5th arrondissements of Paris, which are two of the trendiest districts in the French capital. The return on rental investment is one of the best in the city: to give you an idea, you should be aware that the current renting price for a 20 sqm flat in these districts is about 1,000 euros per month.

  Moreover, our agency is also an expert on rental management and as such it can take care of all the proceedings, from selecting tenants to collecting rents on the owner's behalf.

  We are looking forward to accompanying you in all the transactions you wish to undertake.

  Best regards,

  Jacqueline Sureau, real estate agent, AGENCE INTERNATIONALE, PARIS.

  220 mots

E3

CONSEIL EN INGÉNIERIE DE L'IMMOBILIER

E3 Conseils en vue de l'épreuve de Conseil en ingénierie de l'immobilier

I. Description de l'épreuve

A. Durée, matières et coefficient de l'épreuve

L'épreuve dure 3 heures.

Elle réunit trois matières. Le candidat aura à mobiliser ses compétences et à montrer sa connaissance de l'actualité dans les domaines suivants :

- droit et veille juridique ;
- économie et organisation de l'immobilier ;
- architecture, habitat et urbanisme, développement durable.

Chaque matière représente une heure de composition en principe.

L'épreuve représente un coefficient 4.

La calculatrice est autorisée pendant cette épreuve.

B. Présentation et contenu de l'épreuve

L'épreuve consiste en un questionnement unique basé sur une situation concrète auquel il faudra répondre sur la base de ses connaissances de cours et d'un dossier documentaire.

1. Un questionnement unique...

Il n'y a pas un dossier distinct pour chaque matière, toutes les questions (une dizaine au total) se suivent liées par un même fil conducteur qui est décliné dans chacune des matières.

2. ...basé sur une situation concrète...

Toutes les questions sont relatives à une situation concrète, relative au domaine de l'immobilier (par exemple un contexte urbain, un programme immobilier en construction, mais on peut également penser à une situation en agence immobilière ou dans un office notarial).

3. ... Auquel il faut répondre sur la base du cours et du dossier documentaire

Les questions posées prennent appui sur le cours mais aussi sur des documents annexés (textes, cartes, schémas, tableaux, photos) précisant les aspects spécifiques à la situation donnée. L'ensemble de ces documents peut représenter une dizaine de pages.

Étant donné la forme de l'épreuve, deux éléments sont particulièrement à soigner : la lecture des documents et la rédaction des réponses.

C. Objectifs de l'épreuve

L'épreuve vise à vérifier l'aptitude du candidat à maîtriser ces trois domaines et leurs aspects transversaux dans le cadre d'une situation donnée.

Il lui sera demandé précision et rigueur.

II. Conseils concernant l'activité de veille

Le candidat aura procédé tout au long de sa formation à une activité de veille régulière, notamment une veille juridique. En effet, s'il est important de connaître le droit positif (droit tel qu'il existe à un moment donné et à un endroit donné), il est évident que ce droit va être amené à évoluer et il faut donc le suivre. La presse *(le Monde, le Figaro, les Échos)* peut apporter un premier éclairage sur les questions d'actualité. Pour s'informer sur un texte de loi ou un règlement en discussion, il faut consulter le site Internet de l'Assemblée nationale *(http://www.assemblee-nationale.fr)* ou du Sénat *(http://www.senat.fr)*, ou du gouvernement *(http://www.gouvernement.fr)*. Pour rechercher les textes de loi en vigueur et s'assurer de leur actualisation, voir le site *http://www.legifrance.gouv.fr*. Pour comprendre les textes de loi existants, il est possible de se référer à des sites de vulgarisation : *http://www.service-public.fr* ou *http://www.vie-publique.fr*. Des revues à destination des professionnels existent telles que *la semaine juridique immobilier, Lamy droit immobilier, la revue trimestrielle de droit immobilier, la revue du droit de l'immobilier...*

De même, une veille économique est conseillée. Il est souhaitable de suivre l'actualité économique régulièrement. Des publications spécialisées peuvent être également consultées (*Alternatives économiques, Problèmes économiques*) ainsi que des sites internet comme : *Insee.fr, ocde.fr...*

Enfin, il est également intéressant de suivre les nouveautés en matière d'architecture, habitat, urbanisme et développement durable. De nombreuses émissions documentaires en parlent mais aussi des revues comme *Faire construire sa maison* ou des revues plus professionnelles comme *Le Moniteur*... ainsi que de nombreux sites internet.

III. Conseils concernant la lecture des documents

A. Conseils généraux

1. Commencez par lire les questions

Commencez par lire les questions. La bonne compréhension des consignes vous assure, d'une part, d'éviter tout hors sujet et, d'autre part, vous permet d'avoir une idée de ce que vous recherchez dans les documents.

2. Procédez à une lecture active

Armez-vous de surligneurs ou de stylos de plusieurs couleurs et annotez vos documents. Soulignez les éléments importants, ceux qui peuvent être intéressants pour vos réponses. Évitez, autant que possible de laisser un document de côté car ils sont tous importants pour répondre.

B. Conseils spécifiques à la lecture d'un arrêt de justice

Un des types de documents qui peut vous être proposé dans cette épreuve, mais aussi en transaction et en gestion est la lecture d'un arrêt de justice. Pour bien le comprendre, il faut apprendre à repérer comment il est construit et savoir la signification du vocabulaire utilisé.

1. Lexique du vocabulaire utilisé dans un arrêt

- « Vu » : il marque le début de l'énonciation des textes de droit utilisés par le juge pour rendre son arrêt
- « Attendu (que) » : marque le début d'une nouvelle idée développée par la Cour.
- « Moyen » : argument des parties.
- « Juge du fond » : Juge de première instance et juge d'appel. Ils sont nommés ainsi car ils se prononcent sur les faits (qu'ils étudient et interprètent) et sur le droit.
- « Accueillir une demande » : donner raison au demandeur.
- « Confirmer » : la Cour d'appel donne raison au tribunal de première instance. Si au contraire, elle lui donne tort, on dira qu'elle infirme la décision.
- « Faire grief » : Reprocher.
- « Motifs » : Ce sont les arguments de la Cour qui se prononce.
- « Rejette le pourvoi » : La Cour de cassation donne raison à la Cour d'appel. Si au contraire elle lui donne tort, elle « casse et annule ».

2. La construction d'un arrêt

Cour de cassation, chambre civile 1. Audience publique du jeudi 28 avril 2011

Sur le moyen unique, pris en sa première branche :

[Vu l'article 6 de la loi n° 70-9 du 2 janvier 1970, ensemble les articles 72 et 73 du décret n° 72-678 du 20 juillet 1972; Attendu qu'il résulte de la combinaison de l'article 6 de la loi du 2 janvier 1970 et des articles 72 et 73 du décret du 20 juillet 1972, que l'agent immobilier ne peut réclamer une commission ou rémunération à l'occasion d'une opération visée à l'article 1er de cette loi que si, préalablement à toute négociation ou engagement, il détient un mandat écrit, délivré à cet effet par l'une des parties et précisant les conditions de détermination de la rémunération ou commission, ainsi que la partie qui en aura la charge; que les parties à la vente peuvent cependant, par une convention ultérieure qui n'est valable que si elle est postérieure à la vente régulièrement conclue, s'engager à rémunérer les services de l'agent immobilier;]

[Attendu que, suivant acte notarié du 23 septembre 2008, Mme XAVIER a acquis un appartement qu'elle avait visité par l'entremise de l'Agence de la République dépourvue de mandat de recherche. Elle a remis une offre d'achat en date du 17 juin 2008;]

[Attendu que, pour condamner Mme XAVIER à verser à l'agent immobilier une somme au titre de sa commission, le jugement attaqué] [retient que le mandat de recherche fixant le montant de la commission à 3 000 euros a été signé par Mme XAVIER le 18 juin 2008, qu'il est expressément précisé dans ce document que la commission est à la charge de l'acquéreur, qu'il est établi que c'est bien l'agent immobilier qui s'est occupé, jusqu'à la signature de l'acte définitif, de la transaction, qu'il a donc rempli ses obligations contractuelles qui étaient de mener celle-ci à son terme et que Mme XAVIER n'a aucun motif sérieux et légitime pour s'opposer à la juste rémunération de ce travail, rémunération de surcroît

prévue dès la promesse]; [Qu'en se déterminant ainsi, sans rechercher si le mandat de recherche était antérieur à l'offre d'achat reçue par l'agent immobilier, la juridiction de proximité n'a pas donné de base légale à sa décision au regard des textes susvisés;]
[PAR CES MOTIFS, et sans qu'il soit besoin de statuer sur la seconde branche : CASSE ET ANNULE, dans toutes ses dispositions, le jugement rendu le 7 avril 2009, entre les parties... Condamne la société Agence République aux dépens...]

En général, un arrêt est composé comme suit :
La présentation : Cette partie présente la juridiction qui se prononce.
Les visas : Ils commencent par le mot « Vu ». Ils servent à présenter les textes de droit utilisés par la Cour et le cas échéant à les expliquer.
Les faits : Ils rappellent succinctement la situation concrète qui a conduit à la saisine de la Cour.
La procédure : Elle rappelle quelles décisions ont été adoptées par les juridictions qui se sont prononcées avant celle dont on lit l'arrêt.
Les arguments : Dans cet exemple, les arguments présentés sont ceux de la juridiction de proximité. Dans d'autres arrêts, les arguments présentés sont ceux du demandeur et du défendeur.
Les motifs : Arguments de la Cour qui se prononce.
Le dispositif : Solution finale rendue.

IV. Conseils concernant la rédaction des réponses

A. Soignez la rédaction et la présentation

Il est toujours bien vu de rendre une copie propre, claire, lisible, dépourvue de fautes d'orthographe et de maladresses d'expression. En la matière, une relecture finale est indispensable.

B. Pensez à définir les notions utilisées grâce à vos connaissances de cours

Dès que vous utilisez une notion spécifique à un des domaines étudiés, n'hésitez pas à la définir.

C. Utilisez tous les documents

Tous les documents doivent être utilisés dans vos réponses. N'en laissez pas un de côté.
Prenez la peine de reformuler systématiquement les éléments de réponses repris dans ces documents.

D. Gérez bien votre temps

La durée de l'épreuve est de 3 heures qui comprennent non seulement le traitement des questions mais aussi la prise de connaissance du sujet et la relecture.

E. Structurez vos réponses

La formulation des questions vous invite parfois à structurer vos réponses. Il s'agit simplement de regrouper vos idées en des ensembles cohérents.

V. Tableaux des entraînements

DROIT ET VEILLE JURIDIQUE	Chrono	Fiche 1	Fiche 2	Fiche 3	Fiche 4	Fiche 5	Fiche 6	Fiche 7	Fiche 8	Fiche 9	Fiche 10	Fiche 11	Fiche 12	Fiche 13	Fiche 14	Fiche 15	Fiche 16	Fiche 17	Fiche 18	Fiche 19
Thème 1 : Le cadre juridique des activités immobilières																				
QCM	10’	x	x	x	x															
Exercice 1 : Qualification juridique	15’	x		x	x															
Exercice 2 : Droit au logement	50’		x	x																
Exercice 3 : La réglementation applicable aux agents immobiliers	60’	x	x	x	x															
Thème 2 : L’analyse du statut juridique de la personne																				
QCM	10’					x	x	x												
Exercice 4 : L’incapacité des majeurs et le juge	60’					x	x													
Exercice 5 : La capacité juridique et les régimes matrimoniaux (extrait du BTS 2015)	40’						x													
Exercice 6 : Avantages et inconvénients des SCI	40’							x												
Thème 3 : La détermination du statut juridique de l’immeuble																				
QCM	10’								x	x										
Exercice 7 : L’indivision	40’									x										
Exercice 8 : La mitoyenneté	10’									x										
Exercice 9 : La prescription acquisitive	10’									x										
Exercice 10 : Les démembrements du droit de propriété	20’									x										
Thème 4 : Le droit des obligations et les activités immobilières																				
QCM	10’										x	x	x	x						
Exercice 11 : Les nouveaux modes de preuve	60’												x							
Exercice 12 : Veille juridique : promesse unilatérale de vente	20’											x	x	x						
Exercice 13 : Les différents types de contrats	10’												x							
Exercice 14 : L’exécution des contrats	15’												x							
Thème 5 : Responsabilité et assurance dans le domaine immobilier																				
QCM	10’														x	x	x			
Exercice 15 : L’obligation d’information et de conseil des agents immobiliers	50’														x	x	x			
Thème 6 : La gestion de la relation de travail																				
QCM	10’																	x	x	x
Exercice 16 : Comparaison des statuts de salarié et d’indépendant	30’																		x	
Exercice 17 : Le contrat de travail (Extraits du BTS 2005)	40’																		x	

ÉCONOMIE ET ORGANISATION DE L'IMMOBILIER	Chrono	Fiche 1	Fiche 2	Fiche 3	Fiche 4	Fiche 5	Fiche 6	Fiche 7	Fiche 8	Fiche 9	Fiche 10	Fiche 11	Fiche 12	Fiche 13
Thème 1 : Le marché de l'immobilier et ses acteurs														
QCM	10'	x	x	x										
Exercice 1 : Le marché immobilier français	15'	x												
Exercice 2 : L'immobilier résidentiel	15'	x	x											
Exercice 3 : Les réseaux d'agences immobilières	20'		x	x		x								
Exercice 4 : Les différents acteurs immobiliers	20'	x	x			x			x					
Exercice 5 : Les stratégies	20'		x	x		x			x					
Exercice 6 : Déontologie	20'		x	x										
Thème 2 : Le rôle du logement dans l'activité économique nationale et internationale														
QCM	10'				x	x	x	x	x					
Exercice 7 : Les cycles économiques	20'		x		x					x				
Exercice 8 : Offre d'emploi	15'		x			x							x	
Exercice 9 : Témoignage	15'		x	x		x								
Exercice 10 : Les lois d'Engel	20'						x	x						
Exercice 11 : La résidence secondaire	15'	x	x				x	x	x					
Exercice 12 : La pierre-papier	20'		x					x						
Exercice 13 : Le marché immobilier espagnol	20'		x		x			x	x	x				
Exercice 14 : La titrisation des prêts immobiliers	20'				x				x	x				
Thème 3 : Les indicateurs économiques, démographiques et sociologiques														
QCM	10'									x	x	x		
Exercice 15 : La réponse de l'État aux difficultés immobilières	20'				x					x				
Exercice 16 : La pierre, valeur refuge	20'				x			x		x				
Exercice 17 : Le PLH	20'	x	x								x		x	
Exercice 18 : Les seniors et le logement	15'	x									x			
Exercice 19 : Les indicateurs du mal-logement	20'				x		x			x		x		
Exercice 20 : La réponse de l'État au mal-logement	20'	x	x				x					x		
Thème 4 : Les coûts dans la formation des prix dans le secteur de l'immobilier														
QCM	5'												x	x
Exercice 21 : La construction de logements sociaux	15'	x	x									x	x	x
Exercice 22 : Le compte-à-rebours	20'		x			x							x	
Exercice 23 : Programme immobilier mixte	20'	x	x										x	x

ARCHITECTURE, HABITAT ET URBANISME, DÉVELOPPEMENT DURABLE	Chrono	Fiche 1	Fiche 2	Fiche 3	Fiche 4	Fiche 5	Fiche 6	Fiche 7	Fiche 8	Fiche 9	Fiche 10	Fiche 11	Fiche 12	Fiche 13
Thème 1 : L'évolution de l'habitat et des styles architecturaux														
QCM	10'	x	x	x	x									
Exercice 1 : L'urbanisation	15'	x					x							
Exercice 2 : Les styles architecturaux	20'	x	x											
Exercice 3 : Les biens d'exception	15'		x	x		x								
Exercice 4 : Le secteur sauvegardé	20'	x	x	x		x		x	x					
Exercice 5 : La maison alsacienne	15'	x		x										
Exercice 6 : L'éco-quartier	25'				x		x						x	
Exercice 7 : Les économies d'énergie	15'				x				x				x	
Thème 2 : Les règles d'urbanisme														
QCM	10'					x	x	x						
Exercice 8 : Les documents d'urbanisme	20'	x				x								
Exercice 9 : Les parcs naturels	20'		x	x	x	x								
Exercice10 : La ZAD	20'					x	x							
Exercice 11 : Le PNRQAD	20'		x		x		x							
Exercice 12 : Les autorisations administratives	40'					x	x	x	x					
Thème 3 : Les éléments caractérisant le bâti														
QCM	10'								x	x	x	x		
Exercice 13 : Les maisons prêtes-à-finir	30'								x					
Exercice 14 : Vues, plans et coupes d'une maison individuelle	20'								x	x				
Exercice 15 : Un peu de vocabulaire technique	15'								x					
Exercice 16 : Appel d'offres	20'								x		x			
Exercice 17 : Les fissures	20'					x			x			x		
Thème 4 : Les préoccupations sociétales et environnementales														
QCM	5'												x	x
Exercice 18 : La mise aux normes des logements pour les PMR	15'								x				x	
Exercice 19 : Le diagnostic termites	15'								x			x		x
Exercice 20 : Les diagnostics immobiliers	20'								x			x		x

DROIT ET VEILLE JURIDIQUE

Thème 1

Le cadre juridique des activités immobilières

1. Qu'est-ce que le droit ?

A. Le rôle du droit

Le droit permet d'assurer la **protection** des droits de chacun et la **pacification** des relations sociales. Le droit n'est cependant pas le seul système de règles de conduite humaine existant. En effet, la morale et la déontologie jouent aussi un rôle. La **morale** peut être définie comme un ensemble de règles de conduite considérées comme « bonnes ». Elle est propre à chaque personne. La **déontologie** renvoie aux règles qui encadrent une profession. Elle est souvent imposée par une organisation représentative de la profession. *Les adhérents à un regroupement de professionnels doivent respecter son code de déontologie (c'est par exemple le cas des membres de la FNAIM).*

B. Les caractéristiques du droit

Ces deux systèmes peuvent se recouper avec le droit dans la mesure où leur contenu peut être identique. Néanmoins, les règles de droit ont des caractéristiques qui leur sont propres : elles sont **générales** (elles s'appliquent sur tout le territoire), **impersonnelles** (elles concernent tous les individus se trouvant dans la même situation) et **obligatoires** (il faut les respecter sinon une sanction étatique est appliquée).

2. Qui adopte les règles de droit ?

La création de normes est confiée à deux types d'autorités :

- **le pouvoir législatif** adopte les lois. Il appartient au Parlement qui est composé de l'Assemblée nationale et du Sénat ;
- **le pouvoir exécutif** propose les lois au Parlement, puis si elles sont adoptées, il les met en application, et par là même crée du droit par la voie des règlements (décrets, arrêtés) :
  - au niveau national, le pouvoir exécutif appartient au gouvernement qui est composé du premier ministre et de ses ministres ;
  - au niveau local, il est confié soit aux représentants du gouvernement (administration déconcentrée) soit aux représentants du peuple (administration décentralisée) ;
    - l'administration déconcentrée s'assure que les directives du gouvernement sont appliquées sur le territoire national. Elle ne détient pas d'autonomie. Elle est nommée par le gouvernement. *Les agences immobilières sont contrôlées par les émanations locales du ministère de l'économie et des finances (Direction générale de la consommation de la concurrence et de la répression des fraudes)* ;
    - l'administration décentralisée : Elle regroupe tous les pôles de décision autonomes élus au suffrage universel au niveau local tels que les régions, les départements, les communes (ou intercommunalités) qui disposent d'une certaine marge de manœuvre pour mettre en place les directives décidées au niveau national. *Ainsi, les communes qui se voient imposer l'obligation de construire des logements sociaux décident de quelle manière elles le font.*

3. Quelles sont les règles adoptées ?

A. Les règles de droit applicables au domaine immobilier

1. La constitution

La Constitution du 4 octobre 1958 (Ve République) est le texte fondamental en France. Elle détermine l'organisation et le fonctionnement des pouvoirs publics ainsi que les droits fondamentaux reconnus aux citoyens (*ex : droit de propriété*). Elle comprend le texte de la Constitution proprement dite ainsi que d'autres textes dont l'ensemble constitue le bloc de constitutionnalité.

2. La loi

La loi correspond aux textes adoptés par le Parlement. Elle met en œuvre la Constitution en précisant les droits que cette dernière reconnaît. Sinon, elle règle les matières qui ne sont pas prévues dans la constitution, dans le respect des principes constitutionnels. *La loi n° 70-9 du 2 janvier 1970 dite loi Hoguet encadre les activités d'agent immobilier. Elle a été complétée notamment par la loi sur l'accès au logement et à un urbanisme rénové (ALUR) du 27 mars 2014 et par la loi portant évolution du logement, de l'aménagement et du numérique (ELAN) du 23 novembre 2018.*

3. Les règlements

Il existe deux types de règlements. Les règlements d'application de la loi : ils précisent le contenu de la loi. *Le décret n° 67-223 du 17 mars 1967 constitue ainsi le décret d'application de la loi n° 65-557 du 10 juillet 1965 fixant le statut de la copropriété des immeubles.* Les règlements autonomes interviennent lorsqu'il n'existe pas de loi.
Les règlements peuvent être adoptés par différentes autorités : Décrets du Président de la République, Décrets du Premier ministre, Arrêtés des Ministres, des Préfets, des Maires…

4. Les conventions collectives, les contrats…

Les conventions collectives sont des accords passés entre employés et employeurs. Ils encadrent les conditions de travail. *Pour les agents immobiliers, la convention collective applicable est la convention collective nationale de l'immobilier du 9 septembre 1988 mise à jour par avenant n° 47 du 23 novembre 2010.*
Les contrats sont passés entre personnes et visent à régler un grand nombre de questions. *Quelques exemples de contrats en matière immobilière sont : le mandat, le contrat de bail…*

B. Les relations entre les règles de droit

Les règles de droit obéissent à une hiérarchie en fonction de leur valeur. En effet, toutes n'ont pas la même importance. Certaines s'imposent à d'autres qui doivent donc leur obéir. Ainsi, la Constitution s'impose à toutes les autres normes. En descendant dans la hiérarchie on retrouve la loi, les réglements et enfin les conventions collectives et les contrats. Pour être valable, la loi doit être conforme à la Constitution, le règlement doit être conforme à la loi et à la Constitution et ainsi de suite.

4. Comment s'assure-t-on que les règles sont respectées ?

Lorsque les règles de droit ne sont pas respectées, une partie concernée et présentant la capacité nécessaire peut demander à la justice de réparer le tort qui lui a été causé. Pour cela, il faut déterminer quelle est la juridiction compétente.

A. La compétence territoriale

Le principe en matière de compétence territoriale est que la juridiction compétente est celle du ressort du lieu où réside le défendeur. En la matière, les litiges portant sur des immeubles constituent une exception, puisque la juridiction compétente est celle du lieu où se trouve l'immeuble.

B. La compétence matérielle

Il existe différentes juridictions en fonction des différentes matières ou des différents domaines du droit concerné. Il faut commencer par présenter ces domaines pour ensuite déterminer les juridictions concernées.

1. Les différentes branches du droit

Branches du droit	Droit privé	Droit pénal	Droit public
Définition	Branche du droit réglant les rapports entre personnes privées.	Branche du droit qualifiant les infractions (contraventions, délits, crimes).	Branche réglant le fonctionnement entre personnes publiques et leurs relations avec les personnes privées.
Exemples	Droit civil (ex : droit des personnes, des biens et de la propriété), droit commercial, droit du travail.		Droit fiscal, droit constitutionnel, droit administratif (ex : urbanisme)

2. Les différentes juridictions compétentes

Juridictions	Droit privé	Droit pénal	Droit public
	Ordre judiciaire		Ordre administratif
1re instance (se prononce sur le droit et sur les faits)	Tribunal d'instance (litiges < à 10 000 €). Tribunal de grande instance (litiges > à 10 000 € + Juridiction de principe en matière d'immeuble). Juridictions spécialisées : Tribunal de commerce (litiges entre commerçants) Conseil des prud'hommes (litiges de droit du travail)	Tribunal de police (pour les contraventions) Tribunal correctionnel (pour les délits) Cour d'Assise (pour les crimes)	Tribunal administratif
Appel (se prononce sur le droit et sur les faits)	Cour d'appel	Cour d'appel (pour les contraventions et les délits) Cour d'assises (pour les crimes)	Cour administrative d'appel
Cassation (se prononce seulement sur le droit)	Cour de cassation	Cour de cassation	Conseil d'État

Se préparer au BTS

▶ QCM

1. Le droit et la morale règlementent-ils des choses totalement différentes ?
   a) vrai
   b) faux
2. Une règle de droit a pour caractéristiques d'être :
   a) générale
   b) obligatoire
   c) personnelle
   d) impersonnelle
   e) immuable
3. Le Parlement adopte les règlements.
   a) vrai
   b) faux
4. L'administration décentralisée peut adopter des lois.
   a) vrai
   b) faux
5. La loi est la norme de droit la plus importante du système juridique français.
   a) vrai
   b) faux
6. On peut trouver des textes de loi à jour en les tapant simplement dans un moteur de recherche.
   a) vrai
   b) faux
7. Le droit privé vise à régler :
   a) les relations entre commerçant et consommateur
   b) les relations entre travailleurs et employeurs
   c) propriétaires et locataires
8. Les règles de compétences en ce qui concerne les immeubles sont particulières.
   a) vrai
   b) faux
9. Pour un litige en droit du travail de 4 500 euros le tribunal compétent est :
   a) le Tribunal d'instance
   b) le Conseil des prud'hommes

▶ Exercice 1. Qualification juridique

Question(s)

1. Indiquez si les situations ci-dessous constituent des règles de droit :
   a) le règlement intérieur du lycée
   b) devoir faire son lit le matin en se levant
   c) le code de la route
2. Indiquez quelles sont les juridictions compétentes dans les situations suivantes :
   a) une personne souhaitant des dommages et intérêts suite à un accident de voiture

b) un propriétaire souhaitant obtenir de son locataire le paiement de 11 500 euros de loyers impayés
c) un litige entre deux commerçants
d) un employé qui veut obtenir une indemnité suite à licenciement qu'il juge abusif
e) un restaurateur qui veut remettre en cause la décision de la mairie qui l'empêche d'installer quelques tables sur le trottoir

▶ Exercice 2. Droit au logement

Question(s)

Vous travaillez pour un bailleur social et êtes saisi du dossier de Mme A qui est victime de violences conjugales. Il vous est demandé de lui trouver un logement lors de la prochaine commission d'attribution en vertu du DALO (droit au logement opposable). Vous décidez d'approfondir la question et son environnement juridique grâce aux documents communiqués en annexe.

1. Donnez une définition du droit au logement et indiquez sa valeur juridique.
2. Expliquez ce qu'est le droit au logement opposable et justifiez que Mme A peut effectivement en bénéficier.
3. Indiquez la place du droit de propriété dans la hiérarchie des normes et comparez avec le droit au logement.

Document 1

Préambule de la Constitution du 27 octobre 1946 (faisant partie de la constitution de 1958)

Art. 11

Elle garantit à tous, notamment à l'enfant, à la mère et aux vieux travailleurs, la protection de la santé, la sécurité matérielle, le repos et les loisirs.

Source : Légifrance

Décision n° 94-359 DC du 19 janvier 1995

7. Considérant qu'il résulte de ces principes que la possibilité pour toute personne de disposer d'un logement décent est un objectif de valeur constitutionnelle ;

Source : Légifrance

Définition des objectifs à valeur Constitutionnelle

La vocation des objectifs de valeur constitutionnelle à déterminer les conduites du gouvernement est limitée. Ils constituent des obligations de moyens et leur protection est globalement limitée.

Source : Pierre de MONTALIVET – Cahiers du Conseil constitutionnel n° 20 – juin 2006

Document 3

Droit au logement opposable : présentation

La loi du 5 mars 2007 relative au droit au logement opposable, dite loi DALO, a institué un droit au logement garanti par l'État à ceux qui ne peuvent accéder à un logement décent et indépendant par leurs propres moyens. Pour ces derniers, et lorsque les démarches ont été vaines, la loi du 5 mars 2007 a créé deux recours : un recours amiable devant une commission de médiation, puis un recours contentieux devant le tribunal administratif, afin de garantir à chacun un droit au logement effectif. Pour pouvoir bénéficier du droit à un logement décent et indépendant et de [s'] y maintenir, [il est nécessaire] : d'être de nationalité française ou résider sur le territoire français de façon régulière, et de ne pas être en mesure d'accéder par ses propres moyens à un logement décent et indépendant ou de s'y maintenir par exemple être dépourvu de logement ou être menacé d'expulsion sans relogement

Site Internet du préfet de l'Isère

■ **Document 4**

Le droit de propriété

Le droit de propriété est reconnu par la déclaration des droits de l'homme et du citoyen. Il consiste à faire l'usage que l'on souhaite de son bien dans la limite de ce que prévoit la réglementation.

Source : L'auteur

▶ Exercice 3. La réglementation applicable aux agents immobiliers

Grâce à vos connaissances que vous compléterez par une recherche personnelle (sur internet), vous répondrez aux questions suivantes.

Question(s)

1. Quels sont les différentes lois et décrets qui réglementent la profession d'agent immobilier ?
2. Quelles sont les principales obligations qui reposent sur les agents immobiliers et quelles sont les sanctions afférentes ?
3. Recherchez les définitions des termes éthique et déontologie.
4. Existent-ils des cas où ces normes s'appliquent aux agents immobiliers ? Donnez-en au moins un exemple.
5. Quelle différence faîtes vous entre lois, décrets, règles déontologiques et éthique du point de vue de la sanction. Déduisez-en lesquels constituent des règles de droit et lesquelles n'en sont pas.
6. Quelles sont les sources que vous avez utilisées pour répondre à ces questions ? Comment les avez sélectionnées ?

Thème 2
L'analyse du statut juridique de la personne

Thème 2

5. Qu'est-ce qu'une personne ?

A. Les différents types de personnes

Personnes physiques (PP)	Personnes morales (PM)	
Les personnes physiques sont les êtres humains.	Les personnes morales sont des entités abstraites créées par des personnes physiques. Elles ont une existence séparée de leurs créatrices.	
	PM publiques	PM privées
	Personne chargée de gérer des services d'intérêt général.	Une personne qui n'est pas publique est une personne privée.
Vous-mêmes.	*L'État, un hôpital, la mairie.*	*Une SARL.*

B. Les conséquences du statut de personne juridique

	Les personnes physiques (PP)	Les personnes morales (PM)
Définition	La personnalité juridique est l'aptitude à être titulaire de droits et obligations.	
Nom	Nom de famille et prénom.	Dénomination sociale.
Domicile	Lieu de principal établissement, librement choisi.	Siège social, librement choisi.
Nationalité	Elle est attribuée à la naissance ou acquise plus tard.	Fixée au lieu du lieu du siège social.
État civil	L'État civil est le système officiel qui permet de connaître l'état des personnes (naissance, mariage (PACS) et décès).	Les sociétés doivent se faire immatriculer au registre du commerce et des sociétés.
Patrimoine	Le patrimoine est l'ensemble des droits et obligations évaluables en argent attachés à une personne.	
Capacité juridique (**mineurs : art 371 et s. du C. civ, majeurs : art 1145 et s. du C. civ**)	La capacité juridique est l'aptitude à détenir des droits et obligations et à les exercer. On distingue la capacité de jouissance qui est le fait de détenir les droits *(ex : posséder un compte en banque)* et la capacité d'exercice qui est le fait de les exercer *(ex : faire des opérations sur le compte).*	
	La capacité de jouissance est inhérente à la PP. La capacité d'exercice peut-être limitée pour protéger (mineurs et majeurs incapables) ou sanctionner. Les mineurs sont par principe protégés (sauf mineurs émancipés assimilées à des majeurs) : autorité parentale (un seul ou les deux parents conjointement), <u>tutelle</u> (personne autre que les parents). Les majeurs sont en principe capables sauf exception : <u>sauvegarde de justice</u> (troubles légers => le majeur conserve ses droits), <u>curatelle</u> (troubles plus importants => majeur assisté et contrôlé), <u>tutelle</u> (troubles importants => majeur représenté) ou <u>habilitation familiale</u> (un proche du majeur le représente).	La PM a une capacité limitée aux besoins de sa mission (principe de spécialité). Elle doit être représentée par une PP (principe de représentation)

CONSEIL EN INGÉNIERIE DE L'IMMOBILIER

6. Quelles sont les implications du statut de personne physique en matière immobilière ?

A. Le choix d'un mode de gestion des biens en fonction de sa situation familiale

Une personne célibataire gère ses biens comme elle veut. À partir du moment où elle est en couple, la question de la propriété et de la gestion des biens dépend du régime adopté.

Régime	Définition
Mariage Article 1387 et s. du C. civ	Le mariage est l'union de deux personnes qui nécessite un acte juridique solennel et qui produit des effets obligatoires. Le régime primaire s'impose obligatoirement à tous les époux. Il prévoit une obligation de solidarité aux dettes ménagères, une protection du logement de la famille (les deux époux doivent être d'accord pour qu'un acte de disposition soit effectué à son encontre quelque soit le propriétaire) mais une indépendance financière et professionnelle. NB : Les actes de disposition modifient la composition du patrimoine. *Ex : Vendre ou donner un bien.* Les actes d'administration permettent la gestion courante du patrimoine. *Ex : Mettre un bien en location.* Les actes conservatoires permettent de conserver la substance du patrimoine. *Ex : Assurer un bien.* Ce régime ne réglant pas toutes les questions financières, les régimes matrimoniaux viennent le compléter. Les époux peuvent opter au choix pour : 1/ *La séparation des biens* : chaque époux détient ses biens en propres. Les biens communs sont soumis au régime de l'indivision. 2/ *La communauté universelle* : tous les biens des époux sont communs. Ils doivent les gérer en commun. Si les époux ne choisissent aucun de ces régimes, ils se voient appliquer le régime prévu par la loi : *le régime de la communauté réduite aux acquêts*. Dans ce régime, les biens possédés avant le mariage restent propres, tout comme ceux obtenus après le mariage par donation ou succession. Les biens acquis après le mariage sont communs et doivent être gérés en commun.
Pacs Article 515-1 et s. du C. civ	Il s'agit d'un contrat liant deux personnes et régissant leur vie commune et notamment leurs relations patrimoniales. En principe, le couple est soumis à la séparation des biens (chaque partenaire conserve la propriété des biens qu'il détenait avant la conclusion du PACS et qu'il acquiert au cours du PACS), mais le couple peut opter pour l'indivision dans sa convention de pacs (les biens sont alors réputés indivis par moitié).
Concubinage	Le concubinage est une situation de fait dans laquelle deux personnes partagent une communauté de vie et d'intérêt. Chaque membre du couple demeure propriétaire de ses biens. Les biens dont l'origine ne peut être prouvée sont réputés indivis.

B. Le choix d'un mode de transmission de ses biens

1. La succession (art 720 et s. C. civ)

La succession peut avoir été préparée dans un testament dont la rédaction n'est pas entièrement libre. En effet, elle doit respecter la **réserve héréditaire** c'est-à-dire la fraction de la succession qui doit absolument revenir aux héritiers prioritaires (enfants et conjoint) : la moitié de la succession s'il n'y a qu'un enfant, les 2/3 de la succession s'il y a deux enfants, les 3/4 de la succession s'il y a 3 enfants et plus. Le reste est la **quotité disponible** dont la personne peut faire ce qu'elle veut.

S'il n'a pas été prévu de testament, la loi va régler la **dévolution successorale** c'est-à-dire la désignation de l'héritier. Celui-ci doit se trouver dans l'**ordre** le plus proche de la personne. Le premier ordre est celui des enfants, le second celui des parents et frères/sœurs, le troisième celui des grands-parents, le quatrième celui des oncles et tantes. Dans chaque ordre, l'héritier est celui dont le **degré** est le plus proche de la personne. Le degré correspond à une génération (*ex : les enfants héritent* *avant les petits enfants*). Si plusieurs héritiers potentiels se trouvent dans une position équivalente d'ordre et de degré, ils doivent être traités de manière égalitaire (cela est également valable dans le cadre du testament). Le **conjoint** ne constitue pas un ordre de succession mais est désormais traité comme un véritable héritier. S'il avait des enfants avec son conjoint, il va recevoir, selon son choix, soit un quart de la succession en pleine propriété (solution obligatoire s'il y a des enfants nés d'un autre lit), soit la totalité de la succession en usufruit. Par ailleurs, l'habitation principale du couple jouit d'une protection particulière.

2. Les libéralités (art 893 et s. C. civ)

« La libéralité est l'acte par lequel une personne dispose à titre gratuit de tout ou partie de ses biens ou de ses droits au profit d'une autre personne ». La libéralité doit procurer un avantage à la personne qui en bénéficie et doit avoir été faite intentionnellement par la personne. Pour être valable, elle doit respecter les conditions prévues pour la validité des contrats (cf. Thème 4). *Ex : La donation.*

C. L'adoption d'un statut professionnel cohérent avec son activité : le commerçant

Présentation du commerçant	Toute personne qui effectue des actes de commerce, de manière habituelle, en son nom et pour son propre compte est un commerçant (**article L 121-1 C. com**). Sont des actes de commerce les opérations d'achat pour revente, les opérations financières, les opérations d'intermédiaires (**article L 110-1 C. com**). *Ex : Un agent immobilier est un commerçant puisqu'il réalise la médiation entre deux clients mais en son nom, pour son propre compte et de manière habituelle.*
Les conditions pour être commerçant	**Condition tenant à l'activité :** Certaines activités sont interdites (*ex : proxénétisme*) ou soumises à conditions pour certaines professions contrôlées (*ex : un agent immobilier doit obtenir une carte professionnelle et pour cela prouver sa compétence, ce qui en fait un commerçant spécifique*). **Condition tenant à la personne :** Les mineurs (sauf mineurs émancipés autorisés par la justice), les majeurs sous tutelle, les personnes condamnées pour un délit puni d'une peine d'emprisonnement ou pour faillite personnelle ne peuvent pas être commerçant. Les fonctionnaires, les officiers ministériels, les membres de certains ordres professionnels (architectes, avocats) ne peuvent cumuler leurs fonctions et celles de commerçant.

7. Quel est l'intérêt de créer une personne morale pour mener une activité immobilière ?

Types de personne morale	Présentation	Conséquences patrimoniales
Entreprise individuelle	Unité de production de biens et services impliquant la mise en œuvre de moyens tant matériels qu'humains et constituant un centre de décision autonome.	L'entreprise individuelle n'a pas la personnalité juridique et donc pas de patrimoine propre. Celui de l'exploitant comprend ses actifs et passifs personnels et professionnels. Cela veut dire que les créanciers professionnels peuvent se rembourser sur les biens personnels de l'exploitant. Des moyens limitent cela, pour protéger le logement familial notamment *(ex : EIRL)*.
Société	Une société est instituée par une ou plusieurs personnes qui conviennent par un acte, formalisé par les **statuts** d'affecter à une entreprise des biens ou leur travail (**apport**) en vue de profiter des **bénéfices** ou de l'**économie** qui pourrait en résulter (article 1832 du code civil). Ces personnes s'engagent également à **participer aux pertes** et partagent une **volonté de collaboration**.	Une société a la personnalité juridique et donc un patrimoine séparé. Elle assure donc une meilleure protection du patrimoine personnel des personnes qui l'instituent. Toutefois, cette protection n'est pas toujours absolue. Ainsi, les banques peuvent demander des garanties sur les biens personnels avant d'octroyer un prêt.
Société civile immobilière	La SCI a pour fonction de permettre la gestion d'un ou plusieurs immeubles dont la propriété lui a été transférée. *Ex : Les SCI de gestion, les SCI de construction-vente (crées par des promoteurs immobiliers).*	Elle facilite la gestion d'un bien immobilier détenu par plusieurs personnes notamment du fait du mode de décision prévu dans les statuts. Elle peut également simplifier la transmission ou la donation d'un bien immobilier, notamment d'un point de vue fiscal mais il est plus difficile de vendre des parts de SCI qu'un bien immobilier.
Groupement d'intérêt économique (GIE) **Art L 251-1 C. com**	Un groupement d'intérêt économique est constitué pour une durée déterminée afin de faciliter l'activité économique de ses membres.	Le GIE a la personnalité morale et donc un patrimoine. Ses membres sont tenus solidairement (pour les autres membres du groupe) et indéfiniment (au-delà de l'apport) aux pertes de ce dernier.
Réseau d'entreprise	La franchise est un contrat par lequel un franchiseur met à disposition d'un commerçant, le franchisé, une marque, un savoir faire, une enseigne...	Le franchiseur apporte le savoir faire et l'assistance technique et commerciale. Le franchisé verse un droit d'entrée, une redevance pendant le contrat et doit respecter les normes du franchiseur.

Se préparer au BTS

▶ QCM

1. Une personne physique est forcément une personne privée.
   a) Vrai
   b) Faux
2. Un lycée est :
   a) Une personne morale privée
   b) Une personne morale publique
3. Lorsque l'on signe un mandat, on utilise :
   a) Sa capacité de jouissance
   b) Sa capacité d'exercice
4. Le patrimoine correspond à toutes les richesses que l'on possède :
   a) Vrai
   b) Faux
5. Peut-on donner son patrimoine ?
   a) Oui
   b) Non
6. Le Régime primaire s'applique aux époux qui le choisissent.
   a) Vrai
   b) Faux
7. Le régime légal s'applique même si l'on choisit le régime de la séparation des biens ou de la communauté universelle ?
   a) Vrai
   b) Faux
8. Une personne peut faire absolument ce qu'elle veut dans le cadre de son testament.
   a) Vrai
   b) Faux
9. Le conjoint survivant a des droits sur les biens de son époux qui vient de décéder.
   a) Vrai
   b) Faux
10. Un maire peut également être agent immobilier.
    a) Vrai
    b) Faux

▶ Exercice 4. L'incapacité des majeurs et le juge

Question(s)

Après avoir lu l'arrêt de la Cour de cassation (**document 1**), répondez aux questions suivantes en vous aidant du lexique (**Méthodologie**).

1. Rappelez le nom de la juridiction qui se prononce et indiquez, dans cet arrêt quelles sont les parties et quelle est leur qualité.
2. Rappelez les faits de l'affaire, c'est-à-dire la situation qui a conduit à introduire une action en justice.
3. Rappelez la procédure qui a précédé cet arrêt, c'est-à-dire toutes les décisions qui ont été rendues par un juge avant la décision étudiée.

4. Dites à quelle question de droit le juge doit répondre.
5. Rappelez quels sont les arguments des parties.
6. Rappelez la décision à laquelle le juge est arrivé.

Document 1

Cour de cassation, 1re chambre civile 1, 9 juillet 2003, n° 00-16291

Attendu que Maurice X... est décédé le 16 janvier 1985, en laissant pour recueillir sa succession, d'une part, sa veuve, née Lucie Y..., avec laquelle il était marié depuis 1927 sous le régime de la communauté réduite aux acquêts, et à laquelle il avait fait donation le 24 mai 1972 de la plus large quotité disponible en présence d'enfants, d'autre part, leur fille, Mme Yvonne X... épouse Z...; qu'après avoir opté pour la totalité en usufruit, Mme X... et sa fille ont, aux termes d'une convention d'indivision placé l'argent des époux et celui de la succession sur un compte d'indivision dont la mère doit percevoir les fruits (intérêts).

Que, le 16 juin 1995, Mme Lucie Y... veuve X... a assigné sa fille en partage de la succession, Attendu que Mme X... fait grief à l'arrêt attaqué de l'avoir déboutée de cette demande, alors selon le moyen :

3/qu'en déboutant Mme Y... veuve X... de sa demande tendant à se voir accorder « la possibilité de disposer de l'ensemble des sommes versées sur le compte ouvert au Crédit agricole », la cour d'appel a violé les articles du Code civil;

Mais attendu que la demande de Mme X... portait sur de l'argent ayant dépendu de la succession de son mari, d'autre part, qu'en ordonnant que les fonds soient placés de telle sorte qu'elle n'en perçoive que les revenus, elle avait renoncé à disposer du capital, la cour d'appel en a, à bon droit, déduit que les dispositions du Code civil ne pouvaient recevoir application;

Mais sur la quatrième branche : Attendu que, pour débouter Mme X... de sa demande tendant à obtenir la faculté de disposer des fonds correspondant à ses droits dans la communauté, l'arrêt attaqué se borne à énoncer que la convention signée entre les parties, le 13 novembre 1985, doit continuer à s'appliquer; Attendu qu'en imposant ainsi à Mme X... le maintien d'une convention d'indivision, alors que cela était contraire à la volonté d'une des parties, la cour d'appel a méconnu les termes du litige et violé les textes susvisés;

PAR CES MOTIFS, CASSÉ ET ANNULÉ,

Source : Légifrance.fr

▶ Exercice 5. La capacité juridique et les régimes matrimoniaux (extrait du sujet de BTS de 2015)

Question(s)

Vous recevez les époux Bourgoin, âgés de 69 ans, mariés depuis 10 ans, sans contrat de mariage, ils souhaitent acquérir un appartement de type 3 dans la Résidence des Seniorielles. Ils vous demandent conseil. Répondez grâce à vos connaissances de cours et les documents annexés.

1. Le couple s'interroge sur son patrimoine et souhaite comprendre ce que peut impliquer son régime matrimonial. Identifiez et présentez le principe de ce régime. Mesurez son incidence sur les décisions relatives à l'immeuble acquis.
2. Compte tenu de leur âge, les époux souhaitent mettre en place des mesures pour anticiper une éventuelle altération de leurs facultés. Présentez-leur les différentes possibilités envisageables.

■ **Document 2 : Extraits du code civil**

Article 425 : Toute personne dans l'impossibilité de pourvoir seule à ses intérêts en raison d'une altération, médicalement constatée, soit de ses facultés mentales, soit de ses facultés corporelles de nature à empêcher l'expression de sa volonté peut bénéficier d'une mesure de protection juridique prévue au présent chapitre. S'il n'en est disposé autrement, la mesure est destinée à la protection tant de la personne que des intérêts patrimoniaux de celle-ci. Elle peut toutefois être limitée expressément à l'une de ces deux missions.

Article 428 : La mesure de protection ne peut être ordonnée par le juge qu'en cas de nécessité et lorsqu'il ne peut être suffisamment pourvu aux intérêts de la personne par l'application des règles du droit commun de la représentation, de celles relatives aux droits et devoirs respectifs des époux et des règles des régimes matrimoniaux, en particulier celles prévues aux articles 217, 219, 1426 et 1429, par une autre mesure de protection judiciaire moins contraignante ou par le mandat de protection future conclu par l'intéressé. La mesure est proportionnée et individualisée en fonction du degré d'altération des facultés personnelles de l'intéressé.

▶ Exercice 6. Avantages et inconvénients des SCI

Question(s)

Vous travaillez au sein du service transaction de l'agence R. Immo. M. et Mme C. souhaitent réaliser un investissement locatif et envisagent de constituer une SCI familiale avec leurs enfants. Répondez à leurs questions à l'aide des documents ci-dessous.

1. Présentez-nous les avantages et les inconvénients d'une SCI.
2. À quoi servent les autres types de sociétés civiles dans le domaine immobilier ?

■ **Document 3**

L'art de rassembler les immeubles au sein de sociétés civiles immobilières

On compte aujourd'hui plus d'un million de sociétés civiles immobilières, ce qui représente tout de même 30 % du total des sociétés. Le plus remarquable – ou le plus inquiétant – est que le rythme de création s'amplifie d'une année sur l'autre. [...]

On les utilise fréquemment dans le cadre familial comme support juridique des propriétés immobilières. [...] Au fond, la mise en société vaut dématérialisation de l'immeuble désormais représenté par des parts sociales ; et l'on va jouer avec ces parts en les battant et en les redistribuant, comme d'autres jouent aux cartes.

Source : Cozian (M.), Viandier (A.), Deboissy (F.), Droit des sociétés, Paris, Lexis Nexis, 26e éd., 2012, p. 620

■ **Document 4**

Présentation de la SCI

Gestion du patrimoine : La société civile immobilière peut permettre à plusieurs personnes de réaliser un investissement immobilier important dépassant la capacité de chacune d'entre elles. Ainsi, elles peuvent unir leurs ressources afin d'acquérir ou de construire un immeuble. Ce bien pourra être occupé par les associés ou loué à des tiers.

Protection du patrimoine : La société civile immobilière a une personnalité juridique distincte de celle de chacun des associés ; elle a son propre patrimoine. Les biens immobiliers acquis ou apportés sont la propriété de la société et non celle des associés.

Un mode de transmission adapté : La société civile immobilière est généralement présentée comme un instrument permettant d'éviter, au décès des parents, une indivision entre les enfants. En effet, le patrimoine immobilier ne fait plus partie de la masse successorale, il est devenu la propriété de la société civile, les héritiers ne peuvent revendiquer que des droits sur les parts appartenant au défunt.

Risque d'être prisonniers de ses parts : Il peut être difficile de revendre ses parts en l'absence d'un réel marché à cette fin.

Des décisions collectives et non individuelles : Les décisions qui excèdent les pouvoirs reconnus au gérant doivent être prises en assemblée, selon des conditions de majorité fixées par la loi. Cela peut rendre la prise de décision difficile.

Source : Groupe Revue Fiducière, Le mémento de la SCI, Paris, Les guides de la gestion RF, 3e éd., 2012, n° 15, 24, 34, 37 et 50

Document 5

Les sociétés civiles particulières du secteur immobilier

À la société civile immobilière, s'ajoutent cinq sociétés civiles à statut particulier :

1. Les sociétés civiles de construction-vente : Les sociétés civiles de construction-vente sont utilisées par les promoteurs qui lancent un nouveau programme. Elles sont créées en vue « d'édifier un ou plusieurs bâtiments et de les vendre en bloc ou par locaux » ;
2. Les sociétés civiles d'attribution : Il s'agit de sociétés dans lesquelles l'acquisition de droits sociaux donne droit à la jouissance d'un appartement ou d'un lot. L'objet de ces sociétés comprend la gestion et l'entretien des immeubles jusqu'à la mise en place d'une organisation différente (copropriété) ;
3. Les sociétés d'attribution d'immeubles en jouissance à temps partagé : Elles confèrent à leurs associés, moyennant des charges parfois élevées, la jouissance d'un lot donné (studio, appartement), pendant une période déterminée ;
4. Les sociétés civiles de placement immobilier (SCPI) : [Leur] objet est identique à celui des sociétés immobilières de gestion ;
5. Les organismes de placement collectif immobilier (OCPI) : Il s'agit de sociétés d'investissement qui gèrent un portefeuille d'immeubles.

Source : L'auteur

Thème 3
Le statut juridique de l'immeuble

8. Qu'est-ce qu'un bien immeuble ?

A. La définition du bien

Pour être considérée juridiquement comme un bien, une chose doit être susceptible d'appropriation donc de pouvoir devenir la propriété d'une personne. *Ex : Une maison est un bien, l'air ambiant est une chose.*

B. La distinction selon la matérialité du bien

	Bien corporel	Bien incorporel
Définition	Bien ayant une existence matérielle	Bien n'ayant pas de consistance matérielle
Exemple	*Une tasse*	*Un brevet sur une invention*

C. La distinction selon la mobilité du bien (article 516 C. civ)

	Bien meuble	Bien immeuble
Définition	Un bien meuble est un bien qui peut se déplacer ou être déplacé.	Un bien immeuble est un bien qui ne peut se déplacer, ni être déplacé.
Exemple	*Une voiture. Un stylo.*	*Une maison. Un arbre.*

1. Les différents types de meubles (article 527 C. civ)

	Bien meuble par nature	Bien meuble par anticipation	Bien meuble par détermination de la loi
Définition	Bien pouvant se déplacer ou être déplacé. Il est corporel.	Bien immeuble destiné à devenir un bien meuble.	Droit qui porte sur un bien meuble. Il s'agit d'un bien incorporel.
Exemple	*Une table* NB : les éléments d'aménagement d'une maison sont appelés en droit *« des meubles meublants »*.	*Une récolte de blé.*	*Les droits intellectuels sur un médicament.*

2. Les différents types d'immeubles (article 517 C. civ)

	Bien immeuble par nature	Bien immeuble par destination	Bien immeuble par l'objet auquel il s'applique
Définition	Bien ne pouvant pas se déplacer ou être déplacé. Bien corporel.	Bien meuble ne pouvant être distingué d'un bien immeuble du fait du lien économique ou matériel fort qui les relie.	Droit portant sur un bien immeuble. Bien incorporel.
Exemple	*Un garage.*	*Lien économique : Un tracteur est indispensable à la ferme (bien immeuble) où il est utilisé.* *Lien matériel : un miroir collé sur un mur ne peut être retiré sans endommager son support.*	*Une hypothèque.*

9. Quels sont les droits que l'on peut exercer sur un bien immeuble ? (le droit de propriété)

A. Présentation générale du droit de propriété

1. Définition

Selon l'**article 544 C. civ**, « *la propriété est le droit de jouir et de disposer des choses de la manière la plus absolue, pourvu qu'on n'en fasse pas un usage prohibé par les lois ou les règlements* ».

2. Attributs

Les attributs du droit de propriété sont les prérogatives du propriétaire c'est-à-dire les actions qu'il peut effectuer sur son bien.

	Usus	Fructus	Abusus
Définition	Droit d'utiliser le bien.	Droit de tirer les fruits du bien.	Droit de disposer du bien.
Exemple	*Habiter son logement.*	*Toucher les loyers d'un box loué.*	*Vendre sa maison. Donner un stylo.*

3. Caractères

Les caractères du droit de propriété décrivent la façon dont le propriétaire va pouvoir mettre en œuvre les prérogatives qui lui sont accordées par le droit de propriété.

	Absolu	Exclusif	Perpétuel
Définition	Le propriétaire peut faire ce qu'il veut de son bien.	Le bien n'a qu'un propriétaire et seul celui-ci peut exercer les prérogatives octroyées par le droit de propriété.	Les prérogatives du propriétaire ne disparaissent qu'à la fin du bien.

B. Les limites du droit de propriété

1. Les limites au caractère absolu

Les limites au caractère absolu se réfèrent au cas où le propriétaire ne peut pas faire ce qu'il veut de son bien.

	Règles d'urbanisme	Servitudes **(art 637 et s. C. civ)**	Sûretés **(art 2284 et s. C. civ)**
Définition	Lois et règlements encadrant la capacité des propriétaires à agir sur leur bien.	Une servitude est une charge qui pèse sur un immeuble (le fond servant) au profit d'un autre immeuble (le fond dominant).	Une sûreté est une garantie accordée à un créancier par un débiteur sur la base d'un bien immeuble.
Exemple	*Les plans locaux d'urbanisme peuvent fixer des hauteurs maximales de construction.*	*Une servitude de passage pèse sur un terrain (fond servant) traversé par un chemin pour accéder à un autre terrain (fond dominant).*	*Un immeuble peut constituer la base d'une hypothèque (sûreté) accordé par un emprunteur à une banque.*
Limite au caractère absolu	Limite les possibilités de construction sur un terrain.	Le fond servant doit respecter les droits du fond dominant.	En cas de non-remboursement, la banque peut saisir le bien.

2. Les limites au caractère exclusif

Les limites au caractère exclusif se réfèrent aux cas où le bien appartient à plusieurs personnes. Celles-ci seront donc habilitées à prendre des décisions de gestion à son encontre.

	La Mitoyenneté **(art 653 et s. C. civ)**	La copropriété **(loi n°65-557 du 10 juillet 1965)**	L'indivision **(article 815 et s. C. civ)**
Définition	Régime applicable à tout édifice ou fossé séparant deux terrains.	Une copropriété se compose de parties communes et de parties privatives. Les parties communes appartiennent à l'ensemble des copropriétaires.	Situation dans laquelle deux ou plusieurs personnes sont propriétaires ensemble d'un même bien.
Exemple	*Une clôture.*	*Un immeuble.*	
Limite au caractère exclusif	Appartient aux deux voisins qui gèrent ensemble.	Appartient à l'ensemble des copropriétaires qui prennent des décisions dans le cadre des assemblées générales de copropriété.	Les propriétaires gèrent le bien ensemble.

3. Les limites au caractère perpétuel

Si le non-usage n'entraîne pas la perte du droit de propriété, l'usage prolongé entraîne son acquisition, c'est l'usucapion ou **prescription acquisitive (art 2255 et s. C. civ)**. À ce titre, si une personne prend possession d'un bien de manière publique (au vu et su de tous), paisible (sans que cela génère un conflit), continue (ininterrompue) et non équivoque (les tiers doivent considérer le possesseur comme le propriétaire, et lui-même doit se comporter comme tel), elle peut obtenir la propriété du bien. La possession doit avoir duré 30 ans. Cette durée peut-être abrégée si le possesseur est de bonne foi et se croit réellement propriétaire du bien.

C. Les démembrements du droit de propriété

Les démembrements du droit de propriété sont les situations où une personne possède certains attributs du droit de propriété, mais pas tous. *Ex : Dans l'usufruit **(art 578 C. civ)** l'usufruitier possède simplement l'usus et le fructus (donc le droit d'utiliser ou de tirer les fruits de la chose). Une autre personne, le nu-propriétaire, possède l'abusus (donc le droit de disposer).*

D. Les modes d'acquisition du droit de propriété

Il est possible d'acquérir le droit de propriété de trois façons :

- 1. **par contrat**, c'est-à-dire par la vente qui se conclue par la signature d'un acte authentique ;
- 2. **par la prescription acquisitive** (cf. 3. ci-dessus) ;
- 3. **par accession**, c'est-à-dire par l'ajout de nouveaux éléments à des biens déjà existants. *Ex : Accession naturelle (l'ajout est le fait de la nature) : la propriété de fleurs non semées poussant naturellement revient au propriétaire du terrain. Accession artificielle (l'ajout est le fait de l'homme) : Le propriétaire d'un terrain est également propriétaire de la cabane érigée dessus.*

Se préparer au BTS

▶ QCM

1. L'eau de pluie est un bien.
   a) vrai
   b) faux
2. Ce qui distingue un bien meuble d'un bien immeuble, c'est le fait :
   a) de meubler une maison
   b) d'être mobile
   c) d'avoir une consistance physique
3. Un tracteur est un bien meuble.
   a) Vrai
   b) Faux
4. Un tracteur affecté à l'exploitation d'une exploitation agricole est un meuble.
   a) Vrai
   b) Faux
5. Le droit de propriété est le droit de faire ce que l'on veut de son bien.
   a) Vrai
   b) Faux
6. Avoir l'usus d'un bien cela veut dire avoir le de droit :
   a) de l'utiliser.
   b) de le louer.
   c) de le vendre.
7. Le caractère exclusif du droit de propriété sur un bien signifie que :
   a) Une seule personne peut l'utiliser.
   b) Une seule personne peut en être propriétaire.
8. Je réglemente un droit grevant un fond au profit d'un autre fond, je suis...
   a) La mitoyenneté
   b) La copropriété
   c) Une servitude
9. Il existe une prescription extinctive.
   a) Vrai
   b) Faux

▶ Exercice 7. L'indivision

Question(s)

Vous travaillez au sein du pôle transaction de R. Immo. Vous recevez la visite de Jean, Léa et Suzon. Leur mère vient de décéder, seulement quelques mois après son mari. Pour l'instant, ces derniers jouissent de l'ensemble des biens de leurs parents en indivision. Après l'enterrement, ils doivent faire face à plusieurs problèmes à gérer. D'une part, il faut faire changer les noms sur tous les contrats (assurance, téléphone, eau). Ils devront par ailleurs choisir ce qu'ils veulent faire de l'appartement des parents. Jean et Léa voudraient le vendre. Suzon, elle, souhaiterait attendre.

1. Indiquez si vous prendre un mandat de vente si Suzon s'oppose à ce projet.
2. Recensez les possibilités qui s'offrent à Léa, Jean et Suzon s'ils ne vendent pas la maison.

■ **Document 1**

Définition de l'indivision

L'indivision est la situation juridique dans laquelle deux ou plusieurs personnes sont propriétaires ensemble d'un même bien.

Source : Notaires.fr

■ **Document 2**

Extraits du code civil sur l'indivision

Article 815 : Nul ne peut être contraint à demeurer dans l'indivision et le partage peut toujours être provoqué, à moins qu'il n'y ait été sursis par jugement ou convention.

Source : Légifrance.fr

■ **Document 3**

Mode de décision dans l'indivision

Actes pouvant être décidés par un indivisaire seul

Vous pouvez prendre seul les décisions nécessaires à la conservation (*ex : prendre une assurance*) des biens indivis.

Décisions prises à la majorité des 2/3 des droits

La majorité des 2/3 des droits indivis est requise pour les décisions suivantes : effectuer des actes d'administration (*ex : conclusion ou renouvellement d'un bail d'habitation*), [...].

Les décisions prises à la majorité des 2/3 doivent être communiquées aux autres indivisaires. À défaut, les décisions prises leur sont inopposables.

Actes décidés à l'unanimité

L'unanimité est obligatoire pour les actes les plus importants concernant les biens indivis. Il s'agit en particulier des actes de disposition (*ex : vente, donation d'un bien immobilier*).

Source : service-public.fr

■ **Document 4**

Avantages et risques de l'indivision

Pourquoi acheter en indivision ? L'indivision apparaît comme la solution la plus facile pour acheter un bien à plusieurs. Bien entendu, ce n'est pas la seule (il est possible d'opter pour des formules plus spécifiques comme la SCI par exemple), mais c'est de loin la moins contraignante. Elle ne nécessite quasiment aucune démarche ni formalité particulière. Chaque acquéreur est propriétaire du bien à hauteur de sa contribution financière lors de l'achat (30/70, 40/60, 50/50, etc.), sans que sa quote-part ne soit matériellement distinguée. [...]

Y a-t-il des risques ? Une fois le bien acheté, chacun des propriétaires (appelé indivisaire) a des droits sur la totalité du bien. Les décisions les plus importantes doivent être prises à l'unanimité (sauf exceptions). Ce qui, en cas de désaccord, peut vite entraîner des situations de blocage. Par ailleurs, chaque indivisaire est tenu de régler les dettes de l'indivision (impôts ou travaux sur le logement par exemple), à proportion de sa quote-part.

Source : Notaires.fr

■ **Document 5**

La convention d'indivision

Les indivisaires peuvent décider d'établir une convention pour fixer les règles de fonctionne-ment de l'indivision. La convention doit être établie par écrit et lister les biens de l'indivision concernés et préciser les droits de chaque indivisaire (s'il y a un bien immobilier, la convention doit être établie par un notaire).

Source : vos-droits.justice.gouv.fr

▶ Exercice 8. La mitoyenneté

M. F a visité un bien par le biais de votre agence. Il n'y a qu'un seul point noir : une clôture mitoyenne avec M. et Mme E qui lui semble trop basse. Il souhaiterait l'exhausser d'au moins 20 cm.

Question(s)

Conseillez-le à l'aide de vos connaissances et du document annexé.

■ **Document 6 : Article 658 du code civil**

Tout copropriétaire peut faire exhausser le mur mitoyen ; mais il doit payer seul la dépense de l'exhaussement et les réparations d'entretien au-dessus de la hauteur de la clôture commune ; il doit en outre payer seul les frais d'entretien de la partie commune du mur dus à l'exhaussement et rembourser au propriétaire voisin toutes les dépenses rendues nécessaires à ce dernier par l'exhaussement.

▶ Exercice 9. La prescription acquisitive

M. et Mme Bertrand possèdent et habitent depuis 1975 une maison à Jaujac (07). À quelques mètres de leur maison et proche de leur propriété se trouve une grange qui était abandonnée en 1975. En 1980, ne voyant personne venir ou s'en occuper, ils décident de la remettre en état et de l'utiliser. Depuis, ils ont fait divers travaux, ont payé la taxe foncière afférente et nul n'est jamais venu contester leur utilisation.

Question(s)

M. et Mme Bertrand remplissent-ils les conditions pour devenir propriétaires de la grange ?

▶ Exercice 10. Les démembrements du droit de propriété

À l'aide du cours et du **document 2**, résolvez les cas ci-dessous.

Question(s)

Situation 1 : M. Laurent vient de décéder. En conséquence, son épouse est nommée usufruitière et son fils est nommé nu-propriétaire.

Problème à résoudre : Mme Laurent peut-elle vendre l'appartement ? Son fils peut-il louer l'appartement ?

Situation 2 : Mme Laurent, usufruitière, estime que certains travaux sont à réaliser dans son appartement. Il faudrait changer l'électroménager et refaire les peintures des murs. Par ailleurs, la copropriété a voté le ravalement de la façade.

Problème à résoudre : Pour chaque réparation envisagée dites qui devra payer.

Document 2

Extraits du Code civil

Article 605

L'usufruitier n'est tenu qu'aux réparations d'entretien.

Les grosses réparations demeurent à la charge du propriétaire, à moins qu'elles n'aient été occasionnées par le défaut de réparations d'entretien, depuis l'ouverture de l'usufruit; auquel cas l'usufruitier en est aussi tenu.

Article 606

Les grosses réparations sont celles des gros murs et des voûtes, le rétablissement des poutres et des couvertures entières.

Celui des digues et des murs de soutènement et de clôture aussi en entier.

Toutes les autres réparations sont d'entretien.

Article 607

Ni le propriétaire, ni l'usufruitier, ne sont tenus de rebâtir ce qui est tombé de vétusté, ou ce qui a été détruit par cas fortuit.

Article 608

L'usufruitier est tenu, pendant sa jouissance, de toutes les charges annuelles de l'héritage, telles que les contributions et autres qui dans l'usage sont censées charges des fruits.

Article 609

À l'égard des charges qui peuvent être imposées sur la propriété pendant la durée de l'usufruit, l'usufruitier et le propriétaire y contribuent ainsi qu'il suit :

Le propriétaire est obligé de les payer, et l'usufruitier doit lui tenir compte des intérêts;

Si elles sont avancées par l'usufruitier, il a la répétition du capital à la fin de l'usufruit.

Thème 4
Le droit des obligations et les activités immobilières

Thème 4

10. Qu'est-ce qu'une obligation ?

L'obligation est un lien juridique entre deux personnes dont l'une (le créancier) peut exiger de l'autre (le débiteur) une action. *Ex : Dans le cadre du contrat de location, le bailleur (créancier) peut exiger du locataire (débiteur) le paiement du loyer (obligation).*

On distingue souvent les obligations en fonction de leur objet (contenu) :

Objet	Présentation
Obligation de moyens ou de résultat	• Obligation de moyens : Le débiteur doit tout mettre en œuvre pour parvenir au résultat mais ne s'engage pas à parvenir au résultat. *Ex : L'agent immobilier a une obligation de moyens de vendre le bien pour lequel on lui a confié un mandat.* • Obligation de résultat : Le débiteur doit parvenir au résultat déterminé. *Ex : L'artisan doit effectuer les travaux qui lui ont été confiés.*
Obligation patrimoniale ou extrapatrimoniale	• Obligation patrimoniale : liée aux droits patrimoniaux (*ex : droit de propriété*) • Obligation extrapatrimoniale : liée aux droits extrapatrimoniaux (*ex : droits de la famille ou de la personnalité*)
Obligation monétaire ou en nature	• Obligation monétaire : porte sur une somme d'argent • Obligation en nature : porte sur une action ou une abstention (ex *: prestation de travail*)

11. Comment naissent les obligations ?

Les obligations trouvent leur source soit dans la loi (*ex : obligations de voisinage*), soit du fait de l'expression d'une volonté c'est-à-dire un acte juridique (*ex : contrat*) ou tout au moins d'un évènement c'est-à-dire un fait juridique (*ex : accident*). Nous allons nous intéresser seulement aux deux dernières.

	Actes juridiques **(AJ, art 1100-1 C. civ)**	Faits juridiques **(art 1100-2 C. civ)**
Définition	Manifestation de volonté destinée à produire des conséquences juridiques. *Ex : La signature du contrat de bail vise à mettre un bien à disposition du locataire contre rémunération du bailleur.*	Événement susceptible de produire des effets juridiques, mais ceux-ci n'ont pas été recherchés. *Ex : Un dégât des eaux va conduire à effectuer les travaux nécessaires.*
Principaux types	• AJ unilatéraux (volonté d'une seule personne). *Ex : donation.* • AJ bilatéraux ou multilatéraux (volontés de deux ou plusieurs personnes). *Ex : Contrat de syndic.*	• Faits licites. *Ex : dégâts des eaux.* • Faits illicites (pas conformes à une règle). *Ex : tapage nocturne.*

12. Comment prouve-t-on l'existence d'une obligation ?

La preuve est le moyen employé pour démontrer l'existence d'un droit que l'on estime posséder. Elle est indispensable pour obtenir satisfaction et est à la charge du demandeur (sauf rares exceptions légales nommées « présomption »). Elle porte le plus souvent sur des faits à établir. Elle diffère pour les actes et les faits juridiques.

Source de l'obligation	Actes juridiques	Faits juridiques
Type de preuve à apporter	• Valeur de l'acte supérieure à 1 500 euros : preuve écrite. • Valeur de l'acte inférieure à 1 500 euros : preuve par tous moyens.	Par tout moyen

Il faut présenter plus précisément ces moyens de preuve **(art 1363 et s. C. civ)** :

	Preuve écrite	Preuve orale
Force probante forte (le juge n'a pas de pouvoir d'appréciation sur la preuve)	L'acte authentique : celui qui a été authentifié (reçu) par un officier public (notaire, huissier, officier d'état civil) selon les formes convenues. *L'acte authentique joue un rôle essentiel en matière immobilière. Il intervient pour la conclusion de la vente, parfois au moment de l'avant-contrat. En effet, les sommes en jeu sont très importantes et il faut donc des preuves solides pour protéger les parties.*	• L'aveu judiciaire : Aveu fait au cours d'un procès. • Le serment décisoire : Le demandeur requiert du défendeur qu'il fasse le serment que ce qui lui est reproché est faux. S'il jure (confirme), il gagne le procès, s'il refuse de jurer, il le perd.
Force probante forte en général (sauf exceptions)	L'acte sous seing privé : Il est rédigé et signé par les parties. Il produit les mêmes effets que l'acte authentique avec quelques exceptions toutefois (les parties peuvent amener la preuve que le contenu et la date étaient différents). L'écrit « électronique » a la même force que l'écrit « papier ».	
Force probante atténuée (le juge a un pouvoir d'appréciation sur la preuve)	Certains documents écrits : actes sous seing privé irrégulier, lettres, registres et papiers domestiques, livre de commerce, copie ou reproduction d'un original préexistant, télécopie ...	• Témoignage : Déclaration orale ou écrite de tiers à la situation. • Serment supplétoire : Si ces tiers prêtent serment devant le juge, il s'agit d'un serment supplétoire.

Thème 4

13. Comment se forment et s'exécutent les contrats (principale source d'obligations en matière immobilière) ?

A. La formation du contrat

Étapes de la conclusion du contrat	Présentation générale
Étape 1 : La phase précontractuelle **Article 1112 C. civ**	La phase précontractuelle s'engage après qu'une offre (ou pollicitation) ait été effectuée. C'est une période de négociation. Le contrat n'est pas formé. Les parties ne sont pas engagées. En principe, en cas de rupture des pourparlers, il n'y a pas d'indemnisation sauf en cas de faute. *La phase précontractuelle est fréquente en matière de transaction vente, c'est le moment où a lieu la négociation.*
Étape 2 : L'avant-contrat	Cette phase n'est pas obligatoire mais elle est très fréquente dans les contrats importants. Elle fait naître des obligations pour les parties. Il existe deux principaux types d'avant-contrats : • **La promesse unilatérale (ou option)** : Le vendeur s'engage à vendre le bien au demandeur si celui-ci le décide. Si c'est le cas, on dit qu'il « lève l'option ». Cet avant-contrat ne créé une obligation que pour le vendeur **(art 1124 C. civ)**. • **La promesse bilatérale (ou compromis)** : Le vendeur s'engage à vendre et l'acheteur à acheter. *Les avants contrats sont très fréquents en transaction vente en raison des sommes en jeu.*
Étape 3 : La conclusion du contrat	La formation du contrat a lieu lorsque l'offre rencontre une acceptation **(art 1113 C. civ)**.
Principes encadrant la détermination du contenu du contrat	• **Le principe de l'autonomie de la volonté** : Les parties sont libres du contenu du contrat, à condition de respecter les lois et règlements. • **Le principe de liberté contractuelle** : liberté de contracter ou non, de choix du contractant, de décider du contenu du contrat... Cette liberté connaît des limitations par le biais de l'ordre public de direction (protège la collectivité) et l'ordre public de protection (protège les parties au contrat). *En matière immobilière, le contenu des contrats est assez réglementé comme dans le cas du mandat qui doit prévoir une durée de validité sous peine de nullité.*
Principe encadrant la forme (présentation) du contrat	• Le consensualisme : Il n'y a pas besoin d'un écrit pour qu'un contrat soit valablement conclu **(art 1172 C. civ)**. *En matière immobilière, les contrats nécessitent souvent d'être écrit comme dans le cas du mandat ou du contrat de vente. Ils nécessitent même parfois la forme authentique. On dit alors qu'un formalisme est imposé.*
Conditions de validité **(art 1128 C. civ)**	• La capacité : les parties au contrat doivent être capables (cf. Th 2 – 5 – B). • Le consentement : Il ne doit pas être compromis par l'erreur, le dol (ou mensonge) ou la violence (physique ou morale). • Le contenu : il doit être licite et certain, c'est-à-dire qu'il ne peut déroger à l'ordre public. L'objet, c'est-à-dire l'obligation en jeu, doit concerner une prestation présente ou future, possible, déterminée ou déterminable. Si ces conditions ne sont pas respectées, la **sanction** peut être l'annulation du contrat (on fait comme si le contrat n'avait jamais existé). La nullité est relative si la règle violée protégeait l'intérêt privé et elle est absolue si la règle protégeait l'intérêt public.

B. L'exécution du contrat

1. Les effets du contrat

Une fois conclu, le contrat a force obligatoire. Cela veut dire que les parties doivent l'exécuter conformément à leur volonté. Cela veut également dire que seuls ces derniers doivent l'exécuter et non les tiers (effet relatif des contrats).

2. Le rôle du juge dans l'exécution du contrat

Le juge doit respecter la volonté des parties au contrat lorsqu'il l'interprète. Il peut seulement relever les incompatibilités à la loi.

3. L'exécution du contrat

L'exécution du contrat se fait par le paiement. Cela veut dire que les parties remplissent les obligations qui étaient prévues pour elles dans le contrat.

4. Les clauses incitant à l'exécution du contrat

Certaines clauses peuvent être insérées dans le contrat de manière à inciter les contractants à respecter les obligations. Il s'agit notamment de :

- 1. La clause pénale : elle prévoit à l'avance les conséquences de la non-exécution du contrat. *Ex : montant des dommages et intérêts.*
- 2. La clause résolutoire : elle prévoit la fin du contrat si une des obligations n'est pas respectée. *Ex : L'exigence pour le locataire de fournir le certificat d'assurance chaque année est souvent contenue dans une clause résolutoire donc s'il ne produit pas le document le contrat de bail est arrêté.*

Les sanctions de l'inexécution (art 1217 C. civ)

Si les parties ne remplissent pas leurs obligations, elles peuvent être sanctionnées par le biais de : 1/ L'exécution forcée : Elle peut intervenir soit en nature (*ex : exécution de la prestation promise*) soit par équivalent (*dommages et intérêts*). 2/ La responsabilité contractuelle : (voir Thème 5). 3/ La résolution : Le contrat est anéanti de manière rétroactive et les parties doivent se retrouver dans l'état dans lequel elles étaient avant le contrat. *Ex. contrat de vente immobilière : l'acheteur rend le bien et le vendeur rend l'argent.* 4/ La résiliation : Le contrat est également anéanti mais seulement pour l'avenir car les parties ne peuvent se rembourser les prestations opérées au titre de contrat. *Ex. contrat de gestion immobilière : Le bailleur ne peut rendre au gestionnaire le travail effectué donc la résiliation ne vaut que pour l'avenir.* 5/ La réduction du prix : Une réduction du prix en échange d'une exécution partielle du contrat.

S'entraîner au BTS

▶ QCM

1. Pour le gestionnaire, le contrat de gestion implique, principalement, une obligation :
   a) de faire
   b) de ne pas faire
   c) de donner
2. Pour l'agent immobilier, le mandat contient :
   a) une obligation de moyens
   b) une obligation de résultat
3. Le procès-verbal d'une assemblée générale de copropriété est :
   a) un acte juridique
   b) un fait juridique
4. La vente d'une cuisine équipée d'un montant de 8 500 euros doit être prouvée :
   a) par tous moyens
   b) par un écrit
5. Un témoignage effectué devant le juge a une force probante très forte.
   a) vrai
   b) faux
6. Durant la phase précontractuelle, les parties s'engagent déjà.
   a) vrai
   b) faux
7. L'avant-contrat n'est jamais utilisé en matière immobilière.
   a) vrai
   b) faux
8. En principe, les parties ne peuvent pas négocier le contenu du contrat.
   a) vrai
   b) faux
9. En principe, les parties ne sont pas obligées de rédiger un écrit.
   a) vrai
   b) faux
10. Les parties ne sont pas obligées de respecter les contrats qu'elles concluent.
   a) vrai
   b) faux

▶ Exercice 11. Les nouveaux modes de preuves

Question(s)

1. Expliquez quel est l'intérêt de reconnaître l'écrit électronique comme mode de preuve.
2. Rappelez à quelles conditions un écrit électronique peut servir de preuve.
3. Expliquez quel est l'intérêt de la signature électronique.

Document 1

L'écrit électronique

Dans la lecture qui était traditionnellement faite des articles 1315 et suivants, l'écrit était confondu avec le support papier sur lequel il était apposé. Il s'ensuit qu'on ne concevait pas que l'écrit pût être autre chose qu'un papier signé, si bien qu'on déclinait toute valeur d'écrit à des documents d'une autre nature, et notamment aux documents informatiques. Ainsi, jusqu'à la loi du 1er mars 2000, et à défaut de définition légale, l'écrit était classiquement conçu comme un document sur support papier signé par les parties, et en outre par le notaire dans le cas de l'acte authentique. Un arrêt de la chambre commerciale avait déjà ébranlé cette conception en décidant que l'écrit constituant, aux termes de l'article 6 de la loi du 2 janvier 1981, l'acte d'acceptation de la cession d'une créance professionnelle, pouvant être établi et conservé sur tout support, y compris par télécopie, dès lors que son intégrité et l'imputabilité de son contenu à l'auteur désigné avaient été vérifiées ou n'étaient pas contestées.

Source : Malinvaud (P.), Fenouillet (D.), Droit des obligations, Paris, Litec, 11e édition, 2010, n° 370

Document 2

La valeur de l'écrit électronique comme preuve

Avant l'invention de l'imprimerie, l'écrit avait moins de valeur que le témoignage : « témoins passent lettre ». Après Gutenberg et la diffusion de l'écriture, l'ordonnance de Moulins a, en 1566, renversé la règle : « lettres passent témoins », principe devenu constant. Les procédés modernes de reproduction – microfilms, photocopies, microfiches, vidéodisques par exemple – et le développement des chèques ont entraîné une nouvelle réforme inspirée par les banques, moins importante néanmoins que les bouleversements antérieurs. Enfin, l'écrit électronique s'est vu reconnaître la même force probante que l'écrit papier (art 1316-3, L. 13 mars 2000), loi qui traduit la « révolution informatique », également moins importante que l'ordonnance de Moulins.

Au contraire en Angleterre, le moyen de preuve préféré est la preuve testimoniale; le témoin est interrogé non par le juge mais par l'avocat; la preuve écrite n'est admissible que dans la mesure où les parties sont d'accord pour qu'elle le soit.

Source : Malaurie (P.), Aynèes (L.), Les obligations, Paris, LGDJ, 6e édition, 2013, n° 559

Document 3

Les conditions de la validité de l'écrit électronique

Contrairement à l'écrit papier, la forme électronique nécessite que certaines conditions soient remplies pour la validité de l'acte ou de la mention manuscrite. Rappelons qu'aux termes de l'article 1316-1, deux conditions sont posées : il faut, d'une part, que la personne dont émane l'écrit électronique « *puisse être dûment identifiée* » et, d'autre part, que cet écrit électronique « *soit établi et conservé dans des conditions de nature à en garantir l'intégrité* ».

Source : Rapport du Sénat sur la loi sur la confiance en l'économie numérique

Document 4

L'admissibilité du SMS (Short message service) comme preuve

Dans son arrêt du 15 mai 2007, la Chambre sociale de la Cour de cassation a admis l'utilisation par son destinataire d'un SMS comme élément de preuve à l'encontre de son auteur. En effet, elle a estimé qu'ils constituent un élément de preuve obtenu de façon loyale dans la mesure où l'auteur « ne peut ignorer qu'ils sont enregistrés par l'appareil récepteur » et donc l'enregistrement ne se fait pas à l'insu de l'auteur du SMS.

Toutefois, si la loyauté de l'obtention du SMS semble acquise ce dernier ne sera pas nécessairement licite, le droit au respect de la vie privée (*ex : protection de l'intimité*) trouvant à s'appliquer. D'autre part, le risque d'usurpation d'identité est réel et le propriétaire du téléphone à partir duquel le SMS a été envoyé n'en sera pas forcement l'auteur.

Source : L'auteur à partir de http://m2bde.u-paris10.fr/content/ ladmissibilité-du-sms-comme-élément-de-preuve-dans-le-procès-civil---par-henri-weil

Document 5

La signature électronique

L'article 1316-4 dispose que la signature électronique «*consiste en l'usage d'un procédé fiable d'identification garantissant son lien avec l'acte auquel elle s'attache*» et que «*la fiabilité de ce procédé est présumée, jusqu'à preuve contraire, lorsque la signature électronique est créée, l'identité du signataire assurée et l'intégrité de l'acte garantie*». Les dispositifs techniques permettant la signature électronique doivent garantir que les données de création de celle-ci ne puissent être établies qu'une fois, que leur confidentialité soit assurée, qu'elles soient protégées contre toute falsification et toute utilisation par des tiers, qu'elles n'entraînent aucune altération du contenu de l'acte à signer.

Source : Rapport du Sénat sur la loi sur la confiance en l'économie numérique

▶ Exercice 12. Veille juridique – Promesse unilatérale de vente

Question(s)

1. Expliquez ce qu'est une promesse unilatérale.
2. Démontrez en quoi la réforme du code civil améliore son fonctionnement.

Document 6

Art. 1124.-La promesse unilatérale est le contrat par lequel une partie, le promettant, accorde à l'autre, le bénéficiaire, le droit d'opter pour la conclusion d'un contrat dont les éléments essentiels sont déterminés, et pour la formation duquel ne manque que le consentement du bénéficiaire.
La révocation de la promesse pendant le temps laissé au bénéficiaire pour opter n'empêche pas la formation du contrat promis.
Le contrat conclu en violation de la promesse unilatérale avec un tiers qui en connaissait l'existence est nul.

Source : Légifrance. Ordonnance n° 2016-131 du 10 février 2016 portant réforme du droit des contrats, du régime général et de la preuve des obligations.

Document 7

Renforcement de l'efficacité des promesses unilatérales

Depuis 1993, la Cour de cassation juge que l'inexécution d'une promesse unilatérale, de vente notamment, ne peut être sanctionnée que par l'allocation de dommages-intérêts. En d'autres termes, le bénéficiaire de la promesse ne peut obtenir du juge qu'il force le promettant à s'exécuter. Le nouvel article entend renverser cette solution et renforce grandement, ce faisant, l'efficacité des contrats de promesse, notamment parce que le promettant ne peut se rétracter pendant le délai déterminé par le contrat.

Source : http://www.cms-bfl.com

▶ Exercice 13. Les différents types de contrats

Question(s)

Proposez, pour chaque type de contrat, un exemple tiré du domaine de l'immobilier.

Types de contrat	Définition	Exemple
Unilatéral	Ne fait naître des obligations qu'à la charge d'une partie.	
Synallagmatique	Fait naître des obligations à l'encontre des deux parties.	
Négocié	Les parties peuvent adapter le contenu du contrat à leur besoin.	
D'adhésion	Les parties doivent signer le contrat tel qu'il a été pré-rédigé et ne peuvent le changer.	
À exécution instantanée	Les prestations sont exécutées instantanément après la conclusion du contrat.	
A exécution successive	Les prestations s'échelonnent ou se renouvellent dans le temps.	
A titre onéreux	Les parties s'engagent pour obtenir une contrepartie.	
A titre gratuit	Les parties s'engagent sans vouloir obtenir une contrepartie.	

▶ Exercice 14. L'exécution des contrats

Question(s)

Vous êtes syndic de copropriété et vous constatez que l'an dernier, l'Assemblée générale des copropriétaires d'une copropriété que vous gérez avait accepté le changement de l'interphone. L'installation d'un visiophone (interphone avec vidéo) était prévue. Vous retrouvez le devis avec votre indication « bon pour travaux » indiquant que le contrat a été conclu avec la société Securit. Toutefois en consultant le carnet d'entretien vous constatez que les travaux n'ont pas été effectués. Vous contrôlez la situation avec la personne en charge du dossier qui vous révèle que la société ne souhaite plus faire les travaux.

1. Présentez les modalités permettant d'éteindre l'obligation prévue au contrat.
2. Parmi celles-ci, choisissez les deux solutions qui vous paraissent les plus adaptées pour obtenir l'exécution du contrat et justifiez votre réponse.
3. Indiquez si vous pourriez obtenir de Securit une réduction de prix.

Thème 5
Responsabilité et assurance dans le domaine immobilier

14. Quels sont les régimes de responsabilité existants ?

	Responsabilité civile	Responsabilité pénale
Objectif de la responsabilité	Protection de l'intérêt de chaque personne face aux agissements d'autres personnes. *Ex. : Protection du consommateur.*	Protection de l'intérêt de la société. *Ex. : Protection de la sécurité générale, de l'ordre public et des bonnes mœurs.*
Élément déclencheur de la responsabilité	Le dommage	L'infraction
Définition	Atteinte aux droits de la victime.	Action ou omission réprimée par la loi pénale.
Différents types	• Le dommage physique (ou corporel) *ex : blessure.* • Le dommage moral (ou émotionnel) *ex : chagrin face à la perte d'un être cher.* • Le dommage matériel (ou financier) *ex : perte d'argent.* • Le dommage écologique *ex : marée noire.*	• Contravention (indiscipline à l'égard des règles de vie en commun) *ex : griller un stop.* • Délit (transgression d'une norme sociale importante) *ex : le vol.* • Crime (transgression d'un interdit fondamental) *ex : le meurtre.*
Caractéristiques	• Certain (déjà existant ou tout au moins inévitable). • Direct (causé à la personne qui s'en plaint)	Prévue par la loi (principe de la légalité des délits et des peines).
Conditions de la responsabilité	Une personne par une action ou une omission (**fait dommageable**) cause (**lien de causalité**) un dommage (**dommage**) à une autre personne.	L'infraction (**élément matériel**) doit avoir été prévue par la loi (**élément légal**) et effectuée librement par son auteur (**élément moral**).
Sanctions	• Dommages et intérêts • Annulation du contrat	• Amende • Prison
Motifs d'exonération	• Force majeure : événement **extérieur** à la personne qui cause le dommage, qu'elle ne peut éviter (**irrésistible**), ni prévoir (**imprévisible**). *Ex : tempête.* • Fait du tiers. *Ex : Une personne extérieure au contrat empêche son exécution.* • Faute de la victime. *Ex : La victime est responsable de l'inexécution du contrat.*	Les motifs d'exonération sont rares. *Ex : La légitime défense.*
Forme de la responsabilité	**Responsabilité civile contractuelle (art 1231 et s. C. civ)** Le fait dommageable est commis dans le cadre de la conclusion ou de l'exécution du contrat. **Responsabilité civile délictuelle (art 1240 et s. C. civ)** Le fait dommageable est commis dans toutes les situations non contractuelles. La responsabilité délictuelle peut être causée par le fait personnel de la personne qui cause le dommage ou par le fait d'autrui mais dont la personne est responsable. Ex : responsabilité de l'employeur des faits de ses salariés.	
La responsabilité de l'agent immobilier	Publicité commerciale trompeuse, défaut de mandat, non-respect des conditions de démarchage à domicile, non-respect de l'obligation de conseil et d'information…	Exercice de l'activité sans carte professionnelle, irrégularité dans la gestion du compte séquestre…

15. Quelles sont les assurances existantes dans le domaine immobilier ?

A. Les principes du système de l'assurance

L'assurance est le mécanisme par lequel une personne s'assure qu'une prestation (généralement le versement d'une somme d'argent) sera réalisée en sa faveur si un risque (évènement dommageable) se réalise. Pour cela, elle doit verser au préalable une prime (ou cotisation). Elle ne sera dédommagée que des risques pour lesquels elle a payé (limites de garantie).

B. Les différents types d'assurance

1. Assurances obligatoires et assurances facultatives

Les assurances obligatoires visent généralement à assurer la sécurité des tiers (ex : responsabilité civile professionnelles de l'agent immobilier ou assurance de l'habitation par le locataire ou par le propriétaire copropriétaire). Les assurances qui visent à sécuriser la personne qui les souscrivent sont souvent facultatives (ex : assurance loyers impayés).

2. Les assurances souscrites par les constructeurs

Les garanties octroyées avant la livraison du bien en vente en l'état futur d'achèvement (VEFA)	• **La garantie d'achèvement** : le promoteur doit souscrire une assurance auprès d'un tiers qui financera la fin des travaux en cas de défaillance. • **La garantie de remboursement** : si le bien n'est pas achevé, l'acheteur sera remboursé de ses paiements partiels.
Les garanties octroyées après la livraison du bien (pour tous les biens neufs)	• **La garantie décennale** : Elle garantie toutes les malfaçons sur le gros œuvre pendant dix ans. Pour faciliter la mise en œuvre de cette garantie, la personne à qui est destinée la construction peut prendre une assurance dommages-ouvrages qui avancera les frais. • **La garantie biennale** : Elle garantie les biens d'équipements (ex : ascenseur) pendant deux ans. • **La garantie du parfait achèvement** : elle doit conduire à la réparation de tous les désordres (ex. vices cachés) signalés au cours de l'année qui suit la réception des travaux.

▶ QCM

1. Quelle responsabilité est engagée en cas de détournement de fonds ?
   a) responsabilité pénale b) responsabilité civile
2. Quelle responsabilité peut-être engagée en l'absence de rappel des obligations du bailleur ?
   a) responsabilité pénale b) responsabilité civile
3. On peut condamner quelqu'un à la prison pour une faute non prévue par la loi.
   a) vrai b) faux
4. On ne peut pas demander de dédommagement si l'on n'est pas sûr que le risque se produise.
   a) vrai b) faux
5. L'oubli constitue un événement constitutif de la force majeure.
   a) vrai b) faux
6. On peut être condamné à des dommages et intérêts en cas de mauvaise exécution du mandat.
   a) vrai b) faux
7. L'agent immobilier est-il obligé de s'assurer au titre de son activité ?
   a) vrai b) faux
8. Le locataire est-il obligé de s'assurer ?
   a) vrai b) faux
9. Le constructeur est obligé de s'assurer ?
   a) vrai b) faux
10. Le propriétaire bailleur est obligé de s'assurer pour le paiement des loyers ?
    a) vrai b) faux

▶ Exercice 15. L'obligation d'information et de conseil des agents immobiliers

Question(s)

Éric Lemaire est agent immobilier. Après la condamnation d'un de ses concurrents pour défaut d'information et de conseil, il souhaite obtenir davantage d'informations pour savoir si sa pratique est bien compatible avec l'état actuel du droit. Grâce à vos connaissances et aux **documents 1 à 3**, donnez-lui des conseils sur les actions qu'il doit mettre en œuvre pour se prémunir contre une condamnation de la sorte ou contre ses conséquences.

Document 1

Extraits du décret d'application de la loi Hoguet n° 72-678 (20/07/72)

Article 49 : Les personnes visées à l'article 1er doivent être en mesure de justifier à tout moment de l'existence d'un contrat d'assurance couvrant, pour chaque établissement, succursale, agence ou bureau, les conséquences pécuniaires de la responsabilité civile professionnelle qu'elles peuvent encourir en raison de leur activité. [...]
Article 50 : Toute suspension de garantie, dénonciation de la tacite reconduction ou résiliation du contrat d'assurance est portée sans délai par l'entreprise d'assurance à la connaissance du préfet qui a délivré la carte professionnelle.
Article 92 : [...] Les personnes visées à l'article 1er de la loi du 2 janvier 1970 doivent faire figurer sur tous documents, contrats et correspondance à usage professionnel : Le numéro et le lieu de délivrance de la carte professionnelle ; Le nom ou la raison sociale et l'adresse de l'entreprise ainsi que l'activité exercée ; Le nom et l'adresse du garant. Ces indications ne doivent être accompagnées d'aucune mention de nature à faire croire, d'une quelconque manière, à une assermentation, à une inscription, à une commission, à un accréditement ou à un agrément.

Article 93 : Le titulaire de la carte professionnelle est tenu d'apposer, en évidence, dans tous les lieux où est reçue la clientèle, une affiche indiquant : Le numéro de la carte professionnelle ; Le montant de la garantie ; La dénomination et l'adresse du consignataire ou du garant. S'il s'agit des titulaires de la carte portant la mention « Transactions sur immeubles et fonds de commerce « ou « Marchand de listes « l'affiche indiquera, en outre, l'établissement de crédit et le numéro du compte où doivent être effectués les versements et remises ainsi que les modes obligatoires de versement.

Source : Légifrance.fr

Document 2

Le devoir de conseil de l'agent immobilier

L'agent immobilier est tenu d'un devoir de conseil. Il doit s'assurer de la régularité de la transaction et ainsi transmettre toutes les informations techniques nécessaires aux parties. [...]

L'agent immobilier est responsable des mentions qui figurent dans l'acte qu'il fait signer. En matière de vente par exemple, il vérifie que le client est bien propriétaire du bien immobilier à vendre ou qu'il a la capacité de le vendre. Il vérifie le titre de propriété du vendeur, la surface du bien, l'existence de servitudes, la réalité des diagnostics immobiliers obligatoires qui incombent au propriétaire du bien (amiante, termites, bilan énergétique, etc.).

Dans le cas de vices cachés, sa responsabilité n'est engagée que s'il avait connaissance de l'information ou si l'examen des lieux avait montré la présence de ces vices.

Source : site Internet de la DGCCRF

Document 3

Cour de cassation, 3e chambre civile, 23/09/2014, N° 13-20461

Sur le premier moyen :

Attendu qu'ayant relevé que M. X... avait acquis une maison ancienne après avoir été avisé par l'agent immobilier de la nécessité de réaliser des travaux, notamment d'isolation. Que selon le rapport d'expertise judiciaire, l'acquéreur avait nécessairement constaté les nombreuses fissures présentes en façade et qu'il avait été informé de l'humidité du mur de la cuisine par l'état diagnostic parasitaire du 4 avril 2005, révélant, outre des traces d'humidité, des traces de salpêtre, d'infestations de vrillettes et de pourriture molle et fibreuse, humidité qui se déduisait également des traces noires présentes au bas des murs extérieurs sur les photos de la maison jointes au fichier de présentation lors de la vente, la cour d'appel en a souverainement déduit que les désordres affectant ce mur étaient un vice apparent et a légalement justifié sa décision ;

Sur le second moyen, ci-après annexé : Attendu qu'ayant retenu que l'acquéreur avait été clairement informé de l'humidité présente dans certains murs, et donc des risques potentiels d'infiltrations, la cour d'appel a pu en déduire qu'en raison du caractère apparent du vice, la responsabilité de l'agent immobilier pour manquement à son obligation d'information et de conseil ne pouvait pas être engagée et a légalement justifié sa décision ;

PAR CES MOTIFS : REJETTE le pourvoi.

Thème 6
La gestion de la relation de travail

16. Quels sont les statuts juridiques des travailleurs au sein d'une agence immobilière ?

	Travailleur salarié	Travailleur indépendant
Définition	Le travailleur salarié est celui qui est soumis à un contrat de travail c'est-à-dire qu'il fournit une **prestation de travail** contre une **rémunération** sous la **subordination** d'un employeur **(art 1211-1 C. Trav)**.	Le travailleur indépendant n'est pas soumis à un contrat de travail. Il travaille en son nom et pour son propre compte. Il organise librement son activité.
Principales différences		
Rémunération	Salaire minimal obligatoire. Le reste peut s'établir à la commission.	Pas de salaire préétabli. Perception de commissions en fonction de son activité.
La protection sociale	Protection salariale des salariés (assez complète).	Protection salariale des indépendants (moins favorable que celle des salariés).
La situation fiscale	Soumis à l'impôt sur le revenu	Soumis à la TVA et aux BNC (bénéfices non commerciaux).
Responsabilité	Si la faute a été commise dans le cadre des fonctions, c'est l'employeur qui est responsable.	Le travailleur indépendant est responsable de ces propres actes et exerce son activité à ses risques.
Régimes pour les agents immobiliers	Négociateur	Agent commercial

17. Comment se déroule la relation entre l'employeur et un salarié ?

Le recrutement **(art 1221-1 et s. C. Trav)**	Libre choix de l'employeur qui doit néanmoins respecter le principe de non-discrimination, de transparence de la procédure de recrutement, la vie privée du candidat et certaines priorités à l'embauche (handicapé).
La conclusion du contrat de travail	Le contrat de travail est conclu dès la rencontre des consentements. Il n'est pas forcément écrit, toutefois une preuve doit être fournie et s'il n'y a pas d'écrit le contrat sera considéré par la justice comme un contrat à durée indéterminée (CDI).
Le contenu du contrat de travail	Le contrat de travail est en principe un **CDI**, toutefois les formes de contrats précaires se développent (contrat à durée déterminée, temps partiel, travail temporaire…). Les **principales obligations** du salarié sont : exécution personnelle, consciencieuse, de bonne foi de la prestation de travail. Celles de l'employeur sont : verser la rémunération, respecter la vie privée, assurer la sécurité des travailleurs. Les parties négocient le contenu du travail notamment les conditions de travail et la rémunération. Ils peuvent convenir d'y introduire des clauses spéciales : • **clause de mobilité** : l'employeur peut exiger que le salarié change de lieu d'activité à condition que la zone soit limitée, que le délai de préavis soit suffisant, qu'elle soit nécessaire à l'activité de l'entreprise ; • **clause de non-concurrence** : le salarié s'engage à ne pas faire concurrence à son entreprise s'il venait à la quitter. Cette clause doit être limitée géographiquement et temporellement. Elle doit être nécessaire à l'activité de l'entreprise et donner lieu à une juste contrepartie ; • **clause de dédit formation** : en contrepartie d'une formation qui lui est assurée, le salarié s'engage à rester dans l'entreprise pendant un certain temps, faute de quoi il devra verser une indemnité de frais de formation. Elle doit être limitée dans le temps et proportionnée aux frais.
La modification du contrat de travail	Si la modification porte sur un élément essentiel du contrat (*ex : rémunération ou temps de travail*) le salarié doit accepter. Si la modification porte sur des éléments non essentiels du contrat de travail (*ex. : équipement à porter*) elle peut être imposée au salarié.
La fin du contrat de travail	La fin du contrat peut intervenir du fait du licenciement, de la démission ou du départ à la retraite.

18. Comment s'organisent les relations entre l'employeur et les salariés ?

Les relations entre les employeurs et les salariés se régulent par la négociation collective.

A. Les instances représentatives des salariés dans la négociation collective

La négociation peut se dérouler à trois niveaux :

- 1. **l'entreprise** (ex : Accord collectif des gardiens d'immeuble de Paris Habitat) ;
- 2. **la branche professionnelle** c'est-à-dire tous les métiers rattachés à une même famille professionnelle (ex : convention nationale de l'immobilier) ;
- 3. **le niveau interprofessionnel** c'est-à-dire pour toutes les professions et portera sur un sujet particulier (ex : indemnisation du chômage).

La négociation est menée par des syndicats, qui, pour pouvoir participer aux négociations, doivent être représentatifs et doivent donc avoir obtenu un nombre minimal de voix aux élections. Les élections professionnelles sont menées dans le cadre de toutes les structures ayant 11 salariés ou plus.

B. Le résultat de la négociation collective

1. Objectif des textes

Il s'agit de régler les **conditions de travail** en respectant les libertés individuelles et collectives des salariés. En principe, les textes doivent être plus favorables aux travailleurs que les lois. L'ensemble de ces textes compose l'**ordre public social**.

2. Les deux types de textes

- Les **conventions collectives** ont une portée générale et porte sur l'ensemble des conditions de travail.
- Les **accords collectifs** ont une vocation spécifique et ne porte que sur un aspect des conditions de travail.

▶ QCM

1. Un travailleur indépendant peut recevoir des ordres d'un supérieur hiérarchique.
a) vrai
b) faux

2. Un travailleur salarié peut-être payé partiellement en commission.
a) vrai
b) faux

3. Un professionnel de l'immobilier est forcément un travailleur indépendant.
a) vrai
b) faux

4. La protection sociale des salariés est plus étendue que celle des indépendants.
a) vrai
b) faux

5. Un salarié n'engage jamais sa responsabilité.
a) vrai
b) faux

6. Le CDI est le contrat de principe en droit du travail.
a) vrai
b) faux

7. Le salarié peut négocier le contrat de travail qui lui est proposé.
a) vrai
b) faux

8. Une clause de mobilité signifie que le salarié doit bouger tout le temps.
a) vrai
b) faux

9. Les accords collectifs portent sur les conditions de travail.
a) vrai
b) faux

10. La branche professionnelle peut regrouper des métiers différents.
a) vrai
b) faux

▶ Exercice 16. Comparaison des statuts juridique de commercial et de salarié

Après l'obtention de votre BTS profession immobilière, vous êtes en pourparlers avec Catherine Bequet directrice de l'agence Bellon immobilier à Senlis afin d'être embauché(e).

Question(s)

11. Indiquez si vous préfèreriez avoir le statut de salarié ou d'indépendant en montrant ses avantages et les inconvénients de l'autre statut.

▶ Exercice 16. Le contrat de travail (extraits du BTS 2005)

Depuis quelques mois, Garlaban Immobilier fait face à un accroissement de l'activité. Le gérant s'est donc adjoint les services d'un jeune diplômé, Mathieu, embauché à plein temps du 1er juin au 31 octobre.

Question(s)

(avec l'aide du document 2)

1. Après avoir caractérisé selon la classification habituelle des contrats, le contrat de travail liant Mathieu à l'agence « Garlaban Immobilier », énoncez les principales obligations des parties.
2. Il n'a pas été rédigé de contrat. À quelle sanction s'expose le gérant ?
3. Mathieu est très performant, rigoureux, et fait preuve de qualités relationnelles avec la clientèle. Le gérant envisage donc de lui proposer la signature d'un contrat d'agent commercial. Après avoir distingué ce contrat du contrat de travail, décrivez les particularismes du statut de l'agent commercial.
4. Bien qu'enchanté par la proposition, Mathieu souhaite dans l'avenir, s'installer à son compte. Précisez les règles juridiques d'accès à la profession d'agent immobilier.

Source : Légifrance.

■ Document 2

Extraits du code de commerce – Partie législative

Article L134-1 : L'agent commercial est un mandataire qui, à titre de profession indépendante, sans être lié par un contrat de louage de services, est chargé, de façon permanente, de négocier et, éventuellement, de conclure des contrats de vente, d'achat, de location ou de prestation de services, au nom et pour le compte de producteurs, d'industriels, de commerçants ou d'autres agents commerciaux. Il peut être une personne physique ou une personne morale. Ne relèvent pas des dispositions du présent chapitre les agents dont la mission de représentation s'exerce dans le cadre d'activités économiques qui font l'objet, en ce qui concerne cette mission, de dispositions législatives particulières.

Article L134-3 : L'agent commercial peut accepter sans autorisation la représentation de nouveaux mandants. Toutefois, il ne peut accepter la représentation d'une entreprise concurrente de celle de l'un de ses mandants sans accord de ce dernier.

Article L134-4 : Les contrats intervenus entre les agents commerciaux et leurs mandants sont conclus dans l'intérêt commun des parties. Les rapports entre l'agent commercial et le mandant sont régis par une obligation de loyauté et un devoir réciproque d'information. L'agent commercial doit exécuter son mandat en bon professionnel ; le mandant doit mettre l'agent commercial en mesure d'exécuter son mandat

E3

Corrigés

Thème 1

QCM

1. b. **2.** a.b.d. **3**. b. **4.** b. **5.** b. **6.** b. On ne peut chercher un texte directement dans un moteur de recherche car sinon, on court le risque que le texte ne soit plus d'actualité. Il faut donc impérativement aller le chercher soit sur légifrance.fr (version électronique) soit dans le journal officiel. **7**. a. b. c. **8**. a. **9**. b.

Exercice 1

1. Pour déterminer si les situations sont des règles de droit, il faut vérifier qu'elles sont impersonnelles, générales et obligatoires. **a**. Oui. **b**. Non. **c**. Oui.
2. Pour trouver la juridiction compétence, il faut déterminer si le litige a lieu entre personnes privées ou non car cela permet de déduire quel ordre de justice est compétent. Puis, il faut identifier la matière, le montant et le lieu. **a**. TGI du domicile du défendeur. **b**. TGI du lieu de situation de l'immeuble. **c**. Tribunal de commerce. **d.** Conseil des Prud'hommes. **e**. Tribunal administratif.

Exercice 2

1. Le droit au logement est le droit à un logement convenable, c'est-à-dire décent. Il a été qualifié par le Conseil Constitutionnel d'objectif à valeur constitutionnelle ce qui veut dire qu'il ne représente qu'une obligation de moyens pour l'État.
2. Le droit au logement opposable est une procédure qui permet à certaines personnes prioritaires, dont la demande de logement social n'a pas abouti, de demander à une commission puis à la justice un logement qui conviendrait à leur besoin. Mme A peut en bénéficier car elle se trouve dans une situation de détresse particulière.
3. Selon l'article 544 du code civil, « *la propriété est le droit de jouir et disposer des choses de la manière la plus absolue, pourvu qu'on n'en fasse pas un usage prohibé par les lois ou par les règlements* ». Le droit de propriété est un principe constitutionnel et a donc une valeur plus forte que le droit au logement.

Exercice 3

1. Les principaux textes qui régissent la profession immobilière sont les suivants : 1/ Loi dite Hoguet n° 70-9 du 2 janvier 1970 et son décret d'application n° 72-678 du 20 juillet 1972 ; 2/ Arrêté du 29 juin 1990 (art. 3 et 4) (relatif à la publicité des prix) ; 3/ Code de la consommation : article R113-1 le non-respect des règles de publicité article L121-1 pratiques commerciales trompeuses article L121-21 à L121-33 démarchage à domicile ; 4/ Loi dite ALUR n° 2014-366 du 24 mars 2014 pour l'accès au logement et à un urbanisme rénové.
2. Les principales obligations de l'agent immobilier sont les suivantes : Obligation quant à l'exercice de la profession (carte professionnelle), obligation quant à l'information du client, obligation de détenir un mandat, le devoir de

conseil. Si l'agent immobilier ne les respecte pas, il pourra être sanctionné de peines civiles (dommages et intérêts) ou pénales (amende et/ou peines de prison) prononcées par des juges.

3. L'éthique est ce qui a trait à la morale. La déontologie est un ensemble de réglementations liées à l'exercice d'une profession souvent adoptées par l'organisme gérant la profession.

4. La FNAIM impose à ses adhérents un code de déontologie que l'on peut consulter sur son site Internet. Il n'est pas possible de donner un exemple de code éthique puisqu'il relève de chaque agent ou agence.

5. Dans le cadre de la déontologie et de l'éthique les sanctions ne sont pas étatiques donc pas prononcées par la justice. Elles sont personnelles pour la morale (culpabilité par exemple) et adoptées par l'organisme professionnel en ce qui concerne la déontologie. Les lois et les décrets sont des obligations juridiques dans la mesure où elles sont impersonnelles, générales, obligatoires.

6. Il était possible d'utiliser de nombreuses sources sur Internet : Légifrance, site de la DGCCRF, site de la FNAIM, Lexinter... Le choix des sources doit respecter trois contraintes : fiabilité (référez-vous à des organismes publics ou des organismes privés reconnus et d'éviter les blogs), pertinence (consultez des articles sur la matière) et actualité (vérifiez que la date d'actualisation, souvent indiquée, est la plus récente possible).

Thème 2

QCM

1. a. **2**. b. **3**. b. **4**. b **5**. b. **6**. b. **7**. b. **8**. b. **9**. a. **10**. b.

Exercice 4

1. L'arrêt a été rendu par la première chambre civile de la Cour de cassation le 9 juillet 2003. La mère (Mme X) est demanderesse au pourvoi, la fille (Mme Z) est défenderesse au pourvoi.

2. Suite au décès de M. X, Mme X et sa fille place un certain montant d'argent sur un compte en indivision. Lorsque Mme X veut le récupérer sa fille s'y oppose. Mme X intente une action en justice.

3. Sa demande est refusée par la Cour d'appel.

4. La Cour d'appel estime que Mme X n'a pas droit à l'argent mais seulement aux fruits qu'il rapporte. Mme X estime qu'elle n'a pas à rester en indivision.

5. Un indivisaire peut-il demander à ce qu'une convention d'indivision soit liquidée ?

6. La convention d'indivision peut-être liquidée, mais ici, Mme X n'aura pas droit à l'argent.

Exercice 5

1. Le couple n'ayant pas conclu de contrat de mariage, il est soumis au régime légal qui intervient lorsque les personnes concernées n'ont pas exprimé autrement leur volonté. Ce système est également appelé « communauté réduite aux acquêts » car dans ce régime il existe deux types de bien : les biens de la communauté (qui appartiennent au couple) et les biens personnels (qui appartiennent à chacun des membres du couple). Les biens de la communauté sont tous ceux qui ont été acquis par le couple après le mariage. Les biens qui demeurent personnels ou propres

sont les biens que chacun des époux détenaient avant le mariage ou les donations / successions qu'ils obtiendront au cours du mariage. Cette double nature des biens a des incidences sur la prise de décision. Les biens personnels sont gérés par chaque membre du couple personnellement. Toutefois, dans le cas de l'espèce, le couple envisage d'acheter le bien en-semble après leur mariage, l'appartement de type 3 est donc un bien de la communauté. Dans ce cas-là, le principe applicable est celui de la gestion concurrente c'est à dire que chaque époux peut gérer le bien seul. Les décisions les plus graves (à savoir les actes de disposition) nécessitent néanmoins l'accord des deux époux.

2. En principe, les majeurs sont capables. Les mesures de protection judiciaire sont donc dans ce cas exceptionnel et ne peuvent intervenir que dans le cas où une personne ne peut protéger elle-même ses intérêts, ainsi qu'il est indiqué à l'article 425 du code civil. Elles peuvent être de trois types principalement et le degré de la gravité qu'elle accorde augmente avec les besoins de la personne concernée : La sauvegarde de justice : le majeur protégé conserve l'exercice de ses droits. La protection intervient *a posteriori* pour réformer les actes que le majeur aurait passé, si besoin est, par le biais de la rescision pour lésion ou de la réduction pour excès. La curatelle : le majeur protégé bénéficie de mesures d'assistance et de contrôle. La personne n'est pas hors d'état d'agir par elle-même mais elle a besoin d'être assistée de manière continue dans les actes importants de la vie civile. Elle sera donc accompagnée de son curateur qui l'aidera ou la contrôlera selon le cas. Ainsi, l'assistance du curateur est souvent nécessaire pour employer des capitaux. La tutelle : le majeur protégé bénéficie de mesure de représentation. La personne ne peut plus agir en son nom, elle doit être représentée par son tuteur dans tous les actes de la vie civile. Certains actes, nécessiteront, en plus, l'autorisation du juge, à savoir par exemple le fait de faire des donations. En 2007, une nouvelle possibilité a été ou-verte : le mandat de protection future auquel l'article 428 du code civil fait référence. Dans ce cas, une personne (le mandant) peut confier à une autre (le mandataire) la charge de la représenter lorsqu'elle ne pourra plus le faire elle-même. Le mandat est conclu soit par acte authentique soit par acte sous seing privé en présence d'un avocat ou d'après un modèle réglementaire pour des actes d'administration. Le mandat prend effet lorsque le mandant ne peut plus pourvoir seul à ses intérêts. Le mandataire produit alors au greffe du Tribunal d'instance le mandat ainsi qu'un certificat médical établi par un médecin choisi sur la liste établie par le procureur de la république. Le greffier vise le mandat et donne sa date de prise d'effet. Un inventaire est alors dressé. Le principal avantage de ce système est de permettre à la personne intéressée de choisir son mandataire.

Exercice 6

1.

I. Les avantages : Une SCI facilite la gestion du patrimoine immobilier parce qu'elle permet d'investir à plusieurs (donc des montants plus importants), qu'elle protège le bien des créanciers personnels des associés (il appartient à la société) et qu'elle permet une transmission facilitée aux enfants.

II. Les inconvénients : Il est plus difficile de revendre des parts d'une SCI qu'un bien immobilier. La gestion par une SCI impose de prendre les décisions les plus importantes de manière collective.

2. Si les SCI ont surtout pour vocation de gérer des immeubles, les autres sociétés ajoutent des missions complémentaires (construire des immeubles, obtenir des dividendes).

Thème 3

QCM

1. b. **2**. b. **3**. a. **4**. b. Il s'agit d'un immeuble par destination. **5**. b. Il y a des limites dans l'usage des biens. **6**. a. **7**. b. **8**. c. **9**. b.

Exercice 7

1. Un agent immobilier ne peut recevoir un mandat de vente de la part d'une indivision que s'il y a unanimité (acte de disposition).
2. La solution pour régler les suites de cette situation sont soit de poursuivre l'indivision, grâce à une convention d'indivision. Il est également possible de mettre fin à l'indivision par le biais d'un partage, voire d'un partage judiciaire.

Exercice 8

Votre client pourra exhausser le mur mais il devra supporter les frais occasionnés par les travaux et il devra également entretenir cette proportion de mur.

Exercice 9

M. et Mme Bertrand utilisent la grange depuis 1980, donc plus de 30 ans. Ils ont réalisé des travaux et payé leurs impôts, la possession est non équivoque et publique. Elle est également continue car rien ne peut laisser penser qu'ils ont cessé d'utiliser la grange durant cet intervalle. Elle est paisible puisque personne n'est venu contester leurs droits. Ils présentent bien toutes les conditions de la prescription acquisitive.

Exercice 10

Situation 1. Mme Laurent qui est usufruitière n'a pas le droit de vendre l'appartement (mais elle peut vendre son droit d'usufruit). Son fils, ne peut louer l'appartement, à moins d'avoir obtenu l'accord de sa mère.
Situation 2. M. Laurent prendra en charge le ravalement de façade qui est une « grosse réparation » (qui porte sur la structure de l'immeuble). Mme Laurent, devra changer l'électroménager et refaire la peinture (menue réparation).

Thème 4

QCM

1. a. **2.** a. **3.** a. **4.** b. **5.** b. **6.** b. **7.** b. **8.** b. **9.** a. **10.** b.

Exercice 11

1. L'écrit électronique est de plus en plus fréquent avec le développement des nouveaux moyens de communication. Sa reconnaissance comme mode de preuve permet donc d'assurer une plus grande sécurité juridique (protection par le droit des différentes parties en présence) aux nouvelles situations créées.
2. Pour être considérés comme des preuves, les écrits électroniques doivent remplir deux conditions : d'une part, son auteur (*ex : personne qui l'a rédigé ou qui l'a envoyé*) doit pouvoir être identifié et d'autre part son intégrité doit être assurée (*ex : contenu non modifié et non coupé*).
3. L'un des intérêts de la signature électronique est de certifier sans aucun doute l'auteur de l'écrit.

Exercice 12

1. Une promesse unilatérale est un avant contrat. Il permet aux parties de s'engager en attendant que certaines conditions soient remplies. Dans le cas de la promesse unilatérale, seul le vendeur s'engage à vendre.

2. La réforme améliore son fonctionnement puisque le promettant ne peut plus se rétracter pendant le délai de réflexion, ce qui sécurise l'acheteur.

Exercice 13

Contrat unilatéral : promesse unilatérale de vente (seul le vendeur s'engage à vendre).
Contrat synallagmatique : acte de vente (le vendeur s'engage à donner le bien et l'acheteur à payer le prix.
Contrat négocié : contrat de vente.
Contrat d'adhésion : contrat d'assurance habitation (souvent).
Contrat à exécution instantanée : Contrat de vente.
Contrat à exécution successive : contrat de bail.
Contrat à titre onéreux : mandat de vente.
Contrat à titre gratuit : donation.

Exercice 14

1. Les modalités permettant d'éteindre les obligations sont : Le paiement : exécution volontaire d'une obligation, quel qu'en soit l'objet. L'exécution forcée directe : Le cocontractant est obligé d'exécuter son obligation. L'exécution forcée indirecte : Un tiers vient exécuter le contrat au nom et en place du débiteur. La résiliation (résolution) : Suppression pour l'avenir (et avec effet rétroactif) d'un contrat en raison de l'inexécution par l'une des parties de ses obligations. L'exception d'inexécution : Suspension d'un contrat en raison de l'inexécution par l'une des parties de ses obligations. Réduction de prix : le créancier accepte une exécution partielle du contrat en échange d'une réduction du prix à proportion des obligations inexécutées. Dommages et intérêts : somme d'argent compensatoire du dommage subi par une personne en raison de l'inexécution ou de la mauvaise exécution d'une obligation ou d'un devoir juridique par le cocontractant ou un tiers.

2. On pourrait envisager deux solutions : L'exécution forcée indirecte : ainsi Securit n'aurait pas plus à intervenir mais les travaux seraient tout de même réalisés. La résolution : de la même manière, Securit n'aurait plus à intervenir.

3. Dans la mesure où l'inexécution est totale, il n'est pas possible d'obtenir une réduction de prix. En effet, cette solution n'est possible que lorsqu'il y a eu exécution partielle.

Thème 5

QCM

1. a. **2**. b. **3**. b. **4**. a. **5**. b. **6**. a. **7**. a. **8**. a. **9**. a. **10**. b.

Exercice 15

Pour éviter une condamnation, l'agent immobilier doit agir conformément à la réglementation prévue par la loi Hoguet de 1970 telle qu'appliquée par le décret de 1972 et réformée notamment par la loi ALUR n°2014-366. Ces textes prévoient une obligation d'information : 1/sur l'agent immobilier et ses compétences certifiées par la carte professionnelle, 2/ sur les conditions dans lesquelles il mène ses activités (honoraires, garantie financière) ; 3/sur la société support de son activité professionnelle ; 4/sur les actions qu'il met en œuvre pour remplir ses missions ; 5/sur les biens commercialisés dans le cas de la transaction... Par ailleurs, ils prévoient une obligation de conseil qui porte sur les vices apparents ainsi que cela était le cas dans l'arrêt de la Cour de cassation du 23 septembre 2014. Une assurance de responsabilité professionnelle (RCP) doit être souscrite pour faire face à d'éventuelles difficultés.

Thème 6

QCM

1. b. **2.** a. **3.** b. **4.** a. **5.** b Il engage sa responsabilité, s'il commet une faute, par une action effectuée en dehors de ses fonctions. **6.** a. **7.** a. **8.** b. **9.** a. **10.** a.

Exercice 16

Salarié		Indépendant	
Avantages	Inconvénients	Avantages	Inconvénients
Revenus fixes, protection sociale efficace, système d'imposition simple	Subordination	Liberté	Responsabilité professionnelle, moindre protection sociale, système d'imposition plus compliqué

Exercice 17

1. Le contrat de travail est un contrat successif, à titre onéreux, synallagmatique. L'employé doit effectuer sa prestation de travail de bonne foi et consciencieusement. L'employeur doit rémunérer le salarié, assurer sa sécurité et le respect de sa vie privée.

2. Le contrat risque d'être requalifié en CDI.

3. Dans le contrat de travail, il existe un lien de subordination auquel l'agent commercial n'est pas soumis puisqu'il est indépendant. Les différences résident dans la rémunération, la protection sociale, le statut fiscal.

4. Pour s'installer à son compte, Mathieu devra présenter des conditions préalables en termes de compétences. Cela lui permettra d'obtenir une carte professionnelle. Il devra également se faire enregistrer au RCS de fait de son statut de commerçant.

ÉCONOMIE ET ORGANISATION DE L'IMMOBILIER

Thème 1

Le marché de l'immobilier et ses acteurs

1. Informations relatives au marché de l'immobilier

A. Le mécanisme de fixation des prix sur le marché immobilier

Le marché immobilier **libre (ou privé)** est un marché concurrentiel fonctionnant selon la **loi de l'offre et la demande**. Le libre jeu de la concurrence amène à un prix d'équilibre sur lequel l'offre et la demande s'accordent : c'est le **prix du marché** auquel il est préférable de vendre ou de louer un bien (logement, bureau et autres locaux...). Lorsqu'il y a déséquilibre entre offre et demande, le prix du marché se modifie. Si l'offre est rare par rapport à la demande, le prix du marché augmente (et inversement) le temps que l'équilibre revienne.

On parle en France d'un manque de logements malgré les réels efforts pour y pallier. En réalité, ce ne sont que des pénuries localisées où la rareté de l'offre face à la forte demande fait augmenter les prix de vente des logements. Certains marchés immobiliers locaux sont effectivement très tendus comme celui de la capitale (9000 €/m² en moyenne à la vente), ou celui de certaines grandes villes universitaires de province comme à Bordeaux (3000 à 4 000 €/m²). Alors que dans d'autres régions de France moins recherchées (comme dans la diagonale du vide qui traverse la France d'Est en Ouest) les prix des logements sont bien plus bas (1 500 € le m² à Poitiers). On observe les mêmes tendances pour les loyers.

Construire davantage de logements dans les zones saturées, peut faire baisser les prix de vente des logements au niveau local. Mais la rareté du foncier (terrains constructibles) et le temps nécessaire à la construction (plusieurs mois), ne permettent pas d'envisager une amélioration immédiate des prix immobiliers.

Au niveau de la location, afin de limiter les hausses de loyers, il est plutôt fait le choix sur certains marchés tendus, d'un contrôle des loyers aux effets plus rapides. Seul le secteur privé fonctionne selon les mécanismes de la loi de l'offre et de la demande. Le secteur du logement social notamment, s'en dissocie puisqu'il est strictement réglementé et sous contrôle de l'État.

B. La segmentation du marché immobilier

Le marché immobilier se décompose en de nombreux sous-marchés ayant chacun leurs caractéristiques et leur demande spécifiques. Les critères de segmentation sont multiples : selon la destination du bien (logements, bureaux, locaux commerciaux et industriels, immobilier agricole, religieux, scolaire...), la nature du bien (maison, appartement, terrain, château, phare, cave, box ...), le secteur (privé, social, public), l'état du bien (neuf, récent, ancien (vétuste, réhabilité)), l'occupation des lieux (habité ou libre, nu ou meublé)...

C. L'immobilier résidentiel

Le parc immobilier français résidentiel se compose de résidences principales (83 %), de résidences secondaires (de villégiature notamment) (10 %) et de logements vacants (en attente d'un occupant) (7 %). Il date pour 1/3 d'avant la seconde guerre mondiale. Les travaux dans l'existant (amélioration et réhabilitation) dépassent actuellement les montants de la construction neuve. Le nombre de propriétaires en France est plus élevé que le nombre de locataires (58 %, en hausse). Il y a plus de logements individuels (57 %) que de logements collectifs (surtout au niveau des résidences secondaires). La superficie moyenne des résidences principales augmente (92 m²) pour un nombre moins important de personnes par logement (41 m²/personne). Les Français quittent le domicile familial à 23 ans (décohabitation de plus en plus tardive). Ils déménagent en moyenne 5 fois dans leur vie avec une moyenne d'occupation du même logement de 5,5 ans.

2. Intervenants sur le marché immobilier

Interviennent sur le marché immobilier de nombreux **professionnels et structures offrant des biens et services immobiliers** variés. Nous citerons :

A. En construction

- Le promoteur-constructeur : il se charge de réaliser des programmes de construction qu'il vend sur plan en VEFA (Vente en État Futur d'Achèvement). Il achète les terrains, finance la construction et fait réaliser les travaux. Il travaille en collaboration avec des urbanistes, des aménageurs de terrains, des géomètres, des architectes et des entreprises de travaux. Il reste maître d'ouvrage jusqu'à la livraison du bien.
- Le constructeur de maisons individuelles : il prend en charge la construction d'une maison individuelle pour un propriétaire de terrain (rôle de maître d'œuvre). Le Contrat de Construction de Maison Individuelle (CCMI) permet de se faire construire une maison sur mesure ou choisie sur catalogue.
- La sous-traitance des travaux de construction est fréquente.

B. En services immobiliers associés

- L'agent immobilier : spécialiste des transactions immobilières (ventes et locations), il met en relation l'offre et la demande de biens immobiliers (rôle d'intermédiaire). Se développe face à lui une nouvelle concurrence : les mandataires indépendants.
- L'administrateur de biens : gestionnaire auquel un propriétaire bailleur a confié la gestion locative de son bien.
- Le syndic : gestionnaire chargé de gérer les parties communes d'un immeuble pour le compte d'un syndicat de copropriétaires

Ces professionnels, soumis à la possession d'une carte professionnelle (loi Hoguet), peuvent exercer en indépendant ou en réseau. Les réseaux peuvent être succursalistes (réseaux intégrés) ou en franchise (réseaux associés) ou les deux (réseaux mixtes). D'autres formes de réseaux existent (coopératives, filiales…). Ces professionnels travaillent régulièrement avec des diagnostiqueurs et des notaires.

C. En vente

- Le marchand de biens (ou promoteur-rénovateur) : commerçant qui achète pour son propre compte des biens immobiliers pour les revendre souvent après rénovation avec l'intention d'en tirer une plus-value.
- Le marchand de listes : il vend des listes de logements disponibles à la vente ou à la location mais n'intervient pas dans la transaction. Ces professionnels sont de plus en plus encadrés (loi Hoguet et plus récemment loi ALUR).

D. En logement social

- Les organismes HLM : publics (Offices Publics de l'Habitat ou OPH) et privés (Entreprises Sociales pour l'Habitat ou ESH).
- Les Sociétés d'Économie Mixte (SEM).
- Les organismes privés proposant de la « location solidaire » (comme les agences immobilières à vocation sociale qui proposent une gestion locative adaptée et les associations d'intermédiation locative).

Malgré les nouveaux programmes de construction impulsés par la loi SRU qui impose de monter à 25 % de logements sociaux dans les villes les plus tendues et à 20 % pour la plupart des autres villes, sous peine de sanction, et les initiatives pour inciter les bailleurs privés à louer aux personnes à revenus modestes, le parc de logements sociaux reste insuffisant pour absorber une demande toujours plus forte.

Les **demandeurs de biens et services immobiliers** sont également nombreux. Il s'agit aussi bien d'occupants (ménages ou autres organismes) que d'investisseurs (ménages, entreprises) et d'institutionnels (sociétés d'investissement plutôt attirées par l'immobilier d'entreprise) de toutes nationalités.

3. Stratégies d'entreprise

A. Objectifs et stratégies d'entreprise

L'entreprise se fixe des objectifs à atteindre qui nécessitent la prise de décisions stratégiques appropriées. Avant toute décision, l'entreprise aura au préalable fait une étude pour confronter ses capacités à ses ambitions (diagnostic stratégique).

Plusieurs options stratégiques s'offrent alors à elle :

- dans les **stratégies de métier** : stratégie de spécialisation (n'avoir qu'une seule activité pour se positionner en spécialiste) ou stratégie de diversification (avoir plusieurs activités pour pouvoir bénéficier d'effets de synergie) ;
- dans les **stratégies de développement** : stratégie de croissance qui peut être ou interne (se développer par ses propres moyens), ou externe (se regrouper avec d'autres entreprises de manière définitive), ou conjointe (travailler en partenariat avec d'autres entreprises) et/ou à l'international (se développer à l'étranger) ;
- dans les **stratégies concurrentielles** : stratégie offensive d'attaque du marché (domination par les coûts) ou défensive de contournement de la concurrence (différenciation, niche) ;
- dans les **stratégies relationnelles** : stratégie d'impartition (externalisation d'activités) ou d'intégration (internalisation d'activités) pour gagner en compétitivité.

Toutes ces options peuvent se combiner de différentes manières en fonction de l'évolution de l'entreprise et des choix de sa direction. Une réorientation est toujours possible en cas de résultats insuffisants ou de nouvel élément à prendre en compte (veille obligatoire) (ex : le recentrage).

B. Niveau de pression concurrentielle

Certains secteurs immobiliers sont très concurrentiels car faciles d'accès (agences immobilières). D'autres sont plus concentrés avec des entreprises bien installées où l'investissement de départ est plus important freinant l'arrivée de nouveaux concurrents (administrateurs de biens). Certains acteurs sur le marché immobilier sont même de grands groupes d'entreprises (conglomérats) constitués d'une société-mère (holding) et de filiales comme on peut en rencontrer dans la promotion-construction.

La pression concurrentielle par nature « élimine » les moins compétents du secteur mais peut aussi amener à des actes répréhensibles pour conserver sa part de marché.

C. Syndicats professionnels et déontologie

Comme tous corps de métier, les professionnels de l'immobilier ont leurs syndicats professionnels qui défendent leurs intérêts mais qui ont cherché aussi à imposer un code de déontologie, une éthique à leurs membres afin de véhiculer une meilleure image de la profession vis-à-vis des particuliers. En effet, si l'image des professionnels de l'immobilier reste mauvaise, c'est parce que malgré la réglementation, il persiste de nombreux abus, fraudes et défaillances souvent largement médiatisés. C'est pourquoi, des organismes de contrôle interviennent régulièrement comme la DGCCRF. Et la réglementation se durcit toujours davantage à chaque nouvelle loi.

Face à cela, de plus en plus d'entreprises, conscientes des avantages d'une meilleure image, réagissent et vont même pour certaines jusqu'à s'engager dans des actions citoyennes (parrainage…).

Parallèlement, il est du devoir des agents immobiliers de participer à la lutte contre le blanchiment des capitaux et la fraude fiscale. En effet, l'immobilier peut servir de cadre à des pratiques frauduleuses de clients malhonnêtes. Les professionnels de l'immobilier sont alors tenus de faire une déclaration en cas de soupçon auprès du service du Traitement du Renseignement et Action Contre les circuits Financiers clandestins (TRACFIN) du ministère de l'économie et des finances.

ENTRAÎNEMENTS

▶ QCM

1. Le libre jeu de la concurrence :
   a) élimine les plus faibles du marché
   b) concerne tous les marchés immobiliers
   c) établit un prix d'équilibre
2. Un loft est :
   a) un bien atypique
   b) un local industriel
   c) un bien neuf
3. Une agence immobilière peut vendre :
   a) des logements qui ne lui appartiennent pas
   b) des logements neufs
   c) des logements HLM
4. La FNAIM est :
   a) un réseau de franchise
   b) gère un fichier national de biens
   c) propose des formations

▶ Exercice 1. Le marché immobilier français

Un tiers de la France est inhabité

[...] La population reste concentrée autour de la région parisienne et des grandes agglomérations (Marseille, Lyon, Bordeaux, Toulouse, Nice, Nantes...).

Mais certains territoires éloignés des villes continuent à se densifier fortement. Notamment, le long de nos frontières et sur les zones dotées d'infrastructures adaptées.

Complètement à l'opposé, les zones désertifiées se situent dans « la diagonale du vide » ou diagonale de faibles densités et dans les massifs montagneux.

Cette diagonale du vide est une large bande du territoire français allant de la Meuse aux Landes où les densités de population sont très faibles par rapport au reste de la France.

Cette diagonale provient principalement de l'exode rural des XIXe et XXe siècles ainsi que du phénomène de métropolisation qui renforce les zones denses du pays depuis la deuxième moitié du XXe siècle. [...]

Source : 28 avril 2014, immobilier-finance gestion.com

Travail à faire

1. Qu'appelle-t-on la diagonale du vide ?
2. Pourquoi les prix immobiliers y sont-ils faibles ?
3. Tous les marchés immobiliers fonctionnent-ils selon la loi de l'offre et de la demande ?

▶ Exercice 2. L'immobilier résidentiel

Imaginez un parc résidentiel régional aux caractéristiques suivantes :

Structure du parc		Résidences principales par catégorie		Résidences principales par statut d'occupation		Résidences principales par type de parc locatif	
résidences principales	80 %	maisons	appartements	propriétaires	71 %	locataires privés 65 %	locataires HLM 35 %
résidences secondaires	15 %	70 %	30 %	locataires	27 %		
logements vacants	5 %			logés à titre gratuit	2 %		

Travail à faire

1. Décrivez ce marché résidentiel en en montrant les spécificités.
2. Quel est l'intérêt pour un agent immobilier de connaître son marché local ?

▶ Exercice 3. Les réseaux d'agences immobilières

[...] Cimm Immobilier : les débuts !

– Un développement d'abord en succursales

Au fil de l'interview, nous apprenons donc que Cimm Immobilier a été créé en 1979. Au départ, c'était une simple agence immobilière. Celle-ci s'est très rapidement transformée en petit réseau, grâce à l'ouverture de nouvelles agences effectuée avec l'aide d'autres négociateurs en immobilier. Puis, de 1984 à 2002, le réseau a continué de croître, en succursales (agences dépendant du siège central).

– L'introduction de deux nouveaux statuts : les agents mandataires, et les franchisés

À partir de 2002, deux nouveaux statuts ont vu le jour :

• la franchise (société indépendante juridiquement mais pouvant utiliser entre autres le nom de l'enseigne, ainsi que divers services fournis par le franchiseur).

• l'agent mandataire (agent immobilier travaillant à son compte).

À l'heure actuelle, le réseau compte 120 agences (succursales + franchises) ainsi que 80 agents mandataires à domicile, ce qui équivaut à 200 points de vente répartis sur tout le territoire français. [...]

Source : 11 mars 2013/ blog.cimm-immobilier.fr/Audrey-Laure. Interview réalisée par Les Échos de la Franchise

Travail à faire

1. Le réseau Cimm Immobilier est-il un réseau mixte ?
2. Les liens contractuels liant le responsable d'une succursale à son réseau, un franchisé à son réseau, un mandataire à son réseau sont-ils les mêmes ?
3. Est-il possible pour un réseau de s'ouvrir à la franchise dès le départ ?

▶ Exercice 4. Les différents acteurs immobiliers

Un promoteur étranger a racheté à une compagnie d'assurances un immeuble haussmannien dans le XVIe arrondissement de Paris et s'est lancé dans sa transformation. Les appartements (du studio au 6 pièces) ont été mis en vente à 18 000 € le m². L'extérieur et les parties communes ont été rénovés en gardant leur cachet ancien car l'immeuble est sous contrôle des ABF. Par contre, les intérieurs ont été entièrement réaménagés, rendus modernes tout en gardant moulures et cheminées typiques des immeubles de cette époque et équipés de tous les moyens High Tech actuels. Les futurs propriétaires peuvent choisir leurs finitions, opter pour du meublé en choisissant eux-mêmes sur catalogue leur mobilier. Une fois installés, les acquéreurs pourront vivre comme à l'hôtel, commander leur repas ou réserver un billet d'avion auprès du concierge. Une salle de gymnastique est à leur disposition au rez-de-chaussée.

D'après un article de la Vie immobilière, juillet-août 2007

Travail à faire

1. De quand datent les immeubles haussmanniens ?
2. Décrivez cette opération immobilière en identifiant entre autres les différents intervenants.
3. À quel type de clientèle s'adresse le promoteur ?

▶ Exercice 5. Les stratégies

Travail à faire

Identifiez dans chacun des cas suivants, la stratégie suivie en vous justifiant et en en montrant l'intérêt pour l'agence ou le réseau :

a) une agence immobilière ouvre un service de gestion locative.
b) une agence immobilière se spécialise dans les lofts.
c) une agence immobilière utilise les services d'un expert-comptable pour tenir sa comptabilité.
d) un réseau d'agences immobilières ouvre son réseau de franchise à l'international.

▶ Exercice 6. Déontologie

Faire construire sa maison : attention aux faillites d'entrepreneurs et aux publicités trompeuses

[...] C'est le choix de nombreux ménages, éloignés des centres urbains aux prix trop chers : faire construire sa maison individuelle en grande périphérie pour bénéficier d'un cadre de vie plus accessible financièrement. Mais l'opération n'est pas sans risques. Selon la Direction générale de la concurrence, de la consommation et de la répression des fraudes (DGCCRF), les futurs propriétaires doivent être très vigilants sur les publicités des constructeurs de maisons individuelles : selon sa dernière enquête réalisée en 2013, 40 % des établissements contrôlés présentaient des anomalies entre les messages publicitaires diffusés, avec ou sans indication de prix, et la réalité des prestations proposées. [...]

Source : Virginie Grolleau 7 avril 2014 site tempsreel.nouvelobs.com Le Nouvel observateur

Travail à faire

1. Quel est le rôle de la DGCCRF ?
2. Qu'appelle-t-on une publicité trompeuse ? Différenciez-la d'une publicité mensongère.
3. Il existe dans le secteur des services immobiliers des problèmes similaires. En quoi la FNAIM apporte-t-elle une aide complémentaire à la DGCCRF ?

Thème 2
Le rôle du logement dans l'activité économique nationale et internationale

4. Valeur ajoutée, PIB et croissance économique

A. Valeur ajoutée et PIB

L'homme produit des biens et services (BES) pour satisfaire ses besoins. Cette production se fait au sein d'entreprises. La valeur de ce que l'entreprise vend (chiffre d'affaires ou CA) doit être supérieure à ce qu'elle achète en fournitures, en énergie et matières premières ... auprès des fournisseurs pour produire (consommations intermédiaires ou CI). L'écart entre ces deux valeurs constitue la valeur ajoutée (VA) (VA = CA – CI).

La valeur ajoutée correspond au travail de transformation par l'entreprise des produits entrants en produits sortants. C'est la contribution de l'entreprise à l'activité économique, à la création de richesse. Cette VA servira ensuite à rémunérer tous les intervenants dans la production autres que les fournisseurs : salariés, État, associés/actionnaires, prêteurs, bailleurs ... qui ont apporté capital et travail pour mener à bien cette activité de production. Le solde, si toutefois il en reste un, reviendra à l'entreprise qui lui permettra de se développer.

Le partage de la VA est souvent conflictuel notamment entre le personnel, les actionnaires et l'entreprise.

Au niveau national, le PIB (Produit Intérieur Brut) est de manière simplifiée la somme des VA des agents économiques (principalement des entreprises) résidents sur le territoire national sur une année. C'est un indicateur économique essentiel. Il permet d'apprécier les résultats de l'activité économique d'un pays au travers de sa production. Des comparaisons internationales entre pays et des classements entre eux peuvent être faits en utilisant cet indicateur. Il est également possible de comparer les PIB d'un pays d'une année sur l'autre et d'évaluer ainsi l'importance de la croissance économique. Le PIB est en cela un véritable indicateur de la santé économique d'un pays : si le PIB augmente, il y a croissance économique, signe de dynamisme économique et inversement s'il y a baisse, il y a récession économique, signe cette fois de difficultés économiques.

B. La croissance économique

La croissance économique n'est pas régulière. Elle dépend de l'évolution de la production. Or la production varie en fonction de la demande (consommation, investissement et exportation). Si la conjoncture est morose, la demande baisse (baisse du pouvoir d'achat et des crédits), les entreprises ralentissent leur production, voire licencient et désinvestissent si cela dure. Par contre, si la demande augmente, les entreprises confiantes, produisent plus, investissent dans de nouvelles capacités de production et embauchent.

Deux économistes ont analysé les fluctuations du PIB et ont mis en évidence un mouvement cyclique. Un cycle se décompose en 4 étapes : croissance, crise (point de retournement), récession puis reprise (nouveau point de retournement). Juglar a démontré l'existence de cycles de 10 ans environ, liés à des variations conjoncturelles de l'activité économique (variation des taux d'intérêt, changement de politiques économiques...) et Kondratieff des cycles de 50 ans environ, dus à des changements structurels profonds de l'organisation économique d'un pays (innovations technologiques majeures, changement des modes de production...). Les fluctuations actuelles semblent cependant d'amplitudes plus inégales.

Le XXe siècle a été marqué par deux crises majeures : celle de 1929 qui a eu pour origine un krach boursier et une seconde en 1974 qui a été déclenchée par une crise pétrolière, faisant suite à une longue période de croissance économique (les Trente Glorieuses).

Par la suite, en 2008, éclate la crise des subprimes.

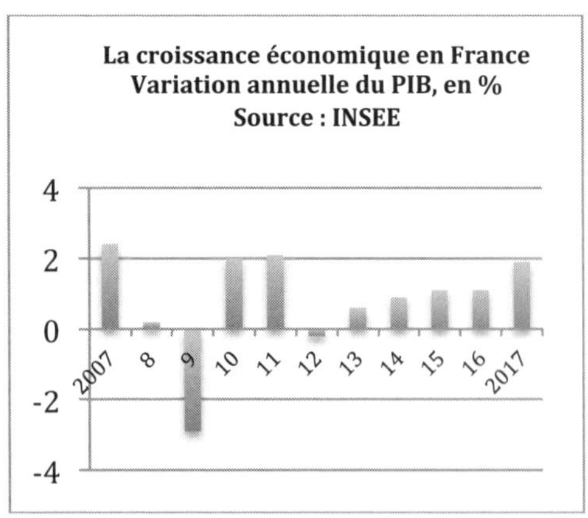

C. La part de l'immobilier dans le PIB

L'immobilier (activités immobilières et construction) a une place prépondérante dans l'économie française. C'est l'un des principaux moteurs de l'économie.

En 2015, l'immobilier, c'est 217 milliards d'euros d'activité (soit 10 % du PIB) et 2,1 millions d'emplois (soit environ 8 % de la population active).

La construction (avec 1,12 million d'emplois et 69,5 milliards d'euros de valeur ajoutée) et la gestion de l'immobilier (avec 741 500 emplois et 125 milliards d'euros de valeur ajoutée) représentent les deux principaux moteurs du secteur.

« Que le secteur s'enrhume et c'est toute l'économie qui prend froid ».

5. Poids de l'immobilier dans l'activité économique

A. Secteur, branche et filière

Une entreprise peut mener plusieurs activités. Le secteur regroupe les entreprises ayant la même activité principale. Traditionnellement, on distingue 3 secteurs principaux : primaire, secondaire et tertiaire. Une agence immobilière est un prestataire de services, elle appartient donc au secteur tertiaire. La branche regroupe les entreprises ayant une même activité. L'immobilier réunit deux branches « Activités immobilières » et « Construction » (hors travaux publics). Une agence immobilière réalise des transactions, elle est dans la branche « Activités immobilières ».

La filière regroupe l'ensemble des entreprises participant à la fabrication et à la vente d'une même catégorie de biens. Si l'agence immobilière vend des logements, elle sera classée dans la filière « immobilier résidentiel ».

Les acteurs de l'immobilier interviennent dans deux filières principales : l'immobilier résidentiel (95 %) et l'immobilier d'entreprise (5 %) (marché récent). Ces filières sont sensibles à la conjoncture économique et dépendent des politiques publiques de soutien à l'activité.

B. Poids économique du secteur de l'immobilier

L'immobilier (activités immobilières et construction) est un secteur économique important. Créateur de richesse et moteur économique, l'immobilier représente plus du quart du patrimoine global de la France et emploie plus de 2 millions de personnes (un peu plus de 8 % des emplois) dont 22 % de cadres.

Le secteur offre d'une part une large palette de **métiers immobiliers** :

- les métiers de la production et de la promotion immobilières (lotisseur, promoteur, constructeur, prospecteur foncier, responsable de programmes immobiliers, architecte...) ;
- les métiers de la transaction immobilière (agent immobilier, négociateur, mandataire, expert immobilier, diagnostiqueur...) ;
- les métiers de la gestion immobilière (gestionnaire de parc locatif, syndic, administrateur de biens, gérant de patrimoine...).

Ces professionnels de l'immobilier peuvent exercer dans des agences immobilières, des cabinets d'administration de biens, des sociétés immobilières, des sociétés de promotion et de construction, des directions immobilières de grandes entreprises, des offices HLM... La part de professions intermédiaires et de cadres y est forte et les métiers souvent féminisés.

Le secteur d'autre part, fait aussi travailler **les entreprises du bâtiment** (gros œuvre et second œuvre, équipements techniques et électriques) recrutant nombre de personnes de niveaux de qualification très variés. La construction représente plus de la moitié des effectifs du secteur.

Enfin, l'immobilier apporte aussi du travail indirectement à une panoplie de **métiers périphériques** (notaire, banquier, assureur, fournisseur de la construction, équipement de la maison...).

L'immobilier est donc un des principaux employeurs au niveau national dont les effets d'entraînements sur le reste de l'économie peuvent être considérables. D'où l'adage : « Quand le bâtiment va, tout va ! » et inversement. C'est pourquoi, l'État cherche toujours à soutenir ce secteur très sensible aux retournements de conjoncture. En encourageant la construction de logements sociaux et les travaux de rénovation et de réhabilitation, l'État alimente ce secteur et répond par la même occasion aux enjeux du développement durable.

C. Objectifs et enjeux actuels

- Promotion et aménagement : émergence des éco-quartiers.
- Négociation et transaction : un conseil renforcé.
- Gestion et administration : plus de transparence et de réactivité.
- Logement social : tendre vers une meilleure visibilité des métiers.
- Investissement et expertise : des métiers porteurs...

Dans un contexte en pleine mutation (engagements en faveur du développement durable dans le cadre du Grenelle de l'environnement) et de plus forte exigence des clients, les professionnels de l'immobilier au sens large devront développer de plus en plus de compétences (formations à suivre) et de capacités d'adaptation. Ils doivent chercher à se positionner dans une vraie relation de service et en tant qu'experts de la profession.

6. Poids des dépenses liées au logement dans le budget des ménages

A. La consommation des ménages

Consommer, c'est utiliser des BES pour satisfaire des besoins. Ces BES peuvent être achetés sur le marché moyennant un prix (consommation marchande). Ces achats représentent des dépenses qui seront fonction du pouvoir d'achat (rapport prix/revenus), du degré d'utilité du bien (besoins primaires ou secondaires), de l'objectif de l'achat (imitation ou différenciation), du consommateur lui-même (âge, composition du foyer, génération, PCS, mode de vie) et de l'impact des techniques de communication (publicité, mode...)...

L'augmentation de la consommation a un effet positif sur le PIB et la croissance économique.

Pour analyser la structure et les évolutions de la consommation, l'INSEE calcule des **coefficients budgétaires** c'est-à-dire la part des dépenses consacrées à chaque poste de consommation (loisirs, logement...). La structure de la consommation a évolué sur le long terme avec l'élévation du niveau de vie : certains postes ont vu leur part diminuer (comme l'alimentation) alors que d'autres ont vu la leur augmenter (comme le logement, les transports ou les loisirs...) (à rapprocher des lois d'Engel).

B. Les dépenses consacrées au logement

Le logement est devenu le premier poste de dépenses des ménages (plus de 20 % de l'ensemble des dépenses du ménage).

Ces dépenses, en augmentation continue, comprennent :

- Pour les locataires : les loyers, les dépenses d'énergie, les charges locatives (dépenses courantes), les petits travaux d'entretien courant, la taxe d'habitation, l'assurance habitation... Ce sont les loyers qui pèsent le plus dans l'augmentation de ces dépenses (hausse des loyers due à la forte demande de location mais aussi à la location de logements plus grands et plus confortables) ainsi que les charges (chauffage, éclairage, eau... notamment en raison de l'augmentation des prix de l'énergie).

  Ces dépenses en logement sont ressenties par les ménages comme des dépenses qu'ils ne peuvent éviter, contraintes, pré-engagées (à anticiper) réduisant d'autant leur pouvoir d'achat pour les autres dépenses. Elles sont bien sûr plus lourdes pour un ménage modeste et accroissent les difficultés à se loger (problème de solvabilité, émergence de situations de précarité).
- Pour les propriétaires : les remboursements d'emprunts (capital et intérêts) pour gros travaux sur immeubles existants et achats de logements (dépenses d'investissement) auxquels il faut rajouter la taxe foncière, les charges de copropriété si besoin et les dépenses de logement pour les occupants. La hausse des prix de l'immobilier a conduit à une augmentation du coût du logement pour les accédants. Malgré la baisse des taux d'intérêt, le montant des emprunts immobiliers s'est accru entraînant une hausse des taux d'endettement qui s'est traduite par un allongement de la durée moyenne des emprunts (plus de 220 mois).

Face à un coût du logement de plus en plus élevé, particulièrement en IDF, de nombreux ménages sont obligés de faire des choix stratégiques : réduire leurs dépenses dans d'autres domaines comme les loisirs (effet d'éviction) ou occuper un logement plus petit ou s'éloigner des centres urbains trop chers quitte à augmenter le temps et les dépenses de transport.

C. Taux d'effort et aides au logement

Le taux d'effort mesure le poids des dépenses en logement d'un ménage sur son budget. Il se calcule en faisant le rapport entre les dépenses liées à l'habitation principale et les revenus.

Le taux d'effort est plus élevé pour les locataires du secteur privé que pour les locataires du secteur social qui bénéficient de loyers plafonnés et il est également plus fort pour les propriétaires accédants que pour les propriétaires investisseurs dégagés des charges de remboursement de leur habitation principale.

Ce sont bien sûr les ménages les plus modestes qui supportent les taux d'effort les plus élevés.

À ce coût du logement, il faut déduire les aides au logement qui allège le taux d'effort (on passe du taux d'effort brut au taux d'effort net). En effet, l'État intervient et procède à des prélèvements sur les revenus des ménages (impôts et cotisations sociales) pour les redistribuer sous forme de revenus de transfert (allocations santé, famille, retraite et indemnisations chômage) aux personnes ayant de faibles ressources par souci d'équité sociale. Parmi ces revenus redistribués, existent les aides au logement versées aux occupants par les caisses d'allocations familiales (CAF). Leur effet redistributif est important surtout pour le secteur social (plus du tiers des dépenses en logement).

Parallèlement à ces aides aux occupants (ou aides à la personne) qui peuvent prendre la forme d'APL, ALF, ALS ou ALT, sont également distribuées des aides aux producteurs qui construisent ou acquièrent un logement ou qui effectuent des travaux d'entretien-amélioration dans le logement (sous forme d'avantages financiers et fiscaux).

Pour autant, le mal-logement existe toujours voire s'aggrave en raison des prix immobiliers qui restent élevés, de la pénurie persistante de logements et de la mauvaise conjoncture économique.

7. Poids de l'immobilier dans le patrimoine des ménages

A. Revenus et épargne

Des revenus primaires issus du travail et du capital, il faut retirer les prélèvements obligatoires de l'État (impôts et cotisations sociales) et ajouter les revenus de transfert (prestations sociales) pour obtenir le revenu disponible du ménage (RD). Ce RD peut être dépensé et/ou épargné par le ménage. Les ménages modestes ont une propension plus importante à consommer que les plus aisés. Ils ont moins de revenus pour épargner.
Il existe plusieurs formes d'épargne : l'épargne financière thésaurisée (espèces et comptes bancaires), l'épargne financière placée qui rapporte un revenu (livrets bancaires, titres boursiers…) et l'épargne non financière (acquisition d'un logement).
Les motifs d'épargne sont nombreux : liquidité (pour pouvoir faire face aux besoins courants), précaution (pour pouvoir faire face aux imprévus), constitution d'un patrimoine (investir), placement (faire fructifier son patrimoine), spéculation (rechercher les opportunités de plus-values), à des degrés variables selon les individus (niveau des revenus, âge…) mais aussi en fonction du contexte économique, des taux d'intérêt et des mesures incitatives (fiscales).

B. Patrimoine et investissement dans l'immobilier

L'immobilier est la première destination d'investissement des ménages depuis 50 ans. Véritable poids lourd du patrimoine des ménages, l'immobilier représente environ 60 % de leur patrimoine cumulé brut (hors dettes). En effet, les ménages cherchent au fil du temps à se constituer un patrimoine. L'investissement immobilier permet d'éviter des dépenses de loyers, de léguer un héritage ou d'obtenir un revenu comme dans le cas d'un investissement locatif (patrimoine de rapport). Investir dans l'immobilier pour un ménage, c'est un placement durable (et non spéculatif) plus rassurant notamment en période de crise économique que les placements financiers. La pierre est une valeur-refuge. Cependant, avec l'envol des prix immobiliers, les inégalités de patrimoine entre les ménages se sont malheureusement creusées.

C. Un compromis : la « pierre-papier »

Les particuliers se défient de la Bourse depuis la crise de 2008 et lui préfèrent l'immobilier. Il est cependant possible d'allier immobilier et titres financiers au travers de la « pierre-papier ». Il s'agit d'un placement immobilier indirect : on investit dans de l'immobilier par l'intermédiaire d'une société de gestion (SCPI, OPCI, SIIC…) qui utilise cet argent pour investir dans des immeubles (essentiellement non résidentiels car plus rentables) qu'elle loue. Le particulier détient ainsi des parts ou des actions de cette société qui lui rapportent des revenus proportionnels à son investissement. Plutôt rentable, la pierre-papier reste pour l'instant marginale mais connaît de plus en plus de succès.

8. Impact du marché international

A. Les investisseurs étrangers en France

La France est un pays touristique apprécié des étrangers (art de vivre, gastronomie, patrimoine et culture, variété des paysages et des climats...), comme le démontrent les nombreuses locations saisonnières mais aussi acquisitions de résidences secondaires en France.

10 % des résidences secondaires en France appartiennent à des non-résidents dont le pouvoir d'achat est élevé (ils s'intéressent aux belles demeures) et qui proviennent surtout de pays limitrophes.

Dans l'immobilier de luxe, par contre, sont particulièrement représentés le Moyen-Orient, la Russie et la Chine (nouveaux pays riches). Les lieux les plus recherchés en France sont le Sud (ouest et est), les Alpes et Paris... Mais parmi les investisseurs étrangers, il faut aussi intégrer les investisseurs institutionnels et les professionnels intéressés par l'immobilier d'entreprise (achats d'immeubles de bureaux parisiens...) de nationalités très diverses (allemande, anglaise, suisse, arabe, américaine...).

B. Les marchés immobiliers étrangers

Les marchés immobiliers étrangers ont tous leurs spécificités (caractéristiques, mode de fonctionnement, réglementation et évolution propres) même au niveau européen (pas d'harmonisation).

En Allemagne, il y a moins de propriétaires (45 %) que de locataires ; en Espagne, c'est l'inverse (82 %) alors qu'en France, 58 % des ménages le sont.

Le marché anglais utilise des modes d'acquisition de biens immobiliers particuliers comme le leasehold (sorte de bail dont les loyers seraient payés d'avance en une seule fois) ; de même, les transactions anglaises ne passent pas par un notaire mais par des avocats d'affaires (solicitors) et les transactions entre particuliers sont très peu nombreuses (10 % des transactions)...

Enfin, chaque marché immobilier national a sa propre évolution de prix mais la crise des subprimes de 2008 en a déprimé la plus grande majorité (le marché immobilier français faisant figure d'exception en ne sortant pas de sa bulle). Sur ces marchés où les prix immobiliers s'effondrent, il peut être intéressant d'investir (plus-value possible). C'est ainsi que de nombreux français ont acheté des résidences secondaires en Espagne. Sites internet et réseaux internationaux (de franchise, de filiales...) facilitent ces transactions internationales.

C. La titrisation des prêts immobiliers

L'application des méthodes financières à l'immobilier a débuté dans les années 1990 avec la libération des marchés des capitaux et l'arrivée sur le marché français des fonds d'investissement gérés par les grandes banques d'affaires anglo-saxonnes pour racheter les créances immobilières des banques (titrisation). L'immobilier devient alors un actif liquide financier négociable, comme les autres titres financiers (actions, obligations...). Le marché est très vite devenu mondial et la crise des subprimes a montré les dérives de la titrisation avec la crise des créances immobilières aux États-Unis.

ENTRAÎNEMENTS

▶ QCM

1. La croissance économique est :
   a) régulière
   b) forte actuellement
   c) représente l'augmentation du PIB d'une année sur l'autre
2. Le patrimoine d'un ménage :
   a) ne contient que des actifs financiers
   b) ne contient que des actifs
   c) se transmet
3. Le secteur immobilier est un secteur :
   a) en pleine mutation
   b) de faible importance économique
   c) aux enjeux sociétaux majeurs
4. Le taux d'effort brut d'un ménage est :
   a) le taux d'effort après déduction des aides au logement
   b) la part des dépenses en logement dans l'ensemble des dépenses du ménage
   c) la part des dépenses en logement dans le budget des ménages
5. La pierre-papier, c'est :
   a) un investissement immobilier
   b) un placement en Bourse
   c) un placement plus liquide que l'immobilier classique
6. Les marchés immobiliers nationaux :
   a) sont liés les uns aux autres
   b) ont une réglementation harmonisée
   c) se sont tous effondrés avec la crise des subprimes de 2008

▶ Exercice 7. Les cycles économiques

Innovations et cycles économiques ascendants

On peut se référer à J. Schumpeter pour expliquer les cycles longs – 50 ans environ – de l'économiste russe N. Kondratieff. Pour Schumpeter, ce sont les innovations des entrepreneurs qui expliquent les phénomènes de « destruction créatrice » et les fluctuations de l'activité économique. Ces innovations concernent les produits ou les méthodes d'organisation des entreprises. Ainsi, les phases ascendantes – 25 ans environ – sont liées à l'émergence d'une ou plusieurs grandes innovations. On peut citer les exemples de la machine à vapeur (1780-1817), du chemin de fer et de l'acier (1844-1851), de l'électricité, du moteur thermique, de la chimie (1890-1920). Ces innovations majeures vont irriguer l'ensemble du tissu économique et produire à leur tour d'autres innovations ou « grappes d'innovation ». Elles augmentent considérablement les profits des entreprises et engendrent de nouveaux investissements et des créations massives d'emplois. On entre alors dans un cycle long et vertueux de croissance de l'économie.

Source : Écrit par Philippe Narassiguin. Publié dans Macroéconomie site Economiqs

Travail à faire

1. Différenciez Schumpeter de Kondratieff.
2. Comment Schumpeter explique-t-il une phase ascendante de cycle Kondratieff ?
3. Comment s'explique la phase descendante du cycle Kondratieff ?
4. Quel est l'intérêt pour un professionnel de l'immobilier de connaître ces tendances cycliques ? Resituez la situation économique actuelle dans ces tendances cycliques.

▶ Exercice 8. Offre d'emploi

ENTREPRISE

Notre client, major national de la promotion immobilière, recrute dans le cadre de sa forte croissance sur la région bordelaise un(e) Prospecteur(trice) Foncier.

Poste

À ce poste stratégique, rattaché(e) à la Direction Générale, vous êtes en charge des missions suivantes :
– assurer la recherche d'acquisitions foncières sur votre secteur ;
– développer un carnet d'adresses ;
– mener des études prévisionnelles de faisabilité une fois l'opportunité foncière recensée ;
– négocier avec les propriétaires l'achat des terrains jusqu'à la signature de la promesse de vente ;
– assurer le pré-montage du projet, dont l'étude de faisabilité, jusqu'à l'obtention du permis de construire.

Profil

Issu(e) d'une formation supérieure, technique ou commerciale, vous justifiez d'au moins une expérience réussie dans une fonction similaire acquise en promotion immobilière. Votre dynamisme, votre enthousiasme et votre ténacité seront les clés de votre réussite à ce poste.

Source : cadremploi.fr

Travail à faire

1. En quoi consiste le métier de prospecteur foncier ?
2. Quel est le profil attendu ?
3. Qui est amené à recruter un prospecteur foncier ?

▶ Exercice 9. Témoignage

ADRIEN BELKHIRI, responsable d'agence, ALK IMMO

« Le métier d'agent immobilier est en train de prendre un nouveau tournant : la façon d'exercer, la relation avec les clients, le marché, la mobilité... Nous devenons des interlocuteurs de proximité. » [...]

Adrien Belkhiri, en tant que manager, recrute particulièrement des personnes issues de la commune ou du secteur concerné par son activité ayant la fibre commerciale. Une bonne connaissance du territoire, un solide réseau de connaissances, tels sont les atouts des négociateurs : « Le métier d'agent immobilier est riche et en évolution : pour que nos clients fassent appel à nous, nous devons développer une véritable expertise et une vraie valeur ajoutée. C'est la clé de la reconnaissance de notre travail. »

Source : Les métiers du secteur de l'immobilier APEC Les référentiels des métiers cadres

Travail à faire

1. Comment doivent se positionner les agents immobiliers pour rester compétitifs ?
2. Quel sens prend le terme de valeur ajoutée ici ?
3. En quoi peut-on affirmer que cet agent immobilier s'inscrit dans une démarche sociétale ?

▶ Exercice 10. Les lois d'Engel

Première loi : lorsque le revenu d'un ménage augmente, la part de l'alimentation diminue. Les dépenses alimentaires continuent d'augmenter mais moins vite puisque le besoin de se nourrir est de mieux en mieux satisfait.
Deuxième loi : Les dépenses telles que le logement, le chauffage ou encore l'habillement, augmentent au même rythme que le revenu. Ainsi le ménage peut-il se loger dans un appartement plus grand ou se faire davantage plaisir en habillement.
Troisième loi : Les dépenses secondaires ou dites « de luxe », comme les loisirs augmentent plus vite que le revenu. Dès que le ménage se sent financièrement plus à l'aise, il va dépenser plus pour son plaisir et son confort...

Travail à faire

1. Comment ces lois expliquent-elles l'augmentation des dépenses en logement ?
2. Est-ce la seule raison qui fasse augmenter les dépenses en logement des ménages ?
3. Que mesure le taux d'effort brut ?
4. Quels sont les enjeux de l'aide au logement de l'État ?
5. L'accession à la propriété réduit-il le taux d'effort ?

▶ Exercice 11. La résidence secondaire

ACHETER UNE RÉSIDENCE SECONDAIRE

Nombreux sont les Français qui rêvent d'être propriétaire d'une maison de vacances. Ils sont près de trois millions à l'être déjà, devançant largement les autres Européens.

Travail à faire

1. Quelles raisons amènent les ménages français à acheter une résidence secondaire ?
2. Est-ce un placement intéressant pour eux ?
3. Les étrangers sont-ils nombreux à acheter des résidences secondaires en France ? Pourquoi ?

▶ Exercice 12. La pierre-papier

[...] Quels sont les principaux atouts de la SCPI ?

Les SCPI – dont l'objet est d'acheter et de gérer pour le compte de leurs porteurs de parts un patrimoine immobilier – offrent des rendements élevés et pérennes. Sur les vingt-cinq dernières années, elles ont toujours distribué, en moyenne, plus de 5 %. Mais ce n'est pas leur seul atout. Les SCPI permettent de percevoir des revenus réguliers, et de se constituer un patrimoine immobilier de qualité sans les aléas de l'investissement en direct. Les porteurs de parts bénéficient, en effet, d'une mutualisation des risques locatifs, sont déchargés des soucis de gestion locative et ont accès, avec les bureaux et les commerces, à des marchés immobiliers rentables mais généralement fermés aux particuliers. [...]

Source : site lefigaro.fr/Valérie Valin-Stein 12 avril 2014

Travail à faire

1. Rappelez les principes de fonctionnement de la pierre-papier.
2. Quels sont les intérêts d'un tel placement pour un ménage ?
3. Différenciez la SCPI (Société Civile de Placement Immobilier), de l'OPCI (Organisme de Placement Collectif en Immobilier), de la SIIC (Société d'Investissement Immobilier Cotée).

▶ Exercice 13. Le marché immobilier espagnol

Le marché immobilier espagnol approche de son point bas

Le marché immobilier espagnol commence à voir le bout de la crise qui a plongé le pays dans une profonde récession. La chute des prix du logement en Espagne a ralenti à un rythme de 3,5 % sur un an au premier trimestre, selon les chiffres publiés hier. S'il s'agit de la plus faible contraction depuis mi-2010, le marché immobilier espagnol enregistre néanmoins son vingt-deuxième trimestre consécutif de baisse.

Depuis le point haut atteint début 2008, les prix accusent une chute de 36,2 %, et le nombre de logements vides est estimé à plus d'un million. Malgré cette forte correction, Fitch s'attend à une poursuite de la baisse des prix cette année, avant une stabilisation en 2015. [...]

Avec la baisse des prix, le marché espagnol devient également attractif pour les investisseurs étrangers. La Banque d'Espagne a récemment mis en avant ce regain d'intérêt, avec une hausse des achats de 16 % sur 2013 à 6,45 milliards d'euros, le niveau le plus élevé depuis 2004. [...]

Source : site agefi.fr Par Patrick Aussannaire le 30/05/2014 pour L'AGEFI Quotidien

Travail à faire

1. Retrouvez les causes de l'effondrement du marché immobilier espagnol.
2. En quoi et pour qui est-il devenu un marché porteur ?
3. Quelles sont les précautions à prendre pour un investisseur étranger ?

▶ Exercice 14. La titrisation des prêts immobiliers

[...] Le mécanisme de la titrisation des prêts immobiliers

Admettons qu'une banque ait besoin de capitaux pour d'autres investissements. La banque détermine le nombre de prêts hypothécaires qu'elle pourrait revendre, afin d'obtenir des liquidités. Une fois ce calcul effectué, elle charge un Fonds Commun de Créances de rechercher des investisseurs pour racheter ses crédits immobiliers.

Le Fonds s'adresse à d'autres fonds, attirés par la certitude de cet investissement. Les défauts de paiement dans le cadre d'emprunts immobiliers sont rares, car il est toujours possible de restructurer la dette, dû à la présence d'un bien immobilier en hypothèque.

Le Fonds Commun de Créances émet alors des obligations, et la banque dispose ainsi de capitaux pour investir. Les particuliers ne verront pas la différence car leurs mensualités ne bougeront pas, sauf s'il s'agit d'un taux variable, et encore la variation ne se fera qu'en fonction de l'indice de référence.

Du côté des particuliers, rien ne change si ce n'est que les intérêts qu'ils payent vont rémunérer les investisseurs. [...]

Source : site vousfinancer.com/24 janvier 2014

Travail à faire

1. Qu'est-ce que la titrisation ?
2. Pourquoi les banques font-elles appel à la titrisation ?
3. En quoi cette pratique peut-elle être dangereuse ?

Thème 3
Les indicateurs économiques, démographiques et sociologiques

9. La notion de cycle économique appliquée à l'immobilier

A. La notion de cycle appliquée à l'immobilier

Un phénomène est dit cyclique s'il passe régulièrement par des phases de hausse et de baisse. Ces cycles existent en économie comme l'ont démontré Juglar (cycles de 10 ans) et Kondratieff (cycles de 50 ans).

Un phénomène similaire de hausse et de baisse sur plusieurs années peut s'observer sur les prix immobiliers tel que nous pouvons l'observer sur la courbe de l'économiste Jacques Friggit qui visualise l'évolution des prix immobiliers sur le marché du logement ancien. Il existe d'après lui des variations naturelles des prix immobiliers qui se cantonnent dans un « tunnel ».

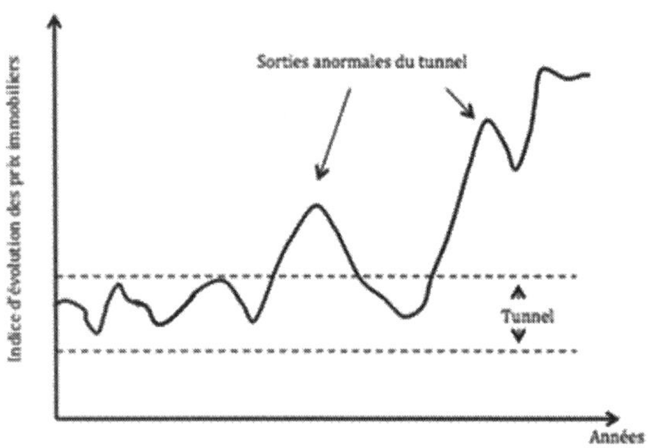

Représentation schématique de l'évolution récente des prix immobiliers franciliens d'après la courbe de Friggit

Mais toute sortie de ce tunnel fait apparaître une évolution anormale : ainsi une bulle immobilière peut se former puis éclater et provoquer le retour des prix au niveau initial dans le tunnel comme ce fut le cas dans les années 1990. Ce n'est par contre pas le cas de la bulle immobilière actuelle.

Une première bulle immobilière s'était en effet développée sur la région parisienne dans les années 1990. De nature spéculative, elle était liée à une forte demande des marchands de biens intéressés par la mise en vente de nombreux immeubles de logements par les investisseurs institutionnels. La chute des prix était inévitable une fois la tendance passée.

Celle des années 2000, nationale cette fois, n'est pas spéculative mais entretenue par une forte demande des particuliers préférant l'investissement dans la pierre (valeur refuge), encouragés par la baisse des taux d'intérêt, les facilités de crédit, l'engouement pour l'accession à la propriété et les plans de défiscalisation en faveur de l'investissement locatif. Les prix ont pratiquement doublé en 10 ans montant à des niveaux records, les déconnectant totalement de la valeur intrinsèque des biens. L'offre de logements n'étant pas suffisante et les délais de construction importants, le marché s'est fortement déséquilibré et les prix se sont envolés.

Autant, à l'image des krachs boursiers par essence spéculatifs, la bulle des années 1990 a éclaté et les prix sont redescendus dans le tunnel, autant la bulle non spéculative des années 2000, marquée pourtant par la crise des subprimes de 2008, ne connaîtra pas d'éclatement violent. En effet, la baisse des prix immobiliers est restée progressive et relativement modérée.

En fait, la demande a bien reculé dans un contexte de crise économique durcissant les conditions financières d'emprunt (crédit crunch). Mais par ailleurs, l'offre elle aussi s'est réduite : les mises en chantier ont été ralenties et les propriétaires vendeurs dans un premier temps n'ont pas souhaité baisser leurs prix.

Conséquence : moins de transactions et des prix qui ne baissent pas. Dans l'immobilier, avant une diminution des prix, il y a une baisse du nombre des transactions. Ce n'est que quand les vendeurs se résignent à vendre à un prix plus bas, que les prix commencent à descendre.

Les cycles immobiliers se caractérisent par une certaine inertie, lenteur dans les évolutions (prenant plusieurs années) contrairement à d'autres cycles comme les cycles boursiers bien plus brutaux et rapides.

Le contexte restant difficile, les prix immobiliers ont donc finalement baissé mais le retournement du marché est resté nettement plus limité qu'aux États-Unis, au Royaume-Uni ou en Espagne en raison des spécificités françaises : faible endettement des ménages, absence d'emprunts hypothécaires à taux variables (subprimes), mises en œuvre de mesures de soutien au secteur immobilier aussi bien sur l'offre que sur la demande. Les prix immobiliers français sont même restés élevés par rapport à ceux des autres pays, faisant figure d'exception.

B. Relation entre cycles économiques et cycles immobiliers

Cycle économique et cycle immobilier sont étroitement liés. Le marché immobilier étant un marché moteur représentant de nombreux emplois, la bonne santé d'une économie est liée à celle de l'immobilier et inversement. Et à l'opposé, les difficultés de l'un rejaillissent sur l'autre. La crise des subprimes de 2008 en a été une très bonne illustration.

Démarrée aux États-Unis, la crise a d'abord été de nature immobilière (défaillance des ménages américains face à leurs emprunts dont les taux d'intérêt ont monté, saisies immobilières et chute des prix immobiliers). Les établissements financiers prêteurs ont connu par voie de conséquence des difficultés et certains ont même fait faillite. Les cours boursiers des banques ont chuté déstabilisant les marchés boursiers. La crise devient financière. Par le jeu de la mondialisation des marchés financiers et de la titrisation (transformation des crédits bancaires en titres négociables), la crise américaine se propage aux marchés financiers européens provoquant le durcissement des conditions d'emprunt, touchant les marchés immobiliers européens (baisse des transactions et des chantiers) mais aussi les autres secteurs économiques (baisse de la consommation et des investissements, montée du chômage). La crise se transforme en crise économique internationale aggravant davantage encore les difficultés sur les marchés immobiliers.

Ainsi, la crise des subprimes a été à l'origine d'une sévère récession économique et d'un krach immobilier dans de nombreux pays. Elle a montré que l'immobilier pouvait être un facteur de dysfonctionnements économiques mais inversement aussi que les difficultés économiques pouvaient rejaillir sur les marchés immobiliers.

Face à la crise économique, l'État français a très vite apporté son soutien aux marchés. Un vaste plan de relance (de dépenses de l'État et notamment de soutien à l'immobilier) a été décidé en France comme dans d'autres pays, endettant l'État de manière importante mais ayant permis d'amortir les effets de la crise économique. Cet endettement doit être résorbé pour retrouver un équilibre budgétaire (crise de la dette souveraine) mais la politique de rigueur nécessaire à cet effet a ralenti le retour à la croissance économique et la reprise du marché immobilier. Il semblerait cependant qu'une reprise du marché se dessine aujourd'hui sous l'effet des mesures de soutien.

10. Les évolutions sociodémographiques et leur impact en matière de logement

A. L'impact des évolutions sociodémographiques sur les demandes de logements

L'évolution de la démographie et des modes de vie a de fortes conséquences sur l'immobilier.

La population française continue de s'accroître ce qui augmente le nombre de ménages et donc de demandes de résidences principales mais de manière inégale sur le territoire. Certaines zones urbaines seront encore plus tendues. Il apparaît donc indispensable de construire plus de logements surtout là où la demande est forte.

La génération du baby-boom part à la retraite. Dans un premier temps, les jeunes retraités s'installent dans des régions plus agréables (littoral sud et ouest) y augmentant la demande de logements. Par la suite, ils recherchent des logements plus adaptés aux besoins d'une population vieillissante (ascenseurs, normes pour personnes à mobilité réduite...). D'où la nécessité de construire et d'aménager des logements pour cet important segment de population à l'espérance de vie toujours plus longue.

De manière plus globale, de plus en plus de personnes vivent seules à leur domicile (séniors veufs mais aussi jeunes étudiants, célibataires, parent n'ayant pas la garde des enfants...) nécessitant des habitats plus petits et adaptés.

Par ailleurs, la structure familiale change. Le schéma de la famille nucléaire traditionnelle (2 parents avec enfants) est de moins en moins la norme. Familles monoparentales et recomposées prennent le pas nécessitant des logements de types et de tailles variées. Ainsi par exemple, une famille vivant dans une maison dont elle est propriétaire, qui se sépare, suppose deux logements au lieu d'un et plutôt un retour en appartement et en location.

Enfin, la mobilité résidentielle est plus forte qu'auparavant : on change de plus en plus de résidence principale au cours de sa vie pour diverses raisons (décohabitation (départ du domicile parental), création d'une famille, mutation, divorce, famille recomposée, retraite...). L'offre de logements doit pouvoir répondre à cette mobilité.

B. L'adaptation de l'offre de logements

Pour répondre à ces changements sociodémographiques, le parc immobilier doit évoluer. Il doit offrir en plus grand nombre des logements variés pour pouvoir proposer un parcours résidentiel aux habitants (chaque personne doit pouvoir trouver une réponse en logement à toutes les étapes de sa vie).

Ainsi plus particulièrement pour les jeunes, il faudra prévoir plus de logements étudiants (résidences universitaires avec services collectifs) ou de logements sociaux. Le manque de logements, de revenus et la cherté des loyers retardent souvent leur accès au logement. La décohabitation est de plus en plus tardive. Se développent à défaut, les colocations entre jeunes et intergénérationnelles (entre un sénior et un jeune). Certains promoteurs innovent en construisant des logements avec chambre ou studio attenant indépendant permettant des cologements très divers comme sénior/étudiant, mais aussi enfant/parents, parents/grands-parents, sénior/auxiliaire de vie... répondant mieux aux besoins actuels.

Pour les séniors de plus en plus nombreux et vivant de plus en plus âgés, il faudra davantage de logements adaptés (d'autant plus du fait de la politique en faveur du maintien à domicile) mais aussi de copropriétés et d'espaces publics réaménagés. Des aides financières existent auprès de l'ANAH pour adapter les logements anciens. Dans le logement neuf, par contre, l'adaptation du logement aux PMR est à présent une obligation légale (la loi Elan de 2018 prévoit cependant de passer dans un programme immobilier neuf, de 100 % de logements adaptés à 20 % seulement, les autres logements devant être uniquement « évolutifs »). Les bailleurs sociaux se veulent exemplaires en la matière pour répondre aux besoins des nombreux séniors habitant dans leurs logements (aménagement spécifique, accompagnement...). Les promoteurs eux aussi innovent en proposant des résidences séniors pour personnes encore valides, autonomes mais recherchant un cadre sécurisant et convivial (appartements ou pavillons avec services et commodités). Enfin pour les séniors les plus dépendants sont construits de plus en plus d'EHPAD (Établissements d'Hébergement pour Personnes Âgées Dépendantes) ou résidences médicalisées.

Les PLH (Programmes locaux d'Habitat) mis en œuvre par les communes ont pour mission de prendre en compte ces évolutions dans leurs projets de construction et de rénovation et cherchent de plus en plus à favoriser la mixité générationnelle.

11. Indicateurs et conséquences du mal-logement

A. État des lieux

Le mal-logement est malheureusement toujours une réalité en France. Il toucherait plus de 16 millions de personnes et recouvre des formes très diverses : personnes sans domicile fixe, occupation illégale de logement, location de chambres d'hôtel ou hébergement chez un tiers, logement insalubre et/ou précaire, surpeuplé… donc autant de personnes non logées ou mal logées auxquelles il faut rajouter les personnes logées en situation fragile (avec des difficultés de paiement).

À l'hiver 1954, l'abbé Pierre avait contribué à une prise de conscience. Pour autant, plus de soixante ans après, les difficultés à se loger décemment persistent voire même s'aggravent alors même que les conditions de logement se sont nettement améliorées.

En effet, un contexte économique difficile, le manque chronique de logements sociaux et la cherté des loyers dans le privé rendent l'accès et le maintien dans le logement difficile. Même des classes moyennes sont à présent touchées.

Certaines catégories de la population sont cependant plus touchées que d'autres : les jeunes, les retraités, les sans-diplômes, les familles monoparentales… mais aussi tous ceux qui ont connu au cours de leur vie des imprévus (séparation, accident, maladie invalidante, chômage…).

S'est surtout développée ces dernières années la précarité énergétique. Il s'agit de difficultés à chauffer correctement son logement en raison d'une facture énergétique de plus en plus lourde. Est considéré en situation de précarité énergétique un ménage dont le TEE (taux d'effort énergétique) est supérieur à 10 % (plus de 10 % des revenus du ménage est consacré aux dépenses de chauffage). Les ménages dans cette situation habitent plutôt des logements anciens très coûteux en énergie, mal isolés avec des installations de chauffage inadaptées ou défectueuses…

B. Les conséquences économiques et sociales du mal-logement

Le mal-logement ou l'absence de logement peut avoir de graves conséquences dans la vie quotidienne des ménages. Il faut un logement pour avoir un emploi et de préférence pas trop éloigné du lieu de travail. Mais pour pouvoir se loger, il faut travailler. La situation devient vite inextricable et peut faire basculer dans l'exclusion sociale. Pour autant, avoir un emploi ne permet pas toujours de se loger facilement ; tout dépend du type de contrat de travail. Les contrats précaires notamment (CDD, intérim) ne permettent pas d'assurer des revenus stables et freinent l'accès au logement.

Par ailleurs, les conséquences du mal-logement sont aussi visibles sur la santé et la vie des mal logés et tout particulièrement des enfants : échec scolaire dû à de mauvaises conditions de travail, intimité inexistante, isolement social (honte de faire venir les amis), effets néfastes d'un logement insalubre sur la santé (saturnisme lié aux peintures au plomb, affections respiratoires, troubles du sommeil…).

Reflet des inégalités, le logement est aussi générateur d'inégalités…

Enfin, dans un contexte de difficultés financières, des arbitrages sont faits : entre payer son loyer ou sa facture de chauffage, son logement ou les charges de copropriété et les travaux à faire… c'est ainsi que l'on constate la dégradation de nombreuses copropriétés.

Des réponses au mal-logement ont été apportées. L'État a fait du droit au logement décent une priorité (critères d'un logement décent, loi DALO…). Il a encouragé la mise en œuvre d'importants programmes immobiliers de rénovation de l'habitat ancien dégradé et de restructurations urbaines (OPAH-RU, PNRQAD), la construction de logements sociaux (loi SRU, systèmes de défiscalisation). Il fait la chasse aux logements vacants et lutte contre les marchands de sommeil (bailleurs peu scrupuleux). Des aides aux logements existent permettant l'accès et le maintien dans les logements ainsi que des aides financières au niveau énergétique. Et enfin des mesures ont été prises en faveur des locataires (loi ALUR).

Pour autant, cela ne suffit pas et l'aide des associations demeure incontournable. Entraide, hébergement et réinsertion sociale restent des défis au quotidien.

ENTRAÎNEMENTS

▶ QCM

1. Les cycles immobiliers sont :
   a) brutaux
   b) fréquents
   c) toujours de nature spéculative
2. La crise des subprimes :
   a) est d'origine américaine
   b) n'a pas eu de conséquences sur les marchés immobiliers français
   c) ne pourrait pas être d'origine française
3. La politique du logement actuelle :
   a) cherche à construire moins
   b) cherche à proposer le plus possible un vrai parcours résidentiel aux habitants
   c) encourage la mixité sociale et générationnelle
4. Le mal-logement, c'est :
   a) vivre dans des conditions d'insalubrité
   b) vivre dans la précarité énergétique
   c) vivre dans un logement sous-peuplé
5. Le mal-logement :
   a) régresse en France avec l'amélioration des conditions de logement
   b) est issu d'inégalités sociales
   c) est source d'inégalités sociales

▶ Exercice 15. La réponse de l'État aux difficultés immobilières

Dans un contexte de crise grave (on est en octobre 2008), l'État pompier est venu en aide au secteur immobilier. Il va racheter pas moins de 30 000 logements mis en chantier par les promoteurs immobiliers n'ayant pas trouvé acquéreurs. Pour cela, il devra emprunter cette somme (plusieurs milliards d'euros)… Parmi les autres mesures prises, il y a l'élévation du plafond de ressources qui ouvre droit aux prêts à l'accession sociale permettant à plus de ménages d'en profiter, l'extension du « Pass Foncier » des maisons aux appartements qui allège les remboursements d'emprunts… En fait, un véritable plan de relance où les déficits budgétaires ne paraissent plus la priorité…

Source : D'après l'article de Christophe Jakubyszyn/LE MONDE.fr/02.10.2008.

Travail à faire

1. Qu'appelle-t-on « l'État pompier » ?
2. Quelles mesures de soutien à l'immobilier l'État a-t-il prises ?
3. Pourquoi a-t-il pris ces mesures ?
4. Qu'entend-on par « les déficits budgétaires ne sont plus la priorité » ?
5. En quoi est-il important pour l'agent immobilier de suivre l'actualité économique ?

▶ Exercice 16. La pierre, valeur refuge

Le marché boursier est un marché où s'échangent des actions (titres de propriété) et des obligations (titres de créance) à des cours (prix) qui varient en fonction de l'offre et de la demande comme sur le marché immobilier. Par contre, c'est un marché plus sensible, où les variations de prix peuvent être brutales et rapides. Les gains peuvent être importants mais extrêmement aléatoires. Les risques de tout perdre sont grands. La revente des titres est rapide et permet de placer ses fonds au plus vite sur toute opportunité qui se présenterait. C'est un marché où règne la spéculation de manière régulière. Des caractéristiques souvent à l'opposé de celles du placement immobilier.

Travail à faire

1. Retrouvez les caractéristiques du placement boursier.
2. Peut-on affirmer de l'immobilier qu'il soit une valeur refuge ?
3. L'immobilier peut -il être touché par un krach immobilier ?

▶ Exercice 17. Le PLH

Les orientations du PLH

L'élaboration d'un plan local de l'habitat (PLH) répond à une procédure d'étude et de concertation relativement longue que la loi impose de respecter. Elle se déroule en trois temps. D'abord un diagnostic des évolutions démographiques et de la situation de l'habitat dans l'agglomération. Ce qui permet de cerner les besoins quantitatifs et qualitatifs en logements. C'est maintenant chose faite et présentée à l'ensemble des communes, depuis fin 2010. Ce diagnostic débouche alors sur le document d'orientations stratégiques du PLH (qui sera présenté à la rentrée aux partenaires), lequel fonde la politique de l'habitat de l'agglomération qui, dans un troisième et dernier temps, se concrétise par un programme d'actions pluriannuel (2013-2018). Et territorialisé, c'est-à-dire affiné au niveau de chaque commune (construction, rénovation, etc.) [...]

Source : site dunkerque Grand littoral Le Mag', 159 – septembre 2011

Travail à faire

1. Qu'est-ce qu'un PLH ?
2. Retrouvez les 3 étapes de la mise en place d'un PLH.
3. Quelles missions doit remplir un PLH ?
4. En quoi est-il important pour un agent immobilier d'avoir pris connaissance du PLH local ?

▶ Exercice 18. Les seniors et le logement

[...] Le logement : une préoccupation pour les seniors

D'après l'enquête, pour 70 % des Français de plus de 50 ans, les pouvoirs publics n'apportent pas de réponse aux conséquences du vieillissement de la population sur le logement. Un chiffre élevé qui reflète la forte attente des seniors face à leurs problématiques de logement. Seuls 18 % des personnes interrogées se déclarent satisfaits par l'action des pouvoirs publics et 12 % ne se prononcent pas.

Plus de la moitié (58 %) des seniors interrogés estiment que c'est à partir de 60 ans (28 %) ou 70 ans (25 %) qu'il faut s'inquiéter de trouver une solution de logement pour ses vieux jours. En Ile-de-France, 31 % pensent même que c'est à partir de 50 ans qu'il faut s'en préoccuper.

64 % des seniors de plus de 50 ans se sont déjà demandé s'ils devaient aménager leur logement ou déménager afin de trouver un lieu de vie plus adapté à leurs besoins. [...]

Source : Sondage TNS Sofres/magazine Notre Temps/28 novembre 2013/Logic-immo.com

Travail à faire

1. Quelles sont les préoccupations des seniors en matière de logement ?
2. Quel parcours résidentiel peut leur être proposé ?
3. En quoi est-ce important pour l'agent immobilier de pouvoir avoir du recul à ce niveau-là ?
4. Le marché des séniors est-il un marché immobilier porteur ?

▶ Exercice 19. Les indicateurs du mal-logement

[...] Plus de 16 millions de personnes touchées

Le constat de la Fondation Abbé Pierre est amer : le nombre de personnes sans abri ou en situation de surpeuplement remonte ces dernières années. Elle appelle le gouvernement à réagir.

La Fondation Abbé Pierre a rendu hier son bilan annuel sur le mal-logement en France. Si les logements sont de plus en plus spacieux et bien équipés, il reste 4 millions de personnes mal logées et 12 millions fragilisées. La fondation tire une nouvelle fois la sonnette d'alarme et appelle le gouvernement à agir au plus vite. Le rapport, qui se base sur des données de l'Insee, souligne qu'un nombre important de personnes vivent dans des logements surpeuplés, dégradés, voire sans logement. « Cette situation, la plus alarmante, connaît une aggravation brutale et incontestable au cours des dernières années », selon la fondation Abbé Pierre. D'après les chiffres de l'Insee, les personnes sans domicile, qui vivent à la rue ou en hébergement, ont augmenté de 50 % entre 2002 et 2012 pour arriver à 143 000. [...]

Source : ladepeche.fr – 31 janvier 2018

Travail à faire

1. Qu'appelle-t-on le mal-logement ?
2. Montrez l'importance du phénomène en France.
3. Quel rôle joue la Fondation Abbé Pierre dans le domaine ?
4. Pourquoi faut-il encourager le « louer solidaire » ?

▶ Exercice 20 : la réponse de l'État au mal-logement

L'OPAH va offrir une seconde jeunesse aux quartiers anciens

[...] L'OPAH s'inscrit dans un contexte particulier. Le rajeunissement démographique a engendré un phénomène de « migration » vers la campagne bonifacienne, une partie de la population préférant délaisser progressivement les quartiers de la haute ville et de la marine où le parc locatif s'est fortement dégradé au fil des ans. Appartements vétustes, exigus, mal isolés... Une étude de 2007 fait apparaître que 12 % du parc des résidences principales de Bonifacio est potentiellement « indigne », soit 130 logements. Près de 83 % datent d'avant 1949. La lutte contre l'habitat indigne est donc un des volets forts de l'OPAH. Par ailleurs, cet habitat possède un cachet qui participe indéniablement au charme et à l'identité de Bonifacio. Pour cette raison, il existe aujourd'hui une volonté forte de la commune, mais aussi des Bonifaciens, de faire renaître ces quartiers anciens. Cette réhabilitation de la haute ville et de la marine, via l'OPAH, s'inscrit ainsi dans un projet global de mise en valeur urbaine avec des enjeux forts, à la fois patrimoniaux, sociaux et environnementaux. Repeupler le cœur de ville, lui redonner une attractivité touristique, commerciale, locative... C'est l'ambition affichée. [...]

Source : corsematin.com – 31 janvier 2013

Travail à faire

1. Qu'est-ce qu'une OPAH ?
2. Pourquoi la ville de Bonifacio a-t-elle mis en place une OPAH ?
3. Qui peut bénéficier des aides proposées dans le cadre de l'OPAH et sous quelles conditions ?
4. En quoi est-ce important pour l'agent immobilier de bien connaître ce type d'opération urbaine ?

Thème 4
Les coûts dans la formation des prix dans le secteur de l'immobilier

12. Les aspects financiers d'une opération immobilière de construction

A. Dans le cadre d'un programme de construction privé

Avant de se lancer dans la réalisation d'un programme immobilier, le promoteur-constructeur s'assure de la viabilité de son projet. Pour cela, il établit un budget prévisionnel dans lequel il se fixe une marge minimale (recettes – dépenses = marge). Il faut donc rester dans les enveloppes de dépenses prévues pour ne pas voir cette marge se réduire. C'est notamment le cas pour le terrain à acquérir (première démarche à faire). Le foncier n'est acquis et le programme lancé que si le prix du terrain entre dans le budget prévu à cet effet, budget qui a été déterminé à partir des autres dépenses de l'opération par déduction. C'est ce que l'on appelle le principe du compte-à-rebours.

Acquérir le foncier n'est pas toujours chose aisée. Les coûts de construction de plus en plus élevés (augmentation des prix des matériaux, de l'énergie, des salaires, des charges, surcoût dû aux mises aux normes...) réduisent la dépense possible. Et le prix du foncier peut être élevé. Il peut même arriver qu'il y ait concurrence entre plusieurs opérateurs et que l'acquisition ne soit plus possible suite au surenchérissement. Conséquence : le programme peut ne pas être monté.

B. Dans le cadre d'un programme de construction social

Poussés par la législation (loi SRU...), les bailleurs sociaux sont amenés à entreprendre de nombreuses opérations de construction. Ces opérations doivent être équilibrées. Or les loyers en logement social sont faibles et ne peuvent absorber la charge financière de ces opérations (contrairement au privé). D'où les nombreuses aides et contributions (cession de foncier public décoté ou gratuite, subventions, prêts aidés (PLAI, PLUS, PLS...), allégements fiscaux...). mises en place dans le cadre de la politique publique de logement.

En contrepartie de leur soutien financier, l'État, les collectivités locales mais aussi les entreprises (collecteurs 1 %) qui ont participé au financement de la construction de logements sociaux obtiennent un droit de réservation (un quota de logements qui leur est réservé pour placer leurs candidats).

La CDC, Caisse des Dépôts et Consignations, est le principal financeur des prêts aidés et mobilise à cet effet les ressources en provenance des livrets A (compte d'épargne réglementé et défiscalisé le plus utilisé en France).

13. L'impact du développement durable

Le bâtiment doit s'inscrire dans la logique du développement durable (DD) : il est le plus gros consommateur d'énergie et est responsable de près d'un quart de la production de gaz à effet de serre. C'est donc là que réside le principal gisement d'économies d'énergie exploitable immédiatement. Suite au Grenelle de l'environnement, les actions se sont accélérées : rénovation énergétique du parc existant, nouvelle réglementation thermique favorisant la performance énergétique dans le neuf (RT 2012), éco-construction et éco-conception (prise en compte dès la conception des coûts ultérieurs de fonctionnement, de maintenance et de fin de vie du bâtiment, soit un raisonnement en terme de cycle de vie du bâtiment), éco-quartier et ville durable...

Mais elles génèrent des surcoûts qui doivent, pour être compris, faire l'objet de campagnes d'information et de sensibilisation. Avec le temps, les économies d'échelle et l'effet d'expérience, ces coûts devraient baisser. Pour autant, la valeur verte d'un bâtiment (supplément de valeur dégagé par la meilleure performance environnementale) sera toujours un facteur de plus-value intéressant.

Le DD coûte donc cher et nécessite des compétences de plus en plus poussées, mais il représente aussi un important gisement d'emplois et de dynamique économique dont on a fort besoin actuellement.

ENTRAÎNEMENTS

▶ QCM

1. Un programme immobilier de construction doit toujours :
   a) être rentable
   b) être mixte
   c) intégrer le développement durable
2. Les actions de développement durable ne sont pas :
   a) rentables
   b) comprises
   c) légitimes

▶ Exercice 21. La construction de logements sociaux

La loi n° 2013-61 du 18 janvier 2013, relative à la mobilisation du foncier public en faveur du logement et au renforcement des obligations de production de logement social, élaborée par Cécile Duflot, traduit la mise en œuvre de deux engagements présidentiels :

- la cession du foncier public avec une forte décote pouvant aller jusqu'à la gratuité ;
- le renforcement des dispositions introduites par l'article 55 de la loi « SRU » : relèvement de l'objectif de 20 à 25 % de logement social par commune et possibilité de quintuplement des pénalités.

Attendues par les élus et les acteurs du logement, les mesures législatives sont emblématiques et essentielles pour donner le signal de la mobilisation générale pour la construction de logements. [...]

Source : site territoires.gouv.fr/ministère du logement et de l'égalité des territoires

Travail à faire

1. Quel est l'objectif de cette nouvelle législation ?
2. Toutes les communes sont-elles concernées par la montée du quota à 25 % ?
3. Une commune qui n'a pas atteint son quota de logements sociaux est-elle forcément sanctionnée ?

▶ Exercice 22. Le compte-à-rebours

LE BUDGET PRÉVISIONNEL DU PROMOTEUR

Dépenses	Recettes
Charges foncières (coût d'achat du terrain, viabilisation et démolitions éventuelles)	Chiffre d'affaires (produit de la vente de m² immobiliers)
Construction (travaux et honoraires de maîtrise d'œuvre)	
Taxes locales (d'aménagement...) et participations	
Frais divers (Coûts de mutation, frais de commercialisation, frais financiers, assurances...)	
MARGE (rémunération des capitaux propres et impôts)	

Travail à faire

1. Que recherche un promoteur lorsqu'il monte un programme immobilier ?
2. Peut-on affirmer que c'est la valeur de l'immobilier qui détermine le prix du terrain ?
3. Quel % du prix de vente peuvent représenter les charges foncières ?
4. La logique est-elle la même pour le financement de la construction de logements sociaux ?

▶ Exercice 23. Programme immobilier mixte

Projet immobilier des Granges

La rénovation de la bâtisse historique des Granges permet la création d'un programme de 50 logements dont 25 logements locatifs sociaux, 15 logements en accession sociale à la propriété et 10 logements en accession libre, ainsi que la réhabilitation et la création des locaux commerciaux en rez-de-chaussée du bâtiment afin de conforter l'activité commerciale du village. La démarche de développement durable a bien sûr été prise en compte dans la réalisation du projet. [...] Les logements sociaux sont commercialisés par le bailleur social Logirem [...].

Source : site de la ville de Gémenos/mairie-gemenos.fr

Travail à faire

1. Décrivez l'opération immobilière.
2. Différenciez les notions de logements locatifs sociaux, logements en accession sociale à la propriété et logements en accession libre.
3. Au niveau des logements locatifs sociaux prévus par cette opération, sont proposés 7 PLAI, 16 PLUS et 2 PLS. Qu'entend-on par PLS, PLUS et PLAI ?

Corrigés

Thème 1

QCM

1. a. oui. b. non (pas les secteurs public et social). c. oui. **2.** a. oui. b. non (ne l'est plus). c. non (changement de destination d'un bien existant). **3.** a. oui. b. oui (en cas de partenariat avec un promoteur-constructeur). c. non. **4.** a. non (c'est un syndicat professionnel composé de membres cotisants). b. oui. c. oui (elle a même sa propre « école »).

Exercice 1. Le marché immobilier français

1. C'est une zone en forme de bandeau traversant la France d'Est en Ouest en diagonale où la densité en habitants est faible.
2. La demande de logements y est donc faible et les prix immobiliers également par voie de conséquence (autour de 1 500 € au m² en vente). Ce sont souvent des zones rurales désertées au profit des grandes villes (exode rural).
3. Non, le secteur du logement social notamment ne fonctionne pas ainsi. Il se plie à une réglementation étatique stricte et malgré la forte demande, les loyers restent faibles (plafonnés) puisqu'ils ont vocation à s'adresser à des personnes aux revenus modestes.

Exercice 2. L'immobilier résidentiel

1. C'est un marché qui semble avoir un certain attrait touristique puisque les résidences secondaires sont assez nombreuses (15 %). Il est composé en grande majorité de maisons (habitat individuel) occupées principalement par leurs propriétaires (seulement 27 % de locataires). Et il y a peu de logements sociaux (35 % seulement des locataires sont en logement HLM). Ce marché rappelle le marché breton.
2. Connaître son marché local permet d'avoir du recul, de mieux argumenter et conseiller les clients, d'être plus crédible et professionnel.

Exercice 3. Les réseaux d'agences immobilières

1. Oui, car il y a des succursales et des franchises comme dans de nombreux grands réseaux commerciaux.
2. Non : contrat de travail pour le responsable de la succursale (salarié), contrat de franchise pour le franchisé et mandat d'intérêt commun pour le mandataire (commerçants indépendants).
3. En théorie, oui, mais il est préférable d'attendre que le réseau gagne en notoriété pour pouvoir attirer des franchisés en quête de clientèle déjà acquise à l'enseigne.

Exercice 4. Les différents acteurs immobiliers

1. Ces immeubles datent de l'époque de Napoléon III (XIXe siècle). Ils furent construits par le Baron Haussmann (préfet de la Seine) en charge de la restructuration urbaine de Paris.

2. Il s'agit d'une vente à la découpe organisée par un marchand de biens (promoteur-rénovateur). Le marchand de biens a acheté un immeuble d'appartements à une grande entreprise (entreprise d'assurance). Cette entreprise avait acquis cet immeuble pour placer ses fonds. Monopropriétaire de l'immeuble, elle louait les différents appartements. Après rénovation du bâtiment sous contrôle des ABF, transformation des logements en appartements de grand standing et création d'une copropriété, le promoteur-rénovateur a revendu les différents appartements avec une forte plus-value.

3. La clientèle visée est une clientèle fortunée notamment étrangère, à la recherche d'un pied-à-terre sur Paris, prêt à les accueillir avec les mêmes services qu'un hôtel.

Exercice 5. Les stratégies

a) diversification (stratégie de métier) par croissance interne qui permet d'élargir voire de fidéliser la clientèle, de régulariser le chiffre d'affaires sur l'année et de répartir les risques sur des marchés différents mais complémentaires (effets de synergie).
b) niche (stratégie concurrentielle défensive) qui permet de se positionner sur un créneau du marché avec très peu de concurrents et se donner une image de spécialiste (le loft est un bien atypique qui demande de l'expérience).
c) externalisation (stratégie relationnelle) qui permet d'utiliser les services d'un spécialiste extérieur (plus rentable que l'embauche d'un comptable en petite structure).
d) croissance conjointe (franchise) et internationalisation (stratégies de développement) qui permettent de toucher une clientèle plus large en s'installant près des lieux de vente et de location. Développement moins coûteux qu'en croissance interne (il n'y a pas création de points de vente propres).

Exercice 6. Déontologie

1. La DGCCRF est un organisme (administration publique) indépendant qui surveille les conditions d'échange entre entreprises et les transactions avec les consommateurs.

2. La publicité trompeuse induit en erreur alors que la publicité mensongère, plus grave, avance des éléments faux. Par nature, une publicité est toujours dans l'exagération mais elle ne doit pas être ambiguë. Les deux formes sont considérées comme des délits sanctionnables pénalement.

3. La FNAIM est le premier syndicat professionnel des services immobiliers en France de par son ancienneté et le nombre de ses adhérents. Elle a une action complémentaire à la DGCCRF puisqu'elle prône l'éthique dans les affaires et en cas de manquement d'un de ses membres, peut le radier de sa liste. Il ne pourra plus alors arborer le logo FNAIM qui se veut rassurant auprès de la clientèle.

Thème 2

QCM

1. a. non. b. oui, elle se renforce à nouveau actuellement. c. oui. **2.** a. non. b. non (parfois aussi des dettes). c. oui. **3.** a. oui. b. non. c. oui. **4.** non. b. non. c. oui. **5.** a. non pas directement. b. parfois (SIIC). c. oui. **6.** a. oui indirectement. b. non. c. non (certains n'ont été que peu touchés comme la France).

Exercice 7. Les cycles économiques

1. L'économiste Kondratieff a mis en évidence des cycles économiques longs (50 ans environ). Mais c'est l'économiste Schumpeter qui va les rendre célèbres par l'analyse qu'il en fait.

2. Schumpeter explique les phases ascendantes des cycles Kondratieff par l'apparition massive d'innovations majeures (grappes) engendrant durablement croissance économique et emplois.

3. Attirés par le profit, de nombreux imitateurs vont rejoindre les innovateurs et les marchés vont se saturer. Alors que les anciennes technologies s'essoufflent, de nouvelles apparaissent pour relancer l'activité et vont rendre les anciennes définitivement obsolètes. C'est ce que Schumpeter appelle le « processus de destruction créatrice » qui assure le renouvellement permanent de l'activité économique.

4. L'intérêt de connaître ces notions est de pouvoir avoir du recul, de savoir se situer dans une tendance économique. Après les Trente Glorieuses (de 1945 à 1975) où la croissance était en moyenne de 5 % par an, nous sommes entrés dans une phase descendante de cycle long que l'on appelle les Trente Piteuses, en réalité bientôt quarante, où la croissance est descendue jusqu'à 0 %. Il est à remarquer que l'on connaît depuis peu une reprise que l'on espère durable.

Exercice 8. Offre d'emploi

1. Le métier de prospecteur foncier consiste à rechercher des terrains constructibles ou à urbaniser, de pré-monter une opération immobilière pour chacun des biens prospectés respectant règles d'urbanisme et contraintes techniques et économiques, qu'il va présenter à son employeur pour le convaincre d'acquérir le terrain et d'y monter l'opération.

2. Le profil attendu : avoir de solides compétences pluridisciplinaires, un bon sens de la négociation, de l'aisance relationnelle et de l'expérience, niveau Bac +3.

3. Il peut être amené à travailler pour un promoteur-constructeur, une grande entreprise du BTP, un bailleur social... mais il peut aussi travailler à son compte.

Exercice 9. Témoignage

1. Face à une forte concurrence, les agents immobiliers doivent donner d'eux une image de professionnel confirmé au service du client. Certains même se spécialisent.

2. L'agent immobilier, prestataire de services, doit montrer son travail et prouver qu'il apporte une réelle valeur ajoutée par rapport à d'autres voies (à rapprocher des nouvelles obligations de formation continue de la loi ALUR).

3. Cet agent immobilier est respectueux de ses clients, a le souci de l'éthique et du professionnalisme.

Exercice 10. Les lois d'Engel

1. Les lois du statisticien Engel montrent que lorsque les revenus augmentent, les ménages cherchent à mieux se loger (passer de l'appartement à la maison, de la location à l'achat...). C'est un signe de promotion sociale.

2. L'augmentation des revenus n'est pas la seule raison qui fasse augmenter les dépenses en logement. Y contribuent aussi actuellement l'augmentation des prix immobiliers, de l'énergie, des charges... des dépenses supplémentaires non volontaires (contraintes) qui augmentent considérablement le taux d'effort des ménages.

3. Le taux d'effort brut représente le % de dépenses liées à l'habitation principale par rapport aux revenus du ménage. Il permet de mesurer le poids des dépenses en logement pour le ménage (il peut monter à plus de 40 %).

4. Les aides au logement de l'État vont alléger la charge de ces dépenses en logement pour les plus modestes. Les enjeux sont importants : économiques (limiter l'effet d'éviction pour les autres secteurs), sociaux (lutter contre la précarité) et sociétaux (droit au logement)...

5. L'accession à la propriété ne réduit pas dans un premier temps le taux d'effort (en raison des remboursements d'emprunt) mais par la suite, elle le permet (plus de remboursements et pas de loyers à payer).

Exercice 11. La résidence secondaire

1. Les raisons possibles sont : ancienne tradition française (qui daterait de l'époque de la Monarchie), engouement pour l'accession à la propriété, amélioration des transports, allongement des congés, anticipation de la retraite... tout se conjugue pour s'autoriser à devenir propriétaire de sa maison de vacances.

2. Acheter une résidence secondaire permet d'éviter de prévoir et de payer à fonds perdus des locations de vacances, d'arriver chez soi et de pouvoir accueillir famille et amis sans contraintes, mais c'est sans compter les frais de transport, d'entretien, les charges et les taxes supplémentaires à payer avec des possibilités de revente pas toujours évidentes... un placement de plaisir plus qu'un placement rentable...

3. Oui, il y a de nombreux étrangers qui achètent chez nous. Ils ont plutôt un bon pouvoir d'achat (s'intéressent à de belles demeures, s'installent dans les stations balnéaires ou de sports d'hiver...) et viennent majoritairement de pays limitrophes... Ils sont attirés par le niveau de vie et les charmes de la France...

Exercice 12. La pierre-papier

1. Il s'agit d'un investissement indirect dans la pierre. On acquiert des parts ou des actions d'une société qui investit dans de l'immobilier locatif.

2. C'est un bon compromis entre le financier et l'immobilier, qui rapporte de manière régulière une bonne rentabilité (grâce à l'accès aux marchés immobiliers d'entreprise plus rémunérateurs), nécessite moins de fonds de départ et est plus liquide que l'immobilier classique. Il évite un investissement locatif direct qui nécessiterait de s'occuper ou de confier la gestion du bien à un tiers.

3. Les 3 types de sociétés permettent d'investir indirectement dans la pierre. La SCPI, forme la plus connue, est une société qui n'investit que dans l'immobilier contrairement à l'OPCI (60 % minimum). La SIIC est par contre une société foncière qui n'investit que dans l'immobilier mais est cotée en Bourse. Elle distribue des actions et non pas des parts comme les deux précédentes.

Exercice 13. Le marché immobilier espagnol

1. L'accession à la propriété est une tradition chez les Espagnols. Les promoteurs construisent en masse pour y répondre. Avec la flambée des prix due à la demande, les Espagnols ont dû s'endetter plus largement. La crise financière des subprimes de 2008 a bloqué net le marché entraînant de multiples faillites et une grave récession.

2. L'effondrement des prix sur le marché immobilier espagnol peut être une aubaine pour les investisseurs étrangers notamment les ménages français (résidences secondaires, investissement locatif...)

3. Il est vrai qu'en Espagne, il y a beaucoup de demandes de locations saisonnières. Encore faut-il bien choisir l'endroit où l'on achète et la qualité du bâtiment. Il ne faut pas chercher forcément le moins cher.

Exercice 14. La titrisation des prêts immobiliers

1. La titrisation correspond à un rachat de créances : une société financière rachète à une banque ses créances immobilières (qu'elle obtient lorsqu'elle accorde des crédits immobiliers). Ces créances sont alors transformées en obligations (titres négociables).

2. Les fonds obtenus par la vente de ces créances immobilières permettront à la banque de faire d'autres opérations d'investissement intéressantes qu'elle n'aurait pas pu faire autrement par manque de moyens.

3. Le système bancaire peut être mis en difficulté si les créances immobilières ne peuvent plus être honorées comme ce fut le cas avec la crise des subprimes aux États-Unis (emprunts hypothécaires à taux variables) qui s'est propagée à l'international sous l'effet de la titrisation et de la mondialisation des marchés financiers.

Thème 3

QCM

1. a. non. b. non. c. non. **2.** a. oui. b. non. c. oui. **3.** a. non. b. oui. c. oui. **4.** a. oui. b. oui. c. non. **5.** a. non. b. oui. c. oui.

Exercice 15. La réponse de l'État aux difficultés immobilières

1. L'État pompier est un État qui se porte au secours d'une économie en difficultés (encore appelé par les économistes État-Providence).

2. Les différentes mesures évoquées sont : soutien aux promoteurs, à l'accession à la propriété ; un soutien aussi bien à l'offre qu'à la demande sur le marché immobilier.

3. Les enjeux sont extrêmement importants : soutien de l'emploi, du système bancaire, des investissements, de la construction... le soutien à l'immobilier permet d'amortir les effets de la crise sur l'économie.

4. L'État a un budget alimenté par des recettes fiscales qui lui permettent de faire des dépenses. Il doit bien gérer ce budget en ne dépensant pas trop. Lorsqu'il souhaite dépenser plus qu'il n'a, il se met en déficit (déséquilibre budgétaire) et doit emprunter. Or l'État est tenu de limiter son déficit budgétaire et surtout son endettement pour se plier aux obligations européennes. Face à la crise, cette priorité passe au second plan. La priorité est à l'aide aux marchés. L'État dépensera au nom de l'intérêt général autant qu'il lui paraîtra souhaitable pour éviter que la crise ne s'aggrave.

5. Être au courant du contexte économique et des mesures prises permet de conseiller au mieux les clients notamment sur les aides et les facilités dont ils peuvent bénéficier.

Exercice 16. La pierre, valeur refuge

1. Le placement boursier est très risqué. C'est un véritable pari. Les plus-values et la rentabilité ne sont pas assurées. Le marché boursier est très sensible, les retournements d'évolution brutaux et importants. L'investissement est immatériel (peu rassurant) mais liquide (transactions rapides) et nécessite peu de fonds de départ. Placer son argent en Bourse demande une veille continuelle et de la réactivité.

2. L'immobilier peut être considéré comme une valeur refuge. Les biens gardent toujours une certaine valeur, les variations de prix sont moins fortes et plus prévisibles. L'investissement locatif peut rapporter une bonne rentabilité

avec moins de risques... Enfin, placer son argent dans l'immobilier permet de se constituer un patrimoine plus sûr à léguer à ses enfants...

3. Oui l'immobilier peut être touché par un krach. D'autres pays nous l'ont montré : les États-Unis, l'Espagne... mais en France, c'est un marché soutenu par l'État même en période hors crise ce qui réduit les risques de chute des prix... Pour autant, des moins-values sont possibles.

Exercice 17. Le PLH

1. Le Programme ou Plan Local de l'Habitat (PLH) est un outil de politique locale de l'habitat (d'analyse des forces et faiblesses de l'habitat local et de programmation d'actions en matière de logements en fonction des besoins locaux (constructions, améliorations et réhabilitations, de logements privés et sociaux...)). Il est établi pour 6 ans à l'échéance desquels, il est révisé. Il est obligatoire dans toutes les communautés de communes de plus de 30 000 habitants avec au moins une commune de plus de 10 000 habitants, dans toutes les communautés d'agglomération et communautés urbaines et dans les communes isolées de plus de 20 000 habitants.
2. Les 3 étapes sont : le diagnostic local de l'habitat, les propositions d'orientations et la traduction des orientations en programmes d'actions.
3. Les missions du PLH : il cherche à répondre aux besoins locaux en habitat (logements et hébergements), à favoriser le renouvellement urbain (densification et requalification de quartiers) et la mixité sociale (réponse à la loi SRU).
4. Prendre connaissance du PLH local permet à l'agent immobilier de mieux connaître les projets urbains locaux, de pouvoir mieux conseiller un client qui souhaite acheter et qui découvre la région en lui parlant des possibilités de parcours résidentiel locales et des infrastructures existantes et à venir...

Exercice 18. Les seniors et le logement

1. La préoccupation majeure des seniors est de s'assurer un logement adapté pour « leurs vieux jours » en réaménageant le leur ou en en trouvant un plus adapté et volontairement plus petit le plus souvent. Ils sont inquiets car ils trouvent que l'État ne répond pas suffisamment à leurs attentes.
2. Parcours résidentiel possible : colocation ou résidence services seniors, logement adapté (aux PMR), puis maison de retraite ou EHPAD.
3. Face à des seniors, il faut savoir les conseiller et les guider aussi bien à la vente qu'à l'achat en anticipant leurs besoins spécifiques futurs. Les clients seront rassurés par les compétences de l'agent immobilier qui gagnera en professionnalisme...
4. Le marché des seniors ou « Silver Economy » est un marché très porteur notamment au niveau immobilier. Il y a un fort besoin de logements adaptés aux personnes âgées et d'équipements médicalisés à satisfaire pour répondre au papy-boom. Ce qui représente un nombre important de chantiers encore à venir (constructions et réaménagements).

Exercice 19. Les indicateurs du mal-logement.

1. La notion de mal-logement renvoie aux difficultés d'accès et de maintien dans un logement auxquelles sont confrontées les personnes défavorisées.

2. Le phénomène est important en France : plus de 16 millions de personnes sont touchées de près ou de loin par la crise du logement (de manière plus précise, il y a 4 millions de personnes mal-logées et 12 millions de personnes fragilisées en 2018). Des chiffres considérables et en hausse (+ 50 % de SDF entre 2002 et 2012).

3. La Fondation Abbé Pierre est une association pour le logement des défavorisés qui a pour mission de lutter contre le mal-logement et les phénomènes d'exclusion. Non seulement, elle informe et sensibilise au problème le grand public et l'État (lobbying) mais elle participe aussi à l'amélioration de l'habitat et à la construction de logements très sociaux et aide à l'insertion. Ce genre d'associations appartient au secteur appelé l'Économie Sociale et Solidaire (ESS) et cherche à compléter l'action de l'État.

4. « Louer solidaire » suppose pour un bailleur privé de louer à des personnes aux revenus modestes à un loyer plus faible. Ce n'est pas évident de trouver des bailleurs intéressés (risques d'impayés et de dégradations plus importants, baisse de la rentabilité de la location) mais ce serait un acte citoyen et cela permettrait de pallier en partie le manque de logements sociaux actuel. Certains systèmes de défiscalisation y encouragent.

Exercice 20. La réponse de l'État au mal-logement

1. Une OPAH est une Opération Programmée d'Amélioration de l'Habitat. C'est un des dispositifs mis en place par l'État pour la rénovation de l'habitat dégradé. Il s'agit en fait d'une convention signée entre la commune, la Région, l'État et l'ANAH (Agence Nationale de l'Habitat) pour une durée au choix de 3 à 5 ans, cherchant à encourager la réhabilitation d'un quartier ancien confronté à l'habitat dégradé par le biais d'aides financières accordées pour des travaux d'amélioration et de réfection sur des logements dégradés.

2. Bonifacio a mis en place une OPAH de 5 ans (2012-2017) dédiée aux quartiers anciens de la ville haute et de la marine. Cette opération vise à rénover le centre ancien où l'habitat s'était fortement dégradé (lutte contre l'habitat indigne, la précarité énergétique, adaptation aux normes handicapés, remise sur le marché de logements vacants) et lui redonner de l'attractivité (enjeux économiques, sociaux, patrimoniaux...).

3. Peuvent bénéficier de ces aides proposées pour des travaux de réhabilitation : des propriétaires occupants aux revenus modestes et des bailleurs qui devront alors louer à loyer modéré (en ce qui concerne les parties privatives) et des copropriétés en difficultés qui en font la demande (en ce qui concerne les parties communes).

4. Il est important pour l'agent immobilier de connaître les rouages d'une telle opération urbaine pour pouvoir conseiller au mieux des clients qui hésiteraient à s'engager dans un achat dans un tel quartier et les guider non seulement sur les aides possibles mais aussi les rassurer en leur montrant les plus-values réalisables suite à la requalification du quartier.

Thème 4

QCM

1. a. non (au moins équilibré, c'est le cas dans le secteur social). b. non (mais c'est mieux). c. oui (RT 2012...). **2.** a. ne le sont qu'à long terme. b. pas toujours (éducation à faire). c. si.

Exercice 21. La construction de logements sociaux

1. L'objectif est d'accélérer la construction de logements sociaux, forcer les villes réticentes à en construire par la sanction (qui est proportionnelle au nombre de logements manquants).

2. Certaines communes restent à 20 % (quand la démographie est stable et les délais d'obtention d'un logement HLM sont courts ; l'effort supplémentaire ne se justifie pas alors).

3. Elle ne l'est pas si elle a mis en œuvre des programmes immobiliers dans ce sens.

> **Remarque**
> • La loi ELAN de 2018 (ou loi logement) va intégrer dans le quota SRU, en plus des logements sociaux locatifs (logements HLM), les logements en accession sociale à la propriété (mais seulement durant 5 ans). Cela devrait alléger la pression sur les communes pour atteindre le quota de logements sociaux requis.

Exercice 22. Le compte-à-rebours

1. Le promoteur recherche la rentabilité de son projet. Il fait en sorte que l'écart entre les recettes et les dépenses lui permette de dégager une marge suffisante.

2. En effet, le promoteur raisonne à l'envers : il part des ventes et retire les dépenses autres que le foncier et la marge pour voir ce qu'il lui reste pour le foncier (principe du compte-à-rebours).

3. Les charges foncières peuvent représenter entre 10 et 45 % du prix de vente environ.

4. Non la logique n'est pas la même. L'objectif est l'équilibre et ceci n'est possible qu'avec des aides extérieures.

Exercice 23. Programme immobilier mixte

1. Il n'y a pas eu construction mais réutilisation d'un bâtiment existant avec travaux d'amélioration. Il s'agit d'une opération proposant de nouveaux logements sociaux et privés et des commerces (programme mixte) qui s'inscrit complètement dans le cadre du DD.

2. Il y a dans ce programme 3 catégories de logements : des logements sociaux à louer (locatifs sociaux), des logements sociaux à acheter avec prêts aidés comme le PSLA (en accession sociale) et des logements privés à acheter (en accession libre).

3. Il s'agit de 3 catégories de logements sociaux : les PLAI sont réservés aux personnes en grande précarité, les PLUS sont les logements sociaux standards et les PLS sont attribués à des ménages plus aisés mais pas suffisamment pour avoir un logement dans le privé. Les loyers augmentent au fur et à mesure tout en restant plafonnés et inférieurs au secteur privé.

Sigles et acronymes

ABF : Architecte des Bâtiments de France
ALF : Allocation de Logement Familiale
ALS : Allocation de Logement Sociale
ALT : Aide au Logement Temporaire
ALUR : loi pour l'Accès au Logement et un Urbanisme Rénové (2014)
ANAH : Agence Nationale de l'Habitat
APL : Aide Personnalisée au Logement
BES : Biens Et Services
CA : Chiffre d'Affaires
CAF : Caisse d'Allocations Familiales
CCMI : Contrat de Construction de Maison Individuelle
CDC : Caisse des Dépôts et Consignations
CDD : Contrat à Durée Déterminée
CI : Consommations Intermédiaires
DALO : Droit Au Logement Opposable
DD : Développement Durable
DGCCRF : Direction Générale de la Concurrence, de la Consommation et de la Répression des Fraudes
EHPAD : Établissement d'Hébergement pour Personnes Âgées Dépendantes
ELAN : loi pour l'Évolution du Logement, de l'Aménagement et du Numérique ou loi logement (2018)
ESH : Entreprise Sociale pour l'Habitat
ESS : Économie Sociale et Solidaire
FNAIM : Fédération Nationale de l'Immobilier
HLM : Habitation à Loyer Modéré
IDF : Ile De France
INSEE : Institut National de la Statistique et des Études Économiques
OPAH-RU : : Opération Programmée d'Amélioration de l'Habitat – Renouvellement Urbain
OPCI : Organisme de Placement Collectif en Immobilier
OPH : Office Public de l'Habitat
PCS : Professions et Catégories Socio-professionnelles
PEL : Plan Épargne Logement
PIB : Produit Intérieur Brut
PLAI : Prêt Locatif Aidé d'Intégration
PLH : Programme Local d'Habitat
PLS : Prêt Locatif Social
PLUS : Prêt Locatif à Usage Social
PMR : Personne à Mobilité Réduite
PNRQAD : Plan National de Requalification des Quartiers Anciens Dégradés
PSLA : Prêt Social Location-Accession
RD : Revenu Disponible
RT : Réglementation Thermique
SCPI : Société Civile de Placement Immobilier
SEM : Société d'Économie Mixte
SIIC : Société d'Investissement Immobilier Cotée
SRU : loi Solidarité et Renouvellement Urbain (2000)
TEE : Taux d'Effort Énergétique
TRACFIN : Traitement du Renseignement et Action Contre les circuits FINanciers clandestins
VA : Valeur Ajoutée
VEFA : Vente en État Futur d'Achèvement

ARCHITECTURE, HABITAT ET URBANISME, DÉVELOPPEMENT DURABLE

Thème 1

L'évolution de l'habitat et des styles architecturaux

1. Évolutions urbaines et styles architecturaux

A. L'urbanisation

L'urbanisation correspond à un mouvement de développement démographique et territorial des villes. Elle entraîne des changements de mode de vie. Elle s'est accélérée au cours du XXe siècle en raison de la croissance démographique et économique et de l'exode rural (80 % des emplois se trouvent dans les villes). Elle se fait au détriment des villages de campagne qui se désertifient et meurent…

Ce processus d'urbanisation a conduit plus de 80 % de la population française à vivre en milieu urbain, dans des villes de plus en plus grandes (métropolisation). On parle d'aire urbaine pour désigner une ville et sa zone d'influence. Cette aire urbaine se compose d'une ville-centre et de sa banlieue (ou agglomération) et d'une couronne périurbaine née de l'étalement urbain qui s'est fait au détriment des espaces ruraux (mitage). Ancien village qui s'est développé, la ville-centre est caractérisée par un cœur de ville historique où le bâti ancien et les ruelles étroites font l'objet actuellement de nombreux programmes de sauvegarde et de rénovation. Autour de la ville-centre s'étendent la banlieue et la couronne périurbaine, espaces moins denses et essentiellement résidentiels, habités par des personnes travaillant en ville-centre, générant de nombreux déplacements quotidiens (migrations pendulaires). Se côtoient dans ces zones périphériques, habitat individuel (lotissements de pavillons) et habitat collectif (immeubles d'appartements privés ou sociaux), quartiers bourgeois et populaires…

Paris et ses couronnes illustrent bien ce schéma de développement urbain.

Construites au fil du temps, les « vieilles » villes donnent le sentiment d'une urbanisation non maîtrisée. Les villes nouvelles construites dans les années 1970 comme Saint-Quentin-en-Yvelines, par contre, ont été dès le départ volontairement conçues de manière plus équilibrée rapprochant emploi et habitat.

Chaque ville a ainsi sa propre physionomie et structure spatiale comme on peut le constater à la lecture des plans d'une ville.

Enfin, la ville occupe une place au sein de sa région. Entre les villes d'une même région peuvent se créer des relations hiérarchisées (réseau unipolaire avec une ville dominante) ou non hiérarchisées (réseau multipolaire).

B. Les styles architecturaux

Chaque ville a aussi sa personnalité architecturale qui s'exprime au travers de ses bâtiments.

L'architecture, c'est l'art de bâtir des ouvrages beaux, utiles et solides (Vitruve). Elle évolue en fonction des époques, des changements de goûts, des innovations constructives… De nombreux styles architecturaux se sont succédé, certains ont été repris, d'autres abandonnés, mais ils se sont surtout exprimés au travers des bâtiments de prestige (cathédrales, châteaux, musées…). Ils reflètent alors les ambitions politiques, sociales et culturelles de leur époque.

L'Antiquité

Les premiers styles apparaissent dès l'Antiquité. Grecs et Romains, impressionnés par les pyramides égyptiennes, voulurent donner à leurs temples le même caractère majestueux et parfait : il s'agit de l'architecture **classique** reconnaissable à ses frontons et colonnes (Parthénon d'Athènes, Panthéon à Rome).

Les Romains érigèrent aussi des monuments utilitaires comme des aqueducs (le Pont du Gard), des bains publics (thermes de Caracalla), des amphithéâtres (le Colisée), mais aussi de magnifiques arcs de triomphe (comme celui d'Orange), symboles de leur puissance…

Les édifices romains vont utiliser une nouvelle technique de construction : les arches qui permettent d'alléger et de mieux répartir le poids de la structure. L'architecture classique (V^e^ av. J.-C./IVe ap. J.-C.) donnera naissance dans le monde occidental au style roman.

Le Moyen-Âge

L'architecture **romane** est un style architectural essentiellement religieux (X^e^-XIIe). Les édifices romans sont massifs, compacts et peu élevés (Abbatiale Sainte-Foy de Conques). Les voûtes intérieures sont en berceau (arcs en plein cintre rappelant les arches des Romains

d'où le terme « roman »). Les murs sont très épais pour soutenir la pression des voûtes, souvent renforcés de l'extérieur par des contreforts. Les ouvertures sont étroites et peu nombreuses rendant l'intérieur sombre. Ce style va être remplacé progressivement par le style **gothique** dont les plus beaux monuments représentatifs sont des cathédrales (XIIe-XVIe). L'architecture gothique va s'appuyer sur une innovation constructive : la voûte en croisée d'ogives (arcs brisés) associée à des arcs-boutants, qui va permettre de construire des édifices plus hauts et plus grands avec de magnifiques flèches élancées. De larges fenêtres en vitrail coloré inondent l'intérieur de l'édifice de lumière (cathédrales de Chartres, d'Amiens, de Paris...).
Parallèlement, le Moyen-Âge est aussi la période de la féodalité. L'insécurité règne et les châteaux forts entourés de remparts se multiplient.

Les temps modernes (période qui va jusqu'à la Révolution française de 1789)

L'architecture de style **Renaissance** débute en Italie en réaction à la surcharge décorative de l'architecture gothique (XVe-XVIIe). Elle reprend l'architecture classique qu'elle trouve majestueuse. François 1er bâtira en France de nombreux châteaux selon ce style faisant du château un lieu de résidence luxueux, élégant, perdant son rôle défensif (Château de Chambord...).
Le **classicisme** poursuivra ce style emprunté à l'Antiquité (XVIIe-XVIIIe). Il se démarque par la recherche de compositions symétriques et sobres et se veut un idéal d'ordre et de raison (Château de Versailles).
Le style **baroque** venu lui aussi d'Italie, est plus exubérant, théâtral et désordonné (abondance de décorations). Il s'oppose volontairement au classicisme (XVIIe-XVIIIe). Il affectionne les lignes, les illusions d'optique, les contrastes et les jeux de lumière. Son but est de surprendre et de charmer.
Le **rococo** (XVIIIe), variante du baroque, plus aristocratique et raffiné (ornementation imitant les rochers, les pierres, les coquilles, les feuilles...) disparaîtra avec la Révolution Française.

L'époque contemporaine

L'architecture du XIXe est une architecture entre passé et modernisme où plusieurs courants architecturaux se superposent :

- les **styles « néo » ou historicisme** (reprises des styles du passé) comme le néoclassique ou style Empire (arc de triomphe de Paris), le néogothique, le néobaroque... ;
- **l'éclectisme,** mélange de plusieurs styles du passé sur un même édifice (Palais Garnier) ;
- **l'architecture industrielle** ou métallique, architecture des ingénieurs utilisant de nouveaux matériaux (fonte, acier, fer...) pour des édifices utilitaires (gares, halls d'exposition...) qui s'imposera rapidement malgré les vives polémiques.

L'architecture du XXe rompt avec les formes du passé :

- **l'Art Nouveau** ou art de la Belle Époque (fin XIXe-début XXe) cherche à s'opposer au style haussmannien répétitif et sévère en proposant des œuvres uniques à nouveau décorées pour le bonheur de l'élite bourgeoise ;
- puis par opposition naît **l'Art Déco** (1920-1940), devenu international, avec des formes plus pures et géométriques (Théâtre des Champs Élysées) ;
- apparaîtront ensuite des mouvements plus avant-gardistes comme le **modernisme** ou style international sans fantaisie où seule compte la fonctionnalité (Le Corbusier), style à l'origine de la construction massive des grands ensembles en béton armé très impersonnels ;
- à partir de 1960, suivront le **post-modernisme** qui réutilise à nouveau les formes historiques classiques, la **techno-architecture** qui fonde ses racines dans l'architecture métallique du XIXe (centre Beaubourg) et le **déconstructivisme** (bâtiments aux formes défiant la loi de la gravité, disharmonieuses et irrégulières).

L'architecture actuelle du XXIe fait appel à des techniques et des matériaux toujours plus sophistiqués (gratte-ciel de Dubaï...) mais cherche aussi à intégrer de plus en plus les enjeux environnementaux.

2. Les sites protégés et leurs contraintes

A. Créer et mettre en valeur un secteur sauvegardé

Créés par la loi Malraux du 4 août 1962, les secteurs sauvegardés constituent un dispositif essentiel de préservation du patrimoine immobilier, de lutte contre la destruction systématique des quartiers anciens vétustes.

Un **secteur sauvegardé** est une zone urbaine (souvent un centre-ville) qui présente un caractère historique, esthétique ou culturel de nature à justifier sa préservation. On en compte actuellement une centaine en France créés par l'État à l'initiative de la ville concernée.

L'idée est donc, au sein de cette zone, de conserver l'existant et de le rénover dans le cadre d'un **Plan de Sauvegarde et de Mise en Valeur** (PSMV) qui va imposer de nouvelles règles d'urbanisme propres à ce secteur. Ce plan de sauvegarde est un des rares documents d'urbanisme dont l'élaboration et la gestion restent de la compétence de l'État (ministère de la culture et de l'équipement) et non de la ville comme c'est le cas des POS et PLU.

Dans un secteur sauvegardé, les programmes de rénovation et d'aménagement (extérieurs comme intérieurs), de construction ou de démolition sont encadrés et surveillés par les architectes des bâtiments de France (ABF), architectes de l'État spécialisés en patrimoine. L'autorisation de travaux est à demander à la mairie qui transmet le dossier à l'ABF pour avis.

Le statut de secteur sauvegardé confère des aides financières (subventions de l'ANAH dans le cadre d'OPAH montées en parallèle), des avantages fiscaux aux propriétaires qui entreprennent des opérations de rénovation.

Parallèlement aux secteurs sauvegardés, il existe des **aires de valorisation de l'architecture et du patrimoine** (AVAP). Ce sont des zones avec un ensemble de prescriptions architecturales et urbanistiques à l'origine de servitudes d'utilité publique. Elles peuvent côtoyer les secteurs sauvegardés et évoluer en secteur sauvegardé.

La loi 7 juillet 2016 relative à la Liberté de Création, à l'Architecture et au Patrimoine (loi LCAP) a renommé ces sites protégés. Secteurs sauvegardés et AVAP sont désormais appelés Sites Patrimoniaux Remarquables (SPR).

B. Inscription et classement au titre des monuments historiques

En France, environ 40 000 monuments publics ou privés sont concernés. Il s'agit d'immeubles dont la conservation présente, du point de vue de l'histoire ou de l'art, un intérêt public et qui nécessite donc des mesures de protection. Un tiers de ces monuments sont des immeubles d'habitation, un autre tiers des édifices religieux et pour le reste des ouvrages militaires, des jardins, des monuments funéraires ou commémoratifs, des ouvrages de génie civil...

Selon la loi du 31 décembre 1913, les procédures de protection possibles sont de deux types : les édifices peuvent être inscrits ou classés.

Le **classement** est le plus haut niveau de protection, le plus contraignant. **L'inscription** est envisagée si le classement ne se justifie pas immédiatement.

Alors que le classement s'opère au niveau national (les biens classés dépendent du code du patrimoine), l'inscription se fait au niveau régional (les biens inscrits dépendent du code de l'urbanisme).

Les demandes de protection sont instruites par les DRAC (Directions Régionales des Affaires Culturelles). Si un classement est envisagé, elles transfèrent le dossier au ministère de la culture. La protection de l'édifice peut être totale ou partielle c'est-à-dire ne concerner que certaines parties de l'immeuble (façade, toiture, portail...).

Les travaux autorisés sur un immeuble classé ou inscrit sont bien sûr exécutés sous le contrôle des ABF, sont aidés financièrement et peuvent donner lieu à une défiscalisation. De plus, la loi de 1913 a imposé un périmètre de protection de 500 mètres autour de chaque monument historique où toute demande de travaux ou de construction... est également soumise à l'avis et au contrôle des ABF. Ceci permet d'imposer une cohérence architecturale globale. La loi LCAP remplace désormais ce périmètre systématique de 500 m par des périmètres établis par l'État après enquête publique.

Un monument classé ne peut être cédé sans en informer au préalable le ministre de la culture. L'acheteur d'un monument historique doit être informé avant la vente de l'existence des contraintes inhérentes à ce statut (devoir de conseil de l'agent immobilier).

3. Spécificités architecturales régionales

A. L'architecture vernaculaire

La grande majorité des maisons de par le monde n'ont pas été conçues par des architectes mais par des particuliers. Elles sont le produit de traditions locales issues du monde rural. On parle d'architecture vernaculaire (« propre à un pays, à ses habitants ») ou régionale.

Ce sont des maisons construites avec des matériaux de la région, tenant compte des conditions climatiques du lieu (vent, températures extrêmes...), des risques naturels locaux (séisme, crues...), de l'état du terrain, des usages des habitants (grenier ou cave pour stocker des produits), des modes de vie (structures fixes ou nomades) et de normes esthétiques et sociales (le plaisir de vivre dans une belle maison, en harmonie avec son environnement).

C'est une forme d'architecture très diversifiée. Elle est fondée sur un savoir-faire traditionnel qui se transmet de génération en génération et qui confère à l'habitat régional des caractéristiques architecturales propres, véritable richesse patrimoniale à préserver.

L'habitat traditionnel peut être considéré comme un habitat durable qui retrouve tout son intérêt actuellement. De nombreux architectes reviennent aujourd'hui à ce type d'architecture adapté à l'environnement (architecture verte).

B. Deux exemples d'architecture régionale

En France, chaque région possède son propre code architectural.

À l'Ouest de la France, les maisons bretonnes typiques ont souvent des murs en granit (bruts ou peints en blanc) et des toits en ardoise (matériaux locaux).

Les formes d'habitat les plus traditionnelles sont la longère (longue maison rurale de plain-pied avec des pièces en enfilade) et la maison de pêcheur (petite maison aux pignons triangulaires se terminant en souche de cheminée).

Les maisons sont basses, solides, bien fermées aux vents et aux pluies (doubles fenêtres, pignon aveugle à l'ouest, volets intérieurs...).

Au Sud Est de la France, on pense bien sûr au mas provençal.

Les matériaux utilisés sont essentiellement la pierre (bon isolant contre la chaleur) et que très peu le bois car les provençaux ont peur du feu. Il y a également peu de bois dans les charpentes car les toits sont presque plats. Les couvertures sont réalisées en tuiles-canal aux nuances rose-ocre (couleurs locales) avec génoise (avancée de toit de plusieurs rangs de tuiles qui permet d'éloigner des murs le ruissellement des eaux de pluie).

Les mas sont toujours orientés plein sud tournant le dos au mistral. Les ouvertures ne sont pas très grandes pour pouvoir garder une certaine fraîcheur l'été.

Les mas sont à l'origine des fermes, construites au fil des ans en fonction des disponibilités financières d'où la présence de bâtiments de hauteurs différentes autour de la cour.

Ces exemples nous montrent bien l'adaptation de l'habitat au milieu local, aux ressources et aux besoins.

Aujourd'hui, la tradition est remise au goût du jour et les professionnels de la construction proposent dans leur catalogue des modèles de maisons modernes à l'aspect traditionnel (architecture néo-traditionnelle).

4. Habitat et développement durable

A. Le développement durable

Il s'agit d'un mode de développement qui « vise à satisfaire les besoins des populations actuelles sans compromettre la capacité des générations futures à répondre aux leurs » (1987 – rapport Brundtland) c'est-à-dire un mode de développement citoyen qui cherche à concilier le progrès économique et social avec la préservation de l'environnement. Le développement durable (DD) repose donc sur 3 dimensions (l'environnement, le social et l'économique) encore appelées les « 3 piliers » (3P). Il s'agit d'une nouvelle manière de penser et de gérer le monde. Le bâtiment et l'urbanisme sont les premiers concernés.

B. Énergies renouvelables et éco-construction

La croissance économique mondiale de ces dernières décennies s'est accompagnée d'un recours croissant aux énergies fossiles (pétrole, gaz naturel...). Or riches en carbone, ces énergies polluent (émissions de GES) et leurs stocks s'épuisent faisant s'élever leur prix. D'où la nécessité d'engager une **transition énergétique** avec pour objectifs la baisse de la consommation d'énergie et le passage progressif aux Énergies Naturelles Renouvelables (ENR).

On intègre dans les ENR l'hydraulique, l'éolien, le photovoltaïque, le solaire thermique, la géothermie, la biomasse... et le bois si les forêts font l'objet d'une gestion durable (replantage systématique d'arbres après abattage).

Dans le bâtiment, la réduction des consommations énergétiques est devenue une priorité. **La RT 2012** (Réglementation Thermique actuelle) impose de construire **en BBC (Bâtiment Basse Consommation)**, concept de construction fondé sur une orientation bioclimatique, une forte isolation (du toit, des murs, des sols, des fenêtres...), l'absence de ponts thermiques, une grande étanchéité à l'air ainsi que le contrôle de la ventilation, l'utilisation de modes de chauffage performants et d'énergies renouvelables.

Mais il est possible d'aller plus loin encore avec **le bâtiment à énergie passive (BEPAS)**, bâtiment à très basse consommation reprenant de manière renforcée les caractéristiques du BBC et utilisant au mieux l'apport de chaleur « passive » du soleil. Un BEPAS n'a pas besoin de plus de 15 kWh/m²/an. Ce qui est nettement plus faible qu'un bâtiment BBC qui nécessite entre 40 à 65 kWh/m²/an selon la zone climatique.

Enfin, il existe également le **bâtiment à énergie positive (BEPOS)** qui produit plus d'énergie qu'il n'en consomme. Ce standard sera obligatoire dans le logement neuf à partir de 2020. Le BEPOS va plus loin encore dans la performance énergétique que le BEPAS puisqu'il inclut des équipements de production d'énergie comme les panneaux photovoltaïques.

Pour autant, BBC, BEPAS et BEPOS ne sont pas forcément des bâtiments écologiques.

L'éco-construction ou construction durable, est un concept plus large. Il s'agit de construire un bâtiment avec non seulement de meilleures performances énergétiques mais aussi environnementales et sanitaires. L'éco-construction consiste en la réalisation d'un bâtiment utilisant des matériaux sains et pauvres en énergie grise (peu transformés), des ressources locales, des systèmes de récupération d'eau de pluie et des ENR... Elle assure aux habitants du bâtiment un environnement intérieur sain (meilleure qualité sanitaire du bâtiment) et confortable tout en limitant les impacts de la construction sur l'environnement.

C. Ville durable et éco-quartiers

Le sommet de la Terre de Rio en 1992 a adopté une série d'engagements en faveur du DD pour le XXIe siècle. Suite à cela, les collectivités locales ont été poussées à définir en concertation avec leurs habitants, des programmes d'actions dans ce sens.

Il s'agit des **Agendas 21 locaux**. En fonction des contextes urbains, ces programmes chercheront à :

- favoriser la mixité sociale (mixage de logements sociaux et privés, désenclavement de quartiers...) pour une meilleure cohésion sociale ;
- lutter contre la pollution et préserver la biodiversité (végétalisation, préférence donnée aux transports collectifs et aux circulations douces (à pied, à vélo...)) ;

- réduire les consommations d'énergie (bâtiments moins énergivores, mixité fonctionnelle pour limiter les déplacements) ;
- lutter contre l'étalement urbain dévoreur de terres vivrières (mitage) et optimiser l'espace urbain existant (densifier la ville, « ville compacte »).

L'objectif est de rendre la ville plus « désirable » à l'image de villes comme Copenhague ou Stockholm (considérées comme des **villes durables** ou éco-villes). L'objectif est ambitieux, coûteux et difficile à mettre en œuvre sur une ville entière. Il est préférable d'agir progressivement quartier par quartier pour aller vers une amélioration globale, en rénovant d'une part les quartiers anciens et en construisant d'autre part les nouveaux quartiers selon les mêmes principes de DD (**éco-quartiers**).

ENTRAÎNEMENTS

▶ QCM

1. Un monument historique est forcément :
   a) un monument public
   b) un monument classé
   c) un monument entier
2. Le Plan de sauvegarde et de mise en valeur :
   a) remplace les règles d'urbanisme locales présentes sur le secteur concerné
   b) ne suppose plus l'autorisation des ABF pour des travaux de rénovation
   c) permet de préserver par delà les monuments historiques et leurs abords, des secteurs urbains complets
3. L'architecture vernaculaire est :
   a) une mode architecturale
   b) une architecture propre à une région
   c) une architecture traditionnelle
4. La ville durable :
   a) est une ville compacte
   b) est une ville nouvelle
   c) est une ville verte

▶ Exercice 1. L'urbanisation

L'évolution de la périurbanisation en France

[...] Deux phénomènes ont contribué à la périurbanisation : les hausses des prix au mètre carré dans les centres-villes, et la généralisation de l'utilisation de la voiture individuelle, jointe à l'amélioration du réseau routier. Ce mode de vie correspond à une aspiration forte : posséder une maison individuelle et disposer d'espaces verts à proximité. L'antithèse des « grands ensembles » : plus de surface, moins de bruit, un jardin (et son barbecue)... L'attrait de la propriété joue également : à un moment où l'avenir est plus fragile, le fait de posséder son logement rassure. C'est devenu impossible pour beaucoup au sein des grandes villes.

La population périurbaine est plus favorisée que la moyenne, plus souvent propriétaire, et vit dans des conditions plus favorables. [...]. En revanche, son mode de vie dépend pour beaucoup de l'automobile et elle subit les conséquences de la hausse des prix des carburants [...]

Source : Centre d'observation de la société Tendances 10/2/2012

Travail à faire

1. Définissez le phénomène d'urbanisation.
2. Quelles sont les raisons qui ont poussé à la périurbanisation ?
3. N'y a-t-il que des avantages à vivre en couronne périurbaine ?

▶ Exercice 2. Les styles architecturaux

Le langage de l'architecture

[...] Le style peut représenter à la fois la tradition et la révolte contre la tradition. Les architectes de la Renaissance ont remis au goût du jour la décoration des Grecs et des Romains, tandis que les modernistes ont dépouillé leurs bâtiments. Certains styles ont une durée très courte, comme les lignes en coup de fouet de l'Art Nouveau, populaires à la fin des années 1890 et au début des années 1900. D'autres, tel le classicisme, ont duré des siècles et donné lieu à d'innombrables variantes, des palais baroques aux premières églises américaines, en passant par des pavillons de banlieue du monde entier, dans lesquels l'usage de la colonne dorique ou ionique est encore fréquent [...].

Source : L'Architecture pour les Nuls Deborah K. Dietsch et Simon Texier Ed. First

Travail à faire

1. Situez et caractérisez le style architectural classique.
2. Quelles déclinaisons en connaissez-vous ?
3. Pourquoi parle-t-on de « langage » architectural ?
4. Pourquoi l'agent immobilier doit-il connaître les styles architecturaux ?

▶ Exercice 3. Les biens d'exception

Il y a beaucoup de demeures historiques à vendre en France. Elles attirent une clientèle aisée le plus souvent étrangère, pouvant provenir de pays lointains (Moyen-Orient, États-Unis...). Ces clients réagissent au coup de cœur mais ne gardent généralement le bien que peu de temps. Il existe aussi un autre profil de clients : ceux qui créent des sociétés de mariage ou de séminaires souhaitant profiter du cadre et du caractère historique de la demeure...

Travail à faire

1. Quelles raisons peuvent pousser à demander le classement d'un bien ?
2. Quel est le profil des acheteurs de biens historiques classés ?
3. Est-il préférable d'acheter une demeure de prestige classée ou non classée ?

▶ Exercice 4. Le secteur sauvegardé

La loi Malraux du 4 août 1962 instaure des secteurs protégés de patrimoine urbain. Troyes est alors l'une des premières villes à vouloir sauvegarder son centre-ville. Malgré les ravages provoqués par les guerres dans l'est de la France, Troyes est préservée des démolitions et reste une des principales villes françaises qui témoigne d'un ensemble complet de maisons à pans de bois XVIe. En effet, Troyes présente encore aujourd'hui un ensemble unique de maisons à pans de bois à la fois médiéval dans son esprit et Renaissance dans son style, puisque c'est l'incendie de 1524 qui a provoqué une reconstruction massive et homogène des maisons qu'il s'agit désormais de conserver habilement.

Jusque-là, Troyes et ses monuments étaient protégés par la loi du 31 décembre 1913 sur les Monuments Historiques établissant un périmètre de 500 mètres de protection autour d'un monument classé ou inscrit au titre des Monuments Historiques. Dans le cadre de ce périmètre, l'avis de l'Architecte des Bâtiments de France est requis. Au vu des nombreux édifices classés à Troyes, la protection s'étendait à l'ensemble du Bouchon de Champagne (centre-ville de Troyes qui a cette forme). Le 21 septembre 1964, un secteur sauvegardé est décrété à Troyes [...]

Source : *site Sauvegarde et avenir de Troyes juin 2014*

Travail à faire

1. Qu'entend-on par « maisons à pans de bois à la fois médiéval dans son esprit et Renaissance dans son style » ?
2. Quel était l'intérêt pour Troyes de passer d'un centre-ville avec de nombreux monuments historiques à un secteur sauvegardé (aujourd'hui appelé SPR) ?
3. Quelles autorisations faut-il obtenir pour changer les menuiseries d'un immeuble quand celui-ci est situé dans un secteur sauvegardé ?

▶ Exercice 5. La maison alsacienne

À l'Est de la France, on imagine d'emblée la maison alsacienne de type médiéval à colombages. Le bois utilisé venait des forêts voisines. Ce type de construction est parasismique (structure chaînée souple).

Les maisons alsaciennes ont plusieurs niveaux et peuvent présenter des encorbellements (étage supérieur dépassant celui du dessous pour gagner de la place).

Elles ont pignon sur rue, sont peintes avec des couleurs vives et ont un toit très pentu recouvert de tuiles plates à bout arrondi de type « queues de castor ».

Sous ce toit, on trouve de vastes greniers sur 1, 2 ou 3 niveaux. On y stockait les produits hors de portée des inondations. Décorées, avec parfois des fenêtres oriels, ces maisons affichaient ostensiblement la fortune de leurs occupants...

Enfin, ces constructions étaient considérées à leur époque comme des biens meubles puisqu'on pouvait les démonter et les remonter ailleurs (le propriétaire du bâti n'était alors pas propriétaire du sol et pouvait avoir besoin de déplacer sa maison pour la mettre à l'abri d'inondations, d'invasions...).

Travail à faire

1. Décrivez le style architectural alsacien.
2. Montrez le côté pragmatique de l'architecture régionale au travers de cet exemple.
3. Pourquoi est-on attaché à l'architecture régionale ?

▶ Exercice 6. L'éco-quartier

Premier bilan pour l'éco-quartier de Bonne à Grenoble

[...] Acquis par la ville de Grenoble (160 000 habitants) en 1999, le terrain militaire de Bonne est un vaste rectangle de 8,5 hectares. Sa situation, au cœur d'un quartier très dense du centre-ville, en fait un enjeu majeur. Une opportunité aussi : celle de préfigurer la ville de demain. « Notre éco-quartier est avant tout un quartier mixte, précise Philippe de Longevialle, adjoint au maire en charge de l'urbanisme et de l'aménagement. On y trouve du logement en accession ou aidé, mais aussi 40 % de logements sociaux ; trois résidences, une pour personnes âgées et deux pour étudiants ; un centre commercial de 17 000 m^2 ; des bureaux, un hôtel, une école, une crèche, trois salles de cinéma... Avec un souci de qualité des espaces publics : sur le périmètre de la ZAC, qui déborde un peu celui de la caserne, nous avons implanté cinq hectares et demi d'espaces ouverts et conviviaux. »

Un objectif ambitieux

Cette opération d'envergure s'intègre dans un programme européen, baptisé Concerto, qui vise à démontrer par l'exemple que d'importantes économies d'énergie sont possibles. Il s'agit de produire des bâtiments qui consomment deux fois moins d'énergie que ceux construits selon la réglementation thermique de l'époque (2003) : les objectifs qui sont fixés dès la conception de la ZAC de Bonne sont proches de la réglementation thermique 2012. Une avance de près de dix ans qui rendait l'exercice difficile, et particulièrement intéressant [...]

Source : 23 janvier 2012 Luc Blanchard, Studio graph pour la rubrique
Expériences des sites mairie-conseils.net et localtis.info

Travail à faire

1. Retrouvez les grandes caractéristiques d'un éco-quartier au travers de cet exemple.
2. Quels moyens urbains, architecturaux et techniques spécifiques un éco-quartier utilise-t-il pour remplir sa mission ?

▶ Exercice 7. Les économies d'énergie

Caractéristiques d'une maison passive

Une construction passive consomme beaucoup moins d'énergie qu'une maison traditionnelle. À titre de comparaison, une maison passive consomme 15 kWh/m²/an, alors que les logements construits dans les années 1960 consomment en moyenne 320 kWh/m²/an. Ce type d'habitat présente également l'avantage d'offrir une température ambiante agréable hiver comme été, sans utilisation excessive de chauffage. La performance énergétique peut être atteinte grâce à l'optimisation des apports solaires et métaboliques (des occupants, de l'électroménager) et d'une isolation renforcée des murs, de la toiture et du sol. L'enveloppe de la maison est alors entièrement conçue de manière hermétique afin d'éviter les ponts thermiques, les déperditions de chaleur et d'assurer une parfaite étanchéité à l'air. Le renouvellement de l'air intérieur est assuré par l'installation d'un système de ventilation mécanique double flux.

Source : site maison-passive.durable.com

Travail à faire

1. Comparez la maison passive au BBC.
2. Définissez les termes suivants : kWh, ponts thermiques et système de ventilation mécanique double flux.

Thème 2

Les règles d'urbanisme

5. L'urbanisme réglementaire

A. La nécessité d'un droit de l'urbanisme

L'urbanisation s'est longtemps opérée sans urbanisme (town planning). Cette notion n'apparaît en fait qu'au XXe siècle avec le souci d'encadrer le développement rapide des villes.

Une démarche d'urbanisme vise à organiser l'espace urbain et à en maîtriser ses conséquences. A été créé dans cette optique un droit de l'urbanisme (lois Cornudet de 1919 et 1924) et un premier code de l'urbanisme en 1954. Ce droit va se doter d'outils qui vont permettre de planifier et de gérer l'aménagement des villes. Il a pour objectifs : de lutter contre la régression des surfaces agricoles et naturelles, l'étalement urbain et la déperdition d'énergie qu'il génère du fait des transports, permettre la revitalisation des centres-villes, améliorer la cohésion territoriale et sociale, préserver la biodiversité et le patrimoine bâti remarquable...

B. La hiérarchie des règles d'urbanisme

La plupart des communes disposent d'outils de planification urbaine permettant aux élus de réfléchir à la façon dont ils veulent organiser leur territoire qui sont la carte communale ou le PLU (Plan Local d'Urbanisme). Les communes dépourvues de ces documents d'urbanisme sont sous le régime du RNU (Règlement National d'Urbanisme) qui ne donne aucune possibilité de planification urbaine (règle de constructibilité limitée).

Cette planification urbaine du territoire de la commune doit être menée en accord avec le droit de l'urbanisme et se faire en cohérence avec d'autres documents d'urbanisme de niveau supra-communal comme le SCOT, les chartes des parcs naturels régionaux et nationaux...

Certaines communes ont moins de liberté de planification que d'autres dès lors qu'elles sont situées sur le littoral et en montagne (lois littoral et montagne).

L'État peut aussi intervenir de manière directe dans l'intérêt général (mise en place de plans de prévention des risques, de secteurs sauvegardés appelés actuellement sites patrimoniaux remarquables (SPR)...).

C. Les documents d'urbanisme

La **carte communale** est un document d'urbanisme simplifié pour les communes ne disposant pas de PLU. Elle délimite les secteurs où les permis de construire peuvent être délivrés (carte). Elle ne comporte pas de règlement, les règles opposables sont celles du RNU. Elle s'adresse aux communes rurales qui souhaitent planifier leur développement.

Le **PLU** est le principal document d'urbanisme. Il remplace le POS (Plan d'Occupation des Sols) depuis la loi SRU. Il définit des règles d'occupation des sols (règles de constructibilité et de construction) : il indique quelles formes doivent prendre les constructions, quelles zones doivent rester naturelles, agricoles, quelles zones sont réservées à des constructions futures... Aujourd'hui, suite à la loi ALUR, les PLU des communes en intercommunalité disparaissent au profit d'un **PLUI** (PLU intercommunal) dans le souci d'une meilleure cohérence territoriale.

À un niveau supérieur, le **SCOT** (Schéma de Cohérence Territoriale) est un document d'urbanisme qui détermine à l'échelle d'un territoire (rassemblant plusieurs communes et/ou intercommunalités) un projet d'aménagement et de développement durable (PADD). Il remplace les anciens schémas directeurs depuis la loi SRU. L'objectif d'un SCOT est d'organiser pour les années à venir sur le territoire qu'il couvre, les grandes orientations en matière d'habitat, de déplacements, d'activités économiques et d'urbanisation. PLU et PLUI doivent se conformer au SCOT.

En IDF, région de France qui connaît la plus forte urbanisation, il existe en plus au-dessus des SCOT, le schéma directeur de la Région Ile de France (**SDRIF**) auquel ils doivent se conformer.

6. L'urbanisme opérationnel

A. Les projets urbains

En quête d'attractivité, d'amélioration de leur image, de revitalisation, nombreuses sont les villes qui planifient et montent des projets urbains. Les enjeux sont de taille : économiques, sociaux, culturels et environnementaux. Ces projets s'inscrivent dans une démarche d'urbanisme durable.

Le projet urbain consiste à définir en partenariat avec tous les acteurs locaux concernés des mesures d'aménagement sur un territoire urbain donné et à les mettre en œuvre. Construction de nouveaux quartiers, réhabilitation de quartiers anciens, recomposition urbaine… autant de projets urbains possibles.

De nombreux outils juridiques et opérationnels, des plus complexes aux plus restreints, sont à la disposition des villes : l'Opération d'Intérêt National (OIN), la Zone d'Aménagement Concerté (ZAC), le lotissement, l'association foncière urbaine (AFU), le site patrimonial remarquable (SPR), l'OPAH-RU (Opération Programmée d'Amélioration de l'Habitat et Renouvellement Urbain)…

B. Retour sur deux principaux outils d'aménagement urbain

Outil de développement urbain utilisé pour la construction de nouveaux quartiers, la **ZAC** (Zone d'Aménagement Concerté) est le moyen le plus courant de réalisation d'opérations complexes d'aménagement urbain d'une certaine ampleur. Elle remplace la ZUP (Zone à Urbaniser en Priorité).

Elle permet de constituer le cadre général d'un programme qui accueillera plusieurs opérations de construction ponctuelles (lotissements, permis de construire individuels…) et d'équipements publics. C'est un projet d'initiative publique élaborée en concertation avec la population locale, qui doit permettre à un aménageur foncier (public ou privé) de se rendre maître des terrains de la zone, de réaliser leur équipement (viabilisation) puis de les vendre à des « constructeurs » qui devront se plier à un cahier des charges. Pour s'approprier les terrains progressivement, il existe des outils : achat à l'amiable, DPU (Droit de Préemption Urbain), expropriation, ZAD (Zone d'Aménagement Différé). La ZAC doit être intégrée dans le PLU.

Un autre grand outil d'aménagement urbain est **l'OPAH-RU** (Opération Programmée d'Amélioration de l'Habitat et Renouvellement Urbain). Il s'agit d'une convention passée entre une commune, l'État, la Région et l'ANAH (Agence Nationale de l'Habitat) en vue de requalifier et de réhabiliter un quartier bâti. Elle encourage la réalisation de travaux de rénovation sur les immeubles du quartier par le biais d'incitations financières. C'est un moyen de lutte contre l'habitat dégradé et l'habitat indigne et de revitalisation d'un quartier.

C. L'ANRU

Pour les cas les plus lourds de requalification et de renouvellement urbains, les communes peuvent faire appel à l'État. En effet, l'État investit dans les territoires dans le cadre de programmes nationaux : le **PNRU** (Programme National de Rénovation Urbaine) pour les quartiers en zones urbaines sensibles (ZUS) et le **PNRQAD** (Plan National de Requalification des Quartiers Anciens Dégradés) pour les quartiers très dégradés. Leur mise en œuvre est confiée à l'**ANRU** (Agence Nationale de Rénovation Urbaine). L'objectif est de venir en aide aux communes dont le projet a été retenu, pour la transformation en profondeur de quartiers en grandes difficultés dits prioritaires (zones ANRU).

La loi ELAN (ou loi logement) de 2018 cherche à stimuler encore davantage ces opérations d'aménagement urbain. Elle a créé, d'une part, de nouveaux outils (les contrats de Projet Partenarial d'Aménagement (PPA) et les Grandes Opérations d'Urbanisme (GOU)) et a revisité, d'autre part, les dispositifs existants (OIN, ZAC, etc.).

7. Règles d'urbanisme locales et autorisations administratives

A. Les règles d'urbanisme locales

Le territoire de la commune est découpé en zones (plan de zonage). Chaque zone a ses propres règles d'occupation des sols, d'emprise au sol et de stationnement, ses propres caractéristiques d'implantation (par rapport aux voies publiques, aux limites séparatives des propriétés) et de gabarit (hauteur des façades et des combles), ses contraintes éventuelles d'aspect extérieur des constructions et d'aménagement de leurs abords (clôtures...)... Chaque projet de construction, d'extension, d'aménagement ou de modification de l'aspect extérieur d'une construction existante est instruit et accordé ou refusé en fonction des règles applicables à la zone dans laquelle il se situe.

Rappels sur certaines notions.

- Le **coefficient d'occupation des sols** (COS) permet de déterminer la surface de plancher maximum admise sur la parcelle. C'est un indicateur de densité qui a disparu avec la loi ALUR pour favoriser la densification.
- La **surface de plancher** (SP) de la construction est la somme des surfaces de plancher closes et couvertes, sous une hauteur de plafond supérieure à 1,80 m, calculées à partir du nu intérieur des façades du bâtiment.
- Le **coefficient d'emprise au sol** (CES) permet de déterminer l'emprise au sol maximum autorisée sur la parcelle. Il cherche à limiter le « bétonnage » pour conserver des espaces verts.
- L'**emprise au sol** (SES) correspond à la projection verticale sur le sol du volume de la construction, tous débords et surplombs inclus.

Pour calculer ces surfaces maximales, il suffit de multiplier la surface de la parcelle par le coefficient.

Le **certificat d'urbanisme d'information** est un document administratif délivré par la mairie de la commune où se situe la parcelle, qui permet d'être informé des règles d'urbanisme applicables au terrain mais aussi des limitations administratives au droit de propriété (servitudes d'utilité publique, droit de préemption urbain...), du régime des taxes (d'aménagement) et participations d'urbanisme (raccordement à l'égout, voirie et réseaux...) qui le touchent. Il est délivré gratuitement à toute personne en faisant la demande avec une durée de validité de 18 mois.

B. Les autorisations administratives

Le **permis de construire** et la **déclaration préalable** pour des travaux de plus faible importance sont des actes administratifs qui permettent à la mairie de vérifier qu'un projet de construction respecte les règles d'urbanisme en vigueur.

Le permis de construire s'impose pour les constructions nouvelles (supérieures à 20 m² de SP ou de SES) et pour les travaux soit qui modifient les structures porteuses ou la façade du bâtiment s'ils sont accompagnés d'un changement de destination de l'immeuble ou qui créent des niveaux supplémentaires à toute construction existante, soit qui portent sur un immeuble protégé (monument historique, secteur sauvegardé (appelé SPR)) ou qui créent une SP ou SES supérieures à 40 m²...

La participation d'un architecte s'avère toujours conseillée pour concevoir un projet soumis à une demande de permis de construire. Il est cependant obligatoire d'y faire appel dès que le projet de construction dépasse les 150 m² de SP ou SES ou porte la totalité de la construction après travaux à plus de 150 m² (loi LCAP). Cette règle ne concerne cependant que les particuliers, les sociétés devant faire appel à un architecte pour tout projet soumis à PC.

Le permis de construire est soumis à une période de validité de trois ans pouvant être prolongée deux fois pour une durée d'un an.

S'il est refusé, il est possible de contester la décision en faisant un recours (administratif ou judiciaire).

S'il est accepté, la publicité du permis de construire doit être faite sur le terrain pour la durée du chantier. Il est recommandé d'attendre que le délai de recours des tiers soit purgé avant de démarrer les travaux (2 mois).

Il est à noter que la loi ELAN de 2018 va intensifier la lutte contre les recours abusifs.
Il est conseillé de demander un certificat d'urbanisme (pré-)opérationnel avant la demande de permis de construire afin de s'assurer de la faisabilité du projet.
Une déclaration d'ouverture de chantier doit être faite à la mairie au démarrage des travaux ainsi qu'une déclaration d'achèvement des travaux en fin de chantier. L'administration vérifie alors si les travaux sont conformes au permis de construire.
La délivrance du permis de construire entraîne l'obligation de participer au financement de la construction d'équipements publics sur la commune (taxe d'aménagement...).
En dehors du permis de construire, il existe aussi le **permis de démolir** et le **permis d'aménager** (pour les aménageurs fonciers ou lotisseurs).

ENTRAÎNEMENTS

▶ QCM

1. Le droit de l'urbanisme
   a) complète le droit de la construction
   b) est une branche du droit très ancienne
   c) dote les communes d'outils d'aménagement
2. Le certificat d'urbanisme
   a) permet de savoir si un projet de construction est possible
   b) informe des contraintes pesant sur la parcelle
   c) a une durée de validité illimitée
3. Une fois le permis de construire obtenu
   a) le chantier peut être démarré tout de suite
   b) le chantier peut être démarré sans déclaration d'ouverture
   c) des modifications de travaux sont possibles
4. Le lotissement
   a) est un outil d'aménagement urbain
   b) a ses propres règles internes d'urbanisme
   c) nécessite un permis d'aménager pour sa création avant tout permis de construire

▶ Exercice 8. Les documents d'urbanisme

Le Schéma Directeur de la Région Île-de-France (SDRIF)

Document d'urbanisme d'échelle régionale, le schéma directeur de la région d'Ile-de-France (SDRIF) a notamment pour objectif de maîtriser la croissance urbaine et démographique, l'utilisation de l'espace tout en garantissant le rayonnement international de cette région.

Il précise les moyens à mettre en œuvre pour corriger les disparités spatiales, sociales et économiques de la région, pour coordonner l'offre de déplacement et préserver les zones rurales et naturelles afin d'assurer les conditions d'un développement durable de la région.

Les autres documents d'urbanisme (schémas de cohérence territoriale, plan locaux d'urbanisme, cartes communales ou documents en tenant lieu) doivent être compatibles avec le SDRIF.

Source : driea.ile-de-france.developpement-durable.gouv.fr

Travail à faire

1. Situez hiérarchiquement le SDRIF par rapport aux SCOT et aux PLU.
2. Pourquoi un schéma directeur régional est-il nécessaire sur l'IDF ?
3. De manière générale, urbanisation et urbanisme ont-ils toujours été liés ?

▶ Exercice 9. Les parcs naturels

[...] Une marque déposée... et un gage de confiance

Un parc naturel régional n'est pas délimité par des barrières : peut-être vous êtes-vous promené sur le territoire de l'un d'eux sans vous en rendre compte ! En réalité, le parc est constitué de deux espaces bien distincts : l'un, central et dit « espace sanctuaire », au sein duquel l'accent est mis sur la protection de la nature ; l'autre, plus périphérique, et où s'appliquent généralement des règles moins strictes.

Le choix de s'intégrer ou non dans un parc naturel est laissé à la libre appréciation des communes. Les parcs naturels actuels regroupent en moyenne 80 communes. Leur étendue varie de 25 000 ha (Haute-Vallée de Chevreuse) à 395 ha (Volcans d'Auvergne). Les avantages offerts sont nombreux : valorisation touristique, professionnelle, participation aux circuits de décision... La marque « Parc naturel régional » est déposée à l'INPI et propriété du Ministère de l'Écologie.
En contrepartie, les communes veillent à faire appliquer sur leur territoire un certain nombre de dispositions définies par la charte du parc en question. Cela concerne aussi bien l'urbanisme que la circulation ou l'affichage des publicités qui est sérieusement restreint [...]

Source : site environnement.doctissimo.fr/Bernard Rastoin

Travail à faire

1. Quels sont les objectifs de la mise en place d'un parc naturel régional ?
2. En quoi cette démarche s'inscrit-elle dans une perspective de développement durable ?
3. L'entrée d'une commune dans un parc naturel régional a-t-elle des incidences sur son PLU ?

▶ Exercice 10. La ZAD

L'opération du Carré de Bel Ébat (à La Flotte en Ré)

[...] En réponse à la pression foncière touristique, la commune a gelé dès 1985 près de 30 000 m² de terrain par la création d'une ZAD. Au début des années 2000, face à un manque de logements et au coût élevé du foncier, qui a presque triplé en 10 ans, la commune décide de créer un nouveau quartier afin de satisfaire les besoins des habitants de l'Ile de Ré. La commune modifie son POS en conséquence et acquiert progressivement les terrains mis sur le marché.
Livrée en 2006, l'opération du Carré de Bel Ébat compte 69 logements, composés d'une majorité de logements sociaux et de quelques logements libres : 23 logements PLUS, 39 logements PLS et 7 logements à loyer libre.
L'opération se présente comme un nouveau quartier prolongeant les extensions récentes du bourg ancien. La municipalité a confié à son urbaniste conseil Bernard Wagon l'élaboration d'une zone de plan-masse. La maîtrise d'œuvre des logements a été attribuée à trois architectes afin de favoriser une diversité architecturale de logements. L'opérateur social est la Sa HLM Atlantic Aménagement.

Source : site poitou-charentes.developpement-durable.gouv.fr

Travail à faire

1. En quoi la création d'une ZAD est-elle un préalable nécessaire à la mise en œuvre de l'opération immobilière ?
2. Quels sont les objectifs de l'opération immobilière prévue ?
3. Quels sont les différents acteurs qui sont intervenus dans ce projet ?

▶ Exercice 11. Le PNRQAD

[...] Le centre-ville est d'ailleurs la préoccupation majeure de la ville. En effet depuis 1992, date de la création du secteur sauvegardé, la réhabilitation du centre ancien a permis de remettre sur le marché plusieurs centaines de logements que ce soit par le biais des opérations programmées d'amélioration de l'habitat (OPAH), la huitième vient de démarrer, ou par celui de la défiscalisation Malraux. [...] Plus récemment, l'État a engagé en partenariat avec la Ville un plan de requalification des quartiers anciens dégradés (PNRQAD) qui va permettre la rénovation de l'îlot de Chaudronniers par une opération de démolition-reconstruction. D'autres îlots comme celui de la Tibles, de l'Hortet, ou encore le secteur Alma-Saint Saens feront l'objet d'opérations d'aménagement d'ensemble qui marquent un tournant dans la politique de réhabilitation du centre-ville puisque désormais ce sont des îlots entiers qui font l'objet de réhabilitation à l'instar des îlots Saint Vincent de Paul, Maître Gervais ou à une échelle plus importante encore, l'opération de l'Hours aux portes du centre ancien qui voit l'émergence d'un véritable quartier nouveau avec ses commerces, ses bureaux, ses résidences seniors ou étudiantes et dans un futur proche, sa cité judiciaire... [...]

Source : site ville-beziers.fr

Travail à faire

1. Sur le centre-ville de Béziers ont été mis en place un secteur sauvegardé, des OPAH et un PNRQAD. Différenciez ces trois actions.
2. Quelles sont les actions que peut mener une ville dans le cadre du PNRQAD ?
3. Quels sont les objectifs de ces différentes actions ?

▶ Exercice 12. Les autorisations administratives

Déclaration préalable de travaux

Travaux concernés : Travaux sur une petite surface

Les travaux peuvent avoir lieu sur une construction existante (un garage accolé à une maison par exemple) ou créer une nouvelle construction (comme un abri de jardin).

Une déclaration préalable est exigée si vos travaux créent entre 5 m² ou 20 m² de surface de plancher ou d'emprise au sol.

Ce seuil de 20 m² peut être porté à 40 m² pour les travaux concernant une construction existante. Vos travaux doivent, pour cela, être situés dans une zone urbaine d'une commune couverte par un plan local d'urbanisme (PLU) ou un document assimilé (comme un plan d'occupation des sols).

Source : site service-public.fr/ 10 mars 2014

Travail à faire

1. Vous êtes propriétaire d'une maison.
   Faut-il une autorisation administrative de la commune pour les travaux suivants et laquelle :
   a) construction d'une terrasse de plain-pied de 20 m²
   b) construction d'un appentis accolé à la maison de 15 m²
   c) construction d'une véranda de 25 m²
   d) transformation d'un garage de 18 m² en chambre
   e) pose d'un bardage
2. Votre maison est dans un lotissement. Quelle autre autorisation faut-il avoir pour entamer les travaux ?

Thème 3
Les éléments caractérisant le bâti

8. Étapes de la construction et intervenants

A. Construire un bâtiment

C'est une tâche qui suit des étapes clés et met en œuvre de nombreux corps de métiers.

Les travaux commencent par le **gros œuvre** ou construction de la structure du bâtiment qui doit assurer sa solidité :

- études du sol pour connaître le type de fondations approprié, acheminement des VRD (Voierie (routes, trottoirs...), Réseaux (assainissement, électricité, gaz, câble...), Distribution (eau potable du robinet)), terrassement (préparation du terrain, nivellement et creusement pour les fondations)
  - Intervenants : géotechnicien, entreprise de génie civil, terrassier, plombier...
- construction des fondations appropriées (superficielles ou profondes), du soubassement éventuel (vide-sanitaire, sous-sol), élévation des murs (en parpaings, briques, béton...) et réalisation des dalles (RDC et étages)
  - Intervenant : maçon
- réalisation de la charpente (traditionnelle ou industrielle) et de la couverture (selon les spécificités locales) ou toit-terrasse (végétalisation possible) Le bâtiment est alors déclaré **hors d'eau.**
  - Intervenants : charpentiers, couvreurs...
- pose des menuiseries extérieures (portes, fenêtres, volets...) qui influencent clarté des pièces et isolation Le bâtiment est alors déclaré **hors d'air.**
  - Intervenant : menuisier

Puis les travaux se poursuivent avec le **second œuvre** (ou aménagement de l'intérieur du bâtiment) et les finitions intérieures et extérieures pour rendre le bâtiment habitable :

- isolation : toit, murs et sols pour éviter les ponts thermiques et économiser de l'énergie
  - Intervenants : poseur en isolation, plaquiste
- cloisons intérieures : mise en place des cloisons qui délimitent les pièces selon la distribution prévue
  - Intervenants : plâtrier, plaquiste
- plomberie : mise en place des équipements sanitaires (WC, lavabo...) et de la robinetterie (mélangeur, mitigeur...)
  - Intervenant : plombier
- électricité : mise en place du réseau électrique, prises, interrupteurs et sources de lumière
  - Intervenant : électricien
- chauffage, climatisation, ventilation en fonction des besoins et des performances énergétiques voulues
  - Intervenants : chauffagiste, climaticien, installateur thermique
- finitions : mise en place des escaliers, des portes intérieures, revêtement des sols et des murs à l'intérieur et à l'extérieur, réalisation des clôtures et de la terrasse à l'extérieur, aménagement du jardin...
  - Intervenants : ravaleur, peintre, menuisier, carreleur, poseur de revêtement, paysagiste...

L'ensemble des interventions est planifié, coordonné et surveillé par un **maître d'œuvre** (architecte, chef de chantier...) qui travaille pour le **maître d'ouvrage** (qui a commandé la construction du bâtiment).

Tout doit être fait selon les « règles de l'art » qui ont pour objet d'encadrer les pratiques professionnelles en termes de qualité et de sécurité : textes législatifs, normes, règles techniques ou DTU (Documents Techniques Unifiés)...

B. Faire construire ou construire soi-même sa maison

Un ménage peut choisir plusieurs formules pour la construction de sa maison :

- l'auto-construction actuellement facilitée par les propositions de maisons en kit
- faire appel à un constructeur (CCMI) qui coordonne l'ensemble de la construction (maître d'œuvre) et peut travailler avec des sous-traitants (contrats de sous-traitance)
- faire appel éventuellement à un architecte (contrat de maîtrise d'œuvre) et parallèlement à des entreprises du bâtiment (contrats de travaux)
- acheter une maison en VEFA proposée par un promoteur-constructeur

En fonction de la formule choisie, les plans de la maison pourront être conçus sur-mesure ou non.

Dans un contexte de crise économique se développe l'immobilier low-cost : baisse en gamme, standardisation des modèles, maisons prêtes-à-finir (maisons livrées sans second œuvre), maisons préfabriquées, maisons en kit (en bois)...

9. Les outils de représentation des projets bâtis

Un architecte peut être chargé de plusieurs missions : non seulement il peut être responsable du bon déroulement des travaux de construction (rôle de maître d'œuvre d'exécution) mais il peut également avoir eu à concevoir le bâtiment. Il doit alors être créatif tout en restant à l'écoute de ses clients et respecter les normes de construction.

Afin de visualiser son projet, l'architecte peut utiliser plusieurs types de représentations comme des perspectives (représentations en 3D) se rapprochant de la photographie ou des dessins (en 2D) tels que :

- des vues extérieures (ou élévations) des façades (murs avant et arrière) et pignons (murs gauche et droit)... ;
- des plans de sol (RDC, étages) : représentations vues de dessus selon une coupe horizontale à 1 mètre du sol. On peut y repérer les murs porteurs, les cloisons, l'isolation, les ouvertures extérieures et intérieures, les placards et les équipements sanitaires. Combles et fondations font aussi l'objet de plans;
- des coupes : représentations selon une coupe verticale, complémentaires aux plans, permettant de mieux comprendre la structure, l'enchaînement des niveaux et les communications verticales;
- des vues de détails montrant des parties de la construction à une plus grande échelle;

Ou enfin des plans:

- plan de masse : vue d'ensemble du projet sur la parcelle avec les accès et les connexions aux réseaux et les parcelles mitoyennes;
- plan de situation qui permet de localiser le projet (carte géographique ou extrait cadastral).

Les plans de sol, coupes et vues sont cotés afin de pouvoir se rendre compte des dimensions (largeur, longueur, épaisseur, hauteur...) et des surfaces. L'orientation y est aussi indiquée de telle manière à pouvoir déterminer les expositions.

Les dessins d'architecture sont faits à des échelles réduites (sauf parfois pour les vues de détails). L'échelle la plus courante pour les vues, plans et coupes du bâtiment est de 1/50 (1 cm dessiné représente 50 cm réels).

L'ordinateur est de plus en plus utilisé : des logiciels de dessin assisté par ordinateur (DAO) et de conception assistée par ordinateur (CAO) facilitent le travail des architectes.

Certains projets, trop extravagants, inconstructibles, restent à l'état fictif (architecture papier, maquette numérique).

10. Procédures de marchés de travaux publics et privés

A. L'appel d'offres

Un appel d'offres est une procédure de mise en concurrence qui permet à un maître d'ouvrage de faire le choix de l'entreprise la plus à même de réaliser une prestation de travaux.

Le maître d'ouvrage doit réaliser au préalable une estimation de son besoin (un cahier des charges) et choisir des critères de sélection objectifs (délai, prix…). Il sera préféré le plus souvent le mieux-disant (celui qui propose le meilleur rapport qualité/prix) au moins-disant (le moins cher).

Puis l'appel d'offres est publié, les offres des candidats étudiées. Le marché de travaux est conclu avec l'entreprise proposant l'offre économiquement la plus avantageuse et les autres candidats rejetés en sont informés.

L'appel d'offres est dit ouvert quand tout candidat intéressé peut remettre une offre sinon il est dit restreint.

B. Marchés de travaux privés et publics

Les marchés de travaux contractés entre un entrepreneur et un maître d'ouvrage, peuvent l'être avec un maître d'ouvrage privé ou public. Il est important de distinguer les deux types de marchés car les règles de mise en concurrence des entreprises et de conclusion des marchés ne sont pas les mêmes.

En marché de travaux privé, la mise en concurrence des entreprises est devenue une pratique courante et se fait sans formalisme particulier : liberté contractuelle (à condition de respecter la loi) et libre négociation. Souvent, l'accord se concrétise par la simple signature du devis. Le contrat écrit (contrat de travaux) reste cependant recommandé pour pouvoir servir de preuve en cas de litige.

En marché de travaux public, il existe un encadrement plus strict de la procédure. Les marchés publics doivent respecter rigoureusement les principes de liberté d'accès à la commande publique, d'égalité de traitement entre les candidats et de transparence des procédures, ceci pour préserver les règles de concurrence et lutter contre la corruption (fonds publics en jeu). Pour autant, la procédure formelle d'appel d'offres n'est utilisée systématiquement qu'à partir d'un certain montant de travaux. Et elle devient très formalisée au-delà d'un certain montant (ces seuils changent régulièrement). Entre les deux seuils, la procédure peut s'adapter en fonction du marché (Marché À Procédure Adaptée (MAPA)), avec des possibilités de négociation le cas échéant.

11. Principales pathologies du bâtiment

A. Pathologies du bâtiment

Les principales pathologies d'une construction peuvent être :

- au niveau des fondations et infrastructures : fissures dues aux mouvements de fondations (en raison de sols déformables, de sols sensibles) et de tassements de dallage, engorgement des systèmes d'assainissement... ;
- au niveau du gros œuvre et de la structure : fissures structurelles des murs extérieurs (fissures dues au retrait de mortier, aux variations de températures et d'humidité, à la flexion des planchers, aux ponts thermiques), humidité en sous-sol (problème de drainage, remontées capillaires...)... ;
- au niveau de la charpente et de la couverture, du toit-terrasse : infiltrations, déformation des charpentes, détériorations au niveau du bois liées à l'humidité et aux insectes xylophages... ;
- au niveau des enveloppes et revêtements extérieurs : défaut d'étanchéité, fissures des enduits extérieurs, infiltrations par les ouvrants... ;
- au niveau des équipements : condensation, fuite sur canalisations encastrées, désordres sur les conduits de fumée, défauts d'isolation acoustique, problèmes sur installation électrique... ;
- au niveau des aménagements intérieurs : décollement des revêtements de sols et de murs, désordre sur parquet, défaut de joint périphérique sur baignoire ou bac à douche...

Face à un désordre, il est nécessaire de bien en chercher l'origine pour déterminer la gravité du problème, le mode de réparation et la responsabilité des acteurs.

B. Prévention et traitement des pathologies du bâtiment

Le propriétaire (ou les) a un rôle central. Il doit assurer (ou faire assurer) non seulement une surveillance régulière du clos et du couvert, de la structure ainsi que des installations et équipements techniques, mais aussi l'entretien du bâtiment et sa maintenance (réparations, remplacement des éléments défectueux...) notamment dans le cadre des obligations légales (comme pour l'ascenseur) où la sécurité des personnes et des biens est en jeu. Il fera appel à des sociétés spécialisées pour ces différentes tâches, recherchera les responsabilités si besoin et fera jouer les garanties (parfait achèvement, biennale et décennale) si le bâtiment est encore couvert.

Dans le cadre des travaux, les professionnels peuvent être exposés à des risques dont ils doivent avoir connaissance : le donneur d'ordre doit faire procéder au repérage de la présence dans les sols et parties de la construction entrant dans le périmètre de l'opération, de matériaux, produits, agents physiques, chimiques, biologiques qui pourraient représenter un risque pour la santé des travailleurs lors de la réalisation des travaux comme l'amiante mais aussi le plomb.

ENTRAÎNEMENTS

▶ QCM

1. Dans le cadre d'un CCMI :
   a) le constructeur est le maître d'œuvre
   b) le constructeur est le maître d'ouvrage
   c) le constructeur peut proposer des maisons inachevées
2. Un architecte :
   a) peut travailler à son compte en tant que profession libérale
   b) peut être maître d'ouvrage
   c) peut protéger ses œuvres architecturales
3. Le contrat de marché de travaux :
   a) est réglementé
   b) suit des règles spécifiques quand le maître d'ouvrage est public
   c) s'appuie sur une mise en concurrence

▶ Exercice 13. Les maisons prêtes-à-finir

Le prêt-à-finir une solution pour petits budgets

[...] Lancé dans les années 1980, le concept des maisons en prêt-à-finir se développe pour des raisons évidentes de coût. Il permet en effet aux foyers disposant d'un petit budget de faire construire une maison neuve à moindre prix. L'économie réalisée peut atteindre 20 à 30 % à condition que le maître d'ouvrage assure lui-même les finitions. Mais pas question d'habiter une maison au rabais ! La maison prête à finir respecte les mêmes obligations réglementaires et les mêmes garanties que les autres constructions neuves : matériaux de qualité, assurance dommages-ouvrage, décennale, au prix et dans les délais prévus. Les maisons prêtes à finir ne sont pas des kits. Vous n'intervenez que sur les finitions.

ASSURER LES FINITIONS

Le principe est simple. Les entreprises réalisent le gros œuvre dans les normes en vigueur : réglementation thermique, parasismique, para-cyclonique... mais ne livrent pas une maison prête à habiter. C'est à vous d'assurer le second œuvre, le niveau de finition étant variable en fonction de votre demande et... de votre budget. [...]

Source : site nouvelles-immobilier.fr LNI N° 83 MARS 2013

Travail à faire

1. Rappelez les différentes étapes de la construction d'une maison livrée clé-en-main ?
2. Quels sont les avantages et inconvénients d'une maison livrée prête-à-finir ?
3. Différenciez maître d'ouvrage et maître d'œuvre. Dans le cas de la maison prête-à-finir, lors du second œuvre, qui est maître d'ouvrage, qui est maître d'œuvre ?

▶ Exercice 14. Vues, plans et coupes d'une maison individuelle (source : B.O.Architecture)

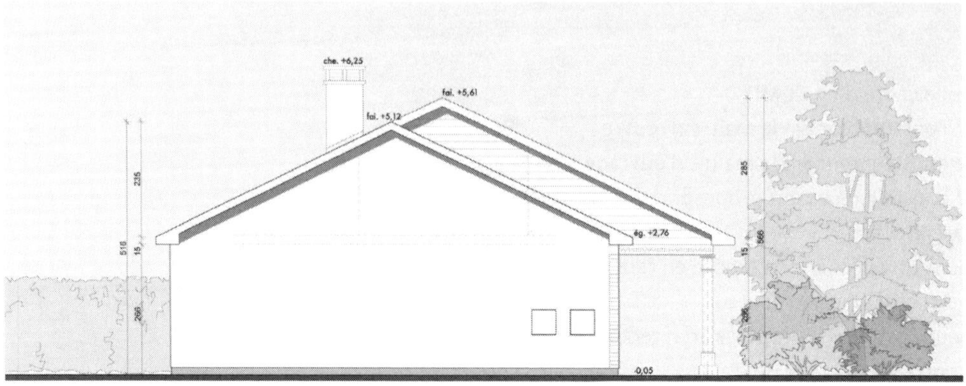

Figure 1

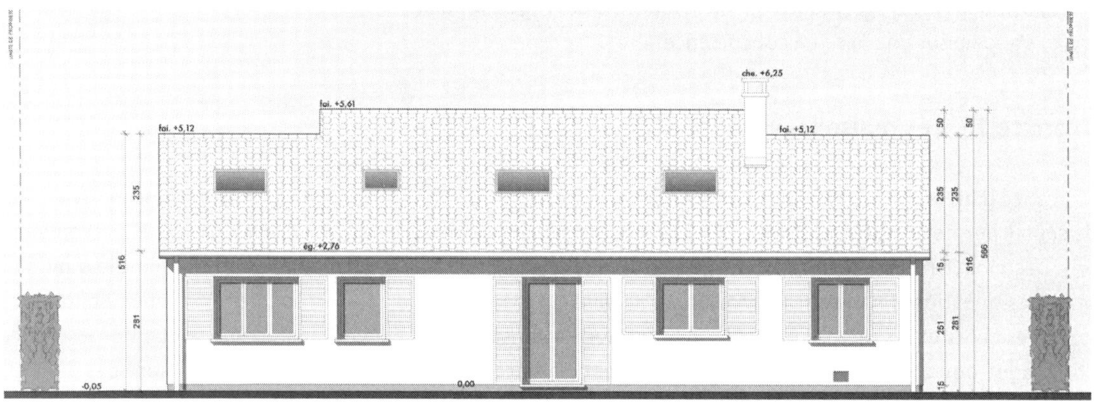

Figure 2

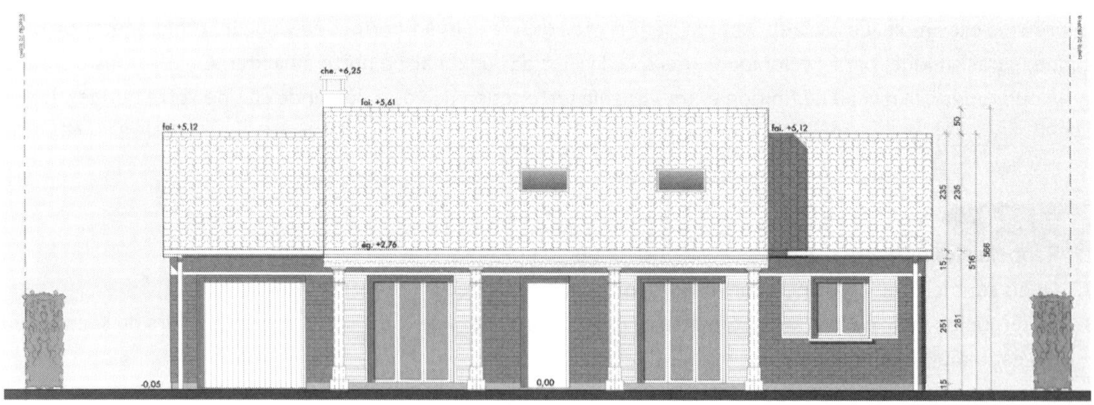

Figure 3

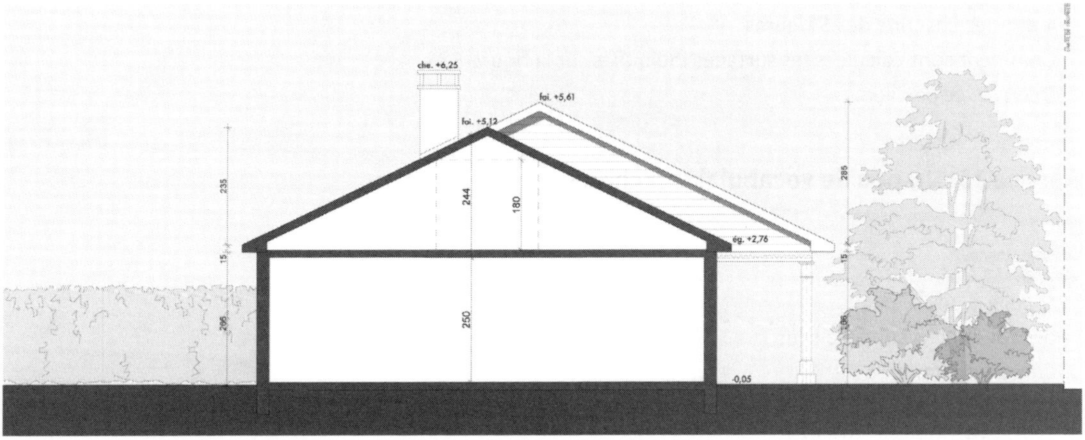

Figure 4

Figure 5

Travail à faire

1. Identifiez chacune des 5 figures.
2. Comment sont calculées les surfaces indiquées sur la figure 5 ?
3. Décrivez ce pavillon.

▶ Exercice 15. Un peu de vocabulaire technique

Travail à faire

Qu'appelle-t-on :

1. des fondations superficielles
2. un vide sanitaire
3. des combles perdus
4. une charpente industrielle
5. une allège

▶ Exercice 16. Appel d'offres

Appel d'offres du Groupe Vilogia

Détail de la consultation

Type de procédure	MAPA ouvert
Réponses électroniques acceptées :	Oui
Type de marché :	Travaux
Description :	Travaux en réhabilitation des colonnes montantes en site occupé -Tour Audin – 93150 Le Blanc Mesnil
Lieu d'exécution :	Seine-Saint-Denis
Date d'ouverture de la salle :	21 juillet 2014 – 15 h 24 (heure de Paris)
Date limite de remise des plis :	18 août 2014 – 12 h (heure de Paris)

Source : vilogia.fr/appels-d-offres/124-achatpublic.html

Travail à faire

1. Qu'est-ce qu'un appel d'offres ?
2. Quelle est la procédure suivie ici ?
3. En quoi consiste les travaux à faire ?

▶ Exercice 17. Les fissures

La fissure est une spécialité à part entière des désordres du bâtiment. La fissure peut naître, soit d'un désordre structurel du bâtiment, soit d'un affaissement différentiel du sol, soit des deux causes à la fois. L'eau qui s'infiltre ensuite par les fissures aggrave la situation rapidement. L'expert fissure est à même de déterminer avec précision les causes de la fissuration ainsi que les moyens pour y remédier durablement. L'expert doit mesurer et identifier les différentes menaces touchant l'intégrité de l'ouvrage, analyser les risques possibles pour les occupants, mais également identifier les éventuels responsables s'il y a lieu.

Les causes sont nombreuses :

Mouvement d'un bâtiment

Démolition d'un bâtiment voisin

Période exceptionnelle de sécheresse

Dégât des eaux ayant entraîné une modification du sous-œuvre d'assise…

Les fissures affectent bien souvent l'intégrité d'un bâtiment. L'eau s'y infiltre et aggrave la situation en affaiblissant davantage la structure. Elle imprègne les matériaux constitutifs et provoque des dommages possibles pour la santé des habitants. Il faut y remédier !

Source : site mon-expert-batiment.fr

Travail à faire

1. Pourquoi la vue d'une fissure sur les murs extérieurs d'un bâtiment inquiète-t-elle toujours le propriétaire ou le futur propriétaire ?
2. Est-ce que toutes les fissures sont dangereuses ?
3. Est-il plus risqué de construire sur un sol argileux ?

Thème 4
Les préoccupations sociétales et environnementales

12. Les règles sociétales et environnementales

A. Normes, labels, certifications

Dans le secteur de l'immobilier, normes, labels et certifications se multiplient.

Une **norme** est une réglementation à respecter par un bien ou un service pour être déclaré conforme. Ex : la Réglementation Thermique 2012 applicable à tous les permis de construire déposés à partir du 1er janvier 2013 et qui fixe une consommation maximale d'énergie à 50 kWh/m²/an en moyenne, valeur modulable selon la zone géographique et l'altitude du logement.

Un **label** garantit un niveau de qualité supérieur qui répond à un cahier des charges. Ex : le label maison passive (BEPAS), le label éco-quartier, le label éco-artisan...

Une **certification** garantit une démarche volontaire, notamment environnementale, allant plus loin que la réglementation en vigueur. Ex : la certification HQE (Haute Qualité Environnementale) qui correspond à l'éco-construction, la certification HPE et THPE (Haute ou Très Haute Performance Énergétique) pour des bâtiments qui font mieux que le BBC.

Labels et certifications sont délivrés par des organismes indépendants certificateurs. Ils peuvent permettre l'obtention de certains crédits, d'aides financières, d'avantages fiscaux et attester de la qualité ou de la performance énergétique d'un logement, de la compétence d'un professionnel...

B. Le Grenelle de l'environnement

Il s'agit d'un ensemble de rencontres politiques organisées en France en 2007 autour de l'environnement et de la maîtrise de l'énergie. Le Grenelle de l'environnement marque un tournant dans l'approche des politiques publiques du DD et représente une étape majeure pour le droit français de l'environnement.

Il va déboucher sur deux lois : la **loi Grenelle 1** (de 2009) qui énonce des objectifs et des orientations dont il va incomber à la **loi Grenelle 2** portant engagement national pour l'environnement (de 2010) d'assurer la mise en œuvre. Le bâtiment est le principal secteur concerné. L'objectif est de diminuer la consommation en énergie, la production de déchets et de GES du parc immobilier existant et à venir et d'inciter à développer la production d'ENR (comme le réaffirme la loi 2015 relative à la transition énergétique et pour la croissance verte).

Les collectivités locales sont au cœur de l'action.

C. Autres réglementations à finalité sociétale

L'accessibilité des bâtiments aux personnes handicapées

5,5 millions de personnes en France présentent un handicap moteur (PMR) et sont confrontées à une pénurie de logements adaptés à leurs difficultés. La loi de 2005 a voulu impulser une dynamique en faveur de l'accessibilité de « tous à tout ». C'est pourquoi les constructions neuves actuelles doivent répondre aux normes d'accessibilité et proposer des logements avec aménagements spécifiques (aires de rotation, largeur des portes, équipements spécifiques...)

À noter toutefois que la loi ELAN de 2018 revoit ces obligations à la baisse : seuls 20 % des logements devront être accessibles aux PMR contre 100 % auparavant (les autres logements du programme devant être évolutifs).

Les normes de sécurité ascenseur

Avec la construction d'immeubles à plusieurs étages, l'ascenseur s'est généralisé. Or c'est un équipement à risque. La loi urbanisme et habitat de 2003 a imposé pour des raisons de sécurité des personnes, des travaux de mise en conformité (travaux SAE) et une obligation d'entretien et de contrôles techniques réguliers.

Les normes de sécurité incendie

Il s'agit d'assurer la sécurité des personnes et des biens. Des moyens de prévention sont prévus pour éviter la naissance de l'incendie et sa propagation. Les bâtiments doivent permettre l'évacuation des personnes et la sauvegarde des biens dans de bonnes conditions. Les secours doivent pouvoir intervenir efficacement.

C'est dans les immeubles de grande hauteur (IGH) que la réglementation en matière de sécurité est la plus poussée.

13. Les diagnostics immobiliers

Les diagnostics immobiliers réunis dans le **Dossier de Diagnostic Technique** (DDT) visent à informer le candidat acheteur ou locataire sur le bien. Ils sont réalisés pour la plupart par des diagnostiqueurs qui doivent prouver leurs compétences et rester impartiaux en toutes circonstances. Leur responsabilité professionnelle est en jeu. Les diagnostics immobiliers sont à la charge des vendeurs et bailleurs.

Diagnostics immobiliers	Objectifs	Validité et obligations
Le diagnostic de performance énergétique (DPE)	Il précise les performances énergétiques d'un bien avec installation de chauffage et la pollution qu'il occasionne (émission de GES)	Il est valide 10 ans (sauf travaux). Il est obligatoire de le fournir dès la mise en publicité pour une vente ou une location
Le constat de risque d'exposition au plomb (CREP)	Il indique la présence de plomb dans les peintures et les risques d'exposition (saturnisme).	Il est obligatoire en vente et en location dès que le bien a été construit avant 1949. Il est valide 1 an en vente, 6 ans en location si présence de plomb sinon la validité est illimitée.
L'état des risques et pollutions (ERP) (ex ESRIS, ex ERNMT)	Il informe sur les aléas naturels (avalanche, inondation...), miniers ou technologiques (industrie chimique, centrale nucléaire...), la sismicité, le potentiel radon et les sols pollués.	Il est obligatoire en vente et en location et est valide 6 mois. Il est à demander à la mairie ou à la préfecture.
L'état d'amiante 2013	Il indique s'il y a présence d'amiante (produit dangereux à inhaler) et risque d'exposition. En cas de travaux, un « diagnostic amiante avant travaux » est à fournir aux professionnels.	Il est obligatoire pour la vente et la location d'un bien dont le permis de construire a été délivré avant le 1/7/1997. Il est de validité permanente en l'absence d'amiante sinon de 3 ans.
L'état parasitaire relatif aux termites (insectes xylophages)	Il indique la présence ou non de termites. Si par ailleurs, le propriétaire devait découvrir la présence de termites, il doit en informer obligatoirement et d'urgence la mairie (raison de sécurité publique).	Il est valable 6 mois. Il est à fournir en vente en zones à risque.
Le diagnostic mérules (obligation d'information)	Il informe sur la présence au niveau local, d'un risque ou non de mérules (champignons mangeurs de bois). Si le propriétaire devait découvrir la présence de mérules, il doit en informer obligatoirement et d'urgence la mairie (raison de sécurité publique).	Il est à fournir en vente en zones à risques. Un particulier qui veut acheter dans une zone à risques peut exiger un document certifiant la présence ou non de mérules dans l'habitation. Il est préférable que la date de cette vérification soit de moins de 6 mois.
L'état des installations intérieures de gaz et d'électricité	Il identifie les anomalies des installations de plus 15 ans pour éviter des prises de risques (électrocution, incendie, intoxication, explosion...)	Obligatoires en vente et en location (loi ALUR), il a une durée de validité de 3 ans en vente et de 6 ans en location.
L'état de l'installation d'assainissement individuel	Il identifie les anomalies pour éviter les risques de pollution.	Nécessaire en vente, il est valable 3 ans. Il est réalisé par les services de la mairie.
Le métrage de surface	Il permet d'indiquer une surface fiable. Loi Carrez (surface privative) en cas de vente de tout lot de copropriété de plus de 8 m² (garage et cave exclus) et loi Boutin (surface habitable) pour la location.	De validité illimitée en l'absence de travaux intérieurs, ils sont nécessaires en cas de vente et de location selon le cas.

Dans le but de sécuriser la construction d'une maison individuelle, la loi ELAN de 2018 a créé un nouveau diagnostic obligatoire lors de la vente d'un terrain : une étude de sol (étude géotechnique).

ENTRAÎNEMENTS

▶ QCM

1. La RT 2012 :
   a) est une certification
   b) impose comme standard le BEPOS (Bâtiment à Énergie POSitive)
   c) s'inscrit dans la lignée du Grenelle de l'environnement
2. Les diagnostics immobiliers :
   a) sont toujours tous faits
   b) ne sont pas tous faits par un diagnostiqueur
   c) sont à la charge de l'agent immobilier

▶ Exercice 18. La mise aux normes des logements pour les PMR

Les personnes à mobilité réduite (PMR) rencontrent des difficultés pour se déplacer mais aussi pour atteindre et prendre des objets. Leurs difficultés sont à prendre en compte pour leur permettre d'être autonomes. Les logements doivent être adaptés.

Travail à faire

1. Citez des aménagements spécifiques pour adapter le logement aux contraintes des personnes à mobilité réduite.
2. Ces aménagements reconfigurent complètement le logement. Un investisseur locatif qui se lance dans des travaux de rénovation d'un logement a-t-il intérêt à en profiter pour l'aménager selon ces normes ?
3. Pourra-t-il réserver la location du logement adapté à des personnes handicapées ?

▶ Exercice 19. Le diagnostic termites

[...] Lors de l'achat (en 2006), le notaire leur a délivré le fameux diagnostic termite obligatoire. La maison, comme beaucoup à Lisle-sur-Tarn, était touchée par les termites. Mais des traitements curatifs ont été effectués en 1995 et en 2003. Lors d'une première vente en 2005, un premier diagnostic a été établi. Le diagnostic de 2006 vient confirmer le précédent. Il n'y a pas à s'inquiéter. Et pourtant. « Une semaine après notre installation, un artisan est venu pour évaluer le montant des travaux d'aménagement de la maison. En voyant la salle de bains, il m'a tout de suite dit qu'il y avait un souci. » [...]
En janvier 2008, l'expert judiciaire se déplace sur les lieux. Son verdict est sans appel. « La maison est dangereuse – elle sera déclarée en état de péril par la mairie- vous devez quitter les lieux, nous a-t-il dit. [...]

Source : site ladepeche.fr 11 juin 2009 Patrick Guerrier

Travail à faire

1. Quels sont les deux grands ennemis du bois en dehors du feu ?
2. Comment protège-t-on un bâtiment des termites ?
3. Quand est-ce que le diagnostic termites est obligatoire ? Quelle est sa durée de validité ?
4. Rapportez les faits dans le cas présenté.
5. Le diagnostiqueur peut-il être mis en cause ?

▶ Exercice 20 : les diagnostics immobiliers

En tant qu'agent immobilier, vous recevez un propriétaire qui vous confie la vente de sa maison située dans un petit village dans les Landes (zone à fort risque termites). Cette maison est d'architecture traditionnelle et date de 1910. Proche d'une rivière, elle est dans une zone couverte par un PPRN. Le vendeur a refait l'installation gaz il y a deux ans mais pas l'installation électrique qui avait été refaite par le précédent propriétaire 10 ans auparavant. La maison est en secteur diffus mais est raccordée au tout-à-l'égout. Elle n'est pas dans une zone à risque pour les mérules.

Travail à faire

1. Quels sont les diagnostics que vous allez demander de fournir à votre vendeur pour la vente de son bien ?
2. Les diagnostics auraient-ils été les mêmes si le propriétaire avait choisi de louer sa maison ?

Corrigés

Thème 1

QCM

1. a. non. b. non. c. non. **2.** a. oui. b. non. c. oui. **3.** a. non. b. oui. c. oui. **4.** a. oui. b. pas forcément. c. oui.

Exercice 1. L'urbanisation

1. L'urbanisation est un phénomène de croissance démographique et territorial des villes.
2. La périurbanisation (urbanisation diffuse au-delà de la périphérie de la ville) s'est développée autour des grandes villes françaises dans les années 1960-1980. Les raisons en sont : l'explosion démographique des villes (exode rural, baby-boom), la hausse des prix immobiliers au m² dans les CV du fait de la hausse de la demande (éloignement du CV pour trouver des prix moins élevés), l'amélioration des moyens de transport, la possibilité à moyens égaux de se loger dans des surfaces plus grandes et surtout dans un cadre de vie plus agréable et plus calme, de devenir propriétaire plus facilement... Un Français sur 6 vit dans ce type de territoire.
3. Les inconvénients sont : le coût et le temps des transports, le multi-équipement en voitures d'un foyer, une gestion de la famille plus difficile, du stress et de la fatigue...

Exercice 2. Les styles architecturaux

1. Le style classique naît dès l'Antiquité (architecture gréco-romaine). Il est fondé sur la structure colonne-entablement et l'harmonie des proportions. Des éléments décoratifs, des couleurs vives (passées avec le temps) et des sculptures placés le long des frises ou dans les frontons ornent les édifices bâtis selon trois ordres : dorique, ionique et corinthien (du plus simple au plus raffiné). Le marbre est le matériau de base. La dureté de cette pierre permet de la travailler avec précision.
2. Le style a été repris plus d'une fois : les courants architecturaux Renaissance, classicisme, Empire, postmodernisme... l'ont repris au travers des siècles et beaucoup de nos établissements actuels (banques, musées...) en sont imprégnés. C'est un style majestueux qui donne de la prestance aux édifices (et à leurs propriétaires).
3. L'architecture d'un bâtiment « parle » si on prend le temps de l'observer. Le style nous donne des éléments pour déterminer la date de la construction de l'édifice, pour connaître les goûts du propriétaire et les valeurs qu'il a souhaité transmettre (symbolisme)...
4. L'agent immobilier doit connaître les styles architecturaux afin de pouvoir faire des estimations de prix de vente plus fines et avoir une argumentation de vente plus professionnelle face à l'acheteur.

Exercice 3. Les biens d'exception

1. Les raisons du classement d'un bien peuvent être : la préservation d'éléments patrimoniaux, les aides financières et fiscales pour la rénovation du bien, la recherche de plus-value...

2. Sont intéressés par des biens historiques classés des clients aisés (industriels, cadres supérieurs, stars...) et étrangers le plus souvent ou des professionnels qui recherchent des locaux avec du cachet pour se spécialiser dans l'organisation de séminaires ou de mariages...

3. Un bien classé est encadré de très près par l'administration. Il y a beaucoup de contraintes à respecter lors des travaux et de la vente... mais des aides financières et fiscales sont possibles (qui se réduisent cependant en période de crise). C'est pourquoi la demande de demeures non classées reste plus importante.

Exercice 4. Le secteur sauvegardé

1. « Maison à pans de bois médiévale dans son esprit » : il s'agit d'une maison à colombage (avec poutres en bois apparentes) typique du Moyen-Âge (époque précédant la Renaissance).
   « Maison à pans de bois Renaissance dans son style » : reconstruite à l'époque de la Renaissance (XVIe siècle) après l'incendie qui a ravagé Troyes et donc imprégnée du style architectural du moment.

2. L'intérêt était de préserver par delà les seuls monuments historiques et leurs abords, des secteurs urbains complets et de donner une cohérence globale au secteur.

3. Il faut une autorisation de l'administration qui est fonction du statut de protection de l'immeuble (donc ici un permis de construire) et des ABF. Les autorisations ne sont accordées que si le PSMV est respecté.

Exercice 5. La maison alsacienne

1. Le style architectural traditionnel en Alsace est la maison à colombage ou à pans de bois. C'est en fait une maison composée d'une ossature de bois et d'un hourdage (remplissage) fait de briques ou de torchis. Ce sont des maisons que l'on retrouve aussi bien en ville qu'à la campagne, construites entre le Moyen-Âge et le XVIIe siècle et que l'on rencontre avec des variantes dans d'autres régions de France.

2. L'habitat traditionnel s'adapte aux contraintes locales. Les particularismes régionaux répondent à des besoins utilitaires : l'encorbellement pour gagner de la place, de vastes greniers en lieu et place de caves inondables, maison démontable, parasismique... autant d'exemples qui montrent le côté pragmatique de la construction.

3. On est attaché à l'architecture régionale parce que c'est une architecture traditionnelle séculaire à laquelle on tient (patrimoine culturel) et à laquelle on s'identifie quand on est originaire de la région... d'où l'intérêt pour l'architecture néo-traditionnelle (qui allie l'architecture traditionnelle au confort moderne).

Exercice 6. L'éco-quartier

1. L'éco-quartier est un quartier conçu en vue d'intégrer les principes de développement durable. Il se veut exemplaire. Il correspond à un label (certifié en fin de chantier). Encore appelé quartier vert, il cherche à préserver et valoriser l'environnement dans lequel il s'érige et limiter la consommation en énergie et en rejets de gaz à effet de serre (GES). L'éco-quartier de Bonne répond à cette philosophie, on y retrouve les caractéristiques classiques d'un éco-quartier : utilisation d'une ancienne friche militaire en plein centre-ville (optimisation de l'espace urbain), mixité sociale, mixité générationnelle, mixité fonctionnelle (quartier mixte), grands espaces verts (préservation de la biodiversité, lutte contre la pollution), bâtiments très économes en énergie, BBC avant l'heure (réduction des consommations d'énergie)...

2. L'éco-quartier met en œuvre des moyens spécifiques comme : l'utilisation massive des ENR (panneaux photovoltaïques et panneaux solaires thermiques, chauffage urbain (par géothermie ou biomasse), la récupération des eaux de pluie (pour l'arrosage des espaces verts, le nettoyage des voies publiques...), la conception bioclimatique des bâtiments,

écrans végétaux...), la limitation de la dépendance à la voiture (pistes cyclables, rues piétonnes, transports collectifs...), la limitation de la production de déchets (collecte sélective, compostage des déchets verts, éco-matériaux, meilleure gestion des déchets de chantier, recyclage...)...

Exercice 7. Les économies d'énergie

1. Le bâtiment BBC (Bâtiment à Basse Consommation) est un bâtiment pour lequel la consommation énergétique est notoirement diminuée par rapport aux habitations habituelles. Les moyens utilisés sont : conception et orientation bioclimatique du bâtiment, forte isolation thermique (intérieure, extérieure ou répartie), parfaite étanchéité à l'air et VMC double flux, modes de chauffage et équipements techniques performants (radiateurs à accumulation, poêles à bois, chaudières à condensation, pompes à chaleur...), recours aux ENR... La maison passive (ou maison « sans chauffage ») est encore plus exigeante en matière d'efficacité énergétique (isolation et étanchéité renforcées, triple vitrage, puits canadien...). De 50, on passe à 15 kWh/m²/an. Les deux concepts répondent à des labels certifiés.

2. kWh (kilowatt heure) : c'est une unité de mesure d'énergie. Un kWh correspond à la consommation d'un appareil électrique de 1 000 watts (comme un lave-vaisselle) pendant une heure.
   Ponts thermiques : points de jonction (entre murs extérieurs, entre murs extérieurs et plancher, sur le pourtour des menuiseries...) où l'isolation n'est pas continue et qui provoque des pertes de chaleur.
   VMC (Ventilation Mécanique Contrôlée) double-flux : système de ventilation forcée qui participe au chauffage de l'air ambiant tout en assurant son renouvellement. Dans un système dit double flux, l'introduction de l'air neuf et l'extraction de l'air vicié sont assurées par des dispositifs mécaniques.

Thème 2

QCM

1. a. oui. b. non. c. oui. **2.** a. oui (certificat pré-opérationnel). b. oui (certificat d'information). c. non. **3.** a. oui (mais il vaut mieux attendre la fin du délai de recours des tiers). b. non. c. non (sauf si nouvelle demande à la mairie acceptée). **4.** a. oui. b. oui (qui ne peuvent être que plus restrictives). c. oui si création d'espaces communs ou si situé dans un SPR ou un site classé.

Exercice 8. Les documents d'urbanisme

1. Le SDRIF est un document d'urbanisme régional. La région parisienne est la seule région à s'être dotée d'un document régional. Le SDRIF donne les grandes orientations de l'aménagement de la région francilienne. Il est au sommet de la chaîne hiérarchique. Les différents SCOT de la région doivent s'y conformer en proposant des actions dans le même sens ainsi que les PLU doivent respecter les SCOT.

2. La région francilienne a connu une très forte croissance urbaine sous l'effet de l'exode rural. Cette croissance a besoin d'être organisée pour qu'elle soit équilibrée. Le SDRIF est un document de planification stratégique qui dessine l'avenir de la région francilienne sur le long terme. C'est d'ailleurs dans cette logique qu'ont été conçues il y a 40 ans 5 villes nouvelles autour de Paris pour accueillir dans de meilleures conditions cet afflux de personnes.

3. L'urbanisation s'est faite longtemps sans vision à long terme. Ce n'est qu'il y a un siècle qu'est né le droit de l'urbanisme.

Exercice 9. Les parcs naturels

1. Un parc naturel régional correspond à un territoire rural à forte valeur patrimoniale et paysagère. Il a pour principaux objectifs de protéger la nature et les écosystèmes, préserver la biodiversité et sensibiliser le public à de telles préoccupations. Mais il cherche aussi à sauvegarder l'habitat régional et le patrimoine culturel local.

2. Le principal volet du DD concerné est la protection de l'environnement. Les parcs naturels régionaux qui ont actuellement plus de 40 ans, ont été créés dans un souci de DD bien avant que le concept n'ait existé.

3. Le parc naturel établit une charte qui concrétise le projet de protection et de DD sur son territoire. Cette charte a des incidences sur les règles d'urbanisme locales (PLU...) des communes intégrées puisque ces règles doivent être compatibles avec la charte du parc. Il en est de même pour les SCOT concernés (loi « paysage »).

Exercice 10. La ZAD

1. Il faut acquérir les terrains nécessaires à l'opération immobilière prévue. La création d'une ZAD (Zone d'Aménagement Différé) permet alors à la commune initiatrice du projet de préempter les terrains (DPU) et de geler leurs prix pour lutter contre toute spéculation. Une fois les terrains acquis, ils seront rétrocédés aux constructeurs.

2. L'opération immobilière consiste à construire de nouveaux logements pour les îliens (habitants de l'île de Ré) qui ne trouvent plus à se loger dans leurs moyens. L'île est touristique, fortement convoitée et les prix immobiliers y ont explosé. D'où la construction de logements sociaux à loyers maîtrisés plus abordables s'adressant aux îliens.

3. Les différents acteurs sont : la commune (à l'initiative du projet), l'urbaniste de la ville (conception de la zone), 3 architectes (maîtrise d'œuvre) et une société HLM (constructeur).

Exercice 11. Le PNRQAD

1. Secteur sauvegardé (appelé aujourd'hui SPR) : zone urbaine qui du fait de sa forte valeur patrimoniale, a besoin d'être protégée par des règles d'urbanisme spécifiques (PSMV) et où l'habitat est ancien et a besoin de travaux de rénovation. D'où la nécessité de programmer en parallèle des OPAH.
   OPAH : procédure qui s'engage à mobiliser des moyens pour améliorer l'habitat dégradé et indigne (incitation à des travaux de rénovation) sur un secteur urbain donné pour une durée de 3 à 5 ans.
   Par ailleurs, il est possible de faire également appel à l'État dans le cadre d'un PNRQAD.
   PNRQAD : plan de mobilisation par l'État de moyens exceptionnels pour la réhabilitation d'un quartier entier.
   Ce sont trois procédures complémentaires.

2. La ville repère dans le quartier à réhabiliter les immeubles prioritaires (les cas les plus lourds d'habitat dégradé et indigne) et procède à des opérations de démolition-reconstruction ou d'acquisition-amélioration donnant à la ville l'opportunité de proposer de nouveaux logements sociaux. Elle y mène également des actions de redynamisation des commerces et des activités et des actions d'aménagement en équipements publics.

3. Les actions engagées ont pour objectif la réhabilitation complète et la restructuration équilibrée du quartier (mixités sociale et fonctionnelle).

Exercice 12. Les autorisations administratives

1.

a) Il n'y a pas de création de SP ni de SES pour une terrasse de plain-pied ; aucune autorisation administrative n'est donc à avoir quelle que soit la surface.

b) Il y a création de SES mais pas de SP pour l'appentis ; il faut une déclaration préalable (DP) pour 15 m^2.

c) Il y a création de SP et de SES pour la véranda ; pour 25 m^2 (ne faisant pas dépasser le seuil des 150 m^2), il faut une DP si la maison est située en zone couverte par un PLU sinon c'est un permis de construire (PC) qu'il faut demander.

d) Il n'y a pas création de SES mais il y a création de SP (le garage n'est pas compris dans la SP) et il n'y a pas changement de destination de l'immeuble (cela reste de l'habitation) ; il faut donc pour 18 m^2 une simple DP. Cette transformation peut cependant supposer de devoir créer une autre place de stationnement si le PLU le demande.

e) Le bardage (en bois ou PVC) est un revêtement de mur extérieur qui apporte une touche décorative au bâtiment mais aussi le protège. C'est une alternative au traditionnel crépi qui peut permettre la mise en œuvre d'une isolation thermique par l'extérieur (ITE).
Il y a une très légère augmentation de la SES mais qui ne nécessiterait pas de DP ; par contre, il y a modification de l'aspect extérieur qui nécessite elle une DP.

Remarque

- avant toute demande, il faut s'assurer que ces travaux n'amènent pas à dépasser les limites de surfaces maximales autorisées sur la parcelle et qu'ils soient conformes aux règles d'urbanisme locales.

2. En lotissement, il faut en plus que le règlement du lotissement les autorise.

Thème 3

QCM

1. a. oui. b. non. c. oui (maisons prêtes-à-finir). **2.** a. oui. b. oui (s'il s'agit de la construction de sa propre maison). c. oui (par des droits d'auteur). **3.** a. non quand il s'agit d'un marché privé ; oui quand il s'agit d'un marché public. b. oui. c. pas systématiquement dans le privé.

Exercice 13. Les maisons prêtes-à-finir

1. Les étapes sont : tout d'abord le gros œuvre (terrassement, raccordements aux réseaux, fondations, soubassement, murs et dalles, toiture (hors d'eau) et fenêtres et portes extérieures (hors d'air)). Puis vient le second œuvre (isolation, cloisons, plomberie, électricité, chauffage, ventilation, finitions…) et la remise des clés. La maison est alors habitable directement (livrée clé-en-main).

2. Une maison livrée en prêt-à-finir est livrée gros œuvre terminé. À charge pour le particulier de poursuivre lui-même la construction (faire le second œuvre) ce qui lui permet de faire des économies de main-d'œuvre mais lui demande du temps et de la disponibilité mais aussi un minimum de compétences (d'où les propositions de certaines entreprises de kits pour réaliser le second œuvre).

3. Le maître d'ouvrage est celui pour qui on construit. Le maître d'œuvre est celui qui coordonne les travaux. Dans le cas présent, à partir du second œuvre, le particulier est maître d'ouvrage et maître d'œuvre.

Exercice 14. Vues, plans et coupes d'une maison individuelle

1. Figure 1 : pignon gauche (Est) – Figure 2 : façade arrière (Sud) – Figure 3 : façade avant (Nord) – Figure 4 : coupe (sens de lecture : du pignon gauche au pignon droit) – Figure 5 : plan de sol (rez-de-chaussée)

2. Ce sont les surfaces des pièces, calculées depuis le nu intérieur des murs.
   Exemple : pour la salle de bain, on a 2,95 m x 2,16 m = 6, 37 m² (surface habitable)

3. Il s'agit d'une maison individuelle de plain-pied de 4/5 pièces d'une surface habitable totale de 103,58 m² avec une partie garage/cellier de 27,6 m² (1 voiture) et un potentiel exploitable sous combles.
   L'entrée abritée par une terrasse couverte, donne directement sur un vaste séjour/salle à manger traversant de 40 m² exposé nord et sud. La cuisine fermée de 8,5 m² bien ensoleillée en milieu de journée donne sur la salle à manger et directement sur le cellier/garage (configuration très pratique pour les rangements). Un mur de refend (mur porteur intérieur) sépare le garage/cellier du coin jour assurant une meilleure isolation (thermique et acoustique). Le coin nuit bien séparé comprend une salle de douche avec WC et 3 chambres spacieuses entre 12 et 15 m² avec placards intégrés dont une suite parentale (chambre avec salle de bain). La distribution des chambres se fait en étoile. La chambre 1 exposée sud est bien éclairée ; les 2 autres chambres sont exposées nord et ne reçoivent pas directement le soleil de la journée.

Exercice 15. Un peu de vocabulaire technique

1. Des fondations superficielles (ou ordinaires) sont des fondations courantes peu profondes fréquemment utilisées pour les maisons individuelles. Elles suffisent quand le « bon » sol est proche de la surface. Elles peuvent être filantes (situées sous tous les murs porteurs) ou isolées (sous des poteaux). Elles s'opposent aux fondations profondes.

2. Un vide sanitaire est un soubassement. C'est un espace d'air (d'environ 60 cm de hauteur) situé entre le premier plancher d'une habitation et le sol naturel qui isole la maison du sol et la rend plus saine d'où le terme de « vide » « sanitaire ».

3. Les combles désignent le volume intérieur entre le dernier plancher et le toit. Les combles perdus sont des combles inhabitables parce que soit les bois de la charpente occupent une grande partie de l'espace (cas des charpentes industrielles) les rendant impraticables, soit parce que la hauteur disponible sous toiture n'est pas suffisante (comme dans les maisons du sud où les toits sont presque plats). Ils s'opposent à des combles aménageables.

4. La charpente est l'ensemble des pièces de bois (ou de métal) qui porte la couverture. Les charpentes ont diverses formes et différentes pentes d'inclinaison suivant les régions et les types de couverture. Les charpentes industrielles, plus fréquentes que les charpentes traditionnelles, sont composées de fermettes préfabriquées en usine. Alors que les charpentes traditionnelles utilisent des pièces de bois (fermes, pannes, chevrons, liteaux) faites sur mesure. La charpente industrielle condamne les combles contrairement à la charpente traditionnelle.

5. L'allège est la partie de mur située entre l'appui de fenêtre et le plancher.

Exercice 16. Appel d'offres

1. Un appel d'offres est une procédure qui permet à un maître d'ouvrage de faire le choix de l'entreprise la plus à même de réaliser une prestation de travaux. Il s'agit de mettre plusieurs entreprises en concurrence.

2. Il s'agit ici d'un marché de travaux public soumis à des règles. En effet, le maître d'ouvrage est du domaine public (Vilogia est un bailleur HLM). Il n'a pas le choix du type de procédure à suivre. Celle-ci est fonction du montant et de la nature des travaux prévus. Dans le cas proposé, il s'agit d'un marché à procédure adaptée (MAPA). C'est une

procédure de mise en concurrence relativement souple avec possibilité de négocier avec les candidats (marché négocié). L'appel d'offres est ouvert à toute candidature (MAPA ouvert).

3. Ce sont des travaux de réhabilitation des colonnes montantes dans une tour HLM où les logements restent occupés. Les colonnes montantes sont les principales canalisations alimentant les étages d'un immeuble (ici il s'agit des colonnes électriques). Il y a appel d'offres parce que le bailleur n'a pas les compétences requises.

Exercice 17. Les fissures

1. La vue d'une fissure inquiète toujours. Certaines fissures présentent un risque grave pour la solidité de la construction et la sécurité des occupants. Elles peuvent être dues à des mouvements de terrains, à un affaissement de la structure du bâtiment ou à un défaut de construction. En cas d'incertitude sur la gravité, il vaut mieux faire appel à un expert en bâtiment pour être certain des origines du problème et prendre les décisions en conséquence.
   De plus, les travaux à envisager quand la structure est touchée, sont conséquents et onéreux (reprise en sous-œuvre, micropieux, injection de résine expansive en sous-œuvre...)
2. Fissures horizontales ou verticales, fissures superficielles ou traversantes, fissures profondes ou micro fissures, fissures apparentes sur les murs intérieurs et la façade extérieure de la maison ou fissures discrètes sous la tapisserie, fissures sur un mur en pierre, une dalle en ciment, une poutre en béton armé... Autant de types de fissures...
   Toutes les fissures ne sont cependant pas dangereuses. Mais même dans ce cas, il ne faut pas les négliger pour autant. Les fissures peuvent être cause d'infiltrations d'eau et causer des problèmes d'humidité malsains pour le bâtiment et la santé de ses occupants. De plus, les fissures sont souvent évolutives (actives) donc peuvent s'aggraver. Il faut agir rapidement en tout état de cause.
3. Oui, il est plus risqué de construire sur un sol argileux parce que c'est un sol déformable qui peut altérer les fondations. Le sol argileux réagit comme une éponge, s'hydrate et se gonfle en période de fortes pluies et inversement se déshydrate et se rétracte en période de sécheresse. Les fondations souffrent et des fissures peuvent apparaître sur les murs, les plafonds, les carrelages... Il est donc prudent de prévoir des fondations plus profondes pour rechercher le sol dur comme peuvent l'imposer des PPRS ou Plans de Prévention des Risques Sécheresse mis en place pour les nouvelles constructions sur le périmètre à risque.
   Si, suite à une période de canicule, les désordres se sont multipliés sur de nombreux bâtiments d'une même zone, l'État peut être amené à décréter l'état de catastrophe naturelle ce qui pourra permettre aux victimes d'être indemnisées plus rapidement.

Thème 4

QCM

1. a. non. b. non. c. oui. **2.** a. non. b. oui. c. non (sauf si geste commercial).

Exercice 18. La mise aux normes des logements pour les PMR

1. Portes plus larges et entrée, toilettes et chambre à coucher surdimensionnées pour pouvoir circuler et tourner avec le fauteuil roulant (aires de rotation indiquées sur les plans par des cercles), douche à l'italienne (de plain-pied), pas de fenêtre au-dessus de l'évier, pas de volets battants...

2. Il est vrai que les travaux de mise aux normes pour les PMR demandent à restructurer complètement le logement et sont coûteux mais il y a une telle demande de la part de ces personnes que l'investisseur est assuré de trouver un locataire et de le garder. Faut-il encore que l'immeuble soit lui aussi adapté et permette l'accessibilité au logement…

3. L'investisseur ne pourra pas réserver le logement adapté aux personnes handicapées sous peine d'être accusé de discrimination si une personne valide se présente.

Exercice 19. Le diagnostic termites

1. Les deux grands ennemis du bois sont l'eau, source de moisissures et de champignons et les insectes xylophages (termites, capricornes, vrillettes…) qui fragilisent le bois. C'est pourquoi il faut traiter le bois en prévention (traitements fongicide et insecticide).

2. Pour protéger un bâtiment des termites, il faut non seulement traiter toutes les parties en bois comme la charpente mais aussi traiter le sol de la cave et le sol autour du bâtiment pour créer une barrière à l'arrivée des termites.

3. Le diagnostic termites est obligatoire quand le bien est mis en vente et qu'il se trouve dans une zone à risque. Il n'est valable que 6 mois.

4. Une famille a acheté en 2006 une maison. Le diagnostic termites qui devait être fait pour la vente (zone à risque) ne signalait plus aucun problème comme le précédent diagnostic. Les traitements curatifs avaient éliminé apparemment les termites.
   La famille souhaite faire faire des travaux de rénovation. Or lors de l'évaluation des travaux, l'artisan sollicité constate les dégâts faits par des termites sur les parties bois de la structure de la maison au point de la rendre dangereuse et inhabitable.

5. Oui le diagnostiqueur peut être amené à engager sa responsabilité au même titre que la société de traitement si on prouve qu'ils n'ont pas fait leur travail correctement (examen trop superficiel, traitement insuffisant de la maison).

Exercice 20. Les diagnostics immobiliers

1. Les diagnostics à fournir sont : le DPE (toujours), le CREP (maison construite avant 1949), l'ERP (zone à risque d'inondation), l'état d'amiante (PC antérieur au 1/7/97), l'état parasitaire relatif aux termites (zone à risque). L'état des installations de gaz et d'électricité n'est pas à vérifier (installations de moins de 15 ans) ni l'état de l'installation d'assainissement individuel (raccordement au tout-à-l'égout) ni le métrage (maison en secteur diffus ou isolé). Rien à signaler pour les mérules.

2. Non, il n'y aurait pas eu l'état parasitaire relatif aux termites mais il y aurait eu le métrage loi Boutin (surface habitable).

Remarque

- Dans un monde de plus en plus connecté, vendeurs et bailleurs peuvent avoir intérêt, selon les circonstances, à fournir également un diagnostic de performance numérique (DPN). Non obligatoire, il renseigne les futurs acquéreurs ou locataires sur la couverture réseau dont bénéficie le bien immobilier. Il est valable à l'instant T.

Sigles et acronymes

ABF : Architecte des Bâtiments de France
AFU : Association Foncière Urbaine
ALUR : loi pour l'Accès au Logement et un Urbanisme Rénové (2014)
ANAH : Agence Nationale de l'Habitat
ANRU : Agence Nationale de Rénovation Urbaine
AVAP : Aire de Valorisation de l'Architecture et du Patrimoine
BBC : Bâtiment à Basse Consommation
BEPAS : Bâtiment à Énergie PASsive
BEPOS : Bâtiment à Énergie POSitive
CAO : Conception Assistée par Ordinateur
CCMI : Contrat de Construction de Maison Individuelle
CES : Coefficient d'Emprise au Sol
COS : Coefficient d'Occupation des Sols
CREP : Constat de Risque d'Exposition au Plomb
CV : Centre-Ville
2D, 3D : deux dimensions, trois dimensions
DAO : Dessin Assisté par Ordinateur
DD : Développement Durable
DDT : Dossier de Diagnostic Technique
DP : Déclaration Préalable de travaux
DPN : Diagnostic de Performance Numérique
DPE : Diagnostic de Performance Énergétique
DPU : Droit de Préemption Urbain
DRAC : Directions Régionales des Affaires Culturelles
DTU : Document Technique Unifié
ELAN : loi pour l'Évolution du Logement, de l'Aménagement et du Numérique ou loi logement (2018)
ENR : Énergie Naturelle Renouvelable
ERNMT : État des Risques Naturels, Miniers et Technologiques
ERP : État des Risques et Pollutions
ESRIS : État des Servitudes « Risques » et d'Information sur les Sols
GES : Gaz à Effet de Serre
GOU : Grande Opération d'Urbanisme
ha : hectare
HLM : Habitation à Loyer Modéré
HPE, THPE : Haute Performance Énergétique, Très Haute Performance Énergétique
HQE : Haute Qualité Environnementale
IDF : Île-de-France
IGH : Immeuble de Grande Hauteur
INPI : Institut National de la Propriété Industrielle
ITE : Isolation Thermique par l'Extérieur
JC : Jésus Christ
LCAP : loi relative à la Liberté de Création, à l'Architecture et au Patrimoine (2016)
MAPA : Marché À Procédure Adaptée
OIN : Opération d'Intérêt National
OPAH : Opération Programmée d'Amélioration de l'Habitat
OPAH-RU : Opération Programmée d'Amélioration de l'Habitat – Renouvellement Urbain
3P : 3 Piliers
PADD : Projet d'Aménagement et de Développement Durable
PC : Permis de Construire
PLS : Prêt Locatif Social
PLU : Plan Local d'Urbanisme
PLUI : Plan Local d'Urbanisme Intercommunal
PLUS : Prêt Locatif à Usage Social
PMR : Personne à Mobilité Réduite
PNRQAD : Plan National de Requalification des Quartiers Anciens Dégradés
PNRU : Programme National de Rénovation Urbaine
POS : Plan d'Occupation des Sols
PPA : Projet Partenarial d'Aménagement
PPRM : Plan de Prévention des Risques Miniers
PPRN : Plan de Prévention des Risques Naturels
PPRS : Plan de Prévention des Risques Sécheresse
PPRT : Plan de Prévention des Risques Technologiques
PSMV : Plan de Sauvegarde et de Mise en Valeur
PVC : polychlorure de vinyle (plastique)
RDC : Rez-De-Chaussée
RNU : Règlement National d'Urbanisme
RT : Réglementation Thermique
SAE : Sécurité des Ascenseurs Existants
SCOT : Schéma de COhérence Territoriale
SDRIF : Schéma Directeur de la Région Ile de France
SES : Surface d'Emprise au Sol
SP : Surface de Plancher
SPR : Site Patrimonial Remarquable
SRU : loi Solidarité et Renouvellement Urbain (2000)
VEFA : Vente en État Futur d'Achèvement
VMC : Ventilation Mécanique Contrôlée
VRD : Voierie – Réseaux – Distribution
ZAC : Zone d'Aménagement Concerté
ZAD : Zone d'Aménagement Différé
ZUP : Zone à Urbaniser en Priorité
ZUS : Zone Urbaine Sensible

E51

TRANSACTION IMMOBILIÈRE

Présentation de l'épreuve « Transaction »

L'épreuve écrite E51 « Transaction immobilière » est une sous-épreuve de l'épreuve E5 « Techniques de l'immobilier ».

Elle dure 3 heures et a un coefficient 3 à l'examen.

Il s'agit d'une étude de cas comportant plusieurs parties indépendantes qui mobilisent les savoirs et les compétences du candidat sur LE CONSEIL en vente et location immobilières dans le cadre de mises en situations professionnelles.

Le questionnement du candidat peut avoir trait à la prise en compte de l'organisation du travail d'une équipe de commerciaux, à la constitution d'un portefeuille de clients, à la préparation et la rédaction d'actes juridiques et au suivi du dossier jusqu'à sa conclusion.

L'évaluation porte non seulement sur la maîtrise des techniques et des outils commerciaux, financiers, fiscaux, juridiques, organisationnels, mais aussi sur la qualité de l'analyse et de la synthèse, la pertinence et la cohérence des propositions professionnelles et enfin sur la qualité de l'expression et de la présentation.

Conseils pratiques

En préparation :

- acquérir les savoirs nécessaires ;
- développer les compétences grâce à l'expérience en agences immobilières ;
- s'entraîner régulièrement sur des exercices et des études de cas et ne pas hésiter à le faire en TEMPS LIMITE pour gagner en efficacité.

Au cours de l'examen :

- **avoir tout son matériel avec soi !** dont la calculatrice, la règle, les surligneurs… et une **montre** pour la gestion du temps (LE TÉLÉPHONE PORTABLE EST INTERDIT ET SYNONYME DE FRAUDE) ;
- **lire toute l'étude de cas avant de commencer à traiter une partie** ;
- prendre en compte l'ENSEMBLE de l'énoncé, avec les annexes, ET surligner LES ÉLÉMENTS IMPORTANTS en rapport avec les questions posées ;
- chercher à répondre **avec précision** en envisageant **l'ensemble des solutions** ;
- **ne pas hésiter à privilégier les tableaux pour vos réponses** lorsque la question s'y prête (calculs, comparaison, avantages/inconvénients…) ;
- **soigner la rédaction et la présentation** des lettres, notes, comptes-rendus, documents publicitaires… **ainsi que l'orthographe et la syntaxe et respecter la forme, sans oublier le fond !**
- ne pas omettre dans le graphique – s'il est demandé – le titre, les axes, l'échelle et la légende ;
- **expliquer les calculs** dans le cadre de questions sur la gestion commerciale, le financement, la fiscalité, les honoraires… ; s'ils sont répétitifs, un seul calcul suffit ;
- **ne pas faire de brouillon rédigé** et utiliser le moins possible ce brouillon (perte de temps) ;
- SE CONCENTRER PENDANT LES 3 heures et ne pas sortir avant la fin de l'épreuve car le temps alloué est nécessaire à une réflexion approfondie et à une analyse des situations professionnelles proposées dans le but d'un conseil adapté ;
- **se relire avant de rendre sa copie** afin d'éviter les erreurs ou les maladresses.

TABLEAU DES ENTRAÎNEMENTS

TRANSACTION	Chrono	Fiche 1	Fiche 2	Fiche 3	Fiche 4	Fiche 5	Fiche 6	Fiche 7	Fiche 8	Fiche 9	Fiche 10	Fiche 11	Fiche 12	Fiche 13	Fiche 14	Fiche 15
Thème 1 : Le cadre du négociateur																
QCM	5'	x	x	x												
Exercice 1	10'	x														
Exercice 2. Extrait étude de cas 2012	30'	x														
Exercice 3	5'	x														
Exercice 4	20'		x													
Exercice 5. Extrait étude de cas 2014	5'		x													
Exercice 6	35'		x													
Exercice 7	35'			x												
Exercice 8	20'			x												
Exercice 9. Extrait étude de cas 2006	40'			x												
Exercice 10	20'			x												
Thème 2 : La constitution d'un portefeuille de biens et de clients																
QCM	5'				x	x										
Exercice 11	30'				x											
Exercice 12	15'				x											
Exercice 13	5'				x											
Exercice 14	40'				x											
Exercice 15	25'				x											
Exercice 16	25'				x											
Exercice 17	25'					x										
Exercice 18	35'					x										
Exercice 19	40'					x										
Exercice 20. Extrait étude de cas 2012	1h					x										
Exercice 21	15'					x										
Thème 3 : Le conseil en estimation																
QCM	5'						x	x								
Exercice 22	10'						x									
Exercice 23	15'						x									
Exercice 24. Extrait étude de cas 2014	1h						x									
Exercice 25	15'						x									
Exercice 26	15'						x									
Exercice 27	5'						x									
Exercice 28	35'						x									
Exercice 29	20'							x								
Exercice 30	20'							x								
Exercice 31	35'							x								
Thème 4 : La commercialisation des biens																
QCM	5'								x	x	x					
Exercice 32. Extrait étude de cas 2014	1h								x							
Exercice 33	15'								x							

TRANSACTION	Chrono	Fiche 1	Fiche 2	Fiche 3	Fiche 4	Fiche 5	Fiche 6	Fiche 7	Fiche 8	Fiche 9	Fiche 10	Fiche 11	Fiche 12	Fiche 13	Fiche 14	Fiche 15
Exercice 34	10'								x							
Exercice 35	15'									x						
Exercice 36	15'									x						
Exercice 37. Extrait étude de cas 2010	30'									x						
Exercice 38	25'										x					
Exercice 39	15'										x					
Thème 5 : Le conseil en financement																
QCM	5'											x	x			
Exercice 40	25'											x				
Exercice 41	20'											x				
Exercice 42	35'											x				
Exercice 43	25'											x				
Exercice 44	20'												x			
Exercice 45	15'												x			
Exercice 46. Extrait étude de cas 2014	45'											x	x			
Thème 6 : La conclusion de la transaction																
QCM	5'													x	x	x
Exercice 47	30'													x		
Exercice 48. Extrait étude de cas 2014	15'													x		
Exercice 49. Extrait étude de cas 2013	40'													x		
Exercice 50	20'													x		
Exercice 51	35'														x	
Exercice 52	30'														x	
Exercice 53	30'														x	
Exercice 54	15'															x

Thème 1
Le cadre du négociateur

Thème 1

1. Structures du secteur immobilier

A. Structures juridiques de l'activité immobilière

1. Types

L'activité d'agent immobilier est accueillie par deux structures : structures individuelles d'une part telles qu'entreprise individuelle ou société de personnes (SNC : Société en Nom Collectif, SCI : Société Civile Immobilière) et sociétés de capitaux d'autre part (EURL : Entreprise Unipersonnelle à Responsabilité Limitée, SARL : Société à Responsabilité Limitée, SA : Société Anonyme, SAS : Société par Actions Simplifiée).

2. Critères de choix

Il se fait d'après la souplesse des règles gouvernant la structure envisagée, le coût social et fiscal, la responsabilité qu'encourt le professionnel en cas de défaillance.

3. La SCI (Société Civile Immobilière)

La SCI, sans capital minimum, a pour but de mettre en commun un immeuble pour en partager les bénéfices. Les associés (2 au moins) sont tenus indéfiniment et solidairement des dettes en proportion de leurs parts dans le capital. La société est gérée par un gérant. Les avantages sont la facilité de transmission de l'entreprise, l'obtention de revenus fonciers complémentaires, le bénéfice d'avantages fiscaux, la souplesse de gestion. Les inconvénients résident dans la responsabilité indéfinie des associés, et les obligations juridiques, comptables et fiscales.

B. Structures de l'agence immobilière

1. Agences indépendantes

Ce sont des entreprises économiquement indépendantes les unes des autres.
Leur activité s'exerce dans un secteur limité et repose sur un professionnel négociateur qui établit un lien personnel étroit avec le client.

2. Agences franchisées

La franchise est un contrat temporaire et exclusif de commercialisation de produits ou de services sur un territoire défini.
Le franchiseur accorde à un franchisé son savoir-faire, sa notoriété, des aides et conseils, moyennant le paiement de droits d'entrée et de redevances annuelles.
Les agences franchisées (Century 21, Laforêt immobilier, Era, Foncia...) sont en plein développement et représentent plus de la moitié du marché.

3. Réseaux intégrés

Une agence centrale développe des points de vente dont les employés sont des salariés de l'agence centrale (La Bourse de l'Immobilier, Nexity).

4. Formes ponctuelles de coopération

a. Systèmes associatifs ou GIE (Groupement d'Intérêt Économique)

Les agences se regroupent pour collaborer sur certains aspects comme la publicité. Elles peuvent aussi mettre en commun leurs mandats, telle ORPI Organisation Régionale des Professions Immobilières. Des cotisations et des frais de publicité sont à payer par chaque agence faisant partie du groupement.

b. Contrats inter-agences

Les agents immobiliers d'un même territoire mettent en commun les mandats qui leur sont confiés à titre exclusif. Des cotisations et des frais de publicité sont à payer par chaque agent pour faire partie d'une association telle l'AMEPI (Association des Mandats Exclusifs des Professionnels de l'Immobilier).
Une clause de délégation est nécessaire dans le mandat exclusif initial et une délégation de mandat doit être signée entre les agences immobilières qui collaborent. Les agents immobiliers se partagent la commission en *« intercabinet »*, en général à 50/50.

5. Syndicat professionnel

La FNAIM (Fédération NAtionale de l'IMmobilier) représente les agents immobiliers auprès des pouvoirs publics et de l'opinion. Elle défend les intérêts de la profession. La FNAIM permet, par ailleurs, à ses adhérents de bénéficier de conseils et d'aides multiples ainsi que de formations. Elle met également à leur disposition une caisse de garantie.

C. Démarche mercatique

1. Mercatique des services

Elle a pour but de détecter les besoins du client et d'adapter la commercialisation avec un objectif premier de gestion de la qualité. Son évolution se fonde sur des stratégies de personnalisation permettant de donner une réponse individualisée à chaque client, de le fidéliser et de mieux le gérer par le biais de la GRC (Gestion de la Relation Client).

2. Démarche mercatique

Elle vise la satisfaction du client et est composée de deux phases : la mercatique stratégique avec des études mercatiques et le choix de stratégies commerciales à mettre en œuvre, et la mercatique opérationnelle fondée sur le plan de marchéage (Produit, Prix, Communication, Distribution).

2. Statuts du négociateur et missions

A. Tableau comparatif des négociateurs

	Salarié non VRP	Salarié VRP	Agent commercial
Lois régissant le statut	Code du travail, Convention Collective Nationale de l'Immobilier (CCNI) 9 septembre 1988, Avenant 31 du 15 juin 2006, Arrêté du 5 juin 2007, Avenant 47 du 23 novembre 2010..., Loi Alur du 24 mars 2014		Décret du 23 décembre 1958, Loi 25 janvier 1991, Code du commerce, Loi du 13 juillet 2006, Loi Alur 24 mars 2014
Contrat	Contrat de travail; attestation d'emploi délivrée par l'agent immobilier; nécessité de compétences professionnelles et obligation d'une formation continue (14 h/an ou 42 h au cours de 3 années consécutives d'exercice)		Contrat de mandat; attestation d'emploi délivrée par l'agent immobilier; nécessité de compétences professionnelles et de formation continue (mêmes conditions que pour les salariés)
Temps de travail	35 heures	Pas d'horaire imposé	
Période d'essai	3 mois renouvelables 1 fois (cadre 4 mois renouvelables)	3 mois non renouvelables	Le contrat peut en prévoir une
Rémunération	Salaire brut mensuel égal au SMIC au minimum versé en avances sur commissions ou fixe + commissions; 13e mois	Salaire minimum brut conventionnel pour VRP exclusif de 1 300 € versé en avances sur commissions ou commissions; 13e mois	Honoraires au prorata du chiffre d'affaires généré
Frais professionnels	Remboursés sur justificatifs des frais réels		À la charge de l'agent commercial
Clause de non-concurrence	Possible mais à rétribuer par l'employeur et à faire apparaître dans le contrat de travail avec un secteur et une durée limités		Possible mais sans contrepartie financière et limitée dans le temps et l'espace
Congés payés	Prévus dans la CCNI (également possibilité d'une indemnité de congés payés dans la rémunération)		Gérés par l'agent commercial à sa convenance
Régime social	Travailleur salarié TS		Si personne physique : travailleur non salarié TNS Si personne morale : TS ou TNS suivant le type de dirigeant et de société
Régime fiscal	Impôt sur les revenus		Si personne physique : bénéfices non commerciaux et TVA Si personne morale : impôt sur les revenus ou sur les sociétés suivant le statut juridique

	Salarié non VRP	Salarié VRP	Agent commercial
Rupture de contrat et préavis	Démission, licenciement, rupture conventionnelle; Préavis de 1 mois après 2 ans d'ancienneté et 2 mois après 2 ans d'ancienneté (3 mois pour les cadres)	Démission, licenciement, rupture conventionnelle; Préavis de 1 mois jusqu'à 1 an d'ancienneté, 2 mois entre 1 et 2 ans et 3 mois après 2 ans d'ancienneté (3 mois pour les cadres)	Rupture du contrat de mandat possible; Préavis d'1 mois pour la 1re année commencée, 2 mois pour 2e et 3 mois pour 3e
Droit de suite	Possible pendant une période de 6 mois minimum après le départ du négociateur si les affaires sont la conséquence du travail qu'il a effectué pendant son contrat de travail		Oui si l'opération est due à son activité au cours du contrat d'agence

B. Missions du négociateur

Auprès du vendeur	Auprès de l'acquéreur
Prospection Accueil Découverte du bien et visite Estimation du bien et négociation sur le prix Signature du mandat de vente Suivi	Prospection Accueil Découverte des besoins Analyse patrimoniale Sélection et visites de biens Signature du bon de visite Aide au choix définitif du bien Négociation du prix et conseil d'une offre d'achat Signature de la promesse de vente Constitution du dossier de vente Signature de l'acte authentique Suivi
Auprès du bailleur	**Auprès du locataire**
Prospection Visite du bien Estimation du loyer Signature du mandat de location Suivi	Prospection Découverte des besoins et analyse patrimoniale Sélection des biens, visites, et choix du bien Signature du bail d'habitation État des lieux d'entrée; remise des clés (après vérification assurance) Suivi

3. Objectifs de l'équipe commerciale et résultats

A. Objectifs

1. Classification

- **Objectifs généraux :** choix stratégiques des marchés et des produits de l'agence immobilière sur le long terme ;
- **Objectifs commerciaux :** plan de marchéage sur le moyen et le long terme ;
- **Objectifs de l'équipe de vente :** priorités commerciales de l'équipe de vente sur les actions à mener sur le moyen terme ;
- **Objectifs individuels :** quotas de chaque négociateur sur le court terme.

2. Caractéristiques

L'objectif doit être précis, accessible, stimulant, équitable et adapté aux négociateurs.

3. Types

- **Objectifs quantitatifs :** faciles à fixer et à mesurer (ex. : ventes...).
- **Objectifs qualitatifs :** difficiles à analyser (ex. : image de marque...).

B. Organisation de l'activité de l'équipe commerciale

1. Business plan

Il s'agit d'un document permettant de formaliser un projet d'entreprise ou de présenter le développement d'activités dans une agence existante, avec précision des moyens utilisés et de la durée estimée pour atteindre les objectifs fixés.

2. Planification

Elle permet de déterminer l'ordre des activités après leur recensement, et ensuite de calculer la durée de chacune d'entre elles.

3. Atteinte des objectifs

Elle se réalisera en respectant les contraintes (financière, juridique, humaine...), en suivant les opérations et en mettant en place les mesures correctrices nécessaires.

C. Mesure de la performance

1. Budget prévisionnel

Il reprend les ressources et les dépenses prévisionnelles sur plusieurs années. L'objectif est de comparer les prévisions et les réalisations et d'en déduire des écarts à analyser et à corriger.

2. Productivité

a. Ratios

CA par visite = CA total/nombre de visites
Rendement de la prospection = Nombre de nouveaux clients/Nombre de visites de prospection
Montant moyen d'une vente = CA/Nombre de ventes...

b. Tableau de bord

Il regroupe l'ensemble des indicateurs de l'activité de l'équipe commerciale ou du négociateur sur une période déterminée et compare les réalisations et le prévisionnel. Il intègre souvent le taux de réalisation des objectifs et le chiffrage des écarts.

c. Rentabilité

Elle mesure l'efficacité de l'entreprise et correspond au revenu généré par un investissement.
Le seuil de rentabilité correspond au chiffre d'affaires qui couvre exactement les charges variables et les charges fixes. Au-dessus du seuil de rentabilité, l'entreprise dégage un bénéfice. Au-dessous du seuil de rentabilité, l'entreprise fait une perte.
Le point mort est la date à laquelle le seuil de rentabilité est atteint.

ENTRAÎNEMENTS

▶ QCM

1. Qu'est-ce qu'une SCI ?
   a) société de personnes
   b) sociétés de capitaux
   c) entreprise individuelle
2. Sur quels aspects les agences immobilières peuvent-elles se regrouper pour coopérer ?
   a) la publicité
   b) la prise de mandats
   c) la signature de promesses de vente
3. Qu'est-ce que la FNAIM ?
   a) une agence indépendante
   b) un réseau franchisé
   c) un syndicat professionnel
4. Sur quoi est fondée la mercatique des services ?
   a) une gestion globale des clients
   b) des services de qualité et personnalisés
5. L'attestation d'emploi délivrée par l'agent immobilier suffit-elle à l'agent commercial ou au négociateur pour exercer son métier ?
   a) oui
   b) non
6. Peut-on parler d'une hiérarchisation des objectifs de l'équipe commerciale ?
   a) vrai
   b) faux
7. Le calcul du seuil de rentabilité d'une agence permet de mesurer ?
   a) la marge sur coût variable
   b) le bénéfice
   c) l'efficacité de l'agence

▶ Exercice 1. Structures juridiques de l'activité immobilière

Question(s)

1. À partir du tableau suivant, comparez la SNC et la SCI.

	SNC	SCI
De quel type de société s'agit-il ?		
Combien y a-t-il d'associés ?		
Quelle est la responsabilité des associés ?		
Quel est le régime social du dirigeant ?		
Quel est le régime d'imposition ?		
Comment transmet-on la société ?		

▶ Exercice 2. Extrait étude de cas 2012 Dossier 1

Un des négociateurs informe Madame CLAIRVOIX de l'ouverture prochaine d'une agence spécialisée en transaction affiliée à un grand réseau national à proximité immédiate de l'agence AIRIMMO.

Inquiète de cette nouvelle concurrence, Madame CLAIRVOIX se demande si elle ne devrait pas rejoindre un réseau tel « IMMO 3 % » (présenté en **annexe 2**).
Elle a de plus entendu parler, au cours de l'assemblée générale de sa caisse de garantie, de la possibilité d'adhérer au « groupement inter immobilier » de sa zone d'activité, le « G2I » (présenté en **annexe 3**).

Question(s)

1. Présentez au moins 3 avantages et 3 contraintes qui pourraient résulter de l'adhésion au réseau « IMMO 3 % » d'une part, et 3 avantages et 3 contraintes pour l'adhésion éventuelle au niveau du « groupement inter immobilier » (G2I) d'autre part. Vous présenterez votre travail sous forme de tableau.
2. Quel choix proposez-vous à Madame CLAIRVOIX ? Justifiez votre réponse, sachant que Madame CLAIRVOIX suivra votre recommandation.

Annexe 2

Réseau « Immo 3 % »

Une nouvelle génération d'agences immobilières à frais réduits.
3 % immobilier : des honoraires enfin moins chers, accessibles à tous et acceptables, **réduits et dégressifs de 3 à 2 % TTC.**
Chaque agence dispose d'une assurance en responsabilité civile et professionnelle et de l'autorisation préfectorale d'exercer.
Réalisez jusqu'à **60 % d'économie** sur les agences immobilières traditionnelles, mais aussi ce sont **17 engagements de services** qui vous permettront de comparer nos prestations, **25 points de contrôle** de qualité parce que nous sommes à votre écoute et que votre avis nous intéresse.
Nos 17 engagements de services
1) Panneau « À vendre » + annonces classées
2) Affichette de vitrine en couleur + dossier complet de vente
3) Publicité dans la presse locale, régionale et nationale
4) Évaluation objective et comparative du bien immobilier
5) Bilan juridique, fiscal et financier
6) Rendez-vous qualifié des acquéreurs à l'agence
7) Étude du plan de financement des acquéreurs
8) Aucune exigence d'un mandat exclusif
9) Bon de visite sans mandatement de recherche
10) Compte rendu au propriétaire à chaque visite
11) Compte rendu mensuel de l'activité
12) Transactions, négociation et recueil de l'accord
13) Contrat préliminaire d'achat et délai SRU
14) Compromis de vente sous conditions suspensives
15) Suivi du dossier de la vente (banque, notaire, administration...)
16) Assistance des parties lors de la signature notariée
17) Frais d'agence réduits : Réseau national d'agences à frais réduits de 3 à 2 % TTC dégressifs

132 agences sont là pour vous servir, le meilleur service au meilleur prix.
Droits d'entrée : 5 000 €. Participation à la publicité nationale : 2 % du CA.
Aménagement des locaux conforme à l'identité visuelle du groupe selon devis.
EN CAS DE CRÉATION Investissement initial minimum : 45 000 € dont 15 000 € d'apport personnel.

Annexe 3

Le groupement inter immobilier (G2I)

Le concept est simple : **les agences immobilières d'une même zone géographique (un arrondissement, une ville ou un département) regroupent leurs mandats exclusifs,** afin de proposer une offre immobilière globale à leurs clients. **Ce n'est pas un réseau commercial,** il n'y a pas de communication massive, pas de techniques de commercialisation imposées.

La marque G2I ne doit pas être considérée ou utilisée comme l'enseigne commerciale d'un réseau d'agences, mais comme un **label, une charte** marquant l'adhésion des membres du G2I aux principes de coopération inter agences.

Les avantages pour le vendeur : il bénéficie du fichier clients de toutes les agences G2I, et ce, gratuitement. Il ne signe qu'un « Mandat Unique Partagé ». Il a un seul interlocuteur, mais multiplie ses chances de vendre par le nombre d'agences adhérentes.

Les avantages pour l'acquéreur : il a accès à l'ensemble des biens détenus par toutes les agences associées. Les affaires proposées sont des exclusivités G2I. L'acquéreur a la possibilité d'établir en toute sérénité une négociation sans craindre la concurrence entre agences.

Les avantages pour les membres du G2I : la prise de mandat exclusif est facilitée, la publicité et la communication qui mettent en avant l'exclusivité ont plus d'impact. Chaque membre et collaborateur d'un G2I a l'obligation de suivre régulièrement des formations, afin d'assurer une prestation de qualité irréprochable.

Les frais d'inscription : 2 500 €

La cotisation annuelle : 650 €

▶ Exercice 3. Démarche mercatique

Question(s)

1. Expliquez le plan de marchéage d'une agence immobilière parisienne qui a choisi de se spécialiser sur les biens d'habitation d'exception.

▶ Exercice 4. Rémunération du négociateur

Les honoraires réalisés par une agence immobilière sont de : 23 500 € TTC. Le négociateur salarié est commissionné sur ces honoraires hors taxe. La commission du négociateur est calculée par tranches d'honoraires.

De 0 à 8 000 € : 10 % ; De 8 000 à 15 000 € : 7 % ; De 15 000 à 25 000 € : 4 % ; Au-delà de 25 000 € : 2 %.

Question(s)

1. Calculez la commission obtenue par le négociateur.
2. Dans le cas d'un système d'avance sur commission, à quel moment le paiement de la commission a-t-il lieu exactement ?
3. Si ce négociateur perçoit en moyenne 2 500 € de salaire par mois, quel sera le coût annuel pour le responsable d'agence immobilière en sachant que les cotisations patronales représentent 45 % du salaire annuel ?

▶ Exercice 5. Extrait étude de cas 2014 Dossier 1

Le jour du rendez-vous, au moment de signer le mandat, Monsieur HULOTTE vous interpelle : « dites-moi, vous êtes bien jeune… avez-vous l'autorisation de signer le mandat pour vendre ma maison ? »

Question(s)

1. Que lui répondez-vous ? Vous étayez votre réponse par un argument juridique relatif au cadre de la profession.

▶ Exercice 6. Missions du négociateur

Votre responsable d'agence BORDIMMO vous demande de travailler sur une fiche de poste « négociateur ».

Le poste implique que le négociateur salarié aura à couvrir un secteur géographique comprenant Bordeaux et 30 km aux environs. La formation attendue est au moins équivalente à un BTS Professions Immobilières. La rémunération prévue implique des commissions de 8 % en rentrée de mandats et de 15 % en ventes. Les objectifs visés pour la première année sont de 4 mandats et 1 vente par mois en moyenne. L'agence accepte les débutants.

Question(s)

1. Créez la fiche de poste « négociateur », en vous aidant de l'annexe ci-dessous.

Annexe

Fiche de poste	
Intitulé du poste	Désignation du poste par un nom
Cadre d'identification	Service ; statut ; niveau ; échelon
Situation du poste	Localisation du poste
Finalité du poste	Description générale du poste avec le niveau de responsabilité
Contexte	Indication des principaux éléments tels que le cadre, les caractéristiques liées aux conditions de travail, les conditions d'exercice, les relations à l'interne et à l'externe de l'agence…
Missions du poste	Précision des activités principales à réaliser (avec des verbes d'action)
Compétences requises	Savoirs, savoir-faire, savoir-être
Salaire et Carrière	Salaire brut annuel et perspective d'évolution dans l'agence

▶ Exercice 7. Objectifs des commerciaux

Question

1. Complétez le tableau suivant :

	Objectifs quantitatifs	Objectifs qualitatifs
EXEMPLE D'OBJECTIF	Chiffre d'affaires (ou ventes)	Image de marque de l'agence
LES AVANTAGES **– Pour l'agence** **– Pour le négociateur**		
LES INCONVÉNIENTS **– Pour l'agence** **– Pour le négociateur**		

▶ Exercice 8. Organisation de l'activité de l'équipe commerciale

Question(s)

1. À partir du TRT (Tableau de Répartition des Tâches) suivant, analysez l'organisation de la transaction location dans l'agence IMMOBILIÈRE Z.

AGENCE IMMOBILIÈRE Z TRT Service Transaction Location					
TACHES	M. A.	Mme D.	Mme F.	**TOTAUX**	
					%
Accueil clientèle	2	10	6	18	19,1
Prospection	5	/	2	7	7,5
Création de documents publicitaires	1	1	3	5	5,3
Visites	4	8	8	20	21,3
Constitution de dossiers	6	5	7	18	19,1
Signatures de mandats et de baux	10	/	5	15	16
États des lieux	7	/	4	11	11,7
TOTAL	35 heures	24 heures	35 heures	94	100

▶ Exercice 9. Extrait étude de cas 2006 Dossier 3

La concurrence est très forte sur le marché immobilier grenoblois. Monsieur Daniel DUGON est convaincu que les résultats de l'agence dépendent donc pour une grande part du dynamisme et de l'efficacité de ses vendeurs. Il vous remet un tableau synthétique des résultats de ses 5 commerciaux pour le mois dernier (**Annexe 4**) et vous indique les ratios de référence en immobilier :

– ratio de prospection de la profession : 3 % (par rapport au nombre de contacts);
– ratio de rendement de la profession : 50 % (par rapport au nombre de RDV obtenus).

Annexe 4. Tableau des performances des négociateurs

Négociateurs	Nombre de prospects contactés par téléphone	Nombre de rendez-vous obtenus	Nombre de mandats rentrés
M. Doubet	140	1	0
M. Farin	180	2	1
M. Violin	220	7	4
Mme Lurot	200	5	2
M. Ramon	100	0	0

Question(s)

1. Évaluez l'efficacité des négociateurs de l'agence Belledonne. Pour cela présentez dans un tableau le calcul des 2 ratios pour chacun des négociateurs. Commentez vos résultats et proposez des solutions.

▶ Exercice 10. Rentabilité d'une agence immobilière

Une agence immobilière vend 36 maisons au cours de l'année N avec des honoraires moyens de 10 000 € TTC par bien vendu. La commission des vendeurs représente 11 % des ventes HT et les charges fixes s'élèvent à 55 000 €.

Question

1. Déterminez le seuil de rentabilité et le point mort en nombre de jours.

Thème 2
La constitution d'un portefeuille de biens et de clients

4. Analyse du marché de l'entreprise

A. Identification du marché

1. Différentes sources d'information

a. Sources

- **Sources externes**
  - institutionnelle (INSEE, ANIL, INPI...) ;
  - professionnelle (FNAIM, CCI...) ;
  - privée (Internet, Banques De Données...).
- **Sources internes**

Services de l'entreprise, personnel, contrats divers, éditeurs de revues et d'ouvrages...

b. SIM (Système d'Information Mercatique)

Il s'agit d'un système centralisé de données mercatiques qui implique l'utilisation de logiciels informatiques spécifiques. Le but est de collecter, stocker et analyser toutes les données nécessaires à la connaissance du marché afin de pouvoir mettre en place les actions commerciales adaptées.

La circulation de l'information gagne en efficacité avec le SIM.

2. L'offre

a. Offreurs

Ce sont à la fois les particuliers (vendeurs, bailleurs) et les professionnels (agents immobiliers, promoteurs, bailleurs sociaux...).

L'offre est plutôt concurrentielle, parfois oligopolistique, et rarement monopolistique.

b. Produit immobilier

- **Définition et caractéristiques**

C'est un bien matériel ou service qui satisfait un besoin individuel ou collectif.

Il a des caractéristiques objectives, fonctionnelles et symboliques.

La gamme, le cycle de vie du produit, le positionnement, la marque, la stylique et la qualité devront être pris en compte.

- **Classification**
  - ***Principaux biens d'habitation***

  Vente : appartements et maisons, garages et places de parking (parc privé et social)

  Location : locaux vides (parc privé et social), locaux meublés
  - ***Biens en immobilier d'entreprise en vente et en location***

  Bureaux, locaux d'activité et entrepôts, locaux commerciaux et professionnels
- **Droit de propriété sur un bien immeuble**

Il est composé de l'usus (droit d'usage), du fructus (droit d'en retirer les fruits) et de l'abusus (droit d'en disposer). Ce droit est absolu, perpétuel et exclusif. Son acquisition se fait par occupation, accession, acquisition conventionnelle ou pour cause de mort.

- **Services en immobilier**

Afin de satisfaire au mieux le client et de personnaliser son offre, l'agence immobilière peut proposer différents services : conseils en financement, en fiscalité, en assurance, aides au déménagement, homestaging (valorisation d'un bien immobilier)...

c. Stratégie commerciale de l'entreprise et concurrence

Les décisions stratégiques portent sur le choix des produits et des services et sur les attentes des clients. L'entreprise devra segmenter les sous-ensembles de son marché, les cibler et se positionner avec une offre qui lui permettra de se différencier de ses concurrents. Pour cela elle se servira d'éléments qualitatifs (image...) et quantitatifs (calcul de parts de marché...).

Elle adoptera une stratégie d'imitation proche de ses concurrents ou une stratégie de spécialisation pour se démarquer d'eux.

Les concurrents principaux des agents immobiliers restent les particuliers, même si une nouvelle forme de concurrence commence à se développer du fait d'internet avec les « agences virtuelles ».

3. La demande

a. Demandeurs

Les demandeurs sont les particuliers (acquéreurs, locataires), et les professionnels (agents immobiliers...).
Suivant le nombre d'acheteurs, le marché est concurrentiel, monopolistique ou il correspond à un oligopsone.

b. Typologie

- Demande locative de logement dans l'ancien ou le neuf, du parc privé ou social.
- Demande en accession de logement dans l'ancien et le neuf de résidences principales occupées au moins 8 mois par an, sauf exceptions, du parc privé et social, et de résidences secondaires du parc privé.
- Demande locative ou en accession de neuf et d'ancien en immobilier d'entreprise.

c. Marché potentiel

Il est composé de la demande actuelle de l'agence (clients et concurrents) et des non-consommateurs relatifs.
La connaissance du marché potentiel va permettre à l'agence d'évaluer ses ventes et ses locations et d'apprécier la rentabilité de ses actions grâce à divers indicateurs tels que la zone de chalandise, le taux de pénétration, le cycle d'achat ou de location...

TRANSACTION IMMOBILIÈRE

d. Segmentation

C'est le fait d'identifier des groupes distincts de clients afin d'adapter les stratégies de l'entreprise à chacun d'eux : stratégie indifférenciée avec une offre pour tous les segments, stratégie différenciée avec une offre par segment et stratégie concentrée avec une offre pour un segment.
Les critères de segmentation sont variés : critères géographiques, sociodémographiques, de personnalité, de comportement...

e. Comportement des clients

Influence de variables

- Variables externes :
  - facteurs socioculturels (culture, classes sociales...) ;
  - facteurs psychosociaux (groupes de référence, famille...).
- Variables internes :
  - facteurs personnels (âge, profession, revenu, style de vie, personnalité...) ;
  - facteurs psychologiques (motivations et freins, perception, apprentissage, croyances...).

Typologie des motivations

- Motivation hédoniste : recherche de plaisirs personnels.
- Motivation oblative : volonté de faire plaisir à autrui.
- Motivation d'auto-expression : recherche d'expression de soi.

Classification SONNCASE (Sécurité, Orgueil, Nouveauté, Notoriété, Confort, Argent, Sympathie, Environnement)

Il suffira de définir quels éléments de la classification concernent les motivations et les freins du client pour orienter l'argumentation et pour donner les conseils les plus appropriés.

Processus d'achat ou de location

Il part de la manifestation du besoin, implique la recherche de solutions pour répondre à celui-ci et conduit à la sélection de la solution la mieux adaptée pour une satisfaction optimale.

4. L'environnement socio-économique

Afin d'analyser au mieux le marché de l'entreprise, il faudra prendre en compte de nombreux aspects de l'environnement : économique, fiscal, législatif, politique, technologique, démographique, culturel, environnemental...

B. Évaluation du marché

1. Parts de marché en valeur en volume

Elles permettent de comparer en valeur ou en volume les ventes de l'entreprise par rapport aux ventes de l'ensemble des entreprises présentes sur le marché.

2. Taux d'accroissement

Il sert à comparer des grandeurs entre elles et s'exprime en pourcentages.

3. Méthodes de prévisions de ventes

Les méthodes mathématiques des « points extrêmes », de « Mayer » et des « moindres carrés » permettent de déterminer le CA prévisionnel d'une entreprise en N +1.

4. Saisonnalité des ventes

Le marché immobilier fonctionne dans le domaine de la vente, voire de la location en fonction d'une certaine saisonnalité. En effet, les transactions sont importantes d'avril à septembre, mais restent moyennes voire faibles le reste de l'année.

Le but est donc de déterminer un coefficient saisonnier qui permettra d'estimer de façon plus précise le CA de l'entreprise.

5. Mode, médiane, moyenne pondérée

a. Mode

Il s'agit de la valeur de la variable statistique pour laquelle l'effectif observé est le plus grand.

b. Médiane

C'est la valeur de la variable statistique telle que 50 % des effectifs lui sont inférieurs et 50 % des effectifs lui sont supérieurs.

c. Moyenne pondérée

Il s'agit de calculer une moyenne à partir d'une série statistique impliquant des classes et des effectifs.

6. Représentations graphiques

Le choix du graphique se fera suivant le type de variables : variable continue (courbe), variable discrète (diagramme en bâtons), répartition (diagramme circulaire), variable chronologique (courbe, graphique en Z, graphique polaire).

5. Organisation de la prospection

A. Mise en place d'une action de prospection

1. Techniques de prospection

a. Stratégie de prospection

Choix de la stratégie
Il dépend des biens et des services proposés, des secteurs géographiques, des clients et de leurs attentes, de la politique globale de l'entreprise...

Typologie des stratégies
- Stratégie d'acquisition : elle consiste à collecter des informations sur les prospects pour pouvoir ensuite leur envoyer des offres adaptées. Elle implique un CA à court terme mais des investissements lourds.
- Stratégie de fidélisation : elle vise à établir un contact régulier et personnalisé avec un client dans le but de maintenir une relation avec lui. Elle implique un CA à moyen ou long terme, mais peu de coûts et une marge bénéficiaire élevée.

Planification de l'action sur le terrain
Elle est primordiale pour gérer au mieux dans le temps les techniques de prospection à utiliser par l'équipe commerciale.

b. Prise de contact avec le prospect

Objectifs
- Donner au client une impression favorable.
- Créer un climat de confiance.

Étapes
Salutations, accroche, raison du contact, conclusion et prise de congé.

Attitude du professionnel
Faire preuve d'empathie, être constructif et convivial pour amener à l'échange, être authentique et jouer sur le langage et le paralangage, être professionnel.

c. Techniques de prospection

Méthodes	Signification	Exemples
Statique	Contacts provoqués par la publicité	Affiche vitrine, petite annonce, panneau « à vendre »...
Dynamique	Contacts générés par l'implication directe du négociateur	Lettre commerciale, publipostage, courriel, prospectus, porte-à-porte, prospection téléphonique, portes ouvertes, salons...
Relationnelle	Contacts facilités par les relations de l'agence ou de prescripteurs extérieurs	Banquier, clients actuels, famille, amis, commerçants, gardiens...
Prospective	Contacts obtenus grâce à la constitution d'une base de données	Tout type de base de données

2. Gestion de fichiers et protection des libertés

a. Mise en place d'outils de suivi

Fiches :
Elles permettent de collecter des informations sur le client et le produit et de constituer des fichiers.

Fichier :
Il sert à segmenter, à communiquer, à archiver, à mesurer et à prévoir. Il doit être informatisé, mis à jour régulièrement et contrôlé afin de rester fiable et pertinent.

b. Protection des données

CNIL (Commission Nationale de l'Informatique et des Libertés)

Elle surveille et contrôle la sécurité des systèmes d'information, la création des fichiers, leur vente, leur condition d'accès et leur utilisation. Elle s'occupe également des réclamations concernant l'usage anormal des fichiers et sanctionne par des amendes. La loi Hamon du 17 mars 2014 instaure un partenariat entre la CNIL et la DGCCRF (Direction Générale de la Consommation, de la Concurrence et de la Répression des Fraudes), cette dernière constatant les infractions.

Loi informatique et libertés du 6 janvier 1978 modifiée par la loi du 6 août 2004

Elle définit les principes à respecter lors de la collecte, du traitement et de la conservation des données et garantit 2 droits fondamentaux aux clients : l'information et la sécurité des données.

Loi de modernisation sociale du 17 janvier 2002

Elle exclut la collecte de certaines informations auprès des locataires (carte d'assuré social, attestation de bonne tenue de compte bancaire ou postal...).

Loi HAMON du 17 mars 2014

Elle prohibe la location et la vente des fichiers contenant les données téléphoniques et les coordonnées des clients inscrits sur la liste d'opposition au démarchage téléphonique.

Bloctel, la nouvelle liste d'opposition gratuite au démarchage téléphonique est ouverte depuis le 1er juin 2016 et l'inscription sur cette liste est valable 3 ans.

Remarque : contre les spams vocaux et les sms abusifs, les consommateurs doivent contacter le 33700 par sms pour bloquer les numéros indésirables et ils peuvent également s'informer sur le portail : www.infosav.org.

Loi ALUR du 24 mars 2014

Elle définit par décret la liste des pièces justificatives pouvant être demandées au locataire ou à sa caution.

RGPD (Règlement Général sur la Protection des Données), voté par le Parlement Européen le 27 Avril 2016 et mis en application en France le 23 Mai 2018

Il précise les obligations des agents immobiliers telles que : la nomination dans l'agence d'un responsable Délégué à la Protection des Données, la tenue et la mise à jour d'un registre des activités de traitements de données, le respect de nouveaux droits (droit à l'oubli, droit à la portabilité des données, consentement explicite), l'effacement des données à caractère personnel devenues inutiles, la déclaration de la perte ou du vol de données à la CNIL sous 72 h...

3. Argumentaire et traitement des objections

a. Argumentaire

Il consiste à présenter les arguments au client suivant un plan d'argumentaire précis afin de répondre à ses besoins.

Le plan d'argumentaire peut se présenter sous la forme CAP et être associé au SONNCASE.

- C = caractéristiques techniques et commerciales ;
- A = avantages en rapport avec les caractéristiques précédentes ;
- P = preuves apportées à ces avantages (test, témoignage, démonstration, expertise).

b. Traitement des objections

Après avoir identifié l'objection (sincère ou prétexte), le professionnel cherche à la comprendre et la traite avec une stratégie adaptée à la situation et à la cible (information, compensation, atténuation...).

B. Évaluation des résultats

1. Évaluation quantitative

L'agent immobilier peut calculer différents ratios liés à la prospection ou aux supports commerciaux utilisés (qualité du ciblage, valeur du fichier, efficacité de la prospection utilisée, coût d'acquisition d'un prospect, rentabilité de l'opération...).

2. Évaluation qualitative

Elle se fait par le biais de comptes rendus de l'équipe commerciale, d'enquêtes de satisfaction clientèle...

Le sondage est une méthode courante d'enquête qui implique la détermination d'un échantillon et d'une méthode d'échantillonnage, la construction d'un questionnaire et l'administration de celui-ci, le traitement et l'analyse des données recueillies, et la création d'un rapport présentant les résultats obtenus.

ENTRAÎNEMENTS

▶ QCM La constitution d'un portefeuille de biens et de clients

1. La FNAIM fait-elle partie d'une source d'information externe?
a) institutionnelle
b) professionnelle
c) privée

2. Le sigle SIM signifie-t-il?
a) Service IMmobilier
b) Système Immobilier Mercatique
c) Système d'Information Mercatique

3. À quoi correspond le produit immobilier?
a) un bien d'habitation
b) un bien hors-habitation
c) un conseil en défiscalisation
d) l'ensemble des propositions précédentes

4. L'oligopsone se définit-il comme un marché où il existe?
a) un seul acheteur
b) de très nombreux acheteurs
c) quelques acheteurs

5. Qu'est-ce que la stratégie indifférenciée?
a) une offre pour tous les segments
b) une offre par segment

6. La stratégie de fidélisation n'est mise en place que pour la prospection.
a) vrai
b) faux

7. La prospection statique concerne la distribution de prospectus dans les boîtes aux lettres.
a) vrai
b) faux

8. La protection des données est-elle assurée par?
a) la loi Hoguet
b) la loi informatique et libertés
c) la CNIL
d) le RGPD

9. La méthode CAP permet de traiter les objections des clients?
a) vrai
b) faux

10. L'évaluation qualitative de la prospection permet-elle de?
a) déterminer le support commercial le plus adapté à la cible
b) vérifier la satisfaction de la clientèle

▶ Exercice 11. Comportement du client et droit de propriété

Un client investisseur potentiel M. Riche souhaite acquérir dans le neuf un appartement de type F3 situé sur St Germain-Les-Corbeil, ou Soisy-sur-Seine dans l'Essonne. Ce sera son premier investissement locatif. Il est particulièrement intéressé par les éco-logis, à énergie positive.

Il désire qu'il lui rapporte au moins 4 % de rendement brut. Il veut, par ailleurs, un appartement bénéficiant de la défiscalisation Pinel.

Pour ses futurs locataires, il serait bien que l'appartement soit situé dans une résidence arborée et si possible non loin du golf de St Germain-Les-Corbeil ou d'Etiolles.

M. Riche est une personne plutôt extravertie qui recherche le contact humain mais dans une idée de domination des autres et de mise en valeur personnelle.

Question(s)

1. À partir d'une classification SONNCASE, déterminez les motivations et les freins de M. Riche.
2. Quelle sera l'attitude du négociateur face à la personnalité de M. Riche ?
3. Lorsque M. Riche aura acquis ce F3, qu'est-ce qui l'autorise à le mettre en location ?

▶ Exercice 12. Parts de marché

Question(s)

1. Complétez le tableau suivant.

Années	1	2	3	4	5
CA entreprise en valeur	120000	135000	128000	129000	154000
Quantités de biens pour l'entreprise	12	15	9	11	18
CA en valeur pour le marché global	208000	390000	199000	278000	450000
Quantités de biens pour le marché global	24	45	18	20	67
Part de marché en volume %					
Part de marché en valeur %					

▶ Exercice 13. Taux d'accroissement

Question(s)

1. Complétez le tableau suivant.

Années	1	2	3	4	5
CA en euros	80000	88100	72500	95000	83400
Taux d'accroissement					

▶ Exercice 14. Méthodes de prévisions de ventes

Votre responsable vous communique les CA de l'agence IMM.

Années	1	2	3	4	5
CA en milliers d'euros	126	150	202	188	319

Question(s)

1. Déterminez le CA prévisionnel de l'année 6 en utilisant la méthode des points extrêmes, de Mayer puis des moindres carrés.
2. Précisez quelle méthode vous semble la mieux adaptée et justifiez.

▶ Exercice 15. Saisonnalité des ventes

Le directeur d'agence vous remet les CA mensuels en milliers d'euros de l'agence IMTRANS.

	J	F	M	A	M	J	J	A	S	O	N	D
1	528	567	816	1054	1320	1297	623	689	505	648	790	652
2	499	530	803	1234	1412	1209	768	720	497	653	750	623

Question(s)

1. Déterminez les coefficients saisonniers mensuels (réponses à présenter dans un tableau).
2. Calculez le CA prévisionnel de l'année 3 avec la méthode des points extrêmes.
3. Calculez les CA prévisionnels mensuels de l'année 3 affectés des coefficients saisonniers mensuels (à ajouter dans le tableau de la question 1).
4. Quelle représentation graphique utiliseriez-vous pour représenter les CA prévisionnels mensuels de l'année 3 ?

▶ Exercice 16. Mode, médiane, moyenne pondérée

Votre responsable vous fournit les statistiques de ventes suivantes :

Tranches de prix de vente	Nombre de biens vendus
[70000 ; 100000[	2
[100000 ; 180000[	7
[180000 ; 250000[	10
[250000 ; 400000[	27
[400000 ; 1000000[	4

Question(s)

1. Déterminez le mode, la médiane et la moyenne pondérée.

▶ Exercice 17. Contact, argumentaire et traitement des objections

Vous êtes M. ou Mme ASSISTANT(E), négociateur(trice) dans l'agence IMMO de Mennecy et votre responsable d'agence vous charge de prospecter. Vous avez parcouru le PAP et vous appelez un prospect vendeur qui propose une maison de 120 m² de type Kaufman et Broad à Mennecy (91540) recherchée par vos acquéreurs potentiels.

Question(s)

1. Proposez le dialogue du négociateur (en considérant qu'il n'y a aucun barrage) en utilisant la méthode CROC (Contact, Raison de l'appel, Objectif, Conclusion).
   Votre appel a porté ses fruits, vous vous rendez donc chez votre prospect.
2. Argumentez sur les 50 ans d'expérience de votre agence afin de convaincre le client de travailler avec vous.
3. Trouvez une réponse adaptée à l'objection de votre prospect vendeur sur vos honoraires.

▶ Exercice 18. Planification de la prospection et petite annonce

Vous travaillez dans l'agence PROSPIMM à Marseille et votre responsable Mme Gagnante vous demande de créer un document qui permette de visualiser immédiatement les actions de prospection réalisées par les 2 négociateurs chaque semaine ainsi que les mandats exclusifs ou simples obtenus.

Question(s)

1. Réalisez le tableau planning hebdomadaire des actions de prospection des négociateurs Z et T, en sachant que l'agence ouvre du mardi au samedi et que le porte-à-porte, le phoning et le mailing sont utilisés chez PROSPIMM.
Mme Gagnante souhaite faire apparaître des petites annonces de ses appartements à vendre dans le magazine « se loger.com ».
2. Quels sont éléments commerciaux et juridiques qu'elle devra incorporer dans ses petites annonces d'appartements à la vente ?

▶ Exercice 19. Fiche et fichier

Question(s)

1. Rédigez une courte note d'information à votre Directeur d'Agence dans laquelle vous ferez une analyse critique de la fiche en **Annexe**.

■ **Annexe**

Agence TRANSIMMO FICHE DE RENSEIGNEMENTS CLIENT VENDEUR
Nom :
Prénom :
Adresse actuelle :
Téléphone :
Type de bien vendu :
Quartier :
Prix demandé :
Responsable du dossier :
Découverte des clients le :

2. Quel est le cadre juridique qui assure la protection des données personnelles du client ?
3. Quelles sont les obligations d'un agent immobilier dans le cadre du RGPD ?

▶ Exercice 20. Extrait étude de cas 2012 Dossier 2

Pour faire face à la concurrence et attirer davantage de vendeurs potentiels, Madame CLAIRVOIX a décidé d'intensifier ses actions de communication.
Elle s'interroge sur le coût de deux outils de prospection et souhaite les comparer : « l'e-mailing » (ou publipostage électronique) et le publipostage traditionnel avec coupon-réponse.
Madame CLAIRVOIX a décidé de contacter 4 000 clients, mais hésite dans le choix d'un outil de prospection.

Annexe 4

Tarifs HT proposés par l'entreprise MERCACTIONS

- Coût pour une adresse de la location d'un fichier de particuliers comportant :
  De 0 à 1 000 adresses : 0,15 €
  De 1001 à 3000 adresses : 0,13 €
  De 3 001 à 5 000 adresses : 0,10 €
  Au-delà de 5 001 adresses : 0,08 €
- Conception et réalisation des documents
  Forfait coût au mille pour un publipostage : 300 €
  Forfait coût au mille pour un e-mailing : 200 €
- Frais d'envoi électronique forfaitaire : 900 €
- Impression de la lettre, coût unitaire : 0,30 €
- Affranchissement, coût unitaire : 0,55 €
- Enveloppe à fenêtre, coût unitaire : 0,15 €
- Enveloppe retour + affranchissement, coût unitaire : 0,35 €
- Mise sous pli, coût unitaire : 0,10 €

MERCACTIONS est à votre service et s'occupe de la gestion complète de vos actions de communication : « De la conception de votre document publicitaire jusqu'à sa distribution. C'est notre devise, pour vous servir. »

Question(s)

1. À l'aide des informations fournies en annexe 4 et sous forme de tableau, calculez le coût total hors taxes et le coût d'un contact pour chaque outil de prospection.
2. Sachant que le taux de retour d'un publipostage traditionnel est de 2 % et celui d'un e-mailing de 0,70 %, calculez le coût d'acquisition d'un prospect. Concluez.
3. Présentez et rédigez l'e-mailing destiné aux propriétaires vendeurs tel qu'il apparaît sur la page-écran d'une messagerie électronique.

▶ Exercice 21. Questions du questionnaire

Question(s)

1. Trouvez 5 questions différentes qui seront utilisées dans un questionnaire de satisfaction clientèle sur la prospection.

Thème 3
Le conseil en estimation

Thème 3

6. Évaluation des biens immobiliers à la vente

A. Méthodes d'estimation

1. Biens d'habitation

a. Notions de valeur vénale et d'évaluation

La valeur vénale correspond à la valeur marchande d'un bien.

L'évaluation consiste à apprécier la plus forte probabilité de prix auquel le bien pourrait se vendre s'il était mis sur le marché dans des conditions normales d'offre et de demande. Si la demande est faible, le bien se vendra avec une décote, et dans le cas contraire, il aura un prix supérieur à sa valeur vénale. Le prix dépendra également du type de bien immobilier et du marché. Enfin dans le prix entre une part subjective : « l'image sociale » du logement.

L'évaluation d'un bien même si elle est précise comporte donc une marge d'incertitude.

b. Méthodes d'estimation

Secteur privé

Méthode par comparaison	Méthode par le calcul de la surface	Méthode par la valeur antérieure	Méthode par le revenu
Prix établi par comparaison avec des biens identiques aux caractéristiques similaires et se trouvant dans le même secteur géographique. Possibilité de facteurs positifs et négatifs qui feront varier le prix.	Prix établi en déterminant la valeur de la surface habitable du bien et de la surface pondérée des locaux annexes.	Prix établi en réajustant la valeur antérieure connue du bien avec un coefficient d'érosion monétaire.	Prix établi en fonction du rendement attendu sur le bien en utilisant la valeur locative annuelle et un taux de capitalisation moyen suivant le bien et le secteur.

Secteur social

Acquisition classique	Location-accession à la propriété
Fixation libre du prix du bien par l'organisme HLM en prenant pour base le prix d'un logement comparable (dispositions relatives à l'évaluation des domaines supprimées par la loi ELAN).	Prix fixé sans dépassement d'un plafond déterminé chaque année par zone géographique et par m² de surface utile majoré du montant de la TVA. Versement d'une redevance par le locataire accédant composée d'une fraction locative et d'une fraction acquisitive.

2. Biens à usage commercial et professionnel

a. Facteurs de la valeur du bien

- **Facteurs se rapportant au local**
  - commercialité
  - consistance
- **Facteurs liés au bail**
  - destination des lieux
  - clauses spécifiques du bail
  - montant du loyer
- **Facteurs économiques**
  - étude du marché
  - rentabilité de l'exploitation par rapport au marché

b. Méthodes d'estimation

Évaluation des terrains

Méthode par comparaison et abattement possible pour occupation par le bâti.

Évaluation des murs

Approche utilisateur : méthode par comparaison au m² pondéré.

Approche investisseur : capitalisation de la valeur locative potentielle.

Évaluation du droit au bail
Méthode par comparaison;
Méthode par différence entre la valeur des locaux libres et la valeur des murs loués;
Méthode financière par actualisation de l'économie de loyer.

3. Viager, usufruit et nue-propriété

a. Viager

Définition
Contrat aléatoire qui consiste en la vente d'un bien immobilier par le crédirentier au débirentier en échange du versement périodique d'une rente (arrérage) pendant toute la durée de sa vie.

Prix de vente
- Fixé librement entre les parties sans dépasser la différence entre la valeur vénale du bien et la valeur du bien occupé déterminée par des barèmes;
- Composé du bouquet, capital versé au vendeur par l'acquéreur au moment de la signature du contrat de vente (mais non obligatoire), et de la rente viagère versée au vendeur jusqu'à sa mort.

Estimation du bouquet et de la rente
Bouquet : librement fixé par les parties, il a pour base 10 à 30 % de la valeur réelle du bien. Cependant l'âge et le sexe du vendeur ont un impact sur sa détermination.
Rente : librement fixée entre les parties, le calcul de la rente est complexe et prend en compte plusieurs paramètres tels la valeur du bien, l'existence ou non du bouquet, l'espérance de vie du vendeur...

b. Usufruit et nue-propriété

Démembrement de propriété
Il s'agit d'un partage de la propriété entre l'usufruitier qui détient l'usus et le fructus et le nu-propriétaire qui possède l'abusus.

Estimation de l'usufruit et de la nue-propriété

Méthode fiscale
Elle consiste à appliquer à la valeur du bien en pleine propriété un barème fixé par la loi suivant l'âge de l'usufruitier. On distinguera l'usufruit viager et l'usufruit à durée fixe.

Méthode économique
Elle se base sur des approches mathématiques qui prennent en compte la durée de vie de l'usufruitier suivant son sexe, l'évolution des revenus provenant du bien et des taux d'intérêt.

B. Argumentation et avis de valeur

1. Argumentaire prix et traitement des objections

Argumentaire
Il est fort, convaincant et en adéquation avec les attentes du client afin de le rassurer et de le persuader du professionnalisme de l'agence immobilière.

Quelques traitements aux objections prix vendeur :
Soustraction : mise en avant d'avantages perdus par le client s'il ne conclut pas immédiatement et au prix annoncé.
Relativité : comparaison du prix du produit à celui d'un autre bien.

2. Avis de valeur
Il s'agit d'un document envoyé au client pour lui proposer une évaluation de son bien, dans lequel seront précisés les caractéristiques du bien, la méthode d'estimation choisie et sa justification, et le montant du bien.

C. Conseils fiscaux sur les ventes immobilières
Suivant le type de ventes, le bien concerné, et le fait que le vendeur ou l'acquéreur soit un particulier non assujetti à la TVA ou un professionnel assujetti à la TVA, les ventes seront soumises ou non au paiement de la TVA, aux droits de mutation à titre onéreux, à la taxe de publicité foncière et elles seront imposables ou non à la plus-value.

7. Évaluation des biens immobiliers à la location

A. Détermination du montant du loyer et des charges

1. Biens d'habitation

	Location vide	Location meublée	Location sociale
Loyer	Fixé librement suivant des critères liés au bien et à l'environnement. Avec la loi ELAN*, à titre expérimental et pour une durée de 5 ans, dans les zones tendues, avec une constatation « objective » de tensions locatives** dans les communes et sur des territoires d'application déterminés par les EPCI*** de Paris, les établissements publics territoriaux de la métropole du Grand Paris, de Lyon et d'Aix-Marseille-Provence, loyer, pour les résidences principales, limité à un loyer médian de référence majoré de 20 % ; loyer médian de référence calculé par des Observatoires Locaux des Loyers et fixé par le Préfet ; dans certains cas, complément de loyer au-delà des 20 % ; pas de possibilité de minorer le loyer de + de 30 % par rapport au loyer médian ; en cas de non-respect de l'encadrement des loyers par le bailleur, possibilité d'une amende administrative ne pouvant dépasser 5 000 € pour une personne physique et 15 000 € pour une personne morale.	Fixé librement. Avec la loi Elan qui reprend les principes de la loi Alur, pour les résidences principales dans les zones tendues, loyer correspondant à un loyer de référence majoré par rapport à l'écart constaté entre le loyer d'une location nue et d'une location meublée.	Fixé librement par l'organisme HLM par rapport à la surface corrigée au m² ; possibilité d'une RSL : Réduction de Loyer de Solidarité ou d'un SLS : Supplément de Loyer de Solidarité.
Révision en cours de bail	Hausse limitée à l'IRL sauf si travaux ou sous-évaluation du loyer.	Révision librement fixée.	Hausse déterminée par le Conseil d'Administration HLM avec des plafonds et une procédure réglementaire à respecter.
Relocation et renouvellement du bail des résidences principales dans les zones tendues (décret 2018-549 reconduit chaque année depuis 2012)	Relocation : le loyer ne peut excéder le dernier loyer appliqué au précédent locataire éventuellement révisé à l'IRL (sauf si révision IRL dans les 12 derniers mois). Sur Paris, Lyon, Aix-Marseille-Provence : obligation EN PLUS de ne pas dépasser le loyer de référence majoré. Si sous-évaluation du loyer ou travaux, augmentation du loyer possible. Renouvellement : évolution du loyer limité à l'IRL sauf si sous-évaluation du loyer ou travaux (de décence, d'amélioration).		/
Charges	Précisées dans le bail et déterminées d'après le décret de 1987.		

* loi n° 2018-1021 du 23.11.2018 portant Évolution du Logement, de l'Aménagement et du Numérique

** Tensions locatives : écart important entre les loyers du parc privé et du parc social, niveau de loyer médian élevé, faible production actuelle et future de logements neufs

*** EPCI : Établissement Public de Coopération Intercommunale. Le décret du 12.04.2019 fixe l'encadrement des loyers à Paris applicable à partir du 01.07.2019.

2. Biens à usage commercial et professionnel

	Local commercial	Local professionnel
Fixation du loyer	Fixé librement par les parties.	Fixé librement par les parties.
Révision	Après 3 ans minimum avec plafonnement en fonction de l'ILC* ou de l'ILAT**. Déplafonnement possible si évolution des facteurs de commercialité de + de 10 % ou déspécialisation du bail. Clause d'échelle mobile possible. Augmentation du loyer limitée à 10 % par an du dernier loyer acquitté (Loi Pinel).	Possible et libre mais suivant l'ILC ou l'ILAT.
Charges	Inventaire précis et limitatif des charges locatives et impôts (Loi Pinel).	En rapport avec les charges de la copropriété.
* ILC : Indice des Loyers Commerciaux ** ILAT : Indice des Loyers des Activités Tertiaires		

B. Mesure de la rentabilité locative

La rentabilité brute est calculée par rapport au prix de revient du bien (frais d'achat inclus) et ne prend en compte que le montant annuel des loyers perçus (hors charges).

La rentabilité nette inclut tous les frais inhérents à la location du bien.

La rentabilité nette nette correspond au rendement net après impôts.

C. Conseils sur les choix d'investissement

1. Patrimoine du client

Les choix d'investissement seront déterminés par rapport aux besoins du client : capital pour la retraite, placement d'argent du fait des aléas boursiers, défiscalisation pour payer moins d'impôts, source de revenus complémentaires...

2. Dispositifs fiscaux

- Déduction fiscale relative aux aides de l'ANAH dans le cadre d'une convention de location à loyers modérés.
- Crédits d'impôts dans le cadre de travaux liés à la transition énergétique ou de travaux d'équipements d'aide aux personnes âgées ou handicapées.
- Dispositifs de défiscalisation : voir tableau ci-après.

	Pinel	Cosse ou « Louer abordable »	Censi-Bouvard	LMP (Loueur Meublé Professionnel inscrit au RCS)	LMNP (Loueur Meublé Non Professionnel)	Loi Malraux
Période de validité	Jusqu'au 31 Décembre 2021	Du 01.01.2017 au 31.12.2019	Jusqu'au 31 Décembre 2021			Depuis 1962
Biens concernés	Biens neufs, vides, respectant le label BBC 2005 ou la RT 2012	Biens récents ou anciens non meublés	Logement meublé, neuf, ou en cours d'achèvement, ou achevé et réhabilité depuis 15 ans maximum. Résidence avec services pour étudiants. Résidence de soins. Résidence pour personnes âgées ou handicapées.	Tout type de logement meublé à la location professionnelle.	Tout type de logement meublé destiné à la location non professionnelle.	Logements anciens situés dans un SPR (Site Patrimonial Remarquable), avec PVAP***** ou PSVM** approuvé, dans les QAD*** et les quartiers conventionnés NPNRU****.
Avantages fiscaux	**Réduction fiscale** de 12, 18 ou 21 % suivant la durée de location sur un investissement plafonné à 300 000 € (pas + de 5 500 €/m²).	**Réduction fiscale** Sous la forme d'un taux de déduction forfaitaire sur le revenu foncier brut de 15 à 30 %, de 50 à 70 % ou de 50 % si travaux, suivant les zones et le conventionnement à loyer intermédiaire, à loyer social ou très social de l'ANAH ; taux pouvant même monter à 85 % pour toute zone en cas de location intermédiée (gestion locative confiée à une association agréée et garantie de paiement des loyers).	**Réduction fiscale** de 11 %, sur le plafond de 300 000 €. **Amortissement** mobilier. **Récupération TVA**. **Imputation des déficits sur revenus** nets d'impôts jusqu'à 6 ans. **Exonération PV*** à l'issue d'un délai de détention de 22 ans au titre de l'impôt sur le revenu et de 30 ans pour les prélèvements sociaux.	**Déduction charges et intérêts d'emprunt.** **Amortissement** mobilier et immobilier. **Récupération TVA** sur neuf. **Imputation des déficits sur revenu** net global. **Exonération PV** si revente après 5 ans et – de 90 000 € de recettes locatives l'année précédente.	**Déduction charges et intérêts d'emprunt.** **Amortissement** mobilier et immobilier. **Récupération TVA** sur neuf. **Imputation des déficits sur revenus** nets d'impôts jusqu'à 10 ans. **Exonération PV** à l'issue d'un délai de détention de 22 ans au titre de l'impôt sur le revenu et de 30 ans pour les prélèvements sociaux.	**Réduction fiscale** sur 4 ans de 30 % avec un plafond de 400 000 €, du montant total des travaux si immeuble situé dans un Site Patrimonial Remarquable avec PSVM, les QAD, les quartiers conventionnés NPNRU, ou de 22 % si immeuble situé dans un Site Patrimonial Remarquable avec PVAP. **Déduction des charges locatives.**
Acquisition	2/an	Plusieurs	Plusieurs jusqu'à 300 000 €	Plusieurs	Plusieurs	Plusieurs

	Pinel	Cosse ou « Louer abordable »	Censi-Bouvard	LMP (Loueur Meublé Professionnel inscrit au RCS)	LMNP (Loueur Meublé Non Professionnel)	Loi Malraux
Conditions locatives	Logement loué pour 6, 9 ou 12 ans comme résidence principale, avec plafonds loyers et revenus locataire. Autorisation de location aux ascendants et descendants. Zones tendues Pinel éligibles.	Logement loué pour 6 ans minimum sans travaux (ou 9 ans minimum si aide aux travaux) comme résidence principale, avec plafonds loyers et revenus locataire. Interdiction de location aux ascendants et descendants ou à un membre du foyer fiscal du bailleur. Zones Cosse éligibles..	Logement neuf meublé dans une résidence de services. Revenus locatifs pas + de 23 000 €/an (ou de 50 % du total des revenus).	Logement neuf ou ancien meublé dans une résidence ou dans un logement isolé (ancien). Revenus locatifs + de 23 000 €/an (ou + de 50 % du total des revenus d'activité du foyer fiscal).)	Logement neuf ou ancien meublé dans une résidence ou dans un logement isolé (ancien). Revenus locatifs cf. Censi-Bouvard.	Immeuble entier ancien avec location de 9 ans minimum et engagement de location dans les 12 mois qui suivent la fin des travaux. Interdiction de location à un membre du foyer fiscal, un ascendant ou un descendant.
Imposition	Revenus fonciers (réel ou micro foncier)	Revenus fonciers Remarque : avec la loi Elan, augmentation du plafond du déficit imputable à 15 300 € à partir de l'imposition sur les revenus 2019.	BIC : Bénéfices Industriels et Commerciaux ou micro bic			Revenus fonciers

* PV : Plus Value ** PSVM : Plan de Sauvegarde et de Mise en Valeur *** QAD : Quartiers Anciens Dégradés **** NPNRU: Nouveau Programme National de Renouvellement Urbain ***** PVAP : Plan de Valorisation de l'Architecture et du Patrimoine

Nouvel avantage fiscal pour encourager la rénovation du bâti ancien dégradé en centre-ville dans la loi de Finances 2019 : la défiscalisation « Denormandie ».
Elle permet d'obtenir une réduction d'impôt de 12 % du coût de l'opération sur 6 ans, de 18 % sur 9 ans et de 21 % sur 12 ans. Le montant de l'avantage est calculé sur un plafond de 300 000 €. Pour profiter de cette réduction, des travaux comptant pour 25 % du total de l'opération doivent être réalisés sur un bien dégradé qui ne correspond pas aux critères du logement décent et qui est situé dans l'une des 222 communes bénéficiant du Plan Action Cœur de Ville ou dans des communes qui se lancent dans une opération de revitalisation du territoire.
L'investisseur devra respecter des plafonds de loyers et de ressources du locataire.

ENTRAÎNEMENTS

▶ QCM

1. Quelle est la méthode d'estimation qui prend en compte la rentabilité locative d'une habitation ?
   a) méthode par la valeur antérieure
   b) méthode par la surface
   c) méthode par le revenu
2. Les facteurs liés au bail ont-ils une incidence sur la détermination de la valeur d'un bien commercial ?
   a) oui   b) non
3. Le bouquet est une partie du prix de vente déterminante en viager.
   a) vrai   b) faux
4. L'estimation de l'usufruit dépend-il de ?
   a) l'âge de l'usufruitier
   b) de son sexe
   c) des revenus rapportés par le bien
5. L'avis de valeur engage-t-il le professionnel auprès du client ?
   a) oui   b) non
6. Le particulier vendeur d'un appartement ancien, constituant sa résidence principale, doit payer la TVA et il n'est pas imposé sur la plus-value immobilière.
   a) vrai   b) faux
7. Les loyers d'habitation sont-ils fixés librement aujourd'hui ?
   a) oui   b) non
8. Pourquoi un client choisit-il d'investir ?
   a) pour avoir un capital à sa retraite
   b) pour défiscaliser
   c) pour avoir un revenu complémentaire

▶ Exercice 22. Estimation par le revenu

Le loyer mensuel pour un couple vivant dans un F3 est de 900 € TCC. Les charges sont de 15 % du loyer. La rentabilité brute de ce logement est de 5,2 %.

Question(s)

1. Quelle est l'estimation du prix de ce bien ?

▶ Exercice 23. Estimation par la surface

Question(s)

À partir de l'**annexe** ci-dessous :

1. Calculez la surface pondérée de la maison.
2. Déterminez la valeur résiduelle du terrain.
3. Donnez l'estimation globale de la maison et du terrain.

Annexe

Pièces de la maison	Surface réelle en m²	Coefficients de pondération
Cuisine	15	1
Séjour	35	1
Chambre 1	12	1
Chambre 2	10	1
WC	4	0,9
Salle de bains	8	0,9
Couloir	6	0,6
Garage	50	0,5

Valeur du terrain	25 300 €
Abattement	20 %
Prix au m² de la maison	2 780 €

▶ Exercice 24. Extrait Étude de cas 2014 Dossier 1

Monsieur HULOTTE vous contacte à la suite d'une distribution d'imprimés sans adresse dans son quartier. Il envisage de mettre son bien en vente. Il s'agit d'une maison située dans le quartier des « Coteaux » de Saint-Leu- la-Forêt, très prisé par la clientèle locale.

Monsieur HULOTTE souhaite obtenir une estimation mais il n'est pas décidé à vous confier un mandat pour le moment. « *Je n'ai pas une très bonne opinion des agents immobiliers...* », vous dit-il, « ... *mais vous pouvez peut-être me faire changer d'avis* ». Il attend de constater vos compétences en matière d'estimation.

Vous saisissez l'opportunité que vous propose ce client et convenez d'un rendez-vous le lendemain à 10 heures pour une première visite. Afin de convaincre votre prospect d'avoir recours à vos services, vous préparez votre rendez-vous avec beaucoup de soin.

Vous vous rendez chez Monsieur HULOTTE, et vous relevez l'ensemble des informations concernant le bien et le vendeur (fiche technique **annexe 2**).

Question(s)

1. Quels sont les trois documents indispensables à demander au vendeur lors de cette visite de découverte du bien ?
2. Dans le cadre de votre démarche de conseil, vous indiquez au vendeur les diagnostics qu'il aura à fournir dans le cadre de la vente de son bien. Vous justifiez les éléments de votre réponse.

Au cours de la conversation et en regardant les documents qu'il vous fournit, vous découvrez que Monsieur HULOTTE est marié sous le régime de la séparation de biens. Il vous dit être l'unique propriétaire de la maison, achetée avec l'héritage qu'il a reçu de ses parents. Il semble très attaché à ce lieu, du fait de l'origine des fonds ayant servi à son financement mais aussi parce qu'il a réalisé de nombreux travaux lui-même dans le logement. Le couple vit dans cette maison depuis 25 ans. Aujourd'hui tous deux retraités, ils ont décidé de vendre afin d'acheter un autre bien dans la région de Lyon, où sont installés leurs deux enfants.

Les caractéristiques techniques du bien que vous relevez figurent dans **l'annexe 2**.

Vous expliquez à Monsieur HULOTTE votre démarche pour estimer son bien : vous allez utiliser la méthode comparative et vous lui enverrez l'avis de valeur sous 48 heures par courrier.

Malgré sa réticence de départ, il vous demande quels services vous lui apporteriez dans le cas où il se déciderait à signer un mandat.

3. Quels arguments développez-vous pour tenter de convaincre Monsieur HULOTTE d'avoir recours à un agent immobilier pour vendre son bien ? Vous rédigez un argumentaire présenté par thèmes. Dix arguments au moins sont attendus. Votre objectif est d'éviter que Monsieur HULOTTE s'occupe lui-même de la vente.

Monsieur HULOTTE vous a écouté, il vous dit qu'il en parlera avec sa femme. Il attend votre estimation.

4. À l'aide des **annexes 2 et 3** vous réalisez le calcul de l'estimation par la méthode comparative. Vous justifiez le choix des biens retenus ainsi que vos calculs. Vous arrondissez votre résultat au millier d'euros supérieur.
5. À l'aide de vos calculs précédents et de **l'annexe 1**, vous calculez le montant de votre commission et déterminez le montant du prix de vente HAI. Vous arrondirez au millier d'euros supérieur.
6. Enfin, vous rédigez le courrier d'avis de valeur à votre client vendeur. Le courrier doit lui indiquer entre autres le prix net vendeur et le prix auquel il sera affiché.

Annexe 1. Fiche d'identité de l'agence « Lisières de forêt Immo »

Raison sociale	LISIÈRES DE FORÊT IMMO
Adresse :	13 avenue de la gare – 95320 Saint-Leu-la-Forêt
Téléphone	01 39 45 67 76
Télécopie	01 39 45 67 80
Mél	lisieresdeforetimmo@transac.com
Site internet	http://lisieresdeforetimmo.com
Date de création	1985
Forme juridique	SARL
Capital	8 000 €
R.C. de Pontoise	906 446 167
N° SIRET	906 446 167 0075

Carte Professionnelle au nom de Monsieur VISION

N° 1897 mention « Transactions sur immeubles et fonds de commerce délivrée par la Préfecture du Val d'Oise

Garantie financière

Caisse de garantie et montant : SNPI (Syndicat National des Professionnels de l'Immobilier) 26 avenue Victor Hugo – 75016 Paris – montant : 110 000 €

Compte séquestre :

Compte n° 150 889 100 34 – Société Générale – 45 avenue du général Leclerc – 95320 Saint-Leu-la-Forêt

Effectif : 4 personnes

Le barème d'honoraires de l'agence est un barème par tranche, dégressif, TTC :

Tranches de prix net vendeur	Taux de commission TTC
De 0 à 80 000 €	7 %
De 80 001 à 200 000 €	6 %
De 200 001 à 350 000 €	5 %
Au-delà de 350 000 €	4 %

TRANSACTION IMMOBILIÈRE

■ Annexe 2. Fiche technique – Maison de M. et Mme HULOTTE

MAISON TYPE 6 **SAINT-LEU-LA-FORÊT** **PRIX FAI :**

155 m² **PROXIMITÉ COTEAUX**

(Mi-Coteaux)

Nom du conseiller : Dominique COLVERT

Date de la première visite :

Référence : **DPE** (à vérifier) : D

MANDAT

N° : .... Exclusif ❏ Semi-exclusif ❏ Simple ❏

Date signature : Date expiration :

IDENTITÉ VENDEUR

Nom : M. HULOTTE Marcel né le 25/07/1951 à Toulouse (31) et Mme HULOTTE née LELOUP Lilianne le 05/09/1949 à Lyon (69).

Adresse : 87 Chemin des Claies

CP : 95320 **Ville** : SAINT-LEU-LA-FORÊT

Tél. : 01 39 65 89 65

Régime matrimonial : séparation de biens – contrat reçu par devant notaire Me Dalarin le 29 juin 1974.

Résidence principale : ❏ **oui** ❏ **non**

Motifs de la vente : rapprochement des enfants

DESCRIPTIF

Adresse : 87 Chemin des Claies

CP : 95320 – Ville : SAINT-LEU-LA-FORÊT

Descriptif général du bien :

Nombre de chambres : 4 et une petite chambre pouvant faire office de bureau

Nombre de salles de bains : 1 – **Nombre de salles d'eau** : 1

Nombre de WC : 2

Surface habitable : 155 m² – **Surface séjour** : 48 m² – **Exposition séjour** : Sud-Ouest

Chauffage : central gaz de ville – **cuisine équipée** : oui – **double vitrage** : oui.

Garage pour 2 **voiture**(s)

Sous-sol : 45 m² hors garage

Surface terrain : 550 m² – **clôturé :** ❏ **oui** ❏ **non**

Piscine : ❏ **oui** ❏ **non**

Surface terrasse(s) : 25 m²

Dépendances : un abri de jardin

Construction traditionnelle : ❏ **oui** ❏ **non** – Année de construction : 1987

Installations gaz et électricité d'origine.

Nombre de niveaux : 2 – Murs mitoyens : non

Cadastre : AC 1687 – Lotissement : ❏ **oui** ❏ **non**

Assainissement : raccordement tout à l'égout

Zone soumise à un PPRN et à la réalisation d'un état parasitaire par arrêté préfectoral.

INFORMATIONS FINANCIÈRES
Travaux à prévoir : aucun dans l'immédiat – bien en bon état
Taxe d'habitation : 1 750 €
Taxe foncière : 1 800 €
Charges de chauffage annuelles : 1 300 €

COMMENTAIRES
Notaire : Maître Pistou – Saint Leu la Forêt – 95
Le secteur se trouve en zone termites et un PPRN est en place sur la commune
Environnement, commodités : 1 km du centre-ville : commerces, gare SNCF direct Paris Nord – 3 km collège – absence de lycée sur la commune.
Libre à la vente : ❑ oui ❑ non
Occupé par : ❑ propriétaire ❑ locataire
Visites : exclusivement en présence du propriétaire sur rendez-vous

Remarques : bon standing, situation très calme, accès direct à la forêt.
Terrain arboré mais en pente.
Nécessité d'une voiture pour aller à la gare – centre-ville accessible à pied.

Annexe 3. Maisons vendues sur le secteur au cours des trois derniers mois

Référence des biens	Type de bien	Quartier	Surface habitable	Surface terrain	Année de construction	DPE	Prix de vente net vendeur	Remarques
SL67	Maison	Plaine	150	450	1975	E	407 000	Prévoir quelques rafraîchissements
SL98	Maison	Mi-Coteaux	150	650	1985	D	479 000	Excellent état
SL56	Maison	Proche Centre	150	850	1930	D	495 000	Proche commodités Meulière(1) de charme – quelques travaux à prévoir
SL78	Maison	Coteaux	155	650	1983	E	515 000	Bon état
SL34	Maison	Centre	156	800	1910	C	995 000	Meulière(1) traditionnelle – très beaux volumes – rénovée – chauffage écologique – bien de grande qualité
SL55	Maison	Mi-Coteaux	157	500	1981	D	447 530	Maison habitable de suite, quelques travaux de décoration à prévoir.
SL35	Maison	Coteaux	194	1 000	1976	D	685 000	Très bel emplacement, vue imprenable sur vallée de Montmorency. Bien de qualité. Piscine
(1) Maison ancienne construite en pierre meulière (qui servait à la fabrication des meules à grains)								

Saint-Leu-la-Forêt regroupe trois secteurs sur lesquels l'agence est très active :
Centre et proche centre, il s'agit du centre ancien situé au pied des Coteaux – la gare est située en centre-ville. Ce quartier est demandé.
Les Coteaux et le Mi-Coteaux, constituent un même quartier, adossé au centre-ville, ancienne zone de viticulture, et secteur situé en lisière de la forêt domaniale de Montmorency.
Le quartier Plaine, plus éloigné du centre, proche des centres commerciaux locaux.

▶ Exercice 25. Estimation d'un droit au bail

Un commerce a une rentabilité espérée de 7 % sur 9 ans. Le loyer de marché est de 8 000 € et le loyer constaté est de 5 000 €.

La formule de calcul du DAB = $e \times \frac{1-(1+i)^{-n}}{i}$

Avec e : économie de loyer = Lm – Lc (Lm : Loyer de marché ; Lc : Loyer constaté)

i : taux d'actualisation

n : durée pendant laquelle l'avantage de l'économie de loyer perdure

Question(s)

1. Estimez le droit au bail.
2. Si les critères de commercialité du commerce ont augmenté de plus de 10 %, le loyer constaté renouvelé au bout de 3 ans pourrait-il s'élever à 5 750 € la première année ? et de combien serait-il la deuxième année ?

▶ Exercice 26. Viager

Question(s)

1. Trouvez un avantage et un inconvénient du viager pour le crédirentier et le débirentier.
2. Dans le cadre d'un viager libre, calculez la rente viagère annuelle à percevoir par M. Créditrentier qui a 85 ans, une espérance de vie d'un peu plus de 5 ans (coefficient diviseur 5,48) et qui vend son appartement 300 000 € avec un bouquet de 100 000 €, à M. Débitrentier.

▶ Exercice 27. Usufruit et nue-propriété

Monsieur Leblanc est âgé de 57 ans et il souhaite donner à son fils la nue-propriété d'un F1 valant 255 000 € en pleine propriété.

On vous donne le barème fiscal de l'usufruit viager :

Âge de l'usufruitier	Valeur de l'usufruit	Valeur de la nue-propriété
Moins de 21 ans révolus	90 %	10 %
De 21 à 30 ans	80 %	20 %
De 31 à 40 ans	70 %	30 %
De 41 à 50 ans	60 %	40 %
De 51 à 60 ans	50 %	50 %
De 61 à 70 ans	40 %	60 %
De 71 à 80 ans	30 %	70 %
De 81 à 90 ans	20 %	80 %
Plus de 90 ans	10 %	90 %

Question(s)

1. Quelle est l'estimation de l'usufruit et de la nue-propriété ?

▶ Exercice 28. Plus-value immobilière

M. Dupuis a acheté un appartement à Marseille en résidence secondaire en 2006 pour 300 000 €. Il a effectué des travaux d'une valeur de 15 000 € il y a 6 ans. Il revend cet appartement le 1er février 2019 pour 460 000 €. Il a eu des frais de diagnostics sur la vente du bien d'une valeur de 750 €.

Question(s)

1. Calculez la plus-value brute.
2. Calculez la plus-value imposable.
3. Déterminez l'impôt et les prélèvements sociaux.

▶ Exercice 29. Rendement locatif

Un couple a acheté un appartement 150 000 €. Les frais d'achat se sont élevés à 15 000 €. Cet appartement est loué, vide, 1 000 € par mois hors charges. Les frais d'entretien s'élèvent pour le bailleur à 500 € par an, les charges de copropriété à 1 800 € ; les charges locatives récupérables sont de 1 200 €, les frais de gérance de 950 € ; l'assurance loyers impayés atteint 264 € ; la taxe foncière est de 1 000 €. Le couple a choisi le régime fiscal du micro foncier. Sa tranche d'imposition est de 30 %.

Question(s)

1. Calculez l'impôt sur les revenus locatifs.
2. Déterminez la rentabilité brute, la rentabilité nette, et la rentabilité nette nette.

▶ Exercice 30. Investissement en location meublée

M. JOHNS, particulier, souhaite acheter un meublé ancien de 13 m² à Paris qu'il envisage de louer 650 € par mois.

Question(s)

1. Indiquez s'il appartient à la catégorie des LMP ou des LMNP et pourquoi.
2. Précisez les avantages fiscaux de cet investissement.
3. Après l'avoir nommée, calculez la taxe spécifique à payer du fait de la superficie du logement.
4. Dans le cas d'une relocation de ce meublé, en tant que résidence principale, expliquez la révision éventuelle.
5. Si des travaux d'une valeur de 3 900 € sont réalisés avant la relocation du meublé en résidence principale, déterminez la possibilité ou non d'une augmentation de loyer.

▶ Exercice 31. Défiscalisation Pinel

Un couple achète en janvier 2019 un appartement F3 neuf à Paris de 60 m² au prix de 500 000 €. Cet appartement dispose du dispositif Pinel 6 ans.

Les dépenses annuelles ont été estimées comme suit :

– intérêts d'emprunt déductibles : 5 000 €
– charges de copropriété : 4 000 € dont 3 000 € récupérables sur le locataire
– primes d'assurance : 530 €
– frais de gérance : 8 % sur les loyers encaissés charges comprises.

Les charges locatives sont de : 100 €/mois.

La tranche marginale d'imposition du couple est de 45 %.

Question(s)

1. Déterminez pour l'année 2019 dans un tableau récapitulatif les recettes, les dépenses, le résultat foncier, la déduction fiscale Pinel, l'impôt sur le revenu foncier, l'économie d'impôt.

Thème 4
La commercialisation des biens

8. Prise de mandat

A. Collecte des informations

1. Dossier de diagnostics techniques (DDT)

Le DDT est obligatoire depuis le 01.11.2007. Il a été instauré pour renforcer l'information de l'acheteur et du locataire sur les éléments de l'immeuble susceptibles de présenter des risques pour la santé ou la sécurité. Le but est aussi de faire une évaluation de la performance énergétique du bien.

Il doit être fourni par le vendeur ou le bailleur et est annexé au contrat de vente ou au bail d'habitation.

a. Constitution du dossier

- **Diagnostics vente**

Diagnostics	Immeuble concerné	Validité	Sanctions
CREP (Plomb)	Construit avant le 01.01.1949	1 an	Pas d'exonération de la Garantie des Vices Cachés (GVC) ; Sanctions civiles : diminution du prix de vente ou nullité de la vente Sanctions pénales possibles
Amiante	Permis de construire délivré avant le 01.07.1997	Permanente	Pas d'exonération de la GVC Sanctions pénales possibles
Termites	Zone définie par la préfecture	6 mois	Pas d'exonération de la GVC
Gaz	Installation de + de 15 ans	3 ans	Pas d'exonération de la GVC
Électricité	Installation de + de 15 ans	3 ans	Pas d'exonération de la GVC
ERP (État des Risques et Pollutions)	Zone définie par la préfecture	6 mois	Résolution du contrat ou diminution du prix de vente
DPE (Diagnostic de Performance Énergétique)	Occupé + de 4 mois par an	10 ans	Si absence de DPE : sanctions civiles avec diminution du prix ou nullité de la vente Si indication fausse de DPE : sanctions pénales Opposabilité au vendeur à partir du 01.01.2021 cf Loi Elan
Assainissement	Non raccordé au réseau public de collecte des eaux usées	3 ans	Pas d'exonération de la GVC
DAAF (Détecteur Autonome Avertisseur de Fumée)	Installation obligatoire depuis le 1er Janvier 2016 pour tout type de logement (si plusieurs niveaux dans le logement : 1 détecteur par niveau)		
Information sur la présence d'un risque de mérule	Zone définie par la préfecture		Pas d'exonération de la GVC (jurisprudence)

- **Attestation de superficie**

Surface Carrez (loi du 18.12.1996 ; obligatoire pour les copropriétés ; sanction : nullité de la vente pour défaut d'indication de surface et dans le cas d'une marge d'erreur de + de 5 % dans la surface, nullité du contrat ou révision du prix)

- **Diagnostics location et superficie**
  - CREP (sanction : nullité du contrat ou diminution du loyer + sanctions pénales éventuellement)
  - ERP (sanction : nullité du contrat ou diminution du loyer)

- DPE (si absence de DPE : sanctions civiles avec diminution du loyer ou nullité du bail ; si indication fausse de DPE : sanctions pénales) ; opposabilité au bailleur à partir du 01.01.2021 cf. loi Elan)
- Amiante (décret en attente)
- État de l'installation intérieure d'électricité et de gaz
- Attestation de superficie Loi Boutin (diminution de loyer proportionnelle à l'écart constaté si la surface habitable est inférieure de plus d'1/20e à celle exprimée dans le contrat de location).
- DAAF (Détecteur Autonome Avertisseur de Fumée) : Loi n° 210-238 du 09/03/2010 art. I et I bis et Article L 129-8 du CCH qui rendent obligatoires l'achat et l'installation (avant le 1er Janvier 2016) d'un détecteur de fumée par le bailleur à ses frais ; sanction pénale pour le bailleur dans le cas de dommages causés par un incendie dans un logement dépourvu de détecteur de fumée

b. Certification des diagnostiqueurs

CCH : art. L 271-4 à 6 et art. R 271-1 à 5.

Agrément nécessaire par un organisme accrédité dans le domaine de la construction

2. Pièces juridiques et administratives principales

Elles concernent la propriété du bien (titre de propriété, pièce d'identité du propriétaire, règlement de copropriété...) et le bien lui-même (carnet d'entretien de l'immeuble, DDT, charges...).

B. Le mandat

1. Contrat de mandat

Il s'agit d'un mandat de recherche d'un acquéreur ou d'un locataire pour le vendeur ou le bailleur ou d'un mandat de recherche d'un bien pour l'acquéreur ou le locataire.

a. Caractéristiques

- Contrat écrit établi en autant d'exemplaires qu'il y a de parties.
- Mandat numéroté et inscrit par ordre chronologique sur le registre des mandats.

b. Clauses

- **Obligatoires :** les principales sont : n° du mandat, mandant, mandataire, bien, prix de vente, honoraires, durée du mandat, modalités de non-reconduction des contrats pour un mandant non professionnel, moyens de diffusion des annonces commerciales, actions et modalités du compte-rendu ainsi que périodicité dans les mandats exclusifs.
- **Particulières :** elles apportent des précisions ou des restrictions : délégation de mandat, réduction de la durée...

c. Différents types

- **Mandat simple** : vente ou location du bien par le vendeur ou le bailleur et toutes agences immobilières.
- **Mandat semi-exclusif** : vente ou location du bien par le vendeur ou le bailleur et un seul mandataire.
- **Mandat exclusif** : vente ou location du bien par un mandataire uniquement.

d. Cas particuliers

Contrat conclu hors établissement (ou après démarchage) : coupon détachable, ou autre support, obligatoire pour une rétractation dans les 14 jours (Loi Hamon et art. L121-21 du Code de la Consommation); prolongation du délai de 12 mois quand le consommateur n'a pas été informé de son droit à rétractation; aucune somme d'argent ne peut être perçue par l'agent immobilier dans les 7 jours suivant la signature du mandat; aucune démarche commerciale ne peut être mise en place par l'agent immobilier avant la fin du délai de rétractation sauf demande expresse du client ; sanctions : civile, administrative et pénale, voire interdiction d'exercice de la profession.

- **Spécificité du démarchage téléphonique** (art. L. 121-20 et L. 121-34) :
  - formalisme : identité du professionnel et caractère commercial de l'appel indiqués dès le début de la conversation au client qui ne sera engagé que par une offre écrite qu'il aura acceptée ; sanction : administrative ;
  - opposition : démarchage interdit si le client est inscrit sur une liste d'opposition cf. Bloctel (sauf s'il existe déjà des relations contractuelles); sanction : administrative; numéros masqués également interdits au professionnel.
- **Délégation de mandat** : objet du mandat délégué à un autre professionnel avec autorisation du mandant ou du fait d'une clause particulière; le mandataire principal reste le seul interlocuteur du mandant; les

honoraires sont partagés entre mandataire principal et sous-mandataire.

- **Avenant au mandat** : modification écrite du mandat qui concerne le prix du bien, la charge des honoraires de l'agent immobilier...

2. Arguments commerciaux et juridiques

a. Aspects commerciaux

- Détermination du droit à honoraires de l'agent immobilier du fait de son professionnalisme et de l'existence d'un mandat.
- Importance primordiale du conseil dans la relation de confiance avec le client.

b. Aspects juridiques

- Nullité du mandat et pas d'honoraires pour l'agent immobilier si :
  - absence de mandat écrit;
  - aucune inscription au registre des mandats;
  - pas d'inscription de durée du mandat ou de renouvellement;
  - défaut d'une des mentions obligatoires du mandat;
  - non remise d'un exemplaire du mandat au mandant.

3. Honoraires

a. Dans le cadre du mandat de vente

- Montant : pourcentage forfaitaire directement applicable au prix de vente ou pourcentages successifs pour chaque fraction du prix de vente à calculer « tranche par tranche ».
- Affichage : dans l'agence et en vitrine en TTC.
- Charges des honoraires : vendeur ou acquéreur; obligation d'indiquer le pourcentage des honoraires à la charge de l'acquéreur sur toutes les publicités de l'agence; l'avantage des honoraires à la charge de l'acquéreur est d'ordre fiscal et commercial puisque les droits de mutation sont réduits car appliqués sur le prix net vendeur et non sur le prix HAI.
- Clause pénale : somme d'argent fixée par avance pour réparation, à verser par le mandataire ou le mandant qui manque à ses obligations.
- Entente entre vendeur et acquéreur : dommages et intérêts à verser à l'agent immobilier.

b. Dans le cadre du mandat de location

- Différents honoraires :
  - frais d'entremise ou de négociation : à la charge exclusive du bailleur;
  - frais de mise en location (visite, constitution de dossier, rédaction de bail) : le montant TTC payé par le locataire ne peut excéder celui facturé au bailleur et il doit être inférieur ou égal à un plafond par m^2 de surface habitable déterminé par voie réglementaire et révisable chaque année au 1er janvier;
  - frais d'état des lieux : partagés entre bailleur et locataire; le montant TTC payé par le locataire ne peut dépasser un plafond unique par m^2 de surface habitable établi pour l'ensemble du territoire (révision du plafond chaque année).
- Affichage : dans l'agence et dans la vitrine.
- Charge des honoraires : bailleur et locataire; le montant des honoraires est indiqué dans toutes les publicités de l'agence et dans le bail.

4. Obligations professionnelles de l'agent immobilier

- Devoir de conseil sur les pouvoirs du mandant, servitudes, prix, vices cachés, conditions suspensives...
- Engagement de la responsabilité civile contractuelle et délictuelle de l'agent immobilier avec dommages et intérêts, et de la responsabilité pénale avec amendes et/ou prison.

5. Tenue du registre des mandats

- Registre obligatoire, relié et côté sans discontinuité, sans rature ni correction, avec des mandats numérotés et classés par ordre chronologique (sous peine de nullité).
- Forme papier ou électronique (depuis la loi du 21.10.2005).
- Conservation pendant 10 ans.

9. Mise en publicité des biens

A. Encadrement juridique

1. Réglementation générale

En matière de publicité	En matière de media et de promotion des ventes
Interdiction de publicité trompeuse (art. L121-1 et suivants CC) ; sanction : civile et pénale. **Encadrement de la publicité comparative** (art. L121-8 CC ; Loi du 17.05.2011 et Loi Hamon de 2014) ; sanction : civile, pénale, administrative. **Encadrement de la publicité en ligne** avec obligation d'identification des publicités et offres promotionnelles (art. L121-15-1 CC) et interdiction de la prospection directe en ligne non sollicitée – sauf pour les clients préexistants (art. L121-34-1-1) ; sanction : administrative. **Interdiction de publicité en langue étrangère** (Loi Toubon 1994 et instruction DGCCRF 2005) ; sanction pénale.	**Media** : **Télévision** : médium réglementé et contrôlé par l'ARPP (Autorité de Régulation Professionnelle de la Publicité) et le CSA (Conseil Supérieur de l'Audiovisuel). **Affichage** : lieux d'affichage déterminés par le Code de l'environnement. **Radio** : limitation du temps consacré à la publicité. **Internet** : obligation pour les comparateurs d'apporter une information loyale, claire et transparente sur les prix et les caractéristiques d'un bien (art. L111-5 CC).
Respect du droit d'auteur (art. L111-1 et suivants et L335-1 et suivants du Code de la Propriété Intellectuelle) **et du droit à l'image** (art. 9 du Code Civil) ; Sanction : civile, pénale et cessation des atteintes. **Action de groupe** (art. L423-1 CC) permettant un recours collectif dans un même procès à un ensemble de consommateurs. **Renforcement du rôle d'enquête de la DGCCRF** et des possibilités de sanctions par des amendes administratives (Loi Hamon 2014).	**Réglementation stricte sur la promotion des ventes** : – **Mise en avant du produit** (ventes liées art. L122-1 CC et ventes avec primes art. L121-35 CC). – **Prix** (soldes : art. L310-3 Code commerce et loi du 18.06.2014, réductions : art. L113-3 CC, arrêté du 11.03.2015). – **Jeu** (loteries : art. L121-36 CC, concours et cadeaux lois du 21.06.2004 et du 20.12.2014).

Remarque : CC = Code de la Consommation

2. Réglementation spécifique de la publicité immobilière

Publicité dans les locaux	Publicité sur documents, contrats et correspondance à usage commercial	Publicité sur les petites annonces presse, internet et affiches vitrine
Art. 93 du décret de 1972 Indication de la carte professionnelle, garantie financière et banque (pour remise de fonds). Sanction : amende administrative.	**Art. 92 du décret de 1972** Indication de la carte professionnelle, garantie financière, des coordonnées et activité de l'agence. Sanction : civile, pénale.	**Loi du 1er janvier 2011** Affichage du DPE obligatoire sur les annonces internet et les affiches vitrine avec une étiquette énergie en couleur et pour les petites annonces presse avec la mention de la classe énergie de A à G. Sanction : civile, pénale.
Arrêté du 29 juin 1990 Honoraires TTC affichés à l'entrée de l'agence avec la charge des honoraires et indication des pourcentages prélevés si honoraires fixés proportionnellement à la valeur du bien ou du loyer. Sanction : amende administrative.	**Loi Alur 2014** Mention obligatoire dans les publicités et contrats proposés par les mandataires indépendants de leur statut d'agents commerciaux. Sanction : pénale.	**Loi Alur 2014** Affichage du montant des honoraires TTC en % du prix de vente s'ils sont à la charge de l'acquéreur ou en valeur absolue et en TTC s'ils sont à la charge du locataire (en différenciant la mise en location et l'état des lieux) ; pour la vente : indication de l'appartenance ou non à une copropriété et dans le cas d'une copropriété, précisions sur le nombre total de lots, le montant annuel des charges courantes hors provisions pour travaux, l'indication d'une procédure relative aux copropriétés en difficulté le cas échéant. Sanction : civile, pénale, administrative.
	Mentions relatives au droit commercial et des sociétés Capital social, statut juridique de la société, n° RCS,...	**Indication de la superficie** : – Loi Carrez pour la vente d'appartements en copropriété loi n° 96-1107 du 18 décembre 1996 – Loi Boutin pour la location (article 78 de la loi du 25 mars 2009)

Publicité dans les locaux	Publicité sur documents, contrats et correspondance à usage commercial	Publicité sur les petites annonces presse, internet et affiches vitrine
Arrêté du 10 Janvier 2017 **Rénovation des modalités d'affichage des barèmes des agences immobilières et prise en compte de l'existence des sites internet** : – Si honoraires fixés en fonction de la valeur du bien (vente ou location), indication du montant prélevé avec tranches de prix correspondantes si nécessaire, avec tous les éléments permettant de calculer le prix – Honoraires affichés de façon visible et lisible à l'entrée de l'agence, dans la vitrine et dans le même format et au même emplacement que celui alloué aux annonces + sur chaque vitrine publicitaire située hors de l'agence – Sur le site internet de l'agence, barème des honoraires accessible en 2 clics maximum sur un onglet explicite sur la page d'accueil – Pour une communication de l'activité de l'agence sur les réseaux sociaux, renvoi vers le site internet de l'agence obligatoire pour consulter le barème en 3 clics maximum – Nécessité d'un lien hypertexte visible dans le corps d'une annonce dématérialisée sur un site internet autre que celui de l'agence renvoyant directement vers le barème de l'agence		**Arrêté du 10 Janvier 2017** – **EN VENTE** : * **Honoraires à la charge de l'acquéreur** : Prix de vente avec part des honoraires inclus avec une taille des caractères plus importante que celle du prix du bien hors honoraires ; mention de la charge des honoraires à l'acquéreur indiquée ; honoraires à préciser en TTC et exprimé en pourcentage de la valeur du bien hors honoraires * **Honoraires à la charge du vendeur** : Prix de vente indiqué sans inclure la part des honoraires à la charge du vendeur ; mention de la charge des honoraires au vendeur précisée – **EN LOCATION** : **Indication de** : la surface habitable en m², le nom de la commune où se situe le bien loué, voire l'arrondissement, le caractère meublé de la location si c'est le cas, le loyer mensuel CC, les charges locatives avec les modalités de règlement, éventuellement le complément de loyer, le dépôt de garantie, le montant TTC des honoraires d'agence mis à la charge du locataire (HCL) et le montant TTC des honoraires à la charge du locataire dus au titre de la réalisation de l'état des lieux.

B. Moyens de communication

1. Communication media

Il s'agit des média de masse : télévision, radio, affichage, presse, cinéma, et internet.
Le community management ou « gestion des médias sociaux et communautaires » permet à l'agence immobilière de développer la relation client au travers du web grâce à une stratégie e-marketing.

2. Communication hors media

Elle est constituée :

- de la promotion des ventes dont l'objectif est de pousser le produit ou le service vers le client sur le lieu de vente ;
- du marketing direct dont la vocation est d'aller à la rencontre du client par le biais de prospectus, de publipostages, de prospection téléphonique ;
- et d'autres moyens de communication telles que les foires et salons, le parrainage et le mécénat, les relations publiques.

C. Rentabilité de la communication

1. Ratios

(Voir aussi Thème 2 : 5. B. 1.).
Certains concernent le coût : coût de l'espace publicitaire, coût d'un envoi de publipostage, coût du budget publicitaire par rapport au chiffre d'affaires obtenu...
D'autres sont orientés vers le nombre moyen de personnes touchées par un support de communication à un moment donné : GRP (Gross Rating Point).

2. Résultats en termes de notoriété et d'image

On peut les évaluer grâce à des tests de mémorisation et à des calculs de scores (spécifique, d'attribution, d'agrément), des tests de reconnaissance (taux d'observation, taux d'association, taux de lecture) ou des questionnaires par le biais d'enquêtes satisfaction clientèle par exemple.

10. Négociation dans l'intérêt des parties

A. Découverte des besoins du client acquéreur et locataire

Elle se réalise grâce à :

- un accueil personnalisé du prospect qu'il faudra qualifier ;
- l'utilisation d'un plan de découverte ;
- la reformulation des besoins ;
- la signature éventuelle d'un mandat de recherche de bien (à acheter ou à louer).

B. Organisation et suivi des visites

1. Organisation

Il s'agit de planifier la visite et d'assurer le bon déroulement de celle-ci. Cela implique la sélection de biens à visiter (3 au maximum), la visite de ceux-ci et la signature d'un bon de visite. Sur ce bon de visite, seront indiqués l'identité et les coordonnées des visiteurs celles de l'agence immobilière, le numéro du mandat, la description du bien visité, l'engagement de ne traiter qu'avec l'intermédiaire de l'agence immobilière et les signatures.

L'argumentation du négociateur et sa réponse aux objections seront déterminantes.

2. Suivi

Un compte-rendu de visite sera adressé aux clients vendeur et bailleur (jours et heures de visites, nombre de visites, noms des visiteurs et observations...)

C. Négociation de l'offre du client

1. Offre d'achat

Si l'offre est précise et détaillée, elle peut être assimilée à une promesse unilatérale d'achat qui engage l'acquéreur. Si l'offre est sommaire, elle ne lie pas l'acquéreur qui peut changer d'avis.

Aucune somme d'argent ne doit être demandée à la signature d'une offre d'achat, sous peine de nullité de celle-ci.

L'offre d'achat est un document sans formalisme qui contient l'identité et les coordonnées des acquéreurs, le numéro de mandat, le descriptif du bien, le montant de l'offre honoraires d'agence inclus, le délai d'acceptation de l'offre par le vendeur, des conditions suspensives éventuelles et la signature de l'acquéreur.

2. Conclusion et prise de congé

Le rôle de l'agent immobilier est de collecter toutes les informations et les documents nécessaires à la rédaction du compromis de vente ou du bail d'habitation si les clients ont donné leur accord. Dans le cas contraire, il devra rechercher un autre bien pour l'acquéreur ou le locataire et un autre client pour le vendeur ou le bailleur.

ENTRAÎNEMENTS

▶ QCM

1. Que signifie DDT ?
   a) Droit De Taxe
   b) Dossier De Termites
   c) Dossier de Diagnostics Techniques
2. La loi Carrez concerne-t-elle les copropriétés verticales ?
   a) oui
   b) non
3. La vérification amiante est obligatoire pour la location.
   a) vrai
   b) faux
4. Le mandat de vente exclusif permet-il au vendeur ?
   a) de vendre par lui-même
   b) de confier la vente de son bien à un seul mandataire
   c) de demander à plusieurs mandataires de vendre son bien
5. La loi ELAN impose un plafonnement des honoraires dus par le locataire.
   a) vrai
   b) faux
6. Dans le cas où l'agent immobilier ne conseille pas son client, quelle responsabilité engage-t-il ?
   a) contractuelle
   b) délictuelle
   c) pénale
7. Le DPE doit être indiqué sur les annonces internet et presse depuis la loi Hoguet et son décret de 1972.
   a) vrai
   b) faux
8. Quand le bon de visite d'un bien immobilier doit-il être signé par un acquéreur potentiel ?
   a) avant la visite
   b) après la visite

▶ Exercice 32. Extrait Étude de Cas 2014 Dossier 1 suite

Utiliser dans le Thème 3 l'énoncé et les annexes de l'exercice 24.

Trois jours plus tard, Monsieur HULOTTE, convaincu par votre estimation et par les arguments que vous avez développés lors de votre première visite accepte de signer un mandat simple. Vous lui proposez de passer avec sa femme à l'agence pour signer le mandat. Il accepte mais vous précise qu'il viendra seul, puisqu'il est l'unique propriétaire du bien.

Question(s)

1. Expliquez à Monsieur HULOTTE pourquoi la présence de son épouse est nécessaire lors de la signature du mandat de vente. Vous exposerez le principe juridique sur lequel repose votre réponse, ainsi que le risque encouru en cas de non-respect de cette règle.
2. Préparez le mandat simple de vente tel qu'il apparaîtra après la signature des deux parties. Il porte le n° 412 (**annexe 4 à rendre avec la copie**). La commission sera à la charge du vendeur.

Le jour du rendez-vous, au moment de signer le mandat, Monsieur HULOTTE vous interpelle : « dites-moi, vous êtes bien jeune… avez-vous l'autorisation de signer le mandat pour vendre ma maison ? »
Monsieur HULOTTE ajoute « Je crois que nous avons sept jours pour nous rétracter à compter d'aujourd'hui ? »

3. Compte tenu des circonstances de la prise de contact et du démarchage que répondez-vous à Monsieur HULOTTE ? Justifiez votre réponse, notamment avec des arguments juridiques.
4. Votre réponse a-t-elle une incidence sur la mise en place des démarches commerciales que vous allez engager pour le bien de Monsieur et Madame HULOTTE ?

Le mandat est maintenant signé par les deux parties et vous avez remis au client un coupon de rétractation.

5. Que devez-vous faire une fois le mandat signé par le client et vous-même ? Vous précisez le cadre juridique de cette obligation ainsi que le risque encouru par l'agence en cas de non-respect de cette formalité.

Annexe 4 – MANDAT À COMPLÉTER – À RENDRE AVEC LA COPIE

LISIÈRES DE FORÊT IMMO
N° au registre des mandats

....

Mandat simple de vente en cas de démarchage

LE ou LES MANDANT(S)

....

....

LE MANDATAIRE

....

....

IL A ÉTÉ CONVENU ET ARRÊTÉ CE QUI SUIT : par les présentes, le mandant charge le mandataire de vendre les biens désignés ci-après dont il est propriétaire et le mandataire accepte cette mission.
Paraphes :

DÉSIGNATION ET SITUATION DES BIENS À VENDRE

Nature : ❑ Appartement ❑ Maison individuelle ❑ Locaux commerciaux
Adresse :

....

....

Désignation :

....

....

RÉGLEMENTATION RELATIVE À L'IMMEUBLE

Pour se conformer aux différentes obligations en vigueur, le mandant s'engage à fournir tous les documents relatifs à la réglementation de l'immeuble :
❑ Surface Carrez ❑ Amiante ❑ Saturnisme ❑ Termites
❑ Risques technologiques et naturels majeurs ❑ Diagnostic de performance énergétique
❑ Installation gaz ❑ Installation électrique ❑ Diagnostic assainissement
Le mandant charge .... de les effectuer.
Dans tous les cas, la situation devra être connue au plus tard au moment de la signature de l'avant-contrat. Les frais résultant de ces obligations sont à la charge du mandant et les documents y afférents sont la propriété du mandant, sauf convention contraire des parties.

PRIX DE VENTE

Les biens devront, rémunération du mandataire comprise, être présentés au prix de .... sauf accord ultérieur écrit des parties.

SÉQUESTRE

En vue de garantir la bonne exécution des présentes, l'acquéreur, devra, à l'appui de toute promesse ou compromis de vente, effectuer un versement d'un montant minimum de 10 % du prix total de la vente, à l'ordre de .... séquestre garanti financièrement à cet effet.

RÉMUNÉRATION DU MANDATAIRE

En cas de réalisation, la rémunération du mandataire sera de.. TVA incluse, à la charge de................................

Paraphes :

ACTE AUTHENTIQUE – JOUISSANCE

Le mandant déclare que les biens à vendre seront, le jour de la signature de l'acte :

❑ libres de toute location, occupation ou réquisition

❑ loués suivant l'état locatif annexé au présent mandat

Le notaire du mandant est Maître...................................

CLAUSES PARTICULIÈRES

....

DURÉE DU MANDAT

Le présent mandat est accepté et consenti SANS EXCLUSIVITÉ pour une période irrévocable de trois mois à compter de ce jour. Sauf dénonciation, à l'expiration de cette période initiale, il sera prorogé pour une durée maximale de 12 mois supplémentaires, AU TERME DE LAQUELLE IL PRENDRA AUTOMATIQUEMENT FIN. CHACUNE DES PARTIES POURRA, MOYENNANT UN PRÉAVIS DE QUINZE JOURS, PAR LETTRE RECOMMANDÉE AVEC AVIS DE RÉCEPTION, Y METTRE FIN AU TERME DE LA PÉRIODE INITIALE OU À TOUT MOMENT PENDANT SA PROROGATION.

LE MANDANT RECONNAÎT AVOIR PRIS CONNAISSANCE DES CONDITIONS PARTICULIÈRES DES PRÉSENTES ET DES CONDITIONS GÉNÉRALES CI-DESSUS ET AVOIR RECU UN EXEMPLAIRE DU CONTRAT.

RAYÉS NULS

.... mots

............lignes

Fait en double exemplaire dans les locaux du mandataire,

À .... le...

LE MANDANT LE MANDATAIRE

Le mandant fait précéder sa signature de la mention manuscrite « lu et approuvé bon pour mandat »

Le mandataire fait précéder sa signature de la mention manuscrite « lu et approuvé, mandat accepté »

▶ Exercice 33. Honoraires à la vente

Une agence immobilière propose la tarification HT suivante :

- 8 % pour un prix de vente inférieur ou égal à 75 000 € ;
- 6 % pour un prix compris entre 75 000 et 150 000 € ;
- 5 % pour un prix compris entre 150 000 et 375 000 € ;
- 3 % au-delà de 375 000 €.

Question(s)

1. Quels sont les honoraires de l'agence pour une vente de maison à 370 000 €, net vendeur, si seul un forfait est appliqué ?
2. Quels seront ces honoraires si des pourcentages par tranches de prix avec un calcul « tranche par tranche » sont retenus pour la vente de la même maison ?
3. Quels sont les avantages pour l'acquéreur s'il paie les honoraires d'agence ? Et quel est l'inconvénient pour l'agence ?

▶ Exercice 34. Plafonnement des honoraires appliqués au locataire

Un locataire est intéressé par un appartement de 60 m² à Versailles mais il ne sait pas ce que l'agent immobilier pourrait lui demander comme honoraires.

Question

1. À partir des informations en **annexe**, vous déterminerez la somme maximale que le locataire devrait payer à l'agent immobilier s'il louait.

Annexe (d'après le Décret 2014-890 du 1er Août 2014)

Frais de mise en location pour les logements situés :

– en zone très tendue (75, 78, 92, 93, 94, 95) le plafond est fixé à 12 € par mètre carré de surface habitable ;
– en zone tendue (territoires soumis à l'encadrement sur les loyers) le plafond est fixé à 10 € par mètre carré de surface habitable ;
– hors zone tendue (reste du territoire) le plafond est fixé à 8 € par mètre carré de surface habitable.

Frais d'état des lieux d'entrée : 3 € par m² de surface habitable sur tout le territoire

▶ Exercice 35. Réglementation de la publicité

L'agence immobilière DUPLAN diffuse des petites annonces de biens sur son site internet. Un client acquéreur intéressé par l'une d'elles se présente à l'agence et demande des informations au négociateur, et plus particulièrement sur le DPE – qui n'apparaît pas sur la petite annonce internet – et sur le prix de vente. Après avoir vérifié le mandat de vente, le négociateur s'aperçoit d'une différence entre le prix de vente indiqué sur le mandat et celui indiqué sur la petite annonce et par ailleurs il ne trouve en effet aucune indication de DPE sur la petite annonce.

Question(s)

1. À quelles lois se rapportent les manquements cités dans le cas ci-dessus ?
2. Quelles sanctions encoure l'agent immobilier ?

▶ Exercice 36. SMS et démarchage téléphonique

Pour recevoir des messages publicitaires par sms, le client doit donner par anticipation son autorisation à l'utilisation de ses coordonnées personnelles : mécanisme de l'opt-in, art. L34-5 du Code des Postes et Communications Électroniques. Dans le cadre du démarchage téléphonique, la loi Hamon a retenu le procédé inverse de l'opt-out qui implique qu'en absence de son opposition, le client pourra être démarché téléphoniquement.

Question(s)

1. Pour quelle raison l'opt-in n'a-t-il pas été retenu pour le démarchage téléphonique ?
2. Quelle est, néanmoins, l'obligation des professionnels de l'immobilier avant d'avoir recours à toute activité de démarchage téléphonique ?

▶ Exercice 37. Extrait Étude de cas 2010 Dossier 2

Monsieur DELAPIERRE estime un objectif de vente annuel de 100 maisons, dont 90 % livrées en kit (construites soit par les clients, soit par une entreprise locale partenaire) et 10 % livrées clé en main.

Afin de réaliser ces objectifs et de promouvoir leurs produits, les constructeurs envisagent plusieurs actions commerciales; la participation à des salons de l'immobilier, qu'ils confient à leurs équipes commerciales ou aux agences partenaires, et des opérations ciblées de « publipostage ».

D'après les données observées par l'organisation professionnelle des constructeurs de maisons en bois, on constate les résultats suivants :

- lors d'une participation à un salon de l'habitat, en moyenne 1 visiteur sur 10 s'arrête au stand et 3/1 000 signent un contrat de réservation. Ces salons enregistrent une affluence de 40 000 visiteurs au total. Le coût moyen d'un salon est de 10 000 € (location et aménagement du stand, coûts liés à la rémunération et aux remboursements de frais des commerciaux, pour la durée du salon) ;
- lors d'une opération de publipostage, 1 contrat est signé pour 1 000 publipostages adressés grâce à un fichier qualifié. Le coût d'une telle opération représente 5 000 € pour 4 000 envois.

La rémunération de l'agence, assurée par le constructeur est de 6 370 € en moyenne pour un modèle en kit et 9 650 € en moyenne pour une maison clé en main.

Afin de renforcer son équipe commerciale, il souhaite embaucher deux nouveaux commerciaux sous statut de VRP non cadre qui auront pour mission exclusive la commercialisation de ces maisons en bois sur le quart Nord-Est.

Question(s)

1. Si l'on considère que l'agence est en mesure de planifier 5 opérations de publipostage et de participer à 5 salons dans l'année, combien de contrats signés peut-elle espérer si elle respecte ses objectifs. Quel est le chiffre d'affaires généré ? Quel est le gain généré ? (réalisez un tableau pour présenter votre réponse).
2. Ces opérations permettent-elles d'atteindre l'objectif fixé ? Que proposez-vous (3 solutions minimum) ?

▶ Exercice 38. Bon de visite

Un couple de clients M. et Mme Charlise est très intéressé par une maison de 170 m² de 6 pièces avec 4 chambres, en pierre, avec 900 m² de terrain située à Pithiviers Le Vieil (45300), 15 rue des Noisetiers, en vente au prix de 285 000 € frais d'agence inclus, qu'il a vue sur le site de l'agence PITHIVIMMO (mandat de vente exclusif n° 54). Le négociateur reçoit ce couple.

Question(s)

1. Citez les étapes de la découverte des besoins de ces clients.
2. Complétez le bon de visite n° 27 ci-dessous en sachant que la visite a lieu le samedi 24 octobre 2019 à 15 heures en présence de M. et Mme Charlise qui habitent 15 rue Pasteur 75015 PARIS.

AGENCE PITHIVIMMO
18, Place du Martroi 43500 PITHIVIERS
Tél. : 02 38 30 04 05 – Fax : 02 38 30 28 29
SARL au capital de 7 500 €
Carte professionnelle T n° 7018 – Caisse de garantie CGAIM de 110 000 €

Reconnaissance d'indications et de visites

Bon de visite n° :
Identité de l'accompagnateur :
Date de la visite :
Mandat de vente n° :
Nom(s) et Adresse(s) visiteur(s) :

Nous soussignés,
Agissant en qualité d'acquéreur(s) éventuel(s), reconnaissons avoir demandé et reçu, ce jour à h, de votre agence les noms, adresses et conditions de vente de l'affaire désignée ci-dessous.
Nous reconnaissons que ces affaires nous ont été présentées pour la première fois par votre agence immobilière et que nous n'en avions aucune connaissance auparavant.
En conséquence, nous nous engageons expressément :
– à ne communiquer à personne ces renseignements qui nous ont été donnés à titre personnel et confidentiel ;
– à informer de notre visite de ce jour toute personne qui pourrait à l'avenir nous présenter le même bien ;
– à ne pas négocier directement avec le vendeur.
En cas de violation des engagements ci-dessus, nous nous rendrons passibles de dommages-intérêts en réparation du préjudice que nous vous aurons causé. Ce préjudice ne pourra pas être inférieur aux honoraires que vous auriez perçus en concourant à l'acte.
Listes des affaires visitées ce jour
(Description : type, adresse, nombre de pièces, prix...)

Fait pour une durée de 12 mois à compter de ce jour et en 2 exemplaires, dont un remis aux visiteurs.

À le

Signature de chaque visiteur, précédée de la mention « Lu et approuvé » :

Accompagnateur :

Visiteurs : M. Mme

▶ Exercice 39. Offre d'achat

Une offre d'achat n'est pas présentée à un mandant M. Z et est conservée dans un tiroir par l'agent immobilier M. IMMO qui essaie de faire surenchérir l'acquéreur potentiel Mme W. Pendant ce temps un agent immobilier concurrent présente une offre d'achat d'un montant inférieur provenant d'un autre acquéreur M. U au mandant M. Z qui l'accepte. Un compromis doit être signé dans la semaine entre M. U et M. Z.

Question(s)

1. Que risque l'agent immobilier M. IMMO par rapport au mandant M. Z et à l'acquéreur potentiel Mme W ?

Thème 5

Le conseil en financement

11. Analyse financière de l'acquéreur

A. Capacité financière

1. Coût de revient

Il comprend le prix net vendeur, les honoraires de l'agence immobilière, les frais de notaire et les autres frais.

a. Frais de notaire

- **Bien ancien :**
- Les frais de notaire représentent de 7 à 8 % du prix du bien et sont à ajouter à celui-ci.
  Ils sont composés de :
  - droits de mutation (ou droits d'enregistrements) : environ 8/10e des frais ;
  - débours et frais : 1/10e des frais ;
  - rémunération du notaire : 1/10e des frais.
- **Bien neuf**
  Les frais de notaire représentent de 2 à 3 % du prix du bien et sont à ajouter à celui-ci. La TVA à 20 % est déjà comprise dans le prix de vente.
  Les frais sont composés de :
  - taxe de publicité foncière ;
  - émoluments de formalité et frais ;
  - rémunération du notaire.

  Remarque :
  - Afin de soutenir l'achat de logements la TVA a été abaissée à 5,5 % en zone ANRU ou dans certains Quartiers Prioritaires de la Ville pour les primo-accédants aux revenus modestes.
- **Provision pour frais d'acte**
  Le jour de la signature de l'acte authentique, l'acquéreur doit verser au notaire une provision destinée à couvrir les frais et droits dus pour cette vente. Elle est obligatoire et est calculée au plus juste à l'aide de barèmes préétablis.
- **Relevé de compte**
  C'est le compte définitif des frais qui fait apparaître les droits payés au Trésor Public, les débours, les émoluments du notaire et les frais de négociation éventuels. Ce compte est comparé à la provision pour frais d'acte versée. S'il y a un trop perçu le notaire le rembourse ; dans le cas contraire, il demande un versement complémentaire qu'il doit justifier.

b. Autres frais

- Coût du prêt immobilier et des assurances en couverture de prêt (décès, invalidité et perte d'emploi) ;
- Coût des garanties de remboursement appelées sûretés réelles (hypothèque, privilège de prêteur de deniers) ou personnelles (cautionnement) ;
- Budget travaux éventuel.

2. Calcul de la capacité financière

Elle est égale à la capacité d'endettement du client acquéreur (revenus x 1/3) et à son apport.

B. Plan de financement

1. Apport

Il est constitué des liquidités du client, de son épargne et des prêts complémentaires.

L'épargne est rémunérée grâce à un taux d'intérêt simple si le placement est inférieur à 1 an ou un taux d'intérêt composé pour une plus longue durée.

Les prêts complémentaires les plus courants sont le PEL (Plan Épargne Logement), le CEL (Compte Épargne Logement), le PTZ (Prêt à Taux Zéro), le PAL (Prêt Action Logement), le prêt « aux fonctionnaires », le prêt « des collectivités territoriales », le prêt des caisses de retraite complémentaires et des mutuelles.

Le PTZ est un prêt gratuit attribué sous condition de ressources aux acquéreurs qui font construire ou achètent pour la 1re fois leur résidence principale neuve (respectant des critères de performance énergétique), ou ancienne sous certaines conditions.

2. Prêts immobiliers

a. Prêts classiques

- **Prêt à taux fixe :** il est indiqué dans le contrat de prêt mais n'est pas forcément identique pendant toute la durée du remboursement. Les mensualités de

remboursement peuvent être constantes, modulables ou lissées. C'est un prêt recherché pour sa sécurité.
- **Prêt à taux variable** : il évolue à la hausse ou à la baisse par rapport à un indice inscrit dans le contrat de prêt. Pour limiter les variations du taux, il est possible de choisir des taux capés.

b. Prêts particuliers

- **Prêt relais :** il sert à constituer l'apport pour l'achat d'un nouveau bien en attendant que le premier bien soit vendu ; seuls les intérêts sont versés au départ et le capital est dû au terme du contrat de prêt.
- **Prêt in fine** : il permet d'optimiser les déductions fiscales des clients très imposés qui veulent investir en locatif ou il est utilisé pour acquérir une résidence secondaire ; seuls les intérêts sont remboursés pendant la durée du crédit et le capital est payé en une seule fois à l'échéance du prêt.

c. Prêts aidés

Ce sont des prêts qui peuvent financer l'intégralité d'un achat, sont remboursables avec intérêts et peuvent ouvrir droit à des aides dont l'APL (Aide Personnalisée au Logement) et des prêts complémentaires sous condition de ressources.

- **Prêt conventionné**
  Il est accordé par un établissement financier ayant passé une convention avec l'État et il sert à financer, sans condition de ressources, la construction ou l'achat d'une résidence principale neuve ou ancienne, et également des travaux d'amélioration d'un logement ou d'économie d'énergie.
- **Prêt d'accession sociale (PAS)**
  Il a été institué pour favoriser l'accession à la propriété des personnes à revenus modestes. Il est proposé par une banque ayant passé une convention avec l'État pour financer la construction ou l'achat d'une résidence principale neuve ou ancienne et également des travaux d'amélioration ou d'économie d'énergie, pour un ménage ne dépassant pas certains plafonds de ressources.

3. Taux d'effort

Il s'agit du montant maximal qu'un emprunteur peut consacrer au remboursement de ses prêts. Il sera idéalement compris entre 25 et 30 % de ses revenus nets et ne dépassera pas 33 %. Il se calcule en faisant : (remboursement mensuel du prêt/revenu net mensuel) x 100.

C. Contrat de prêt

La protection de l'emprunteur est régie par le Code de la Consommation et plus particulièrement la loi Scrivener 2 du 13.07.1979 modifiée par la Loi Lagarde du 01.07.2010 et la loi Hamon du 17.03.2014.

1. Offre préalable de crédit

La durée de l'offre de prêt est de 30 jours à compter de la date d'accusé de réception de l'offre. L'emprunteur a un délai de réflexion de 10 jours francs à partir de cette offre.
Jusqu'à l'acceptation par courrier de l'offre préalable, aucun versement ne peut être effectué par le prêteur à l'emprunteur.

2. Interdépendance du contrat de vente et du contrat de prêt

La vente est subordonnée à l'octroi du financement. Si l'un des prêts (supérieur à 10 % du total des prêts) est refusé, l'acquéreur n'est pas obligé d'acheter. La condition suspensive d'obtention de prêt dans la promesse de vente protège l'acheteur.
Le prêt, même accepté, ne deviendra définitif que si le contrat d'achat pour lequel ce prêt a été demandé, est conclu dans un délai de 4 mois à compter de l'acceptation de l'offre de prêt.
L'emprunteur peut toujours rembourser son prêt par anticipation en partie ou en totalité. Le contrat de prêt peut comprendre, dans ce cas, une clause d'indemnité, mais elle est encadrée par la loi.

D. Coût du prêt

Il prend en compte le remboursement de l'emprunt, le coût de l'assurance et des garanties.

1. Remboursement de l'emprunt

a. Taux Effectif Global (TEG)

Il permet de mesurer le coût réel d'un crédit puisqu'il comprend les intérêts, les frais de dossier, les frais de garantie et les commissions diverses.

b. Systèmes d'emprunt les plus utilisés

- L'emprunt par annuités constantes : la part du capital remboursé est variable mais les versements périodiques sont constants.
- L'emprunt à amortissement constant : la part du capital remboursé est constante mais les versements périodiques sont variables.

Le négociateur pourra utiliser les tables bancaires pour conseiller rapidement son client acquéreur sur sa mensualité de remboursement.

2. Assurances en couverture de prêt

Il n'existe pas d'obligation légale à prendre une assurance mais aucune banque n'accorde un prêt immobilier sans une assurance décès-invalidité. L'assurance perte d'emploi est laissée à l'appréciation de l'emprunteur.

Depuis la loi Lagarde, l'emprunteur peut souscrire un contrat individuel d'assurance auprès de l'assureur de son choix.

La loi Hamon permet depuis le 26.07.2014 aux particuliers qui souscrivent un emprunt immobilier de changer d'assurance décès-invalidité dans les 12 mois qui suivent la signature de leur contrat de prêt immobilier.

La loi Bourquin, entrée en vigueur le 22 février 2017, permet aux emprunteurs de résilier leur contrat d'assurance de prêt immobilier, avec garanties équivalentes, chaque année à la date anniversaire de leur contrat, en respectant un préavis de 2 mois.

Si l'emprunt est contracté par deux personnes, une assurance sera exigée pour chacune des têtes.

L'assureur ou la banque ont une obligation d'information et de conseil auprès de l'emprunteur pour l'adhésion au contrat d'assurance.

L'assurance en couverture de prêt peut être refusée en raison de l'âge ou de risques liés à des maladies graves par exemple. Or le droit à l'oubli, mis en place par la Convention AERAS (S'Assurer et Emprunter avec un risque Aggravé de Santé) en 2015, est venu atténuer ce refus pour les maladies graves. En effet, il permet de ne pas déclarer, dans le cadre d'une demande de prêt, une partie de ces maladies si les traitements sont terminés depuis un certain nombre d'années.

3. Garanties de remboursement

a. Sûretés réelles

- L'hypothèque : elle confère au créancier un droit – de préférence et de suite – sur un immeuble, pour garantir le paiement d'une dette ; l'hypothèque est constatée dans un acte notarié et est inscrite à la conservation des hypothèques (départ de la garantie) ; le coût est d'environ 2 % du montant du prêt ; la durée de l'hypothèque est de 50 ans et depuis la loi Hamon, elle n'est plus rechargeable.
- Le privilège de prêteur de deniers : il permet à tout prêteur de fonds d'intenter une saisie immobilière en cas de non-remboursement et de bénéficier d'un privilège sur les autres créanciers ; son coût est d'1,3 % environ ; il octroie une garantie immédiate à la signature de l'acte notarié.
- Le nantissement : le débiteur donne en gage au créancier un portefeuille d'actions ou un contrat d'assurance vie ; l'avantage est que cette garantie est gratuite.
- Le gage immobilier avec dépossession : il permet à un propriétaire de céder la jouissance de son bien à un créancier afin que celui-ci en perçoive les revenus jusqu'au paiement de la dette.

b. Sûretés personnelles

Il s'agit du cautionnement qui permet à une personne de se porter garante de la dette d'une autre personne. On distinguera la caution d'une personne morale telle que la société de caution ou la délégation mutuelle, la caution hypothécaire et la caution d'un particulier qu'elle soit simple ou solidaire (sans bénéfice de discussion ou de division). Le coût est d'environ 1 à 2 %.

12. Analyse financière du locataire

A. Évaluation de la candidature

1. Critères de sélection dans le secteur privé

a. Dossier de candidature

L'agent immobilier regroupe dans un dossier de candidature les documents demandés au locataire pour justifier de son identité et de sa solvabilité et pour apporter les garanties et la sécurité nécessaires au bailleur.

Le décret n° 2015-1437 du 5 Novembre 2015 (en rapport avec la Loi Alur), entré en application le 8 Novembre 2015, détermine 4 types de documents autorisés à demander au locataire ou colocataire et éventuellement à ses cautions dans le cadre d'une location nue ou meublée à titre de résidence principale :

- **Identité** : une seule pièce d'identité en cours de validité avec photographie et signature du titulaire (carte d'identité, passeport, permis de conduire, titre de séjour)
- **Domicile** : une seule pièce justificative de domicile (3 dernières quittances de loyer, attestation du précédent bailleur avec indication du paiement des loyers et des charges, attestation d'hébergement, avis de taxe foncière)
- **Activités professionnelles** : un ou plusieurs documents attestant de l'activité professionnelle (contrat de travail, contrat de stage, attestation de l'employeur si promesse d'embauche, extrait K ou K bis du registre du commerce, extrait D1 du registre des métiers, certificat d'identification de l'INSEE pour un travailleur indépendant, copie de la carte professionnelle pour une profession libérale)
- **Ressources** : un ou plusieurs documents attestant des ressources (dernier avis d'imposition, 3 derniers bulletins de salaire, justificatif de versement des indemnités de stage, 2 derniers bilans ou attestation de ressources pour les professions non salariées, avis d'attribution de bourse pour les étudiants, dernier avis de taxe foncière ou titre de propriété d'un bien immobilier, justificatif de revenus fonciers, de rentes viagères ou de revenus de capitaux mobiliers)

b. Principe de non-discrimination

- L'article 1 de la loi de 1989 rappelle les principes de base concernant la non-discrimination à la location. Un recours auprès du Défenseur des Droits est possible pour le locataire qui se sent lésé et, si la discrimination est avérée, une sanction pénale lourde peut être prononcée.

c. Versements illégaux

- Versement d'un chèque de réservation du logement.
- Remise sur un compte bloqué d'une somme d'argent correspondant à plus de 1 mois de loyer.

2. Critères de sélection dans le secteur social

L'attribution d'un logement social dépend d'un cadre réglementaire très précis. Le locataire potentiel doit constituer un dossier de demande de logement avec des pièces justificatives attestant de son identité, de ses revenus et de la composition de sa famille. Un numéro départemental obligatoire unique lui est alors attribué. Son dossier est examiné par une commission d'attribution qui veillera à 3 critères prioritaires : l'urgence, la nécessité et l'ancienneté de la demande.

La liste des personnes prioritaires comprend un nouveau bénéficiaire depuis la loi Elan : la personne victime de viol ou d'agression sociale à son domicile ou à ses abords.

L'attribution d'un logement social est soumise à des conditions et entre autres :

- location du logement à titre de résidence principale ;
- ressources annuelles nettes fiscales (n-2) du locataire potentiel ne dépassant pas certains plafonds suivant la composition du ménage ;
- obligation de nationalité française ou de titre de séjour valide pour le locataire.

Le fort décalage entre la demande et l'offre de logements disponibles implique parfois de très longs délais d'attente pour le locataire. Quand un logement est attribué, le locataire potentiel en est avisé par courrier et il a 10 jours pour accepter ou refuser l'attribution.

Le décret du 12.05.2015 prévoit un dispositif de gestion partagée par la demande de logement social et l'information du demandeur.

B. Recherche d'une solution équilibrée

1. Droit au logement opposable (DALO)

Depuis l'adoption de la loi DALO du 5 mars 2007, l'État garantit un Droit Au Logement Opposable.

Toute personne qui a effectué une demande de logement social et qui n'a pas reçu de proposition adaptée à sa demande, c'est-à-dire tenant compte de ses besoins et capacités, peut saisir une commission de médiation dans son département, puis exercer, dans certains cas, un recours devant le tribunal administratif au titre du Droit Au Logement Opposable.

2. Sources de revenus du locataire et taux d'effort

a. Sources de revenus

Il s'agit de l'ensemble des salaires, traitements, prestations et allocations de toute nature ayant un caractère régulier permanent.

b. Taux d'effort

Il s'agit du rapport entre le coût du logement et les ressources du locataire.

Le loyer et les charges ne doivent pas, en pratique, dépasser le 1/3 des revenus nets du locataire, voire le 1/4 de ceux-ci.

Le coût du logement pèse plus lourdement sur les ménages à faibles ressources, sur les locataires du parc privé et sur les accédants à la propriété.

Taux d'effort = (Loyer + Charges et Taxes locatives mensuelles) – Aides au logement / Ensemble des ressources mensuelles

Dans le secteur social, on peut aussi retenir le « reste à vivre ».

C'est la somme disponible d'un ménage chaque mois, une fois l'ensemble de ses charges réglées. La loi impose que le reste à vivre ne soit jamais inférieur à la part insaisissable du salaire.

3. Principales aides au logement

a. ALF

L'allocation de logement familiale (ALF) est attribuée spécifiquement aux familles modestes (ménage ou personne isolée ayant des personnes à charge).

b. APL

L'aide personnalisée au logement (APL) est attribuée sous conditions de ressources, aux occupants d'un logement conventionné avec l'État.

L'APL accordée en cas d'accession à la propriété évolue en 2015 en APL de sécurisation contre les accidents de la vie, pour les emprunteurs primo-accédants modestes, qui ont vu leurs revenus chuter de 30 % par rapport à la date de souscription de leur prêt immobilier.

c. ALS

L'allocation de logement sociale (ALS) est attribuée à certaines catégories de personnes, autres que les familles, caractérisées par le niveau modeste de leurs ressources (étudiants...)

ENTRAÎNEMENTS

▶ QCM

1. Les frais de notaire sont destinés à rémunérer le notaire.
   a) vrai b) faux
2. À quoi correspond la capacité financière ?
   a) l'apport du client b) la capacité d'endettement c) les deux
3. Si l'on compare les prêts classiques, lequel est le plus intéressant ?
   a) le prêt à taux fixe b) le prêt à taux variable
4. Le coût du prêt est uniquement constitué du remboursement de l'emprunt.
   a) oui b) non
5. Le cautionnement peut-il provenir ?
   a) d'une personne morale b) d'une personne physique
6. Les documents que le décret n° 2015-1437 autorise pour constituer le dossier locataire sont :
   a) Le dernier avis d'imposition et le dernier avis de taxe foncière
   b) La carte d'identité et le permis de construire
7. Dans le secteur social, le candidat locataire présente ses revenus de l'année courante dans son dossier de demande de location.
   a) vrai b) faux
8. Le taux d'effort doit-il être ?
   a) supérieur à 1/3 des revenus nets mensuels b) inférieur à 1/3 des revenus nets mensuels
9. L'ALS est attribuée aux couples avec enfants.
   a) vrai b) faux

▶ Exercice 40. Frais de notaire

Le prix HAI (Honoraires d'Agence Inclus) d'une maison ancienne dans le jura s'élève à 270 000 € (dont 4 % d'honoraires d'agence à la charge de l'acheteur).

Question(s)

1. À partir de l'annexe 1, déterminez la rémunération du notaire TTC.
2. Complétez l'annexe 2 en indiquant le total du pourcentage des droits d'enregistrement dans le Jura et calculez le montant de ces droits.
3. En sachant que les frais annexes et les débours sont de 500 € chacun et que la contribution de sécurité immobilière est de 260 €, trouvez le montant total des frais de notaire (à arrondir à l'unité).
4. Calculez la réduction que le notaire pourrait proposer sur ses émoluments aux acquéreurs.

Annexe 1. Pourcentage des honoraires du notaire Arrêté du 26 Février 2016

Première série (S 1)	En pourcentage HT
De 0 jusqu'à 6 500 €	3,945
Au-delà de 6 500 € jusqu'à 17 000 €	1,627
Au-delà de 17 000 € jusqu'à 60 000 €	1,085
Au-delà de 60 000 €	0,814

Remarque : depuis la loi Macron, et à partir du 1er Mai 2016, une remise de 10 % peut être allouée par le notaire sur la part des émoluments au-delà de 150 000 €.

TRANSACTION IMMOBILIÈRE

Annexe 2. Droits d'enregistrement dans le Jura

Éléments de taxation	Taux
Droit départemental (Jura)	4,50 %
Taxe communale	1,20 %
Prélèvement pour frais d'assiette et de recouvrement (calculé sur le montant du droit départemental)	2,37 %
Total	

▶ Exercice 41. Emprunt par annuité constante

Mme et M. V. ont emprunté une somme de 200 000 € sur 10 ans pour l'achat de leur appartement avec un taux d'intérêt fixe de 2 %. L'assurance décès/invalidité est de 0,5 % par tête.

Question(s)

1. Déterminez l'annuité constante (à arrondir à l'unité) à partir de la formule suivante :

$$a = V_0 \times \frac{i}{1-(1+i)^{-n}}$$

avec a = annuité constante, V_0 = emprunt, i = taux d'intérêt et n = nombre d'années

2. Complétez le tableau pour les 4 premières années de remboursement du prêt.

ANNÉES	Capital restant dû	Intérêt	Amortissement	Annuité
N	200 000	/	/	/
N +1	200 000			
N +2				
N +3				
N +4				

▶ Exercice 42. Analyse financière d'un couple d'acquéreurs

M. Dampier et son épouse souhaitent devenir propriétaires d'un appartement F3 ancien, classe énergie D qu'ils ont vu dans l'agence immobilière ANNECYIMMO à Annecy, d'un montant de 250 000 € HAI (Honoraires d'Agence Inclus de 5 %).
Ils travaillent chacun. Monsieur a un salaire net de 1 600 € et Madame gagne 1 400 € net mensuellement.
Le couple a un apport personnel de 50 000 €. Par ailleurs ils ont placé une somme de 8 200 € à 2,5 % il y a 6 ans.
Les frais de notaire sont de 7 % TTC du prix net vendeur.
M. et Mme Dampier envisagent un emprunt sur 25 ans avec un T.E.G. de 3,50 % annuel.

Question(s)

1. Calculez la capacité d'endettement du couple.
2. Déterminez l'apport total en vous servant du calcul du taux d'intérêt composé pour l'épargne placée :
   $Cn = C \times (1 + i)^n$ avec Cn = valeur acquise, C = capital placé, i = taux d'intérêt et n = nombre d'années de placement
3. Calculez les frais de notaire.
4. Indiquez le montant total du coût de l'acquisition*.
5. Déterminez le montant total de l'emprunt à effectuer*.
6. Calculez la mensualité de remboursement* en utilisant un taux mensuel équivalent.
   Taux mensuel équivalent : $i = (1 + t)^{1/12} - 1$ (avec i = taux mensuel et t = taux annuel)
7. Déterminez le taux d'effort du couple et concluez.

* à arrondir à l'unité.

TRANSACTION IMMOBILIÈRE

▶ Exercice 43. PAS et PTZ

Un couple avec 2 enfants souhaite faire l'acquisition d'un appartement neuf à Caen le 02.02.2019.

Ce couple n'a jamais été propriétaire jusque-là et il attend avec impatience de le devenir. Le T4 qu'il va acheter est à 230 000 € hors frais de notaire (3 % TTC du prix d'achat).

M. et Mme ont un revenu global net mensuel de 4 500 €, et ce depuis 3 ans. Ils n'ont pas d'apport personnel. Leur banque leur parle du prêt PAS et du PTZ.

Question(s)

1. Le couple a-t-il droit à un PAS et à un PTZ ? Justifiez votre réponse en vous reportant aux sites internet appropriés.
2. Si le PTZ est alloué au couple, quel sera le montant maximum de celui-ci ?
3. En vous aidant du site internet sur le PTZ, déterminez la durée de remboursement du PTZ et le montant de la mensualité de celui-ci.

Exercice 44. Attribution de logement

Un ménage espagnol avec un titre de séjour, composé de 2 adultes et 2 enfants à charge, a gagné en (n-2) 2 300 € par mois et cherche un logement social à louer comme résidence principale en Ile de France. Ce logement sera financé en PLAI. La famille habite à ce jour un F2 à Paris dans lequel une présence de plomb a été diagnostiquée.

Question(s)

1. Le ménage a-t-il droit à ce prêt et est-il prioritaire ? Justifiez votre réponse.

▶ Exercice 45. Taux d'effort et reste à vivre en location

Question(s)

1. Pour un salaire mensuel de 2 000 € net, quel est le montant mensuel d'un loyer avec charges pour un locataire potentiel du parc privé sachant que le taux d'effort s'élève à 28 % et que le locataire ne reçoit aucune aide au logement ?
2. Un apprenti salarié gagne 1 600 € net et paie un loyer avec charges de 600 €. Il perçoit 200 € d'aide au logement. Quel est son taux d'effort ?
3. Calculez le reste à vivre et le taux de celui-ci pour un ménage composé de 2 parents et 2 enfants (dont l'un de 7 ans et l'autre de 10 ans), en sachant que Monsieur gagne 1 500 € et Madame 1 000 € par mois. Le loyer avec les charges s'élève à 500 € et l'aide au logement est de 250 €. Les impôts sont de 300 € et ils ont un crédit voiture de 280 €.

▶ Exercice 46. Extrait Étude de cas 2014 Dossier 2

Monsieur et Madame SITELLE se présentent à l'agence un samedi après-midi. Ils se sont longuement arrêtés devant votre vitrine et vous les avez invités à entrer. Après quelques mots échangés, ils vous ont indiqué qu'ils sont **à la recherche d'une maison** depuis maintenant un peu plus de 18 mois mais qu'ils ne trouvent pas vraiment ce qu'ils veulent.

Vous trouverez en **annexe 5** les informations collectées lors du RDV avec ces clients potentiels.

Vous leur indiquez que vous avez récemment entré un bien à 510 000 € FAI qui pourrait correspondre à leur besoin.

Vous leur proposez de contacter le propriétaire dès maintenant, **Monsieur et Madame HULOTTE**.

Vous contactez ces derniers qui vous proposent une visite pour lundi soir 19 heures. Vos clients acceptent. Ils sont un peu déçus de ne pouvoir visiter de suite, mais vous leur dites qu'ainsi vous aurez le temps de réfléchir à la dimension financière de leur projet.

Après leur départ vous réalisez plusieurs tâches en préparation de lundi.

Question(s)

Vous évaluez la faisabilité de l'opération en envisageant deux hypothèses : vente de l'appartement d'une part, location de l'appartement d'autre part. On considérera qu'ils peuvent louer leur bien 13 € le m^2.

1. Pour ceci vous remplissez les annexes 7 et 7bis, en utilisant les **annexes 5 et 6**. Vos conclusions apparaîtront dans la dernière partie de l'annexe 7bis intitulée « commentaires ».
2. **Un avantage et un inconvénient** sont attendus pour chacune des hypothèses.

Annexe 5. Rendez-vous avec Monsieur et Madame Sitelle

ACQUÉREURS POTENTIELS

Monsieur et Madame Sitelle ont deux enfants de 12 et 17 ans. Ils demeurent actuellement dans un appartement dont ils sont tous deux propriétaires, au Plessis-Bouchard, commune voisine de Saint-Leu-la-Forêt.

La surface de cet appartement est de 90 m^2. Ils n'ont plus de crédit sur ce bien.

Madame travaille dans l'administration fiscale et monsieur est directeur financier d'une PME.

Ils ont le souhait d'acquérir une maison « au vert » et la commune de Saint Leu la Forêt leur conviendrait. Ils recherchent une surface de l'ordre de 150 à 170 m^2, avec un terrain d'environ 500 m^2 et un sous-sol.

Ils vous disent avoir un budget de 500 000 € environ avec une marge possible. Ils n'ont aucun prêt en cours.

Revenus Monsieur : 7 000 € sur 13,5 mois.

Revenus Madame : 3 300 € sur 12 mois.

Apport personnel : monsieur dispose d'un apport provenant d'un héritage de 80 000 € (en cas d'utilisation de ce montant lors de l'achat, une clause indiquant le remploi de cette somme dans ledit achat sera insérée à l'acte, afin que M. Sitelle en conserve la pleine propriété). Par ailleurs le couple dispose d'un livret A pouvant servir à financer le bien à hauteur de 15 000 €

Par ailleurs, ils ne savent pas s'ils vont vendre ou louer leur appartement. Ils s'inquiètent pour leur retraite, et se disent qu'il serait peut-être opportun d'emprunter davantage sur la maison qu'ils souhaitent acheter et se servir du loyer pour couvrir la charge d'emprunt en partie, plutôt que de vendre et de constituer un apport pour l'achat de la maison. Leur appartement a été estimé par l'un de vos confrères à 255 000 € net vendeur.

Annexe 6 – Informations concernant le financement de l'opération

Mensualités de remboursement pour 10 000 € empruntés à taux fixe

Taux \ Durées	10 ans	15 ans	20 ans	25 ans
3,20 %	97,49 €	70,02 €	56,47 €	48,47 €
3,30 %	97,95 €	70,51 €	56,97 €	49,00 €
3,40 %	98,42 €	71,00 €	57,48 €	49,53 €
3,50 %	98,89 €	71,49 €	58,00 €	50,06 €
3,60 %	99,35 €	71,98 €	58,51 €	50,60 €
3,70 %	99,83 €	72,47 €	59,03 €	51,14 €
3,80 %	100,30 €	72,97 €	59,55 €	51,69 €
3,90 %	100,77 €	73,47 €	60,07 €	52,23 €
4,00 %	101,25 €	73,97 €	60,60 €	52,78 €

On envisage un taux d'emprunt hors assurance possible de **3,80 % sur 15 ans.**

L'assurance décès invalidité est estimée à **2,50 € par tête pour 10 000 € empruntés.**

Compte tenu du profil de vos clients, vous décidez de réaliser l'étude en prenant en compte une assurance à 100 % sur les deux personnes du couple.

Annexe 7 – Faisabilité de l'opération – Plan de financement

CE DOCUMENT EST À RENDRE AVEC LA COPIE

NB : Les frais d'acte notarié seront estimés à 7 % du montant frais d'agence inclus.

<table>
<tr><th colspan="3">PRIX D'ACQUISITION
On effectue les calculs avec les honoraires à la charge vendeur</th></tr>
<tr><td colspan="2">**Prix de vente FAI**
Frais d'acte notarié</td><td>510 000</td></tr>
<tr><td colspan="2">**PRIX TOTAL**</td><td></td></tr>
<tr><th colspan="3">PLAN DE FINANCEMENT</th></tr>
<tr><th></th><th>Hypothèse de la revente de l'appartement du Plessis Bouchard
Vous justifiez toutes vos réponses</th><th>Hypothèse de la mise en location de l'appartement du Plessis Bouchard
Vous justifiez toutes vos réponses</th></tr>
<tr><td>**Apports**</td><td>–
–
–</td><td>–
–</td></tr>
<tr><td>**Apport total**</td><td></td><td></td></tr>
<tr><td>**Montant emprunté**</td><td></td><td></td></tr>
</table>

Annexe 7bis – Faisabilité de l'opération – Financement

CE DOCUMENT EST À RENDRE AVEC LA COPIE

Informations préliminaires

Dans l'hypothèse où le bien est loué on prendra en compte le revenu du loyer à 80 % de sa valeur, comme le font les banques dans le calcul de la solvabilité, afin de couvrir le risque de vacance du bien.

	Hypothèse de la revente de l'appartement du Plessis Bouchard Vous justifiez toutes vos réponses	**Hypothèse de la mise en location de l'appartement du Plessis Bouchard** Vous justifiez toutes vos réponses
Calcul de la mensualité		
Revenus mensuels moyens		
Taux d'endettement		
Commentaires	Avantages : Inconvénients :	Avantages : Inconvénients :

Thème 6
La conclusion de la transaction

13. Réalisation de la vente

A. Avant-contrat

	Promesse unilatérale de vente	Compromis de vente ou promesse synallagmatique de vente	Contrat de réservation en VEFA (vente en l'état futur d'achèvement)
Conditions de validité	Art. 1128 CC* : Consentement non vicié par erreur, dol, violence ou lésion – Capacité de contracter – Contenu licite et certain (pas de dérogation à l'ordre public, objet en rapport avec une prestation présente ou future, possible, et déterminée ou déterminable) ; sinon nullité du contrat.		
Définitions	Le promettant consent au bénéficiaire la possibilité d'acquérir son bien à un prix fixé et pendant un temps limité qualifié de délai d'option. À la levée de l'option les 2 parties sont liées par leur échange de volonté réciproque.	Le vendeur et l'acquéreur s'engagent réciproquement à vendre et à acheter un bien, à un prix déterminé. Le compromis vaut vente ferme mais le vendeur reste propriétaire du bien jusqu'à la signature de l'acte de vente définitif chez le notaire.	Le réservant s'engage à réserver un immeuble ou une partie d'immeuble au réservataire en fonction des plans et descriptifs établis et d'un prix prévisionnel.
Conditions de forme	Acte sous seing privé (appelé aussi acte sous signature privée) ou acte notarié (obligatoire pour une promesse valable plus de 18 mois loi 25.03.2009).		Acte sous seing privé ou acte notarié.
	Enregistrement obligatoire dans les 10 jours au Centre des Impôts sous peine de nullité (art. 1589-2 CC*).	Pas d'enregistrement.	Pas d'enregistrement.
Nombre d'exemplaires	3 : vendeur, acquéreur, enregistrement	2 : vendeur, acquéreur	2 : réservant, réservataire
Conditions de Fond	État civil du vendeur et de l'acheteur et coordonnées ; Identification précise du bien et de ses annexes ; Diagnostics Techniques et superficie ; Origine de la propriété ; Servitudes publiques ou privées et hypothèques ; Durée de validité de la promesse ; Date limite de signature de l'acte de vente authentique chez le notaire ; Prix total du bien et modalités de paiement ; Montant des honoraires de l'agent immobilier et à qui en incombe la charge ; Conditions suspensives ; Délai de livraison du bien ; Clause pénale éventuelle ; Annexes à joindre ou à fournir à l'acquéreur : • DDT • Pour la vente de lots de copropriété depuis la loi Alur : documents renseignant l'acheteur sur l'organisation de l'immeuble, l'état de l'immeuble (carnet d'entretien), la situation financière de la copropriété, attestation de la surface habitable du lot (à venir : fiche synthétique de la copropriété, diagnostic technique global de l'immeuble et plan pluriannuel des travaux, notice sur les droits et obligations des copropriétaires et sur le fonctionnement de la copropriété) ; les documents et informations pour un lot de copropriété sont simplifiés pour l'acheteur déjà copropriétaire d'au moins un lot dans la copropriété ou acquéreur d'un lot annexe (Ordonnance du 27 Août 2015 ; article L 721-2 CCH) ; les documents doivent être remis à l'acquéreur au plus tard à la date de signature de la promesse de vente, sur tous supports y compris par voie dématérialisée si l'acquéreur l'accepte expressément (article L 721-2 CCH)		État civil du réservataire et réservant et coordonnées ; Consistance et qualité de la construction ; Situation du bien ; Prix prévisionnel et modalités de révision ; Conditions légales du dépôt de garantie ; Modalités de règlement du prix ; Condition suspensive ; Date prévisionnelle de livraison ; Date de signature du contrat définitif.

<table>
<tr><th></th><th>Promesse unilatérale de vente</th><th>Compromis de vente ou promesse synallagmatique de vente</th><th>Contrat de réservation en VEFA (vente en l'état futur d'achèvement)</th></tr>
<tr><td rowspan="2">Conditions suspensives</td><td colspan="3">Mécanisme (art. 1304 et suivants CC*) : condition dont l'accomplissement rend l'obligation pure et simple ; dans le cas où l'obligation est contractée avec une condition dont la réalisation ne dépend que de la volonté d'une des parties, elle est nulle, sauf si elle a été exécutée en connaissance de cause (art. 1304-2 CC)</td></tr>
<tr><td colspan="2">Types :
Obtention d'un prêt (art. L312-16 et 17 du Code de la Consommation) ;
Absence de droit de préemption (urbain ou tiers) ;
Obtention d'un certificat d'urbanisme ;
Absence de charges ou de servitudes ;
Obtention d'un état hypothécaire.</td><td>Type :
Obtention de prêt.</td></tr>
<tr><td rowspan="2">Versements</td><td>Qualification :
Indemnité d'immobilisation = 10 % négociable du prix de vente, qui matérialisent le désir d'achat de l'acquéreur.
Effets : indemnité acquise au vendeur en cas de renoncement de l'acquéreur sauf condition suspensive ou délai de rétractation ; requalification en acompte si l'acquéreur lève l'option.</td><td>Qualification :
– Acompte = 10 % négociable du prix de la vente, qui représentent une partie du prix de la vente définitive ;
– ou Arrhes (art. 1590 CC* et art. L114-1 Code de la Consommation) : = 10 % ou moins du prix de la vente qui correspondent à une somme versée d'avance sur le prix du bien, les parties pouvant se dédire.
Effets :
– Acompte : en cas de renoncement de l'une des parties, dommages et intérêts attribués à la partie lésée pouvant aller jusqu'au montant total de la vente (sauf condition suspensive et délai de rétractation pour l'acquéreur) ;
– Arrhes : en cas de dédit de l'acquéreur, arrhes perdus (sauf geste commercial, condition suspensive ou délai de rétractation) ; en cas de dédit du vendeur, restitution du double des arrhes à l'acquéreur.</td><td>Qualification :
Dépôt de garantie = 5 % au plus du prix de vente si le contrat définitif est signé dans un délai d'1 an ; 2 % au plus s'il est signé dans un délai de 1 à 2 ans ; rien au-delà d'un délai de 2 ans ; il s'agit d'une caution qui permet à l'acquéreur de réserver le bien.
Effets : en cas de renoncement de l'acquéreur, dépôt de garantie perdu sauf condition suspensive, délai de rétractation ou motifs de l'art. R261-31 du CCH et dans ce dernier cas restitution du dépôt de garantie dans les 3 mois.</td></tr>
<tr><td colspan="2">Moment : pas avant la fin du délai de rétractation entre particuliers ou du délai de réflexion pour un avant-contrat avec acte notarié ; à la signature de la promesse avec un agent immobilier mais dans le cas d'une rétractation, restitution des fonds dans un délai de 21 jours à compter du lendemain de la date de rétractation.
Compte séquestre : obligatoire dans une banque choisie par l'agent immobilier ou chez le notaire.
Enregistrement des fonds : dans le registre répertoire tenu par l'agent immobilier qui doit disposer d'une garantie financière suffisante et délivrance d'un reçu à l'acquéreur.</td><td>Moment : à la signature du contrat de réservation mais en cas de rétractation, restitution du dépôt de garantie.
Compte séquestre : obligatoire dans une banque choisie par le promoteur ou chez le notaire.</td></tr>
</table>

	Promesse unilatérale de vente	Compromis de vente ou promesse synallagmatique de vente	Contrat de réservation en VEFA (vente en l'état futur d'achèvement)
Faculté de rétractation ou de réflexion	**Loi SRU modifiée par la Loi Macron 2015-990 du 06.08.2015 article 210 II (CCH : art. L271-1) et complétée par la loi Elan du 23.11.2018 :** Possibilité donnée à l'acquéreur non-professionnel de renoncer par LRAR à son achat dans les 10 jours à compter du lendemain de la 1re présentation de la lettre notifiant l'avant-contrat ou de la remise en mains propres de celui-ci. Dans le cas où l'acte authentique n'est pas précédé par un avant-contrat, possibilité pour l'acquéreur non-professionnel d'un délai de réflexion de 10 jours à compter du lendemain de la présentation du projet d'acte par LRAR ou de la remise en mains propres. Nécessité de faire apparaître de façon lisible et compréhensibles les conditions et modalités d'exercice du droit de rétractation et de réflexion dans les actes sous peine d'une amende administrative de 3 000 € au plus pour une personne physique et de 15 000 € au plus pour une personne morale.		
	Ajout Ordonnance du 27 Août 2015, article L 721-3 CCH : En l'absence de la remise à l'acquéreur des documents relatifs à l'organisation de l'immeuble et des informations financières (1° et 2° du II de l'article L 721-2 du CCH) au plus tard à la signature de la promesse de vente d'un lot de copropriété, le délai de rétractation ou de réflexion ne commence à courir que le lendemain de la communication de ces pièces au dit acquéreur.		/
* CC Code Civil.			

B. Approche de la vente immobilière dans le logement social

Depuis la loi ENL du 13.07.2006, les bailleurs sociaux ont la possibilité de vendre leurs logements vacants ou occupés. Les prix proposés sont attractifs car minorés par rapport aux prix du marché privé.

La Loi ELAN instaure un nouveau cadre juridique afin de développer la vente des logements sociaux et crée des sociétés de ventes d'Habitations à Loyer Modéré. La procédure de vente HLM est simplifiée : la signature de la Convention d'Utilité Sociale (CUS) vaut autorisation de vente des logements mentionnés au plan de mise en vente. L'autorisation préfectorale reste nécessaire pour les logements non visés dans la CUS.

Le locataire-occupant est prioritaire en cas de vente, s'il occupe son logement depuis au moins 2 ans.

Pour la vente de logements vacants, les locataires et les gardiens d'immeuble du bailleur social sont prioritaires devant les collectivités territoriales ou toute autre personne physique.

Les personnes morales de droit privé peuvent acheter des logements sociaux financés en Prêt Locatif Social s'ils ont été construits depuis plus de 15 ans.

L'acquisition d'un logement social se réalise *via* un contrat de vente à rénover ou un contrat de location-accession. Une clause de rachat du logement, par le bailleur social, sera systématiquement incluse dans le contrat de vente en cas de perte d'emploi, de rupture du cadre familial ou de raisons de santé de l'acquéreur.

Une ordonnance pourrait inclure dans le contrat de vente d'un logement social en copropriété, à compter du 01.01.2020, une clause permettant de différer le transfert de propriété de la quote-part des parties communes pendant une période maximale de 10 ans.

Les avantages pour l'accédant social à la propriété sont qu'il se constitue un patrimoine immobilier à moindre coût et qu'il bénéficie d'un achat sécurisé grâce à deux dispositifs : la garantie de rachat du logement pendant 8 ans après l'acquisition en cas d'évènements majeurs et la garantie de relogement dans un logement social.

Depuis la loi ALUR et pour favoriser la mixité sociale, les organismes HLM sont autorisés, à titre expérimental, à vendre des logements libres provenant de constructions réalisées en VEFA à des personnes privées sous conditions (VEFA inversée).

C. Dossier de vente

Il comprend la promesse de vente et les documents annexes tels que : extraits d'acte de naissance et de mariage des vendeurs et acquéreurs, titre de propriété, DDT, état daté en copropriété, servitudes...

L'agent immobilier mettra en place des outils méthodologiques d'organisation du travail et de gestion du temps pour le suivi du dossier de vente jusqu'à la signature de l'acte authentique chez le notaire, environ 3 mois après.

Les données du dossier administratif de la vente seront conservées et archivées soit numériquement, soit sous forme papier (les 2 éventuellement).

L'acte de vente authentique est rédigé en français et sera lu et expliqué par le notaire avant que les parties ne le signent.

D. Incidences de la signature de l'acte authentique

1. Formalités liées à l'acte définitif de vente

- Publicité foncière
- Conservation de l'acte
- Notification au syndic
- Paiement du prix et des frais d'acte
- Remise du prix au vendeur
- Remise du titre à l'acquéreur

2. Transfert de propriété et de risques

Sur le plan légal (art. 1583 du CC*), la vente est réputée conclue dès que les 2 parties ont échangé leurs consentements et « convenu de la chose et du prix ». Le transfert de propriété pourrait donc avoir lieu dès la promesse de vente. Dans la pratique, il est subordonné à la signature de l'acte authentique et au paiement du prix. Par ailleurs, il n'est opposable aux tiers qu'après publication de l'acte au bureau des hypothèques.

Le transfert des risques s'effectue d'après l'article 1196 du CC* en même temps que celui de la propriété. Cependant les parties peuvent conventionnellement dissocier les 2 transferts.

3. Contestations sur le prix et la chose

a. Action en rescision pour lésion

Bien que le prix de vente, réel et sérieux, soit défini par les parties dans le contrat, il peut arriver que le vendeur vende son bien à un prix très inférieur au prix du marché. Il sera donc lésé.

S'il a été lésé de plus de 7/12e du prix selon la valeur du bien au jour de la vente, il peut intenter une action devant le TGI en rescision pour lésion dans les 2 ans de cette vente (art. 1674 et suivants du CC*).

Si la preuve de la lésion est établie, le logement vendu revient dans le patrimoine du vendeur moyennant remboursement du prix à l'acheteur ou l'acheteur conserve l'immeuble moyennant le paiement de la différence du prix.

b. Garanties de l'acquéreur sur la chose

- **Obligation de délivrance et de conformité**
  - **Délivrance** (art. 1604 et 1197 du CC*)
    Acquéreur : annulation de la vente ou exécution forcée et demande de dommages et intérêts si défaut de délivrance.
    Vendeur : éventuellement cas de force majeure invoqué pour suspendre ou annuler l'obligation de délivrance et appréciation par le juge ; possibilité de repousser la livraison du bien si l'acquéreur est en difficulté financière (article 1613 du CC*).
    Attention : le vendeur est obligé de conserver le bien en bon état jusqu'à la délivrance.
  - **Conformité** (art. 1614 et suivants du CC*).
    Livraison de l'immeuble dans l'état où il se trouve au moment de la vente.
    Obligation de surveillance du vendeur entre la signature et la remise des clés.
    Risques de détérioration ou de perte supportés par l'acheteur, sauf faute de surveillance du vendeur.
- **Garantie d'éviction** (art. 1625 du CC*)
  - « Possession paisible de la chose vendue » pour l'acquéreur.
  - Responsabilité du vendeur quant à la protection des droits de l'acheteur de bonne foi contre les contestations émises par les tiers. Cette responsabilité peut cependant être limitée pour un vendeur non professionnel et qui n'a pas commis de faute lourde.
- **Garantie des vices cachés** (art. 1641 du CC*)
  - *Vice caché* : défaut qui rend le bien impropre à l'usage destiné ou qui réduit cet usage de telle

sorte que l'acheteur n'aurait pas réalisé la transaction ou aurait versé un prix moindre.

- *Garantie* : à engager entre 6 mois et un an après la découverte du vice par l'acquéreur qui n'avait pas connaissance du défaut au moment de la vente et pour un vice antérieur à celle-ci.
- *Actions* : action estimatoire qui implique une restitution partielle du prix décidée par le juge ou action rédhibitoire qui entraîne l'annulation rétroactive de la vente et la restitution du prix (majoré des frais) d'une part, et du bien d'autre part.
- *Responsabilité du vendeur* : limitée s'il est de bonne foi.

4. Facture d'honoraires

La facture d'honoraires est présentée à l'acquéreur ou au vendeur - suivant à qui incombe les frais - au moment de la signature de l'acte authentique chez le notaire et son montant doit correspondre au montant prévu dans la promesse de vente et dans le mandat. L'agent immobilier recevra un chèque de l'étude notariale le jour même ou quelques jours après. Les honoraires de l'agent immobilier seront séquestrés sur un compte pendant 14 jours en cas de recours (article 55).

* CC : Code Civil

14. Réalisation de la location

A. Contrat de bail (voir également thème 4 gestion 14)

1. Caractéristiques principales

	Habitation nue	Location HLM	Habitation meublée	Habitation saisonnière	Bail professionnel (BP)	Bail commercial (BC)
Durée du bail	**3 ans** si le bailleur est une personne physique. **6 ans** si le bailleur est une personne morale. **Exception :** 1 an si le bailleur reprend le logement pour raisons familiales ou professionnelles avec motif justifié et indiqué dans le bail	Droit au maintien dans les lieux du locataire sans limitation de durée.	1 an Ou 9 mois pour un étudiant Ou 1 à 10 mois pour une personne en formation, en mutation professionnelle, en mission temporaire, en engagement volontaire dans le cadre d'un service civique pour un bail mobilité	De courte durée et de 90 jours au plus pour le même locataire dans le cadre d'une location de résidence principale ou secondaire. Pour une résidence principale, pas plus de 120 jours de location par an pour le bailleur.	6 ans minimum.	**Pas de durée ferme** sauf si bail > 9 ans, locaux construits pour 1 seule utilisation, bail à usage exclusif de bureaux, bail sur des locaux de stockage. **Bail dérogatoire :** 3 ans au plus.
Forme	Écrit, en autant d'exemplaires que de parties, signé par bailleur(s) et locataire(s) et établi par acte sous seing-privé ou acte notarié. Obligation d'un contrat type de location : décret du 29.05.2015 **Exception :** pas d'acte notarié pour les HLM et pas de contrat type pour certains logements en HLM			Écrit pour contrat conclu à distance ou location meublée de tourisme, en 2 exemplaires, signé par le loueur et le locataire. Aucune réglementation pour les autres locations saisonnières.	Écrit en 2 exemplaires au moins, signé par le bailleur et le locataire, établi par acte sous seing ou acte notarié.	

<table>
<tr><th></th><th>Habitation nue</th><th>Location HLM</th><th>Habitation meublée</th><th>Habitation saisonnière</th><th>Bail professionnel (BP)</th><th>Bail commercial (BC)</th></tr>
<tr><td rowspan="2">Fond</td><td colspan="3">Clauses obligatoires :
Désignation des parties
Objet du contrat avec consistance du logement et destination des locaux
Date de prise d'effet du bail et durée du contrat
Conditions financières avec loyer, charges récupérables, modalités de paiement
Travaux
Garanties
Honoraires de location avec détails et répartition de ceux-ci si intervention d'un mandataire
Sous location
Mention de la convention d'APL ou d'ANAH si nécessaire
Nullité relative du bail en cas d'omission d'une de ces clauses
Clauses facultatives : clause résolutoire pour impayés…</td><td>Information préalable au contrat :
Descriptif du bien et conditions de location ;
Garantie de qualité.
Contrat :
Noms et coordonnées loueur et locataire ;
Descriptif du bien ;
Durée de la location ;
Montant du loyer et des charges ;
Conditions de paiement (arrhes ou acompte) ;
Si intervention d'un mandataire, précisions sur les modalités de sa rémunération et sommes exigées en gage avant la location (pas > 25 % du prix, à verser au plus tôt 6 mois avant le début de la location et le solde au plus 1 mois avant) ;
Conditions d'annulation ;
Montant du dépôt de garantie éventuel et restitution ;
Taxe de séjour.</td><td colspan="2">Clauses principales :
Noms et coordonnées bailleur et locataire ;
Identification des locaux ;
Destination du bail ;
Durée et renouvellement ;
Loyer et modalités de révision ;
Dépôt de garantie ;
Répartition des charges et dépenses entre locataire et bailleur (loi Pinel pour le BC et clause contractuelle pour le BP) ;
Honoraires de location libres si intervention d'un mandataire ;
Autres clauses : clause résolutoire, pénale…</td></tr>
<tr><td colspan="4">Clauses interdites (art. 4 Loi 1989) :
Clauses réduisant la liberté du locataire, imposant des frais supplémentaires, limitant la jouissance du locataire, facilitant la résiliation du bail, limitant ou exonérant la responsabilité des parties, imposant au locataire de souscrire en plus un contrat pour la location d'équipements.
NULLITÉ RELATIVE DU BAIL en cas de présence d'une de ces clauses réputées non écrites ou régularisation éventuelle.</td><td colspan="2">Clauses interdites : art L442-1 à 8 du Code du Commerce.
Nullité de ces clauses
(voire contrat illicite)
+ cessation des pratiques.</td></tr>
</table>

<table>
<tr><th></th><th>Habitation nue</th><th>Location HLM</th><th>Habitation meublée</th><th>Habitation saisonnière</th><th>Bail professionnel (BP)</th><th>Bail commercial (BC)</th></tr>
<tr><td>Dépôt de garantie à régler par le locataire</td><td>Montant maximum : 1 mois de loyer hors charges à payer ; aucun dépôt de garantie si paiement d'avance pour une durée > 2 mois.</td><td>Montant : Logements conventionnés : 1 mois de loyer hors charges. Logements non-conventionnés : 2 mois de loyer hors charges.
1 mois de loyer si loyer payé en début de mois, et 2 mois si loyer payé en fin de mois.
Aucun dépôt de garantie si paiement trimestriel et d'avance du loyer.</td><td>Montant : pas > à 2 mois de loyer hors charges. Aucun dépôt de garantie si paiement d'avance et pour une durée > 2 mois du loyer.</td><td>Montant : Libre et facultatif mais en général de 20 à 25 % du prix de la location ; pas > à 25 % si un professionnel intervient.</td><td>Montant : libre.</td><td>Montant : libre mais par usage 2 termes de loyer si loyer à terme échu ou 1 terme de loyer si loyer à terme à échoir ; production d'intérêts si + de 2 termes de loyer dans le cas d'un loyer à terme échu ou si + d'1 terme de loyer dans le cas d'un loyer payable d'avance.</td></tr>
<tr><td rowspan="4">Documents à annexer au contrat de bail</td><td colspan="3">DDT (avec possibilité de transmission dématérialisée si accord du bailleur et du locataire cf loi Elan art. 218) ;
État des lieux d'entrée ;
Grille de vétusté choisie (si utilisation prévue par le locataire et/ou le bailleur)
Notice d'information sur les droits et obligations du bailleur et du locataire et sur les voies de conciliation et de recours (arrêté du 29 Mai 2015) ;
Information sur les moyens de réception des services de télévision ;
Caution (si nécessaire) ;
Copie du règlement de copropriété (si nécessaire). Possibilité de la transmettre de manière dématérialisée si les parties sont d'accord cf. loi Elan.</td><td>État des lieux d'entrée ;
Descriptif des lieux engageant le loueur.</td><td colspan="2">DDT ;
État des lieux d'entrée ;
Informations obligatoires sur les contraintes liées aux locaux loués.</td></tr>
<tr><td colspan="3">Liste des réparations locatives (décret 26.08.1987).</td><td>/</td><td>/</td><td>Liste des travaux transférés au locataire ;
Liste des taxes et impositions récupérables.</td></tr>
<tr><td colspan="6">Attestation d'assurance du locataire contre les risques locatifs du bien.</td></tr>
<tr><td>/</td><td>Copie de la convention d'APL (si logement conventionné).</td><td colspan="2">Inventaire détaillé du mobilier.</td><td>/</td><td>Annexe environnementale (« annexe verte »).</td></tr>
</table>

Un modèle type de bail d'habitation Loi Alur a été défini par le décret n° 2015-587 du 29.05.2015, dans le but de simplifier les démarches mais aussi de réduire les frais pour les locataires.
L'article 107 de la loi Elan ajoute un nouveau bail : le bail mobilité.
Les bénéficiaires sont des personnes en formation professionnelle, en études supérieures, en stage, en engagement volontaire dans le cadre d'un service civique, en mutation professionnelle ou en mission temporaire dans le cadre de leurs activités professionnelles.
Le bail mobilité concerne des logements meublés loués à titre de résidence principale ou non (sauf logements foyers ou logements HLM). Ce bail d'une durée de 1 à 10 mois sans renouvellement possible n'exige pas de dépôt de garantie mais un cautionnement est possible et la VISALE s'applique alors.
Dans le cas de colocataires, le bail mobilité n'entraîne pas de solidarité entre eux, ni entre leurs cautions.

2. Dépôt de garantie et cautionnement

Le dépôt de garantie : il couvre les éventuels arriérés de loyers et de charges du locataire à son départ, ainsi que la régularisation des charges et le coût des réparations des éventuelles dégradations. Son montant et sa restitution sont précisés à l'article 22 de la loi de 1989 pour les baux d'habitation.
Le cautionnement : c'est un acte écrit réalisé sous seing privé ou par acte notarié, qui engage une caution à rembourser toutes les dettes locatives du locataire. Il peut être simple ou solidaire.
L'acte de cautionnement est réalisé en 2 exemplaires pour le locataire et la caution. Les dispositions relatives au cautionnement, dont la nature et l'engagement de la caution, se trouvent à l'art. 22-1 de la loi de 1989 et concernent les locaux non meublés à usage d'habitation principale ou à usage mixte professionnel et habitation principale. Mais cet article de loi a été assoupli par l'article 134 de la loi Elan. En effet, la personne physique qui s'engage comme caution ne doit plus le mentionner de façon manuscrite.
Le bailleur ne peut demander au locataire une caution s'il a souscrit une assurance loyers impayés sauf s'il s'agit d'un étudiant ou d'un apprenti. La loi Alur étend cette interdiction à « toute forme de garantie » (sauf le dépôt de garantie). La sanction de cette interdiction est la nullité du cautionnement. (Loi 1989 art. 22-1, loi Alur art. 6, I).

Le VISA pour le Logement et l'Emploi (VISALE) est un dispositif d'Action Logement pour sécuriser les loyers dans le parc privé, opérationnel depuis le 1er Février 2016. Il est réservé aux moins de 30 ans quelle que soit leur situation professionnelle et aux plus de 30 ans s'ils sont salariés du secteur privé ou agricole ou titulaires d'une promesse d'embauche, et si la demande de garantie VISALE intervient jusqu'à 6 mois après la prise de fonction ou la mutation. La garantie VISALE, gratuite pour le locataire et le bailleur, facilite l'accès à l'emploi et couvre les impayés de loyers (charges comprises) du locataire au cours des 3 premières années du bail, ou pendant 9 mois pour un étudiant ou un alternant accédant à un logement social.
Le contrat de cautionnement est possible dans le cadre d'un bail commercial et est encadré par le droit commun et le code de la consommation. Le cautionnement commercial engendre automatiquement le mécanisme de la solidarité.

B. Entrée dans les lieux du locataire

1. État des lieux d'entrée

L'état des lieux d'entrée est obligatoire et contradictoire pour les baux d'habitation et doit être établi selon des dispositions précises en autant d'exemplaires que de parties lors de la remise des clés (Loi 1989 art. 3 et loi Alur art.1).
Le décret 2016-382 du 30.03.2016* fixe pour les locations vides ou meublées à usage de résidence principale les modalités d'établissement des états des lieux d'entrée ou de sortie, et la prise en compte de la vétusté (définition et utilisation d'une grille de vétusté possible) et permet ainsi d'unifier les démarches et d'éviter les conflits.
L'état des lieux est sans frais pour le locataire lorsqu'il est établi à l'amiable entre bailleur et locataire. Les frais sont plafonnés pour le locataire (Loi Alur) lorsqu'un mandataire le réalise. Ils sont partagés par moitié entre bailleur et locataire lorsqu'il est fait appel à un huissier.
A défaut d'état des lieux, la présomption de bon état (art. 1731 Code Civil) ne peut être invoqué par celui qui a fait obstacle à l'établissement de celui-ci.
En cas d'état des lieux incomplet le locataire peut demander une modification dans les 10 jours de son établissement. Si cette demande est refusée, il pourra saisir la Commission Départementale de Conciliation.

Depuis la loi Pinel, l'état des lieux d'entrée est également obligatoire pour les baux commerciaux et professionnels et établi de manière contradictoire à l'amiable entre les 2 parties ou par acte d'huissier à frais partagés par moitié entre bailleur et locataire.

En l'absence d'établissement d'état des lieux, le bailleur est dans l'impossibilité de se prévaloir de la présomption de délivrance du bien en bon état de réparation*.

2. Attestation d'assurance du locataire

Le locataire doit présenter au bailleur une assurance contre les risques locatifs obligatoire (sauf en location saisonnière) au moment de la remise des clés et chaque année sous peine de résiliation de plein droit du bail (art. 7g Loi 1989). Elle couvre entre autres l'incendie, l'explosion et le dégât des eaux. Depuis la loi Alur, le bailleur peut souscrire une assurance pour le compte du locataire si celui-ci ne la lui remet pas dans le délai d'un mois à compter d'une mise en demeure. Le coût de cette assurance est récupérable sur le locataire par 1/12e à chaque paiement de loyer.

Les attestations multirisques existent également pour les baux professionnels et commerciaux.

3. Facture d'honoraires

Elle est obligatoire et doit détailler les prestations proposées ainsi que le coût unitaire et global de celles-ci. Les frais liés au contrat de bail sont prévus dans la loi et/ou le contrat de bail.

15. Suivi de la relation commerciale

A. Fidélisation du client

La fidélisation provient de la satisfaction des clients actuels et de la mise en place de moyens adaptés afin de maintenir une relation de confiance et d'obtenir de nouvelles affaires.

Elle peut être qualitative grâce à une optimisation de la relation affective du client avec l'agence ou quantitative par le biais de l'augmentation du taux de rétention de la clientèle.

Grâce à la stratégie de fidélisation, induite ou recherchée, l'agence conservera sa part de marché en rappelant sa présence au client et en contrant la concurrence.

Une politique de segmentation utilisant la méthode RFM (Récence-Fréquence-Montant) permettra de choisir les segments à fidéliser, d'identifier des leviers de fidélisation et de mettre en œuvre les outils adaptés suivant un planning et un budget déterminés. Après une mesure de l'efficacité de la campagne de fidélisation, des actions correctrices seront éventuellement envisagées.

Divers outils de fidélisation sont à la disposition de l'agent immobilier, tels que le site web, les newsletters, les e-mailings, les sms-mailings, le club de clientèle internet, les lettres commerciales, les évènements privilégiés, les remises, les cadeaux…

La satisfaction de la clientèle sera mesurée par le biais d'enquêtes, d'analyse de réclamations, de boîtes à idées, de tracking, de taux de réachat, de relocation…

B. Gestion de la Relation Clients (GRC)

La GRC permet de collecter, traiter et analyser des informations sur les clients afin de leur offrir des services de qualité et de construire avec eux une relation personnalisée durable.

Un marketing relationnel sera mis en place et basé sur la connaissance du client, son suivi et la mise en place d'une relation « one to one ».

La GRC implique l'utilisation d'outils tels que des bases de données et des logiciels spécifiques.

Les logiciels de GRC immobiliers permettent de centraliser les données sur les clients dans un seul et unique outil accessible par l'ensemble des collaborateurs de l'agence qui peuvent ainsi apporter des réponses rapides et pertinentes, renforcer la confiance et fidéliser.

Grâce à ces logiciels, les clients trouvent toutes les informations qui les intéressent en utilisant un accès spécifique disponible sur le site web de l'agence. Ils peuvent par ailleurs être orientés sur certains produits et services grâce à un module de rapprochement automatique qui analyse leurs comportements.

Enfin les logiciels de GRC permettent de mener de nombreuses actions de communication personnalisées qui aident à intensifier la relation de proximité avec la clientèle.

L'objectif est de fidéliser ces clients « référents » qui reviendront dans l'agence immobilière et vanteront son savoir-faire et son professionnalisme auprès de leurs relations.

ENTRAÎNEMENTS

▶ QCM

1. L'enregistrement est obligatoire pour un compromis de vente.
  a) vrai
  b) faux

2. L'acompte est :
  a) Le début du versement du prix de vente définitif par l'acheteur
  b) La matérialisation du désir d'achat de l'acquéreur

3. L'état daté en copropriété permet de faire le bilan :
  a) des sommes dues par le vendeur au syndicat
  b) des sommes dues par le syndicat au vendeur

4. La garantie pour vices cachés permet à l'acheteur :
  a) d'annuler rétroactivement la vente
  b) d'obtenir une diminution du prix de vente

5. Quelle est la durée minimale d'un bail d'habitation nue pour une personne morale ?
  a) 3 ans
  b) 6 ans
  c) 9 ans

6. Le montant du dépôt de garantie d'une location en meublé ne peut être supérieur à 1 mois de loyer hors charges.
  a) vrai
  b) faux

7. Le bailleur d'un appartement peut-il demander à son futur locataire une caution s'il a souscrit une assurance loyers impayés ?
  a) oui
  b) non

8. L'état des lieux d'entrée est obligatoire pour :
  a) les baux d'habitation nue
  b) les baux commerciaux
  c) les baux professionnels

9. Le bailleur peut souscrire une assurance contre les risques locatifs pour son locataire.
  a) vrai
  b) faux

10. La campagne de fidélisation des clients passe forcément par une politique de segmentation.
  a) vrai
  b) faux

▶ Exercice 47. Compromis de vente

Madame JINO s'est mariée en 1993 avec Monsieur PAMI. Un contrat de séparation de biens a été établi par Maître DUPUIS, notaire à Paris.

Mme JINO a hérité, dans la succession de sa mère en 1995, d'un appartement 3 pièces avec 1 place de parking en sous-sol dans un ensemble immobilier parisien.

Le couple JINO-PAMI habite à ce jour cet appartement. Mais il envisage de le vendre avec le parking au prix de 530 000 €.

Un couple de marseillais, vivant en concubinage, est muté sur la région parisienne et souhaite acquérir l'ensemble appartement et parking.

Afin de préparer la conclusion du compromis de vente, votre responsable d'agence immobilière vous demande de répondre à différentes questions.

Question(s)

1. Indiquez les signataires de la promesse de vente.
2. Précisez les pièces à joindre au compromis de vente ou à fournir aux acquéreurs.
3. Que se passe-t-il si ces pièces tardent à être collectées ?
4. Déterminez le versement effectué par les acquéreurs à la signature du compromis ainsi que les droits dus par ceux-ci.

▶ Exercice 48. À partir d'un extrait de l'étude de cas 2014 Dossier 2 Suite

Le lundi suivant, la visite se déroule comme convenu et le bien plaît beaucoup à Monsieur et Madame SITELLE. Vous leur présentez par ailleurs l'étude financière que vous avez réalisée pour eux.

Le couple est convaincu d'avoir trouvé la maison de ses rêves et souhaite signer un compromis de vente. Au vu de l'étude financière, Monsieur et Madame SITELLE choisissent de financer leur achat avec le produit de la vente à venir de leur appartement actuel, sans passer par un prêt relais.

Question(s)

1. Le financement de l'acquisition de la maison se fera donc grâce à la vente de l'appartement. Quel conseil, ce choix de vos clients vous amène-t-il à formuler pour la rédaction du compromis ? Pour formuler votre réponse, vous prendrez appui sur l'**annexe 8**.
2. En vous aidant de l'**annexe 9**, expliquez à vos clients le fonctionnement d'une condition suspensive.
3. Indiquez, par ailleurs, ce qu'ils risquent à faire dépendre le financement de leur maison, de la vente à venir de leur appartement actuel. Ont-ils un moyen de mettre fin à ce risque ?

■ Annexe 8. Cour de cassation, 1re chambre civile, 15 juillet 1999

[...] qu'ensuite, pour retenir la responsabilité de l'agence, la Cour d'appel a relevé les manquements de celle-ci à l'obligation de conseil à laquelle elle était tenue envers Madame P. en n'avertissant pas cette dernière, qui, au su de l'agence, projetait d'acquérir un immeuble et d'en vendre un autre, des risques que comportait une telle opération ; qu'elle devait notamment l'alerter de l'incertitude de la vente de son appartement avant l'arrivée de la date prévue pour la réitération de la vente convenue avec Madame H. et lui conseiller l'insertion dans ce dernier acte d'une condition suspensive relative à la vente de son bien et au moins d'assurer qu'elle disposerait bien en temps utile des fonds nécessaires [...].

■ Annexe 9. Articles du Code civil

Article 1304

L'obligation est conditionnelle lorsqu'elle dépend d'un événement futur et incertain.

La condition est suspensive lorsque son accomplissement rend l'obligation pure et simple.

Elle est résolutoire lorsque son accomplissement entraîne l'anéantissement de l'obligation.

Article 1304-2

Est nulle l'obligation contractée sous une condition dont la réalisation dépend de la seule volonté du débiteur.

Cette nullité ne peut être invoquée lorsque l'obligation a été exécutée en connaissance de cause.

▶ Exercice 49. Extrait étude de cas 2013 Dossier 3

L'agence est associée depuis quelques années avec un promoteur constructeur, PIERRIMMO, 17, rue des Jardins 21000 DIJON, dirigé par Mme DELATOUR.

Elle a mis en place dernièrement un partenariat avec ce promoteur, afin de commercialiser la résidence Les Tamaris située 28 rue des Tilles à Dijon.

Il s'agit d'une petite résidence de 4 étages comptant 30 appartements du T2 au T5 avec grands balcons et rez-de-jardin. Elle bénéficie du label BBC (Bâtiment Basse Consommation).

Le 3 mars, vous avez reçu la visite de M. et Mme BARNABÉ, qui occupent les postes respectifs de responsable qualité et employé de bureau. Ils souhaitent acheter un T2 dans cette résidence en vue d'un investissement locatif. Tous les appartements sont commercialisés en VEFA (Vente en l'État Futur d'Achèvement). La livraison est prévue en mars 2014. Maître BISCHET, notaire à Dijon, a été choisi pour la signature des contrats de vente.

Nous sommes le 1er avril 2013 et M. et Mme BARNABÉ sont venus pour signer le contrat préliminaire appelé encore contrat de réservation.

Le promoteur est représenté par l'agence. Vous trouverez en **annexe 6**, la fiche découverte acheteur qui a été complétée en vue de préparer la signature du contrat préliminaire.

Question(s)

1. Établissez une liste structurée d'avantages procurés par la vente d'un bien neuf en VEFA. On attend au moins 9 avantages.
2. Complétez le contrat de réservation en annexe 7 (à rendre avec la copie).

■ Annexe 6. Fiche client BARNABÉ

<table>
<tr><td>Monsieur :
Paul Barnabé
Né le 15/08/1951 à Grenoble</td><td>Madame :
Éliane Barnabé (née Ponsoit)
Née le 22/01/1952 à Paris</td></tr>
<tr><td>Adresse :
112, rue Magellan 21000 DIJON
Téléphone : 03 80 52 52 52</td><td>Idem</td></tr>
<tr><td colspan="2">Statut marital :
Marié le 15/06/1976 à Grenoble Pas de contrat de mariage</td></tr>
<tr><td colspan="2">Achat :
T2 n°8 situé au 2e étage (surface : 43 m²) + 1 garage n° 10 (surface : 10 m²)
Résidence Les Tamaris 28 rue des Tilles 21000 DIJON
Prix :
Logement : 115 000 €
Garage : 15 000 €</td></tr>
<tr><td colspan="2">Financement :
Apport : 35 000 €
Prêt de 95 000 € Taux : 4,2 % Durée : 15 ans (banque Crédit Mutuel de Dijon)</td></tr>
</table>

Annexe 7 (1/4). Contrat VEFA (à rendre avec la copie)

CONTRAT PRÉLIMINAIRE

VENTE EN L'ÉTAT FUTUR D'ACHÈVEMENT

RÉSERVANT :

NOM : ....

ADRESSE : ....

RÉSERVATAIRE :

❑ MONSIEUR ❑ MADAME

NOM : .... NOM : .... NÉE : ....

PRÉNOM : .... PRÉNOM : ....

DATE DE NAISSANCE : .... DATE DE NAISSANCE : ....

LIEU DE NAISSANCE : .... LIEU DE NAISSANCE : ....

PROFESSION : .... PROFESSION : ....

DEMEURANT À : ....

CODE POSTAL : ....VILLE : ....

TÉLÉPHONE : ....

❑ Marié, date de mariage : .... Lieu : .... Régime adopté : ....

❑ Contrat de Mariage, date du contrat : .... Notaire rédacteur : ....

❑ Séparation de corps et de bien, date ....

Jugement : .... Tribunal de : ....

❑ Divorcé : .... date .... Jugement : ....

Tribunal de : ....

❑ Veuve ou Veuf de..

❑ Célibataire

TRANSACTION IMMOBILIÈRE

Annexe 7 (2/4) (à rendre avec la copie)

I – OBJET

NOM DU PROGRAMME : ....

ADRESSE : ....

Appartement Lot N° .... Modèle .... Niveau ....

Construction telle que figurée au plan ci-annexé.

Surface habitable : .... m^2 Terrain : .... m^2

Stationnement N° : .... Surface garage : .... m^2

Cave N° : .... Surface : .... m^2

Avec les millièmes y afférents, affectés au terme du Règlement de Copropriété

L'acte de vente de l'immeuble ci-dessus désigné sera réalisé par Maître ....

II – DÉLAI DE RÉALISATION

Le réservataire s'oblige à ce que l'acte notarié soit réalisé dans les soixante jours (60 jours) de la signature du présent contrat ou, en cas d'impossibilité du fait de la société, dans les 8 jours à la première demande de cette dernière.

III – PRIX

Le prix de vente consenti et accepté par les parties, ferme et définitif jusqu'à la livraison complète, TVA comprise est fixé à :

Logement : .... euros

Stationnement : .... euros

Soit un total de .... euros

IV – PAIEMENT DU PRIX

Signature du contrat .... 5 %
Ouverture du chantier .... 25 %
Achèvement des fondations.............. 35 %
Dalle béton du R. de CH...................... 55 %
Murs en élévation (du R + 1) .... 65 %
Mise hors d'eau .... 70 %
Pose des menuiseries extérieures...... 85 %
Achèvement du second œuvre .... 95 %
Mise à disposition .... 100 %

Le réservataire s'oblige à retourner les règlements des différents appels de fonds dans le cadre de la grille concernée ci-dessus par retour de courrier. Tout règlement arrivant plus de huit jours après la date d'envoi supportera des agios au taux de 1 % par mois de retard.

■ **Annexe 7 (3/4) (à rendre avec la copie)**

V – DÉLAI PRÉVISIONNEL D'EXÉCUTION DES TRAVAUX

La société venderesse mènera les travaux de telle façon que les lots faisant l'objet du présent contrat soient achevés au sens de l'article R 261-1 du Code de la construction et de l'habitation (D.A.T.) au cours du ....e trimestre .... (année).
La mise à disposition au réservataire interviendra au plus tard au cours du trimestre civil qui suit la D.A.T. ci-dessus. Ce délai sera prorogé de plein droit de la durée d'interruption des travaux pour cas de force majeure ou pour toute cause légitime de suspension du délai de livraison.

VI – OBLIGATIONS DU RÉSERVATAIRE

Pour le financement de son acquisition, le réservataire déclare solliciter un ou plusieurs prêt(s) d'un montant de .... Euros, au taux de .... %, pour une durée de .... années.
Les parties conviennent de conclure le présent contrat sous les conditions suspensives suivantes :

- le réservataire a l'obligation de déposer son dossier de demande de prêt dans un délai de quinze jours à compter de la notification par le promoteur du présent contrat ;
- le ou les prêt(s) sollicité(s) doit(vent) être obtenu(s) au plus tard dans un délai de 45 jours à compter de la notification par le promoteur du présent contrat, soit avant le .... Le ou les prêt(s) est(sont) réputé(s) obtenu(s) lorsque l'acquéreur a reçu et accepté une ou des offre(s) de prêt conforme(s) aux conditions énoncées ci-dessus.

Si le réservataire décide de ne pas acquérir alors qu'il a reçu une ou des offre(s) de prêt répondant aux conditions mentionnées ci-dessus, le dépôt de garantie est acquis à la société venderesse.

VII – CONSTITUTION DU DÉPÔT DE GARANTIE

À la garantie de la présente réservation et en contrepartie de l'indisponibilité des biens réservés au profit du réservataire, celui-ci s'oblige à constituer dans les trois jours après le délai de rétractation prévu à l'article L 271-1 du Code de la Construction et de l'habitation ci-après visé, un dépôt représentant au maximum cinq pour cent (5 %) du prix prévisionnel ci-dessus fixé.
Ce dépôt restera indisponible, incessible et insaisissable jusqu'à la signature de l'acte de vente, conformément à l'article L 261-15 du Code de la construction et de l'habitation, ou sa restitution au réservataire, ou son attribution à la société venderesse. Le jour de la signature de la vente, cette somme s'imputera sur la partie payable comptant du prix ci-dessus prévu.

VIII – SORT DU DÉPÔT DE GARANTIE

Le dépôt de garantie sera restitué au réservataire :

- dans les cas prévus à l'article R 261-31 du Code de la construction et de l'habitation ;
- dans le cas où le réservataire n'aurait pas reçu la ou les offre(s) de prêt correspondant aux conditions fixées au paragraphe VI du présent contrat, à condition qu'il justifie, en produisant une attestation des prêteurs sollicités, avoir déposé ses demandes de prêt, dans un délai de quinze jours à compter du présent contrat, auprès de trois établissements prêteurs au moins, avoir fourni avec diligence les précisions et justifications demandées par eux et s'être vu opposer un refus ;
- en cas d'exercice de la faculté de rétractation prévue au paragraphe XI.

Le montant du dépôt de garantie sera acquis à la société venderesse à titre d'indemnité d'immobilisation non révisable, quelle que soit la date de la décision du réservataire de ne pas acquérir, dans tous les autres cas, et notamment s'il ne dépose pas les demandes de prêt dans le délai prévu à l'article VI, ou ne fournit pas, avec diligence, les précisions ou justifications demandées par les établissements prêteurs.

Annexe 7 (4/4) (à rendre avec la copie)

IX- PAIEMENT DU DÉPÔT DE GARANTIE

Un dépôt de garantie de .... euros sera versé dans les trois jours après le délai de rétractation prévu à l'article L271-1 du Code de la Construction et de l'habitation ci-après visé, par chèque à l'ordre de Maître ...., notaire du programme.

X – MISE À DISPOSITION DU LOGEMENT

Cette mise à disposition sera notifiée par la Société Venderesse par lettre recommandée avec accusé de réception.

a) Un procès-verbal de réception avec ou sans réserves, devra être établi et signé contradictoirement entre les parties. Les travaux correspondant aux réserves, s'il en existe, devront être réalisés dans les trente jours de leur constat.

b) En tout état de cause, la prise de possession du logement par le propriétaire ou son locataire vaudra réception tacite sans réserve et impliquera l'exigibilité des sommes dues.

Fait à : .... Le : ....

Signature précédée de la mention « Lu et approuvé »

Le réservant	**Les réservataires**
Pour la Société Venderesse par délégation :	**Monsieur** **Madame**

▶ Exercice 50. Garanties

Mme Greiz a 65 ans. Elle est propriétaire d'un studio de 20 m² environ à Montpellier, qu'elle souhaite vendre le plus rapidement possible. Elle a passé une petite annonce sur un site internet de particuliers et elle a trouvé un acquéreur Mme Dilem pour un prix net vendeur de 30 000 €. Elle reçoit par ailleurs l'attestation de superficie loi Carrez qu'elle a demandée et elle s'aperçoit que son studio ne mesure que 18 m².

Question(s)

1. Conseillez au mieux Mme Greiz sur le prix (en sachant que la valeur vénale de l'appartement à Montpellier est de 2 530 € le m²), et sur la superficie.

▶ Exercice 51. Location nue

M. GUERIF fait appel à votre agence immobilière pour louer un appartement de 4 pièces de 70 m² vide datant de 1995 mais complètement rénové, dont il est propriétaire avec son épouse à Paris 2e, place de la Bourse. Il se pose plusieurs questions sur le contrat de bail d'habitation qu'il vous soumet.

Question(s)

1. Peut-il louer son appartement au prix de 2 200 € hors charges?

Annexe. LOYERS Quartier 6 – Vivienne

(Source : www.referenceloyer.drihl.ile-de-france.developpement-durable.gouv.fr à compter du 01.07.2019)

Loyer de référence minoré	Loyer de référence	Loyer de référence majoré
17 €/m²	24,3 €/m²	29,2 €/m²

1. Est-il envisageable qu'il demande, pour être sûr d'être payé de ses loyers, un prélèvement sur salaire de son futur locataire?
2. A-t-il la possibilité d'introduire dans le contrat de bail une clause qui le protège du non-paiement du locataire? Et dans l'affirmative, quel est son mécanisme?
3. Est-il obligatoire de faire un état des lieux puisque le bien vient d'être rénové?
   Article 1731 du Code civil : « S'il n'a pas été fait d'état des lieux, le preneur est présumé les avoir reçus en bon état de réparations locatives, et doit les rendre tels, sauf la preuve contraire. »
4. Quels sont les diagnostics obligatoires à joindre au contrat de bail et qui doit payer leur réalisation?
5. Qui devra signer le contrat de bail?

▶ Exercice 52. Location meublée

Pascale SIMS, étudiante, cherche un studio qui lui servira de résidence principale sur Paris et elle est intéressée par une location meublée.

Question(s)

1. Précisez les atouts et les contraintes de ce type de location pour le locataire et le bailleur.
2. A-t-elle intérêt à choisir un bail mobilité ?

▶ Exercice 53. Location saisonnière

La famille MERLINE composée de 2 parents et 2 enfants de 10 ans et 18 ans, se rend à la montagne chaque année une semaine en Février pour profiter des sports d'hiver. À cette occasion, elle s'adresse à l'agence L'ALPIMM de l'Alpe d'Huez pour réserver une location saisonnière qu'elle a découvert sur le site de l'agence.

Il s'agit d'un studio pour 4 personnes de 28 m², situé dans le centre de la station, à proximité des commerces, départ et retour skis au pied de l'immeuble.

Prix de la semaine : Basse saison : 350 € charges et frais d'agence inclus et Haute saison : 1 000 € charges et frais d'agence inclus.
Dépôt de garantie : 200 € à régler le jour de l'arrivée.
Frais de ménage (facultatif) : 50 € (avec coin cuisine nettoyé et lave-vaisselle vidé).
Taxe de séjour : 1,10 € par jour et par personne de 13 ans et plus.
Arrhes : 20 % de la totalité du séjour (hors taxe de séjour) à la signature du contrat, le solde à l'arrivée.
Assurance « Villégiature » obligatoire.
Remise des clés à l'agence : début des locations à partir de 17 h 00 et fin de séjour à 10 h 00.

Question(s)

1. Expliquez ce que le propriétaire doit envoyer au locataire avant la signature du contrat de location saisonnière.
2. Indiquez les différents versements à effectuer par la famille MERLINE à son arrivée et le montant de ceux-ci.
3. Précisez à qui est destinée la taxe de séjour et pourquoi elle existe.
4. Donnez le délai de restitution du dépôt de garantie.
5. Définissez l'assurance « Villégiature ».
   Au cours de leur séjour à l'Alpe d'Huez, la famille MERLINE rencontre Mme JEAN qui est propriétaire à Paris d'un F2 en résidence secondaire. Elle précise qu'elle aimerait louer cet appartement à des touristes. Or M. et Mme MERLINE sont intéressés.
6. Indiquez les formalités administratives à accomplir par Mme JEAN pour louer son logement parisien à des personnes de passage et expliquez les raisons de celles-ci.

▶ Exercice 54. Fidélisation et GRC

L'agence COURCHEVELIMMO a pour ambition de fidéliser sa clientèle russe aisée sur la location de maisons très haut standing à Courchevel.

Question(s)

1. Précisez si l'agence doit utiliser une stratégie de fidélisation induite ou recherchée.
2. Indiquez les enjeux des programmes de fidélisation.
3. Donnez 2 exemples d'outils de fidélisation.
4. Expliquez pourquoi la GRC est fondamentale dans ce cadre.

Corrigés

Thème 1

QCM

1. a. **2.** a et b. **3.** c. **4.** b. **5.** b (non, loi Alur justification d'une compétence professionnelle). **6.** a. **7.** c.

Exercice 1. Structures juridiques de l'activité immobilière

1.

	SNC	**SCI**
De quel type de société s'agit-il ?	Société de personnes	
Combien y a-t-il d'associés ?	2 minimum	
Quelle est la responsabilité des associés ?	indéfinie	
Quel est le régime social du dirigeant ?	TNS	/ (car gestion patrimoniale et pas d'activité professionnelle)
Quel est le régime d'imposition ?	IR associés IS société	
Comment transmet-on la société ?	Cession des parts sociales	Cession des parts de SCI (donations successives possibles et avantageuses fiscalement)

Exercice 2. Extrait étude de cas 2012 Dossier 1

1.

	AVANTAGES Airimmo	CONTRAINTES Airimmo
IMMO 3 %	Notoriété Compétitivité du fait des honoraires réduits dégressifs Économie de 60 % par rapport à une agence immobilière traditionnelle Aides diverses sur la publicité, le juridique…	Investissement initial de 45 000 € et droits d'entrée de 5 000 € élevés Coût de la publicité important avec 2 % du CA et donc CA réduit Perte d'autonomie du fait du suivi obligatoire de la politique commerciale du franchiseur
G2I	Investissement initial faible Augmentation du portefeuille de biens avec le fichier partagé Impact renforcé de la publicité et de la communication	Partage des mandats exclusifs et des commissions Obligation de formations Frais alors qu'aucune aide particulière n'est apportée aux membres du groupement

2. Choix à proposer à Mme Clairvoix :

Toute réponse possible mais à argumenter.

Ex. pour G2I : l'agence garde sa complète notoriété de 30 ans d'expérience et l'adhésion au groupement est simple et peu coûteuse…

Ex. pour Immo 3 % : un réseau connu avec 132 agences, des formations proposées, une meilleure compétitivité…

Exercice 3. Démarche mercatique

1. Produit : luxe, ou original mais avec une forte notoriété ; prix : élevé ; communication : sur des magazines spécialisés, sites de demeures exceptionnelles... ; distribution : auprès de clients acquéreurs aux revenus et CSP élevés, français ou étrangers.

Exercice 4. Rémunération du négociateur

1. Calcul des honoraires d'agence hors taxe : 23 500/1,2 = 19 583,33 €
   Calcul de la rémunération du négociateur par tranches :
   De 0 à 8 000 : (8 000 – 0) x 10 % = 8 000 x 10 % = 800
   De 8 000 à 15 000 : (15 000 – 8 000) x 7 % = 7 000 x 7 % = 490
   De 15 000 à 25 000 : [19 583,33 – (8 000 + 7 000)] x 4 % = 183,33
   Total de la rémunération du négociateur : 800 + 490 + 183,33 = **1 473,33 €**

2. Le paiement des honoraires de l'agence et donc de la commission du négociateur se fait à partir de la signature de l'acte authentique chez le notaire.

3. Salaire annuel du négociateur : 2 500 x 13 = 32 500 €
   Coût annuel pour l'agent immobilier = salaire du négociateur annuel + cotisations patronales annuelles :
   32 500 + (32 500 x 45 %) = **47 125 €**

Exercice 5. Extrait étude de cas 2014 Dossier 1

1. M. Hulotte doit avoir une attestation d'emploi délivrée par son directeur d'agence pour signer un mandat d'après la loi Hoguet. Ce qui est le cas.

Exercice 6. Missions du négociateur

1.

AGENCE BORDIMMO FICHE DE POSTE NÉGOCIATEUR IMMOBILIER	
Intitulé du poste	Négociateur salarié
Cadre d'identification	Service transaction immobilière vente ; responsable hiérarchique direct : responsable transaction ; responsable hiérarchique agence : directeur d'agence
Situation du poste	Agence BORDIMMO située à Bordeaux
Finalité du poste	Femme ou homme de terrain ayant un rôle d'entremise entre le vendeur d'un bien et son acquéreur potentiel sur Bordeaux et une zone de chalandise de 30 km aux environs
Contexte	Négociateur soumis à la CCNI, ayant un contrat de travail avec des objectifs mensuels en mandats (4) et en ventes (1)

AGENCE BORDIMMO FICHE DE POSTE NÉGOCIATEUR IMMOBILIER	
Missions du poste	Prospecter des biens à vendre Estimer les biens Garantir la promotion du bien en terme de publicité et d'affichage Trouver des acquéreurs Assurer la médiation entre le vendeur et l'acheteur Négocier les prix Assurer les visites des locaux Aider les clients dans le montage de leurs dossiers administratifs et financiers Développer le portefeuille de l'agence
Compétences requises	Formation : BTS Professions Immobilières ou Licence professionnelle en immobilier ou École Supérieure de l'Immobilier Expérience : débutant accepté Compétences : connaissance d'un logiciel spécifique de transaction immobilière, bases en anglais ou en espagnol, maîtrise du droit et des réglementations en vigueur, capacités de négociation, gestion des situations conflictuelles et du stress Qualités personnelles : dynamisme, motivation, force de conviction, aisance relationnelle, sens de l'organisation, autonomie, réactivité
Salaire et Carrière	Commissions (8 % des honoraires de l'agence immobilière sur une rentrée de mandats et 15 % sur une vente) ; rémunération sous forme d'avances sur commissions

Exercice 7. Objectifs des commerciaux

1.

	Objectifs quantitatifs	Objectifs qualitatifs
EXEMPLE D'OBJECTIF	Chiffre d'affaires (ou ventes)	Image de marque de l'agence
LES AVANTAGES **Pour l'agence**	Mise en place aisée ; simplification pour le calcul de la commission du négociateur ; aide à la prévision du CA global de l'agence.	Développement de la notoriété de l'agence et de son professionnalisme grâce aux négociateurs sur le terrain ; prise en compte facilitée des besoins des clients.
Pour le négociateur	Facilité de compréhension de l'objectif ; autonomie laissée au négociateur pour réaliser le CA ; possibilité de calcul de sa commission.	Pas de forte pression du négociateur sur cet objectif par rapport aux quotas à obtenir par exemple ; attrait du travail du fait des relations interpersonnelles à développer avec les partenaires.

LES INCONVÉNIENTS **Pour l'agence**	Pas de prise en compte des coûts de l'agence et donc de la marge dégagée ; pas d'intégration de la négociation du prix de vente des biens ; pas d'orientation stratégique sur les biens à vendre.	Problème de rentabilité pour l'agence si le négociateur se focalise sur cet objectif au détriment des objectifs quantitatifs ; détérioration de l'image de l'agence si le négociateur n'a pas les compétences requises et des qualités de communicant.
Pour le négociateur	Pression du fait d'une concurrence extrême entre les négociateurs ; trop grande liberté laissée au négociateur sur l'orientation stratégique des ventes.	Difficulté pour le négociateur quant à la compréhension et à la réalisation de cet objectif ; nécessité d'être un bon communicant à l'oral comme à l'écrit et de maîtriser les techniques et outils de communication.

Exercice 8. Organisation de l'activité de l'équipe commerciale

Le temps de travail légal de 35 heures hebdomadaire est respecté pour M. A. et Mme F. ; Mme D. est en temps partiel à 24 heures/semaine.

Dans la répartition en temps des tâches à accomplir : 1. les visites (20 %), 2. l'accueil des clients (18 %), 3. la constitution des dossiers (18 %), 4. la signature des contrats (15 %), 5. les états des lieux (11 %). Cela correspond à l'activité générale de la location. La prospection est peu développée (7 %) et la publicité est peu utilisée par l'agence (5 %). Dans une situation économique, financière, immobilière et juridique actuelle plus difficile, sans doute serait-il bon d'augmenter le temps consacré à ces deux tâches.

Dans l'étude des tâches réalisées par les salariés : Mme D. est cantonnée à des activités d'accueil ou administratives qui ne demandent pas de formation immobilière réellement spécifique. Ces activités lui ont-elles été allouées du fait de son temps partiel ? Si oui, risque de désintérêt, d'absences…

Mme F. et M. A. exercent des tâches similaires avec plus de signatures de contrats pour M. A. et moins de visites ou d'accueil clientèle. Peut-être serait-il envisageable de rééquilibrer les tâches des 2 salariés à temps plein ?

Exercice 9. Extrait étude de cas 2006 Dossier 3

	Ratio de prospection	Ratio de rendement
M. DOUBET	0,71 %*	0 %**
M. FARIN	1,11 %	50 %
Mme VIOLIN	3,18 %	57,14 %
Mme LUROT	2,5 %	40 %
M. RAMON	0 %	0 %
* (1/140) x 100 ** (0/1) x 100		

	Commentaire	Solutions
M. DOUBET	Des résultats quasi inexistants qui montrent un problème de compétences, d'organisation dans le travail, voire de motivation. Commercial inefficace.	Au cours d'un entretien, vérifier la réelle volonté de M. Doubet de travailler dans l'immobilier et dans l'agence ; s'assurer des savoirs et du savoir-faire et proposer des formations.
M. FARIN	De bons résultats en rendement mais des difficultés en prise de rendez-vous.	Lui suggérer de prendre conseil auprès de Mme Violin et lui proposer une formation « prospection ».

Mme VIOLIN	Très bonne commerciale tant en prospection qu'en rendement.	Lui octroyer des primes; augmenter ses commissions; la mettre en avant dans les réunions; lui demander de partager son expérience
Mme LUROT	De réelles qualités avec des résultats tout à fait convenables et qui sont proches de ceux attendus par l'agence.	La pousser à avoir un meilleur rendement en lui demandant d'intensifier ses efforts et en l'encourageant grâce à un système de rémunération valorisant.
M. RAMON	Aucun résultat ni en prospection, ni en rendement. Commercial sans intérêt pour l'agence.	S'assurer dans le cadre d'un entretien de l'intérêt du négociateur pour l'immobilier; lui demander de s'expliquer; lui donner un court délai pour obtenir des rendez-vous et la signature d'un mandat; si aucun résultat n'est obtenu, se séparer de lui.

Exercice 10. Rentabilité d'une agence immobilière

Honoraires d'agence HT : 10 000 / 1,2 = 8 333,33

CA HT : 8 333,33 x 36 = 299 999,88

Charges variables : 299 999,88 x 11 % = 32 999,99

MSCV : 299 999,88 – 32 999,99 = 266 999,89

SR : 299 999,88 x 55 000 / 266 999,89 = 61 797,75

PM : 61 797,75 x 365 / 299 999,88 = 75 jours

Thème 2

QCM

1. b. **2.** c. **3.** d. **4.** c. **5.** a. **6.** b. **7.** b. **8.** b, c et d. **9.** b. **10.** a et b mais l'évaluation quantitative est également nécessaire.

Exercice 11. Comportement du client et droit de propriété

1.

Sécurité	/
Orgueil	/
Nouveauté	Premier investissement locatif
Notoriété	F3 situé non loin du Golf de St Germain- Les-Corbeil ou d'Etiolles
Confort	/
Argent	Défiscalisation Pinel et rendement brut de 4 %
Sympathie	Résidence arborée
Environnement	Eco-logis et énergie positive

2. M. Riche est un client extraverti et dominant. Le négociateur ne devra pas se montrer intimidé, soumis, ou agressif. Il faudra qu'il mette en avant son professionnalisme et qu'il conseille en « père » avisé.

3. M. Riche pourra louer son appartement F3 puisqu'il en sera devenu propriétaire et que le droit de propriété lui donne le « fructus », c'est-à-dire le droit de percevoir des loyers.

▶ Exercice 12. Parts de marché

Années	1	2	3	4	5
C.A. entreprise en valeur	120 000	135 000	128 000	129 000	154 000
Quantités de biens pour l'entreprise	12	15	9	11	18
C.A. en valeur pour le marché global	208 000	390 000	199 000	278 000	450 000
Quantités de biens pour le marché global	24	45	18	20	67
Part de marché en volume %	**50 %***	**33,33 %**	**50 %**	**55 %**	**26,87 %**
Part de marché en valeur %	**57,69 %****	**34,61 %**	**64,32 %**	**46,40 %**	**34,22 %**
* (12/24) x 100 ; ** (120 000/208 000) x 100					

▶ Exercice 13. Taux d'accroissement

Années	1	2	3	4	5
CA en euros	80 000	88 100	72 500	95 000	83 400
Taux d'accroissement	/	**10,13 %**	**- 17,71 %***	**31,03 %**	**- 12,21 %**
* [(72 500 – 88 100)/88 100] x 100					

Exercice 14. Méthodes de prévisions de ventes

1. **Méthode des points extrêmes**

Point extrême 1 (1 ; 126)

Point extrême 2 (5 ; 319)

Équations de droite

319 = a5 + b

126 = a1 + b

Après soustraction des 2 équations : a = 48,25 et b = 77,75 (par remplacement de la valeur de a dans une des 2 équations)

Y = 48,25 X + 77,75

Prévision CA année 6 : (48,25 x 6) + 77,75 = 367,25 en milliers d'euros (367 250 €)

Méthode de Mayer

Point moyen 1 [(1 + 2 + 3)/3 ; (126 + 150 + 202)/3] donc (2 ; 159,33)

Point moyen 2 [(4 + 5)/2 ; (188 + 319)/2] donc (4,5 ; 253,5)

Équations de droite

253,5 = a4,5 + b

159,33 = a2 + b

Après soustraction, a = 37,67 et b = 83,99

Y = 37,67 X + 83,99

Prévision CA année 6 : (37,67 x 6) + 83,99 = 310,01 en milliers d'euros (310 010 €)

Méthode des moindres carrés

On établit un tableau pour trouver a

	xi (années)	yi (CA)	xi. yi	xi^2
	1	126	126	1
	2	150	300	4
	3	202	606	9
	4	188	752	16
	5	319	1 595	25
Totaux	15	985	3 379	55
Moyennes	$\overline{x}$ 15/5 = 3	$\overline{y}$ 985/5 = 197	/	/

a = [3 379 – (5 x 3 x 197)]/[55 – (5 x 3^2)] = 42,4 avec a = $(\sum xi.yi - n.\overline{x}.\overline{y}) / (\sum xi^2 - n.\overline{x}^2)$

b = 197 – (42,4 x 3) = 69,8 avec b = $\overline{y} - a.\overline{x}$

Y = 42,4 X + 69,8

Prévision CA année 6 : (42,4 x 6) + 69,8 = 324,2 en milliers d'euros (324 200 €)

2. **Méthode à privilégier : méthode des moindres carrés** car les fluctuations du CA sont importantes.

Exercice 15. Saisonnalité des ventes

1. et 3.

	J	F	M	A	M	J	J	A	S	O	N	D
Année 1	528	567	816	1 054	1 320	1 297	623	689	505	648	790	652
Année 2	499	530	803	1 234	1 412	1 209	768	720	497	653	750	623
Moyennes mensuelles sur les 2 ans	513,5*	548,5	809,5	1 144	1 366	1 253	695,5	704,5	501	650,5	770	637,5
Moyenne des moyennes mensuelles	799,46**											
Coefficients saisonniers	0,6423 ***	0,6861	1,0126	1,4310	1,7087	1,5673	0,8700	0,8812	0,6267	0,8137	0,9632	0,7974
CA mensuels année 3 affectés des coefficients saisonniers en milliers d'€	530,27 ****	566,43	835,98	1 181,40	1 410,67	1 293,93	718,25	727,5	517,39	671,77	795,20	658,32
* (528 + 499)/2 ; ** (513,5 + 548,5 + 809,5 + ... + 637,5)/12 ; *** 513,5/799,46 ; **** 825,58 x 0,6423												

2. Point extrême 1 (1 ; 9 489) Point extrême 2 (2 ; 9 698)

Équations de droite :

9 698 = a2 + b

9 489 = a1 + b

a = 209 b = 9 280

Y = 209 X + 9 280

CA de l'année 3 = (209 x 3) + 9 280 = **9 907 en milliers d'€**

CA mensuel moyen année 3 = 9 907 / 12 = 825,58 en milliers d'€ nécessaire pour la question 3.

3. Graphique pour les CA mensuels année 3 : **graphique polaire**

Exercice 16. Mode, médiane, moyenne pondérée

Centres de classes xi	Nombre de biens vendus ni	Effectif cumulé de biens vendus	ni. xi
85000	2	2	170000
140000	7	9	980000
215000	10	19	2150000
325000	27	46	8775000
700000	4	50	2800000
TOTAUX	50		14875000

Mode : Classe d'effectif le plus élevé : 27 ; le mode est donc de **325 000 €**

Médiane : Effectif cumulé à diviser par 2 = 25. La médiane se trouve donc dans la tranche de prix de [250000 – 400000[. Pour la calculer on utilise A, B, b, et a :

A = 400000-250000 = 150000 B = 46 – 19 = 27 b = 25 – 19 = 6 a = (150 000 x 6) / 27 = 33333,33 donc médiane = 250000+33333,33 = **283 333,33 €**

Moyenne pondérée : 14875000 / 50 = **297 500 €**

Exercice 17. Contact, argumentaire et traitement des objections

1.

Contact	Bonjour Monsieur, M. (Mme) Dupont, négociateur(trice) dans l'agence immobilière IMMO de Mennecy
Raison de l'appel	J'ai appris grâce à l'annonce parue le JJ/MM dans le Particulier à Particulier que vous vendiez une maison de 120 m² de type Kaufman et Broad à Mennecy. Est-ce toujours le cas ?
Objectif	Notre agence a besoin pour des acquéreurs potentiels de biens tels que le votre. Nous vous proposons de venir réaliser une estimation de votre maison tout à fait gratuite afin que vous ayez une idée plus précise de sa valeur. Pourrions-nous la visiter le mercredi dans l'après-midi ou le samedi dans la matinée ?
Conclusion	Pouvez-vous me rappeler l'adresse exacte du bien à estimer ? Merci. Nous disons donc le jj/mm à xxh00 au 20 rue de la Verville à Mennecy. Au revoir Monsieur.

2. C : création de l'agence depuis 50 ans ; **A** : notoriété ; **P** : témoignage d'un client fidèle...

3. Technique du « oui, mais », mais autres techniques envisageables

« Oui, nous percevons des honoraires pour les services que nous proposons tels que la mise en publicité de votre bien et la recherche de clients solvables, mais ces honoraires sont à la charge des acquéreurs. »

▶ Exercice 18. Planification de la prospection et petite annonce

1.

Agence PROSPIMM MARSEILLE — Année xxx Semaine xx

TABLEAU PLANNING HEBDOMADAIRE DES ACTIONS DE PROSPECTION DE L'ÉQUIPE COMMERCIALE

ACTIONS DE PROSPECTION		Porte à Porte			Phoning			Mailing			Mandats exclusifs			Mandats simples		
JOURS	**Négociateurs**															
		P	R	E	P	R	E	P	R	E	P	R	E	P	R	E
MARDI	NEGO Z															
	NEGO T															
MERCREDI	NEGO Z															
	NEGO T															
JEUDI	NEGO Z															
	NEGO T															
VENDREDI	NEGO Z															
	NEGO T															
SAMEDI	NEGO Z															
	NEGO T															
TOTAL ÉQUIPE																
LEGENDE : P : prévu **R** : réalisé **E** : écart																

2. **Éléments commerciaux :**
   - Mention « À vendre », description EXACTE du bien, photo(s), prix HAI et montant TTC des honoraires à la charge de l'acquéreur, en pourcentage du prix (Loi Alur), (si honoraires à la charge du vendeur, pas d'indication de leur montant), coordonnées de l'agence et contact, classe énergie.
   - **Éléments juridiques** : mentions obligatoires de la loi Hoguet (carte T, lieu d'obtention, garantie financière et montant, numéro de mandat), mentions obligatoires de la loi Alur (bien soumis au statut de la copropriété, indication du nombre de lots, du montant annuel des charges courantes, hors provisions pour travaux, des procédures de sauvegarde), mentions du code du commerce et des sociétés.

Exercice 19. Fiche et fichier

1. **Forme de la note** : Émetteur (M. Assistant, négociateur), Destinataire (M. Y, Directeur d'Agence), Lieu, Date, Titre (Note d'information n°), Signature (Nom, fonction, signature de l'émetteur) ; **pas de titre de civilité ni de formule de politesse**

   Fond de la note : analyse critique à faire avec 2 parties : forme et fond de la fiche

   Forme de la fiche : format de la fiche trop petit, pas de peignes à compléter, ni de cases à cocher pour rendre le remplissage de la fiche plus rapide, aucune rubrique indiquée pour faciliter le repérage…

   Fond de la fiche : Manque d'informations sur l'identification des propriétaires (1 ou plusieurs propriétaires, détention du titre de propriété, n° du mandat…), sur le bien à vendre (type, superficie, exposition, environnement, taxe foncière, charges de copropriété, coût électricité, eau, gaz…), sur l'urgence et la raison de la vente, sur les négociations éventuelles du prix, sur le type de prospection utilisé…

2. Cadre juridique pour la protection des données personnelles du client : Loi Informatique et Libertés + RGPD (pour tous les clients), Loi Hamon (contre démarchage téléphonique), Loi Alur (pour le locataire).

3. Obligations de l'agent immobilier dans le cadre du RGPD : la nomination dans l'agence d'un responsable Délégué à la Protection des Données, la tenue et la mise à jour d'un registre des activités de traitements de données, le respect de nouveaux droits (droit à l'oubli, droit à la portabilité des données, consentement explicite), l'effacement des données à caractère personnel devenues inutiles, la déclaration de la perte ou du vol de données à la CNIL sous 72 h...

Exercice 20. Extrait étude de cas 2012 Dossier 2

1.

Coût des outils de prospection de l'agence AIRIMMO		
Éléments du coût	**Publipostage**	**E-mailing**
Location du fichier	400	
Conception et réalisation des documents	1 200	
Impression de la lettre	1 200	
Affranchissement	2 200	
Enveloppe à fenêtre	600	
Enveloppe retour + affranchissement	1 400	
Mise sous pli	400	
Location du fichier		400
Conception et réalisation des documents		800
Frais d'envoi électronique forfaitaire		900
Coût total de l'opération de publipostage	**7 400 €**	**2 100 €**
Coût d'un contact	**1,85 €**	**0,53 €**

2.

	Publipostage	E-mailing
Taux de retour	4 000 x 2 = **80 prospects**	4 000 x 0,70 % = **28 prospects**
Coût d'acquisition d'un prospect	7 400 / 80 = **92,50 €**	2 100 / 28 = **75 €**

Conclusion : le coût du e-mailing est moins élevé et il est moins onéreux de l'utiliser pour obtenir un prospect. Mais le taux de retour est plus élevé avec le publipostage traditionnel (80 prospects contre 28 prospects avec le e-mailing).

3. **Fond du e-mailing :** utilisation de la technique AIDA (Accroche, Intérêt, Désir, Action)

A : intention de vendre un bien immobilier

I : référence à la notoriété de l'agence AIRIMMO

D : avantage lié aux honoraires réduits si appartenance au réseau franchisé ou à un portefeuille produits étendu du fait de la mise en commun des biens si affiliation au groupement (ou autre)

A : contact téléphonique personnalisé et proposition de rendez-vous

Forme du e-mailing : « De » « A » « Objet » doivent apparaître en en-tête et à la fin, nom, fonction, signature de Mme Clairvoix ; présentation à la marge à gauche avec possibilité de faire ressortir quelques éléments avec gras, centrage...

Exercice 21. Questions du questionnaire

Question fermée : « Le publipostage que nous vous avons envoyé répondait-il à vos attentes ? »

❑ oui ❑ non

Question ouverte : « Quelles observations pouvez-vous nous faire sur les méthodes de prospection que nous utilisons ? »

Question à choix multiples : Quelles sont les qualités que vous attendez d'un professionnel immobilier qui vous contacte pour la première fois ?*

❑ la convivialité

❑ le professionnalisme

❑ la rapidité

* plusieurs réponses sont envisageables

Question de notation : « Quelle note donneriez-vous à la photographie de la villa Médicis se trouvant dans notre petite annonce parue sur le « Riviera Magazine » le jj/mm ? » .../10

Question à échelle : « Comment trouvez-vous le sms-mailing que nous vous avons fait parvenir ce matin ? »

❑ très peu explicite

❑ peu explicite

❑ explicite

❑ très explicite

Thème 3

QCM

1. c. **2.** a. **3.** b. **4.** a, b, c suivant la méthode utilisée. **5.** a (obligation de conseil et responsabilité civile professionnelle engagée). **6.** b pour la TVA et a pour la plus-value. **7.** a et b car limitations. **8.** a, b, et c.

Exercice 22. Estimation par le revenu

1. Loyer hors charges : 900 / 1,15 = **782,61 €**
2. Estimation du prix du bien : [(782,61 x 12)/5,2] x 100 = **180 602 €**

Exercice 23. Estimation par la surface

1. Surface pondérée des pièces : (15 x 1) + (35 x 1) + (12 x 1) + (10 x 1) + (4 x 0,9) + (8 x 0,9) + (6 x 0,6) + (50 x 0,5) = **111,4 m²**
2. Valeur résiduelle du terrain : 25 300 – (25 300 x 20 %) = **20 240 €**
3. Estimation globale maison et terrain : (2 780 x 111,4) + 20 240 = **329 932 €**

Exercice 24 : Extrait étude de cas 2014 Dossier 1

1. Titre de propriété, pièce d'identité, contrat de mariage
2. DPE, amiante, gaz, électricité, ERP (aujourd'hui), termites + justifications avec dates ou autres

TRANSACTION IMMOBILIÈRE

3. Arguments **commercial** (estimation professionnelle, notoriété de l'agence, connaissance du marché, solvabilité de l'acquéreur…), **juridique** (rédaction des actes, responsabilité du professionnel…), **administratif** (suivi du dossier, conseils pour la réalisation des diagnostics) à développer sous la forme CAP

4. Biens **2, 4 et 6** à choisir avec justification (surface, localisation, date de construction)
[(479 000 / 150) + (515 000 / 155) + (447 530 / 157)] / 3 = 3 122 € le m^2
Pour la maison : 155 x 3 122 = 483 910 € soit 484 000 € net vendeur

5. Honoraires : (80 000 x 0,07) + (120 000 x 0,06) + (150 000 x 0,05) + (134 000 x 0,04) = 25 660 € TTC
Prix de vente FAI : 484 000 + 25 660 = 509 660 soit 510 000 €

6. **Forme** : expéditeur, destinataire, objet, lieu et date, titre de civilité, formule de politesse, signature (nom, fonction, signature), mentions légales Loi Hoguet
Fond :
   - contexte et remerciements pour le contact agence
   - précision sur la méthode d'estimation utilisée + justification et prise en compte des facteurs positifs et négatifs du bien
   - détermination d'un prix net vendeur et annonce du prix FAI
   - proposition d'un rendez-vous pour discuter du prix et des meilleures conditions de vente possibles

Exercice 25. Estimation d'un droit au bail

1. $DAB = e \times \frac{1-(1+i)^{-n}}{i} = (8000-5000) \times \frac{1-(1+0{,}07)^{-9}}{0{,}07}$ = **19 545,70 €**
2. Révision du loyer après 3 ans : augmentation de 10 % au plus par an par rapport au dernier loyer acquitté, donc 1re année : 5 000 x 1,10 = 5 500 €, 2e année : 5 500 x 1,1 = **6 050 €**

Exercice 26. Viager

1.

	Avantages	Inconvénients
Crédirentier	Bénéficier d'un revenu régulier jusqu'au décès	Subir le manque de solvabilité du débirentier
Débirentier	Devenir propriétaire avec un apport personnel réduit	Payer le bien plus cher que sa valeur

2. Base du calcul de la rente viagère annuelle pour le viager libre : 300 000 – 100 000 = 200 000 €
Rente viagère annuelle espérée par M. Créditrentier : 200 000/5,48 = **36 496,35 €**, soit environ **3 041 €/mois.**

Exercice 27. Usufruit et nue-propriété

1. Valeur usufruit : 50 % x 255 000 = **127 500 €** Valeur nue-propriété : **127 500 €**

Exercice 28. Plus-value immobilière

1. Prix de vente : 460 000 – 750 = 459 250
Prix d'achat : 300 000 + (7,5 % x 300 000) + (15 % x 300 000) = 367 500
(prise en compte du forfait travaux à 15 % car plus intéressant et du forfait de 7,5 % pour les frais d'achat acceptés par le fisc)
Plus value brute : 459 250 – 367 500 = **91 750 €**

2. et 3. Plus value imposable à calculer pour l'impôt et pour les prélèvements sociaux
Impôt : 8 ans de détention x 6 % = 48 %
Plus value imposable : 91 750 – (91 750 x 48 %) = **47 710 €**
Prélèvements sociaux : 8 ans de détention x 1,65 % = 13,2 %
Plus value imposable : 91 750 – (91 750 x 13,2 %) = **79 639** €
Impôt à acquitter **: 47 710 x 19 % = 9 064,90 €** et prélèvements sociaux à payer :
79 639 x 17,2 % = 13 697,91 € donc TOTAL : 22 763 €

Exercice 29. Rendement locatif

1. Calcul de la base taxable : (1 000 x 12) x 70 % (car abattement micro foncier 30 %) = 8 400 €
Calcul de l'impôt : 8 400 x 30 %(TMI) = 2 520 €
Calcul des prélèvements sociaux : 8 400 x 15,5 % = 1 302 €
TOTAL IMPOSITION : 2 520 + 1 302 = 3 822 €

2. **Rentabilité brute** : [(1 000 x 12) / (150 000 + 15 000)] x 100 = **7,27 %**
Rentabilité nette : [[12 000 – (500 + 600 + 950 + 264 + 1 000)] / 165 000] x 100 = (8 686 / 165 000) x 100 = **5,26 %**
Rentabilité nette nette : [(8 686 – 3 822) / 165 000] x 100 = **2,95 %**

Exercice 30. Investissement en location meublée

1. **LMNP** car il a moins de 23 000 € de revenus locatifs par an (650 x 12 = 7 800 €).
2. **Avantages fiscaux** : Déduction charges et intérêts d'emprunt, amortissement mobilier et immobilier, imputation déficits sur revenus nets d'impôts jusqu'à 10 ans.
3. **Taxe sur les micro-logements** car le meublé se situe en zone tendue, sa superficie est inférieure à 14 m² et son prix au m² est supérieur à 42,47 € en 2019 (650 / 13 = 50 €/m² avec un écart de + de 15 % et de – de 30 % du loyer plafond donc une taxe de 18 %), soit 650 x 12 x 18 % = 1 404 €).
4. **Révision dans le cas d'une relocation** = au dernier loyer 650 €, éventuellement avec prise en compte de l'IRL.
5. **Augmentation du loyer** : possible car les travaux d'amélioration doivent représenter au moins la moitié de la dernière année de loyer, ce qui est le cas. Le nouveau loyer mensuel s'élèvera donc à : 650 + [(3 900 x 15 %)/12] = 698,75 €

Exercice 31. Défiscalisation Pinel

Éléments	Calculs	Totaux en €
Loyers annuels plafonnés	17,17 x [0,7 +(19/60)] x 60 x 12	12 568,44
RECETTES		**12 568,44**
Prime d'assurance		530
Frais de gérance	[12 117,60 + (100 x 12)] x 8 %	1 065,41
Charges non récupérables sur le locataire	4 000 – 3 000	1 000
Intérêts d'emprunt déductibles		5 000
DÉPENSES		**7 595,41**
RÉSULTAT FONCIER = REVENU FONCIER	12 568,44 – 7 595,41	**4 973,03**
DÉDUCTION FISCALE PINEL	(300 000 / 6) x 12 %	**6 000**
IMPÔT SUR REVENU FONCIER	4 973,03 x 45 %	**2 237,86**
ÉCONOMIE D'IMPÔT	6 000 – 2 237,86	**3 762,14**

Thème 4

QCM

1. c. **2.** a. **3.** b. **4.** b. **5.** a. **6.** a (à la base, mais cela peut aussi concerner la responsabilité délictuelle et éventuellement pénale). **7.** b (depuis le 01.01.2011). **8.** b et a (normalement en fin de visite mais l'agent immobilier pour éviter que le client refuse de signer en fin de visite préfère souvent le faire avant celle-ci; une entente directe entre l'acquéreur et le vendeur le priverait de ses honoraires).

Exercice 32. Extrait étude de cas 2014 suite Dossier 1

1. **La présence de Mme Hulotte est nécessaire** car elle doit également consentir au mandat, le bien vendu étant le logement familial du couple.
   D'après l'article 215 al. 3 du Code civil : « Les époux ne peuvent l'un sans l'autre disposer des droits par lesquels est assuré le logement de la famille [...] ».
   En cas de non-respect de cette règle, elle peut intenter une action en annulation du mandat et une action en responsabilité civile délictuelle à l'encontre de l'agent immobilier.

2. **Mandat à compléter** :
   - n° de mandat : 412;
   - mandant : identité Monsieur et Madame + adresse – date et lieu de naissance – régime matrimonial;
   - mandataire : identité agence + adresse + mentions obligatoires Loi Hoguet + nom du détenteur de la carte professionnelle et/ou nom du négociateur (Dominique Colvert);
   - désignation et situation du bien : Maison individuelle – adresse complète et description du bien, référence cadastre;
   - réglementation relative à l'immeuble;
   - le mandant charge « un professionnel » de les effectuer;
   - prix de vente : en lettres et en chiffres, en cohérence avec l'estimation, commission comprise;
   - séquestre : possible sur l'agence : banque et n° de compte;
   - rémunération cohérente avec les calculs précédents en lettres et en chiffres;
   - « à la charge » de : mandant (ou vendeur);
   - le logement est libre;
   - le notaire est Maître Pistou
   - signatures (M. et Mme et soit M. Vision, soit D. Colvert) et paraphes (idem);
   - pas de clause particulière.

3. Monsieur Hulotte a contacté l'agence suite à la distribution d'un imprimé sans adresse. Le négociateur s'est déplacé au domicile du vendeur pour réaliser l'estimation du bien, donc il y a démarchage. Les clients disposent ainsi d'un délai de rétractation de 7 jours à compter du jour de la signature du mandat (Code de la Consommation) qui a été prolongé à 14 jours avec la loi Hamon de 2014.

4. Oui, il faut attendre l'écoulement du délai de rétractation avant de mettre le bien en commercialisation.

5. Le mandat devra être enregistré dans le registre des mandats. L'article 72 du décret du 20 juillet 1972 oblige l'agent immobilier à détenir un registre, relié, coté...
   L'absence de la tenue correcte de ce registre entraîne des conséquences civiles ou pénales : nullité du mandat et absence d'honoraires.

Exercice 33. Honoraires à la vente

1. (5 % x 370 000) = 18 500 € HT ; 18 500 x 1,2 = 22 200 € TTC.
2. (8 % x 75 000) + (6 % x 75 000) + (5 % x 220 000) = 6 000 + 4 500 + 11 000 = 21 500 € HT ; 21 500 x 1,2 = 25 800 € TTC.
3. Les avantages pour l'acquéreur sont d'ordre fiscal et commercial (droits de mutation réduits car appliqués sur le prix net vendeur). L'inconvénient pour l'agence est qu'elle doit indiquer le pourcentage des honoraires à la charge de l'acquéreur sur toutes ses publicités.

Exercice 34. Plafonnement des honoraires appliqués au locataire

1. Frais de mise en location : zone très tendue donc au plus 720 € (60 x 12) ; Frais d'état des lieux d'entrée : au plus 180 € (60 x 3) ; TOTAL : au plus 900 €.

Exercice 35. Réglementation de la publicité

1. et **2.** : **Différence de prix entre le mandat et la petite annonce sur internet** = publicité trompeuse et la sanction est pénale (2 ans de prison et amende 300 000 € ; peine complémentaire éventuelle d'interdiction d'exercice pour le professionnel ; publication de la décision de condamnation par affichage, diffusion ou communiqué au public ; éventuellement diffusion d'une annonce rectificative aux frais du condamné).

Absence d'indication du DPE : obligation de conseil et d'information de l'agent immobilier auprès du vendeur et de l'acquéreur et donc sa responsabilité contractuelle pourrait être engagée.

Exercice 36. SMS et démarchage téléphonique

1. L'opt-in n'a pas été retenu pour le démarchage téléphonique afin de ne pas menacer l'existence des centres d'appels téléphoniques qui auraient été obligés d'obtenir en amont le consentement des prospects et qui n'y seraient pas forcément parvenus.
2. Les professionnels de l'immobilier doivent saisir l'organisme OPPOSETEL afin de vérifier que les prospects ne sont pas inscrits sur la liste d'opposition Bloctel.

Exercice 37. Extrait étude de cas 2010 Dossier 2

1.

	Nombre de contrats signés annuels	CA en €	Gains générés
Mailings	20 (5 x 4)	(18 x 6 370) + (2 x 9 650) = 133 960	(133 960 – 25 000) = 108 960
Salons	60 (5 x 12)	(54 x 6 370) + (6 x 9 650) = 401 880	(401 880 – 50 000) = 351 880
TOTAL		535 840	460 840

TRANSACTION IMMOBILIÈRE

2. L'objectif n'est pas atteint. Solutions proposées : réalisation de 2 opérations de mailings supplémentaires et 1 salon de plus, prospection téléphonique, offres promotionnelles (conditions de financement, prix, prestations supplémentaires...).

Exercice 38. Bon de visite

1. **Étapes de la découverte des besoins** : plan de découverte (type de bien recherché, secteur géographique, environnement, profil des prospects acquéreurs, raison de l'achat, urgence de celui-ci, budget envisagé, analyse patrimoniale), reformulation des besoins et visite avec signature du bon de visite.

2. **Bon de visite** : à compléter avec l'ensemble des indications données dans l'énoncé.

Exercice 39. Offre d'achat

L'agent immobilier engage sa responsabilité civile professionnelle.
Il a une responsabilité contractuelle auprès du mandant M. Z et il pourra être condamné à des dommages et intérêts pour non-respect de son obligation de moyens.
L'article 1992 du code civil dispose que "le mandataire répond non seulement du dol, mais des fautes ou négligences qu'il commet dans sa gestion."
Il a une responsabilité délictuelle auprès de l'acquéreur potentiel Mme W et a violé son devoir de conseil. Le juge appréciera le montant des dommages et intérêts qui devront être versés.

Thème 5

QCM

1. a et b (frais de notaire = rémunération du notaire + droits de mutation + débours. **2.** c. **3.** b (mais il est plus risqué). **4.** b (+ coût des assurances et des garanties). **5.** a et b. **6.** a **7.** b (année n-2). **8.** b (jusqu'à 1/3). **9.** b.

Exercice 40. Frais de notaire

1. **Rémunération du notaire TTC** : à calculer sur le prix net vendeur (270 000/1,04= 259 615,38 €)=[(6 500 x 3,945 %) + (10 500 x 1,627 %)+(43 000 x 1,085 %) + (199 615,38 x 0,814 %)] x 1,2 = **3 022,43 €**

2. **Pourcentage des droits d'enregistrement** :
   4,5 % + 1,20 % + (2,37 x 4,5 / 100) = 5,8067 %
   Montant des droits : 259 615,38 x 5,8067 % = **15 075,09 €**

3. **Total des frais de notaire** : 3 022,43 + 15 075,09 + 500 + 500 + 260 = **19 357,52 €**

4. **Remise que pourrait allouer le notaire** : [(259 615,38 – 150 000) x 0,814 %] x 10 % = 89,23 € HT ; en TTC : 89,23 x 1,2 = **107,08 €**

Exercice 41. Emprunt par annuité constante

1. Annuité avec un TEG à 3 % (2 % + 0,5 % + 0,5 %) : **23 446 €**

Années	Capital restant dû	Intérêt	Amortissement	Annuité
N	200000	/	/	/
N +1	200000	6000*	17446**	23446
N +2	182554***	5476,62	17969,38	23446
N +3	164584,62	4937,54	18508,46	23446
N +4	146076,16	4382,28	19063,72	23446
* (200000 x 3 %) ** (23446 – 6000) *** (200000 – 17446)				

Exercice 42. Analyse financière d'un couple d'acquéreurs

1. **Capacité d'endettement du couple** : 3 000 x 1 / 3 = 1000 €

2. **Total de l'apport** : 50000 + [8 200 x (1 + 2,5 %) ^{6}] = 59 509,49 €

3. **Frais de notaire** : (250000 / 1,05) x 7 % = 16666,67 €

4. **Total du coût d'acquisition** : 250000 + 16666,67 = 266667 €

5. **Total de l'emprunt** : 266667 – 59 509,49 = 207 158 €

6. Taux mensuel équivalent : (1 + 3,5 %) $^{1/12}$ – 1 = 0,002871
   Mensualité de remboursement : $$207158 \times \frac{0{,}002871}{1-(1+0{,}002871)^{-300}} = 1031 \text{ €}$$

7. **Taux d'effort** : (1031/3000) x 100 = 34,37 %; le coût de l'emprunt (1031 €) est au-dessus du 1/3 de la capacité d'endettement du couple (1000 €). Il aura donc du mal à obtenir un financement. Pour faciliter celui-ci, il devra envisager une augmentation de la durée de l'emprunt ou une baisse du taux d'intérêt de l'emprunt (à négocier auprès d'une banque ou d'un courtier). L'agent immobilier pourra aussi lui conseiller un autre bien moins onéreux.

Exercice 43. PAS et PTZ

1. **PAS** : Le couple peut en bénéficier car : achat d'un logement neuf en résidence principale, apport personnel pas nécessaire et revenu annuel fiscal de référence du couple en (n-2) de (4500 x 12) – 10 % = 48600 € inférieur au plafond de ressources maximales de 60000 € sur la Zone B1 (Caen) avec 4 personnes occupant le logement.
   PTZ : Le couple a droit à un PTZ car : achat d'une 1re résidence principale dans le neuf et revenu fiscal de référence annuel inférieur au plafond de ressources maximales de 60000 €.
   Le PAS pourra être couplé avec le PTZ.

2. **Montant maximum du PTZ +** : Coût d'acquisition (hors frais de notaire) : 230000 € pris en compte (car inférieur au plafond de 270000 €) à multiplier par le pourcentage de 40 % en Zone B1 = 92000 €. (inférieur au plafond de 108000 €).

3. **Durée de remboursement** : Ressources du couple en prenant en compte le coefficient familial : 48600/2 = 24300 €, soit < 30000 € en B1 donc tranche 3 et **15 ans** de durée de remboursement (après 5 ans de différé), soit **180 mois**.
   Mensualité du PTZ : 92000/180 = **511,11 €**

TRANSACTION IMMOBILIÈRE

Exercice 44. Attribution de logement

1. Oui le couple a droit à un logement social car : résidence principale, titre de séjour et revenu fiscal de référence : (2300 x 12) – 10 % = 24 840 € inférieur au plafond de ressources HLM, catégorie PLAI en 2019 de 28 075 € en Île de France (hors Paris et communes limitrophes).
   La famille est prioritaire car : logement insalubre du fait du plomb et superficie d'un F2 pas en rapport avec les 4 personnes dans le ménage.

Exercice 45. Taux d'effort et reste à vivre en location

1. **Loyer mensuel avec charges** : 2 000 x 28 % = 560 €
2. **Taux d'effort** : [(600 – 200) / 1 600] x 100 = 25 %
3. **Reste à vivre** : 2 500 – [(500 – 250) + 300 + 280] = 1 670 € ; Taux : (1 670 / 2 500) x 100 = 66,8 %

Exercice 46. Extrait étude de cas 2014 Dossier 2

Annexe 7

PRIX D'ACQUISITION		
	Prix de vente FAI **Frais d'acte notarié**	**510 000** (510 000 x 0,07) = **35 700**
	PRIX TOTAL	**545 700**
PLAN DE FINANCEMENT		
	Hypothèse de la revente de l'appartement du Plessis Bouchard	**Hypothèse de la mise en location de l'appartement du Plessis Bouchard**
Apport	80 000 15 000 255 000	80 000 15 000
Total apport	**350 000**	**95 000**
Part empruntée	545 700 – 350 000 = **195 700**	545 700 – 95 000 = **450 700**

Annexe 7bis

	Hypothèse de la revente de l'appartement du Plessis Bouchard	**Hypothèse de la mise en location de l'appartement du Plessis Bouchard**
Calcul de la mensualité	195 700 x 2,97 / 10 000 = 1 428,02 € HA (2,50 x 2) x 195 700 / 10 000 = 97,85 € = **1 525,87 € AC**	450 700 x 72,97 / 10 000 = 3 288,75 € HA (2,50 x 2) x 450 700 / 10 000 = 225,35 € = **3 514,17 € AC**
Revenus mensuels moyens	(7 000 x 13,5) + (3 300 x 12) / 12 = **11 175 €/mois**	11 175 + (0,8 x 1 170) = **12 111 €/ mois**
Taux d'endettement	(1 525,87 / 11 175) x 100 = **13,65** %	(3 514,17 / 12 111) x 100 **= 29,02 %**
Commentaires	**Avantage** Taux d'endettement faible **Inconvénient** Délai de vente incertain	**Avantage** Constitution d'un patrimoine pour de futurs revenus **Inconvénient** Problèmes d'impayés et de vacance

Thème 6

QCM

1. b. **2.** a. **3.** a et b. **4.** a ou b. **5.** b. **6.** b 2 mois. **7.** b. sauf pour étudiants et apprentis. **8.** a, b et c. **9.** a si le locataire ne la lui remet pas dans un délai d'un mois à compter d'une mise en demeure. **10.** a.

Exercice 47. Compromis de vente

1. **Signataires du compromis de vente** : Mme JUNO et M. PARMI sont les 2 vendeurs signataires car même si Mme JUNO est seule propriétaire du bien du fait d'un contrat de séparation de biens avec son époux, il s'agit du domicile familial donc les 2 époux doivent signer ; les 2 signatures sont requises pour les acquéreurs qui achètent en indivision.
2. **Documents à joindre** : DDT + règlement de copropriété et état descriptif de division de l'immeuble avec tous les modificatifs publiés, PV des AG des 3 dernières années, carnet d'entretien de l'immeuble et informations financières sur, notamment, le montant des charges attachées aux lots de copropriété vendus, et des charges restant à payer tant au titre du lot qu'à celui de la copropriété délivrés par le syndic (« pré-état daté »).Le vendeur supporte le coût de la délivrance de ces pièces.
3. **Le délai de rétractation ou de réflexion** de 10 jours de l'acquéreur ne court qu'à compter de la collecte des pièces à annexer au compromis ou à remettre à l'acquéreur cf. loi ALUR.
4. **Acompte** en général de 10 % du prix soit 53 000 € **ou arrhes** d'un montant à peu près équivalent à payer pour un compromis de vente ; **droits dus par les acquéreurs** : droits d'enregistrement, émoluments du notaire, débours, frais annexes, frais d'hypothèque.

Exercice 48. Extrait étude de cas 2014 Dossier 2 Suite

1. L'agent immobilier doit conseiller l'insertion d'une condition suspensive dans le compromis sur la vente préalable de l'appartement des acquéreurs SITELLE afin d'avoir les fonds disponibles pour financer l'achat de la maison.
2. La condition suspensive consiste à faire dépendre l'exécution d'un contrat de la survenance d'un événement, futur et incertain. Cet évènement correspond ici à la vente future et incertaine de l'appartement pour financer l'achat de la maison du couple Sitelle. En cas de non-réalisation de l'événement, le contrat est résolu. En cas d'accomplissement de l'évènement, le contrat se réalise.
3. Le risque pour les acquéreurs M. et Mme Sitelle est que la condition suspensive de financement de leur maison, lié à la vente de leur appartement actuel, fait reposer le contrat sur leur seule volonté. Or l'article 1304-2 précise que dans ce cas-là, il y a nullité de l'obligation. Par contre, d'après le même article, si les 2 parties au contrat, à savoir vendeurs et acquéreurs, ont signé le compromis en toute connaissance de cause, alors la nullité ne peut être invoquée.

Exercice 49. Extrait étude de cas 2013 Dossier 3

1. Avantages VEFA

Avantages physiques	Avantages juridiques	Avantages financiers
Bien neuf avec les dernières normes BBC RT 2012 Choix du logement (étage, orientation...)	Garantie décennale Garantie biennale Garantie de parfait achèvement Garantie de livraison	Frais de notaire réduits Pas de coûts liés aux travaux Paiement du bien au fur et à mesure de la construction

2. **Réservant** : PIERRIMMO 17 rue des Jardins 21000 DIJON
Réservataire : Paul BARNABE né le 15.08.1951 à Grenoble responsable qualité, Éliane BARNABE née PONSOIT née le 22.01.1952 à Paris employée de bureau, domiciliés au 112 rue Magellan 21000 DIJON Tél. 03 80 52 52 52
Mariés le 15.06.1976 à Grenoble sous le régime légal
Objet : les Tamaris 28 rue des Tilles 21000 DIJON lot n° 8, T2, 2e étage, 43 m², garage 10 m², stationnement n° 10 ; acte de vente réalisé par Maître BISCHET à Dijon
Prix : Logement 115 000 € Cent quinze mille euros, Stationnement 15 000 € Quinze mille euros, Total 130 000 €
Délai des travaux : 1er trimestre 2014
Prêt : 95 000 € à 4,2 % pour 15 ans, à obtenir avant le 15 mai 2013
Dépôt de garantie : 6 500 € à l'ordre de Maître BISCHET
À Dijon, le 01.04.2013 + signatures du réservant et des 2 réservataires précédées de « lu et approuvé »

Exercice 50. Garanties

1. **Garantie vendeur** : action possible en rescision pour lésion (art. 1674 CC) de Mme Greiz auprès du TGI dans les 2 ans à compter du jour de la vente car la valeur vénale du bien est de 45 540 € pour 18 m² et que la vente convenue à 30 000 € implique une lésion de 8/12e du prix. Possibilité également pour l'acquéreur de racheter la lésion en versant au vendeur la différence entre le prix convenu et la valeur vénale -10 % : soit environ 11 000 €.
Garantie acheteur : conformité de la chose vendue (art. 1616 CC) et loi Carrez si surface inférieure de plus de 5 % à la surface stipulée dans l'acte ; l'acquéreur peut demander une réduction du prix au prorata dans l'année qui suit la signature de l'acte définitif de vente. Ce serait le cas ici : 18 m² sont inférieurs de 10 % à 20 m² donc 10 % de réduction sur le prix.

Exercice 51. Location nue

1. NON il n'est pas judicieux de lui conseiller un loyer à 2 200 €/mois car cela revient à 31,43 €/m², ce qui est largement supérieur à la valeur haute du loyer majoré de 29,2 € indiquée par l'Observatoire des Loyers à compter du 01.07.2019 dans le quartier Vivienne. Donc le bien pourrait être surévalué par rapport à des biens similaires dans le quartier et cela pourrait impliquer éventuellement pour M. Guerif une durée plus longue dans la location de son bien. La loi Elan reprend l'encadrement des loyers prévu dans la loi Alur. Donc le bailleur devra respecter pour sa première location un loyer de référence majoré de 29,2 €/m² à compter du 01.07.2019. Il pourrait, par contre, si le bien présente les caractéristiques voulues, envisager un complément de loyer.

2. NON il s'agit d'une clause réduisant la liberté du locataire faisant partie des clauses interdites article 4 loi 1989.

3. OUI c'est une clause résolutoire facultative (art. 24 loi 1989) qui prévoit la résiliation automatique du contrat de location en cas de manquement à une obligation contractuelle, dont celle du non-paiement du loyer et des charges. Si le bail ne contient pas de clause résolutoire, le bailleur doit directement assigner le locataire par acte d'huissier, devant le tribunal d'instance, pour demander la résiliation du bail et son expulsion.

Mécanisme : envoi d'un commandement de payer au locataire par acte d'huissier ; délai de 2 mois laissé au locataire pour rembourser (ou délai plus long demandé en saisissant le tribunal d'instance de son domicile, et/ou en demandant une aide financière à un Fonds de Solidarité pour le logement) ; commandement de payer à la caution aussi ; après le délai, le propriétaire peut saisir le tribunal en référé et lui demander de constater que le bail est résilié + de prononcer l'expulsion.

4. OUI l'état des lieux est obligatoire d'après la loi 1989 art. 3-2. Par ailleurs, s'il n'y a pas d'état des lieux, la présomption établie par l'article 1731 du code civil (le locataire est présumé avoir reçu le bien en bon état de réparations locatives) ne peut être invoquée par la partie qui a fait obstacle à l'établissement de l'acte.

5. DPE, ERP, AMIANTE, ELECTRICITE, GAZ, PLOMB (pas nécessaire ici car le bien ne date pas d'avant le 01.01.1949), + surface habitable ; le bailleur se charge des frais.

6. Les bailleurs, les cautions éventuelles, le locataire.

Exercice 52. Location meublée

	Atouts	Contraintes
Locataire	Gain de temps car Mme Sims peut directement habiter dans le studio Pas de frais de mobilier ou d'équipement Bail court possible de 9 mois...	Pas de choix concernant l'aménagement intérieur de la location : impersonnel Pas de reconduction tacite pour les baux de 9 mois destinés aux étudiants...
Bailleur	Mode d'imposition des revenus intéressant (BIC)...	Encadrement des loyers dans les zones tendues depuis la loi Alur pour les meublés résidence principale (suivant arrêté préfectoral) Vacance locative plus élevée Taux de renouvellement des locataires important Investissement initial en équipement important Gestion et entretien lourds à prendre en charge...

2. Pascale SIMS peut avoir intérêt à signer un bail mobilité. Elle aurait ainsi plusieurs avantages : le choix d'une durée de bail réduite entre 1 à 10 mois, pas de dépôt de garantie à verser, le bénéfice d'un dispositif VISALE, une possibilité de résiliation du bail à tout moment avec un préavis d'un mois, un loyer encadré dans le cadre de la loi Elan sans révision en cours de bail avec des charges forfaitisées sans complément, ni régularisation. Mais elle n'aurait pas la possibilité de renouveler ce bail. Ce qui pourrait lui porter préjudice si elle souhaite conserver le logement plus longtemps.

Exercice 53. Location saisonnière

1. **Un descriptif complet** du logement, de son environnement et du mobilier, assorti naturellement des conditions financières de la location.

2. **Versements** :
   dépôt de garantie : 200 €,
   solde du prix du séjour : 1 000 – 250 = 750 €,
   taxe de séjour : 1,10 x 3 x 7 = 23,10 €,
   frais de ménage éventuels : 50 €.

3. **Taxe de séjour** destinée à la Mairie pour des actions de promotion de la station, de fidélisation et de développement des infrastructures liées au tourisme.

TRANSACTION IMMOBILIÈRE

4. **Délai de restitution du dépôt de garantie** : le jour de la sortie des lieux des locataires si aucune détérioration n'est constatée; dans un délai raisonnable en cas de détériorations, le dépôt de garantie étant imputé des frais liés aux dégradations.
5. **Assurance « Villégiature »** : garantie complémentaire souvent incorporée dans le contrat d'assurance multirisques habitation pour couvrir les dommages causés aux tiers dans une location saisonnière ou ceux affectant son propriétaire.
6. **Formalités administratives de location** : Afin d'encadrer la location saisonnière de courte durée, la loi Alur précise que les propriétaires bailleurs devront être autorisés par leur copropriété (AG ou règlement de copropriété) et par la mairie de la commune à changer l'usage du bien immobilier loué en local commercial.
   Cette mesure contraignante a pour objectif d'inciter les propriétaires à louer leur bien en location longue durée et permet de réguler le nombre de logements mobilisés pour la location saisonnière ou de courte durée.

Exercice 54. Fidélisation et GRC

1. **Stratégie recherchée** à choisir car l'agence cherche à séduire le client et à agir sur les facteurs de fidélité grâce aux programmes de fidélisation.
2. **Enjeux des programmes de fidélisation** : économique (amortissement des coûts d'acquisition des clients russes...), stratégique (amélioration de la qualité perçue...), interne (évolution des compétences du personnel de l'agence...).
3. **Outils de fidélisation** : événement privilégié (piste de ski privatisée), cadeaux, club clientèle...
4. **GRC fondamentale** afin d'intensifier et de pérenniser la relation commerciale.

E52

GESTION IMMOBILIÈRE

Présentation de l'épreuve « Gestion immobilière »

L'épreuve **E52 « Gestion immobilière »** se présente sous la forme d'une étude de cas comportant plusieurs parties indépendantes.

Dans le cadre d'un travail sur table de **3 heures**, le candidat est mis en situation, pour une ou plusieurs entreprises réelles, afin de répondre à diverses questions liées à la gestion immobilière. Il est conduit à mobiliser ses compétences et savoirs associés de l'unité « **Techniques de l'immobilier – Gestion immobilière** » et se voit confier la mise en œuvre d'activités dans les deux domaines de la Gestion immobilière :

A. Des activités de gestion locative

Elles prennent également appui sur des documents immobiliers proches des situations professionnelles rencontrées par un salarié exerçant son activité pour le compte d'un gestionnaire locatif pratiquant dans le secteur libre ou l'immobilier social et gérant des biens à usage d'habitation, professionnel ou commercial. Les activités et questions posées traitent des différentes diligences du gestionnaire agissant pour le compte d'un bailleur social ou dans le cadre du mandat de gestion confié par le propriétaire bailleur afin d'assurer une gestion locative conforme au contrat de bail et au cadre réglementaire approprié à la location concernée. Le candidat doit mener ces activités dans le respect réciproque des droits et des obligations des parties.

B. Des activités de gestion de copropriété

Elles prennent appui sur des documents immobiliers pratiques et concrets, proches des situations professionnelles rencontrées par un salarié exerçant son activité pour le compte d'un syndic professionnel. Le candidat assume son rôle de syndic en collaboration avec le syndicat des copropriétaires et le conseil syndical. Les activités et questions posées traitent des différentes diligences auxquelles est tenu ce syndic à travers son rôle d'organisateur et d'exécutant des décisions d'assemblées générales ainsi que de ses différentes missions en matière juridique, budgétaire, comptable, administrative et technique.

Conseils pratiques avant l'épreuve

Idéalement, la préparation de cette épreuve se fait sous deux angles :

- un **apprentissage du cours**, une acquisition des compétences tout le long de l'année, au fur et à mesure de l'avancée dans le programme : définitions, termes techniques, méthodes de calculs, outils existants, etc. ;
- un **entraînement à l'épreuve** et aux différents types de questions pouvant être rencontrées, par la réalisation fréquente d'exercices, d'applications et d'études de cas.

Il est notamment très utile de refaire, après avoir laissé passer un certain délai, des exercices que l'on n'a pas totalement réussis la première fois, et de comparer ses réponses passées et présentes afin de mesurer les progrès réalisés entre-temps. Il est donc conseillé de conserver des traces de ses travaux antérieurs.

➥ *De même, il est conseillé de ne jamais effacer les réponses erronées de vos brouillons mais barrer et corriger dans une autre couleur afin de revoir par la suite votre erreur et de ne plus la reproduire.*

Les dossiers et parties de l'étude de cas sont indépendants, vous pouvez donc traiter les questions dans l'ordre qui vous convient. N'hésitez pas à laisser de coté les questions qui vous posent problème pour y revenir plus tard. Assurez-vous en priorité de gagner les points qui vous sont faciles, ou plus rapides ou dans votre domaine de prédilection. Vous devez vous assurer rapidement un « score plancher » avant de l'augmenter ensuite en traitant les parties nécessitant plus de temps, d'analyse, ou de nuances.

➥ *Il n'y a rien de plus décevant à l'examen que de ne pas avoir traité par manque de temps certaines questions auxquelles on aurait su répondre et ainsi d'abandonner des points qu'il aurait été commode de gagner.*

Une copie qui prétend à la moyenne doit proposer des réponses à toutes les questions posées. Tentez donc une réponse à chaque question même si vous avez le sentiment de ne pas être exhaustif ou complet parfois.

➥ *Tout ½ point est bon à prendre. Cet exercice suppose une bonne maîtrise du temps imparti.*

La **vitesse d'exécution** de certaines questions permet de mieux soigner la réponse aux questions plus surprenantes. Cette vitesse s'acquiert avec l'entraînement aux études de cas et aussi avec la bonne maîtrise de la calculatrice autorisée.

Le jour de l'épreuve

Le succès passe aussi par une grande dose de **forme physique** le jour du devoir. Reposez-vous raisonnablement les jours précédents le devoir et mangez de telle sorte que vous ne connaissiez pas de « coup de fatigue » pendant les 3 heures que dure l'épreuve.

Munissez-vous, le jour de l'épreuve :

- d'une **montre** (vous n'aurez pas droit ni à votre Smartphone ni à une horloge sonore) ;
- de votre **calculatrice habituelle**, ainsi que de piles ou d'une calculatrice de rechange.

➥ *Vous avez droit à toutes des fonctionnalités de votre calculatrice ; n'hésitez pas à y enregistrer les éléments clefs de votre cours. Cela ne remplace en rien son apprentissage, mais cela peut constituer une sécurité le moment venu, en cas d'oubli ou de stress.*

- Prenez de l'eau et des apports en sucre, des mouchoirs en cas de petit accident (de l'eau sur votre table...)
- Soignez vos **outils** : stylos, crayons, règles et calculatrices doivent avoir été essayés et testés avant l'épreuve.

La forme du devoir est très importante.

Votre **copie doit claire, aérée, attirante** : chaque dossier doit commencer sur une nouvelle double page, soulignez les titres, numérotez chaque question pour faciliter le travail du correcteur. Utilisez de la couleur si cela fait ressortir les titres.

➥ *Je conseille vivement d'attribuer une/des copie(s) par dossier afin de ne pas les mélanger. Ainsi si vous devez arrêter un dossier en cours, vous pourrez le reprendre facilement. Cela démontre votre soucis d'organisation et facilite le travail des correcteurs, chaque dossier étant bien dissocié des autres.*

➥ *N'hésitez pas à souligner les mots clés de vos réponses.*

- Vos réponses aux questions doivent utiliser une **grammaire simple, irréprochable et une écriture agréable** : les fautes grossières (accords noms/verbes, conjugaison...) doivent être proscrites ; soignez votre écriture et interdisez-vous, bien sûr, une « écriture

SMS ». Vos réponses devront être directes et précises. Un bavardage sans fin tournant autour de la question est à proscrire.

- Autant que faire ce peut, utilisez le **vocabulaire professionnel adapté** (dépôt de garantie, caution solidaire...)

➥ *En gestion immobilière, le vocabulaire technique remplace souvent de longues phrases explicatives indigestes.*

- Vos réponses auront beau être concises, elles n'en devront pas moins traiter les questions les plus exhaustivement possible. Ne vous contentez pas de la première idée que vous avez, même s'il s'agit de l'argument principal à vos yeux.
- Privilégiez, chaque fois que la question s'y prête, la présentation de vos réponses sous forme de tableaux : calculs, comparaison, avantages, inconvénients...
- Il faut faire ressortir vos connaissances : rappelez les formules que vos utilisez (même pour des calculs basiques comme la réévaluation d'un loyer sur l'IRL à date anniversaire).

Les sujets classiques ne doivent pas vous surprendre. La progression logique des questions amène souvent les rédacteurs de sujets à poser les questions dans un ordre que l'on peut anticiper : par exemple, le dossier 1 porte sur la gestion locative et le dossier 2 sur la gestion de copropriété, etc. Le candidat est guidé tout au long du questionnement vers sa mission de conseil en immobilier. La lecture attentive des questions de l'étude de cas doit donc vous permettre de « deviner » la réponse attendue. La **lecture de l'ensemble du cas est indispensable** pour bien comprendre le fil conducteur de l'étude de cas et permet, en plus, de découvrir si certaines réponses à des dossiers ne sont pas induites dans d'autres dossiers.

➥ *Exemple : on vous demande de résoudre un cas pratique à partir d'une situation juridique analogue. Il faut absolument lire les annexes de façon efficace : associer une couleur par question demandée et surligner au fur et à mesure.*

➥ *Exemple : Si, dans le cadre d'une régularisation de charges, on vous demande de la faire en vous aidant de nombreuses annexes, surligner les différents acteurs concernés par les annexes (syndic, bailleur, locataire...). Ainsi, vous n'aurez pas à relire 2 fois vos annexes, les éléments à repérer ressortiront d'eux mêmes !!!*

Le temps qui vous est donné pour une étude de cas a été étudié et est donc adapté au travail à fournir.

Aussi, si vous avez terminé votre étude bien avant le temps alloué, c'est que soit :

- Vous avez oublié un dossier ;
- Vous avez bâclé un dossier (regardez le nombre de points attribué au dossier, cela peut vous aider) ;
- Vous n'avez pas relu votre copie.

➥ *Gardez donc un temps de relecture à la fin de l'épreuve, numérotez vos pages en rappelant le nombre de feuillets sur chaque page (pour éviter les pertes).*

Recommandations aux candidats

- Toutes les parties du programme doivent être travaillées.
- Vous devez vous entraîner, au cours de la formation, à lire des documents juridiques, à analyser et à extraire les informations utiles pour répondre à la question posée et conseiller un interlocuteur. Il ne s'agit pas de paraphraser un article de la loi (qui vous sera souvent donné en annexe) ou un arrêt de cassation (là aussi souvent en annexe), mais de répondre précisément à la question posée.
- Vous devez acquérir une certaine aisance avec le vocabulaire et les notions juridiques du référentiel pour pouvoir conseiller correctement vos clients qu'ils soient bailleurs, locataires ou (co)propriétaires.
- Vous devez lire très attentivement les questions posées (Exemple 1 : *« À quelle condition est-il possible de réviser un loyer ? »* : il s'agit ici d'insister sur la condition *sine qua non* (clause de révision prévue au bail), sans développer les autres conditions applicables si cette clause de révision est prévue au bail (ne pas dépasser la variation de l'IRL... Exemple 2 : *« Quels risques doivent être obligatoirement couverts par une assurance locative »* : ici on attend plusieurs réponses comme l'incendie, le dégat des eaux, l'explosion...).
- Vous devez vous entraîner à rédiger les réponses aux questions à l'aide de phrases structurées.
- Vous devez justifier les réponses données, par des calculs (exemple: votes des résolutions) ou des explications (exemple : l'insuffisance de provisions d'un copropriétaire).
- Vous devez maîtriser parfaitement les « bases » du métier de gestionnaire : révision de loyer, régularisation de charges, calcul des votes en AG...

Tableau des entraînements

GESTION DE COPROPRIÉTÉ	Chrono	Fiche 1	Fiche 2	Fiche 3	Fiche 4	Fiche 5	Fiche 6	Fiche 7	Fiche 8	Fiche 9	Fiche 10	Fiche 11	Fiche 12	Fiche 13
Thème 1 : Le statut de la copropriété														
QCM	10	X	X	X										
Exercice 1 : Approfondissement de la loi du 10 juillet 1965	10	X	X	X										
Exercice 2 : Distinction des parties privatives et des parties communes	15			X										
Exercice 3 : Utilisation de l'état descriptif de division	15			X										
Exercice 4 : Mission de conseil en immobilier	20		X	X										
Exercice 5 : Destination de biens et règlement de copropriété	20		X	X										
Exercice 6 : Questionnaire sur le conseil syndical	20			X										
Exercice 7 : Réunion du conseil syndical copropriété VILLEROY	20		X	X										
Thème 2 : La prise de décision en copropriété														
QCM	10				X	X	X	X	X					
Exercice 8 : Majorité requise selon les résolutions	20							X						
Exercice 9 : Le droit de vote	10						X	X						
Exercice 10 : La majorité simple de l'article 24	15						X	X						
Exercice 11 : La majorité absolue de l'article 25	15						X	X						
Exercice 12 : La double majorité de l'article 26 et l'unanimité	15						X	X						
Exercice 13 : Extrait sujet examen GESTION 2014	60				X	X	X	X	X					
Exercice 14 : Extrait sujet examen GESTION 2015	40				X	X	X	X	X					
Thème 3 : Le suivi administratif, technique et comptable de la copropriété														
QCM Le suivi administratif, technique et comptable de la copropriété	10									X	X	X	X	X
Exercice 15 : La gestion du gardien de la copropriété	30										X	X		
Exercice 16 : La paie du gardien	30										X	X		
Exercice 17 : Répartition des charges à partir d'un état de division	30											X		
Exercice 18 : Calcul d'un budget prévisionnel	60												X	
Exercice 19 : Répartition de la facture d'eau dans une copropriété équipée de compteurs individuels	20											X		
Exercice 20 : Cession d'un lot de copropriété	30											X	X	X
Exercice 21 : Extrait sujet examen GESTION 2014	30									X	X	X	X	X
Exercice 22 : Extrait sujet examen GESTION 2015	X	X	X									X	X	

GESTION LOCATIVE	Chrono	Fiche 14	Fiche 15	Fiche 16	Fiche 17	Fiche 18	Fiche 19	Fiche 20	Fiche 21	Fiche 22
Thème 4 : Le mandat de gestion										
QCM	10	X	X							
Exercice 23 : Mandat de gestion de la part d'indivisaires	20	X	X							
Exercice 24 : Calcul d'honoraires de gestion	15	X	X							
Exercice 25 : Révision de loyer	30		X							
Exercice 26 : Suite de l'exercice précédent – Régularisation de charges	30		X							
Exercice 27 : Régularisation de charges et revenus fonciers	50		X							
Exercice 28 : Bail commercial	30		X							
Thème 5 : Le suivi des obligations du locataire durant le bail										
QCM Les obligations du locataire	5			X	X	X				
Exercice 29 : Situations locatives diverses	20			X	X	X				
Exercice 30 : État des lieux de sortie	40			X	X	X				
Exercice 31 : Explications données au bailleur dans le cadre du mandat de gestion	40		X	X	X	X			X	
Exercice 32 : Usufruit et location	30		X	X						
Thème 6 : Le conseil donné au propriétaire bailleur										
QCM Les obligations du bailleur	10						X	X	X	X
Exercice 33 : Diagnostics et état des lieux	15						X			
Exercice 34 : Congé donné au locataire	15					X				
Exercice 35 : Bail d'habitation – Dépôt de garantie	20					X				
Exercice 36 : Gestion locative en habitat social	50						X			
Sujet Annales 2016	3h									

Thème 1
Le statut de la copropriété

Le droit de la copropriété organise la gestion des immeubles bâtis sur le territoire français.
La loi n° 65-557 du 10 juillet 1965 fixe le statut de la coprorpiété des immeubles bâtis.

1. Historique des textes législatifs

A. La loi n° 65-557 du 10 juillet 1965

Elle est la loi de référence aujourd'hui et a attribué la personnalité morale au **syndicat des copropriétaires**. Le décret du 17 mars 1965 décrit ses modalités d'application.

B. La loi SRU (solidarité et renouvellement urbain) du 13 décembre 2000

Dans le domaine de la copropriété, cette loi normalise la gestion des copropriétés et facilite le contrôle de la gestion du syndic par le syndicat des copropriétaires;

- obligation d'un **budget prévisionnel** (article 14-1 de la loi) voté chaque année en AG;
- les copropriétaires versent au syndicat des **provisions trimestrielles égales au ¼ du budget voté**;
- l'AG détermine le montant des travaux au delà duquel une **mise en concurrence** est obligatoire;
- tableau comparatif entre les budgets prévisionnels précédents et les budgets de l'année à venir;
- obligation d'ouverture d'un **compte bancaire séparé** pour chaque copropriété;
- tenue d'un **cahier d'entretien de l'immeuble**;
- **exigibilité immédiate des charges pour les copropriétaires défaillants** en créant un nouveau référé.

C. L'Arrêté Novelli du 19/03/2010

Il a défini plus précisément les tâches courantes qui doivent être prises en charge par le syndic dans le cadre de son contrat de base.

D. La Commission relative à la copropriété

Elle émet des recommandations qui éclairent fortement les tribunaux lors de leurs jugements en travaillant sur les missions suivantes :

- répertorier les difficultés liées à l'application de la loi du 10 juillet 1965;
- chercher les solutions, notamment d'ordre conventionnel, pour les aplanir;
- proposer aux pouvoirs publics les adaptations législatives et réglementaires nécessaires.

E. La loi ALUR

Depuis sa promulgation datée du 24 mars 2014, la **loi Alur** (**Accès au Logement et à un Urbanisme Rénové**) a pour but de mieux encadrer les charges de copropriété et de favoriser la transparence et le contrôle du travail du Syndic :

- les immeubles d'au moins 10 lots et construits depuis plus de cinq ans devront constituer un **fonds de travaux équivalant à 5 % au minimum du budget prévisionnel annuel**, destiné à organiser les travaux à venir afin de permettre de mieux anticiper et gérer les dépenses exceptionnelles;
- afin de faciliter la connaissance des pouvoirs publics sur l'état des copropriétés, ces dernières font l'objet d'une **immatriculation sur un registre national**;
- les **comptes bancaires séparés deviennent une obligation légale** (dérogation possible pour les petites copropriétés de moins de 15 lots);
- une **fiche synthétique de la copropriété** doit référencer la situation financière de la copropriété et l'état du bâti. Elle est mise à jour tous les ans, tenue à la disposition des copropriétaires, et doit être annexée au compromis ou à la promesse de vente d'un lot en copropriété ;
- une liste limitative des frais particuliers pouvant faire l'objet d'une facturation supplémentaire est fixée par décret et tout ce qui n'y figure pas fait obligatoirement partie du forfait de base;
- les convocations aux assemblées générales, notifications, mises en demeure et autres documents officiels peuvent désormais être envoyées par **voie électronique** plutôt que par des recommandés très coûteux;
- pratique, peu cher, sécurisé, le **portail sur Internet** est rendu obligatoire, sauf décision contraire lors de l'AG des copropriétaires.

Remarque :

- Le portail Internet permet aux copropriétaires d'accéder à la plupart des documents relatifs à leur copropriété et évite ainsi de nombreux frais de photocopie et d'envoi en libérant en partie le syndic de tâches chronophages.

- un contrat type de syndic fourni par la loi ALUR permet de normaliser les contrats de Syndic. À côté, le décret livre **une liste limitative des prestations particulières** qui peuvent continuer à être facturées en plus du forfait de base.

F. La loi MACRON du 7 Aout 2015 pour la croissance de l'activité et l'égalité des chances économiques

- le conseil syndical a l'obligation de **mettre en concurrence son syndic tous les trois ans**, et non plus chaque année, comme le prévoyait la loi Alur. L'assemblée générale (AG) des copropriétaires peut décider de déroger à la mise en concurrence par un vote à la majorité des voix de tous les copropriétaires, présents ou absents (article 25)).
- La loi Macron (art. 88) permet à **un seul copropriétaire de convoquer une AG afin de désigner un nouveau syndic si la copropriété en est dépourvue**. Cet assouplissement considérable de la procédure est bienvenu. Dans la même situation, il fallait auparavant saisir le tribunal de grande instance pour que celui-ci nomme un administrateur provisoire. Ce dernier gérait la copropriété le temps que les copropriétaires adoptent en AG un nouveau syndic. C'est à lui que revenait aussi le rôle de convoquer cette AG.
- **Un fonds travaux, obligatoire dès le 1er janvier 2017**, servira à financer les éventuels travaux, obligatoires ou non. Il s'agira d'une cotisation annuelle obligatoire (équivalente à au moins 5 % du budget prévisionnel annuel) et sera exigée pour toutes les copropriétés construites depuis plus de cinq ans. Les copropriétés de moins de dix lots pourront échapper à cette obligation.
- Deux dispositions de la loi Macron doivent permettre **d'accélérer le raccordement des copropriétés à la fibre optique** : l'assemblée générale des copropriétaires peut donner mandat au conseil syndical pour se prononcer sur les propositions d'installation des opérateurs de fibre optique, le syndic a l'obligation de mettre cette question de la délégation à l'ordre du jour de chaque AG (même si l'immeuble n'est pas dans une zone éligible...). Tous les immeubles neufs (dont les permis de construire auront été accordés à partir du 1er juillet 2016) devront être pré raccordés obligatoirement aux réseaux de fibre optique.

G. La loi ELAN du 24 Novembre 2018 portant évolution du logement, de l'aménagement et du numérique impacte le droit des copropriétés.

- La loi Elan reconnaît au conseil syndical un pouvoir de contrainte vis-à-vis du syndic. En effet, en cas d'absence de transmission de pièces demandées, **au-delà d'un délai d'un mois** à compter de la demande du conseil syndical, des pénalités par jour de retard seront imputées sur les honoraires de base du syndic dont le montant minimal n'est pas encore connu à ce jour car il sera fixé par décret.
- La loi Elan prévoit d'établir une liste mentionnant le contenu minimal des documents accessibles par les copropriétaires sur le site Intranet de la copropriété.
- Trois nouveaux articles (article 6-2 à 6-4) sont créés au sein de la loi du 10 juillet 1965, relatifs aux parties communes spéciales et à jouissance privative. La loi Elan élargit la notion de partie commune « *à tout élément incorporé dans les parties communes et aux droits qui y sont attachés. Ainsi, du droit d'affichage, du droit de construire, des garde-corps. On appelle celà des droits accessoires* ».
- La loi Elan étend la procédure d'acquittement de la totalité des charges de l'année en cas d'impayé d'un appel de provision aux appels de charges pour travaux non compris dans le budget prévisionnel.
- Révision des dispositions de représentation des copropriétaires aux AG
- Droit de participation aux votes en AG par présence physique mais aussi par visioconférence ou par vote électronique. Possibilité aussi de vote par correspondance avant l'AG.
- Simplification des votes pour tous travaux d'économie d'énergie à l'article 25.
- Notification des PV d'AG aux copropriétaires sous un délai d'un mois (2 auparavant).
- Suspension des travaux votés en assemblée jusqu'à l'expiration du délai de contestation de 2 mois.
- Actions en justice et délai de prescription ramené à 5 ans : la loi Elan fait passer de 10 à 5 ans le délai d'action du syndicat ou des copropriétaires pour toutes les actions personnelles (ex : la violation du règlement de copropriété, etc.). Désormais c'est la prescription de l'article 2 224 du Code civil qui est étendue au droit de la copropriété.
- Individualisation des frais de chauffage : répartiteur : les immeubles à usage principal d'habitation pourvus d'un chauffage collectif doivent comporter, lorsque cela est techniquement possible, une installation permettant de déterminer la quantité de chaleur utilisée par logement.

2. Caractéristiques de la copropriété

La copropriété est la situation dans laquelle un immeuble appartient à la fois à plusieurs personnes et à chacune d'elles séparément, le tout dans le cadre d'une organisation collective : **le syndicat des copropriétaires, réuni en assemblée générale**.

A. Les parties privatives (article 2 loi du 10/07/1965)

La partie privative est la propriété exclusive de chaque copropriétaire, que ce soit un terrain ou une partie de bâtiment.

B. Les parties communes (article 3 loi du 10/07/1965) :

On peut faire une liste non exhaustive des parties de bâtiment ordinairement considérées comme communes :

- les sols, les cours, les jardins, les voies d'accès;
- le gros œuvre du bâtiment, les éléments d'équipement communs y compris les parties de canalisation qui traversent des locaux privatifs;
- les coffres, gaines, têtes de cheminée;
- les locaux de services communs;
- les passages et corridors...

Article 3 loi du 10/07/1965 : « Sont communs les parties des bâtiments affectés à l'usage ou à l'utilité de tous les copropriétaires ou de plusieurs d'entre eux ».

C. Un lot de copropriété

C'est un ensemble formé par **une partie privative** (exemple un appartement, une cave, un parking) et **une quote-part des parties communes**; cette quote-part est définie dans l'état descriptif de division de l'immeuble et s'exprime en **tantièmes**.

D. Le règlement de copropriété (loi mise à jour au 13 décembre 2008)

C'est un **acte écrit obligatoire** qui définit les règles de fonctionnement de la copropriété et détermine les droits et obligations des copropriétaires. On adhère à ce contrat (contrat d'adhésion) dès lors que l'on détient un lot de la copropriété, et ses dispositions s'imposent alors. Ses conséquences sur le plan juridique sont importantes :

- les actions issues de la violation du règlement sont contractuelles (et pas délictuelles).
- le délai de forclusion (délai de prescription) est de 10 ans.

Le règlement de copropriété ne peut en aucun cas déroger à la loi.

Attention

- Les dispositions de la Loi du 10/07/1965 et de son décret de 1967 étant d'ordre public, toute clause contraire du règlement de copropriété est réputée non écrite.

Une copie du règlement de copropriété doit être remise à chaque nouveau copropriétaire lors de la signature de l'acte de vente chez le notaire. Ce document inclut un état descriptif de division.

E. L'État descriptif de division (EDD)

Il a pour but de décrire précisément **les lots et les parties communes** d'un immeuble et de déterminer les quotes-parts de parties communes qui seront afférentes à chacun de ces lots créés. L'EDD comporte :

- la description générale de l'ensemble immobilier (*situation/désignation/composition par niveau*),
- l'énumération et définition des diverses parties communes et des équipements communs,
- la description détaillée des éléments constitutifs de chaque catégorie de parties communes (*générales et spéciales de chaque bâtiment*) et de chaque équipement commun (*chauffage, ascenseur, etc.*),
- la description détaillée de chaque lot privatif et éventuellement des droits de jouissance exclusive s'y attachant (+ sa situation dans l'ensemble immobilier),
- le nombre de tantièmes de copropriété affectés à chaque lot (*quotes-parts de parties communes générales*) en tenant compte de la superficie réelle, de la consistance, de la situation et de tous les éléments susceptibles d'avoir une incidence sur la valeur relative des lots.

3. Éléments de la copropriété

A. Le syndicat des copropriétaires

Cette collectivité regroupe **tous les copropriétaires** de l'immeuble. Le simple fait d'acheter un logement (*ou un local commercial, un local professionnel, un garage, une cave, etc.*) dans une copropriété permet de devenir membre de droit du syndicat. Ce syndicat a un objet très précis, défini par la loi : **la conservation de l'immeuble et l'administration des parties communes**. C'est un **organe décisionnel** puisque c'est le syndicat qui prend les décisions lors de l'AG des copropriétaires.

Attention

- L'Article 14 de la loi du 10 juillet 1965 indique : « L'ensemble des copropriétaires est constitué en un syndicat qui a la responsabilité civile. À ce titre, le syndicat des copropriétaires dispose de certaines capacités qui lui sont propres »

Afin de mener à bien les missions que lui confère la loi, le syndicat des copropriétaires possède la **personnalité morale**. Il est qualifié pour :

- agir en justice ;
- acquérir des biens ;
- vendre des biens ;
- conclure des actes ;
- apporter des modifications au règlement de copropriété.

Pour prendre ses décisions, le syndicat des copropriétaires se réunit en **assemblée générale** et son action s'exerce par l'intermédiaire du **syndic**.

Il possède un patrimoine constitué d'un actif (*principalement des sommes dont les copropriétaires sont redevables au titre des charges*) et d'un passif composé des sommes dues aux prestataires (*travaux commandés, assurances souscrites…*).

Cas particulier d'un Syndicat coopératif

Si le règlement de copropriété le prévoit, les copropriétaires peuvent choisir de s'organiser **en syndicat coopératif**. Ce type d'organisation nécessite que les copropriétaires soient prêts à participer très activement à la gestion de leur immeuble, et qu'il règne entre eux un réel climat de confiance.

Syndicat principal et secondaire

Lorsqu'il est composé de plusieurs bâtiments indépendants, un ensemble immobilier peut être difficile à gérer et la volonté des copropriétaires d'avoir plus d'indépendance dans la gestion de leurs bâtiments peut s'exprimer. Il est alors créé, à côté du syndicat principal, un ou plusieurs autres **syndicats secondaires** (vote en art. 25).

Le syndicat secondaire siégera en AG et votera son budget, ses charges et les travaux à entreprendre ; n'y participeront que les copropriétaires du bâtiment concerné.

Par contre, le syndicat principal conserve son autorité pour les parties communes générales de l'ensemble immobilier, l'administration ou la défense de ses droits.

B. Le conseil syndical

Le conseil syndical assiste le syndic, contrôle sa gestion, vérifie les factures, élabore le budget. Il est élu pour 3 ans maximum à l'article 25 (Majorité absolue). En général, le nombre des conseillers syndicaux est fixé par le règlement de copropriété. Tout copropriétaire peut être candidat, il suffit d'être **copropriétaire, volontaire et bénévole**. Il est cependant judicieux qu'il s'agisse de membres ayant une compétence et résidant dans différents bâtiments ou montées d'escaliers. Un syndic, conjoint, ascendants ou descendants, salarié du syndic, même propriétaire ne **peuvent être élus**.

Pour éviter la dissolution du conseil syndical si 1/4 des sièges est vacant (ventes, décès…), on nomme des **suppléants** qui remplaceront les absents si besoin. Dès l'élection de ses membres, le conseil syndical se réunit pour élire son **président**. Le conseil se rencontre selon une fréquence choisie, en présence ou non du syndic. Il se réunit au moins une fois par an chez le syndic pour préparer l'ordre du jour et les convocations de la prochaine AG. Le conseil peut être mandaté pour certaines tâches. En cas de difficulté (syndic défaillant), le président du conseil syndical peut convoquer une AG.

C. Le Syndic

Quelle que soit sa taille, toute copropriété doit avoir un syndic qui peut être un professionnel ou un copropriétaire, syndic bénévole. (art. 17).

Personne physique ou morale, le syndic professionnel est titulaire de la **carte G** (ou S) et **affilié à une caisse de garantie des fonds qu'il détient**. Il a une **assurance en responsabilité civile**. Le contrat de syndic est adopté en AG et le syndic est élu en art. 25 pour une durée de 1 à 3 ans maximum. Ce contrat ne se renouvelle pas par tacite reconduction et un nouveau contrat devra être présenté aux suffrages. Les honoraires du syndic sont libres mais les prestations minimum offertes dans le contrat sont définies par la loi.

Les missions et rôles du syndic sont multiples et diverses :

- représenter le syndicat des copropriétaires en justice;
- exécuter les décisions prises en AG;
- administrer l'immeuble;
- faire respecter le règlement de copropriété, tenir le carnet d'entretien;
- préparer l'ordre du jour et convoquer les AG, élaborer le budget;
- lancer les appels de fonds;
- assurer la conservation et l'entretien de l'immeuble;
- tenir la comptabilité, gérer les impayés;
- recruter le personnel d'immeuble;
- signer les contrats de travail;
- établir le plan de travail et payer les salaires;
- rendre compte de sa gestion chaque année (quitus au syndic de l'AG);
- souscrire les assurances et contrats divers au nom du syndicat.

Remarque

- La tâche du syndic bénévole est la même que celle du syndic professionnel. Cependant, sa responsabilité ne pourra être recherchée car d'une part il est censé ne pas avoir la connaissance d'un professionnel et d'autre part, il n'est pas couvert par une caisse de garantie.

ENTRAÎNEMENTS

▶ QCM

1. Quelle est la loi de référence qui fixe les statuts des copropriétés bâties ?
a) loi du 10 juillet 1965 b) loi du 13 décembre 2000 c) loi du 29 juin 1938

2. Un lot de copropriété est composé de :
a) une partie commune b) une partie privative c) une quote-part de parties communes

3. À quoi sert l'état descriptif de division ?
a) à répertorier les lots
b) déterminer l'état du bien
c) distinguer les parties privatives des parties communes

4. Où peut-on se procurer l'état descriptif de division ?
a) dans n'importe quelle agence immobilière
b) dans le règlement de copropriété
c) à la conservation des hypothèques

5. Des maisons individuelles sur un terrain commun forment :
a) une copropriété horizontale b) une copropriété verticale

6. Le syndic est élu en l'article 25 lors d'une assemblée générale pour une durée de :
a) 1 à 3 ans b) 2 à 4 ans c) 3 à 5 ans

7. Sont communes les parties des bâtiments affectées à l'usage ou à l'utilité de tous les copropriétaires ou de plusieurs d'entre eux. Soit :
a) le sol b) les ascenseurs c) la cave d) les cloisons
e) les murs porteurs

8. Un copropriétaire peut :
a) faire des travaux importants sans autorisation du syndic
b) faire de petits travaux sans toucher a la structure de l'immeuble sans aucune autorisation
c) laisser son chien errer dans les parties communes
d) laisser des affaires personnelles qui portent atteinte à autrui dans les parties communes

9. Transformer une cour commune en parking entraîne des travaux qui changent la destination des lieux. Quelle majorité doit donc être exigée pour que ces travaux soient votés lors de l'assemblée générale.
a) unanimité b) double majorité c) majorité simple

10. La copropriété est la situation dans laquelle un immeuble appartient :
a) à plusieurs personnes b) à une seule personne

▶ Exercice 1. Approfondissement de la loi du 10 juillet 1965

L'article 1 de la loi du 10 juillet 1965 stipule que « *le statut de la copropriété va s'appliquer à tout immeuble bâti dont la propriété est répartie à plusieurs personnes par lots comprenant chacun une partie privative et une quote-part des parties communes* ».

Travail à faire

1. Ce statut s'applique-t-il sur des immeubles en VEFA ?
2. Qu'est-ce qu'un lot de copropriété ? Expliquez les éléments qui le composent.
3. Distinguez multipropriété et copropriété.
4. Qu'est-ce qu'une division d'un ensemble immobilier en volume ?

5. Comparez copropriété horizontale et lotissement en complétant le tableau ci-dessous.

Caractéristiques	Copropriété horizontale	Lotissement
Comment dénomme-t-on les membres?		
À qui appartient le sol?		
À qui appartiennent les pavillons?		
Existe-t-il obligatoirement des parties communes?		
Quel est l'organe représentatif des membres?		
Qui est propriétaire des parties communes?		
Qui est chargé de veiller à l'entretien des parties communes?		
Quel (s) sont les documents qui fixe(nt) le fonctionnement?		
Comment sont adoptées les décisions?		

▶ Exercice 2. Distinction des parties privatives et des parties communes

Travail à faire

1. Les fenêtres, volets et balcon sont-ils des parties communes ou privatives? Justifiez votre réponse.
2. Le propriétaire d'un appartement en dernier étage de l'immeuble peut-il surélever son appartement en utilisant les combles sous toitures?
3. Distinguez dans le schéma ci-dessous les parties communes, les parties privatives, et les parties qui peuvent être soit communes soit privatives.
4. Qui doit entretenir les parties privatives?
5. Qui a la charge de l'entretien des parties communes?

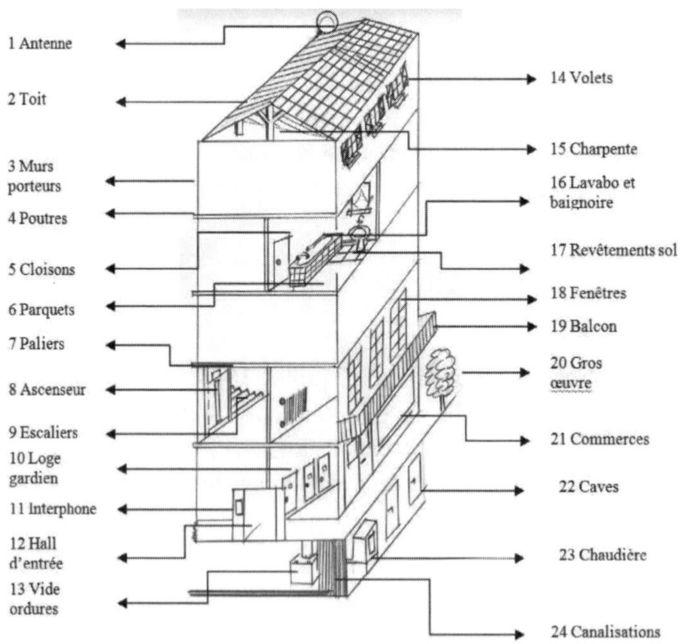

GESTION IMMOBILIÈRE

▶ Exercice 3. Utilisation d'un état descriptif de division

Soit un extrait de l'état de division de la copropriété Ophélie :

N° des lots	Situation	Nature	Tantièmes
1	Sous-sol	Cave	5
2	Sous-sol	Cave	5
3	Sous-sol	Cave	5
4	Sous-sol	Garage	15
5	Sous-sol	Garage	15
6	Sous-sol	Garage	15
7	Rez-de-chaussée	Local commercial	440
8	1er étage	Appartement	250
9	2e étage	Appartement	125
10	2e étage	Appartement	125

Travail à faire

1. Calculez le nombre total de tantièmes de cette copropriété.
2. Si le montant des charges communes générales de copropriété dans le budget prévisionnel s'élève à 25 000 € pour l'année N, calculez le montant de la quote-part annuelle des charges qui revient à M. Jérémie, propriétaire des lots 2, 6 et 9 ?
3. Déduisez-en le montant de son appel de fonds trimestriel.

▶ Exercice 4. Mission de conseil en immobilier

Un client se trouve en phase finale de l'acquisition d'un garage dans une copropriété voisine de son appartement. Il doit signer l'acte authentique dans quatre jours chez le notaire. Il se pose différentes questions et vous demande d'y répondre.

Travail à faire

1. Le vendeur me dit que je serai membre du syndicat des copropriétaires. Je pensais que c'était réservé aux copropriétaires d'appartements. Dois-je adhérer ? Que faut-il faire ?
2. Je suis déjà au syndicat de mon immeuble comme copropriétaire de mon appartement. Est-ce possible d'adhérer à plusieurs syndicats ?
3. À quoi suis-je engagé en entrant dans ce nouveau syndicat ?

Dans l'immeuble où se trouve mon appartement, on me propose de « rentrer » au conseil syndical car il y aura de nouvelles élections à la prochaine assemblée générale.

Travail à faire

4. Est-ce que je peux donner mon accord aujourd'hui ?
5. Comment se déroule cette élection où il y a 7 postes à pourvoir ?
6. Peut-on présenter une liste commune (président + 6 membres) comme pour une élection municipale ?
7. Comment se désigne le président ?
8. Quelles seront mes activités si je fais partie du conseil syndical ?

9. Si je suis élu président, vais-je avoir des obligations, des responsabilités ?
10. Au point de vue salaire, est-ce que la paie est confortable ?

▶ Exercice 5. Destination de biens et règlement de copropriété

La résidence du Val d'Essonne est un petit immeuble de 10 appartements et autant de lots accessoires, qualifiés de celliers ou réserves. Le Syndicat des copropriétaires souhaite protéger l'environnement de qualité de la copropriété du Val d'Essonne, située dans un quartier particulièrement tranquille. On vous fournit ci-dessous l'extrait du règlement de copropriété de la Résidence.

[...] L'immeuble est destiné exclusivement à l'usage d'habitation. L'état descriptif de division dont chaque copropriétaire a eu connaissance et accepté les termes, a même valeur contractuelle que le règlement lui-même, il détermine l'affectation de chaque lot compris dans l'immeuble. [...]L'immeuble devra toujours être habité bourgeoisement. Il ne pourra être exercé aucun commerce ou industrie quelconque, ni profession à l'exception toutefois de professions libérales ne changeant pas la destination des lieux, ne comportant que la réception de visiteurs en nombre limité, usant bourgeoisement des parties communes empruntées et ne nuisant pas à la bonne tenue et à la tranquillité de l'immeuble [...]. [...] Chacun des copropriétaires aura le droit de jouir comme bon lui semble des parties privatives comprises dans son lot, à la condition de ne nuire aux droits des autres copropriétaires et de ne rien faire qui puisse compromettre la sécurité ou la tranquillité de l'immeuble ni porter atteinte à sa destination... [...]

M. Gérard a l'idée de transformer 2 celliers en un studio meublé afin de le louer.
Copropriétaire d'une place de parking en souterrain, M. Albert a posé une armoire métallique au bout de son emplacement de parking (contre le mur), les roues de son véhicule ne dépassant pas les limites de cet emplacement. Un copropriétaire demande au syndic à ce qu'il fasse retirer cette armoire.
Madame Mancuso souhaite acheter un petit studio qui se trouve au rez-de-chaussée de cette copropriété. Elle compte condamner la porte d'entrée de son appartement en y adossant son canapé et envisage d'entrer dans sa partie privative par la porte fenêtre qui donne sur le jardin (après avoir posé un vérou sur cette porte fenêtre).
Vous avez en charge la gestion de cette copropriété et vous vous trouvez confronté à ces situations particulières que l'on vous demande de résoudre.

Travail à faire

1. M. Gérard a-t-il le droit de concrétiser son projet ?
2. Peut-on obliger M. Albert à enlever cette armoire sachant que ni cette armoire ni les roues de mon véhicule ne dépasse de son emplacement ?
3. Mme Mancuso devra-t-elle participer aux frais d'entretien du hall d'entrée, du couloir et des escaliers ? Justifiez votre réponse juridiquement.

▶ Exercice 6. Questionnaire sur le conseil syndical

Travail à faire

1. Tous les syndicats de copropriétaire doivent ils obligatoirement prévoir un conseil syndical ?
2. Quelles sont les personnes qui ne peuvent pas faire partie du conseil syndical ?
3. Un copropriétaire souvent en déplacement souhaiterait que l'un de ses locataires le représente en se portant candidat au conseil syndical. Est-ce possible ?
4. Mme Gérite, copropriétaire (par héritage) vient de se pacser. Son compagnon peut il devenir membre du conseil syndical ?
5. L'assemblée générale des copropriétaires a voté une délégation au conseil syndical : le pouvoir de nommer le syndic et d'en approuver les comptes. Est-ce valable ?
6. Les avis du conseil syndical doivent ils être suivis pas le syndic ?
7. Des malfaçons sont constatées après travaux. Le conseil syndical peut-il se faire mandater par l'assemblée générale en vue de conduire une procédure contre l'entreprise ?

▶ Exercice 7. Réunion du conseil syndical copropriété VILLEROY

Vous travaillez dans un cabinet de SYNDIC pour le compte de la copropriété de VILLEROY. Il s'agit d'une construction très récente et le matériel est en bon état. Devant les augmentations des frais et des charges, le conseil syndical de la copropriété élabore le prochain budget et vous questionne.

M. BERGER : L'immeuble étant neuf, nous sommes sous garantie pendant 10 ans... ce n'est donc pas nécessaire de prendre un contrat d'entretien pour la porte automatique de garage ?

M. DUVAUCHELLE : J'ai entendu parler de la mise aux normes des ascenseurs, sommes-nous concernés ?

M. DUPONT : M. LHORTOLARY est un radio-amateur. Il vient d'habiter dans cet immeuble qui est câblé et donc équipé pour la réception TV. Mais pour émettre, il veut installer une antenne sur le toit-terrasse. M. LHORTOLARY est locataire de M. DUPONT, son bailleur.

M. BERGER : Mon voisin, M. VIRULANT, a acheté une place de parking en sous-sol mais possède deux voitures (une pour lui et une pour sa femme). Sa femme gare sa voiture dans le parking extérieur commun mais quand elle rentre tard, la place est prise. Pour que cette place lui reste disponible en permanence, il a installé un arceau avec cadenas pour se réserver la place. Peut-on agir contre lui ? Comment ?

Travail à faire

1. Répondez à M. BERGER en justifiant votre réponse.
2. Répondez à M. DUVAUCHELLE en justifiant votre réponse.
3. M. LHORTOLARY peut-il charger un copain du club des radios amateurs d'installer une antenne sur le toit à moindre frais ?
4. M. VIRULANT a-t-il le droit d'agir ainsi ? Comment le SYNDIC peut-il réagir ?

Thème 2
La prise de décision en copropriété

Si les décisions relatives à l'entretien courant de l'immeuble incombent entièrement au ***syndic****, l'exécution des gros travaux de réparation doit être au préalable approuvée par les copropriétaires, car elle entraîne des dépenses importantes. Chaque année, chaque copropriétaire est invité à participer à une* ***assemblée générale*** *afin de voter les questions qui sont inscrites à l'ordre du jour.*

4. Convocation à l'assemblée générale (AG)

A. Qui convoque ?

Le **syndic** convoque les copropriétaires à une AG **au moins une fois par an au maximum dans les 6 mois qui suivent l'arrêté des comptes comptables.**

Remarque

- Il peut aussi convoquer les copropriétaires chaque fois qu'il le juge utile pour la bonne administration de l'immeuble.

Le **conseil syndical** ou un ou **plusieurs copropriétaires représentant au moins un quart des voix** peuvent adresser une demande de tenue d'une AG au syndic par LRAR.

Si le syndic tarde trop à envoyer les convocations, une mise en demeure lui est adressée. Le syndic dispose alors de 8 jours pour convoquer l'AG. S'il n'obtempère pas, le président du conseil ou à défaut tout copropriétaire peut alors la provoquer.

En cas de défaillance du conseil syndical, l'assemblée générale peut être provoquée par **tout copropriétaire** dans le cadre d'une **saisine en référé du tribunal de grande instance**.

B. Formes de la convocation à l'AG

La convocation à l'assemblée générale de copropriété doit être **notifiée par écrit** au dernier domicile des copropriétaires, soit par LRAR, soit par remise en mains propres contre récépissé ou émargement, ou également par télécopie avec récépissé.

L'article 42-1 de la loi du 10 juillet 1965, créé par la loi ALUR, prévoit que les notifications et mises en demeure peuvent être faites par voie électronique, avec l'accord exprès des copropriétaires.

C. Délai de la convocation

Sous peine de nullité de l'assemblée, la convocation doit être présentée par le syndic **au moins 21 jours avant la tenue de l'assemblée générale**. C'est un délai minimal, mais il peut être allongé par le règlement de copropriété, ou réduit en cas d'urgence.

D. Contenu de la convocation

Défini par l'article 9 du décret du 17 mars 1967, la convocation doit comporter **le lieu, le jour, l'heure et l'ordre du jour de l'assemblée**. L'ordre du jour doit indiquer, de façon précise, chacune des questions soumises à l'assemblée en sachant qu'il n'est pas possible de statuer sur une question qui n'est pas inscrite à l'ordre du jour.

Les copropriétaires peuvent à tout moment notifier au syndic par LRAR les questions dont ils demandent qu'elles soient inscrites à l'ordre du jour de la convocation de la prochaine assemblée non encore convoquée.

La loi fixe une liste de documents qui sont à adresser en même temps que la convocation selon les décisions portées à l'ordre du jour : le projet de budget présenté avec le comparatif du dernier budget prévisionnel voté pour le vote du budget prévisionnel, ou encore le projet de contrat de syndic chaque fois qu'une élection de syndic doit avoir lieu, etc.

5. Déroulement de l'assemblée générale

A. Établissement de la feuille de présence

La **feuille de présence** est fournie par le syndic et indique les noms et domiciles de chaque propriétaire (et représentant) et son nombre de voix. Elle est signée par chaque personne présente, puis certifiée exacte par le président de l'AG une fois qu'il est élu.

B. Élection du président de l'assemblée

Le **président de l'assemblée** est fréquemment le président du conseil syndical mais ce n'est en aucun cas une obligation. Le rôle du président est de :

- diriger les débats ;
- céder et retirer la parole aux membres de l'assemblée ;
- lire et expliquer les résolutions mises aux voix ;
- appeler au vote sur chaque résolution (vote à main levée ou vote électronique, pas de bulletin secret) ;
- annoncer à haute voix les résultats du vote et les décisions prises.

L'article 22 de la loi du 10 juillet 1965 exclut que le président tienne un double rôle, il ne peut pas s'agir du Syndic. Si le règlement de copropriété le prévoit, on procède à l'élection des **scrutateurs**.

C. Élection du Secrétaire de séance

Le **Syndic** est de droit secrétaire de séance sauf vote contraire de l'assemblée.

D. Le président ouvre la séance

Le président fait voter chaque question inscrite à l'ordre du jour (**et celles-là seulement**) à la majorité requise selon la question.

E. Décompte de voix sur chaque vote

Le président, assisté le cas échéant des scrutateurs et du syndic, **compte les voix POUR, les CONTRE et les ABSTENTIONS et proclame les résultats.**
Le secrétaire consigne les résultats proclamés dans le **procès verbal**.

F. Clôture de la séance

Après que toutes les résolutions à l'ordre du jour aient été votées, le président clôt la séance.
Des questions diverses peuvent faire l'objet de discussions mais ne donnent pas lieu à un vote et à aucune prise de décision.

6. Modalités de prise de décision

A. Droit de vote

Les participants, pour exercer leur droit de vote, doivent justifier d'un titre de propriété sur un lot de copropriété. Quand un bien a plusieurs propriétaires, ceux-ci doivent désigner un « **mandataire** » pour assister et voter à l'assemblée.

B. Mandat de vote

Un copropriétaire peut donner **mandat** à toute personne majeure et capable aux fins de le représenter en AG en son nom et pour son compte :

- Avant la loi Elan, un mandataire ne pouvait recevoir plus de trois pouvoirs et à condition que la somme de ces mandats ne représente pas plus de 5 % des voix de tous les copropriétaires. **Désormais un mandataire pourra recevoir plus de trois délégations de vote si le total des voix dont il dispose lui-même et de celles de ses mandants n'excède pas 10 % des voix du syndicat**.
- Elle permet aussi à des époux copropriétaires de recevoir chacun personnellement des délégations de vote.
- Il est désormais possible à tout mandataire désigné de déléguer son mandat à une autre personne, à condition que cela ne soit pas interdit par le mandat.
- Le syndic qui reçoit des mandats sans indication de mandataire ne peut ni les conserver pour voter en son nom, ni les distribuer lui-même aux mandataires qu'il choisit.
- Enfin, la liste des personnes ne pouvant ni recevoir de mandat pour représenter un copropriétaire, ni présider l'assemblée générale est complétée. Ce sont :
  - le syndic, son conjoint, le partenaire lié à lui par un pacte civil de solidarité, son concubin, les ascendants et descendants du syndic ainsi que ceux de son conjoint ou du partenaire lié à lui par un pacte civil de solidarité ou de son concubin ;
  - les préposés du syndic, leur conjoint, le partenaire lié à eux par un pacte civil de solidarité, leur concubin ;
  - les ascendants et descendants des préposés du syndic ainsi que ceux de leur conjoint ou du partenaire lié à eux par un pacte civil de solidarité ou de leur concubin.

C. Participation et vote aux assemblées

Selon l'article 17-1 A ajouté par la loi ELAN dans la loi du 10 juillet 1965, les copropriétaires peuvent participer à l'assemblée générale par présence physique, par visioconférence ou par tout autre moyen de communication. Le vote électronique permet leur identification.
Les copropriétaires peuvent aussi maintenant voter par correspondance avant la tenue de l'assemblée générale, au moyen d'un formulaire. Les formulaires qui n'indiqueront pas précisément le vote ou exprimant une abstention seront considérés comme des votes défavorables.

Remarque

- Les conditions d'identification des copropriétaires en visioconférence et les mentions du formulaire de vote par correspondance et les modalités de remise au syndic seront définies par décret en Conseil d'État.

7. Règles de majorité

Il existe plusieurs types de majorité, allant de la plus aisée à obtenir (majorité simple) à la plus difficile (unanimité), chacune variant selon l'importance de la résolution en question.

A. La majorité simple dite majorité de l'article 24

La délibération est approuvée lorsqu'elle obtient la majorité des voix exprimées des copropriétaires présents ou représentés c'est à dire lorsque le **nombre de tantièmes POUR est supérieur au nombre de tantièmes CONTRE.**

Nature des votes (art 24)	Exemples de décisions
C'est la majorité par défaut : elle s'applique toutes les fois où la loi ne prévoit pas une majorité différente. Elle est requise pour les décisions concernant la gestion courante de l'immeuble et les travaux d'entretien.	Approbation des comptes de la copropriété Travaux d'accessibilité aux personnes handicapées Exécution de travaux visant à la conservation de l'immeuble et à la préservation de la santé et de la sécurité physique des occupants Modalités de réalisation et exécution des travaux rendus obligatoires en vertu des dispositions réglementaires et législatives ou prescrits par la commune ou l'établissement public de coopération intercommunale

B. La majorité absolue dite majorité de l'article 25

C'est la **majorité des voix des copropriétaires** présents, représentés ou absents. En d'autres termes, la résolution, pour être adoptée, doit recueillir plus de la moitié des tantièmes totaux de la copropriété.

- La passerelle de majorité de l'article 25-1

Dans le cas où une résolution n'est pas approuvée directement à l'article 25, l'article 25-1 dispose que lorsque l'AG a recueilli **au moins le tiers des voix** de tous les copropriétaires composant le syndicat, la même assemblée peut décider à la majorité simple (art 24) en procédant immédiatement à un second vote.

Nature des votes (art 25)	Exemples de décisions
Tous les travaux d'amélioration ou d'adaptation et les travaux nécessités par la mise en place d'une individualisation des fournitures d'eau et d'énergie ou travaux permettant l'économie d'énergie.	Élection ou révocation du syndic de copropriété (cas particulier art 25). Travaux de transformation, addition ou amélioration. Individualisation des contrats de fourniture d'eau. Aménagement de locaux affectés à l'usage collectif. Création de locaux affectés à l'usage collectif.

Attention

- L'article 25-1 de la loi de 1965, n'est pas applicable quand la décision porte sur des travaux de transformation, d'addition, d'amélioration ou d'individualisation des compteurs.

C. La majorité qualifiée dite double majorité ou majorité de l'article 26

Il s'agit d'une double majorité correspondant à la **majorité des membres du syndicat** et représentant **au moins les 2/3 des voix.**

Nature des votes (art 26)	Exemples de décisions
Elle est prévue pour entériner des décisions modifiant profondément le fonctionnement ou l'organisation de la copropriété.	La vente d'une partie commune ne portant pas atteinte à la destination de l'immeuble, La modification du règlement de copropriété portant sur les conditions de jouissance, d'usage et d'administration des parties communes, Les modalités d'ouverture des portes d'accès à l'immeuble, La suppression du poste de concierge ou gardien et la vente de sa loge qui ne porte pas atteinte à la destination de l'immeuble.

Les résolutions qui n'ont pas recueilli cette double majorité peuvent être soumises au vote **d'une nouvelle AG** convoquée par le syndic si elles ont recueilli, lors de la première AG, le vote de la **majorité des membres du syndicat représentant au moins les 2/3 des voix des copropriétaires présents ou représentés.** La nouvelle assemblée générale, pourra alors, à cette même majorité (majorité des membres du syndicat représentant au moins les 2/3 des voix des copropriétaires présents ou représentés) voter les décisions en cause. Cette disposition complexe est importante car elle permet très souvent de sortir de situation de blocage.

D. L'unanimité

L'unanimité est exigée pour tous les travaux portant atteinte aux modalités de jouissance de l'immeuble ou à la modification de la répartition des charges.

Nature des votes	Exemples de décisions
Il s'agit notamment des décisions ayant un impact sur les droits d'un copropriétaire et/ou la destination de l'immeuble.	La vente d'une partie commune, La souscription d'un emprunt au nom du syndicat des copropriétaires (prêt bancaire collectif), La suppression du poste de gardien si elle porte atteinte à la destination de l'immeuble. La modification de la répartition des charges de copropriété.

Remarque

- Si la modification d'une répartition de charges résulte de travaux ou de vente de lot, elle peut être entérinée selon des règles de majorité spécifiques.

E. Cas d'un copropriétaire majoritaire

Un copropriétaire possédant plusieurs lots est considéré comme majoritaire s'il possède un nombre de voix supérieur à la somme des voix des autres copropriétaires. Pour un souci d'équité, la loi du 10 juillet 1965 restreint le nombre de voix maximal du copropriétaire majoritaire à la **somme des voix des autres copropriétaires.**

F. Nouvelles dispositions de la loi ALUR

L'objectif principal de la loi pour l'Accès au Logement et un Urbanisme Rénové (ALUR) en matière de copropriété est de prévenir la dégradation des copropriétés. Ainsi, la loi ALUR impose au syndic de solliciter l'assemblée générale dans plusieurs situations :

- le syndic doit soumettre au vote la décision de **souscrire un contrat d'assurance contre les risques de responsabilité civile** dont le syndicat doit répondre. La loi précise qu'en cas de refus, le syndic pourra passer outre ;
- lorsque le syndic fait voter par l'AG la décision de confier les **archives du syndicat** à une entreprise spécialisée aux frais de ce dernier, la décision est prise à la majorité des voix de tous les copropriétaires (article 25) ;
- sous peine d'inopposabilité au syndicat, le syndic doit soumettre à l'autorisation de l'AG toute **convention passée entre le syndicat et le syndic** ou toute personne ou entreprise liée directement ou indirectement au syndic dont la liste sera fixée par décret (majorité simple).

8. Procès-verbal et contestation des décisions

Sauf décision contraire, le syndic assure le secrétariat de l'assemblée générale et établit le **procès verbal** (article 17 du décret du 17 mars 1967) qui doit contenir

- le texte de chaque décision;
- le résultat de chaque vote tout en précisant les noms des copropriétaires et leurs tantièmes :
  - qui se sont opposés à la décision de l'assemblée,
  - et ceux qui se sont abstenus;
- les réserves éventuellement formulées par les opposants sur la régularité des décisions.

A. Établissement du procès verbal (PV) de l'assemblée générale

Le procès-verbal de l'AG est signé **à la fin de la séance** par les membres du bureau (président + scrutateurs + secrétaire).

B. Inscription du PV au registre des PV

Les procès-verbaux sont inscrits, à la suite les uns des autres, sur un registre spécialement ouvert à cet effet détenu par le syndic. Le PV constitue un **instrument de contrôle et de régularité des délibérations**.

C. Envoi du PV aux copropriétaires opposants ou défaillants

Le syndic doit envoyer le PV de l'AG à chacun des copropriétaires :

- **par lettre recommandée** avec accusé de réception dans un **délai de un mois** suivant la tenue de l'AG aux absents, opposants à certaines résolutions ainsi qu'aux abstentionnistes ayant émis une réserve sur un vote.

Bien que ce ne soit pas obligatoire, le syndic envoie aussi le **PV en lettre simple** aux copropriétaires présents ou représentés ayant approuvé les différentes résolutions.

D. Affichage du procès verbal

La loi SRU rend obligatoire l'affichage dans les parties communes de la copropriété d'un **procès-verbal abrégé** mentionnant les résolutions relatives à l'entretien de la copropriété et aux travaux.

E. Contestation des décisions prises en AG

Seuls les copropriétaires opposants ou défaillants lors de l'AG peuvent engager une action lorsqu'une irrégularité a été commise lors de l'assemblée générale. L'action en nullité est à effectuer dans un **délai de 2 mois** après la réception du PV, devant le tribunal de grande instance. Passé ce délai, toutes les décisions prises deviennent définitives.

Si la contestation est justifiée, le TGI procède à l'annulation de la décision contestée et accorde un dédommagement au copropriétaire ayant mené l'action en nullité de la décision. Si toutefois la contestation n'est pas justifiée, le copropriétaire contestataire peut être amené à s'acquitter de dommages et intérêts.

Décisions concernées

La contestation d'une décision de l'AG ne peut être faite que si cette dernière tend à influer négativement sur les intérêts du copropriétaire contestataire ou sur l'intérêt général de l'ensemble des propriétaires de l'immeuble. L'action en nullité contre une ou plusieurs décisions de l'assemblée générale des copropriétaires est valable dans les cas suivants :

- la décision votée ne fait pas partie de l'ordre du jour;
- elle se révèle discriminatoire à l'endroit d'un ou plusieurs copropriétaires;
- elle va à l'encontre des normes régissant le règlement de copropriété;
- certains principes relatifs à la tenue de la séance n'ont pas été respectés (lieu, délai...).

F. Suspension des travaux votés en AG jusqu'à expiration du délai de contes-tation

Sauf urgence, l'exécution par le syndic des travaux décidés par l'assemblée générale en application des articles 25 et 26 de la loi du 10 juillet 1965 est suspendue jusqu'à l'expiration du délai de deux mois.

ENTRAÎNEMENTS

▶ QCM

1. Quel délai doit respecter l'envoi de la convocation en Assemblée générale des copropriétaires ?

a) minimum 21 jours avant l'assemblée générale
b) minimum 18 jours avant l'assemblée générale
c) minimum 1 mois avant l'assemblée générale
d) Aucun délai n'est imposé

2. Que doivent faire les copropriétaires à leur arrivée en assemblée générale ?

a) signer une feuille présence
b) signaler son arrivée au conseil syndical
c) s'installer directement

3. Que doit contenir la convocation en AG ?

a) l'ordre du jour
b) la date de l'AG
c) l'heure de l'AG
d) les annexes
e) la délégation de pouvoir

4. Qui peut représenter un copropriétaire absent ?

a) n'importe qui
b) une personne majeure qui détient un pouvoir écrit
c) le fils de la voisine âgé de 17 ans
d) la secrétaire du syndic
e) un autre copropriétaire désigné lors de l'AG

5. Que vote-t-on en AG ?

a) les résolutions inscrites dans le procès verbal
b) les résolutions inscrites à l'ordre du jour
c) toutes les questions posées par les copropriétaires lors de l'AG

6. Que doit faire un copropriétaire en retard en assemblée générale ou parti en avance ?

a) arriver ou partir discrètement
b) signaler au président de l'assemblée son retard ou son impossibilité de rester jusqu'à la fin de la séance.
c) indiquer sur la feuille de présence ses horaires de départ ou d'arrivée.

7. Combien de délégations de votes (ou de voix) un copropriétaire peut-il détenir ?

a) 2 délégations de votes en plus de la sienne
b) 3 délégations de votes plus la sienne
c) minimum 5 % des voix du syndicat
d) maximum 5 % des voix du syndicat

8. À qui le procès verbal doit il être envoyé obligatoirement ?

a) à tous les copropriétaires
b) aux copropriétaires représentés
c) aux copropriétaires opposants
d) aux absents non représentés lors de l'assemblée générale

9. Où doit se dérouler l'AG ?
   a) n'importe où
   b) dans les locaux du syndic
   c) dans la ville du syndic
   d) dans la ville de la copropriété
10. Qui peut décider de contester les décisions de l'assemblée générale de copropriété ?
   a) tous les copropriétaires
   b) les copropriétaires absents au vote
   c) les copropriétaires non représentés
   d) les copropriétaires opposés à la résolution prise

▶ Exercice 8. Majorité requise selon les résolutions

On vous fournit l'objet de différentes résolutions.

Travail à faire

1. Complétez les cellules grisées du tableau suivant en caractérisant chacune des décisions pour justifier la majorité exigée pour les adopter.

LA PARTIE GRISÉE DU TABLEAU PERMET A L'ÉTUDIANT DE REPÉRER CE QU'IL DOIT COMPLÉTER.

Décisions à prendre	Caractéristiques	Majorité exigée
1. Contrat d'entretien. Frais de vérification des ascenseurs.	Travaux d'entretien courant.	**Majorité simple art 24**
2. Installation d'un ascenseur aux frais de tous.	Travaux d'amélioration.	
3. Mise en conformité avec les normes de sécurité.	Réalisation de travaux obligatoires.	
4. Changement d'une antenne télé pour vétusté		
5. Calorifugeage des canalisations.	Travaux d'économie d'énergie Amortissables sur plus de 10 ans	
6. Création d'un chauffage collectif.		
7. Suppression du chauffage central	Travaux portant atteinte aux modalités de jouissance de l'immeuble.	
8. Approbation des comptes		
9. Nomination ou révocation du conseil syndical.		
10. Pose de compteurs d'eau froide divisionnaires	Depuis la loi SRU	
11. Achat et pose de minuterie d'éclairage.	Travaux d'économie d'énergie amortissables sur moins de 10 ans	
12. Suppression pure et simple du poste de gardien.	Dans un immeuble de grand standing	
13. Suppression du poste et remplacement par un autre service collectif.		
14. Transformer une cour commune en parking.	Travaux changeant la destination des lieux.	
15. Pose de plaques ou enseignes publicitaires.	Autorisation donnée à certains copropriétaires de faire des travaux à leurs frais.	
16. Ravalement à l'initiative des copropriétaires car l'immeuble est en mauvais état.		

Décisions à prendre	Caractéristiques	Majorité exigée
17. Ravalement à l'initiative des copropriétaires mais l'immeuble est en bon état.		
18. Ravalement imposé par la municipalité	Injonction administrative.	
19. Établissement, modifications d'administration du règlement de copropriété (RC)	Concernant la jouissance, l'usage ou l'administration des parties communes	
20. Modifications en profondeur du RC	Touchant la destination des parties privatives ou aux modalités de leur jouissance	
21. Toutes modifications du RC	Tendant à mettre le règlement en conformité avec les dispositions légales	
22. Rampes et élargissement des voies d'accès.	Travaux d'accessibilité de l'immeuble aux handicapés moteurs.	

▶ Exercice 9. Le droit de vote

La copropriété BEAUSOLEIL comportant 1 000 millièmes est en réunion d'AG. M. Copro détenant 550 millièmes est présent ; les autres copropriétaires présents ou représentés comptent 250 voix.

Travail à faire

1. Résumez les règles relatives au poids des votes de chaque copropriétaire lors de l'AG.
2. Jusqu'à quand un copropriétaire peut-il changer d'avis concernant son vote ?
3. Le nombre de voix de M. Copro doit-il être réduit ?
4. Si une résolution doit être décidée à la majorité de l'article 24, comment doit être calculée cette majorité si aucun copropriétaire ne s'abstient lors de L'AG ?

▶ Exercice 10. La majorité simple de l'article 24

La copropriété BEAUSOLEIL comporte 26 copropriétaires représentant 1 000 millièmes. On vous demande de calculer le nombre de tantièmes nécessaires pour qu'une résolution soit adoptée à **l'article 24** dans différents cas.

Travail à faire

1. Donner des exemples de décisions prises à la majorité simple de l'article 24.
2. Quel est le nombre de tantièmes POUR nécessaires si tous les copropriétaires viennent et votent ?
3. Quel est le nombre de tantièmes POUR nécessaires si 800 millièmes sont présents ou représentés et qu'ils votent tous POUR ou CONTRE ? (aucune abstention)
4. Quel est le nombre de tantièmes POUR nécessaires si 800 millièmes sont présents ou représentés mais que certains copropriétaires (80 millièmes) s'abstiennent ?

▶ Exercice 11. La majorité absolue de l'article 25

La copropriété BEAUSOLEIL comporte 26 copropriétaires représentant 1 000 millièmes. On vous demande de calculer le nombre de tantièmes nécessaires pour qu'une résolution soit adoptée à **l'article 25** dans différents cas.

Travail à faire

1. Comment se calcule une majorité de l'article 25 ?
2. Quelles décisions sont prises à la majorité de l'article 25 ?
3. Quel est le nombre de tantièmes POUR nécessaires si tous les copropriétaires viennent et votent ?
4. Quel est le nombre de tantièmes POUR nécessaires si 800 millièmes sont présents ou représentés et qu'ils votent tous POUR ou CONTRE (personne ne s'abstient) ?
5. Quel est le nombre de tantièmes POUR nécessaires si 800 millièmes sont présents ou représentés mais que certains copropriétaires (80 millièmes) s'abstiennent ?
6. Que se passe-t-il si une résolution devant être votée à la majorité de l'article 25 n'obtient pas la majorité requise ?

▶ Exercice 12. La double majorité de l'article 26 et l'unanimité.

Dans une copropriété comportant 1 000 millièmes et 13 copropriétaires, une décision à **l'article 26** doit être adoptée.

Travail à faire

1. Pourquoi qualifie-t-on la majorité de l'article 26 de double majorité ?
2. Quelle sera la majorité requise ?
3. Dans quel cas une seconde assemblée peut-être convoquée ?
4. Lors de cette 2e assemblée, quelles seront les conditions de vote de la résolution ?
5. Pour quels types de décisions l'unanimité est-elle requise ?
6. En quoi les modalités de vote rendent ce type de décision difficile à prendre ?

▶ Exercice 13. Extrait sujet examen GESTION 2014 – Copropriété Le village Aveyronnais – Syndic TRANSIMMO

Votre agence TRANSIMMO est syndic de la copropriété « Le village Aveyronnais » située à Villefranche- de-Rouergue (12). L'assemblée générale annuelle de la copropriété doit avoir lieu le 12 octobre 2014.

Monsieur CHARVET le président du conseil syndical vous a contacté, pour que puisse se dérouler comme chaque année, la réunion du conseil, préparatoire à l'assemblée générale. Traditionnellement cette réunion se déroule dans les locaux du syndic, mais cette année Monsieur CHARVET se demande s'il ne faudrait pas changer ces habitudes. Il s'est en effet entretenu avec Monsieur TIMÉO un autre copropriétaire, qui affirme qu'étant donné les rôles respectifs du conseil syndical et du syndic, les réunions du premier ne peuvent avoir lieu dans les locaux du second.

Monsieur TIMÉO est très remonté contre TRANSIMMO, qu'il accuse de mal exécuter sa mission.

Annexes fournies :

- Annexe 1 : Arrêt de cassation 3e chambre civile, 2 mars 2011
- Annexe 2 : Références juridiques
- Annexe 3 : Convocation à l'assemblée générale
- Annexe 4 : Feuille d'émargement
- Annexe 5 : Tableau d'analyse des résultats à compléter

Travail à faire

1. Définissez la mission du conseil syndical.
2. Expliquez les raisons du litige entre les parties.
3. Expliquez la décision de la Cour de Cassation.

4. Rédigez une brève réponse argumentée à la question de Monsieur CHARVET.
5. À l'aide de vos connaissances et de l'annexe 2 répondez aux questions suivantes en rappelant au préalable les règles de droit applicables :
   - Monsieur TIMÉO peut-il convoquer lui-même une assemblée générale ?
   - À quelles conditions pourra-t-il obtenir la révocation du syndic ?

Suite à la réunion avec le conseil syndical un projet de convocation (annexe 3) a été rédigé par Monsieur LANCIT, stagiaire au sein de votre cabinet. Avant édition de cette convocation sur papier à en tête de l'agence portant toutes les mentions légales requises, ce projet vous est soumis.

Travail à faire

6. Indiquez à Monsieur LANCIT les erreurs et les omissions que vous remarquez dans la lettre de convocation de l'assemblée générale qu'il a rédigée. Justifiez vos réponses.

L'assemblée générale régulièrement convoquée a bien eu lieu.

Toutes les résolutions ont été votées à l'unanimité des copropriétaires présents ou représentés, à l'exception de :

- celles relatives à la reconduction de votre mandat de syndic et à votre quitus pour lesquelles Monsieur TIMÉO s'est opposé et Madame NUICOVI s'est abstenue.
- l'installation d'un ascenseur pour laquelle les copropriétaires ABSALOM, TIMÉO et NUICOVI se sont opposés.

Monsieur LANCIT vous demande de l'aide, il pensait avoir bien compris le tableau d'analyse des résolutions le jour de la tenue de l'assemblée générale, mais il n'est plus très sûr. Vous décidez de prendre le temps de lui réexpliquer les modalités de vote relatives aux résolutions n° 7, 8 et 12.

Travail à faire

7. Vous complétez l'annexe 5 (à rendre avec la copie).
8. Vous rappelez au stagiaire les définitions des majorités des articles 24, 25 et 26 de la loi du 10 juillet 1965.
9. Vous lui expliquez pour chacune des trois résolutions le calcul du nombre des voix nécessaires pour l'adoption.
10. Pour celle(s) non adoptée(s) vous lui indiquez si un second vote est possible, pourquoi et à quel moment.

Annexe 1. Cass. 3e civ., 2 mars 2011

Sur le premier moyen :

Attendu que la SCI Imezzo fait grief à l'arrêt de la débouter de sa demande d'annulation du point 4 de la décision IX de l'assemblée générale des copropriétaires qui rejetait sa demande de faire interdiction au conseil syndical de tenir ses réunions dans les locaux du syndic et en sa présence, alors, selon le moyen que dans tout syndicat de copropriétaires, un conseil syndical assiste le syndic et contrôle sa gestion ; qu'en outre, il donne son avis au syndic ou à l'assemblée générale sur toutes questions concernant le syndicat, pour lesquelles il est consulté ou dont il se saisit lui-même ; qu'il peut prendre connaissance, et copie, à sa demande, et après en avoir donné copie au syndic, de toutes pièces ou documents, correspondances ou registres se rapportant à la gestion du syndic et, d'une manière générale, à l'administration de la copropriété ; que le syndic ne peut être membre du conseil syndical ; que celui-ci doit donc pouvoir jouer pleinement son rôle de contrôle de la gestion du syndic et être en mesure de le faire effectivement, en sorte qu'en cas d'anomalie ou de difficulté grave, il n'hésite pas à convoquer l'assemblée générale conformément à l'article 8 du décret du 17 mars 1967 ; que par suite, en s'abstenant de rechercher, ainsi qu'elle y était invitée, si le fait que toutes les réunions du conseil syndical se déroulent chez le syndic et en présence de celui-ci n'étaient pas de nature à priver le conseil syndical de toute efficacité dans le fonctionnement de la copropriété, la Cour d'appel a privé son arrêt de base légale au regard de l'article 21 de la loi du 10 juillet 1965 ;

Mais attendu qu'ayant retenu à bon droit que, si l'article 21 de la loi du 10 juillet 1965 interdit au syndic de faire partie du conseil syndical, aucun texte ne s'oppose à ce qu'il assiste aux séances et énoncé que la mission du conseil syndical était d'assister et de contrôler la gestion du syndic et de donner son avis sur toutes les questions concernant le syndicat, la Cour d'appel, qui n'était pas tenue de répondre à des conclusions que ses constatations rendaient inopérantes, a légalement justifié sa décision [...]
PAR CES MOTIFS : REJETTE le pourvoi [...].

Annexe 2. Références juridiques

Décret du 17 mars 1967

Article 7 : Dans tout syndicat de copropriété, il est tenu, au moins une fois chaque année, une assemblée générale des copropriétaires. Sous réserve des dispositions prévues aux articles 8 (alinéas 2 et 3), 47 et 50 du présent décret, l'assemblée générale est convoquée par le syndic. [...]

Article 8 : La convocation de l'assemblée est de droit lorsqu'elle est demandée au syndic soit par le conseil syndical, s'il en existe un, soit par un ou plusieurs copropriétaires représentant au moins un quart des voix de tous les copropriétaires, à moins que le règlement de copropriété ne prévoie un nombre inférieur de voix. La demande, qui est notifiée au syndic, précise les questions dont l'inscription à l'ordre du jour de l'assemblée est demandée.
Dans les cas prévus au précédent alinéa, l'assemblée générale des copropriétaires est valablement convoquée par le président du conseil syndical, s'il en existe un, après mise en demeure au syndic restée infructueuse pendant plus de huit jours. [...]

Article 10 : À tout moment, un ou plusieurs copropriétaires, ou le conseil syndical, peuvent notifier au syndic la ou les questions dont ils demandent qu'elles soient inscrites à l'ordre du jour d'une assemblée générale. Le syndic porte ces questions à l'ordre du jour de la convocation de la prochaine assemblée générale. Toutefois, si la ou les questions notifiées ne peuvent être inscrites à cette assemblée compte tenu de la date de réception de la demande par le syndic, elles le sont à l'assemblée suivante. [...]

Cass. Civ. 3e, 27 avril 1988

[...] Malgré la durée prévue, le mandat de syndic peut être révoqué à tout moment [...].

Annexe 3. Convocation à l'assemblée générale

TRANSIMMO
12, avenue du Maréchal Joffre
12 200 Villefranche-de-Rouergue

[Mme ou M. ____________]
[____________________]
[____________________]

Villefranche-de-Rouergue, le 10 septembre 2014

Objet : convocation assemblée générale
Référence : 123456/DE

Madame, Monsieur,
L'assemblée générale de la copropriété « Le village aveyronnais », 13 route de Peyrusse le roc, 12 200 Villefranche-de-Rouergue aura lieu le 12 octobre 2014 à partir de 19 h 30 dans nos locaux.
Nous pourrons débattre sur les résolutions suivantes :
Résolution 1 – Élection du président de séance
Résolution 2 – Élection du secrétaire de séance
Résolution 3 – Élection des scrutateurs
Résolution 4 – Rapport du conseil syndical
Résolution 5 – Approbation des comptes arrêtés au 31 mars 2014
Résolution 6 – Approbation du budget pour le prochain exercice
Résolution 7 – Quitus donné au syndic
Résolution 8 – Renouvellement du contrat de syndic pour un an
Résolution 9 – Élection des membres du conseil syndical pour cinq ans
Résolution 10 – Autorisation donnée au syndic d'ouvrir un compte bancaire ou postal séparé au nom de la copropriété
Résolution 11 – Autorisation donnée à Mme Constantin de changer le papier-peint de son appartement
Résolution 12 – Installation d'un ascenseur dans l'immeuble
Résolution 13 – Questions diverses (travaux de remplacement des boites aux lettres...).

Il est possible de vous faire représenter lors de l'assemblée générale par le copropriétaire de votre choix.
Tous les documents relatifs aux résolutions mises à l'ordre du jour, vous seront présentés lors de l'assemblée.
Veuillez agréer Madame, Monsieur l'expression de nos salutations distinguées.

[Signature]

Annexe 4. Feuille d'émargement

Lots	Nom du copropriétaire	Tantièmes	Signature	Mandataires
1	Clari	47		
2	Guillevic	72		Charvet
3	Charvet	85	Charvet	
4	Absalom	122	Absalom	
5	Mechouar	58	Mechouar	
6	Timéo	92	Timéo	
7	Fuertes	101		
8	Dasul	50		
9	Nuicovi	154	Nuicovi	
10	Halemao	64		
11	Seirine	71	Seirine	
12	Liocas	84		Seirine
		1000		

Annexe 5. Tableau d'analyse des résolutions (à rendre avec la copie)

Résolutions	Présents/ représentés		Abstentionnistes		Opposants		Type de majorité et article correspondant	Nombre de voix nécessaires (1)	Nombre de voix obtenues (1)	Résolutions adoptées (oui ou non)	Second vote (oui ou non ou sans objet).
	Nombre de copropriétaires	Tantièmes	Nombre de copropriétaires	Tantièmes	Nombre de copropriétaires	Tantièmes					
N° 5 Approbation des comptes	8	738	0	0	0	0	Maj simple Art 24	370 tantièmes	738 tantièmes	Oui	Sans objet
n° 7 : Quitus	8	738	1	154	1	92					
n° 8 : Renouvellement du mandat du syndic	8	738	1	154	1	92					
n° 12 : Installation d'un ascenseur	8	738	0	0	3	368					
(1) Nombre de tantièmes et éventuellement nombre de copropriétaires.											

▶ Exercice 14 : Extrait sujet examen GESTION 2015 – Copropriété LE SAINT AUBIN – Agence des Vignes

À l'occasion de l'assemblée générale de la copropriété LE SAINT AUBIN du vendredi 27 mars 2016, plusieurs missions vous ont été confiées.

Vous disposez des annexes suivantes :

Annexe 01 : Extrait du résultat des votes à l'assemblée générale.

Annexe 02 : Extrait des projets de résolutions.

Annexe 03 : Documentation juridique

Travail à faire

1. Les convocations ont été envoyées par LRAR le 3 mars 2016. Ce délai vous paraît-il suffisant ? Justifiez votre réponse.
2. L'un des copropriétaires est un majeur sous tutelle. À qui avez-vous adressé la convocation ?
3. Quel est le résultat du vote des résolutions n°3 et n°5 ? Justifiez votre réponse par le calcul en rappelant la majorité requise pour chacune de ces résolutions. Précisez les conséquences juridiques du résultat du vote de la résolution n°3 ?
4. Rédigez le procès verbal de l'assemblée générale concernant la résolution n°3.
5. Établissez la liste des copropriétaire(s) auxquels vous devez adresser le procès-verbal de l'assemblée générale par lettre recommandée avec accusé de réception. Justifiez votre réponse au regard du résultat des votes aux résolutions n°3 et n°5.
6. Madame Kopf, propriétaire du lot n°3, est arrivée en retard à l'assemblée générale, juste après le vote de la résolution n°2. Quelles dispositions devez-vous prendre en tant que syndic pour tenir compte de cette arrivée ?
7. À la fin de l'assemblée générale, M FAIVELEY, copropriétaire (lot n°9), vient vous demander des informations. En effet, il veut réunir une des chambres de son appartement avec le salon pour faire un vaste espace de vie. La séparation entre le salon et la chambre est un mur porteur. En vous aidant de l'annexe 13, énoncez quels conseils juridiques et techniques vous devez lui donner.

Annexe 1 : Extrait du résultat des votes à l'assemblée générale

Numéros de lots	Nom des copropriétaires	Tantièmes charges générales	Tantièmes charges ascenseur	Résolution n°3	Résolution n°5
1	M et Mme CLAIRET	72	0	Abstention	oui
2	M BEDEL	23	0	Non	oui
3	Mme KOPF	98	0	Non	oui
4	M BOUSCAU	31	4 918	Absent non représenté	Absent non représenté
5	Mme BOISSET	111	1 755	Non	oui
6	M ALAYAN	97	14 336	Abstention	oui
7	Mme FOURTET	123	1 116	Oui	oui
8	M HEBINGER	29	4 255	Non	oui
9	M FAIVELEY	165	23 225	Abstention	Abstention
10	Mme CUILLERON	118	17 563	Abstention	Non
11	Mme LEJEUNE	58	9 523	Abstention	Non
12	M et Mme JOBLOT	75	1 309	Abstention	Abstention
Total tantièmes des lots		1 000	78 000		

Annexe 2 : Extrait des projets de résolutions

Résolution n° 3 : Quitus à donner au syndic.

L'assemblée générale donne quitus au syndic, l'agence des Vignes, pour l'ensemble de ses actes de gestion au cours de l'exercice courant du 01/01/2015 au 31/12/2015.

Résolution n° 5 : Élection du syndic.

L'assemblée générale élit l'agence des Vignes en tant que syndic dans le cadre de l'article 28 du décret du 17 mars 1967 pris en application de la loi du 10 juillet 1965 et ce, pour une durée de 1 an et missionne le(a) président(e) pour signer le contrat de syndic.

Annexe 3 : Extraits de la loi du 10 juillet 1965

Article 3

Sont communes les parties des bâtiments et des terrains affectées à l'usage ou à l'utilité de tous les copropriétaires ou de plusieurs d'entre eux.

Dans le silence ou la contradiction des titres, sont réputées parties communes :

- le sol, les cours, les parcs et jardins, les voies d'accès ;
- le gros œuvre des bâtiments, les éléments d'équipement commun, y compris les parties de canalisations y afférentes qui traversent des locaux privatifs ;
- les coffres, gaines et têtes de cheminées ;
- les locaux des services communs ;
- les passages et corridors. [...]

Article 25

Ne sont adoptées qu'à la majorité des voix de tous les copropriétaires les décisions concernant : [...]

b) L'autorisation donnée à certains copropriétaires d'effectuer à leurs frais des travaux affectant les parties communes ou l'aspect extérieur de l'immeuble, et conformes à la destination de celui-ci [...]

Extrait du décret du 17 mars 1967, Article 10

A tout moment, un ou plusieurs copropriétaires, ou le conseil syndical, peuvent notifier au syndic la ou les questions dont ils demandent qu'elles soient inscrites à l'ordre du jour d'une assemblée générale. Le syndic porte ces questions à l'ordre du jour de la convocation de la prochaine assemblée générale. [...]

[...] Lorsque le projet de résolution porte sur l'application [...] du b de l'article 25 de la loi du 10 juillet 1965, il est accompagné d'un document précisant l'implantation et la consistance des travaux.

Thème 3
Le suivi administratif, technique et comptable de la copropriété

Le syndic ***administre l'immeuble au nom des copropriétaires****.*
Il conserve l'ensemble des documents relatifs à la copropriété, met à jour le carnet d'entretien, gère le personnel, la comptabilité et respecte les normes légales de présentation des comptes-rendus de sa gestion.

9. Tenue du carnet d'entretien de l'immeuble

La tenue du carnet d'entretien est un acte de gestion courante qui ne doit pas donner lieu à rémunération supplémentaire pour le syndic.

A. Contenu du carnet d'entretien

Ce document répertorie un certain nombre d'informations techniques relatives à la maintenance et aux travaux effectués dans l'immeuble. On y trouve :

- l'adresse de l'immeuble ;
- l'identité du syndic en exercice ;
- les références des contrats d'assurance avec leurs dates d'échéance ;
- l'année de réalisation des gros travaux et l'identité des entreprises qui ont réalisé ces travaux ;
- la référence des éventuels contrats d'assurance dommage-ouvrage dont la garantie est en cours ;
- les références des contrats d'entretien et de maintenance des équipements communs (ascenseur, chaudière...) avec leur date d'échéance ;
- l'échéancier du programme pluriannuel de travaux éventuellement décidé en assemblée générale.

Remarque

- Toute copropriété souscrit en particulier une assurance collective multirisque pour les parties communes, afin de couvrir à la fois les dommages éventuellement subis par l'immeuble, et la responsabilité civile du syndicat des copropriétaires.

En présence d'un ou plusieurs syndicats secondaires, le syndic doit établir et tenir à jour un carnet d'entretien pour chacun d'entre eux, en plus d'un carnet d'entretien pour les parties communes à l'ensemble des syndicats.

B. Actualisation du carnet d'entretien

Le carnet d'entretien doit également mentionner toutes les informations complémentaires que les copropriétaires décident d'y faire figurer lors d'un vote en assemblée générale (majorité simple).

La loi Alur prévoit d'annexer au carnet d'entretien un diagnostic global de l'immeuble à partir du 1er janvier 2017 dont la réalisation sera aux frais des copropriétaires.

C. Consultation du carnet d'entretien

Une copie du carnet d'entretien peut être remise par le syndic de copropriété à tout copropriétaire qui en fait la demande, aux frais de ce dernier. Le montant de ce service est libre et doit figurer au sein du contrat de syndic.

Lors de la **cession d'un bien en copropriété**, une disposition de la loi Alur impose au vendeur de produire, en plus d'autres éléments, le **carnet d'entretien**.

Thème 3 10. Gestion du personnel de copropriété

La gestion du personnel du syndicat des copropriétaires (gardien ou employé d'immeuble) relève de son représentant légal, le syndic, obligation découlant de l'article 31 du décret du 17 mars 1967.

A. Les responsabilités respectives des parties

- Le syndicat des copropriétaires est **l'employeur**, responsable légal du salarié. Le syndicat paie le salaire et les charges.
- L'assemblée générale est **l'organe de décision**. C'est à travers cette instance que le syndicat fixe le nombre et la catégorie des salariés.
- Le syndic est le **mandataire de l'employeur**. Il représente le syndicat des copropriétaires, dont il reçoit délégation pour la gestion de toutes les opérations administratives relatives à la gestion du personnel (engager, congédier, régler salaires et charges, et, de manière générale, assumer toutes obligations légales et sociales...).
- Le conseil syndical **assiste et contrôle la gestion du syndic**. Le syndic n'étant pas présent dans la copropriété, le Conseil syndical peut désigner un de ses membres comme correspondant auprès des salariés.

B. Les catégories d'emploi et les classifications

Les salariés des copropriétés relèvent de la **Convention collective nationale du travail des gardiens, concierges et employés d'immeubles du 11 décembre 1979** qui distingue 2 catégories :

- **catégorie A Employé d'immeuble** : le salarié travaille dans un **cadre horaire** dont le temps complet correspond à **35 heures par semaine** (151,67 h/mois) ;
- **catégorie B Gardien concierge** : le salarié bénéficie obligatoirement d'un **logement de fonction** et sa rémunération se calcule en référence à des tâches évaluées **en UV (unités de valeur), pour 10 000 UV/mois pour un temps plein**. La grille des tâches affectées avec le décompte des UV correspondantes doit être annexée au contrat de travail.

Les salariés de catégorie A et B sont classés selon 6 niveaux hiérarchiques du niveau 1 coefficient 365 (quand l'employé exécute des tâches simples selon des consignes précises ne nécessitant pas de connaissances particulières) au niveau 6 coefficient 410 (pour un agent de maîtrise qui accomplit des travaux administratifs ou techniques en gardant une certaine initiative sur le choix des moyens à mettre en œuvre).

C. Le salaire conventionnel

Le salaire conventionnel fixe la rémunération brute mensuelle minimum pour un emploi à temps plein.

Après 1 an de présence, le salarié bénéficie d'un **13e mois** versé en décembre.

La **prime d'ancienneté** est calculée sur la base du salaire conventionnel au prorata du nombre d'années d'ancienneté.

D. Les conditions de travail

Le **repos hebdomadaire** est au minimum de 1,5 jour consécutif, incluant le dimanche.

L'employeur fournit les **équipements de protection** nécessaires pour l'exécution des tâches (gants, chaussures de sécurité...).

Le salarié bénéficie de **2,5 jours ouvrables de congés payés** par mois de travail effectif.

E. Spécificités de la catégorie B Gardien concierge

Les contrats signés depuis le 1° janvier 2003 ne peuvent pas prévoir d'astreinte de nuit. Pour les contrats antérieurs, l'indemnité d'astreinte de nuit est maintenue sans contrepartie.

Le montant de l'avantage en nature correspondant au logement de fonction dépend de la catégorie du logement et de sa surface (exclusivement la surface réservée à l'habitation).

Le montant de l'avantage en nature est plafonné à **180 € (60 m²)**.

La réfection du logement de fonction (peintures, revêtements muraux) incombe à l'employeur.

11. Gestion comptable

La gestion comptable de la copropriété répond à des objectifs spécifiques inhérents au statut particulier défini par la loi du 10 juillet 1965. Outre les fonctions classiques, citons notamment :

- la détermination de la contribution de chaque copropriétaire aux charges, en fonction de ses lots et des « clés de répartition » associées, définies au règlement de copropriété ;
- la présentation des comptes annuels aux copropriétaires sous une forme leur permettant de se déterminer sur l'approbation des comptes et sur les budgets prévisionnels présentés.

A. Les obligations légales

Le **Décret d'application n° 2005-240 du 14 mars 2005** apporte des avancées significatives vers une harmonisation des modalités de gestion comptable :

- l'adoption d'un **plan comptable réglementé** ;
- la tenue d'une **comptabilité d'engagement** (enregistrement chronologique des opérations, et imputation des charges par période concernée et non à la date du règlement) ;
- la séparation des comptes de gestion courante, associés au vote d'un budget annuel, et ceux de chacun des travaux, faisant l'objet d'une décision spécifique de l'AG ;
- l'adoption d'un **modèle unique de présentation des comptes en AG**, afin d'améliorer leur lisibilité et leur suivi (cf. fiche XII Annexes 1 à 5).

Remarque

- Ces dispositions ne sont pas obligatoires pour les petites copropriétés (moins de 10 lots et budget annuel inférieur à 15 000 €).

B. Les missions du syndic

Dans le cadre de sa mission légale, le syndic est responsable de l'ensemble des opérations comptables :

- **tenue de la comptabilité de la copropriété tout au long de l'année** : les opérations sont enregistrées quotidiennement, dès connaissance de la date comptable de chaque pièce (exemple date de facture) et non lors de leur règlement ;
- **clôture des comptes en fin d'exercice** : à la date de fin d'exercice, le syndic procède à la révision des comptes. Cela consiste à éditer les documents comptables, à corriger les éventuelles anomalies et à enregistrer les écritures de répartition des charges sur les exercices adéquats (comptabilité d'engagement). La clôture des comptes fige les écritures et garantit l'intangibilité des enregistrements ;
- **présentation des comptes à l'assemblée générale** : la synthèse des comptes est éditée en utilisant obligatoirement les modèles prédéfinis. Après vérification par le conseil syndical, le syndic joint ces documents à la convocation à l'assemblée générale adressée à chaque copropriétaire ;
- **Reddition des comptes (répartition par copropriétaire)** : quand les comptes sont approuvés par l'AG, le syndic répartit entre les copropriétaires, **selon les tantièmes détenus et les clés de répartition définies dans le règlement de copropriété**, la différence entre le budget prévisionnel de l'exercice et le montant des charges réelles constatées.

C. Le recouvrement des charges impayées

Lorsqu'un copropriétaire ne paye pas ses charges dans les délais qui lui sont impartis, le syndic doit engager les démarches nécessaires en vue du recouvrement des sommes impayées. Le processus de recouvrement comporte plusieurs étapes : simple lettre de rappel, mise en demeure, procédure judiciaire.

Remarque

- Concernant les charges courantes impayées votées dans le cadre du budget prévisionnel, les provisions sur charges à venir (correspondant aux trimestres suivants) deviennent également exigibles si le copropriétaire défaillant ne régularise pas sa situation dans les 30 jours.

Attention

- Les impayés de charges doivent être réclamés dans un délai de 10 ans car au-delà, la dette s'éteint.

Le syndic n'a besoin d'aucune autorisation de l'assemblée générale pour poursuivre le copropriétaire défaillant, sauf si une saisie immobilière s'impose.

À l'issue du jugement, le propriétaire défaillant peut être condamné :

- au remboursement des charges impayées ;
- au versement **d'intérêts de retard** au taux légal (ces intérêts courent à compter de la mise en demeure adressée au copropriétaire défaillant) ;
- au versement d'**indemnités** supérieures aux intérêts de retard au taux légal si le règlement de copropriété le prévoit (clause pénale).

Tous les frais de procédure engagés par le syndic de copropriété sont à la charge du copropriétaire défaillant sauf si le tribunal juge que la situation économique du copropriétaire l'en exonère.

12. États normalisés de synthèse des comptes

Le décret de 2005 décrit la présentation et le contenu des 5 Annexes adressées aux copropriétaires avec la convocation à l'AG annuelle dédiée à l'approbation de la gestion du syndic.

L'ensemble des documents comptables et des annexes doivent nécessairement présenter des éléments concordants entre les différents états.

A. L'Annexe 1 « État financier après répartition » :

Ce tableau présente **l'état des dettes et des créances**, la **situation de la trésorerie** et **le montant des emprunts restant dus**. Ces montants sont calculés après répartition de la totalité des charges de l'exercice entre les copropriétaires (en supposant l'approbation des comptes présentés). La synthèse permet de comparer les montants de l'exercice clôturé et ceux de l'exercice précédent.

La partie gauche du document regroupe les « richesses » de la copropriété avec dans la partie haute les disponibilités (fonds placés, compte courant ou caisse) et, dans la partie basse les créances ou autres rentrées attendues). La partie droite correspond aux « dettes » de la copropriété notamment dans la partie haute les provisions, avances ou subventions non affectées et dans la partie basse les dettes diverses auprès des fournisseurs, organismes ou copropriétaires, suivies du solde des emprunts en cours.

B. L'Annexe 2 : « Compte de gestion général »

Elle présente un **extrait de la Balance générale des comptes** de charges et de produits avec pour chaque compte une comparaison entre les montants de l'exercice écoulé (N) avec ceux de l'exercice précédent (N-1), le budget voté pour l'exercice (N) et les budgets correspondants proposés pour les exercices suivants (N+1 et N+2).

La définition d'un budget N+2 est nécessaire pour légitimer les premiers appels de provisions de gestion courante N+2 avant l'approbation des comptes de N+1 (décalage de 3 à 6 mois).

C. L'Annexe 3 : « Compte d'opérations courantes »

Ce tableau présente le même compte de gestion des opérations courantes que l'Annexe 2 mais avec une **ventilation analytique par clés de répartition** (masse générale, charges ascenseurs, charges bâtiment 1, bâtiment 2…).

En bas de tableau, le solde des opérations courantes de l'exercice montre l'écart entre le budget prévisionnel et le budget réalisé (insuffisance ou excédent).

D. L'Annexe 4 : « Compte de travaux »

Elle présente les travaux et opérations exceptionnelles qui se sont achevés au cours de l'exercice.

E. L'Annexe 5 : « État des travaux en cours »

Elle présente l'ensemble des travaux votés précédemment mais non encore achevés à la clôture de l'exercice. L'état d'avancement de chacun des travaux est détaillé.

Le détail des opérations permet de mettre en évidence d'éventuelles dérives dans le déroulement des travaux en cours.

13. Mutation d'un lot de copropriété

Le syndic établit et tient à jour la liste de tous les copropriétaires. Tous les actes concernant la propriété d'un lot ou son droit de jouissance doivent lui être notifiés par le notaire, le vendeur ou l'acquéreur.

A. État daté des charges

L'état daté récapitule, sous réserve de l'apurement des comptes, les **sommes pouvant rester dues par le vendeur au titre** :

- des provisions exigibles du budget prévisionnel;
- des provisions exigibles des dépenses non comprises dans le budget prévisionnel;
- des éventuelles charges impayées;
- d'un éventuel emprunt collectif signé par la copropriété;
- des charges différées restant dues;
- des avances exigibles.

Ce document indique par ailleurs et dans les mêmes conditions les **sommes dont le syndicat pourrait être débiteur à l'égard du vendeur** (avances) ainsi que les **sommes qui seront à la charge de l'acheteur**.

Enfin, l'état daté indique :

- la somme des charges de copropriété correspondant au lot pour les deux derniers exercices,
- l'objet et l'état des procédures judiciaires éventuellement en cours (impayés par exemple).

Attention

- Les frais relatif à l'établissement de l'état daté (honoraires libres mais définis dans le contrat de syndic) sont à la charge du vendeur.

B. Certificat du syndic

Le vendeur d'un lot de copropriété ou son mandataire (agent immobilier, notaire...) doit demander au syndic un certificat (**article 20 de la loi n° 65-557 du 10 juillet 1965**) :

- datant de moins d'un mois;
- et attestant que le vendeur est libre de toute obligation à l'égard du syndicat.

À défaut, le notaire adresse au syndic un **avis de mutation** par lettre recommandée avec accusé de réception dans les 15 jours qui suivent l'acte de vente.

Avant l'expiration d'un délai de huit jours à compter de la réception de cet avis, le syndic peut former par acte extra judiciaire, opposition au versement des fonds pour obtenir le paiement des sommes restant dues par l'ancien propriétaire. Cette opposition énoncera le montant et les causes de la créance et contiendra élection de domicile dans le ressort du tribunal de grande instance de la situation de l'immeuble. Aucun paiement ou transfert amiable ou judiciaire de tout ou partie du prix ne sera opposable au syndic ayant fait opposition dans ledit délai

C. Paiement des charges en cours

Les provisions sur charges et provisions sur travaux sont dues, à l'égard du syndicat, par la personne qui est copropriétaire à leur **date d'exigibilité**, y compris pour des travaux votés avant la vente.

Le trop ou le moins perçu révélé après l'approbation des comptes est crédité ou débité sur le compte du copropriétaire en place à la date de l'approbation des comptes par l'assemblée.

Un accord écrit entre le vendeur et l'acquéreur peut toutefois prévoir une répartition des charges différente de ce qui est prévu par la loi.

D. Le privilège spécial

Pour les dettes concernant les travaux d'amélioration ou les charges qui se rapportent à l'année en cours et aux deux années précédant la vente, la copropriété sera payée prioritairement avant tout autre créancier et notamment avant le prêteur de deniers (banque, organisme de crédit).

ENTRAÎNEMENTS

▶ QCM

1. Qu'est ce que le carnet d'entretien ?
   a) un carnet qui regroupe les contrats d'entretien et de maintenance
   b) un carnet qui regroupe les noms des agents d'entretien
   c) un carnet dans lequel figure les travaux importants de la copropriété
2. Qui détient le carnet d'entretien ?
   a) le syndic
   b) le gardien
   c) le président du conseil syndical
3. Qui peut obtenir une copie de ce carnet d'entretien ?
   a) tout le monde
   b) tout copropriétaire qui en fait la demande.
   c) personne
4. Pour quels travaux sur ses parties privatives, un copropriétaire doit-il solliciter l'autorisation de la copropriété ?
   a) si ces travaux affectent les parties communes de l'immeuble
   b) si ces travaux affectent l'aspect extérieur de l'immeuble
   c) pour tous types de travaux
5. Un copropriétaire est-il dans l'obligation de payer les charges d'équipement commun ?
   a) non, s'il ne l'utilise pas
   b) oui, car il est tenu de participer aux charges d'éléments d'équipement commun
   c) non, cela dépend de ses tantièmes
6. Le quitus donné au syndic lors de l'AG a-t-il un effet exonératoire ?
   a) oui
   b) non
7. Les documents comptables obligatoires à envoyer avec la convocation pour permettre l'approbation des comptes sont :
   a) l'annexe 1 est obligatoire car elle présente l'état d'endettement de la copropriété
   b) l'annexe 5 peut ne pas exister s'il n'y a plus de gros travaux en cours lors de l'AG
   c) les 5 annexes doivent être systématiquement présentées
8. Qu'est-ce que l'état daté ?
   a) un document qui fait le point sur la situation du compte du vendeur vis-à-vis du syndicat
   b) un document qui prévoit les charges à venir pour l'acheteur
   c) un document qui définit les pièces à apporter au notaire lors de la signature de l'acte authentique
9. Qui doit payer les honoraires de syndic lors de la vente ?
   a) l'acheteur
   b) le vendeur
   c) l'agence immobilière
10. Si une décision de travaux a été votée par l'assemblée générale avant la vente, que les travaux sont en cours mais que l'appel de fonds n'est pas terminé, qui doit payer les appels de fonds à venir ?
    a) l'acheteur car les travaux ne sont pas terminés. Il doit d'ailleurs rembourser au vendeur les appels de fonds qu'il a versé
    b) l'acheteur pour la part dont l'appel de fond n'a pas été réalisé avant la vente
    c) le vendeur puisque c'est lui qui a voté l'accord des travaux

▶ Exercice 15. La gestion du gardien de la copropriété et les documents comptables

On vous fournit une liste de questions posées dans le cadre de votre métier de gestionnaire de copropriété. Répondez à chacune des questions en justifiant et argumentant vos réponses.

Travail à faire

La Gestion du gardien

1. Le syndic vient de changer. L'employé d'immeuble change-t-il d'employeur ?
2. Le syndic vient de recevoir une assignation devant le Conseil des Prud'hommes. Est-ce le syndic ou la copropriété qui est mis en cause ?
3. À quoi correspond la grille d'UV ?
4. Dans la grille d'UV, on trouve des TSQ (Travaux spécialisés qualifiés). Qu'est-ce que c'est ?
5. Le gardien n'est pas dans sa loge aux heures de permanence en loge affichées dans le hall. Est-ce acceptable ?
6. Comment fonctionne l'avantage en nature logement sur le bulletin de salaire du gardien ?

Les documents comptables

7. Pendant combien de temps le syndic doit-il conserver les documents comptables ? Quels documents sont à conserver plus longtemps ?
8. Le syndic refuse de transmettre le livre journal au conseil syndical car son logiciel n'édite pas ce document. Est-ce normal ?
9. Il existe un seul compte fournisseur dans la comptabilité de la copropriété. Le syndic refuse de créer un compte par fournisseur. A-t-il le droit ?
10. Le grand livre de l'exercice présente un solde global de 500 €. Est-ce normal ?
11. Dans la balance générale, la banque a un solde de 5 000 € tandis que dans l'annexe 1, la ligne Banque s'élève à 3 000 €. Est-ce normal ?
12. Les travaux d'étanchéité inscrits dans l'Annexe 4 des documents comptables fournis avec la convocation à l'AG ont un solde négatif (insuffisance) de – 6 500 €. D'où vient cet écart ? Expliquez.

▶ Exercice 16. La paie du gardien

Le cabinet vient d'embaucher une nouvelle gardienne, Madame Plume BALAI, pour la copropriété « Résidence fleurie du parc ». Vous disposez du calcul des unités de valeur annexé à son contrat de travail (annexe 1, à compléter). La gardienne a été embauchée au niveau 2 et est à l'indice 255. Elle bénéficie d'une loge de 50 m² classée en catégorie 1, du chauffage collectif et de l'eau chaude.

Vous disposez en annexe 2 des renseignements relatifs à la paye des gardiens d'immeubles.

Travail à faire

1. Achevez la rédaction de l'annexe 1 et déduisez-en le taux d'emploi.
2. Calculez le montant du salaire brut de Madame BALAI
3. Évaluez les avantages en nature. Quelles seront les répercussions de ceux-ci sur le calcul de la paye de la gardienne ?

Annexe 1 : Extrait du calcul des unités de valeur.

Report première page :				9 950	
3. Vitres parois vitrées et cuivres					
- Pour une fois par mois	"	12	60	720	
- Pour... fois par mois	"	(1)			
c) Nettoyage des ascenseurs	par ascenseur	60			
IV – Entretien de propreté des espaces Libres :	Par tranche				
- nettoyage des trottoirs, cours, parkings	De 100 m²	10	8	80	
- entretien de propreté des espaces verts					
V –Travaux spécialisés	par heure	60			
Travaux qualifiés	par heure	60 ou 70 (à préciser)	3	210	
	TOTAL.................. (T)			**à compléter**	Le total (T) ne peut excéder 12 000 UV.
Majoration de 25 % lorsque le total des UV de tâches T excède 10 000 :					
((T) – 10 000) x 25 %					
TOTAL					
Arrondi à la centaine supérieure					
Soit un taux d'emploi de .... % (à compléter)					

Annexe 2 : Autres informations

- La **valeur du point** : 3,61 €
- Les **appointements mensuels conventionnels** (salaire en nature inclus) pour un emploi à temps complet (catégorie B : 10 000 UV) s'établissent comme suit :

Salaire mensuel	Salaire complémentaire
Niveau : 1 Coefficient : 235	508,72 €
Niveau : 2 Coefficient : 255	451,52
Niveau : 3 Coefficient : 275	384,32
Niveau : 4 Coefficient : 340	197

- Les avantages en nature

  Lorsqu'un logement est fourni, la valeur de celui-ci est déduite du salaire. L'évaluation du montant à déduire s'effectue en fonction de la superficie et des éléments de confort. Il existe trois catégories :
  - catégorie 1 : 3 € le m² ;
  - catégorie 2 : 2,37 € le m² ;
  - catégorie 3 : 1,75 € le m².

  Au maximum il ne peut être retenu que la valeur de 60 m² de logement.

– Les autres avantages en nature

Les montants sont évalués d'une manière forfaitaire en équivalent électricité tarif « petites fournitures ».

1 kWh = 0,1291 € TTC

Soit :

Description	Kwh	Montants
Électricité	55	7,10
Gaz	92	11,88
Chauffage	120	15,49
Eau chaude	98	12,65

▶ Exercice 17. Répartition de charges à partir d'un état de division

Vous êtes assistante du gestionnaire de la copropriété ALEXIA qui a budgété pour 2015 en AG des charges communes générales d'un montant de 6 010 €. On vous fournit en Annexe l'état de division de cette copropriété.

Par ailleurs, on constate que les charges réelles calculées à la clôture de l'exercice s'élèvent finalement à 7 234 €.

Tous les lots sont détenus par des copropriétaires distincts.

Annexe : État de division de la copropriété ALEXIA

N° lot	Étage	Désignation	Nombre de tantièmes
1	RDC	Appt. 4 pp	60
2	RDC	Appt. 4 pp	60
3	1er	Appt. 4 pp	60
4	1er	Appt. 5 pp	80
5	2e	Appt. 4 pp	60
6	3e	Appt. 5 pp	80
7	3e	Appt. 4 pp	60
8	3e	Appt. 5 pp	80
9	4e	Appt. 4 pp	60
10	4e	Appt. 5 pp	80
11	5e	Appt. 4 pp	60
12	5e	Appt. 5 pp	80
13	6e	Appt. 4 pp	60
14	6e	Appt. 5 pp	80

Travail à faire

1. Quel est le nombre de tantièmes total de cette copropriété ? Et le nombre de lots ?
2. Qui a défini les tantièmes de chaque lot ? Quand ? Selon quels critères ?
3. Justifiez la différence de tantièmes entre les lots 1 et 14.
4. Calculez la participation aux charges générales 2015 pour les lots 1 et 14 selon le budget prévisionnel.
5. Cette différence de charges entre ces deux lots vous parait-elle normale ?
6. La propriétaire du lot 14 vous signale qu'elle a divisé son appartement en 2 grands studios car le règlement de copropriété l'y autorisait. Qu'en pensez-vous ?
7. La propriétaire du lot 14 demande à racheter un bout du couloir à la sortie de l'ascenseur pour y installer des toilettes accessibles par l'un de ses studios. Qu'en pensez-vous ?
8. Régularisez les charges des lots 1 et 14 après validation des charges réelles par l'assemblée générale.

▶ Exercice 18. Calcul d'un budget prévisionnel

Vous travaillez régulièrement en collaboration avec Alan GUILLEMARD de chez PROMO91 dont une partie de l'activité consiste à rénover des immeubles anciens pour les revendre ensuite par lots. Vous avez été nommé syndic provisoire d'un ancien immeuble rénové, dont la mise en copropriété vient de s'effectuer, situé sur les quais de la seine à Corbeil Essonnes : la résidence Saint Nicolas. C'est une petite copropriété composée de 8 appartements, de 2 locaux professionnels, et de 24 places de stationnement aérien. On vous fournit l'état descriptif de la résidence en Annexe 1. Vous êtes chargé(e) de concevoir le premier budget de la copropriété. Pour cela, Monsieur Guillemard a déjà préparé votre travail, et vous disposez des données nécessaires en annexe 2.

Annexe 1. État descriptif de division

N° lot	Niveau	Nature du local	Quote-Part
1	Rez-de-chaussée	Local professionnel	948
2	Rez-de-chaussée	Local professionnel	948
3	1er étage	Appartement T4	1050
4	1er étage	Appartement T4	980
5	2e étage	Appartement T4	900
6	2e étage	Appartement T4	920
7	3e étage	Appartement T2	450
8	3e étage	Appartement T2	474
9	3e étage	Appartement T2	500
10	4e étage	Appartement T6 terrasse	1870
Lots 11 à 34	Devant bâtiment	Parking extérieur	40/lot

Annexe 2. Éléments pour construire le budget

- Pour l'assurance de l'immeuble, le syndic a reçu 3 devis :
  - Assurances de l'EST 623,45 €
  - Assur 3000 754,55 €
  - Assurance plus 687,45 €

  Toutes proposant les mêmes prestations, vous retiendrez la moins chère.
- Les honoraires du cabinet sont de 150 € HT par lot principal.
- Les frais divers (timbres, photocopies) peuvent être évalués à 20 € TTC par lot principal.
- Entretien des espaces extérieurs (pelouse, propreté), 3 entreprises ont répondu :
  - Jardi Nancy 5609,14 € TTC
  - Prop Tout 5270,32 € TTC
  - E.E.V 5870,55 € TTC.

  Vous avez l'habitude de travailler régulièrement avec l'entreprise Jardi Nancy dont vous appréciez la réactivité, c'est pourquoi vous retiendrez sa proposition.
- Nettoyage des parties communes du bâtiment : 300 € HT par lot principal (prestation assurée par l'entreprise Clean Est).
- Électricité de la cage d'escalier : 40 € TTC par lot principal.
- Éclairage des parkings : 300 € de facture EDF estimative.
- Eau parties communes (arrosage espaces verts) : 50 m^3 à 4,12 € le m^3.
- Eau individuelle : il n'y a pas de compteurs individuels.

- la répartition se fera en fonction du nombre potentiel d'habitants selon la règle T2 = 2 personnes, T4 = 4 personnes, etc. ;
- consommation estimée : 40 m^3 par personne et par an à 4,12 € le m^3 ;
- pour les locaux professionnels, la consommation devrait être assez faible (toilettes), vous estimez à 25 m^3 de consommation d'eau, par local.

Travail à faire

1. Calculez le nombre de lots principaux, nombre de lots secondaires, nombre de lots totaux et tantièmes totaux de cette copropriété.
2. Les clients de M. JEVANT, qui occupe le local professionnel au lot 1, sont ils autorisés à stationner sur les places de parking de l'immeuble ?
3. Estimez le budget prévisionnel annuel de cette copropriété et justifiez vos calculs dans un tableau
4. Distinguez les charges communes générales des autres charges. Cette distinction est-elle importante ? Calculez leurs montants respectifs dans cette copropriété.
5. Les lots parkings situés à l'extérieur doivent-ils participer aux charges de nettoyage et d'électricité de la cage d'escalier ? Pourquoi ?
6. Comment sont réparties les charges de parking ?
7. Calculez le premier appel de fonds trimestriel de M. Jevant qui est propriétaire du lot 1 et d'un parking.

▶ Exercice 19. Répartition de la facture d'eau dans une copropriété équipée de compteurs individuels

Le syndicat des copropriétaires de la résidence L'Arche de Noé, reçoit une facture d'eau pour un montant de 832 € : ancien relevé du compteur général 1 300 m^3, nouveau relevé du compteur général 1 560 m^3,

L'Arche de Noë est une petite copropriété de 3 appartements uniquement. Le chauffage de l'eau est collectif. Il existe des compteurs individuels d'eau froide et d'eau chaude

Le chauffage collectif de l'eau coûte 5 € par m^3 chauffé.

On vous fournit ci-dessous les tantièmes de charges générales et les consommations en m^3 d'après les relevés des compteurs individuels.

Lot	Tantièmes de charges générales	Consommation eau froide en m^3	Consommation eau chaude en m^3
1	380	100	30
2	300	60	15
3	320	40	5

Travail à faire

1. Calculez le coût de l'eau froide privative pour chaque lot.
2. Calculez le coût de l'eau chaude pour chaque lot.
3. Répartissez le coût de l'eau commune pour chaque lot de copropriété.
4. Répartissez l'ensemble des coûts de l'eau (froide et chaude) pour chaque lot de copropriété.

▶ Exercice 20. Cession d'un lot de copropriété

Vous gérez la copropriété L'Arche de Noë à Mennecy. Les lots 40 et 86 font l'objet d'un changement de propriétaire. La signature de l'acte notarié a eu lieu le 3 juillet 2015. On vous fournit ci-dessous l'extrait du budget prévisionnel de cette copropriété pour 2015 ainsi que ses règles de répartition.

L'exercice comptable de cette copropriété est l'année civile. Les appels de fonds sont trimestriels au premier jour de chaque trimestre. Compte tenu de la consommation de l'année précédente, il faut prévoir 60 m³ de consommation d'eau pour le lot 40 (2 €/ m³).

Extrait du budget prévisionnel 2015 de la copropriété	Montants
Charges communes générales	32 939,29
Charges Bâtiment A	4 025,90
Charges équipement parking	4 984,89
Charges d'ascenseur A	4 834,95
Charges d'ascenseur B	2 301,38
Charges d'eau froide commune	802,22

Extrait des règles de répartition des charges	Tantièmes totaux pour la copro	Tantièmes du lot 40	Tantièmes du lot 86
Charges communes			
Générales	100 087	1 288	12
Charges spéciales			
Bâtiment A	100 000	2 163	20
Ascenseur A	100 758	1 533	41
Compteur eau froide	99	1	0

Travail à faire

1. Présentez dans un tableau le calcul de l'appel de fonds des lots 40 et 86 pour 2015.
2. Quelle est la nature respective des lots 40 et 86 ? Argumentez votre réponse.
3. Calculez le montant des versements des appels de fonds 2015 pour les lots 40 et 86 et déterminez leurs dates respectives.
4. Quelle est la part des appels de fonds à payer par le vendeur ? et l'acheteur ? Justifiez votre réponse.
5. Quand doit se dérouler l'assemblée générale qui approuvera les comptes de 2015 ?
6. Qui, du vendeur ou de l'acheteur, sera responsable des régularisations des charges 2015 (excédentaires ou déficitaires)

▶ Exercice 21. Extrait sujet examen GESTION 2014 – Copropriété Le village Aveyronnais – Syndic TRANSIMMO

Cet exercice fait suite à l'exercice 13 du thème 2.

L'assemblée générale a eu lieu, les comptes ont été approuvés, vous constatez une insuffisance dans le financement des travaux effectués l'an passé (annexe 12 jointe).

Travail à faire

1. De combien est cette insuffisance ? Justifiez, par le calcul, son montant.
2. Trois appels égaux de provisions ont été effectués en 2013 pour financer ces travaux. Déterminez quel a été le montant de ces trois appels pour Monsieur ABSOLOM qui détient 122 millièmes des parties communes.

Annexe 12. Compte de Gestion général

TRANSIMMO 12 avenue du maréchal Joffre 12200 Villefranche sur Rouergue	COMPTE DE GESTION GENERAL	
N° de client : 156 N° d'immeuble : 28 Nombre de tantièmes : 122/1000	**Copropriété :** Le Village Aveyronnais 12200 Villefranche sur Rouergue	**Propriétaire :** M. ABSOLOM 10 rue de la Gare 94360 Bry sur Marne

Charges pour gestion courante				**Produits pour gestion courante**			
	Exercice précédent approuvé	Exercice clos budget voté	Exercice clos réalisé à approuver		Exercice précédent approuvé	Exercice clos budget voté	Exercice clos réalisé à approuver
	2012-2013	2013-2014	2013-2014		2012-2013	2013-2014	2013-2014
6011 Eau (Parties communes)	200	200	200	701 Provisions copropriétaires	4700	4644	4644
6020 Électricité (parties communes)	399,5	400	419,41				
611 Nettoyage des locaux	1180	1200	1223,56				
615 Entretien et petites réparations	520,35	520	620				
616 Primes d'assurance	495	500	520				
62 Frais d'administration	1200	1200	1200				
621 Rémunération du syndic	75	80	80				
63 Taxe foncière	544	544	564				
Sous-total	4614,15	4644	4826,97	Sous-total	4700	4644	4644
Solde : Excédent sur opérations courantes	85,85			Solde : Insuffisance sur opérations courantes	85,85		182,97
Total I	**4700**	**4644**	**4826,97**	**Total I**	**4700**	**4644**	**4826,97**
Charges pour travaux et opérations exceptionnelles				**Produits pour travaux et opérations exceptionnelles**			
671 à 673 Travaux		15000	15850	701 Provision pour travaux		15000	15000
Sous Total		15000	15850	Sous Total		15000	15850
Solde (Excédents)				Solde (Insuffisance)			850
Total II		**15000**	**15850**	**Total II**		**15000**	**15850**

GESTION IMMOBILIÈRE

▶ Exercice 22. Extrait sujet examen GESTION 2015 – Copropriété LE SAINT AUBIN – Agence des VIGNES

Vous êtes chargé(e) du suivi de la copropriété LE SAINT AUBIN, et à ce titre vous devez effectuer diverses activités. Vous disposez en annexe 1 de l'état descriptif de division de la copropriété et en annexe 2 du compte de gestion pour opérations courantes.

Travail à faire

1. À quel(s) étage(s) se situent les lots n°1, 2 et 3 ?
2. Pour le lot n°2, calculez le montant annuel des provisions qui ont été appelées au cours de l'exercice 2015.
3. Pour le lot n°4, calculez les charges réelles annuelles de l'exercice 2015 qui sont affectées à ce lot.
   Vous disposez en annexe 3 de l'arrêté des comptes 2015 et de l'appel de charges du 3e trimestre 2016 pour le lot n°2 de Monsieur BEDEL.

Travail à faire

4. Indiquez l'utilité de mentionner :
   - le montant des charges déductibles,
   - le montant des charges locatives.
5. En utilisant notamment la réponse à la question 2.2., complétez :
   - l'arrêté des comptes de l'exercice 2015,
   - l'appel à provision du 3ème trimestre 2016.

   L'annexe 10 est à rendre avec la copie
6. Vous recevez un appel téléphonique de Monsieur BEDEL. Il ne comprend pas à quoi correspond le solde de l'arrêté des comptes de l'exercice 2015. Donnez-lui les explications nécessaires.

Annexe 1 : État descriptif de division

N° lot	Tantièmes charges générales	Tantièmes charges ascenseur
1	72	0
2	23	0
3	98	0
4	31	4 918
5	111	1 755
6	97	14 336
7	123	1 116
8	29	4 255
9	165	23 225
10	118	17 563
11	58	9 523
12	75	1 309
Total	1 000	78 000

Annexe 2 : Compte de gestion pour opérations courantes

Copropriété LE SAINT AUBIN 69007 LYON

CHARGES POUR OPERATIONS COURANTES					
	Pour approbation des comptes			Pour le vote du budget prévisionnel	
	Exercice précédent approuvé 2014	Exercice clos budget voté 2015	Exercice clos réalisé à approuver 2015	Budget prévisionnel en cours voté 2016	Budget prévisionnel à voter 2016
Charges communes générales					
Eau commune	69,33	100,00	72,34	100,00	100,00
Electricité compteur 558	277,22	300,00	297,93	350,00	350,00
Achats produits d'entretien	154,91	100,00		100,00	100,00
Location bacs roulants	155,03	160,00	158,10	170,00	170,00
Contrats Façades nettes	40,84	50,00	40,84	50,00	50,00
Contrat ramonage	481,89	500,00	492,74	510,00	510,00
Entretien petites réparations		200,00	94,00	100,00	100,00
Entretien canalisation	268,15				
Entretien électricité	417,96	150,00	1 641,81	200,00	200,00
Entretien serrurerie	73,85	100,00		100,00	100,00
Entretien vitrerie	328,34				
Entretien divers	127,66	100,00		100,00	100,00
Assurance immeuble	1 755,00	1 900,00	1 995,85	2 150,00	2 150,00
Honoraires Syndic	2 916,71	3 200,00	3 200,00	3 280,00	3 280,00
Autres honoraires syndic	344,52		70,00		
Diagnostics	225,00				
Salaire employé immeuble	1 688,10	1 800,00	1 843,36	1 900,00	1 900,00
Autres charges sociales	11,72	20,00			
Charges sociales employé imm.	729,90	800,00	1 010,97	1 100,00	1 100,00
Autres (médecine, mutuelles)		100,00		100,00	100,00
Produits exceptionnels			-120,17		
total charges communes générales	**10 066,13**	**9 580,00**	**10 797,77**	**10 310,00**	**10 310,00**
Charges d'ascenseurs					
EDF ascenseur	297,65	350,00	270,75	300,00	300,00
Téléphone ascenseur	106,74	150,00	322,04	270,00	270,00
Contrat entretien ascenseur	1 285,86	1 290,00	1 276,56	1 350,00	1 350,00
Entretien serrurerie ascenseur	316,50				
Rémunération tiers intervenants	209,30				
Travaux urgents ascenseur	760,99		211,00		
TOTAL charges ascenseur	**2 977,04**	**1 790,00**	**2 080,35**	**1 920,00**	**1 920,00**
TOTAL Général	**13 043,17**	**11 370,00**	**12 878,12**	**12 230,00**	**12 230,00**
Provisions copropriétaires			**11 370,00**		
Solde (excédent ou insuffisance sur opérations courantes affecté aux copropriétaires)			**1 508,12**		

Annexe 3 (à rendre avec la copie) : Arrêté des comptes et appel de provisions

Lyon Le 20/06/2016

Référence 5674

Charges de copropriété
Exercice du 01/01/2015 au 31/12/2015

Monsieur BEDEL
13 rue de la Corniche
69234 Rilleux-la-Pape

Copropriété LE SAINT AUBIN
9, rue de Paradis
69007 LYON

Lot n°2 **Arrêté des comptes exercice 2015**

Nature des charges	Montant à répartir	Tantièmes ou consommation	Base de répartition	Quote-part
Charges communes générales	10 797,77	23	1 000	248,35
Charges d'ascenseur	2 080,35	0	78 000	0
			Montant des charges du lot	**248,35**
			Dont charges locatives	*125,42*
			Dont charges déductibles	*122,93*
			Total des charges réelles de votre lot :	**248,35**

	Débit	Crédit
Dépenses de l'exercice		
Provisions appelées		
Solde en votre/notre *(1)* faveur		

Lot n°2 **Appel de provisions du 3e trimestre 2016**

Nature des charges	**Montant à répartir**	**Tantièmes ou consommation**	**Base de répartition**	**Quote-part**
Charges communes générales	2 577,50	23	1 000	59,28
Charges d'ascenseur	480,00	0	78 000	0
			Total appel de provision 3e trimestre :	**59,28**

Extrait de compte

Date	**Nature des opérations**	**Débit**	**Crédit**
01/01/2016	Appel provision 1er trimestre	59,28	
15/01/2016	Votre règlement		59,28
01/04/2016	Appel provision 2e trimestre	59,28	
08/04/2016	Votre règlement		59,28
01/07/2016	Appel provision 3e trimestre		
01/07/2015	Solde de la répartition 2015		
	Totaux :		
	Solde en votre/notre *(1)* faveur :		

Rayer la mention inutile.

GESTION IMMOBILIÈRE

Thème 4
Le mandat de gestion locative

Le mandat de gestion locative est un acte par lequel le propriétaire d'un bien immobilier, appelé le **mandant**, *donne le pouvoir d'accomplir en son nom de nombreux actes liés à la gestion et à la location de son patrimoine à un* **mandataire** *(qui peut-être agent immobilier, administrateur de bien, syndic de copropriété ou notaire).*

La **gestion locative** *désigne tout ce qui est mis en œuvre une fois que le locataire est dans les lieux. Il s'agit de gérer, au quotidien, tout ce qui est nécessaire au bon déroulement de la location : perception des loyers, délivrance des quittances, réparations, régularisation des charges…*

14. Découverte du propriétaire et de son bien

A. Renseignements nécessaires concernant le bailleur

Il est nécessaire de vérifier en amont si le mandant est bien le propriétaire du bien immobilier et **éviter ainsi les fraudes et les ambiguïtés.** Il faut donc collecter les éléments concernant la **personnalité juridique du propriétaire, sa capacité, sa situation familiale et patrimoniale et en analyser les conséquences** car ils influencent les conditions juridiques du bail à venir.

- le **titre de propriété** du bien concerné (les premières pages sur lesquelles figurent l'état civil, la désignation et les éventuelles servitudes ; vérification des cas d'indivision, d'usufruit, de nue-propriété, SCI...) ;
- si le propriétaire est une SCI, les **statuts de la SCI** pour justifier celui qui a la capacité de gestion du bien ;
- la **pièce d'identité du bailleur** du bien pour s'assurer de la capacité et de l'identification du signataire ;
- la **taxe foncière** pour contrôler la concordance des éléments fournis ;
- un **RIB** pour rétrocéder régulièrement les revenus fonciers au bailleur.

B. Les différents régimes juridiques de la location

On dénombre plusieurs régimes de location dotés de caractéristiques propres et de règles juridiques différentes.

1. Les logements vides destinés à l'habitation principale

C'est le régime de location le plus courant. Les rapports locatifs respectent la **loi Mermaz du 6 juillet 1989** (enrichie par différents décrets successifs et dernièrement la loi ALUR). Il s'applique aux **baux d'habitation non meublés** ou à **usage mixte d'habitation et professionnel.**

Remarque

- Un local loué accessoirement à un bail d'habitation (garage, cave) est soumis au même régime que le local principal.
- S'il est loué indépendamment à une habitation, le contrat de location est soumis au code civil.

2. Les baux HLM

Ils sont globalement soumis au régime de la **loi du 6 juillet 1989** mais disposent d'un statut particulier lié aux **conditions requises pour les attributions** (plafond de ressources, commission d'attribution, etc.).

3. Les locaux meublés

L'habitation est meublée lorsque le locataire peut s'installer sans avoir besoin d'apporter ses propres meubles. Le bail doit obligatoirement mentionner qu'il s'agit d'une location meublée. Il existe deux contrats types pour les meublés selon que le locataire est ou non étudiant. Depuis le 1er août 2015, le contrat de location à utiliser pour louer en meublé doit contenir un ensemble de mentions obligatoires. Le décret n°2015-981 du 31 juillet 2015 fixe la liste du mobilier minimal qui doit garnir les logements meublés constituant la résidence principale du locataire depuis le 1er septembre 2015.

4. Le bail mobilité

Ce nouveau contrat locatif instauré par la loi ELAN (Évolution du logement, de l'aménagement et du numérique) est destiné aux jeunes actifs et étudiants en quête d'une **location meublée** de courte durée pour raison professionnelle : formation, stage, contrat d'apprentissage, service civique, emploi saisonnier ou mission temporaire. Le locataire devra justifier sa situation à la signature du bail. Les **conditions locatives** du bail mobilité sont plus souples que dans le cadre d'une location meublée classique :

- la durée est comprise **entre 1 et 10 mois** (non renouvelable mais modifiable une fois, par avenant, sans dépasser 10 mois au total) ;
- le locataire peut résilier à tout moment et sans motif, avec **1 mois de préavis** ;
- les charges sont **forfaitaires** ;
- **aucun dépôt de garantie** n'est demandé ;
- la **caution Visale** couvre les éventuels loyers impayés ou dégradations locatives ;
- en cas de colocation, la clause de solidarité ne s'applique pas.

5. Les locations saisonnières

Le contrat de location saisonnière est librement négocié pour sa durée et le montant de son loyer, mais il doit faire préalablement l'objet d'un **état descriptif des lieux**, de sa situation dans la localité et des conditions de location.

6. Les locaux exclusivement professionnels

Le contrat de location d'un local affecté à un usage exclusivement professionnel peut être conclu principalement par une profession libérale (experts-comptables, médecins, avocats, consultants, architecte...). Il est régi par le **Code civil et par l'article 57-A de la loi Méhaignerie**.

7. Les locaux commerciaux et mixtes commerce/ habitation

Les baux commerciaux sont régis par le **décret du 30 septembre 1953**, à présent intégré dans le **Code de commerce**. Un fonds de commerce y est exploité et l'exploitant (artisan, commerçant, industriel) est immatriculé au registre du commerce et des sociétés ou au répertoire des métiers.

Remarques

Rappelons que la loi Alur du 24 mars 2014 a procédé à une profonde refonte des baux d'habitation vides et meublés à usage de résidence principale du locataire.

En particulier, la loi Alur a prévu des contrats types de location aussi bien en location vide, en location meublée qu'en colocations. Les nouveaux modèles-types du décret du 29 mai 2015 sont à utiliser impérativement depuis le 1er août dès lors que le logement est loué à titre de résidence principale du locataire.

La loi Macron pour la croissance et l'activité porté par le ministre de l'Économie Emmanuel Macron a été publiée le 7 août 2015. Elle impacte la location de logement dès le 8 août 2015. Le texte souhaite seulement corriger la loi « Alur » de mars 2014 pour la clarifier et ainsi soutenir l'investissement locatif. La loi contient ainsi des mesures touchant aux locations d'habitation vides et meublées à usage de résidence principale du locataire.

Les mesures que la loi contient visent donc à adapter les règles relatives aux rapports entre propriétaires bailleurs et locataires ; Ces dispositions permettent notamment :

- de préciser les règles de congé en cas d'acquisition d'un bien occupé ;
- de préciser que seul l'état des lieux d'entrée peut être complété ;
- de rapprocher encore les règles de la location meublée de celles de la location vide ;
- de préciser les conditions d'application dans le temps des nouveautés issues de la loi Alur ;
- de dispenser expressément les baux signés avant l'encadrement des loyers du respect de celui-ci.

C. Caractéristiques de la gestion locative dans différents domaines juridiques de la location

Remarque

- La durée minimum et le dépôt de garantie de chaque type de bail sont expliqués dans le thème 6 Fiche 14 de Transaction page 309.

	a) Habitation nue b) Location HLM	c) Habitation meublée	d) Location saisonnière	e) Local professionnel	d) Local commercial
Modalité de révision du loyer	Le calcul est le suivant : **Loyer précédent x IRL du trimestre concerné / IRL du même trimestre de l'année précédente** Attention : règles de calculs particulières de fixation du loyer par les bailleurs sociaux.	Si le bail ne comporte aucune clause de révision, le loyer sera le même pendant toute la durée du bail.	Loyer libres MAIS le bailleur a l'obligation de donner un descriptif des lieux et de son environnement.	Les parties peuvent librement choisir une indexation du loyer, sous réserve que l'indice soit licite.	Loyer révisé par période triennale ou en renouvellement en fin de bail, après 9 ans. Libre choix d'une indexation du loyer, sous réserve que l'indice soit licite.
Répartition des charges	Le décret n° 87-713 du 26 août 1987 définit la liste des charges récupérables chez le locataire.	Les charges récupérables à l'encontre du locataire sont fixées d'un commun accord entre les parties. Leur répartition est libre.			

	a) Habitation nue b) Location HLM	c) Habitation meublée	d) Location saisonnière	e) Local professionnel	d) Local commercial
Modalité de rupture de bail pour le locataire	Tout locataire peut résilier son bail quand bon lui semble mais obligation d'un préavis de un à trois mois à son bailleur. Cas de réduction du préavis à 1 mois si perte d'emploi, mise à la retraite ou mutation, ou si le local est situé dans une zone locative tendue (loi ALUR)	Préavis d'un mois à son bailleur	Accord amiable nécessaire entre les deux parties. Sinon, chaque partie doit assurer ses obligations contractuelles.	6 mois avant la fin du bail, **le locataire ou le bailleur** peut notifier à l'autre, par lettre recommandée avec AR, ou par exploit d'huissier, son intention de ne pas renouveler le bail.	Le locataire n'est pas libre de partir quand il le souhaite. • Possibilité de mettre fin au bail en donnant congé à l'expiration de périodes triennales. • Résiliation anticipée amiable : nécessite le commun accord des parties et peut donc être négociée.
Modalité de rupture de bail pour le propriétaire	Le congé prononcé dans l'hypothèse du non renouvellement du bail par le bailleur doit être motivé d'une raison légitime et sérieuse par LRAR au moins six mois avant la fin du bail.	Délai de préavis : trois mois avant l'expiration du bail			Droit au maintien dans les lieux du commerçant ou résiliation du bail avec indemnités d'éviction versées par le propriétaire.
Déclaration fiscale des revenus fonciers	Si l'ensemble des revenus fonciers au cours de l'année n'excède pas 15 000 euros : régime du **micro foncier** → abattement de 30 % sur les loyers perçus. Si les loyers annuels dépassent 15 000 euros, → **imposition au réel** (déclaration spécifique n° 2044 pour calculer le revenu foncier imposable : loyers bruts – charges, puis report ensuite sur déclaration de revenus globale n° 2042).	**Bénéfices industriels et commerciaux** (BIC). Si le chiffre d'affaires est inférieur à 32 600 € HT, le propriétaire peut choisir entre le régime du micro BIC (abattement forfaitaire de 50 %) et le régime réel.	La location de chambres d'hôtes à des personnes de passage est exonérée à hauteur de 760 € par an. La fraction excédentaire est soumise à l'impôt sur les BIC (voir location meublée).	Déclaration dans la catégorie Impôts fonciers. Les règles sont les mêmes que pour la location habitation nue.	

D. La législation sur le logement décent

Les propriétaires-bailleurs ne peuvent donner en location que des logements décents, aux normes minimales de confort. Une notion que définit le décret 2002/120 du 30 janvier 2002.

Un logement décent est un logement qui répond aux caractéristiques définies par l'article 2 du dit décret.

- Il doit assurer le clos et le couvert. Le gros oeuvre du logement et de ses accès doit être en bon état d'entretien et de solidité et protéger les locaux contre les eaux de ruissellement et les remontées d'eau. Les menuiseries extérieures et la couverture avec ses raccords et accessoires doivent assurer la protection contre les infiltrations d'eau dans l'habitation.
- Le propriétaire doit fournir au locataire un logement répondant à des critères de surface et de confort minimum et **ne portant pas atteinte à la sécurité ou à la santé du locataire.**

Remarque

• Le locataire qui vit dans un logement indécent peut quitter les lieux sans préavis.

• La réglementation prévoit que, d'ici 2020, un logement devra également répondre à des normes énergétiques minimales pour être loué. Les critères porteront notamment sur l'isolation, l'air ou l'humidité. Il sera notamment tenu compte de l'étanchéité des portes, des fenêtres ou des murs ainsi que du taux d'humidité dans le logement.

15. Conditions de validité et d'exécution du mandat de gestion

A. Forme du mandat de gestion

Conformément aux articles 1984 et suivants du code civil et à la loi Hoguet (loi n° 70-9 du 2.1.70), le mandat de gestion concrétise la mission confiée par le bailleur au professionnel immobilier (mandataire). Il est élaboré sous la forme d'un **contrat écrit** rédigé en deux exemplaires et **signé des deux parties.** Il doit être numéroté et inscrit sur le **registre des mandats** du professionnel. Ce document doit aussi mentionner le nom, la raison sociale, le numéro et le lieu de délivrance de la carte professionnelle du gestionnaire ainsi que sa caisse de garantie financière.

Dans un souci de protection du bailleur, le professionnel ne peut rien entreprendre tant que le mandat n'a pas été établi et signé par les deux parties. Le mandat de gestion locative reprend diverses informations comme :

- l'identité des parties ;
- les objectifs de gestion et les biens concernés par le mandat ;
- le mode de calcul de la rémunération du mandataire ;
- les tarifs des prestations hors contrat ;
- la durée du mandat, etc.

B. Tâches prises en charge

Il n'existe pas de mandat type de gestion locative, ni de liste exhaustive des tâches relevant de cette gestion. Habituellement, la gestion courante consiste à :

- rechercher un locataire solvable ;
- conclure et renouveler les baux ;
- encaisser les loyers, les charges et les taxes (et les restituer au mandant) ;
- délivrer les congés ;
- gérer les éventuels impayés (la majorité des professionnels proposent aujourd'hui d'adhérer à une assurance contre les risques locatifs, en sus de la gestion) ;
- procéder à la régularisation des charges et à la révision du loyer ;
- faire effectuer les travaux d'entretien et les travaux urgents ;
- assurer le logement et traiter avec les assurances en cas de sinistre ;
- payer les charges de copropriété, impôts et taxes.

Mais chaque mandat fixe les contours de la mission du professionnel et doit veiller à ce que cette mission soit détaillée.

Par exemple :

- pour l'entretien du logement, il doit indiquer le montant des travaux au-dessus duquel le mandataire devra soumettre les devis au propriétaire ;
- pour le choix du locataire, préciser si le bailleur préfère la fourniture d'une caution solidaire pour garantir le paiement des loyers ;
- pour les comptes-rendus de gestion, préciser leur fréquence et leur échéance…

C. Durée du mandat

La durée du mandat doit être **déterminée dans le contrat**. En général, il s'agit d'un contrat d'un an, renouvelable par tacite reconduction. Le nombre de renouvellement est alors limité dans le contrat.

Attention

- Les tribunaux considèrent en effet qu'un mandat conclu pour une durée déterminée qui prévoit un renouvellement par tacite reconduction sans limite de durée est nul !

Résiliation du mandat à échéance

Le propriétaire bailleur peut dénoncer le mandat à chaque échéance annuelle, s'il souhaite changer de gestionnaire. Il doit alors respecter le **délai de préavis** prévu contractuellement (3 mois en général) et adresser sa dénonciation par **lettre recommandée avec avis de réception**. Il se chargera d'en informer son locataire, également en recommandé, afin qu'il ne continue pas à payer son loyer entre les mains du mandataire révoqué.

Attention

- Le mandataire a le devoir de rappeler chaque année au mandant la date d'échéance de son contrat et lui signaler les modalités de non-reconduction. S'il ne le fait pas, le bailleur peut y mettre gratuitement un terme à tout moment à compter de la date de sa reconduction.

Sortie anticipée

Si le mandat prévoit d'en **sortir de manière anticipée**, avant l'échéance, les parties peuvent faire jouer cette possibilité. Mais le plus souvent, les mandats prévoient le versement d'une **pénalité** (2 mois de loyer par exemple), sauf si la rupture du contrat intervient pour **motifs légitimes**, le mandataire n'exécutant pas sa mission correctement (voir plus loin).

Transmission aux ayants droits du mandant

Une clause peut préciser qu'en cas de décès du mandant, le mandat se poursuivra avec ses héritiers.

Transmission au successeur du mandataire :

Certains mandats comportent une « **clause de substitution** » qui précise que le mandat se poursuivra avec le successeur de son mandataire, si celui-ci vend son fonds ou disparaît.

D. Coût de la gestion

Les honoraires de gestion locative sont libres et différents en fonction des agences. Ils se situent entre 5 et 10 % des loyers annuels encaissés.

Ils peuvent être plus élevés dans le cas où le propriétaire contracte des assurances complémentaires.

Le bailleur peut déduire ces frais de ses impôts fonciers (régime du réel).

ENTRAÎNEMENTS

▶ QCM

1. Qui peut signer un mandat pour mettre son bien en gestion ?
   a) une personne sous tutelle
   b) un mineur
   c) le gérant d'une SCI
2. En cas de décès du propriétaire, si un seul héritier ne veut pas continuer le mandat, peut-il le rompre ?
   a) oui
   b) oui, avec l'accord de tous les héritiers
   c) non
3. Qui peut souscrire un bail commercial ?
   a) les exploitants immatriculés au RCS ou registre des métiers
   b) les personnes ayant une activité non-commerciale, les artisans ainsi que les exploitants immatriculés au RCS ou registre des métiers
   c) les professeurs de BTS PIM 2
4. Sur quel indice doit être basée la révision du loyer pour une location saisonnière ?
   a) IRL
   b) ICC
   c) aucune révision possible
5. Quel est le préavis à respecter par le bailleur pour la résiliation d'un bail pour une location meublée ?
   a) à tout moment, 3 mois de préavis
   b) 6 mois avant l'expiration du bail
   c) 3 mois avant l'expiration du bail
6. Quelles sont les caractéristiques du dépôt de garantie pour le bail professionnel ?
   a) doit respecter l'article 1714 du Code civil : ne doit pas dépasser deux mois de loyer CC
   b) librement fixé
   c) d'usage n'excède pas 2 mois de loyer HC
7. Quelle règle de droit régit le bail commercial ?
   a) la loi Hoguet
   b) la loi Mermaz
   c) le décret du 30 septembre 1953
8. Quelle loi s'applique aux logements vides à usage d'habitation ?
   a) loi du 6 juillet 89
   b) décret du 30 septembre 1953
9. Quelles sont les conditions pour que le bailleur puisse résilier le bail d'un local vide à usage d'habitation ?
   a) seulement à l'échéance du bail en respectant 6 mois de préavis
   b) pour reprise pour vendre, habiter, pour motif légitime et sérieux
   c) en respectant un préavis de 3 mois à tout moment
10. Qu'est-ce que le pas de porte ?
    a) somme versée par le locataire au propriétaire pour compenser une perte de valeur du bien du fait de la création d'une propriété commerciale
    b) somme versée par le propriétaire au locataire pour lui permettre de démarrer son activité
    c) somme versée par le locataire au propriétaire et qui lui sera restituée en fin de bail

▶ Exercice 23. Mandat de gestion de la part d'indivisaires

Eli DUMAS est marié sans contrat de mariage et père de deux enfants. Il vient d'hériter avec sa sœur Lou, à parts égales, d'un patrimoine appartenant à leur oncle Pierre. Il s'agit d'une maison d'habitation garnie de meubles en état d'usage courant. Eli et Lou souhaitent vous confier la gestion locative de ce bien mais hésitent entre une location à destination d'habitation principale nue ou meublée.

Travail à faire

1. Après avoir précisé et défini la situation dans laquelle cet héritage les place, vous en présenterez deux inconvénients principaux.
2. Eli DUMAS peut-il décider seul de la mise en location ? Justifiez votre réponse.
3. Listez les différences essentielles, entre le statut juridique de la location d'habitation principale en meublé et en location d'habitation principale nue.

Finalement, ils optent pour une location d'habitation principale nue et un mandat de gestion vous est confié.

Travail à faire

4. Dans le cadre de ce mandat, Eli peut-il vendre le bien géré ?
5. Un jeune candidat se présente pour la location du bien et propose que ses parents se portent garants. Définissez ce terme et indiquez les types de cautions et leurs conséquences.
6. Eli et Lou peuvent-ils cumuler assurance loyer impayé et garant ?

▶ Exercice 24. Calcul d'honoraires de gestion

Vous gérez le bien de M. Proprio situé dans la copropriété « Les Cannelles » et percevez le 1er mars 2014 le loyer de son locataire M. Toto (logement vide à usage d'habitation).

Le loyer principal brut s'élève à 560,00 € par mois et la provision mensuelle sur charges à 50,00 €. Le mandat de gestion signé par les parties stipule « les frais de gestion HT seront facturés au taux de 7 % des loyers encaissés (TVA en sus).

Travail à faire

1. Quelle est la somme payée par M. Toto au mois de mars 2014 ?
2. Quelle est la somme qui sera retournée par l'agence au propriétaire M. PROPRIO pour le mois de mars 2014 ?

▶ Exercice 25. Révision du loyer

En recherchant sur le site de l'INSEE le tableau qui détaille les IRL, vous calculerez les nouveaux loyers à date anniversaire de Melle BENALLAL qui a signé un bail d'habitation principale vide avec votre agence le 01/04/2014. Son loyer net à l'entrée dans les lieux était de 650 € dont 50 € de charges. Le montant des charges reste fixe au cours du temps.

Travail à faire

1. Rappeler la loi fondamentale (+ date de la loi) qui s'impose dans cette situation de Gestion locative ? Quelle est la durée du bail ?
2. Quel est l'IRL utilisé à la signature du bail ? A quelle date cet IRL est-il paru ? Qui le diffuse ? Quel est le montant du loyer qui sera augmenté sur l'IRL au premier anniversaire ? Pourquoi ?
3. Qu'est ce qui autorise à augmenter les loyers ?
4. Calculer les ré-évaluations des loyers nets à chaque date anniversaire en complétant le tableau ci-dessous.

	Date	Date IRL	IRL à date anniversaire	Formule de calcul	Loyer brut ré-évalué	Loyer net à date anniversaire
	01/04/2014	4e trim 2013	124,83	Signature du bail	600	650
a	01/04/2015					
b	01/04/2016					
c	01/04/2017					
d	01/04/2018					

5. Expliquer ce qui se passe à la date anniversaire du 01/04/2016 ? Cette situation est-elle obligatoire ?

▶ Exercice 26. Location de la famille PIMIN

La famille PIMIN souhaite louer un appartement de deux pièces à Evry. Vous lui proposez un F2 de 40 m² construit en 1980 situé Bld des Champs Elysées au prix de 625 € + 45 € de charges dans un immeuble construit dans les années 1930. Mme PIMIN est commerciale dans l'immobilier et ses revenus sont d'environ 14 000 €/an net. Son compagnon est maçon salarié et perçoit 1 500 € par mois net. Ils ont 2 enfants et peuvent percevoir 200 €/ mois d'APL (Aides au logement versées par la CAF, justificatif à l'appui).

Votre agence immobilière pratique le barème d'honoraires suivant :

- Les honoraires de mise en location et de rédaction de bail s'élèvent à 12% des loyers bruts annuels (HT) à partager équitablement entre les parties.
- Les honoraires de gestion s'élèvent à 9% des sommes encaissées TTC.
- Le propriétaire bailleur souscrit (sur vos conseils) auprès de la MAAF une assurance de loyers impayés et réparation des dégradations qui s'élève à 4,8 % du loyer net annuel dû (jamais de TVA sur les primes d'assurances, le règlement est à l'ordre de la MAAF).
- Le bail est signé aujourd'hui le 19 décembre 2019 et prendra effet immédiatement.
- Les comptes-rendus de gérance aux copropriétaires sont mensuels. Les dépôts de garantie sont conservés par l'agence.

Travail à faire

1. Quelles sont les pièces à demander aux locataires pour étudier leur candidature ? Justifier votre réponse.
2. La famille PIMIN peut-elle prétendre à la location du logement ? Justifier votre réponse par des calculs.
3. Quels sont les diagnostics nécessaires à la signature du bail ? Pourquoi ?
4. Rédiger la clause de révision de loyer à inclure dans le bail en vous appuyant sur le tableau des IRL de l'INSEE présenté ci-dessous.
5. Calculer les honoraires de location à demander à chaque partie.
6. Ce barème des honoraires pratiqué par l'agence respecte-il les contraintes de la loi ALUR ? Justifiez votre réponse.
7. Calculer le montant de l'assurance loyer impayé ?
8. À quoi sert cette assurance souscrite à la MAAF ? Qui la paie ?
9. Calculer le loyer net du mois de décembre calculé au prorata temporis ?
10. Quelle est la somme totale que devront verser les locataires avant l'entrée dans les lieux ? Justifiez votre calcul.

▶ Exercice 27. Régularisation de charges et revenus fonciers

Monsieur Thierry FRICOT est locataire d'un appartement appartenant à Madame CARAMELLE. Madame CARAMELLE désire connaître le montant déductible des revenus fonciers concernant les charges de copropriété.

Vous disposez des annexes suivantes :

Annexe 1 : Décompte de charges de copropriété de Madame CARAMELLE (à compléter).

Annexe 2 : Avis d'imposition de Taxes foncières de Madame CARAMELLE.

Annexe 3 : Extrait du mémento Francis Lefebvre : provisions déductibles des revenus fonciers.

Remarques

- La taxe est régularisée en même temps que les autres charges locatives.
- Le salaire du gardien ou du concierge peut être récupéré à hauteur de 75 % lorsqu'il assure à la fois l'entretien des parties communes, et l'élimination des rejets (sortie des poubelles).

Travail à faire

1. Complétez la colonne « charges locatives » de l'annexe 1.
2. Quel est le montant de charges de copropriété payé par Madame CARAMELLE ? Sur ce montant, combien pourra-t-elle récupérer sur le locataire ?
3. Calculez l'ensemble des charges locatives récupérables auprès du locataire pour l'année 2014.
4. Régularisez les charges locatives 2014 sachant que les provisions mensuelles versées en 2014 sont de 80 €.
5. Calculez les prochaines provisions mensuelles 2015. Vous retiendrez l'hypothèse d'une augmentation de l'ensemble des charges de 3 %. Le montant sera arrondi à l'euro le plus proche.
6. Quel est le montant des charges de copropriété déductibles des revenus fonciers 2014 ? Justifiez votre réponse.

Annexe 1

Décompte de charges de copropriété de Madame CARAMELLE

(à compléter)

Agence ROYIM
2 rue des Ormes
17 200 ROYAN
17 110 Saint Georges de Didonne
Propriétaire : Isabelle CARAMELLE
14 Rue de la Ferme à Fontenay-sous-Bois

Adresse Immeuble :
Les Moissans
1, rue de Puiveil

Période du 1/01/2014 au 31/12/2014

Types de charges	Tantièmes du lot	Tantièmes pour toute la copropriété
Charges générales	245	10 000
Chauffages	85	980
Eau en m^3	9 000	
Prix/m^3	3,21	3,21

GESTION IMMOBILIÈRE

Charges	Dépenses à répartir	Quote-part	Charges locatives
A – Charges communes générales			
Entretien parties communes			
Produits entretien	1 198,27	29,36	
Employé d'immeuble	4 400,54	107,81	
Électricité	1 845,43	45,21	
Gardien de l'immeuble			
Salaires	12 340,43	302,34	
Charges sociales	7 404,26	181,40	
Administration			
Honoraires syndic	2 334,93	75,21	
Convocation assemblée générale	276,79	6,78	
Assurance immeuble	559,63	13,71	
Procédure et contentieux			
Honoraires avocats	1 586,86	38,88	
Honoraires huissiers	677,18	16,59	
Frais de procédure	8 955,10	219,40	
Total charges générales	**41 579,41**	**1 018,70**	
B – Chauffage			
- Garantie totale P3	1 574,68	136,58	
Combustible consommé	2 911,90	259,50	
Total chauffage	**4 566,58**	**396,08**	
C – Eau			
Consommation d'eau	28 890,00	192,60	
	Total des dépenses	Votre quote part	Charges locatives
	75 035,99	**1 607,38**	**997,29**

Trimestre	Provisions appelées	Provisions versées
1	380	380
2	380	380
3	380	380
4	380	380
Total	1520	1520
Solde restant dû	87,38	

Annexe 2. Avis d'imposition de Taxes foncières de Madame CARAMELLE

AVIS D'IMPOSITION TAXES FONCIÈRES Votées et perçues par la commune, le département la région et divers organismes	Madame CARAMELLE 14 rue de la Ferme 94 120 Fontenay sous bois
2014	
DÉPARTEMENT : 170 CHARENTE MARITIME	**COMMUNE : SAINT GEORGES DE DIDONNE**

DÉTAIL DU CALCUL DES COTISATIONS

		Commune	Syndicat de communes	Inter-commu-nalité	Départe-ment	Région	Taxe spéciale d'équipement	Ordures ménagères	Total des cotisations
Propriétés bâties	Taux 2013	16,71 %			12,11	3,32 %		9,19 %	
	Taux 2014	**16,71 %**			**12,59**	**3,32 %**		**9,19 %**	
	Adresse	1 rue de Puiveil							
	Base	**679**			**679**	**679**		**679**	
	Cotisation	**113**			**85**	**23**		**62**	**283**
	Adresse								
	Base								
	Cotisation								
Total des cotisations	2013	111			81	22		61	
	2014	**113**			**85**	**23**		**62**	
Variation en %		+1,80 %			+4,94 %	+4,55 %		+1,64 %	
		Commune	Syndicat de communes	Inter-com-munalités	Dépar-tement	Région	Taxe spéciale d'équipement	Chambre d'agriculture	
Propriétés non bâties	Taux 2013	41,43 %			25,20 %	8,63 %		13,60 %	
	Taux 2014	**41,43 %**			**25,20 %**	**8,63 %**		**13,60 %**	
	Base terres non agri-coles	1						1	
	Base terres agricole								
Total des cotisations	**2013**	0							
	2014							0	0
Variation en %									
		Dégrèvements jeunes agriculteurs des propriétés non bâties			Cotisation : Caisse d'assurance des accidents agricoles				
Jeunes agri-culteurs JA	Base « État » Base « collec-tivités »								
					Frais de fiscalité directe locale				23
					Dégrèvement habitation principale				
					Dégrèvement JA « État »				
					Dégrèvement JA « Collectivités				
					Montant de votre impôt				306

Annexe 3

Extrait du mémento Francis Lefebvre : les provisions déductibles des revenus fonciers

§ 76980 Les provisions déductibles sont celles qui correspondent aux dépenses prévues aux articles 14.1 et 14.2 de la loi 65-557 du 10 juillet 1965, à savoir les dépenses courantes de maintenance, de fonctionnement et d'administration des parties communes et équipements communs de l'immeuble ainsi que les dépenses pour travaux. Ces provisions sont déduites du revenu foncier de l'année de versement et régularisées l'année suivante. C'est ainsi que les copropriétaires bailleurs déduisent de leur revenu foncier : le montant total des provisions pour charges supportées **au cours de l'année** (sans qu'il y ait lieu d'examiner l'utilisation effective de ces sommes ou leur affectation à des dépenses déductibles ou non) diminué de celui des provisions déduites **l'année précédente** correspondant à des charges couvertes par la déduction forfaitaire ou à des charges non déductibles.

§ 76985 En pratique, les charges de copropriété déduites au titre d'une année N doivent être réintégrées dans les revenus de l'année N+1 lorsqu'elles correspondent à des charges non déductibles (notamment celles récupérables sur les locataires). Le solde résultant de l'approbation des comptes de l'exercice précédent fait également l'objet d'une régularisation sous forme de réintégration dans le revenu foncier (solde positif) ou de déduction (solde négatif).

▶ Exercice 28. Bail commercial

Vous devez expliquer à Cloé, gérante du salon de coiffure TIFFS à Corbeil Essonnes, le mécanisme de la révision triennale. Cloé s'inquiète parce que son propriétaire bailleur envisage une rupture de bail.

Vous disposez des annexes suivantes :

Annexe 1 : Extrait du bail consenti à la SARL TIFFS

Annexe 2 : Indice du coût de la construction.

Travail à faire

1. Calculez le loyer trimestriel révisé au 1er septembre 2018 du salon TIFFS.
2. Dans quel cas le loyer révisé pourra-t-il dépasser la variation de l'indice du coût de la construction ?

Soucieuse, Cloé s'interroge sur le risque d'une rupture de bail à l'initiative de son propriétaire.

Travail à faire

3. Quelle est la durée d'un bail commercial. À quel moment et sous quelle forme les parties ont-elles la possibilité d'y mettre fin ?
4. Que risque le bailleur de Cloé s'il refuse le renouvellement du bail ?

Annexe 1

Extrait du bail consenti à la SARL TIFFS

Entre les soussignés :

Madame et Monsieur DOM Jean, 15 cours de Verdun 77100 MEAUX

Désignés ci-après sous l'unique dénomination « LE BAILLEUR », d'une part

Et la « SARL TIFFS » ayant son siège social 14 rue du Commerce – 91100 Corbeil Essonnes

désignée ci-après sous l'unique dénomination « LE LOCATAIRE », d'autre part.

Il a été exposé ce qui suit :

Monsieur et madame DOM, propriétaires, ont consenti un bail au profit du locataire pour neuf années entières et consécutives qui ont commencé à courir le 01/09/2015. Le loyer hors charges est fixé à : sept mille trois cent quarante euros (7 340 €) payable par quart au début de chaque trimestre. La révision du loyer est triennale, l'indice de base étant l'indice des loyers commerciaux ILC de l'INSEE du premier trimestre 2015 (valeur : 108,32).

■ **Annexe 2**

Indice des loyers commerciaux (ILC) - Base 100 au 1er trimestre 2008

Année	Trimestre	Valeur	Parution au J.O.
2018	T3	113,45	20/12/2018
2018	T2	112,59	20/09/2018
2018	T1	111,87	27/06/2018
2017	T4	111,33	22/03/2018
2017	T3	110,78	20/12/2017
2017	T2	110,00	20/09/2017
2017	T1	109,46	21/06/2017
2016	T4	108,91	22/03/2017
2016	T3	108,56	21/12/2016
2016	T2	108,40	21/09/2016
2016	T1	108,40	22/06/2016
2015	T4	108,41	24/03/2016
2015	T3	108,38	23/12/2015
2015	T2	108,38	20/09/2015
2015	T1	108,32	20/06/2015
2014	T4	108,47	15/03/2015

Thème 5
Le suivi des obligations du locataire durant le bail

Le locataire est tenu de payer son loyer et ses charges à la date convenu dans le bail.
En cas d'impayés, le bailleur a la possibilité d'en réclamer le paiement.

16. Le recouvrement des sommes dues par le locataire

Le locataire est tenu de **payer le loyer et les charges récupérables aux termes convenus dans le bail** :

- terme à échoir dans la majorité des cas ou terme échu pour les baux HLM;
- paiement mensuel ou paiement trimestriel pour les baux commerciaux.

L'impayé de loyer est une situation délicate pour le locataire et pour le propriétaire. Pour trouver une solution satisfaisante, le gestionnaire doit réagir rapidement, trouver un accord, faire appel à l'assurance loyer impayé ou au garant, ou en dernier lieu engager une procédure.

Remarque :

- Il s'agit d'une procédure souvent longue et coûteuse, car très protectrice à l'égard des locataires (en particulier pour les baux d'habitation).

A. La phase amiable

Par téléphone, par mail ou par lettre simple, le gestionnaire demande des explications au locataire et tente de trouver une solution amiable pour le remboursement des loyers impayés (exemple : échelonnement de la dette).
Les parties prendront bien soin de **consigner les éléments de l'accord dans un document écrit**, daté et signé par chacun.
Le gestionnaire peut également faire appel au garant (quand il existe) pour obtenir le règlement des loyers.

B. La mise en demeure

Malheureusement, un accord amiable est souvent impossible parce que le locataire se trouve dans une situation trop compliquée ou qu'il est de mauvaise foi. Dans ce cas, l'envoi d'une **lettre de mise en demeure envoyée par courrier recommandé** avec demande d'avis de réception est la première étape de la procédure contentieuse. Dans la lettre, le locataire est soumis à un **délai pour payer les sommes dues** (souvent 15 jours).

C. L'injonction de payer

L'injonction de payer permet d'obtenir rapidement le paiement d'une créance, émanant d'un bail. La juridiction compétente est la **juridiction de proximité** du lieu du bien loué pour les créances inférieures ou égales à 4000 euros et le **tribunal d'instance** pour les créances qui vont au delà.
Pour former sa requête, le gestionnaire demandeur remplit et dépose au greffe un formulaire prévu à cet effet ainsi que les pièces justificatives au soutien de sa demande.
Si le juge estime la requête justifiée, il rend une ordonnance portant « **injonction de payer** » qui doit être notifiée par le propriétaire au locataire. Ce dernier dispose d'un **délai d'un mois pour contester l'injonction** en saisissant le tribunal. Si le locataire ne conteste pas, le **bailleur est en mesure de faire exécuter l'ordonnance. L'injonction a l'avantage de la rapidité et de l'économie.** Toutefois, elle n'est pas nécessairement la procédure la plus adaptée aux recouvrements de loyers impayés. En effet, l'injonction de payer ne peut aboutir qu'au paiement d'une dette et non à la résiliation du bail. Or, dans la plupart des cas, le bailleur souhaite en plus du paiement des loyers impayés, le départ du locataire.

D. Le jeu de la clause résolutoire pour mettre fin au bail

Dans la grande majorité des baux, il est inséré une **clause résolutoire** prévoyant la résiliation de plein droit, c'est-à-dire automatique, du contrat de location pour défaut de paiement du loyer, des charges ou du dépôt de garantie. Si la clause simplifie la résiliation du contrat, l'intervention d'un juge est malgré tout requise.
Si dans le délai imparti au locataire (et au garant) dans la mise en demeure, aucun paiement n'a été réalisé, le propriétaire doit alors se rapprocher d'un **huissier de justice** dans le secteur géographique du logement. Après avoir visé le contrat de bail et l'éventuelle caution solidaire, l'huissier de justice délivre un **commandement de payer** au locataire (et à son garant).
Dès lors, si à l'expiration d'un délai de 2 mois à compter de la signification de l'acte le locataire n'a pas régularisé la situation, **le bail sera résilié de plein droit et l'expulsion pourra être poursuivie sur simple ordon-**

nance de référé (procédure rapide devant le Tribunal d'instance), selon le mécanisme prévu à l'article 24 de la loi du 6 juillet 1989.

Remarque

- En location meublée, le délai de deux mois n'est pas obligatoire, il peut être plus court. Le délai est fixé en principe dans le contrat de location, le plus souvent à un mois. C'est d'ailleurs la seule différence substantielle quant à la durée de la procédure de résiliation du bail entre location vide et location meublée.

Ce délai de deux mois doit permettre de saisir les organismes d'aides au logement, le Fonds de solidarité pour le logement ou les services sociaux compétents. Une enquête sociale et financière est réalisée durant laquelle le locataire et le propriétaire sont en mesure de faire leurs observations.

En application de la clause résolutoire, le juge n'a qu'une option :

- il peut constater immédiatement la résiliation du bail et prononcer l'expulsion du locataire, ou bien
- il peut temporiser la résiliation du bail et accorder des délais de paiement au locataire.

Remarque

- Si le bail ne comporte pas de clause résolutoire, la loi n'exige pas de commandement préalable, mais il est en pratique absolument incontournable, afin de **prouver le caractère délibéré du manquement aux obligations contractuelles**. L'Huissier de Justice devra ensuite engager une procédure au fond devant le Tribunal d'instance, afin d'obtenir judiciairement la résiliation du bail. Il convient de noter que cette procédure, même si elle a de fortes chances d'aboutir, demeure plus aléatoire que celle énoncée précédemment, puisque soumise à l'appréciation souveraine du Juge saisi. D'où l'impérieuse nécessité, au moment de la signature du contrat, de prévoir cette fameuse clause résolutoire.

E. Le déroulement de l'audience et l'obtention du titre exécutoire

La procédure devant le Tribunal d'instance n'impose pas obligatoirement le Ministère d'Avocat (bien qu'elle soit fortement conseillée, surtout en cas de contestations soulevées par la partie adverse).

Le Juge étudie le dossier, entend les arguments des parties et peut, soit rendre une décision immédiatement (« sur le siège »), soit mettre l'affaire « en délibéré ».

Remarque

- Le juge peut accorder sur demande expresse ou de sa propre initiative, jusqu'à 24 mois de délai de paiement (article 1244 du Code civil). De plein droit, cette décision suspend les effets de la résiliation du bail et donc la mise en œuvre de la procédure d'expulsion (article 24 de la loi du 6 juillet 1989).

Le recouvrement des sommes dues

La loi dispose que « **tout créancier muni d'un titre exécutoire constatant une créance liquide et exigible peut en poursuivre l'exécution sur les biens de son débiteur** ». Il dispose dès lors d'une totale liberté dans le choix des mesures d'exécution, dans la limite du respect du principe de proportionnalité de la mesure envisagée par rapport au montant de la dette, mais également des immunités de saisie consacrées par les textes (envers certaines personnes et certains biens).

Les possibilités sont multiples :

- la saisie des créances de sommes d'argent (saisie-attribution) détenues par le débiteur ou par un tiers (entre les mains d'une banque par exemple) ;
- la saisie des rémunérations du travail ;
- la saisie des biens meubles corporels (saisie-vente) ;
- la saisie des droits d'associés et des valeurs mobilières (actions par exemple) ;
- la saisie des véhicules terrestres à moteur.

Chacune de ces procédures possède des caractéristiques et des délais qui lui sont propres.

F. La réalisation de l'expulsion

Dès que la résiliation du bail est acquise et la décision en vertu de laquelle l'Huissier de Justice agit non susceptible d'un recours suspensif d'exécution (appel, opposition, à l'exception des ordonnances de référé qui sont exécutoires de plein droit par provision), la procédure s'engage par la délivrance par acte d'Huissier de justice, d'un commandement de quitter les lieux.

L'Huissier de Justice organise l'expulsion en convoquant les différents corps de métiers indispensables au bon déroulement des opérations : serrurier, forces de Police ou de Gendarmerie, déménageurs, etc.

Le jour de l'expulsion, l'Huissier de Justice intervient tant en la présence qu'en l'absence des occupants. Il dresse alors un procès-verbal dans lequel il relate l'ensemble de ses opérations.

Remarque

- Dans le cas où les personnes expulsées n'ont pas débarrassé les meubles garnissant les lieux, ne disposent pas d'un endroit où ils souhaitent les voir transportés, ou s'il n'est pas possible de les laisser sur place, l'Huissier de Justice procède à un inventaire, et les fait déplacer vers un garde-meubles, à charge pour les personnes expulsées de les récupérer dans un délai d'un mois. À défaut, le Juge de l'Exécution sera saisi afin qu'il statue sur le sort qu'il entend réserver : soit une vente aux enchères publiques dans les rares cas où les biens ont une valeur suffisante, soit un abandon pur et simple.

G. La déclaration du sinistre à l'assurance loyers impayés

Bien sûr, le propriétaire qui a souscrit au préalable une assurance contre les loyers impayés sera pris en charge par une indemnisation des loyers impayés après la période de carence prévue par le contrat.

Remarque

- Certains contrats prévoient une franchise de prise en charge d'autres prennent en charge dès le premier euro d'impayé.

Si le locataire effectue des règlements postérieurement à la déclaration de sinistre, il y a obligation d'en informer l'assureur.
Le versement de l'indemnité est réalisé dès le troisième mois suivant celui du premier terme impayé.

Remarque

- Le locataire ne reste pas « impuni » : l'assureur se substitue au propriétaire et se retourne contre le locataire pour obtenir le paiement des sommes dues.

H. La trêve hivernale

L'article L613-3 du Code de la construction et de l'habitation prévoit que les décisions de justice d'expulsion de locataire d'un appartement ou d'une maison ne peuvent pas être exécutées au cours de la trêve hivernale. Ces règles sont applicables aussi bien en cas de location d'un logement vide que d'un logement meublé.
Le début de la trêve hivernale est fixée chaque année au 1er novembre et se termine en général au 31 mars sauf arrêté particulier.
En ce qui concerne le droit du logement, un amendement de la loi ELAN (amt 258 rect. ter – art. 58 ter) visant à faciliter les expulsions de squatteurs s'étant introduits frauduleusement dans un domicile a été adopté. Désormais, les squatteurs ne peuvent plus bénéficier de la trêve hivernale qui ne protège désormais que les seuls locataires bénéficiant d'un bail.

17. Les autres contrôles des obligations du locataire

Si le locataire est tenu de payer son loyer et ses charges en temps et en heure, d'autres dépenses sont également à sa charge.

A. Assurance habitation

Le locataire est tenu de s'assurer contre les risques locatifs. Il doit souscrire une assurance habitation auprès de la compagnie d'assurance de son choix.

Cette assurance sert à le couvrir contre les risques locatifs (principalement, dégâts des eaux, incendie, explosion).

Le locataire justifie obligatoirement de cette assurance lors de la remise des clefs (attestation d'assurance), puis chaque année à la demande du bailleur.

Le défaut d'assurance autorise le bailleur à :

- résilier le bail si une clause du contrat de location le prévoit ;
- souscrire une assurance en lieu et place du locataire et récupérer les cotisations auprès de lui (loi ALUR).

Résiliation du bail

Si le locataire ne s'assure pas, le bailleur peut résilier le bail après l'envoi au locataire d'un commandement de souscrire une assurance :

- par courrier recommandé avec accusé de réception ;
- resté infructueux pendant un mois (absence de réponse ou de justification d'assurance du locataire).

B. Entretien du matériel de chauffe

À moins que le contrat de bail ne prévoie le contraire, l'entretien annuel de la chaudière ou du chauffe-eau individuel est à la charge du locataire.

Cette obligation n'est assortie d'aucune sanction, mais permet au locataire de s'exonérer de sa responsabilité si la chaudière tombe en panne ou nécessite d'être remplacée.

D'une manière générale, le financement des menues réparations et travaux d'entretien du logement est à la charge du locataire.

C. Renouvellement du détecteur de fumée

L'installation d'un détecteur de fumée est obligatoire dans chaque logement à compter du 8 mars 2015.

L'achat et l'installation du détecteur est à la charge du bailleur.

Son entretien et son renouvellement éventuel sont à la charge de l'occupant.

Remarque

- Les détecteurs de fumée installés avant le 27 mars 2014 et dont le financement a été mis à la charge des locataires ne leur sont pas remboursés.

18. Les actes de gestion liés à la sortie du locataire

A. Le préavis de fin de bail

À l'initiative du locataire

Le locataire est libre de mettre fin à son contrat de location à tout moment. Il n'est pas obligé de donner son congé le 1er du mois, et peut tout à fait le signifier en cours de mois.

Il n'a pas non plus à motiver sa décision. En principe, il doit prévenir 3 mois avant son départ effectif.

Ce délai de préavis peut toutefois être ramené à un mois dans certaines circonstances ; le locataire doit alors indiquer, dans son congé, une des raisons suivantes, ramenant le délai à un mois :

- il vient d'obtenir son 1er emploi ;
- il est muté ;
- il a perdu son emploi, ou a retrouvé un travail ;
- il est bénéficiaire du RMI ;
- il est âgé de plus de 60 ans, et son état de santé justifie un changement de domicile.

La loi ALUR a généralisé le droit au préavis d'un mois dans les zones géographiques à forte demande locative.

À l'initiative du bailleur

Lorsqu'un bailleur souhaite donner congé à un locataire, il doit lui notifier ce congé au moins 6 mois avant le terme du bail et par lettre recommandée avec accusé de réception ou par acte d'huissier de justice (article 15-I de la loi du 6 juillet 1989). Le délai du préavis ainsi fixé court « à compter du jour de la réception de la lettre recommandée ou de la signification de l'acte d'huissier » (article 15-I, al. 2 de la même loi).

En outre, le bailleur ne peut donner congé que pour le terme du bail. De plus, les motifs permettant au bailleur de refuser le renouvellement du bail sont limitativement énumérés par l'article 15 de la loi du 6 juillet 1989. Il ne peut s'agir que d'une :

- reprise pour habiter ;
- reprise pour vendre ;
- reprise pour motif légitime et sérieux.

Le congé doit indiquer le motif de la reprise.

Le congé pour vente s'applique donc lorsque le bailleur envisage de vendre le bien loué en fin de bail. En effet, lorsque l'immeuble est vendu en cours de bail, le contrat de location est transféré au nouveau propriétaire, un simple avenant au contrat permet de modifier le nom des parties contractantes, après notification du changement de propriétaire par le bailleur.

Par conséquent la vente de l'immeuble en cours de bail n'a aucune incidence sur l'exécution du contrat de location, le nouveau propriétaire est alors soumis aux mêmes obligations imposées par la loi ou le contrat que l'ancien propriétaire.

En cas de congé pour vente, le locataire dispose alors d'un **droit de préemption**. Dès lors le congé doit permettre à ce dernier de faire valoir sa priorité sur l'achat.

B. L'état des lieux de sortie

C'est en comparant l'état des lieux d'entrée avec celui de sortie qu'on peut mettre en évidence les éventuelles **dégradations** dont la réparation incombe au locataire. Si le locataire a entretenu le logement et procédé aux réparations courantes pendant qu'il était locataire, l'état des lieux de sortie doit lui permettre de démontrer qu'il l'a rendu en bon état d'entretien et de réparations.

Remarque

- Dans le secteur social, un pré-état des lieux est réalisé souvent pendant la période de préavis. Il s'agit de réaliser une première visite contradictoire du logement pour relever les détériorations imputables au locataire, ainsi que le coût forfaitaire de leur réparation. À ce stade, le locataire a la possibilité d'entreprendre lui-même les travaux, et il sait à quel dédommagement il s'expose s'il ne s'est pas exécuté au moment de l'état des lieux définitif.

De même que pour l'état des lieux d'entrée, l'état des lieux de sortie est « **contradictoire** » c'est-à-dire que le mandataire du propriétaire et le locataire l'établissent ensemble, lors de la visite de sortie du locataire. Il doit être constaté par écrit, sur papier libre ou sur formulaire, signé et daté par les parties, et en autant d'exemplaires que de personnes intéressées au bail (locataire, mandataire du propriétaire, cautionnaire, etc.). Le gestionnaire y reporte le relevé des compteurs : eau, gaz, électricité…

Remarques

- Les dégradations imputables à la vétusté, c'est-à-dire à l'usure normale du temps, sont à la charge du bailleur.

Exemple : un logement est loué avec des moquettes neuves. Le locataire y reste dix ans. À son départ, la remise à neuf des sols normalement « usés » par le temps est à la charge exclusive du propriétaire.

Il est conseillé de prendre des photos (pour les comparer à celles réalisées lors de l'état des lieux d'entrée). En cas de désaccord, elles permettront de justifier de l'état du logement à l'entrée et à la sortie pour d'éventuels experts mandatés par un tribunal ou par une compagnie d'assurance.

En **l'absence d'état des lieux de sortie** établi contradictoirement avec le locataire, **le propriétaire devra faire la preuve de la responsabilité du locataire** dans les dégradations constatées notamment par comparaison avec l'état des lieux d'entrée.

Remarque

- En cas de **désaccord** sur la constatation de l'état des lieux de sortie, il est nécessaire de faire appel à un **huissier dont la rémunération est partagée entre les parties**. Son état des lieux s'imposera alors aux autres.

En cas de changement de propriétaire en cours de bail (si le logement a été vendu, ou transmis par donation, succession), c'est au nouveau propriétaire de rembourser le dépôt de garantie au locataire.

C. Le délai de restitution du dépôt de garantie

Il est toujours prévu un délai entre le départ du locataire et la restitution du dépôt de garantie. Cela laisse au propriétaire le temps de faire les travaux de remise en état si nécessaire, et de justifier ainsi des sommes qui seraient imputables au locataire quand c'est le cas.

Remarque

- Le jour convenu pour établir l'état des lieux de sortie, une fois qu'ils ont terminé de remplir et de signer les formulaires d'état des lieux, le locataire rend les clés du logement au propriétaire. C'est cette concomitance qui donne sa valeur à l'état des lieux de sortie. Car s'il était établi postérieurement à la remise des clés, le locataire pourrait alors faire valoir que les dégradations constatées ont été faites après son départ.

Le délai dépend du type de location

Que le logement soit loué en location vide ou en location meublée, c'est la loi MACRON du 6 aout 2015 qui fixe dans les deux cas le délai de restitution.

- Le bailleur dispose de **deux mois** au maximum pour rendre le dépôt de garantie au locataire, à compter de la restitution des clefs.
- Toutefois, si l'état des lieux de sortie est conforme à celui établi à l'entrée, le bailleur doit restituer le dépôt de garantie dans un délai de **un mois** à compter de la remise des clés par le locataire, et ce, quelle que soit la date de signature du contrat de location.

En location saisonnière, le contrat prévoit généralement un délai pour permettre au bailleur de réparer ou remplacer les éléments qui ont pu être abîmés par le locataire. Il peut ainsi justifier des montants retenus lorsqu'il restitue le dépôt de garantie.

Contrairement à une idée reçue, le bailleur est en droit d'encaisser le chèque même pour une location saisonnière, et de ne le restituer qu'après un délai prévu avec le locataire. Cependant, pour les locations de courte durée, il arrive fréquemment que le propriétaire n'encaisse pas le chèque, et le restitue sans délai au locataire si le logement est rendu en bon état.

Passé ce délai, comment obtenir le dépôt de garantie ?

Le locataire peut demander au propriétaire retardataire qui aurait laissé passer la date buttoir pour lui rendre son dépôt de garantie, une majoration de 10 % du loyer mensuel pour chaque période mensuelle commencée en retard.

La loi Alur impose désormais au locataire sortant **de donner sa nouvelle adresse au propriétaire** au moment où il quitte le logement et lui en remet les clés. Cela permet au propriétaire de lui envoyer le chèque de dépôt de garantie après son départ ! A défaut, le locataire qui n'aurait pas laissé ses nouvelles coordonnées au propriétaire ne pourrait pas lui réclamer les 10 % d'indemnité dus en cas de restitution tardive du dépôt de garantie.

Comment trouver un accord ?

Si les choses ne s'arrangent pas, le locataire devra saisir la commission de conciliation. Il en existe une dans chaque département, auprès des services de la préfecture. Elle est composée de représentants d'organisations de propriétaires et d'organisations de locataires. Elle traite de différents litiges locatifs, et en particulier de ceux relatifs au dépôt de garantie. Cette commission peut être saisie gratuitement soit par le propriétaire, soit par le locataire. Elle s'efforce de concilier les parties et à défaut rend un avis dans le délai de deux mois à compter de sa saisine.

Cette démarche est intéressante car elle peut éviter les inconvénients d'une procédure judiciaire. Si, malgré cette démarche, ils ne se sont pas mis d'accord, ils devront saisir le Tribunal d'instance du lieu où est situé le logement auquel l'avis de la Commission aura été transmis.

Quand le dépôt de garantie est insuffisant

Il n'est pas rare que le locataire doive de l'argent au bailleur, le dépôt de garantie étant insuffisant à couvrir ses dettes. Le propriétaire doit alors procéder de la même façon à l'encontre du locataire sortant ou de la personne qui s'est portée caution en lui réclamant la somme complémentaire. A défaut d'obtenir le paiement, le propriétaire peut en faire la demande en justice.

D. Le solde de tout compte

Le solde de tout compte du locataire est calculé après départ du locataire lors de la **régularisation annuelle des charges et de la réception de taxe foncière (TEOM)**.

Ce solde tiendra compte :

- des loyers et des charges restant à payer ;
- des indemnités de réparations locatives (calculées par comparaison entre les états des lieux d'entrée et de sortie) ;
- des résultats de la régularisation des charges ;
- des taxes locales imputables au locataire.

La réalisation du solde de tout compte sera plus ou moins longue en fonction du temps écoulé entre le départ du locataire et la régularisation annuelle des charges.

Le gestionnaire a la possibilité de conserver une quote-part du dépôt de garantie limité à 20 % au maximum dans l'attente de la connaissance des charges récupérables de copropriété que le syndic transmet après l'AG.

Si le compte est créditeur, l'indication de la nouvelle adresse du locataire sera très utile.

ENTRAÎNEMENTS

▶ QCM

1. Quelles sont les réparations à la charge du locataire ?
   a) les petites réparations d'entretien.
   b) remplacement des vitres cassées par l'orage
   c) stores et volets : graissage ; remplacement de cordes, poulies, de quelques lames…
   d) réparation des dommages causés par les installations de chauffage central et par l'humidité
   e) placards : remplacement des tablettes et des tasseaux. Réparation du dispositif de fermeture.
2. Mon propriétaire m'oblige à souscrire une assurance chez MMA, est-ce légal ?
   a) oui
   b) non
3. Que couvre une assurance classique souscrite par le locataire ?
   a) dégât des eaux
   b) incendie
   c) séisme
   d) explosion
   e) vol
4. Pour quel(s) type(s) de location le locataire doit-il absolument souscrire une assurance ?
   a) une location meublée ?
   b) une location nue ?
   c) une location saisonnière ?
   d) un logement de fonction ?
5. Sans assurance et en cas de dommage le locataire devra :
   a) indemniser la moitié du dégât au propriétaire
   b) indemniser la totalité du dégât au propriétaire
   c) ne pas indemniser le propriétaire
   d) quitter les lieux

▶ Exercice 29. Situations locatives diverses

On vous soumets à plusieurs situations locatives. Selon le cas, vous devrez utiliser vos connaissances et la documentation juridique appropriée contenue dans l'**annexe** pour apporter les réponses justifiées aux situations suivantes.

Travail à faire

1. Un locataire a demandé à son employeur d'être affecté à une succursale de l'entreprise éloignée de son domicile actuel. Il vous demande s'il peut bénéficier d'un délai de préavis réduit ?
2. Un couple de locataires vous consulte car les époux viennent de recevoir un congé pour vente. Intéressés par l'offre qui leur est faite, ils vous interrogent sur sa validité car après vérification ils constatent que le prix qui leur est proposé est largement au dessus du prix du marché ?
3. Un syndic de copropriété demande à un propriétaire bailleur de mettre fin aux nuisances occasionnées par ses locataires dans l'immeuble en ne louant plus son studio pour de courtes durées à des touristes. Est-ce dans ses attributions ?
4. Un locataire vous demande de lui expliquer quelles seraient les conséquences de la clause « sans bénéfice de discussion et de division » dans le cadre d'un cautionnement solidaire.

5. Un propriétaire bailleur souhaite avoir des précisions sur le diagnostic des performances énergétiques : type de logement concerné, durée de validité du diagnostic, règles relatives aux annonces et à l'affichage, sanctions en cas d'absence de présentation du DPE ou erreur sur les performances énergétiques.
6. Un locataire vient de régler son loyer et vous demande de lui envoyer une quittance. Quelle est la fonction de ce document ? Pouvez-vous facturer la transmission de cette quittance ? Justifiez votre réponse.
7. Vous constatez après contrôle qu'un locataire n'a pas justifié de son assurance locative. Quels sont les risques devant être obligatoirement couverts par une assurance locative ? À quels titres, dans cette situation, la responsabilité de l'agence pourra-t-elle être engagée ? Quelles sont les solutions que vous pouvez proposer au propriétaire bailleur pour le protéger des risques liés à la défaillance de son locataire ?

ANNEXE

Documentation juridique

1. Cour de cassation, chambre civile 3. Audience publique du mercredi 20 janvier 2010 (extrait)

[...]...Attendu, selon l'arrêt attaqué (Colmar, 10 novembre 2008), que les époux X..., locataires d'un logement appartenant à la SCI PM Simonis (SCI), ont, par lettre du 29 juin 2005, donné congé au bailleur pour le 31 juillet 2005, en invoquant une mutation professionnelle de M. X... à compter du 1er septembre 2005 ; [...] Mais attendu qu'ayant retenu, à bon droit, que l'article 15-1, alinéa 2, de la loi du 6 juillet 1989, prévoyant que le préavis était réduit à un mois en cas de mutation, sans préciser que celle-ci devait être imposée par l'employeur, la cour d'appel en a déduit exactement qu'il importait peu que M. X... fût à l'origine de cette mutation pour bénéficier de la réduction de ce délai ;

D'où il suit que le moyen n'est pas fondé ; PAR CES MOTIFS : REJETTE le pourvoi ;

2. Cour de cassation. Audience publique du 4 mai 2011 (extrait)

[...]...Attendu selon l'arrêt attaqué (Paris, 24 septembre 2009), que la société Saint-Michel immobilier, propriétaire d'un appartement pris à bail par les époux X..., a délivré à ces derniers un congé avec offre de vente ; que les locataires ont contesté la validité du congé ; [...] il résulte de l'arrêt attaqué que l'offre mentionnée au congé était de 3 380 000 €, correspondant à un prix au m² de 16 408 €... que la moyenne des prix dans l'arrondissement devait être fixée entre 6 000 € le m² et 12 000 € le m²..., sachant que le prix offert excédait de 82,31 % le prix médian de 9 000 € le m² ; qu'en retenant que le prix offert ne pouvait être considéré comme excessif et dissuasif..., que faute d'expliquer comment, en présence d'une telle majoration, le prix offert pouvait être regardé comme ni excessif, et donc ni dissuasif, les juges du fond ont statué aux termes de motifs inintelligibles...

3. Article 8 de la loi du 10 juillet 1965 (extrait)

... Le règlement de copropriété ne peut imposer aucune restriction aux droits des copropriétaires en dehors de celles qui seraient justifiées par la destination de l'immeuble, telle qu'elle est définie aux actes, par ses caractères ou sa situation.

4. Article 9 de la loi du 10 juillet 1965

Chaque copropriétaire dispose des parties privatives comprises dans son lot ; il use et jouit librement des parties privatives et des parties communes sous la condition de ne porter atteinte ni aux droits des autres copropriétaires ni à la destination de l'immeuble...

▶ Exercice 30. État des lieux de sortie

Afin de favoriser la transparence dans les relations agence-locataire-bailleur, votre agence utilise une grille de vétusté, présentée en annexe 1, qui est annexée aux contrats de location au même titre que l'état des lieux.

Vous venez de terminer un état des lieux de sortie concernant un appartement type F3 dont vous assurez la gestion pour le compte de Monsieur PROPRIO. Cet appartement présente les caractéristiques suivantes :

– adresse : 3, rue de la Sablière à Mennecy ;
– locataires : Monsieur et Madame BRIAND ;
– loyer : 508,50 € + 76,22 € de provisions sur charges ;
– congé donné par le locataire : Libéré pour le 1er avril 2015 ;
– dépôt de garantie : 500 € lors de l'entrée dans les lieux ;
– la ville de Mennecy facture directement les taxes d'enlèvement des ordures ménagères aux copropriétés. Elles font donc partie des charges de copropriété et n'apparaissent pas sur l'avis d'imposition foncière.

Vous procédez à une comparaison des états des lieux (**annexes 2 et 3**) afin de constater les dégradations à imputer aux locataires à partir de la grille de vétusté (**annexe 1**), d'un barème de facturation et de la liste des travaux engagés dans l'appartement (**annexe 4**). Vous régulariserez les charges locatives grâce au décompte de charges reçu du Syndic qui présente un montant de 855,28 € de charges récupérables pour le dernier exercice comptable du 01/05/2014 au 30/04/2015.

Travail à faire

1. Évaluez le montant total des dégradations à imputer sur le dépôt de garantie des locataires sortants.
2. Quelles sont les grandes catégories de charges récupérables chez le locataire ?
3. Procédez à la régularisation des charges concernant les locataires « BRIAND »
4. Précisez la date limite à laquelle le dépôt de garantie doit être restitué aux locataires sortants.
5. Déterminez le montant du dépôt de garantie à restituer aux locataires.

Annexe 1

Extrait de la grille de vétusté fournie avec le bail

Équipement concerné	Durée de vie totale	Première période	Coef de vétusté	Seconde période	Coef de vétusté
Revêtements					
Carrelage	30	10	2	20	4
Faïence	15	8	3,5	7	10,3
Dalles plastiques	19	3	5	7	11,5
Plancher	25	5	2	20	4,5
Tapis aiguilleté	6	2	1,5	4	20,7
Moquette	10	5	6	5	14
Peinture	7	7	14	0	0
Papier peint	7	7	14	0	0
Plomberie et sanitaire					
Cuvette WC	25	10	2	15	5,3
Chasse d'eau WC	20	10	2	10	8
Lavabo	20	10	2,5	10	7,5
Évier	25	10	2	15	5,3
Robinet d'arrêt d'eau	10	5	5	5	17
Mélangeur	15	5	3	10	8,5

Mitigeur	15	5	3	10	8,5
* Douche	25	10	2	15	53
* Baignoire	20	to	2_5	10	7,5

- Les durées de vie sont données en année.
- Les coefficients de vétusté sont des % annuel.
- Exemple : une moquette posée il y a 8 ans est abîmée. Compte tenu de son âge, elle est affectée d'un coefficient de vétusté qui se décompose ainsi : 5 ans à 6 % et 3 ans à 14 % donc elle subit 72 % de vétusté et le locataire prendra à sa charge 28 % de son coût de remplacement.

Source : *Le Particulier Immobilier*, n° 166 juin 2001

Annexe 2 État des lieux d'entrée

ÉTAT DES LIEUX D'ENTRÉE

Agence : MENNECY IMMO
Adresse du logement : 3 rue de la sablière, Mennecy
Nom locataire entrant : Monsieur et Madame BRIAND — Locataire sortant : Monsieur CASPIE
Date d'entrée : 15 avril 2010 — Date de sortie : 25 février 2010

	Portes et fenêtres	Électricité	Sol	Peinture/papier-peint	Plomberie, sanitaire	Équipements rangement
Entrée	Porte à raboter	Bon état	Bon état	Bon état		
Cuisine	Bon état	Bon état	Bon état	Bon état	Éclats sur l'évier	Bon état
Salle de séjour	Bon état	Bon état	Bon état	Bon état		
Chambre 1	Bon état	Une prise à changer	Bon état	Papier-peint neuf		
Chambre 2	Bon état	Bon état	Bon état	Papier-peint neuf		
Chambre 3						
Salle d'eau	Bon état	Bon état	Quelques rayures	Bon état	Flexible à changer	Bon état
Toilettes	Abattant à refixer	Bon état	Bon état	À repeindre	Fuite chasse d'eau	
Cave	RAS	RAS	RAS	RAS	RAS	RAS
Garage	RAS	RAS	RAS	RAS	RAS	RAS

Reconnaît exactes les constatations ci-dessus sur l'état du logement :
Le locataire entrant :
Signature

Annexe 3 État des lieux de sortie

ÉTAT DES LIEUX DE SORTIE						
Agence : MENNECY IMMO Adresse du logement : 3 rue de la Sablière Mennecy Nom locataire sortant : Monsieur et Madame BRIAND Nouvelle adresse : 12, rue de l'industrie Marseille Date de sortie 1er avril 2015						
	Portes et fenêtres	Électricité	Sol	Peinture/papier-peint...	Plomberie, sanitaire	Équipements rangement
Entrée	Bon état	Bon état	Bon état	Bon état		
Cuisine	Bon état	Bon état	Traces pieds machine à laver	Deux trous au mur	Éclats sur l'évier	Bon état
Salle de séjour	Bon état	Bon état	Traces meubles	Bon état sauf traces de meubles		
Chambre 1	Bon état	Bon état	Moquette déchirée : à remplacer	Bon état		
Chambre 2	Bon état	Bon état	Bon état	Lais déchirés : à retapisser		
Chambre 3						
Salle d'eau	Bon état	Bon état	Le locataire s'engage à recoller deux dalles	Bon état	Mitigeur à changer	Bon état
Toilettes	Bon état	Bon état	Bon état	Bon état	RAS	
Cave	RAS	RAS	RAS	RAS	RAS	RAS
Garage	RAS	RAS	RAS	RAS	RAS	RAS
Reconnaît exactes les constations ci-dessus sur l'état du logement : Le locataire sortant : Signature						

GESTION IMMOBILIÈRE

Annexe 4

Extrait de la grille de facturation

Équipement concerné	Prix en € (HT)
REVÊTEMENTS	
Carrelage (par m²)	18,3
Dalles plastiques (par m²)	15
Plancher (par m²)	17
Moquette (par m²)	14,5
Peinture (par litre)	9,9
Papier peint (par rouleau)	15
Présence de trous (à partir du 3e)	1,5
PLOMBERIE et SANITAIRE	
Cuvette WC	38,5
Chasse d'eau WC	40
Lavabo	76,3
Évier	65,6
Robinet d'arrêt d'eau	76
Mélangeur	80
Mitigeur	85
Douche	137,2
Baignoire	125,65

Taux de TVA : 20 %

Liste des travaux engagés dans l'appartement

Type de travaux	Date des travaux
Remplacement mitigeur- salle d'eau	18/02/2005
Installation nouvelle baignoire	14/01/2009
Pose de carrelage salon	20/03/2009
Tapisserie chambre 2 : 5 rouleaux	25/03/2009
Pose moquette chambre 1 : 15 m²	28/03/2009
Installation nouvelle serrure – Porte d'entrée	15/04/2009

▶ Exercice 31. Explications données au bailleur dans le cadre de son mandat de gestion

Vous avez en charge le dossier de Madame BOURDU, propriétaire de deux biens immobiliers (un appartement et un pavillon), loués selon la loi du 6 juillet 1989. Cette dame vient d'entrer en maison de retraite, et son fils gère désormais son patrimoine. Ce dernier a pris rendez-vous avec le cabinet afin d'obtenir diverses explications.

Sa première interrogation concerne le changement de loyer de Monsieur BORIN en août 2015 qui est passé à 462,62 € brut.

Il veut également comprendre comment sont calculées les provisions sur charges.

Travail à faire

1. Justifiez le nouveau montant du loyer à partir d'août 2015 concernant le locataire BORIN
2. Pourquoi l'agence a-t-elle pu faire varier le loyer ?
3. Justifiez le montant de la nouvelle provision pour charges du locataire BORIN.
4. Justifiez le montant de la régularisation des charges 2014 que vous constatez en février 2015.

Monsieur BOURDU ne comprend pas les sommes qui sont versées par l'Agence sur le compte de sa mère. Vous faites le calcul devant lui.

Travail à faire

5. Établissez le compte rendu de gérance pour les deux logements du troisième trimestre 2015.

Annexe 1

Lots détenus par Madame Bourdu

	Locataire actuel	Éléments inscrits dans le bail			
		Date entrée dans les lieux	Indice de référence	Loyer	Charges
Appartement F4 + garage	Borin	01/08/2013	2e trimestre 2013	460,00 €	165,00 €
Pavillon Maison de bourg	Moutars	01/11/2014	4e trimestre 2013	518,00 €	0,00 €

Annexe 2

Valeur de l'indice INSEE de référence des loyers

Période	Indice de référence des loyers	Variation annuelle en %	Date de parution (1)
2e trimestre 2014	125,15	0,57 %	25/07/2014
1er trimestre 2014	125,00	0,60 %	18/04/2014
4e trimestre 2013	124,83	0,69 %	17/01/2014
3e trimestre 2013	124,66	0,90 %	23/10/2013
2e trimestre 2013	124,44	1,20 %	16/07/2013
1er trimestre 2013	124,25	1,54 %	16/04/2013
4e trimestre 2012	123,97	1,88 %	12/01/2013
3e trimestre 2012	123,55	2,15 %	13/10/2012
2e trimestre 2012	122,96	2,20 %	17/07/2012
1er trimestre 2012	122,37	2,24 %	18/04/2012

Annexe 3

Renseignements complémentaires

La provision sur charges de l'appartement loué par Monsieur BORIN comprend :

- la part des charges locatives de la copropriété ;
- la part de la taxe foncière récupérable sur le locataire.

Les charges sont régularisées au mois de février pour l'année précédente selon les relevés de charges réelles reçus. La provision est également révisée ce même mois : le montant pour l'année 2015 est calculé à partir des charges réelles de l'année précédente et du dernier avis d'imposition de Taxes Foncières le tout augmenté de 2 % pour tenir compte de l'inflation. Le résultat est arrondi à la dizaine d'euros supérieure.

Taxe d'enlèvement des ordures ménagères 2014 : 87 €
Montant des charges de copropriété réelles 2014 : 2 260,05 € dont 1 901,87 € récupérables.
Reddition des comptes : trimestrielle
Règlement trimestriel : par chèque le dernier jour du trimestre
Honoraires de gestion : 7 % hors taxes des sommes encaissées
Le 5 juillet l'agence a payé l'appel de charges trimestriel de copropriété pour un montant de 595,45 €.
Le 15 juillet est effectué un règlement de 112,37 € TTC concernant des travaux de plomberie à la charge du propriétaire

▶ Exercice 32. Usufruit et location

Madame DETIENT reçoit, en sa qualité de bailleur de la maison habitée par Monsieur GESPER, locataire, un courrier de ce dernier lui demandant de faire exécuter certains travaux :
– réparations de la fenêtre de la cuisine qui a été détériorée par un courant d'air ;
– réfection de la toiture ;
– changement de la moquette usée précocement à la suite d'un lessivage trop important réalisé par Monsieur GESPER.
Madame DETIENT, qui n'est qu'usufruitière de la maison, s'étonne de telles réclamations, et se demande s'il ne revient pas à son fils Monsieur JEREMIE, nu-propriétaire, d'assurer la charge financière de ces travaux.

Travail à faire

À l'aide de la documentation juridique mise à votre disposition, résolvez ce cas pratique en utilisant une méthodologie appropriée.

1. Relatez les faits.
2. Formulez le problème juridique.
3. Faites références aux règles de droit en vous appuyant sur la documentation juridique fournie.
4. Concluez en apportant les conseils à Mme DETIENT sur ses droits et obligations dans cette situation.

■ ANNEXE

Documentation juridique

Arrêt de la 3e chambre civile de la Cour de cassation en date du 28 juin 2011

[...] Attendu, selon l'arrêt attaqué (Lyon, 28 septembre 2004), que les époux X... ont donné à bail aux époux Y... une maison à usage d'habitation ; que Monsieur X... est décédé, laissant pour lui succéder ses trois enfants mineurs ; que les locataires ont assigné sa veuve remariée à Monsieur aux fins d'obtenir sa condamnation à exécuter des travaux de réparation ;
Attendu que pour déclarer cette demande irrecevable en ce qu'elle était dirigée à l'encontre de la seule usufruitière, l'arrêt retient qu'à la suite du décès de Monsieur X..., propriétaire en propre du bien loué, Madame Z... a seulement eu la qualité d'usufruitière, [...], qu'ils ne rapportent pas la preuve que l'état de l'immeuble serait la conséquence d'un défaut d'entretien de l'usufruitière ;
Qu'en statuant ainsi, alors que l'article 605 du code civil ne règle que les rapports entre l'usufruitier et le nu-propriétaire et que l'usufruitier est tenu aux obligations du bailleur à l'égard des locataires de l'immeuble sur lequel porte son usufruit, la Cour d'appel a violé les textes susvisés ;
PAR CES MOTIFS : CASSE ET ANNULE, [...]

Code civil Article 605
L'usufruitier n'est tenu qu'aux réparations d'entretien. Les grosses réparations demeurent à la charge du propriétaire, à moins qu'elles n'aient été occasionnées par le défaut de réparations d'entretien, depuis l'ouverture de l'usufruit ; auquel cas l'usufruitier en est aussi tenu.
Code civil Article 1719
Le bailleur est obligé, par la nature du contrat, et sans qu'il soit besoin d'aucune stipulation particulière :
1° De délivrer au preneur la chose louée et, s'il s'agit de son habitation principale, un logement décent ;
2° D'entretenir cette chose en état de servir à l'usage pour lequel elle a été louée ;
3° D'en faire jouir paisiblement le preneur pendant la durée du bail ;
4° D'assurer également la permanence et la qualité des plantations.

Code civil Article 1720
Le bailleur est tenu de délivrer la chose en bon état de réparations de toute espèce. Il doit y faire, pendant la durée du bail, toutes les réparations qui peuvent devenir nécessaires, autres que les locatives.

Loi n° 89-462 du 6 juillet 1989 – Article 6
Le bailleur est obligé : [...] D'entretenir les locaux en état de servir à l'usage prévu par le contrat et d'y faire toutes les réparations, autres que locatives, nécessaires au maintien en état et à l'entretien normal des locaux loués ; [...]

Loi n° 89-462 du 6 juillet 1989 – Article 7
Le locataire est obligé : [...] De prendre à sa charge l'entretien courant du logement, des équipements mentionnés au contrat et les menues réparations ainsi que l'ensemble des réparations locatives définies par décret en Conseil d'État, sauf si elles sont occasionnées par vétusté, malfaçon, vice de construction, cas fortuit ou force majeure ; [...]

Décret n° 87-712 du 26 août 1987 – Article 1
Sont des réparations locatives les travaux d'entretien courant et de menues réparations, y compris les remplacements d'éléments assimilables.

Thème 6
Le conseil donné au propriétaire bailleur

Le gestionnaire locatif doit administrer le bien immobilier avec compétence et expertise dans le respect des lois en vigueur et en jouant le rôle d'interface entre le propriétaire et le locataire. Il est également chargé de conseiller le propriétaire dans le cadre de la location de son bien en prenant en compte tous les aspects techniques, juridiques et fiscaux relatifs au bien immobilier géré. Ses missions seront donc multiples et variées :

- *encaisser les loyers et charges ;*
- *garder l'historique des flux financiers du compte propriétaire ;*
- *proposer des solutions de protection pour le propriétaire contre les risques liés à la location ;*
- *veiller au bon entretien du bâtiment ;*
- *superviser les interventions et dépannages nécessaires ;*
- *aider aux déclarations fiscales.*

19. Principales obligations du bailleur

Quatre grandes obligations s'imposent au bailleur durant la location :

A. Obligation de délivrer un logement décent

Il doit fournir un logement décent, c'est-à-dire sans risque portant atteinte à la sécurité physique ou à la santé du locataire, et doté d'une surface habitable et d'équipements le rendant conforme à l'usage défini (exemple : 9 m^2 pour toute habitation).

B. Obligation d'entretien, de réparation et de fonctionnement

Le bailleur doit entretenir le logement et y faire toutes les grosses réparations, autres que celles qui seront à la charge du locataire. Les équipements privatifs ou collectifs mentionnés dans le bail doivent être en bon état de fonctionnement.

Remarque :

- Si le logement n'est pas en bon état d'usage à l'entrée dans les lieux, les parties peuvent convenir dans le bail des travaux que le locataire exécutera ou fera exécuter en contrepartie d'une réduction de loyer pendant une période déterminée.

Les équipements privatifs ou collectifs mentionnés dans le bail doivent également être en bon état de fonctionnement.

C. Obligation de ne pas s'opposer à la réalisation de travaux

Le bailleur ne peut pas s'opposer aux aménagements (peinture, décoration...) réalisés par le locataire dès lors qu'ils ne constituent pas une transformation du logement.

D. Obligation d'assurer un usage paisible du logement

Le bailleur doit assurer au locataire la tranquillité de son logement. Par conséquent, le bailleur doit lui-même s'interdire tous agissements qui pourraient gêner son locataire, sauf dans les cas prévus par la loi (par exemple, réparations urgentes et travaux d'amélioration). Toutefois, le bailleur n'est pas responsable des troubles que les tiers occasionnent à son locataire (par exemple, les nuisances sonores).

E. Obligation de transmettre une quittance de loyer

Le bailleur doit transmettre gratuitement une quittance de loyer au locataire qui en fait la demande par tous moyens. La quittance porte le détail des sommes versées par le locataire, en distinguant le loyer et les charges. Si le locataire effectue un paiement partiel, le bailleur est tenu de délivrer un reçu.

20. Risques du bailleur et solutions de protection

Dans le cadre du mandat de gestion, le gestionnaire doit conseiller le bailleur et suggérer différentes solutions de contrats d'assurance susceptibles de couvrir les risques du bailleur et de le protéger.

A. L'assurance propriétaire non occupant

Bien que l'**assurance propriétaire non occupant** ne soit pas obligatoire, elle est néanmoins fortement conseillée, notamment en cas de vacance locative. Elle permet de couvrir un sinistre, même lorsque le locataire est parti et elle intervient également pour des sinistres que ne couvrent ni l'assurance de la copropriété, ni l'assurance du locataire.

B. L'assurance loyers impayés

Cette assurance permet de continuer à percevoir les loyers en cas de défaut du locataire.

Le mandataire ne doit pas se contenter de souscrire l'assurance mais il doit aussi accomplir différentes diligences :

- il doit s'informer sur les délais de déclaration des loyers impayés ;
- se renseigner sur les modalités de mise en œuvre de l'assurance afin que l'assurance ne lui oppose pas des causes de déchéances.

S'il s'agit de nouveaux locataires, la garantie est acquise à la date d'effet du contrat, sans période probatoire. S'il s'agit de locataires déjà en place, les garanties prendront effet à l'issue du 3e mois entier après l'adhésion au contrat. Les cotisations annuelles sont fiscalement déductibles des revenus fonciers.

Pourquoi souscrire une GLI (garantie loyer impayé)

Avec la crise, la garantie des loyers impayés n'a jamais été aussi précieuse car elle permet au bailleur de percevoir régulièrement ses loyers et de sécuriser son investissement immobilier en toute sérénité. Selon les compagnies d'assurance, la GLI permet au bailleur de :

- être prémuni contre la perte financière liée à la cessation du paiement des loyers ;
- bénéficier d'une prise en charge en cas de dégradations immobilières ;
- être protégé en cas de litiges liés à l'exécution du contrat de bail ;
- être préservé contre la perte financière résultant de la non-location du logement (garantie optionnelle).

En général, les compagnies d'assurance exigent d'émettre un agrément au vue d'une étude de solvabilité du candidat à la location. Ainsi, l'usage veut que le locataire perçoive des revenus supérieurs à 3 fois le montant des loyers (taux d'effort < 33%).

Le dispositif Visale

Visale est un dispositif de cautionnement, sans franchise ni carence (à condition que l'impayé soit constitué et les délais de déclaration respectés), à destination des bailleurs souhaitant louer leur logement dans le parc locatif privé et couvrant les 3 premières années du bail.

Visale est un service totalement **gratuit** proposé par **Action Logement**, acteur de référence du logement des salariés depuis plus de 60 ans.

Les démarches se font en ligne via l'espace personnel du bailleur. Aucune pièce n'est à transmettre pour l'obtention du contrat de cautionnement. **Les justificatifs sont demandés en cas de mise en jeu de la garantie.**

Le locataire doit au préalable avoir effectué une **demande de visa**. Une fois celle-ci certifiée par Action Logement, le locataire présente au bailleur son visa (contenant un numéro de visa). Avant la signature du bail et afin d'effectuer sa demande de cautionnement, **le bailleur créé son espace personnel** en saisissant ses coordonnées.

En cas d'impayés de loyer de son locataire, le bailleur effectue sa déclaration d'impayé via son espace personnel, en application des conditions du contrat de cautionnement que acceptées (attention aux délais de déclaration) et joint les justificatifs demandés.

La CLE : Caution locative étudiante

C'est une garantie de l'État qui permet, depuis la rentrée 2014, aux étudiants dépourvus de garants personnels de faciliter leur accès au logement.

Thème 6

21. Reddition de compte

Le professionnel est tenu d'informer régulièrement le bailleur de la gestion réalisée pour son compte dans le cadre de son mandat.

A. Objectif de la reddition des comptes

Il ne s'agit pas seulement d'un compte comptable (avec des débits et des crédits) mais d'un véritable **compte-rendu** du mandataire à celui qui lui a confié une mission. Il s'agit de retracer l'ensemble des actions réalisées par le professionnel dans le cadre de sa mission de gestionnaire du bien et de faire apparaître les flux financiers qu'elles ont produits.

La fréquence des comptes-rendus de gestion dépend des accords pris dans le mandat de gestion. Ils peuvent être mensuels, trimestriels, semestriels ou annuels.

B. Contenu du compte-rendu de gérance

On distingue quatre grandes catégories d'opérations :

- les opérations de **gestion courante** : encaissement des loyers et des provisions pour charges (tous les mois) ;
- les opérations à caractères **périodiques** : entrée et sortie de locataire, régularisation des charges (une fois par an après réception, remboursements d'impôts (TEOM tous les ans en fin d'année civile) ;
- les charges à payer aux **tiers** : charges de copropriété (tous les trimestres)...
- les honoraires sur l'ensemble des prestations réalisées pour assurer les opérations de gestion ci-dessus et la TVA sur ces honoraires.

Remarque :

- Le dépôt de garantie peut soit être conservé par le bailleur soit par l'administrateur de bien. Selon le cas, sa restitution sera à la charge de la partie qui l'a conservé.

GESTION IMMOBILIÈRE

22. Déclarations fiscales des revenus fonciers

Les revenus tirés des locations vides constituent des revenus fonciers et sont soumis à l'impôt sur le revenu. Pour déterminer le résultat foncier, bénéficiaire ou déficitaire, des règles précises sont à respecter.

Les propriétaires bailleurs qui louent des locaux vides, c'est-à-dire non meublés, déclarent leurs revenus locatifs dans la catégorie des **revenus fonciers**. Il peut s'agir de locaux d'habitation et de leurs dépendances (maison, appartement, emplacement de stationnement), de locaux d'activité (bureaux, commerces, usines) ou de terrains.

A. Les revenus à déclarer

Il s'agit essentiellement des loyers bruts (sans les charges) réellement encaissés au cours de l'année civile. Doivent également être déclarées certaines recettes exceptionnelles telles que des remboursements d'assurance ou d'éventuelles subventions de l'Agence nationale de l'habitat (Anah).

B. Les frais et charges à déduire

Les propriétaires peuvent relever soit du régime forfaitaire soit du régime réel.

Régime micro-foncier

Le régime micro-foncier est un régime d'imposition simplifié réservé aux contribuables qui ont des revenus fonciers bruts qui ne dépassent pas le seuil de **15 000 euros par an**. Ce seuil est annuel et il n'y a pas de prorata temporis à considérer.

Ce régime permet un allégement des obligations déclaratives (seul le montant brut des recettes est à déclarer sur la déclaration 2042).

Le calcul du revenu foncier net (le bénéfice foncier) se fait par application d'un **abattement de 30 %** sur le revenu foncier brut (40 % avant 2006). Cet abattement correspond à une déduction forfaitaire censée représenter les charges du propriétaire.

Régime réel

Le bailleur relève obligatoirement du régime réel si ses revenus fonciers excèdent 15 000 €/an et sur option en deçà. Dans ses conditions, il doit déduire les frais et charges engagés pour le bien mis en location poste par poste pour leur montant réel. Viennent ainsi en déduction des loyers perçus les travaux, les charges de copropriété, les primes d'assurance, les intérêts d'emprunt, etc.

Remarque

- Sur option, le contribuable dont les revenus fonciers sont inférieurs à 15 000 € peut toutefois demander à avoir ses revenus fonciers imposés au régime réel. Pour exercer cette option, il suffit de déclarer les revenus fonciers à l'aide de la déclaration 2044 (ou 2044 spéciale). Le régime réel doit alors être utilisé pendant un **minimum de 3 ans** (sauf changement dans la situation familiale modifiant le nombre de part imposable).

Peuvent essentiellement être déduits du montant des loyers hors charges encaissés dans l'année les frais et charges suivants et ce, pour leur montant réel :

- les dépenses de réparation, d'entretien et d'amélioration ;
- les dépenses acquittées pour le compte des locataires et restant définitivement à la charge des propriétaires ;
- les provisions pour charges de copropriété ;
- les frais de gestion ;
- les primes d'assurances ;
- certaines impositions (exemple : taxe foncière) ;
- les intérêts d'emprunt ;
- une déduction forfaitaire spécifique dans certains cas.

Remarque

- Le choix du régime concerne l'ensemble des revenus fonciers au sein d'un même foyer fiscal. Il n'est pas possible d'avoir une location soumise au régime micro et une autre au réel. Le régime micro-foncier n'est pas possible dans certaines situations : monuments historiques, logement bénéficiant d'un régime de déduction particulier (Scellier, Duflot...).

C. Le sort du résultat foncier

Régime forfaitaire

Dans le cadre du micro-foncier, le résultat foncier du bailleur est forcément bénéficiaire car, une fois appliqué l'abattement de 30 %, l'administration fiscale intègre 70 % des revenus locatifs à l'ensemble des autres revenus du foyer fiscal. L'ensemble est alors passible de l'impôt sur le revenu.

Régime réel

Si le résultat foncier est bénéficiaire, il s'ajoute aux autres revenus annuels, puis est soumis à l'impôt sur le revenu. En cas de déficit foncier, celui-ci s'impute sur le revenu global annuel, permettant ainsi de diminuer l'impôt sur le revenu (défiscalisation).

D. Les obligations déclaratives

Régime forfaitaire

Aucune déclaration spécifique n'est à effectuer : il suffit de reporter le montant brut des revenus fonciers (loyers hors charges) directement sur la déclaration d'ensemble des revenus n° **2042**.

Régime réel

Les contribuables qui relèvent du régime réel d'imposition sont tenus de souscrire un imprimé annexe à la déclaration n° 2042. Il s'agit soit de la déclaration n° **2044**, soit de la déclaration n° **2044 spéciale** (dédiée à ceux qui ont opté pour au moins un régime spécial tel que Duflot, Borloo, Robien, Scellier, etc.).

E. Tableau comparatif des différents dispositifs fiscaux

Pour la loi PINEL et autres dispositifs de défiscalisation voir partie Transaction page 271

Régimes fiscaux	Logements loués vides					Location meublée (Micro BIC)
	Micro-foncier	Frais réels	Scellier	Scellier intermédiaire	Duflot	
Champ d'application	Tous logements mais revenus fonciers < 15000 €.	Tous logements et sur option quand revenu foncier < 15000 €	Neuf ou ancien réhabilité en France métropolitaine et DOM Fin du dispositif Scellier et Scellier intermédiaire au 31/12/12.		En zones A bis, B1 (et agrément préfectoral en B2).	Revenus au titre de la location meublée < 32600 € HT. Au-delà la déclaration doit se faire au réel.
Réduction d'impôt			Logements BBC. Réduction de 13 % à 21 % de l'investissement		Respect de la RT 2012. 18 % de réduction	Pour Censi-Bouvard : 11 % sur 9 ans.
Report de la réduction sur le revenu global			Oui, jusqu'à la 6e année		Pas de report d'une année sur l'autre	
Déduction spécifique	30 %		26 % en ZRR	30 %		50 % du CA HT avec un minimum de 305 €
Déficit foncier imputable sur le revenu global						
Durée d'engagement de location			9 ans	9, 12 ou 15 ans	9 ans	
Plafond de loyer			Les plafonds de loyer sont déterminés chaque année par département.			
Restrictions concernant le locataire			Ne pas appartenir au foyer fiscal du bailleur	Ne pas appartenir au foyer fiscal du bailleur, ni être un ascendant ou un descendant. Ne pas dépasser certains plafonds de ressources.		

ENTRAÎNEMENTS

▶ QCM

1. Le bailleur peut reprendre son logement, dans les conditions prévues par la loi, pour y loger le fils de sa meilleure amie.
   a.) vrai
   b) faux
2. Le bailleur peut donner congé à son locataire dès lors qu'il respecte un préavis de six mois et que son congé est justifié par un motif légal.
   a) vrai
   b) faux
3. Un locataire qui pratique la sous-location de son appartement sans l'accord du bailleur risque un non-renouvellement de son bail.
   a) vrai
   b) faux
4. Les revenus fonciers sont les revenus tirés des locations immobilières.
   a) vrai
   b) faux
5. Lorsque les loyers encaissés sont inférieurs à 15 000 € pour l'année, le bailleur a le choix entre le régime du micro foncier ou le régime réel.
   a) vrai
   b) faux
6. Le bailleur peut obtenir la résiliation du bail de plein droit en cas de défaut d'assurance du logement par le locataire.
   a) vrai
   b) faux
7. Le bailleur peut-il reprocher à son locataire d'avoir retapissé les murs de son appartement sans son consentement.
   a) vrai
   b) faux
8. Le bail commercial est conclu pour une durée maximale de 9 ans.
   a) vrai
   b) faux
9. Les revenus fonciers déclarés aux impôts sont :
   a) les revenus bruts
   b) les revenus nets
   c) les loyers sans les charges
   d) les loyers charges incluses
10. La fréquence des compte-rendu de gestion de l'administrateur de bien au bailleur doit être :
   a) mensuelle
   b) trimestrielle
   c) fonction des accords conclus dans le mandats de gestion

▶ Exercice 33. Diagnostics et état des lieux

La loi du 6 juillet 1989 prévoit que le bailleur doit fournir des documents annexes au contrat de location.
Il a en effet l'obligation de fournir un « dossier de diagnostic technique ».

Il est prévu également d'établir contradictoirement un état des lieux, autre document accessoire au contrat. Cependant l'article 1731 du Code civil édicte que « s'il n'a pas été fait d'état des lieux, le preneur est présumé les avoir reçus en bon état de réparations locatives, et doit les rendre tels, sauf preuve contraire ».

Travail à faire

1. Listez les diagnostics à fournir pour la location d'un bien immobilier.
2. À quoi sert l'établissement d'un état des lieux ? Que signifie « contradictoirement » ?
3. À qui bénéficie la présomption éditée par l'article 1731 du Code civil et à quelle condition ?

▶ Exercice 34. Congé donné au locataire

Le bailleur qui veut mettre fin au bail doit nécessairement respecter un préavis légal.

Travail à faire

1. Quels seront les effets d'un congé délivré 9 mois avant la fin du bail ? Quel en serait l'intérêt ? Justifiez votre réponse.
2. Hormis le délai de préavis, indiquez sans les développer les autres conditions requises pour que le congé ne puisse être contesté par le locataire.

▶ Exercice 35. Bail d'habitation – Dépôt de garantie

Vous procédez à l'état des lieux de sortie d'un studio que votre agence gère pour une propriétaire Mme DESIGN. Mme DESIGN remarque que son appartement a été entièrement tapissé de papier blanc par le locataire sortant alors que l'état des lieux d'entrée stipulait différentes peintures de couleurs pastel au début de la location. Le locataire n'a jamais demandé d'autorisation pour tapisser les murs de cet appartement. La bailleresse exige que l'agence ne rembourse pas le dépôt de garantie au locataire afin de financer la remise en état de l'appartement dans son état initial. Le locataire estime qu'il n'a pas failli à ses obligations compte tenu qu'il restitue un appartement en bon état d'entretien et demande à saisir la commission de conciliation.

Travail à faire

En vous appuyant sur la documentation juridique fournie en annexe, vous devez traiter avec rigueur ce cas pratique :

1. Rappelez les faits
2. Posez la problématique du cas
3. Citez les règles de droit à appliquer
4. Concluez en conseillant les parties

■ **ANNEXE**

Article 6 loi du 6 juillet 1989 Modifié par loi n° 2014-366 du 24 mars 2014 – art. 1

Le bailleur est obligé :

a) de délivrer au locataire le logement en bon état d'usage et de réparation ainsi que les équipements mentionnés au contrat de location en bon état de fonctionnement ;

b) d'assurer au locataire la jouissance paisible du logement et, sans préjudice des dispositions de l'article 1721 du code civil, de le garantir des vices ou défauts de nature à y faire obstacle hormis ceux qui, consignés dans l'état des lieux, auraient fait l'objet de la clause expresse mentionnée au a ci-dessus ;

c) d'entretenir les locaux en état de servir à l'usage prévu par le contrat et d'y faire toutes les réparations, autres que locatives, nécessaires au maintien en état et à l'entretien normal des locaux loués ;

d) de ne pas s'opposer aux aménagements réalisés par le locataire, dès lors que ceux-ci ne constituent pas une transformation de la chose louée.

Article 7 loi du 6 juillet 1989 modifié par loi n° 2014-366 du 24 mars 2014 – art. 1

Le locataire est obligé :

a) de payer le loyer et les charges récupérables aux termes convenus ;

b) d'user paisiblement des locaux loués suivant la destination qui leur a été donnée par le contrat de location ;

c) de répondre des dégradations et pertes qui surviennent pendant la durée du contrat dans les locaux dont il a la jouissance exclusive, à moins qu'il ne prouve qu'elles ont eu lieu par cas de force majeure, par la faute du bailleur ou par le fait d'un tiers qu'il n'a pas introduit dans le logement ;

d) de prendre à sa charge l'entretien courant du logement, des équipements mentionnés au contrat et les menues réparations ainsi que l'ensemble des réparations locatives définies par décret en Conseil d'État, sauf si elles sont occasionnées par vétusté, malfaçon, vice de construction, cas fortuit ou force majeure.

e) de permettre l'accès aux lieux loués pour la préparation et l'exécution de travaux d'amélioration des parties communes ou des parties privatives du même immeuble, de travaux nécessaires au maintien en état ou à l'entretien normal des locaux loués, de travaux d'amélioration de la performance énergétique à réaliser dans ces locaux et de travaux qui permettent de remplir les obligations mentionnées au premier alinéa de l'article 6.

f) de ne pas transformer les locaux et équipements loués sans l'accord écrit du propriétaire ; à défaut de cet accord, ce dernier peut exiger du locataire, à son départ des lieux, leur remise en l'état ou conserver à son bénéfice les transformations effectuées sans que le locataire puisse réclamer une indemnisation des frais engagés ; le bailleur a toutefois la faculté d'exiger aux frais du locataire la remise immédiate des lieux en l'état lorsque les transformations mettent en péril le bon fonctionnement des équipements ou la sécurité du local ;

Article 22 loi du 6 juillet 1989 modifié par loi n° 2014-366 du 24 mars 2014 – art. 1

Lorsqu'un dépôt de garantie est prévu par le contrat de location pour garantir l'exécution de ses obligations locatives par le locataire, il ne peut être supérieur à un mois de loyer en principal. Au moment de la signature du bail, le dépôt de garantie est versé au bailleur directement par le locataire ou par l'intermédiaire d'un tiers.

Il est restitué dans un délai maximal de deux mois à compter de la remise en main propre, ou par lettre recommandée avec demande d'avis de réception, des clés au bailleur ou à son mandataire, déduction faite, le cas échéant, des sommes restant dues au bailleur et des sommes dont celui-ci pourrait être tenu, aux lieu et place du locataire, sous réserve qu'elles soient dûment justifiées. À cette fin, le locataire indique au bailleur ou à son mandataire, lors de la remise des clés, l'adresse de son nouveau domicile.

Il est restitué dans un délai maximal d'un mois à compter de la remise des clés par le locataire lorsque l'état des lieux de sortie est conforme à l'état des lieux d'entrée, déduction faite, le cas échéant, des sommes restant dues au bailleur et des sommes dont celui-ci pourrait être tenu, en lieu et place du locataire, sous réserve qu'elles soient dûment justifiées.

Lorsque les locaux loués se situent dans un immeuble collectif, le bailleur procède à un arrêté des comptes provisoire et peut, lorsqu'elle est dûment justifiée, conserver une provision ne pouvant excéder 20 % du montant du dépôt de garantie jusqu'à l'arrêté annuel des comptes de l'immeuble. La régularisation définitive et la restitution du solde, déduction faite, le cas échéant, des sommes restant dues au bailleur et des sommes dont celui-ci pourrait être tenu en lieu et place du locataire, sont effectuées dans le mois qui suit l'approbation définitive des comptes de l'immeuble. Toutefois, les parties peuvent amiablement convenir de solder immédiatement l'ensemble des comptes.

À défaut de restitution dans les délais prévus, le dépôt de garantie restant dû au locataire est majoré d'une somme égale à 10 % du loyer mensuel en principal, pour chaque période mensuelle commencée en retard. Cette majoration n'est pas due lorsque l'origine du défaut de restitution dans les délais résulte de l'absence de transmission par le locataire de l'adresse de son nouveau domicile.

Jurisprudence CA de Nancy 01/02/1995 : « Il ne peut être exigé du locataire ayant choisi des couleurs autres que passe partout dès lors qu'elles ne sont pas excentriques et n'empêchent pas une habitabilité normale du logement en raison de leur originalité, qu'il repeigne le logement en blanc comme il l'était à l'origine »
Jurisprudence CA de Paris 20/09/1995 : « La cour d'appel de Paris n'a pas jugé excentrique la couleur rouge vif appliquée sur les murs d'une salle de bain et d'un WC ».

▶ Exercice 36. Gestion locative en habitat social

L'OP HLM « La Jeanotte », rue de la Victoire 91540 MENNECY, est propriétaire de logements conventionnés dans toute l'Ile de France et particulièrement en grande couronne dans le département de Seine-et-Marne.
Vous êtes chargé(e) d'assister la gestionnaire, Mademoiselle Sandy PETER, dans les tâches inhérentes à l'attribution des logements et à la gestion des loyers.
Vous préparez à cet effet le dossier d'une locataire qui doit être présenté en commission d'attribution.
Vous disposez des annexes :
Annexe 1 : Fiche de synthèse présentée en commission d'attribution
Annexe 2 : Descriptif du logement
Annexe 3 : Plafonds de ressources au 01/01/2011
Annexe 4 : Conditions d'attribution des HLM, extrait du CCH
Madame FERREIRA Sylvia a complété un dossier de demande de logement en préfecture. Ce dossier a été communiqué à la gestionnaire de l'OP HLM qui doit le présenter en commission d'attribution.
Vous êtes chargé(e) de préparer tous les documents à présenter lors de cette commission.
Vous prenez connaissance de l'ensemble du dossier et des documents présentés en annexes.
Lors de sa séance du 10/02/2011, la commission donne un avis favorable relatif au dossier de Madame FERREIRA qui se verrait attribuer un appartement T3 dans une résidence sise 2 Square Gaudry 91540 MENNECY.

Travail à faire

1. Justifiez à l'aide des annexes fournies le fait que Madame FERREIRA peut bénéficier de l'attribution d'un logement HLM.
2. Justifiez le montant du loyer demandé.
3. Préparez la fiche de solvabilité du locataire que vous soumettrez à la commission d'attribution.
4. Énumérez les raisons justifiant l'avis favorable de la commission d'attribution concernant la demande de Madame FERREIRA.
5. Rédigez le courrier qui sera signé par la gestionnaire informant la locataire de la décision de la commission et invitant cette dernière à prendre rendez-vous pour signer le bail à l'agence de Meaux.

■ Annexe 1

Fiche de synthèse présentée en commission d'attribution SA HLM La Jeanotte Séance du 10/02/2011

I. Renseignements concernant le logement

– Résidence	JEANNOTTE T2 3002
– Date de construction	1980
– Adresse du logement	2 Square GAUDRY 91540 MENNECY (commune de l'Ile-de-France)
– Statut	Habitation à Loyer Modéré
– Catégorie	PLAI (prêt locatif aidé d'intégration)

– Prix mensuel au m² de surface corrigée fixé par le CA de la SA HLM (2011)
2,71 €

GESTION IMMOBILIÈRE

– Type de logement	3 pièces
– Surface réelle/corrigée	71 m²/113 m²
– Loyer mensuel logement	306,23 €
– Provisions pour charges mensuelles	190,27 €
– Total quittancement	496,50 €

II. Renseignements concernant le demandeur

– Nom, Prénom	FERREIRA Sylvia
– Adresse	4 rue de la Fauchaison 91540 MENNECY
– Situation familiale	Célibataire 30 ans
– Nombre d'enfants/personnes à charge	2
– Justificatif d'identité	Titre de séjour valable jusqu'au 22/12/2013
– Revenus imposables 2009	5842 €
– Droit aux APL	340,32 €/mois
– Motif	Hébergée chez ses parents
– Catégorie de ménages	4

III. Ressources mensuelles du ménage

Revenu professionnel du postulant	1009,87 €
Revenu professionnel autre occupant	0,00
Total ressources mensuelles nettes	1009,87 €

DOSSIER
ACCEPTÉ

Annexe 2

Descriptif de logement

Pièces habitables	Surface réelle en m²	Equipement installé
Cuisine	8 m²	Eau froide et chaude évier
séjour	18 m²	
Chambre 1	11 m²	
Chambre 2	12 m²	
Annexes		
Salle d'eau	4 m²	Eau froide, eau chaude lavabo et une baignoire avec eau froide et chaude
Rangement	3 m²	
WC	1 m²	1 WC
Entrée, dégagements	7 m²	
Balcon/terrasse/loggia	7 m2	

Annexe 3

Plafonds de ressources au 1/01/11 (revenus imposables 2009)

Reste de l'Île-de-France

Catégorie de ménage	PLAI	PLUS	PLS
1	12956	23553	30619
2	21120	35200	45760
3	25388	42314	55008
4	27875	50683	65888
5	33001	60000	78000
6	37135	67517	87772

Annexe 4

Conditions d'attribution des HLM, extrait du CCH

Les commissions d'attribution procèdent à l'examen des demandes en tenant compte notamment de la composition, du niveau de ressources et des conditions actuelles de logement du ménage. Elles attribuent les logements disponibles en priorité aux personnes privées de logement ou dont la demande présente un caractère d'urgence.

Corrigés

Thème 1

QCM

1. a. **2.** b, c. **3.** a, c. **4.** b, c. **5.** a. **6.** a. **7.** a, b, e. **8.** b. **9.** b. **10.** a.

Exercice 1. Approfondissement de la loi du 10 juillet 1965

1. Il ressort de cet article que sont concernés par cette loi uniquement les immeubles bâtis. Donc ce statut ne peut s'appliquer qu'à l'achèvement de l'immeuble et la loi ne vise que les immeubles divisés par Lots.

2. C'est une notion fondamentale. Un lot comporte une partie privative et une quote-part de partie commune indivisible. **La partie privative** est celle laissée à l'usage exclusive d'un copropriétaire. On peut faire le lien avec le code civil puisque l'article 9 insiste sur les droits pleins que le copropriétaire possède sur sa partie privative dont il peut user et disposer pleinement (Usus, fructus, abusus). Il y a quelques limitations à ce droit de propriété qui s'imposent par le règlement de copropriété (vie commune en copropriété). **Les parties communes** sont définies par l'article 3 : ce sont les parties affectées à l'usage ou à l'utilité de tous les copropriétaires ou de plusieurs d'entre eux : cour, parcs, jardins, corridors... Ces parties communes sont l'objet d'une propriété indivis des copropriétaires ou de certains seulement. De là seront définis la répartition des charges qui découlent de cette propriété.

3. La multipropriété (ou Timeshare) consiste à partager de manière indivise la propriété d'un bien entre plusieurs propriétaires. Dans cette forme de propriété, chaque propriétaire peut bénéficier d'un certain nombre de droits ou avantages du bien, comme le partage des revenus ou une priorité d'accès sur certaines périodes calendaires. La propriété partagée se distingue de la copropriété qui concerne des immeubles bâtis dont la propriété est répartie entre plusieurs personnes par lots comprenant chacun une partie privative et une quote-part des parties communes. Parmi les biens les plus couramment achetés en multipropriété figurent les hébergements touristiques, les bateaux de plaisance, les avions de tourisme ou d'affaires, et même récemment des résidences hôtelières.

4. La division d'un ensemble immobilier en volumes sans parties communes (et non en lots) est permise par l'application du second alinéa de la loi du 10/07/1965 et de l'article 553 du code civil. Dès lors que l'on se trouve en présence d'un ensemble immobilier complexe dans lequel l'appropriation du sol est hétérogène et non homogène. On admet la division en volume quand les blocs de bâtiment sont affectés à des utilisations différentes et que la volonté des parties est de faire supporter par exemple les charges du toit aux seules propriétaires du bloc supérieur. Exemple : deux frères mettent leur villa en commun. Le premier frère possède le rez-de-chaussée et son deuxième frère le premier étage. Ils n'ont pas de parties communes mais gèrent une certaine mitoyenneté ou des servitudes. Ces propriétés en volume s'appliquent surtout de fait avec l'État. Exemple : le hall de gares. La gare appartient à l'état et les commerces sont des parties appartenant aux commerçants. L'état ne souhaite pas partager sa propriété avec d'autres. Les halls de gare restent donc la propriété de l'état.

5. Comparaison copropriété horizontale et lotissement :

Caractéristiques	Copropriété horizontale	Lotissement
Comment dénomme-t-on les membres ?	Copropriétaires	Colotis
À qui appartient le sol ?	A tous les copropriétaires	Aux lotisseurs
À qui appartiennent les pavillons ?	Aux copropriétaires	Aux colotis
Existe-t-il obligatoirement des parties communes ?	OUI	Pas obligatoire mais souvent présentes dans la plupart des cas.
Quel est l'organe représentatif des membres ?	Le syndicat des copropriétaires. Le conseil syndical	Le Comité Syndical
Qui est propriétaire des parties communes ?	L'ensemble des copropriétaires	L'ASL (Association Syndicale Libre) ou la commune
Qui est chargé de veiller à l'entretien des parties communes ?	Le Syndic	L'ASL
Quel (s) sont les documents qui fixe(nt) le fonctionnement ?	Le règlement de copropriété	Le règlement lotissement et le cahier des charges
Comment sont adoptées les décisions ?	En assemblée générale	En assemblée générale

Exercice 2. Distinction des parties privatives et des parties communes

1. Généralement, les fenêtres, volets et balcons figurent dans les règlements de copropriété comme des parties communes. C'est le cas lorsqu'ils sont assimilés au gros œuvre de l'immeuble ou lorsqu'ils participent à son harmonie (balcons ornementaux). Ces éléments peuvent néanmoins être classés comme des parties privatives car ils sont réservés à l'usage exclusif des lots concernés. C'est donc le règlement de copropriété qui doit définir si ces éléments sont des parties communes ou privatives.

2. Un copropriétaire ne peut s'approprier les combles sous-toitures qui sont des parties communes. S'il s'agit de l'appropriation et de l'aménagement de combles communs, l'autorisation devra être donnée par l'assemblée générale des copropriétaires selon la majorité de l'article 26 de la loi du 10 juillet 1965, c'est-à-dire à la double majorité, les membres du syndicat représentant au moins les deux tiers des voix.

3. Distinction dans le schéma des parties communes, des parties privatives, et des parties qui peuvent être soit communes soit privatives.

Parties communes		Parties privatives et communes	Parties privatives
1 Antenne	11 Interphone	14 Volets	5 Cloisons
2 Toit	12 Hall d'entrée	18 Fenêtres	6 Parquets
3 Murs porteurs	13 Vide ordures	19 Balcon	16 Lavabo et baignoire
4 Poutres	15 Charpente		17 Revêtements de sol
7 Palliers	20 Gros œuvre		21 Commerce
8 Ascenseur	23 Chaudière		22 Caves
9 Escaliers	24 Canalisations		
10 Loge gardien			

4. Chaque copropriétaire doit entretenir ses parties privatives.

5. C'est le syndicat des copropriétaires qui doit entretenir les parties communes.

Exercice 3. Utilisation d'un état descriptif de division

1. Nombre de tantièmes totaux = 1 000 tantièmes → division en millième.
2. Nombre de tantièmes détenus par M. Jérémie : 5 + 15 + 125 = 145 tantièmes.
   Quote-part de charges qui lui revient : 25 000 x 145 / 1 000 = 3 625 € sur l'année.
3. Appel de fonds trimestriel : 3 625/4 = 906,25 €

Exercice 4. Mission de conseil en immobilier

1. Tout acquéreur d'un lot en copropriété devient automatiquement membre du syndicat, que ce soit pour un lot principal (lot d'appartement, de local commercial), ou un lot accessoire (une cave, un garage ou un parking). Il n'y a aucune formalité à faire dans ce sens par l'acquéreur. Le notaire aura communiqué les coordonnées de l'acquéreur au syndic. Le syndic lui enverra l'appel de provisions trimestrielles et la convocation à la prochaine assemblée générale.
2. Oui, autant de lots acquis dans différentes copropriétés, autant d'appartenance à des syndicats.
3. Vos engagements sont les suivants : vous devrez respecter le règlement de copropriété, et régler vos appels de fonds (provisions sur charges ou sur travaux).
4. Vous pouvez donner votre accord non pas pour rentrer au conseil syndical aujourd'hui mais pour être candidat. L'assemblée décidera.
5. L'ordre du jour indique une délibération concernant l'élection du conseil syndical. Les candidats connus sont inscrits à l'ordre du jour mais le président de séance fait appel à des candidatures spontanées soit comme candidat titulaire ou suppléant (nombre souvent défini dans le règlement de copropriété). Le vote va s'effectuer en article 25 pour chaque candidat. Chacun, pour être élu, doit donc obtenir la majorité.
6. Pas de liste commune. Chacun est élu individuellement.
7. Après l'élection, en fin d'assemblée, le conseil syndical se réunit pour désigner (à main levée) son président. Son nom est porté au PV… donc à la connaissance de tous les copropriétaires.
8. Les activités du conseil syndical sont d'assurer sur place le lien avec les copropriétaires ; de prévenir le syndic de tout problème pouvant survenir méritant une réaction urgente ; d'entourer le syndic : élaboration de l'ordre du jour, contrôle des factures ; d'informer l'assemblée du résultat de leur contrôle avant de voter le quitus au syndic ; de s'assurer que les décisions prises en AG sont bien suivies d'effet.
9. Le président peut avoir un rôle prépondérant pour faire convoquer une AG ou solliciter du TGI la nomination d'un syndic judiciaire en cas de démission intempestive du syndic en fin de mandat ; il n'est pas reconnu responsable en cas de problème.
10. C'est du bénévolat, sauf se faire indemniser de frais engagés, justifiés, dont le remboursement sera assuré par le Syndic.

Exercice 5. Destination de biens et règlement de copropriété

1. Il faut d'abord vérifier si la transformation du cellier en studio meublé est compatible avec la destination de l'immeuble. La destination de l'immeuble est une destination bourgeoise donc son projet est possible. Cependant, ce projet devra être voté en AG. Le fait de louer ce studio meublé destiné à des jeunes peut engendrer des bruits et gêner les copropriétaires qui risquent de s'opposer au projet.

2. Les règlements de copropriété stipulent que les emplacements de parking sont destinés uniquement à garer sa voiture. Donc M. Albert devra enlever son armoire.

3. L'immeuble est une copropriété donc M. et Mme MANCUSO vont devoir payer les frais d'entretien du hall d'entrée en fonction de la quote-part des parties communes détenue (tantièmes).

Exercice 6. Questionnaire sur le conseil syndical

1. Oui. L'article 21 de la loi du 10 juillet 1965 le prévoit mais les copropriétaires peuvent y renoncer en AG par un vote.

2. Le syndic, son conjoint, ses ascendants, descendants, les préposés du syndic (gardien, concierge ou employé)

3. Non car il n'est pas copropriétaire donc il ne pourra pas participer au conseil syndical.

4. Non car le compagnon n'a pas le statut de copropriétaire.

5. L'ensemble des copropriétaires doivent participer au vote d'élection du syndic. Donc cette délégation n'est pas valable. Elle est contraire à la loi. C'est l'ensemble des copropriétaires c'est-à-dire le syndicat des copropriétaires et non le conseil syndical qui va voter en AG pour nommer le syndic.

6. Non, ce ne sont que des avis. Le syndic prend des décisions qui ont été votés par l'ensemble des copropriétaires (syndicat des copropriétaires)

7. Non. Le conseil syndical n'a pas la personnalité juridique. Seul le Syndic est autorisé à représenter la copropriété en justice. Il agit (le syndic) au nom du syndicat des copropriétaires.

Exercice 7. Réunion du conseil syndical copropriété VILLEROY

1. Il est obligatoire d'avoir un contrat d'entretien afin que la porte soit régulièrement et périodiquement vérifiée. Un arrêté ministériel fixe les opérations à prévoir dans un contrat de maintenance. Les opérations sont consignées sur un livret d'entretien.

2. Nous savons que l'immeuble est neuf donc la mise aux normes des ascenseurs ne vous concerne pas. Cette loi s'impose pour les ascenseurs installés avant le 27 août 2000.

3. Certainement pas ! M. LORTHOLARY doit demander par LR + AR à son bailleur, non pas l'autorisation d'installer une antenne, mais de présenter une demande à la prochaine AG des copropriétaires. Étant locataire, il ne peut s'adresser directement au syndic. Il communiquera un dossier expliquant la hauteur, l'implantation de l'antenne, le passage du câble entre le toit et le logement… L'autorisation lui sera accordée, sous réserve d'une installation effectuée par un professionnel, dans les règles de l'art et sous réserve de l'obtention d'une fréquence par l'administration.

4. M. VIRULANT, avec culot, s'est attribué une place de parking. Il n'en a pas le droit car c'est une partie commune à l'usage de tous qu'il ne peut occuper en permanence en partie privative. Le syndic doit envoyer une LR + AR à ce copropriétaire afin qu'il enlève son arceau. S'il ne réagit pas, le syndic pourra le faire démonter par le concierge comme étant une entrave à la circulation dans les parties communes. S'il y a un dégât constaté au sol, la remise en état sera à la charge du copropriétaire.

Thème 2

QCM

1. a. **2.** a. **3.** a, b, c, d. **4.** b. **5.** b. **6.** c. **7.** b, d. **8.** c, d. **9.** d. **10.** b, c, d.

Exercice 8. Majorité requise selon les résolutions

Décisions à prendre	Caractéristiques	Majorité Exigée
1. Contrat d'entretien. Frais de vérification des ascenseurs.	Travaux d'entretien courant.	Majorité simple art 24
2. Installation d'un ascenseur aux frais de tous.	Travaux d'amélioration.	Majorité absolue article 25
3. Mise en conformité avec les normes de sécurité.	Réalisation de travaux obligatoires.	Majorité simple article 24
4. Changement d'une antenne télé pour vétusté	Travaux d'entretien courant	Majorité simple article 24
5. Calorifugeage des canalisations.	Travaux d'économie d'énergie	Majorité simple art 25 si amortissement < 10 ans Majorité absolue article 25
6. Création d'un chauffage collectif.	Travaux d'amélioration	Majorité absolue article 25
7. Suppression du chauffage central	Travaux portant atteinte aux modalités de jouissance de l'immeuble.	Unanimité
8. Approbation des comptes	Acte d'administration.	Majorité simple article 24
9. Nomination ou révocation du conseil syndical.		Majorité absolue article 25
10. Pose de compteurs d'eau froide divisionnaires	Depuis la loi SRU	Majorité absolue article 25
11. Achat et pose de minuterie d'éclairage.	Travaux d'économie d'énergie	Majorité absolue article 25
12. Suppression pure et simple du poste de gardien.	Dans un immeuble de grand standing	Unanimité
13. Suppression du poste et remplacement par un autre service collectif.		Double majorité de l'article 26
14. Transformer une cour commune en parking.	Travaux changeant la destination des lieux.	Double majorité de l'article 26
15. Pose de plaques ou enseignes publicitaires.	Autorisation donnée à certains copropriétaires de faire des travaux à leurs frais.	Majorité absolue article 25
16. Ravalement à l'initiative des copropriétaires car l'immeuble est en mauvais état.	Travaux d'entretien courant	Majorité simple article 24
17. Ravalement à l'initiative des copropriétaires mais l'immeuble est en bon état.	Travaux d'amélioration	Majorité absolue article 25
18. Ravalement Imposé par la municipalité	Injonction administrative.	Majorité simple article 24
19. Établissement, modifications d'administration du règlement de copropriété (RC)	Concernant la jouissance, l'usage ou l'administration des parties communes	Double majorité de l'article 26

Décisions à prendre	Caractéristiques	Majorité Exigée
20. Modifications en profondeur du RC	Touchant la destination des parties privatives ou aux modalités de leur jouissance	Unanimité
21. Toutes modifications du RC	Tendant à mettre le règlement en conformité avec les dispositions légales	Majorité simple article 24
22. Rampes et élargissement des voies d'accès.	Travaux d'accessibilité de l'immeuble aux handicapés moteurs.	Majorité simple article 24.

Exercice 9. Le droit de vote

1. Chaque copropriétaire dispose d'un nombre de voix correspondant à sa quote-part dans les parties communes. Mais il existe 2 exceptions :
   - si un copropriétaire possède plus de la moitié des tantièmes, le nombre de voix dont il dispose est réduit à la somme des voix des autres copropriétaires présents ou représentés (réduction des voix des copropriétaires majoritaires) ;
   - si le RC définit des parties communes spéciales, les décisions les concernant ne sont prises que par les propriétaires concernés (idem pour les charges spéciales).
2. Il peut changer d'avis jusqu'à la promulgation du scrutin c'est-à-dire jusqu'à la fin de l'AG et signature du PV.
3. Oui car il est copropriétaire majoritaire → ses voix sont réduites à l'ensemble des voix des autres copropriétaires. Ici : 450 tantièmes (1 000 – 550 Pour résolutions articles 25 et 26).
4. Présents et représentés : 450 + 250 = 700 voix.
   La majorité est acquise si le nombre de POUR est >= 351 voix.
   La décision pourra être prise si M. Copro est le seul à avoir voté POUR.

Exercice 10. La majorité simple de l'article 24

1. Exemples de décisions prises à la majorité de l'article 24 :
   - des travaux nécessaires à la conservation de l'immeuble ainsi qu'à la préservation de la santé et de la sécurité physique des occupants ;
   - des modalités de réalisation et d'exécution des travaux rendus obligatoires en vertu d'une loi, d'un règlement ou d'un arrêté de police ;
   - des adaptations du règlement de copropriété rendues nécessaires par les modifications législatives et réglementaires.
2. Il faudra 501 tantièmes POUR (= 1 000 / 2 + 1)
3. Il faudra 401 tantièmes POUR (= 800 / 2 + 1)
4. Il faudra 361 tantièmes POUR (= (800 – 80) / 2+ 1) (Non prise en compte des abstentions pour ce calcul de majorité)

Exercice 11. La majorité absolue de l'article 25

1. La majorité de l'article 25 correspond à la majorité des voix de tous les copropriétaires du syndicat (présents, représentés ou absents).
2. La majorité de l'article 25 est requise principalement pour :

- l'ensemble des travaux d'amélioration, d'addition et de transformation ;
- des demandes d'individualisation des contrats de fourniture d'eau et de réalisation des travaux et études nécessaires à cette individualisation ;
- la révocation du syndic ;
- le montant des marchés à partir duquel :
  - la consultation du conseil syndical est obligatoire,
  - la mise en concurrence est obligatoire ;
- la décision de déléguer certains pouvoirs afin de mettre en place une cogestion est également soumise à la majorité absolue dans les copropriétés comportant au plus quinze lots.

3. Il faudra 501 tantièmes POUR (= 1 000 / 2 + 1)

4. Il faudra toujours 501 tantièmes POUR (= 1 000 / 2 + 1)

5. Il faudra toujours 501 tantièmes POUR (= 1 000 / 2 + 1)

6. Si le projet a recueilli au moins 1/3 des voix nécessaires, il est procédé au cours de la même assemblée à un second vote à la majorité de l'article 24 (l'AG peut toutefois décider de reporter le vote à une date ultérieure).
   Si le projet n'a pas recueilli le tiers des voix, une nouvelle AG peut statuer dans les trois mois à la majorité de l'article 24 (le délai de convocation peut être réduit à 8 jours).
   La résolution peut de toute façon être soumise à l'AG après ce délai de 3 mois mais elle nécessitera un vote à l'article 25.
   Attention, certaines décisions ne peuvent pas bénéficier de la possibilité d'un deuxième vote à la majorité simple. Il s'agit de :
   - l'ensemble des travaux d'amélioration, d'addition et de transformation ;
   - des demandes d'individualisation des contrats de fourniture d'eau et de réalisation des travaux et études nécessaires à cette individualisation.

Exercice 12. La double majorité de l'article 26 et l'unanimité

1. L'article 26 prévoit une majorité de tous les copropriétaires en nombre, (soit la moitié + 1 copropriétaires) plus la majorité des 2/3 de l'ensemble des voix (tantièmes) de tous les copropriétaires.

2. Nombre de copropriétaires POUR : 13/2 + 1 = 7 copropriétaires
   Nombre de voix POUR : 1 000 x 2/3 + 1 = 667 voix

3. Si la majorité des copropriétaires a approuvé la résolution par au moins 2/3 des voix des présents et représentés, une 2e assemblée peut être convoquée.

4. La résolution sera adoptée si elle obtient la majorité des copropriétaires représentant les deux tiers des voix des présents et représentés.

5. L'unanimité est requise pour des décisions graves qui touchent notamment à la destination de l'immeuble ou à l'aliénation de jouissance d'un élément commun.

6. Parce que absolument tous les copropriétaires doivent être présents ou représentés et qu'ils doivent tous être d'accord. Situation difficile à obtenir.

Exercice 13. Extrait sujet examen GESTION 2014 – Copropriété Le village Aveyronnais – Syndic TRANSIMMO

1. Le conseil syndical a pour mission d'assister le syndic dans la mise en œuvre des décisions d'AG et de contrôler sa gestion.

2. Dans cet arrêt les membres d'une SCI copropriétaire d'un lot ont demandé en AG que soit posé le principe d'une interdiction faite au conseil syndical de réaliser ses réunions dans les locaux du syndic et en sa présence car ils estimaient que cette pratique empêchait le conseil syndical de remplir correctement sa mission de contrôle du syndic. L'AG a refusé d'accéder à leur demande et ils ont donc assigné le syndicat des copropriétaires pour demander l'annulation de l'AG.

3. La Cour de Cassation étudie la loi. Celle-ci interdit seulement au syndic de faire partie du conseil syndical, mais pas d'assister à ses réunions qui peuvent de plus avoir lieu dans ses locaux.

4. M. Charvet n'a donc pas à s'inquiéter, les réunions du conseil syndical de la copropriété « le village aveyronnais » peuvent donc continuer à avoir lieu dans les locaux du syndic et en sa présence.

5. – **Sur la convocation à l'assemblée générale**
   Principe : article 7 du décret du 17 mars 1967 c'est au syndic de convoquer une AG (au moins une fois par an).
   Exception : article 8 l'initiative de la convocation peut-être prise par le CS ou un/des copropriétaires représentant au moins un quart des voix. En cas de non exécution de la demande par le syndic, le président du CS peut convoquer l'AG.
   Conclusion : M. Timéo ne peut pas convoquer lui-même une AG. Il peut demander une convocation s'il réunit au moins 25 % des tantièmes. En cas de double défaillance du syndic et du président du CS, il lui faudrait saisir le juge.
   – **Sur la révocation du syndic**
   L'AG peut décider à tout moment de la révocation du syndic (sans indemnisation s'il y a un motif grave et légitime)

6. Manque indication de la forme de la convocation LRAR ou remise en mains propres contre émargement, télécopie avec récépissé…
   Manque mentions légales : Les mentions légales obligatoires du cabinet (forme juridique, montant du capital social, carte professionnelle, caisse de garantie, montant de la garantie…) ont été omises.
   Date de la convocation : L'assemblée doit se tenir dans les 6 mois de la clôture des comptes ce qui n'est pas le cas ici (les comptes sont clôturés le 31 mars 2014 pour une AG ayant lieu le 12 octobre 2014).
   Résolution 4 : Le rapport du conseil syndical ne fait pas l'objet d'un vote. Ce n'est pas une résolution.
   Résolution 6 : L'approbation des budgets doit se faire pour les deux prochains exercices.
   Résolution 8 : La formulation « renouvellement » est impropre, car un nouveau contrat est signé. Il vaut mieux parler de désignation du syndic.
   Résolution 9 : Le mandat des membres du conseil syndical ne doit pas dépasser trois ans.
   Résolution 10 : Le compte bancaire séparé est une obligation légale sauf décision hostile de l'AG. La question doit donc être votée en négatif : « Autorisation de ne pas ouvrir de compte bancaire séparé ».
   Résolution 11 : ne relève pas d'une assemblée générale car le changement de papier peint dans une partie privative ne nécessite pas d'autorisation à l'AG (depuis la loi ALUR, le compte bancaire est obligatoirement séparé).
   Résolution 12 : les modalités des appels de fonds (montants et dates) liés à l'installation de l'ascenseur doivent aussi être votées.
   Résolution 13 : Les questions diverses peuvent concerner des travaux mais ne peuvent pas faire l'objet de vote.
   Les copropriétaires peuvent se faire représenter à une assemblée générale même par des non copropriétaires (à l'exception du syndic, de son époux, de son partenaire de PACS et de ses préposés).
   La convocation doit être accompagnée de documents obligatoires (comptes, budgets, contrats de syndic, pouvoir…).
   La convocation doit préciser les modalités de consultation des pièces justificatives.

7. Vous complétez l'annexe 5 (à rendre avec la copie).

Résolutions	Présences		Abstentions		Votes contres		Type de majorité et article correspondant	Nombre de voix nécessaires	Nombre de voix obtenues	Résolutions adoptées (oui ou non)	Second vote (oui, non ou sans objet)
	Nombre de copropriétaires	Tantièmes	Nombre de coprop	Tantèmes	Nombre de copropriétaires	Tantuèmes					
Approbation des comptes	8	738	0	0	0	0	Majorité simple Article 24	370 tantièmes	738 tantièmes	Oui	Sans objet
Quitus	8	738	1	154	1	92	Majorité simple Article 24	293 tantièmes	492 tantièmes	Oui	Sans objet
Renouvellement du mandat du syndic	8	738	1	154	1	92	Majorité absolue Article 25	501 tantièmes	492 tantièmes	Non	Oui.
Installation d'un ascenseur	8	738	0	0	3	368	Double majorité de l'article 26 OU majorité absolue art 25 depuis Alur	7 copropriétaires Et 667 tantièmes OU 501 tantièmes	5 copropriétaires et 370 tantièmes	Non	Non.

8. La majorité simple dite « majorité de l'article 24 de la loi du 10 juillet 1965 » est celle des voix exprimées des copropriétaires présents et représentés à l'assemblée générale. Les défaillants et les abstentionnistes ne sont pas pris en compte.
La majorité absolue dite « majorité de l'article 25 de la loi du 10 juillet 1965 » est celle de toutes les voix des copropriétaires.
La double majorité dite « double majorité de l'article 26 de la loi du 10 juillet 1965 » est celle de tous les copropriétaires (présents, représentés et absents) représentant au moins les 2/3 des voix de la copropriété.

9. Article 24 : Cette majorité est atteinte dés lors que le nombre de « pour » (492) est supérieur au nombre de « non » (92).
Article 25 : 1 000 /2 + 1 = 501 (0,5 point)
Article 26 : (12 / 2) + 1 ET 1000 x 2 / 3 donc 7 copropriétaires et 667 tantièmes.

10. Résolution n° 8 : Possibilité d'un second vote immédiat à la majorité de l'article 24 car la résolution a obtenu plus du 1/3 des tantièmes (492 > 334).
Résolution n° 12 : On ne peut procéder à un second vote car il n'y a pas 7 copropriétaires détenant plus de 2/3 des tantièmes présents et représentés (738 tantièmes des présents représentés x 2 / 3 = 492).

Exercice 14 : CORRIGE Extrait sujet examen GESTION 2015 – Copropriété LE SAINT AUBIN – Agence des VIGNES

1. Le délai légal est fixé à 21 jours avant la tenue de l'assemblée générale. Si la convocation est faite par LRAR, le point de départ de ce délai est le lendemain du jour de la première présentation de la lettre recommandée au domicile du copropriétaire.
La distribution des lettres prioritaires en J+1 est une obligation incontournable pour La Poste S.A. L'article R1 du Code des postes et des communications électroniques est parfaitement clair sur ce point :[... Les envois prioritaires

relevant du service universel postal sont distribués le jour ouvrable suivant le jour de leur dépôt....]. Le délai légal est donc bien respecté, le courrier envoyé le 3 mars sera distribué le 4 mars et le délai légal de 21 jours débutera le 6 mars (6 + 21 = 27 mars). Cependant, on constate que le 3 mars est la date au plus tard d'envoi de cette convocation.

2. La convocation doit être adressée au tuteur.

3. Résolution 3 : Quitus au syndic (majorité simple de l'article 24)
Ont voté POUR : = 123 tantièmes
Ont voté CONTRE : 23 + 98 + 111 + 29 = 261 tantièmes
Se sont abstenus : 72 + 97 + 165 + 118 + 58 + 75 = 585 tantièmes
Nombre de CONTRE > Nombre de POUR donc la résolution est rejetée.
Le quitus est une ratification de tous les actes accomplis par le syndic quand il agit au nom du syndicat des copropriétaires. Ici, l'AG a refusé le quitus, ce qui signifie qu'elle estime que le syndic n'a pas rempli correctement sa mission. Ce refus ne vaut pas révocation. L'absence de quitus n'emporte aucunes conséquences si le syndic a bien géré, mais dans la pratique il a intérêt de l'obtenir pour être à l'abri de contestations futures. L'absence de transparence de la gestion du syndic est ici sanctionnée.
Résolution 5 : Election du syndic (majorité absolue de l'article 25)
Ont voté POUR : 72 + 23 + 98 + 111 + 97 + 123 + 29 = 553 tantièmes
Nombre de POUR > 500 donc la résolution est adoptée.

4. Résolution 3 : Quitus au syndic
Ont voté POUR : = 123 tantièmes
Ont voté CONTRE : 23 + 98 + 111 + 29 = 261 tantièmes
(M. BEDEL : 23, Mme KOPF : 98, Mme BOISSET : 111, M. HEBINGER : 29)
Se sont abstenus : 72 + 97 + 165 + 118 + 58 + 75 = 585 tantièmes
(M et Mme CLAIRET : 72 tantièmes , M ALAYAN : 97 tantièmes , M FAIVELEY : 165 tantièmes , Mme CUILLERON : 118 tantièmes ,Mme LEJEUNE : 58 tantièmes , M et Mme JOBLOT : 75 tantièmes)
La résolution 3 est rejetée à la majorité de l'article 24.

5. Les décisions prises en AG doivent être notifiées dans un délai de 2 mois par LRAR aux copropriétaires défaillants ou opposants (cette notification fait courir le délai pour contester une décision).
Copropriétaires absents non représentés : M. BOUSCAU
Copropriétaires opposants :
- Résolution 3 : Mme FOURTET,
- Résolution 5 : Mme CUILLERON et M. et Mme JOBLOT

Le nombre d'envoi par LRAR est donc de 4.
Le copropriétaire **opposant** est bien entendu celui qui a émis un vote défavorable sur une résolution de l'assemblée donc c'est celui qui a voté POUR une résolution refusée ou qui a voté CONTRE une résolution adoptée. En revanche, n'est pas considéré comme opposant celui qui s'abstient ou ne prend pas part au vote. Le copropriétaire défaillant est celui qui était absent lors de l'assemblée et n'y était pas représenté non plus.

6. Lorsqu'un copropriétaire arrive en retard, effectivement les modalités de calcul des majorités s'en trouvent affectées car, au cours des différents scrutins qui se déroulent, le nombre des copropriétaires présents va varier.
Non seulement les retards affectent ces calculs, mais aussi les départs prématurés de copropriétaires qui ne restent pas jusqu'à la fin. Dans les deux cas, il est fortement recommandé que le syndic mentionne leur **heure d'arrivée ou de départ** sur la **liste de présence** et qu'elles soient ensuite indiquées sur le procès-verbal des délibérations.

7. M. FAIVELEY peut réaliser librement des travaux et aménagements dans l'appartement dont il est propriétaire sous réserve de ne pas porter atteinte à la structure de l'immeuble ni aux droits des copropriétaires. À défaut, l'accord de l'AG devient nécessaire. Les travaux qui consistent à réunir chambre et salon sont soumis à l'accord des copropriétaires de l'immeuble car ils impactent la structure de l'immeuble (mur porteur).

La procédure préalable sera donc d'envoyer un courrier au syndic avant la prochaine AG et de demander l'inscription de la résolution à l'ordre du jour. Le projet de travaux doit être documenté par un dossier technique complet (regroupant les avis des experts techniques et les documents administratifs nécessaires). Ces documents explicatifs seront joints aux convocations afin de permettre aux copropriétaires de voter de manière éclairée. Une demande de vote sans explication pourra être refusée par le syndic. L'autorisation d'abattre le mur porteur sera cotée à la majorité absolue de l'article 25.

Thème 3

QCM

1. a et c. **2.** a. **3.** b. **4.** a et b. **5.** b. **6.** a. **7.** a et b. **8.** a et b. **9.** b. **10.** b

Exercice 15. La gestion du gardien de la copropriété et les documents comptables

La Gestion du gardien

1. Non. C'est la copropriété qui est et reste l'employeur. Le syndic se charge de la gestion du personnel en tant que mandataire.

2. Le salarié a assigné son employeur donc la copropriété. Cependant, seul le syndic peut représenter la copropriété devant un tribunal.

3. L'activité du gardien est déterminée en tâches effectuées. La convention collective a défini comment calculer le nombre d'UV correspondant à chaque tâche (par exemple la sortie des poubelles vaut 25 UV x nombre de lots principaux ou le nettoyage des ascenseurs vaut 60 UV x nombre d'ascenseur)...

4. Les TSQ (Travaux Spécialisés et Qualifiés) sont des heures de travail valorisées à 60 ou 70 UV chacune selon la nature du travail. Elles servent à effectuer des tâches non comprises dans la grille d'UV ou dont la valorisation standard est inadaptée à la copropriété. (exemples Travaux spécialisés : entretien complet d'espaces verts : tonte et arrosage des pelouses, massifs, jeunes arbres, arbustes, binage, désherbage, plantations diverses ; Conduites d'installations de chaufferie : conditionnement de l'air, filtrage des eaux de piscine et bassin, etc. ; Travaux qualifiés : travaux qualifiés d'entretien : serrurerie, électricité, plomberie, peinture, etc., et permanence du service de sécurité IGH.).

5. Durant les heures de permanence de la loge, le gardien doit être présent dans la résidence mais pas nécessairement dans la loge. Il peut être en train de travailler (nettoyage, sortie des poubelles, suivi des entreprises...)

6. L'avantage correspondant au logement est déterminé selon le type de logement et sa surface. Sur le bulletin de salaire, le montant de l'avantage est déduit du montant net à payer. Ce montant est plus faible que la valeur locative du logement, c'est donc un avantage pour le salarié (exemple : avantage déduit du net à payer pour 180 € alors que si le logement était loué le loyer serait de 700 €).

Les documents comptables

7. L'ensemble des documents comptables : grand livre, livre journal, balance et pièces justificatives (factures) doivent être conservés pendant 10 ans. Les comptes présentés à l'assemblée (annexes 1 à 5) sont annexés au procès-verbal

et conservés indéfiniment. La responsabilité du syndic sur la gestion de la copropriété peut être engagée sur une période trentenaire.

8. Non. Le livre journal fait partie des documents comptables à produire par le syndic. Il doit être en mesure de le transmettre car ils sont indispensables pour un véritable contrôle des comptes.

9. Le syndic n'est pas obligé de subdiviser le compte fournisseur. Néanmoins, créer des subdivisions permet une meilleure traçabilité des opérations. S'il n'existe pas de subdivision, le syndic doit fournir le détail par fournisseur des opérations de l'exercice et des factures non réglées.

10. La comptabilité en partie double prévoit qu'une somme inscrite au débit d'un compte a sa contrepartie au crédit d'un autre compte. Le grand livre regroupant l'ensemble des comptes, le total des débits doit être identique au total des crédits, le solde du grand livre doit donc être égal à 0. Si le grand livre n'est pas équilibré, la comptabilité est fausse !

11. Il y a nécessairement une erreur. Les annexes ne sont qu'une présentation différente des mêmes comptes. Il doit donc y avoir obligatoirement concordance entre les différents documents.

12. Un solde négatif signifie que le montant effectif des travaux (dépenses) est supérieur au montant des appels de provisions. 2 explications possibles : les travaux ont coûté plus cher que le montant voté par l'assemblée ou le montant des provisions appelées est plus faible que l'enveloppe votée par l'assemblée.

Exercice 16. La paie du gardien

1. Total UV : 10 960, Majoration de 25 % = (10 960 – 10 000) x 25 % = 240
   Total = 11 200 soit 112 %

2. Salaire de base = 255 x 3,61 x 112 % = 920,55 x 112 % = 1 031,02 €
   Salaire complémentaire : 451,52 x 112 % = 505,70 €
   Total 1 536,72 €

3. Eau chaude : 12,65 €
   Chauffage : 15,49 €
   Logement : 50 m² x 3 € = 150 €
   Ces avantages en nature figureront en fin de feuille de paye (après le calcul des cotisations sociales) et seront retirés de la paye de la gardienne.

Exercice 17. Répartition de charges à partir d'un état de division

1. 960 tantièmes totaux et 14 lots.

2. Le géomètre expert est le professionnel de la mise en copropriété. Il établit l'état de division en concertation avec le promoteur avant la première AG. Le calcul des tantièmes de copropriété (quotes-parts de parties communes générales) est réalisé en tenant compte de la superficie réelle, de la consistance, de la situation et de tous les éléments susceptibles d'avoir une incidence sur la valeur relative des lots.

3. Le lot 1 est un F4 au RDC, il s'est vu attribué 60 tantièmes tandis que le lot 14 est un F5 au 6e étage est détient 80 tantièmes. Cette différence s'explique par une différence probable de superficie (F4/F5), de situation, et peut-être de consistance.

4. Lot 1 = 6 010 x 60 / 960 = 375,63 €
   Lot 14 = 6 010 x 80 / 960 = 500,83 €

5. Oui, il est normal que le lot 14, plus grand, paie plus de charges que le lot 1 (plus petit).

6. Le copropriétaire qui a divisé son lot peut, sans approbation préalable de l'assemblée générale, procéder à la modification de l'état descriptif de division par acte notarié qui sera publié au bureau des hypothèques (voir Cass. Civ. 3e, 5 juill. 1989; Bull. civ., III, n° 154). Le notaire enverra une copie de l'acte au syndic pour que ce dernier soumette à la prochaine AG la répartition des charges résultant de la division. La division de lots (sans intervenir sur les parties communes) ne nécessite pas l'approbation de l'assemblée générale des copropriétaires, toutefois, celle-ci devra être portée à sa connaissance.

7. Cette opération vise à transformer des parties communes en partie privative afin d'en disposer en parfaite légalité. Ce projet devra être soumis au vote de l'Assemblée Générale et devra recueillir l'accord de l'unanimité des copropriétaires. Le vote s'effectue en deux temps au cours de la même AG ou de deux AG différentes : le principe d'aliénation est voté, suivi du vote du projet modificatif de l'état de division.

8. Quote-part réelle :
   Lot 1 : 7 234 x 60 / 960 = 452,13 €
   Lot 14 : 7 234 x 80 / 960 = 602,83 €
   Régularisation des charges : Différence entre appel de fonds et quote-parts réelles.
   Lot 1 : 375,63 – 452,13 = 76,50 €
   Lot 14 : 500,83 – 602,83 = 102 €

Exercice 18. Calcul d'un budget prévisionnel

1. La copropriété est composée de 10 lots principaux et 24 lots secondaires (les parkings) donc 34 lots au total. Elle est divisée en 10 000 tantièmes (somme des tantièmes de chaque lots principaux + 24 x 40 pour les parkings).

2. D'après l'état de division, les places de parkings sont toutes privatives donc les clients de M. JEVANT ne sont pas autorisés à s'y garer sauf sur si M. JEVANT met ses propres places de stationnement à la disposition de ses clients...

3. Budget prévisionnel Résidence Saint Nicolas : 17 558,99 €.

Charges	Montant TTC en euros	Calcul
Charges communes générales		
Assurance	623,45	
Frais divers	200,00	20 x 10
Honoraires du syndic	1 800,00	150 x 10 x 1,20
Entretien des extérieurs	5 609,14	
Eau parties communes	206,00	50 x 4,12
Charges bâtiment		
Nettoyage cage d'escalier	3 600	300 x 10 x 1,20
Électricité	400	40 x 10
Charges parking		
Éclairage des parkings	300	
Eau individuelle	4 820,40	28 x 40 x 4,12 + 2 x 25 x 4,12
Total du budget annuel	17 558,99	

4. Il existe deux catégories de charges dont doivent s'acquitter les copropriétaires :
   - les charges communes générales relatives à la conservation, à l'entretien et à l'administration de l'immeuble, dites charges générales : 623,45 + 200 + 1 800 + 5 609,14 + 206 = 8 438,59 €
   - les charges spéciales entraînées par les services collectifs et éléments d'équipement commun, dites charges spéciales :
     - ➥ les charges de bâtiments : 3 600 + 400 = 4 000 € ;
     - ➥ et les charges de parking : 300 € ;
     - ➥ et l'eau individuelle : 4 820,40 €.

   Cette distinction entre charges générales et charges spéciales est importante dans la mesure où les critères de répartition ne sont pas identiques selon les cas.

5. Non. Les charges de nettoyage et d'électricité de la cage d'escalier sont des charges spéciales qui font l'objet d'une clé de répartition spécifique. Elles sont relatives uniquement aux lots du bâtiment car le critère de l'utilité apportée est pris en compte.

6. Ce sont des charges spéciales réparties uniquement en fonction des tantièmes parking.
   Un parking paiera 40 / 40 x 24 = 40/960e des charges d'éclairage des parkings.

7. Répartition des charges pour M. Jevant :

Charges communes générales :	8 438,59 x (948 + 40) / 10 000	=	833,73 €
Charges spéciales bâtiment :	4 000 x 948 / 9 040	=	419,47 €
Charges spéciales parking :	300 x 40 / 960	=	12,50 €
Eau :	25 x 4,12 €	=	103,00 €
TOTAL		=	1 368,70 €
Appel de fonds trimestriel :	1 368,70 / 4	=	342,18 €

Exercice 19. Répartition de la facture d'eau dans une copropriété équipée de compteurs individuels

1. Calculez le coût de l'eau froide privative pour chaque lot.
   Consommation d'eau pour toute la copropriété :
   Total de la facture : 832 € :
   Total de la consommation en m^3 : 1560 – 1300 = 260 m^3
   Coût d'un m^3 d'eau froide : 832 / 260 = 3,20 €
   Consommation individuelle :

Lot	Consommation eau froide en m^3	Consommation individuelle eau froide en €
1	100	100 x 3,2 = 320 €
2	60	60 x 3,2 = 192 €
3	40	40 x 3,2 = 128 €
Total	**200**	**200 x 3,2 = 640 €**

2. Calculez le coût de l'eau chaude pour chaque lot.
   Coût d'un m^3 d'eau froide : 3,20 € :
   Coût pour chauffer 1 m^3 d'eau = 5 €
   Coût d'un m^3 d'eau chaude : 3,20 € + 5 € = 8,20 €

Lot	Consommation eau chaude en m³	Consommation individuelle eau chaude en €
1	30	30 x 8,2 = 246 €
2	15	15 x 8,2 = 123 €
3	5	5 x 8,2 = 41 €
Total	**50**	**50 x 8,2 = 410 €**

3. Répartissez le coût de l'eau commune pour chaque lot de copropriété.

- Consommation eau commune en m³ = 260 – 200 – 5010 m³
- Coût de l'eau commune = 10 x 3,2 =32 € ou 832-640 – (50 x 3,2) = 32 €

Lot	Tantièmes de charges générales	Quote part eau commune
1	380	= 32 x 380 / 1000 = 12,16
2	300	= 32 x 400 / 1000 = 9,6
3	320	= 32 x 280 / 1000 =10,24
Total	**1000**	**32**

4. Répartissez le coût de l'eau pour chaque lot de copropriété.

Lots	Eau froide	Eau chaude	Eau commune	TOTAL
1	320	246	12,16	578,16
2	192	123	9,6	324,6
3	128	41	10,24	179,24

Exercice 20. Cession d'un lot de copropriété

1. Appel de fonds 2015

Libellé des dépenses	Total tantièmes	Tantièmes lot	À répartir	Quote-part
Lot 40				
Charges communes générales	100087	1288	32939,29	423,89
Charges bâtiment A	100000	2163	4025,90	87,08
Charges ascenseur A	100758	1533	4834,95	73,56
Charges compteur eau froide	99	1	802,22	8,1
Eau froide 60 m3 à 2 € le m³	Compteur			120
Total lot 40				712,63
Lot 86				
Charges communes générales	100087	12	32939,29	3,95
Charges bâtiment A	100000	20	4025,90	0,81
Charges ascenseur A	100758	41	4834,95	1,97
Total lot 86				6,73
Total des lots 40 et 86				719,36

2. Le lot 40 est probablement un lot principal puisqu'il est situé dans le bâtiment A, il bénéfice de l'eau, il est à l'étage puisqu'il paie des charges d'ascenseur.
Le lot 86 est probablement une place de parking en sous sol (ou une cave) puisqu'il ne consomme pas d'eau. Par contre, l'ascenseur doit certainement desservir les parkings puisqu'il est soumis plus modestement aux charges d'ascenseur.

3. Appels de fonds trimestriels pour les deux lots : 719,36/4 = 179,84 à payer le 1er janvier, 1er avril, 1er juillet, 1er octobre.

4. La date de cession étant le 3 juillet, le vendeur devra payer les 3 premiers appels de fonds c'est-à-dire : 179,84 x 3 = 539,52 €
   Et l'acheteur sera redevable de l'appel de fonds du quatrième trimestre c'est-à-dire 179,84 €.

5. Elle doit se dérouler au plus tard dans les 6 mois qui suivent l'arrêté des comptes c'est-à-dire entre le 1er janvier 2016 et le 30 juin 2016.

6. C'est le copropriétaire en place au moment de l'exigibilité de ces charges, c'est-à-dire l'acheteur.

Exercice 21. Corrigé extrait sujet examen GESTION 2014 – Copropriété Le village Aveyronnais – Syndic TRANSIMMO

1. Insuffisance : 15 850-15 000 = 850 € Voir Annexe 12

2. 15 000 € x 122/1 000 = 1 830 €
   1 appel : 1 830 €/ 3 = 610 €.

Exercice 22 : CORRIGE Extrait sujet examen GESTION 2015 – Copropriété LE SAINT AUBIN – Agence des VIGNES

1. Les lots 1, 2, et 3 ne participent pas aux charges d'ascenseur (tantièmes ascenseurs nuls), ils se situent au rez-de-chaussée et l'ascenseur ne leur est d'aucune utilité.

2. D'après l'EDD (annexe 8), les tantièmes généraux du lot 2 s'élèvent à 23/1000ème
   Montant annuel des provisions appelées = 9580 * 23/1000 = 220,34 €

3. D'après l'EDD (annexe 8), les tantièmes généraux du lot 4 s'élèvent à 31/1000ème et les tantièmes ascenseurs à 4918/78000.
   Montant annuel des charges réelles :
   = 10797,77 * 31/1000 + 2080,35 * 4918/78000
   = 334,73 + 131,17 = 465,90 €

4. Sur l'arrêté de compte du copropriétaire, il est indiqué :
   - Le montant des charges déductibles : il s'agit des charges de copropriété déductibles du loyer annuel pour calculer le revenu foncier.
   - Le montant des charges locatives : il s'agit de la part des charges de copropriété que le bailleur peut récupérer auprès de son locataire. Le syndic doit en effet fournir aux copropriétaires bailleurs les informations leur permettant d'établir les décomptes de charges locatives récupérables sur les locataires.

5. Annexe 3

Lot 2 Arrêté des comptes 2014	Débit	Crédit	
Dépenses de l'exercice	248,35		10797,77 * 23/1000
Provisions appelées		220,34	Question 2.2
Solde en notre faveur	28.01		

Date	Nature des opérations	Débit	Crédit
01/01/2015	Appel provision 1er trimestre	59,28	
15/01/2015	Votre règlement		59,28
01/04/2015	Appel provision 2e trimestre	59,28	
08/04/2015	Votre règlement		59,28
01/07/2015	Appel provision 3e trimestre	59,28	
01/07/2015	Solde de la répartition 2014	28,01	
Totaux	205,85	118,56	
Solde en notre faveur		87,29	

6. Le solde de l'arrêté de compte correspond à une insuffisance de provision versée par les copropriétaires car le budget voté pour 2014 est inférieur aux dépenses réelles de l'année. La différence (12878,20 – 11 370 = 1508,12) sera réclamée aux copropriétaires lors du prochain appel de fond 2015.

Thème 4

QCM

1. c. **2.** b. **3.** a. **4.** c. **5.** c. **6.** b, c. **7.** c. **8.** a. **9.** a, b. **10.** a

Exercice 23. Mandat de gestion de la part d'indivisaires

1. L'indivision est la situation juridique dans laquelle deux ou plusieurs personnes sont propriétaires ensemble d'un même bien.
   Les 2 inconvénients sont :
   a) La gestion des biens exige l'accord des indivisaires (unanimité pour les actes de disposition ou majorité des 2/3 pour les actes d'administration), ce qui peut entraîner un certain nombre de blocages.
   b) « Nul ne peut être contraint à demeurer dans l'indivision » (art. 815 C. civil). Une mésentente (ou autre motif) peut entraîner une demande de partage.

2. Non. Il s'agit d'un acte d'administration, sa sœur doit être d'accord, car les 2 indivisaires disposent de la même quote-part.

3.

	Location d'habitation principale en meublée	Location d'habitation principale nue
Réglementation	Loi Mermaz du 6/7/1989 modifiée par la loi ALUR	
Contenu du contrat	État descriptif d'inventaire des meubles	Sans objet
Durée	1 an reconductible automatiquement	3 ans si bailleur personne physique, 6 ans si personne morale, reconductible et exceptions...
Congé	Bailleur : Au terme, avec respect d'un préavis de 3 mois Locataire : avec un préavis d'1 mois	Bailleur : Au terme, avec respect d'un préavis de 6 mois Locataire : préavis de 3 mois ou réduit à 1 mois
Préemption	Non	Oui, si congé pour vente
Charges	Librement négociées, réel ou forfait	Liste limitative fixée par décret

4. Non, car le cabinet immobilier ne détient qu'un simple mandat de gestion. S'il veut vendre le bien, il lui faudra un mandat de vente signé par les 2 indivisaires.

5. Le garant est une personne qui s'engage à payer le loyer et les autres sommes dues par le locataire en cas de défaillance de celui-ci.
La caution peut être :
   - simple : la caution dispose du bénéfice de discussion et du bénéfice de division
   - solidaire : ni bénéfice de discussion, ni bénéfice de division pour la caution

6. Non. Le cumul est interdit par la loi sauf dans le cas particulier ou le locataire serait un étudiant.
Pour les locataires étudiants ou apprentis, il est redevenu possible depuis le 26 novembre 2009, de cumuler en location vide, l'assurance loyers impayés classique (GLI) avec la caution d'un proche lorsqu'ils ne peuvent justifier de ressources supérieures à au moins deux fois le loyer, pour bénéficier de la GRL.

Exercice 24. Calcul d'honoraires de gestion

1. Loyer net = loyer brut + charges = 560 + 50 = 610 € = Loyer mensuel payé par M. Toto

2. Somme reversée = Loyers encaissés – honoraires de gestion
Honoraires de gestion HT = 610 x 7 % = 42,70 €
Honoraires de gestion TTC = 42,70 x 1,2 = 51,24 € (TVA 20 %)
Somme reversée au propriétaire = 610 – 51,24 = 558, 76 €

Exercice 25. Révision du loyer

1. C'est la loi MERMAZ du 6 juillet 1989 – Durée du bail 3 ou 6 ans.

2. L'IRL utilisé est celui du 4e trimestre 2013 qui s'établit à 124,83 et qui est paru le 17/01/2014.
On augmentera le loyer brut = Loyer net – les charges = 650 – 50 = 600 €.
C'est l'INSEE qui calcule et diffuse l'IRL.

3. On peut augmenter les loyers :
   - Parce qu'une clause d'augmentation de loyer est prévu dans le bail.
   - Parce que nous sommes arrivés à date anniversaire du bail.

4. Calculer les ré-évaluations des loyers nets à chaque date anniversaire en complétant le tableau ci-dessous.

	Date	Date IRL	IRL à date anniversaire	Formule de calcul	Loyer brut ré-évalué	Loyer net à date anniversaire
	01/04/2014	4e trim 2013	124,83	Signature du bail	600	650
a	01/04/2015	4e trim 2014	125,29	600 * 125,29 / 124,83	602.21	652.21
b	01/04/2016	4e trim 2015	125.28	602.21 * 125,28 / 125,29	602.16	652.16
c	01/04/2017	4e trim 2016	125,50	602.16 * 125.50 / 125.28	603.22	653.22
d	01/04/2018	4e trim 2017	126,82	603.22 * 126.82 / 125.50	609.56	659.56

5. À date anniversaire du 01/04/2016, l'IRL a baissé de valeur et donc le loyer baisse de 5 centimes.
On n'est pas obligé d'appliquer cette baisse si dans le bail la clause prévoit que le loyer augmentera avec les augmentations de l'IRL.

Exercice 26. Location de la famille PIMIN

1. Quelles sont les pièces à demander aux locataires pour étudier leur candidature ? Justifier votre réponse.
   Pièces d'identité : carte d'identité ou le passeport ou carte de séjour.
   Justificatifs des revenus M . et Mme : 3 dernières fiches de paie + fiche de paie de décembre + attestation d'emploi pour vérifier que ces personnes ne sont ni en période d'essai, ni en cours de démission ou de licenciement.
   Derniers avis d'imposition pour vérifier le nombre parts.
   Justification de l'aide APL.
   Justification du domicile actuel (attestation d'hébergement, quittance de loyer).

2. La famille PIMIN peut-elle prétendre à la location du logement ? Justifier votre réponse par des calculs.

Revenus mensuels Mme	1 167 €	14000 € / 12
Revenus M.	1 500 €	
APL	200 €	
Total des ressources	2 867 €	
Taux d'effort :	23,36 % (< 33 %)	(625 + 45) / 2867 = 670 / 2867
Reste à vivre :	2 197 €	2867 – (625 + 45)

   Taux d'effort largement < 33 % → sélection du locataire acceptable.
   Accepter ressources > 3 fois le montant du loyer cad 3 * 670 = 2010 €
   Reste à vérifier les conditions d'emploi : CDD ou CDI ?
   Attention également à la sur-occupation du F2 par 4 personnes.

3. Quels sont les diagnostics nécessaires à la signature du bail ? Pourquoi ?
   Diagnostic Performance Énergétique
   ERNMT ESRIS ERP
   Diagnostic gaz et électricité car installation date de plus de 15 ans
   Surface du logement Loi Boutin non obligatoire mais conseillé
   Diagnostic Amiante (pas obligatoire, sauf si le locataire le réclame)
   Pas de diagnostic plomb car bien construit après 49

4. Rédiger la clause de révision de loyer à inclure dans le bail en vous appuyant sur le tableau des IRL de l'INSEE présenté ci-dessous.
   Clause de révision de loyer : le loyer sera révisé chaque année à date anniversaire soit le 19 décembre en fonction de l'indice de référence des loyers (IRL).
   Le dernier IRL connu est celui du 3e trimestre 2018 qui s'établit 128,45.

5. Calculer les honoraires de location à demander à chaque partie.
   Honoraires de mise en location : 12% des loyers bruts annuels : 12 % * (625 * 12) = 900 HT
   Honoraires TTC = 900 * 1,20 = 1 080 €
   A partager en parts égales entre propriétaire et locataire
   Soit : 540 € pour chacun.

6. Ce barème des honoraires pratiqué par l'agence respecte-il les contraintes de la loi ALUR ? Justifiez votre réponse.
Plafond des honoraires Loi ALUR = 13 € * 40 m² = 520 €
Donc le barème des honoraires de l'agence n'est pas acceptable :
- puisqu'ils dépassent le plafond ALUR 540 € > 520 €t.
- bien que le locataire paie des honoraires qui ne dépassent pas ceux du propriétaire.

7. Calculer le montant de l'assurance loyer impayé ? 2 points
Montant de la prime d'assurance : 4,8 % des loyers nets annuels : 4,8 % * (670 * 12) = 385,92 €

8. A quoi sert cette assurance souscrite à la MAAF ? Qui la paie?
La garantie loyers impayés (GLI) permet à un propriétaire d'être indemnisé des loyers impayés par son locataire. Cette assurance peut également couvrir les frais de procédure liés à l'expulsion du locataire et plus généralement de déléguer la partie contentieux liée aux loyers impayés. Souscrire à cette assurance interdit par contre au propriétaire de demander une caution à son locataire. Une fois souscrite, l'assurance loyers impayés indemnise le propriétaire des loyers impayés. Cette indemnisation n'est pas immédiate en n'intervient qu'après trois ou quatre mois d'impayés, de manière rétroactive. Une fois la GLI activée, c'est l'assurance qui prend en charge les divers aspects de la procédure contentieuse. Certains contrats proposent de couvrir les éventuels frais de remise en état du logement lorsque le locataire est à l'origine de dégradations.
C'est le propriétaire bailleur qui la paie.

9. Calculer le loyer net du mois de décembre calculé au prorata temporis ?
Le loyer du mois de décembre doit être calculé au prorata temporis du 19 au 31 décembre soit : du 19 au 31 décembre, il y a 31 – 19 + 1 = 13 jours
Donc : 670 * 13/31 = 280,97 €

10. Quelle est la somme totale que devront verser les locataires avant l'entrée dans les lieux ? Justifiez votre calcul.
Les locataires devront verser :

Dépôt de garantie : 1 mois loyer HC	625,00 €
Honoraires de mise en location	540,00 €
Loyer du 19 au 31 décembre	280,97 €
Total à verser	1445,97 €

Exercice 27. Régularisation de charges et revenus fonciers

1. Annexe 1 : Décompte de charges de copropriété de Madame CARAMELLE.
[...]

Charges	Dépenses à répartir	Quote-part	Charges locatives
A – Charges communes générales			
Entretien parties communes			
Produits entretien	1 198,27	29,36	29,36
Employé d'immeuble	4 400,54	107,81	107,81
Électricité	1 845,43	45,21	45,21
Gardien de l'immeuble			
Salaires	12 340,43	302,34	226,76
Charges sociales	7 404,26	181,40	136,05
Administration			
Honoraires syndic	2 334,93	75,21	
Convocation assemblée générale	276,79	6,78	
Assurance immeuble	559,63	13,71	
Procédure et contentieux			
Honoraires avocats	1 586,86	38,88	
Honoraires huissiers	677,18	16,59	
Frais de procédure	8 955,10	219,40	
Total charges générales	**41 579,41**	**1 018,70**	
B – Chauffage			
Garantie totale P3	1 574,68	136,58	
Combustible consommé	2 911,90	259,50	259,50
Total chauffage	**4 566,58**	**396,08**	
C – Eau			
Consommation d'eau	28 890,00	192,60	192,60
	Total des dépenses	**Votre quote part**	**Charges locatives**
	75 035,99	**1 607,38**	**997,29**

2. Le montant de charges de copropriété payé par Madame CARAMELLE est de 1 607,38 € (Quote-part de charges) Elle pourra récupérer 997,29 € sur le locataire.

3.

Éléments	Montant
Charges locatives de copropriété	997,29 €
Taxe sur les ordures ménagères	62,00 €
Charges locatives récupérables	1 059,29 €

4.

Éléments	Montant
Charges locatives récupérables	1 059,29 €
Provisions versées (80 x 12)	960,00 €
Complément à réclamer au locataire (0,5)	99,29 €

5.

Éléments	Montant
Charges locatives récupérables 2014	1 059,29 €
Charges locatives récupérables estimées en 2015	1 091,07 € (1 059,29 x 1,03)
Provisions mensuelles pour 2015	90,92 €
Provisions mensuelles pour 2015 avec arrondi (même sur somme fausse)	91,00 €

6. Le montant déductible correspond aux appels de fonds versés en 2014 ici 380 x 4 = 1 520 €.

Exercice 28. Bail commercial

1. Loyer annuel révisé : 7 340 x 111,87 / 108,32 = 7 580,56 €.
   Loyer trimestriel révisé : 7 580,56 / 4 = 1 895,14 €.

2. Pour que le bail commercial, lors de la révision contractuelle, dépasse la variation de l'indice de la construction, il faut une augmentation de plus de 10 % de la valeur locative et/ou une augmentation matérielle significative de facteurs locaux de commercialité.

3. La durée d'un bail commercial est de 9 ans renouvelable par tacite reconduction. Pour faire cesser un bail commercial, le congé doit être donné par acte d'huissier à chaque période triennale, que ce soit par le locataire ou le bailleur, avec un préavis de **6 mois**.

4. Lorsqu'en fin de bail, le propriétaire ne souhaite pas le renouveler, il est tenu de verser au locataire une indemnité d'éviction, qui dépend des conséquences de ce refus de renouvellement pour le locataire (perte de la clientèle par exemple). Généralement, l'indemnité correspond à la valeur vénale du fonds ; le montant de ce dédommagement est tel que la liberté de refuser le renouvellement reste des plus théoriques.
   En revanche, si le refus de renouveler le bail est motivé par une faute grave du locataire (défaut de paiement des loyers, sous-location sans autorisation…), aucune indemnité n'est due.

Thème 5

QCM

1. a, b, c, e. **2.** b. Interdiction d'imposer une compagnie d'assurance au locataire. **3.** a, b, c. Ces contrats couvrent au minimum les risques : incendie, explosion, dégât des eaux, catastrophe naturelle, catastrophe technologique, tempête et attentat. Par ailleurs, le contrat d'assurance multirisques habitation couvre la responsabilité du locataire envers son propriétaire pour tous les dommages qu'il pourrait causer aux biens loués et comporte également des garanties complémentaires qui couvrent les biens du locataire, ainsi que sa responsabilité envers ses voisins et des tiers. **4.** b. La loi oblige le locataire à assurer, au minimum avec une assurance pour les « risques locatifs ». Cependant, il n'est pas obligé de le faire s'il s'agit d'une location meublée, d'une location saisonnière, ou d'un logement de fonction. **5.** b. Le locataire est responsable des dommages causés pendant toute la durée de la location. La législation lui impose de couvrir cette responsabilité locative, qui concerne le risque d'incendie, d'explosion et de dégâts des eaux. En cas de sinistre, l'assureur du locataire réglera au propriétaire le montant des dommages. Si le locataire n'est pas assuré, ce dernier sera tenu d'indemniser personnellement le propriétaire.

Exercice 29. Situations locatives diverses

1. Préavis réduit : OUI, la loi de 89 prévoit un préavis réduit à 1 mois en cas de mutation, qu'elle soit choisie ou imposée par l'employeur (jurisprudence)

2. Ce congé pour vente est contestable car, si le prix proposé est excessif il est considéré comme dissuasif (jurisprudence)

3. **Non**, le syndic ne peut interdire l'exercice d'une activité si celle-ci est en accord avec la destination de l'immeuble.

4. Caution solidaire :
   - sans bénéfice de discussion : le créancier peut s'adresser directement au garant sans contestation ;
   - sans bénéfice de division : le créancier peut réclamer la totalité à l'un des garants.

5. DPE
   - Type de logement : Dès lors que le local dispose d'installations de chauffage et/ou de production d'eau chaude sanitaire, le diagnostic de performance énergétique doit être joint au contrat de location lors de sa signature à des fins d'information. En conséquence, le DPE s'impose pour les baux d'habitation vides ou meublés (y compris les logements de fonction) ; pour les baux d'activité (baux professionnels, commerciaux, précaires, etc.).
   - Durée de validité : 10 ans.
   - Les annonces : la classe énergie (de A à G) ; l'émission de GES.
   - L'affichage : étiquette en couleur ; doit occuper au moins 5 % de la surface du support.
   - Sanction : L'absence de DPE peut être considéré comme un dol. La sanction applicable est la nullité du bail ou la diminution du prix du loyer ; 1 500 € pour le diagnostiqueur qui triche sur le DPE. Si l'annonce comporte des informations sur le DPE reposant sur des indications fausses ou de nature à induire en erreur le candidat locataire, le service des fraudes de la Direction générale de la concurrence, de la consommation et de la répression des fraudes (DGCCRF) peut infliger au vendeur une amende de 37 500 € et une peine de 2 ans de prison.

6. La quittance de loyer est un reçu délivré par le bailleur ou son gestionnaire certifiant que le locataire a rempli l'intégralité de ses obligations en matière de paiement du loyer et des charges. L'article 21 de la loi du 6 juillet 1989 stipule que la délivrance de la quittance à la demande du locataire est une obligation légale. Il est donc interdit de facturer des frais de transmission de cette quittance.

7. Le locataire a l'obligation de souscrire une garantie responsabilité civile locative. Celle-ci doit lui permettre d'indemniser le propriétaire en cas de dommages causés à ses bâtiments. Le locataire est présumé responsable des dommages survenus dans le logement qu'il occupe. Le propriétaire n'a pas à apporter de preuves pour mettre en cause la responsabilité civile locative de son locataire en cas de dommages causés à ses bâtiments. La garantie responsabilité civile locative couvre les biens détériorés ou détruits par : une négligence ou une imprudence du locataire ; un incendie ; une explosion ; un dégât des eaux. La responsabilité du locataire peut parfois s'étendre à tout l'immeuble. Il lui est alors conseillé de prendre les extensions de garanties qui correspondent car lors d'un incendie causé par le locataire, celui-ci sera tenu d'indemniser aussi les dégâts causés dans les appartements dans lesquels il s'est propagé.
   Le mandataire de gestion se doit de vérifier que le locataire a bien souscrit une assurance garantissant le risque locatif et s'assurer tous les ans que cette assurance existe. Si ce n'est pas le cas, il engage sa responsabilité délictuelle à l'égard de la compagnie d'assurance du bailleur tenue de dédommager ce dernier des préjudices de l'immeuble loué et sa responsabilité contractuelle à l'égard de son client bailleur.

La non souscription d'une assurance est une raison admise de résiliation du bail. Depuis la loi ALUR du 27 mars 2014, le bailleur ou son mandataire peut désormais **souscrire une assurance risques locatifs pour le compte de son locataire** négligeant. Autrement dit, si le locataire n'a pas souscrit cette assurance (et ne fournit pas l'attestation demandée), il est possible de le faire à sa place après mise en demeure et de reporter ensuite le montant de la prime chaque mois sur le loyer.

Exercice 30. État des lieux de sortie

1. On se situe au 1er avril 2015
   Moquette : mise en place 28 mars 2009 d'où 6 années d'ancienneté : d'après la grille de vétusté, le coefficient de vétusté sera de : (5 x 6 % + 1 x 14 % soit 44 %. Le locataire doit donc prendre en charge 56 % du coût de remplacement.
   SOIT : Montant TTC : 15 m² x 14,50 € x 1,2 (TVA) = 261 € TTC
   À la charge du locataire : 261 € x 56 % = 146,16 €
   Papier-peint : mis en place le 25 mars 2009, d'où 6 années d'ancienneté : le coefficient de vétusté sera donc de 6 x 14 % = 84 %. Le locataire doit donc prendre en charge 16 % du coût de remplacement.
   SOIT : Montant TTC : 5 x 15 € x 1,20 (TVA) = 90 € TTC
   À la charge du locataire : 90 € x 16 % = 14,40 €
   Mitigeur : mis en place le 18 février 2005, d'où 10 années d'ancienneté : le coefficient de vétusté sera donc de 5 x 3 % + 5 x 8,5 % = 57,5 %. Le locataire doit donc prendre en charge 42,5 % du coût de remplacement.
   SOIT : Montant TTC : 85 € * 1,2 = 102 € TTC
   À la charge du locataire : 102 € x 42,5 % = 43,35 €
   DONC La retenue pour dégradations sur le dépôt de garantie sera donc de :
   146,16 € + 14,40 € + 43,35 € = 203,91 €

2. Les charges que le propriétaire peut faire supporter au locataire sont de trois ordres.
   - Celles qui concernent des services dont le locataire bénéficie directement (ascenseur, chauffage collectif, eau froide ou chaude).
   - Des dépenses d'entretien courant et les réparations d'équipements qui profitent au locataire (entretien des espaces verts, menues réparations sur les circuits d'eau ou de chauffage collectifs, remplacement de pièces usées sur l'ascenseur).
   - Des taxes et redevances qui sont dues en contrepartie de services rendus (taxe ou redevance d'enlèvement des ordures ménagères, taxe de balayage, redevance assainissement).

3. Régularisation de charges
   Provisions versées sur la période : 01/05/2012 au 30/03/2013 → 11 x 76,22 € soit : 838,42 €.
   Montant des charges locatives réelles : 855,28 € x 11 / 12 = 784,01 €.
   D'où un solde créditeur de 54,41 €.
   Quand il y a dégradation, le dépôt de garantie doit être restitué au plus tard 2 mois après l'état des lieux de sortie soit ici avant la date limite du 1er juin 2015.

4. Restitution du dépôt de garantie
   La retenue sur le dépôt de garantie sera donc de 203,91 – 54,41 = 149,50 €.

5. L'agence devra restituer au locataire un chèque d'une valeur de 500 – 149,50 = 350,50 €.

Exercice 31. Explications données au bailleur dans le cadre de son mandat de gestion

1. Il s'agit de la révision du loyer inscrite dans le bail comme le prévoit la loi de 89.
   Elle se fait selon l évolution de l'IRL à partir du 1er août 2014.

Année	Loyer	IRL
2014	460,00	124,44
2015	**462,62**	125,15

   Autre solution : la variation annuelle
   Loyer 2013 x (1 + 0,57 %) = **462,62**

2. L'agence a pu procéder à une révision de loyer parce que :
   - la révision et son indice sont inscrits dans le bail ;
   - que nous sommes arrivés à la date anniversaire ou prévue du bail.

3. Les provisions sont calculées sur les charges réelles de l'année précédentes en prenant en compte :
   - les charges locatives ;
   - la taxe sur les ordures ménagères ;
   - et ici une augmentation prévisible de 2 %.

Charges locatives 2014	1 901,87
Taxe ordures ménagères	87,00
Total	1 988,87
Augmentation de 2 %	39,78
Total annuel	2 028,65
Provision mensuelle	**169,05**
Provision arrondie	**170,00**

4. Justification de la régularisation 2014 – Calculs à faire sur 5 mois (août à décembre)

Provisions versées	825,00
Charges locatives réelles 1 901,87 / 12 x 5	792,45
TEOM : 87 / 12 x 5	36,25
Solde à verser	**3,70**

5. Compte rendu de gérance
   Madame, Monsieur,
   Nous avons l'honneur de vous adresser
   Votre compte arrêté au : 30/09/2015 (3e trimestre 2015)

Dates	Libellés des opérations	Débit	Crédit	Explications
	Loyers et provisions sur charges encaissés			
07/08/15	loyers et charges Borin		1 880,24	460 + 165 + 462,62 + 165 + 462,62 + 165
07/08/15	loyers et charges Moutars		1 554,00	518 x 3
	Charges afférentes à vos lots			
05/07/07	appel de charges	595,45		
15/07/07	facture plomberie	112,37		
30/09/07	honoraires de gérance (7 % x 3 434,24)	240,40		
30/09/07	TVA sur honoraires	48,07		
	Totaux	**996,29**	**3 434,24**	
	Solde en votre faveur	**2 437,95**		

Exercice 32. Usufruit et location

1. **Les faits**

   Madame DETIENT est devenue usufruitière d'une maison louée à Monsieur GESPER, et dont Monsieur JEREMIE est le nu-propriétaire.

   Monsieur GESPER réclame à Madame DETIENT, sa bailleresse, l'exécution de certains travaux.

2. **Le problème juridique**

   Qui doit supporter le coût des travaux dans une maison louée par un usufruitier ?

3. **Les règles de droit**
   - Répartition des travaux entre le bailleur et le preneur : d'après la loi du 6 juillet 1989, les travaux autres que locatifs sont à la charge du propriétaire-bailleur, d'après le décret du 26 août 1987, les travaux locatifs sont les travaux d'entretien courant et les menues réparations. Ce même décret donne une liste indicative de ces réparations.
   - Enfin l'arrêt de la cour de cassation, en date du 28 juin 2006, indique que le preneur peut réclamer à son bailleur-usufruitier, l'exécution des réparations non locatives, et ce même si dans ses relations avec le ou les nu-propriétaire, l'usufruitier ne doit assurer que les réparations d'entretien (art. 605, code civil).
   - Répartition des travaux entre l'usufruitier et le nu-propriétaire : d'après l'article 605 du code civil, les réparations d'entretien sont à la charge de l'usufruitier, et les grosses réparations à la charge du nu-propriétaire.

4. **La solution**

   Monsieur GESPER pourra réclamer l'exécution des travaux à Madame DETIENT même si celle-ci n'est qu'usufruitière. Elle devra payer les travaux, quitte à se retourner ensuite contre le nu-propriétaire.

   Cependant tous les travaux réclamés par Monsieur GESPER ne peuvent faire l'objet d'une exécution par la bailleresse, certains resteront à sa charge :
   - pour la fenêtre détériorée : cette réparation est une réparation locative, donc à la charge de Monsieur GESPER ;
   - pour la réfection de la toiture : ces travaux s'apparentent à une réparation importante, qui ne pèse pas sur le locataire. Madame DETIENT devra donc les faire exécuter, et elle pourra obtenir le remboursement des frais occasionnés auprès du nu-propriétaire (à la fin de l'usufruit) ;

- pour le changement de moquette : ce changement est occasionné par un usage anormal de cette moquette, et ce par la faute de Monsieur GESPER. Celui-ci ne pourra donc pas en réclamer le paiement à Madame DETIENT. Elle n'en aurait l'obligation que si l'état dégradé est dû à un usage normal (vétusté).

Thème 6

QCM

1. b. Le propriétaire peut donner congé pour habiter le logement en résidence principale ou pour y loger un parent proche (ascendant, descendant). **2.** b. 6 mois avant l'échéance, non 6 mois à tout moment. **3.** a. **4.** b. Les revenus de locations meublés ne sont pas des revenus fonciers. **5.** a. **6.** a. **7.** b. Le locataire peut effectuer, sans avoir besoin de l'autorisation du propriétaire : les petits travaux, comme des petits aménagements et l'ajout d'équipement facilement démontables, de la décoration comme peindre un mur, du moment qu'il n'y a pas de transformation de la chose louée. Il a donc le droit de remplacer la moquette ou le papier peint. Le propriétaire ne peut pas s'opposer à ces petits travaux ni exiger la remise en état des lieux à la fin du bail. **8.** b. C'est une durée minimale. **9.** a, c. Revenus bruts c'est-à-dire les loyers charges incluses. **10.** c. C'est le mandat qui détermine la périodicité de la reddition des comptes.

Exercice 33. Diagnostics et état des lieux

1. Dès lors qu'il s'agit d'une location d'habitation (vide ou meublée, à usage de résidence principe ou secondaire, de longue ou courte durée), tout propriétaire-bailleur doit remettre à son locataire des diagnostics immobiliers lors de la signature du contrat de bail. Le but est de mieux renseigner le locataire et d'éclairer ainsi son consentement. Les diagnostics sont regroupés au sein du dossier de diagnostic technique (DDT) qui comprend :
   - Le **diagnostic performance énergétique** (**DPE**) permet d'avoir un aperçu de la consommation énergétique d'un logement destiné à la location et d'en estimer son taux d'émission de gaz à effet de serre (GES).
   - Le diagnostic obligatoire à la location **État des risques de pollution** (**ERP**) permet d'informer le locataire sur d'éventuels risques auquel serait exposé le logement mis en location. Il peut s'agir de risques naturels, miniers, technologiques, sismicité et pollution des sols.
   - Le **diagnostic électrique** permet de déterminer les éventuels risques que l'installation électrique vétuste ou mal réalisée d'un logement pourrait présenter pour la sécurité des personnes et des biens. (Installation de plus de 15 ans)
   - Le **diagnostic gaz** permet de connaître l'état de l'installation intérieure de gaz dans un loge-ment destiné à la location afin de déterminer les éventuels risques pour la sécurité des locataires. (Installation de plus de 15 ans)
   - Le **Diagnostic Amiante des Parties Privatives** (**DAPP**) permet de détecter la présence ou l'absence d'amiante dans le logement mis en location. Ce diagnostic permet de savoir si certains matériaux ou produits au sein du logement contiennent de l'amiante, comme la peinture par exemple. (Bien construit avant 1997)
   - Le **diagnostic plomb**, également appelé **CREP** (Constat de Risque d'Exposition au Plomb), permet de mesurer la présence de plomb. Ce diagnostic pourra ainsi détecter s'il y a une présence de plomb dans les peintures à la céruse qui étaient couramment utilisées jusqu'en 1949 pour leur résistance efficace à l'humidité.
   - Le **diagnostic de surface habitable** (loi BOUTIN) permet de mesurer la surface de plancher au sol d'un logement en location.

   Par ailleurs, au-delà des diagnostics, le logement loué doit impérativement être décent ainsi qu'en bon état d'usage et de réparation.

2. L'état des lieux constate, l'état du logement à l'entrée dans les lieux et à la sortie du locataire. Il montre les éventuelles dégradations. Si les réparations nécessaires incombent au locataire le propriétaire pourra retenir tout ou partie du dépôt de garantie.
   Contradictoirement : établi en présence des deux parties bailleur et locataire. (ou établi par huissier qui convoque les parties)

3. Cette présomption joue au profit du propriétaire à condition qu'il n'ait pas fait obstacle à l'établissement de l'état des lieux d'entrée.

Exercice 34. Congé donné au locataire

1. Le congé est valable, les effets de celui-ci sont reportés à la date du terme du contrat. La durée minimale est de 6 mois. Il est judicieux de le faire pour avoir le temps de délivrer le congé par acte d'huissier au cas où le locataire n'irait pas retirer la lettre à la poste.

2. Forme : soit par LRAR ou par exploit d'Huissier
   A peine de nullité, le congé donné par le bailleur doit indiquer le motif allégué outre certaines mentions qui sont obligatoires. Une notice d'information relative aux obligations du bailleur et aux voies de recours et d'indemnisation du locataire doit être jointe au congé délivré pour reprise ou pour vente.
   Certains locataires protégés ne peuvent se voir donner congé que si le bailleur propose un autre logement qui doit correspondre aux besoins et aux possibilités financières du locataire et être situé dans le même arrondissement ou dans les arrondissements ou communes limitrophes si la commune concernée est divisée en arrondissements. Il s'agit du locataire de 65 ans et plus à la date d'échéance du bail et dont les ressources annuelles sont inférieures au plafond de ressources en vigueur pour l'attribution des logements locatifs conventionnés fixé par arrêté du ministre chargé du logement. Toutefois, cette obligation de relogement ne concerne pas les bailleurs qui sont âgés de plus de 65 ans ou dont les ressources ne dépassent pas le même plafond. En cas de manquement grave du locataire, le congé donné par le bailleur est valable sans offre de relogement même si le locataire est une personne âgée protégée.

Exercice 35. Bail d'habitation – Dépôt de garantie

1. Un bailleur refuse de restituer un dépôt de garantie à un locataire qui a retapissé en blanc un appartement dont les murs étaient peints à l'origine de couleurs pastel différentes. Il veut remettre l'appartement à l'état initial.

2. Retapisser en blanc un appartement dont les murs étaient peints avec des couleurs pastel lors de l'entrée dans les lieux constitue-t-il une transformation du bien loué ?

3. Droit applicable :
   Article 6 d loi de 89 : le bailleur est obligé de ne pas s'opposer aux **aménagements** réalisés par le locataire dès lors que ceux-ci ne constituent pas une transformation de la chose louée.
   Article 7 f loi de 89 : le locataire ne doit pas **transformer** les locaux et équipements loués sans l'accord écrit du propriétaire ; à défaut de cet accord, ce dernier peut exiger du locataire, à son départ des lieux, leur remise en l'état.
   Article 22 : Le dépôt de garantie doit être restitué dans un délai maximal de deux mois à compter de la remise en main propre, ou par lettre recommandée avec demande d'avis de réception, des clés au bailleur ou à son mandataire, déduction faite, le cas échéant, des sommes restant dues au bailleur et des sommes dont celui-ci pourrait être tenu, aux lieu et place du locataire, sous réserve qu'elles soient dûment justifiées.
   Jurisprudence : Les cours d'appel retiennent le critère de l'excentricité et d'habitabilité normale pour distinguer l'aménagement de la transformation.

4. Solution : Retapisser en blanc un logement n'a rien d'excentrique et ne fait pas obstacle à l'habitabilité normale du local. Le bailleur ne peut donc exiger la remise en état du logement et doit restituer le dépôt de garantie. Il a peu de chance d'obtenir une conciliation dans ce cas et dans l'hypothèse d'une action en justice, le juge tranchera certainement en faveur du locataire.

Exercice 36. Gestion locative en habitat social

1. Madame FERREIRA ne dépasse pas les plafonds de ressources : Ressources 5 842 < plafond Cat 4 PLAI Reste Ile de France 27 875 €. D'autre part, madame FERREIRA est de nationalité étrangère et dispose d'un titre de séjour valide jusqu'au 22/12/2013.

2. L'Annexe 1 nous donne le prix au m^2 : 2,71 Surface corrigée de 113 m^2 Soit un loyer de 2,71 x 113 = 306,23 €.

3.

Éléments	Sommes
Ressources mensuelles	1 009,87
Quittance totale	496,50
APL (estimation)	340,32
Charges de logement nettes	156,18
Taux d'effort	(156,18 / 1 009,87) x 100 = 15,47 %
Reste à vivre	(1 009,87 – 156,18) = 853,69

4. Taux d'effort et reste à vivre satisfaisants après prise en compte de l'APL (question 3).
Situation d'urgence (30 ans hébergée chez des parents avec 2 enfants).

5. Fond : Indiquer que la commission qui se tenait le 10/02/2011 a émis un avis favorable à la demande. – Madame FERREIRA devra prendre contact avec la gestionnaire pour signer le bail.
Forme : Émetteur, récepteur, objet, date (postérieur à la date de la commission le 10/02/2011), nom, fonction et signature (la gestionnaire se nomme Mademoiselle PETER Sandy). Le numéro de téléphone et le nom de la gestionnaire : dans le corps du document ou au-dessus.

Sujet et corrigé 2018

Sujet BEGLES IMMOBILIER

BREVET DE TECHNICIEN SUPÉRIEUR

PROFESSIONS IMMOBILIÈRES

ÉPREUVE E52 : GESTION IMMOBILIÈRE

SESSION 2018

Durée : 3 heures

Coefficient : 3

Bègles Immobilier

Matériel autorisé :

L'usage de tout modèle de calculatrice, avec ou sans mode examen, est autorisé.

Documents à rendre et à agrafer avec la copie :

- Annexes 5 et 6 à rendre avec la copie.

CE SUJET COMPORTE DEUX DOSSIERS **INDÉPENDANTS** :
DOSSIER 1 : GESTION LOCATIVE .... 30 points
DOSSIER 2 : GESTION DE COPROPRIÉTÉ .... 30 points
Total : 60 points

NB : tous les calculs doivent être justifiés.

Dès que le sujet vous est remis, assurez-vous qu'il est complet.
Le sujet se compose de 16 pages, numérotées de 1/16 à 16/16.

L'agence Bègles Immobilier est située 35 avenue du Général de Gaulle à Bègles, dans la région bordelaise, en France métropolitaine.

L'entreprise est une SARL au capital de 15 000 €, inscrite au R.C.S en 1987. Elle est titulaire de la carte professionnelle n° CPI 3302 2016 000 000 231 délivrée par la CCI de la Gironde avec les mentions transaction, gestion locative et syndic.

Sa garantie financière est assurée par GALIAN (Transaction 125 000 €, Gestion locative 220 000 €, Syndic 600 000 €).

M. Maran est le directeur de l'agence. Celle-ci gère 345 lots en gestion locative et 1 563 lots en copropriété. Assistant de gestion immobilière, vous intervenez dans les deux services selon les besoins. Votre rôle consiste essentiellement à accueillir et à renseigner les clients bailleurs, locataires et copropriétaires.

Dossier 1. GESTION LOCATIVE

A. Dossier Langlois/Dupin

L'agence gère le bien de M. Langlois. Il s'agit d'un T4 situé à Bègles, loué depuis le 11 janvier 2017 à M. et Mme Dupin. Le loyer a été révisé en janvier 2018 et s'élève à 880,50 €. Vous avez réclamé à M. Langlois son avis d'imposition à la taxe foncière, il vous l'apporte ce jour. Vous avez également récapitulé les réparations faites dernièrement sur le bien.

1.1. Vous effectuez la régularisation des charges pour 2017 (annexe 5 à rendre avec la copie).
1.2. Vous établissez l'avis d'échéance des époux Dupin pour le mois de juin 2018 (annexe 6 à rendre avec la copie).

B. Dossier Clément

L'agence gère plusieurs appartements situés à Bordeaux appartenant à M. et Mme Clément. Ces derniers sont également propriétaires d'une très belle villa au Cap Ferret qu'ils envisagent de louer meublée durant l'été. Ils pensent pouvoir percevoir un loyer de 6 000 € par semaine pendant 8 semaines et 4 000 € pendant 8 autres semaines. Leurs charges étant relativement faibles, un régime fiscal forfaitaire semble plus adapté. Leur taux marginal d'imposition est de 45%. M. et Mme Clément se demandent dans quelle catégorie ces nouveaux revenus seront imposés.

1.3. Vous répondez à leur interrogation et leur donnez le conseil qui leur permettra de bénéficier du régime fiscal forfaitaire le plus avantageux.
1.4. Vous calculez le surplus d'impôt occasionné par la location de leur villa en appliquant le régime fiscal que vous leur avez conseillé.

C. Dossier Marchand

Vous recevez la visite de M. Marchand, propriétaire bailleur, qui souhaite que vous vous occupiez de la gestion de son bien. Il s'agit d'une petite maison de 75 m² de surface habitable. Elle est située sur le Bassin d'Arcachon et est en bon état. Celle-ci était à l'origine uniquement destinée à la location saisonnière, mais M. Marchand l'a finalement louée l'automne dernier en tant que résidence principale. Il vous confie être actuellement en difficulté avec son locataire. Celui-ci lui a envoyé une lettre recommandée et le menace de suspendre le paiement de son loyer jusqu'à l'installation du chauffage. M. Marchand précise que sa maison n'est pas équipée de radiateurs, mais il ajoute que cela était spécifié dans le bail et donc connu et accepté par le locataire.

1.5. Acceptez-vous de prendre le mandat dans les conditions actuelles ? Justifiez votre réponse en vous fondant sur des arguments juridiques.
1.6. Vous expliquez à M. Marchand les risques qu'il encourt dans cette situation.
1.7. Vous répondez à son interrogation concernant la possibilité pour son locataire de suspendre le paiement de son loyer.

Dossier 2. GESTION DE COPROPRIÉTÉ

L'agence gère la copropriété « Les Terrasses du Sud-Ouest » située rue Montesquieu à Bègles. Votre responsable vous confie plusieurs missions concernant cette copropriété.

A. Dossier Train

Vous avez reçu récemment un courrier électronique de M. Train. Il ne comprend pas le solde en faveur du syndicat de copropriétaires de 67,67 € de son compte copropriétaire à l'issue de l'exercice comptable 2017. Il vous rappelle qu'il a payé tous les appels de provisions au titre du budget prévisionnel 2017 que vous lui avez adressés pour une somme totale de 1 103,83 €.

2.1. Vous présentez les éléments chiffrés qui vous permettront de justifier à M. Train le solde de son compte.
2.2. Vous enregistrez au journal de la copropriété l'appel de provisions trimestriel de M. Train en date du 1er avril puis le règlement par chèque bancaire n°185 le 10 avril 2018.

B. Résolution n°14 concernant les travaux d'amélioration portant sur l'espace à vélos.

À l'occasion de la dernière assemblée générale de la copropriété « Les Terrasses du Sud-Ouest », la résolution n°14 portant sur le principe de couvrir l'espace à vélos a été soumise au vote des copropriétaires.
Vous disposez du tableau récapitulant les votes des copropriétaires pour cette résolution.

2.3. Vous présentez, en assemblée générale, aux copropriétaires les modalités dans lesquelles le vote de la résolution n°14 portant sur le principe des travaux d'amélioration de l'espace à vélos aura lieu.
2.4. Vous rédigez l'extrait du procès-verbal concernant la résolution n°14.

C. Dossier Lézin

M. et Mme Lézin sont de nouveaux copropriétaires récemment installés dans la résidence. Ils ne comprennent pas l'annexe comptable intitulée « compte de gestion pour travaux de l'article 14-2 et opérations exceptionnelles » jointe à leur convocation à l'assemblée générale.
Ils se demandent à quoi correspondent ces « travaux de l'article 14-2 » et ce que signifie le solde négatif concernant les travaux d'étanchéité de la toiture terrasse.

2.5. Vous renseignez M. et Mme Lézin à propos des travaux de l'article 14-2 et répondez à leur question concernant le solde de l'annexe comptable.

D. Dossier Legrand

Mme Legrand vous demande conseil. Son appartement est situé au bout d'un couloir. Les trois derniers mètres ne desservent aucun autre lot que le sien et n'ont donc d'utilité que pour elle. Elle souhaiterait acheter au syndicat des copropriétaires ce morceau de couloir afin d'agrandir son entrée.

2.6. Vous expliquez les démarches qu'elle doit entreprendre et dans quelles conditions elle pourrait effectuer cette acquisition. Justifiez votre réponse.

Base documentaire

Dossier 1 :

Annexe 1. Extrait du bail entre M. Langlois et les époux Dupin.
Annexe 2. Décompte de charges de copropriété de M. Langlois pour 2017.
Annexe 3. Avis d'imposition de taxe foncière 2017 de M. Langlois.
Annexe 4. Réparations concernant l'appartement de M. Langlois en mai 2018.
Annexe 5. Décompte des charges locatives du 11/01/2017 au 31/12/2017 de M. et Mme Dupin (à rendre avec la copie).
Annexe 6. Avis d'échéance du mois de juin 2018 de M. et Mme Dupin (à rendre avec la copie).
Annexe 7. Fiscalité des revenus locatifs (extrait).
Annexe 8. Références juridiques.

Dossier 2 :

Annexe 9. État descriptif de division de la résidence « Les Terrasses du Sud-Ouest ».
Annexe 10. Budget prévisionnel de la résidence « Les Terrasses du Sud-Ouest ».
Annexe 11. Appel de provisions sur opérations courantes de M. Train pour le 2ème trimestre 2018.
Annexe 12. Extrait du plan de comptes de la copropriété « Les Terrasses du Sud-Ouest ».
Annexe 13. Tableau récapitulatif des votes pour la résolution n°14.
Annexe 14. Compte de gestion pour travaux de l'article 14-2 et opérations exceptionnelles de l'exercice clos réalisé (N) du 01/01/2017 au 31/12/2017.
Annexe 15. Arrêt de la Cour de Cassation 3ème Chambre civile du 23 novembre 1994.
Annexe 16. Acquisition d'une partie commune par un copropriétaire.

Annexe 1. Extrait du bail entre M. Langlois et les époux Dupin

Loyer et charges
Le loyer est payable mensuellement d'avance au domicile du bailleur ou de son mandataire.
Le montant du loyer initial est fixé à la somme de huit cent quatre-vingts (880) euros, plus une provision sur charges de soixante-quinze (75) euros.
Durée du bail
Le présent contrat est consenti pour une durée de trois (3) ans commençant à courir le 11 janvier 2017 et se terminant le 10 janvier 2020 sous réserve de reconduction ou de renouvellement.
Dépôt de garantie
Le dépôt de garantie est fixé à un mois de loyer hors charges.
Révision du loyer
Le loyer sera révisé chaque année à la date anniversaire du bail, en fonction de la variation à la hausse de l'indice de référence des loyers publié par l'INSEE. L'indice de référence à prendre en compte est celui du troisième trimestre 2016.

Annexe 2. Décompte de charges de copropriété de M. Langlois pour 2017

Bègles Immobilier **35 avenue du Général de Gaulle** **33130 Bègles**	**DÉCOMPTE DE CHARGES**				
N° compte copropriétaire : 82 **N° du lot** : 17 **Période** : du 1er janvier 2017 au 31 décembre 2017	**Destinataire :** M. Langlois **Adresse immeuble :** résidence « les Peupliers » 15 allée des Peupliers à Bègles				
Charges par catégories	**Montant à répartir**	**Tantièmes totaux**	**Vos tantièmes**	**Montant réparti**	**Charges locatives**
Charges communes générales					
Frais administratifs	272,65	10 000	635	17,31	
Honoraires syndic	2 200,00	10 000	635	139,70	
Électricité parties communes	225,31	10 000	635	14,31	14,31
Entretien parties communes	4 854,00	10 000	635	308,23	308,23
Petites réparations	863,25	10 000	635	54,82	54,82
Assurance immeuble	1 200,00	10 000	635	76,20	
Charges ascenseur					
Électricité ascenseur	339,35	10 000	905	30,71	30,71
Contrat d'entretien	1 400,00	10 000	905	126,70	126,70
Charges eau froide					
Consommation	4 386,50	1 392	84	264,70	264,70
Location compteurs individuels	240,00	12	1	20,00	20,00
Total du lot				1 052,68	819,47

Annexe 3. Avis d'imposition de taxe foncière 2017 de M. Langlois

TAXES FONCIÈRES 2017 - DÉTAIL DU CALCUL DES COTISATIONS

Département : 330 Gironde — **Commune : 140 Bègles**

		Commune	Syndicat de communes	Inter-communalité	Département	Taxes spéciales	Ordures ménagères	Total des cotisations
Propriétés bâties	Taux 2016	36,73 %			15,70%	0,423%	12,00%	
	Taux 2017	36,73 %			**15,70%**	**0,649%**	**12,00%**	
	Adresse	15 allée des Peupliers						
	Base	1246			1246	1246	1246	
	Cotisation	**458**			**196**	**8**	**150**	**812**
	Adresse Base Cotisation							
	Cotisations 2016	454			194	5	148	
	Cotisations 2017	**458**			**196**	**8**	**150**	
	Variation en %	+0,88%			+1,03%	+60,00%	+1,35%	
		Commune	Syndicat de communes	Inter-communalités	Département	Taxes spéciales	Chambre d'agriculture	
Propriétés non bâties	Taux 2016	%	%	%	%	%	%	
	Taux 2017	%	%	%	%	%	%	
	Base terres non agricoles Base terres agricoles							
	Cotisations 2016							
	Cotisations 2017							
	Variation en %	%	%	%	%	%	%	
		Dégrèvements jeunes agriculteurs des propriétés non bâties			Base du forfait forestier	Majoration base terrains constructibles commune / Majoration base terrains constructibles intercommunalité	Caisse d'assurance des accidents agricoles	
Base « Etat »								
Base « Collectivités »								
						: Frais de gestion de la fiscalité directe locale Dégrèvement habitation principale Dégrèvement JA « État » Dégrèvement JA « Collectivités »		32
						Montant de votre impôt		**844**

Annexe 4. Réparations concernant l'appartement de M. Langlois en mai 2018

- Remplacement du ballon d'eau chaude percé du fait de la corrosion, 850 €.
- Remplacement du flexible de douche, 25 €.
- Réparation d'un store récemment posé et détérioré par maladresse par M. et Mme Dupin, 125 €.
-

Annexe 5. Décompte des charges locatives du 11/01/2017 au 31/12/2017 de M. et Mme Dupin
À rendre avec la copie

	Montant	Durée d'occupation	À payer
Charges locatives			
TEOM			
Total des charges locatives			
À déduire : provisions versées pour la période de référence			– 875,81
Solde en notre faveur/en votre faveur* *Rayer la mention inutile			

Annexe 6. Avis d'échéance du mois de juin 2018 de M. et Mme Dupin
À rendre avec la copie

Loyer juin	
Provisions pour charges	
Régularisation de charges 2017	
Réparations locatives	
Total à régler	

Annexe 7. Fiscalité des revenus locatifs (extrait)

www.service-public.fr

(…)
La location d'un meublé de tourisme est le fait de louer un local d'habitation meublé de manière répétée et pour de courtes durées à une clientèle de passage.
Si vous êtes propriétaire d'un meublé et que vous souhaitez le louer, vous devez déclarer votre logement en mairie, qu'il soit classé ou non, par le biais du formulaire cerfa n°14004*02.
Si vous le souhaitez, vous pouvez demander le classement de votre meublé de tourisme dans une des catégories existantes (de 1 à 5 étoiles).
Pour cela, vous devez vous adresser à l'organisme évaluateur agréé de votre choix figurant sur les listes du site internet d'Atout France (coût du classement : environ 500 €, durée 5 ans).

Régime "micro-BIC"
Si vos recettes annuelles ne dépassent pas 70 000 €, le régime "micro-BIC" (micro-entreprise) s'applique.
L'administration fiscale applique un abattement forfaitaire pour frais de 50 %. Les charges ne peuvent pas être déduites.
Si vous donnez en location un meublé de tourisme classé, le plafond de recettes annuelles est de 170 000 € et l'abattement forfaitaire pour frais est de 71 %.

Régime dit de bénéfice réel
Si vos recettes annuelles dépassent les seuils du régime "micro-BIC", le régime dit de *bénéfice réel* (qui peut être le régime réel simplifié ou le régime réel normal) s'applique. Vous pouvez également opter pour le régime réel dans tous les cas s'il vous semble plus avantageux.

Vous devez alors déterminer votre revenu net imposable en déduisant les frais et charges de vos revenus.
(…)

Annexe 8. Références juridiques

1. Décret n°2002-120 du 30 janvier 2002 relatif aux caractéristiques du logement décent pris pour l'application de l'article 187 de la loi n° 2000-1208 du 13 décembre 2000 relative à la solidarité et au renouvellement urbains.

Article 1
Un logement décent est un logement qui répond aux caractéristiques définies par le présent décret.

Article 2
Le logement doit satisfaire aux conditions suivantes, au regard de la sécurité physique et de la santé des locataires :
1. Il assure le clos et le couvert (…) ;
2. Les dispositifs de retenue des personnes, dans le logement et ses accès, tels que garde-corps des fenêtres, escaliers, loggias et balcons, sont dans un état conforme à leur usage ;
3. La nature et l'état de conservation et d'entretien des matériaux de construction, des canalisations et des revêtements du logement ne présentent pas de risques manifestes pour la santé et la sécurité physique des locataires ;

4. Les réseaux et branchements d'électricité et de gaz et les équipements de chauffage et de production d'eau chaude sont conformes aux normes de sécurité définies par les lois et règlements et sont en bon état d'usage et de fonctionnement ;
5. Les dispositifs d'ouverture et de ventilation des logements permettent un renouvellement de l'air adapté aux besoins d'une occupation normale du logement et au fonctionnement des équipements;
6. Les pièces principales (...) bénéficient d'un éclairement naturel suffisant et d'un ouvrant donnant à l'air libre ou sur un volume vitré donnant à l'air libre.

Article 3
Le logement comporte les éléments d'équipement et de confort suivants :
1. Une installation permettant un chauffage normal, munie des dispositifs d'alimentation en énergie et d'évacuation des produits de combustion et adaptée aux caractéristiques du logement. Pour les logements situés dans les départements d'outre-mer, il peut ne pas être fait application de ces dispositions lorsque les conditions climatiques le justifient ;
2. Une installation d'alimentation en eau potable assurant à l'intérieur du logement la distribution avec une pression et un débit suffisants pour l'utilisation normale de ses locataires ;
3. Des installations d'évacuation des eaux ménagères et des eaux-vannes empêchant le refoulement des odeurs et des effluents et munies de siphon ;
4. Une cuisine ou un coin cuisine aménagé de manière à recevoir un appareil de cuisson et comprenant un évier raccordé à une installation d'alimentation en eau chaude et froide et à une installation d'évacuation des eaux usées ;
5. Une installation sanitaire (...) ;
6. Un réseau électrique permettant l'éclairage suffisant de toutes les pièces et des accès ainsi que le fonctionnement des appareils ménagers courants indispensables à la vie quotidienne.
Dans les logements situés dans les départements d'outre-mer, les dispositions relatives à l'alimentation en eau chaude prévues aux 4 et 5 ci-dessus ne sont pas applicables.

Article 4
Le logement dispose au moins d'une pièce principale ayant soit une surface habitable au moins égale à 9 mètres carrés et une hauteur sous plafond au moins égale à 2,20 mètres, soit un volume habitable au moins égal à 20 mètres cubes.
(...)

2. Arrêt n° 721 du 4 juin 2014 (13-17.289) - Cour de cassation - Troisième chambre civile -

Attendu, selon l'arrêt attaqué (Grenoble, 19 février 2013), que Mme X..., locataire d'un logement appartenant à la Société dauphinoise pour l'habitat, a assigné la bailleresse afin, notamment, de l'entendre condamner à mettre en place une installation de chauffage ;
(...)
Attendu que la Société dauphinoise pour l'habitat fait grief à l'arrêt d'accueillir la demande alors, selon le moyen :
1°/ que le logement répond aux exigences de l'article 3 du décret n° 2002-120 du 30 janvier 2002, cité par l'arrêt, dès lors qu'il dispose d'une alimentation en électricité ou gaz de ville, ainsi que d'un conduit d'évacuation des fumées ; que le décret n'impose pas l'installation des appareils de chauffage eux-mêmes ; qu'en décidant pourtant que le logement n'était pas conforme aux exigences du décret parce qu'il ne disposait pas d'appareils de chauffage, la cour d'appel, ajoutant au décret n° 2002-120 une condition qu'il n'exige pas, a violé ledit décret ;
2°/ que le contrat de bail prévoyait la mise à disposition d'un logement sans appareil de chauffage, moyennant un loyer adapté en conséquence ; qu'en obligeant le propriétaire à installer un tel appareil en violation des obligations convenues entre les parties, la cour d'appel a violé l'article 1134 du code civil, ensemble la convention des parties ;
Mais attendu, d'une part, qu'ayant exactement retenu que la seule alimentation en électricité ne

pouvait être considérée comme un équipement ou une installation permettant un chauffage normal du logement, la cour d'appel, qui a constaté que les lieux étaient dépourvus d'appareil de chauffage, en a déduit, à bon droit, que la bailleresse avait manqué à son obligation de délivrer un logement décent ;
Attendu, d'autre part, que l'obligation pour le bailleur de délivrer un logement décent étant d'ordre public, la cour d'appel, qui n'était pas tenue de prendre en compte les stipulations du bail prévoyant la livraison d'un logement sans appareil de chauffage en contrepartie d'un loyer réduit, a condamné à bon droit la bailleresse à mettre en place une installation de chauffage ;
D'où il suit que le moyen n'est pas fondé ;
(...)
PAR CES MOTIFS :
REJETTE le pourvoi

3. Extrait de l'arrêt de la Cour d'Appel de Douai du 3 juin 2004 confirmant une position constante de la Cour de Cassation (3ème chambre civile) depuis son arrêt du 22 février 1994.

(...) "que si des dommages et intérêts peuvent être alloués au preneur en réparation du trouble de jouissance résultant du manquement du bailleur à son obligation de délivrer un logement décent et en bon état de réparation, en revanche le preneur ne saurait invoquer l'exception d'inexécution du bailleur dans son obligation de délivrance pour être exonéré de son obligation de paiement du loyer en l'absence d'impossibilité totale d'utiliser les lieux loués, le paiement du loyer étant fondé sur la mise à disposition du logement et non sur sa jouissance" (...) (CA Douai : 3.6.04).

4. Article 20-1 de la loi du 6.7.89

Si le logement loué ne satisfait pas aux dispositions des premier et deuxième alinéas de l'article 6, le locataire peut demander au propriétaire sa mise en conformité sans qu'il soit porté atteinte à la validité du contrat en cours. A défaut d'accord entre les parties ou à défaut de réponse du propriétaire dans un délai de deux mois, la commission départementale de conciliation peut être saisie et rendre un avis dans les conditions fixées à l'article 20. La saisine de la commission ou la remise de son avis ne constitue pas un préalable à la saisine du juge par l'une ou l'autre des parties.
L'information du bailleur par l'organisme payeur [CAF] de son obligation de mise en conformité du logement, telle que prévue aux articles L. 542-2 et L. 831-3 du code de la sécurité sociale, tient lieu de demande de mise en conformité par le locataire.
Le juge saisi par l'une ou l'autre des parties détermine, le cas échéant, la nature des travaux à réaliser et le délai de leur exécution. Il peut réduire le montant du loyer ou suspendre, avec ou sans consignation, son paiement et la durée du bail jusqu'à l'exécution de ces travaux. Le juge transmet au représentant de l'Etat dans le département l'ordonnance ou le jugement constatant que le logement loué ne satisfait pas aux dispositions des premier et deuxième alinéas de l'article 6.

Annexe 9. État descriptif de division de la résidence « Les Terrasses du Sud-Ouest »

Copropriétaires	N° de lot	Niveau	Nature du local	Tantièmes généraux	Tantièmes ascenseurs
Mme Legrand	1	0	T3	824	0
M. Train	2	0	T3	813	0
M. Vivier	3	0	T4	926	0
M. et Mme Dupond	4	1	T4	880	880
M. Roy	5	1	T4	860	860
M. et Mme Lézin	6	2	T4	840	1 017
M. Marchand	7	2	T2	410	497
M. et Mme Thierry	8	3	T5 + terrasse	1 260	1 790
M. et Mme Valet	9	3	T2	374	531
M. et Mme Bertrand	10	4	T5 + terrasse	1 176	1 917
Mme Dufeau	11	4	T2	407	663
Mme Pafy	12	5	T2	390	718
M. Lamblin	13	5	T1	250	460
M. et Mme Solou	14	5	T1	240	442
M. Marchand	15	0	Parking extérieur	20	0
M. et Mme Thierry	16	0	Parking extérieur	20	0
Mme Dufeau	17	0	Parking extérieur	20	0
Mme Pafy	18	0	Parking extérieur	20	0
Mme Legrand	19	0	Parking extérieur	20	0
M. Train	20	0	Parking extérieur	20	0
M. Vivier	21	0	Parking extérieur	20	0
M. et Mme Dupond	22	0	Parking extérieur	20	0
M. et Mme Valet	23	0	Parking extérieur	20	0
M. et Mme Bertrand	24	-1	Box	34	45
M. Roy	25	-1	Box	34	45
M. et Mme Lézin	26	-1	Box	34	45
M. Lamblin	27	-1	Box	34	45
M. et Mme Solou	28	-1	Box	34	45
Totaux				10 000	10 000

Annexe 10. Budget prévisionnel de la résidence « Les Terrasses du Sud-Ouest ».

Charges pour opérations courantes					
	Exercice précédent approuvé	Exercice clos budget voté	Exercice clos réalisé à approuver	Budget prévisionnel en cours voté	Budget prévisionnel à voter
	2016	**2017**	**2017**	**2018**	**2019**
Charges communes générales					
Électricité parties communes	428,32	430,00	435,12	440,00	450,00
Entretien parties communes	1 675,55	1 700,00	1 698,67	1 700,00	1 700,00
Petites réparations	197,62	200,00	225,31	240,00	250,00
Eau parties communes	862,78	900,00	954,98	960,00	970,00
Honoraires du syndic	2 220,00	2 250,00	2 250,00	2 300,00	2 300,00
Assurance	1 154,55	1 200,00	1 200,00	1 250,00	1 300,00
Taxe foncière	455,00	465,00	472,25	480,00	500,00
Frais administratifs	321,12	320,00	347,65	350,00	360,00
Total charges communes générales	7 314,94	7 465,00	7 583,98	7 720,00	7 830,00
Charges ascenseur					
Électricité ascenseur	620,15	630,00	639,35	650,00	660,00
Contrat entretien	1 300,10	1 400,00	1 400,55	1 450,00	1 500,00
Total charges ascenseur	1 920,25	2 030,00	2 039,90	2 100,00	2 160,00
Charges eau froide					
Consommation	6 451,80	6 468,00	6 412,35	6 468,00	6 500,00
Location compteurs individuels	280,00	280,00	280,00	308,00	308,00
Total charges eau froide	6 731,80	6 748,00	6 692,35	6 776,00	6 808,00
Totaux	**15 966,99**	**16 243,00**	**16 316,23**	**16 596,00**	**16 798,00**

Charges d'eau froide :

La consommation d'eau est estimée à 40 m^3 par personne et par an.
Les prévisions de consommation sont réalisées en considérant qu'il y a 1 personne dans un T1, 2 personnes dans un T2, 3 personnes dans un T3, etc…
Le prix de l'eau reste inchangé entre les prévisions faites en 2017, les charges réelles constatées en 2017 et les prévisions faites en 2018. Il s'élève à 3,85 € le m^3.

La répartition se fait à l'unité pour la location des compteurs (14 lots principaux).

La consommation d'eau réelle de M. Train en 2017 a été de 135 m^3.

Annexe 11. Appel de provisions sur opérations courantes de M. Train pour le 2ème trimestre 2018.

Bègles Immobilier **35 avenue du Général de Gaulle** **33130 Bègles**		**APPEL DE PROVISIONS**				
N° des lots :	2 et 20	Destinataire : M. Train 14 rue Montesquieu 33130 Bègles				
Date :	1er avril 2018	Adresse de l'immeuble : 14 rue Montesquieu 33130 Bègles				
Désignation des charges		Montant à répartir	Tantièmes totaux	Vos tantièmes	Montant réparti	
Charges communes générales		7 720,00	10 000	833	643,08	
Charges ascenseur		2 100,00	10 000	0	0,00	
Consommation eau froide		6 468,00	1 680	120	462,00	
Location compteurs		308,00	14	1	22,00	
Total de la répartition :					1 127,08	
				Débit	Crédit	
Solde exercice comptable 2017				67,67		
Provisions du 2ème trimestre 2018				281,77		
Montant à payer au 1/04/2018				**349,44**		

GESTION IMMOBILIÈRE

Annexe 12. Extrait du plan de comptes de la copropriété « Les Terrasses du Sud-Ouest ».

CLASSE 1 : PROVISIONS ET AVANCES

10 Provisions et avances
- 102 Provisions pour travaux décidés
- 103 Avances

(...)

CLASSE 4 : COPROPRIÉTAIRES ET TIERS

45 Collectivité des copropriétaires
- 450 Copropriétaires individualisés
  - 450-1 Copropriétaires - budget prévisionnel
    - 450-1-1 Legrand
    - 450-1-2 Train
    - (...)
    - (...)
  - 450-2 Copropriétaires - travaux de l'article 14-2 de la loi susvisée et opérations exceptionnelles
    - 450-2-1 Legrand
    - 450-2-2 Train
    - (...)
    - (...)

(...)

CLASSE 5 : COMPTES FINANCIERS

50 Fonds placés

51 Banques, ou fonds disponibles en banque pour le syndicat
- 512 Banque
- (...)

53 Caisse.

(...)

CLASSE 6 : COMPTES DE CHARGES

(...)

CLASSE 7 : COMPTE DE PRODUITS

70 Appels de fonds
- 701 Provisions sur opérations courantes
- 702 Provisions sur travaux de l'article 14-2 et opérations exceptionnelles

(...)

Annexe 13. Tableau récapitulatif des votes pour la résolution n°14

Noms des copropriétaires	Lots	Tantièmes généraux	Absents non représentés	Pour	Contre	Abstention
Mme Legrand	1, 19	844		X		
M. Train	2, 20	833			X	
M. Vivier	3, 21	946		X		
M. et Mme Dupond	4, 22	900	X			
M. Roy	5, 25	894			X	
M. et Mme Lézin	6, 26	874		X		
M. Marchand	7, 15	430			X	
M. et Mme Thierry	8, 16	1 280	X			
M. et Mme Valet	9, 23	394			X	
M. et Mme Bertrand	10, 24	1 210	X			
Mme Dufeau	11, 17	427		X		
Mme Pafy	12, 18	410		X		
M. Lamblin	13, 27	284				X
M. et Mme Solou	14, 28	274				X
Totaux		**10 000**	**3 390**	**3 501**	**2 551**	**558**

Annexe 14. Compte de gestion pour travaux de l'article 14-2 et opérations exceptionnelles de l'exercice clos réalisé (N) du 01/01/2017 au 31/12/2017.

	Exercice clos Dépenses votées	Exercice clos réalisé à approuver (N)		
		Dépenses	Provisions appelées	Solde
Travaux de l'article 14-2				
Assurance dommage ouvrage	535,00	535,00	535,00	
Travaux d'étanchéité de la toiture terrasse	7 885,00	8 225,64	7 885,00	
Total des travaux de l'article 14-2	8 420,00	8 760,64	8 420,00	- 340,64
Total des travaux de l'article 14-2 et opérations exceptionnelles	**8 420,00**	**8 760,64**	**8 420,00**	**- 340,64**

Annexe 15. Arrêt de la Cour de Cassation 3ème Chambre civile du 23 novembre 1994

Attendu, selon l'arrêt attaqué (Paris, 9 octobre 1992), que l'assemblée générale des copropriétaires d'un immeuble en copropriété ayant autorisé deux copropriétaires à acquérir des parties communes, la société civile immobilière Les Jardins de Chaillot (SCI), copropriétaire, a assigné le syndicat des copropriétaires en annulation de ces décisions ;
Attendu que la SCI fait grief à l'arrêt de la débouter de sa demande, alors, selon le moyen, que l'assemblée générale ne peut, sauf à l'unanimité des voix de tous les copropriétaires, décider l'aliénation des parties communes dont la conservation est nécessaire au respect de la destination de l'immeuble ; qu'il est constant que les deux acquisitions projetées avaient pour conséquence de modifier la distribution des couloirs, paliers et portes d'accès, et de réduire la superficie des parties communes concernées dans des conditions non conformes à la classe de l'immeuble et à l'usage que sont en droit d'en attendre les copropriétaires directement concernés par les projets ; qu'il est également constant que les parties communes aliénées n'étaient pas utilisées par les seuls candidats à l'acquisition, mais également par d'autres copropriétaires, puisqu'elles constituent l'accès à l'escalier ; d'où il suit qu'en jugeant pourtant que les aliénations ne portaient pas atteinte à la destination de l'immeuble et qu'elles pouvaient par conséquent être décidées à la majorité et non à l'unanimité, bien qu'il y eût nécessairement modification des conditions de jouissance initiales, la cour d'appel a violé l'article 26 de la loi du 10 juillet 1965 ;
Mais attendu qu'ayant souverainement relevé que les parties communes aliénées présentaient une utilité pour les seuls copropriétaires au profit desquels la cession était envisagée, et que leur aliénation n'étaient de nature à porter atteinte ni aux droits des autres copropriétaires, ni à la destination de l'immeuble, la cour d'appel a exactement retenu que les décisions attaquées pouvaient être valablement prises à la majorité prévue à l'article 26 de la loi du 10 juillet 1965;
D'où il suit que le moyen n'est pas fondé ;
PAR CES MOTIFS :
REJETTE le pourvoi
(...)

Annexe 16. Acquisition de parties communes par un copropriétaire

www.fnaim.fr

(...)
Le plus difficile sera bien souvent de convaincre les autres copropriétaires de consentir la vente de la partie convoitée. Il n'est pas inutile de discuter avec chacun. Le dossier pourra tenir compte de leur avis. Il devra être le plus complet possible et contenir :

- Une description de l'opération : conséquences sur le logement du propriétaire et sur celui des autres copropriétaires ;
- Une évaluation des mètres carrés de la partie commune réalisée par un géomètre ;
- Un projet de modification du règlement de copropriété et de l'état descriptif de division ; (Attention : les frais de rédaction de ces documents seront à la charge de l'acquéreur).
- Eventuellement, la consultation de l'architecte de l'immeuble ;
- Une proposition de prix.

(...)

Corrigé

GESTION LOCATIVE

A – Dossier Langlois/Dupin

1. Vous effectuez la régularisation des charges pour 2017 (annexe 5 à rendre avec la copie).

	Montant	Durée d'occupation	À payer
Charges locatives	819,47 €	355 jours (sur 365)	797,02
TEOM	150,00 €	355 jours (sur 365)	145,89
Total des charges locatives			942,91
À déduire : provisions versées pour la période de référence			875,81
Solde en notre faveur/~~en votre faveur~~			67,10

2. Vous établissez l'avis d'échéance des époux Dupin pour le mois de juin 2018 (annexe 6 à rendre avec la copie).

Locataire Époux DUPIN

Avis d'échéance Juin / 2018

	Débit	Crédit
Loyer brut juin 2018		880,50
Provisions sur charges juin 2018		75,00
Remboursement flexible de douche		25,00
Réparation du store		125,00
Régularisation des charges 2017		67,10
TOTAL A PAYER		1 172,60

B – Dossier Clément

3. Vous répondez à leur interrogation et leur donnez le conseil qui leur permettra de bénéficier du régime fiscal forfaitaire le plus avantageux.

Les locations meublées relèvent des BIC.

Recettes prévisionnelles de la mise en location de la maison du Cap Ferret :

(6 000 * 8) + (4 000 * 8) = 48 000 + 32 000 = 80 000 € > 70 000

donc pas de possibilité d'opter pour le régime micro-BIC standard.

Par contre, il faudrait classer la villa (puisqu'elle est très belle). S'adresser à un organisme évaluateur agréé figurant sur les listes du site internet d'Atout France (coût du classement : environ 500 €, durée 5 ans). Cette classification permettra de bénéficier du régime des locations de meublé de tourisme classé, le plafond de recettes annuelles est de 170 000 € et l'abattement forfaitaire pour frais est de 71 % (très intéressant).

4. Vous calculez le surplus d'impôt occasionné par la location de leur villa en appliquant le régime fiscal que vous leur avez conseillé.
Donc, si régime micro-BIC des locations de meublé de tourisme classé , la base imposable pour la location de la villa est :

80 000 – (abattement de 71%) = 80 000 * 29% = 23 200 €

Si la famille Clément reste dans la tranche d'imposition à 45 % avec ce surplus de revenus, le surplus d'impôt sera :

23 200 * 45% = 10 440 €.

C – Dossier Marchand

5. Acceptez-vous de prendre le mandat dans les conditions actuelles ? Justifiez votre réponse en vous fondant sur des arguments juridiques.
Les propriétaires-bailleurs ne peuvent donner en location que des logements décents, aux normes minimales de confort. Une notion que définit le décret 2002/120 du 30 janvier 2002. En particulier, ce décret stipule dans son article 3 que : « *Le logement doit comporter en particulier une installation permettant un chauffage normal, munie des dispositifs d'alimentation en énergie et d'évacuation des produits de combustion et adaptée aux caractéristiques du logement. Pour les logements situés dans les départements d'outre-mer, il peut ne pas être fait application de ces dispositions lorsque les conditions climatiques le justifient* ».
Comme la maison n'est pas située dans un département outre-mer, le chauffage est un élément de confort manquant qui classe le bien hors des normes minimum de décence.
Ceci a été confirmé par l'Arrêt n° 721 du 4 juin 2014 (13-17.289) – Cour de cassation – Troisième chambre civile.
L'agence ne doit donc pas reprendre le mandat et poursuivre ainsi la location de ce bien en tant qu'habitation principale sauf à exiger que des travaux d'installation de chauffage soient rapidement exécutés.

6. Vous expliquez à M. Marchand les risques qu'il encourt dans cette situation.
Il risque d'avoir à payer des dommages et intérêts à son locataire en réparation du trouble de jouissance résultant du manquement du bailleur à son obligation de délivrer un logement décent et en bon état de réparation.
Le juge peut exiger, selon l'article 20.1 de la loi du 6/7/1989, la mise en conformité du logement et/ou réduire le montant du loyer ou suspendre, avec ou sans consignation, son paiement et la durée du bail jusqu'à l'exécution de ces travaux.
La CAF peut par ailleurs suspendre le versement des allocations logement en cas de tiers payant.

7. Vous répondez à son interrogation concernant la possibilité pour son locataire de suspendre le paiement de son loyer.
Un locataire ne peut interrompre le paiement de son loyer sans décision judiciaire. Ici, le locataire ne peut invoquer l'absence de chauffage pour s'exonérer de son obligation de paiement du loyer. En effet, le paiement du loyer est fondé sur la mise à disposition du logement et non sur sa jouissance.(Arrêt de la Cour d'Appel de Douai du 3 juin 2004 confirmant une position constante de la Cour de Cassation (3e chambre civile) depuis son arrêt du 22 février 1994).
Ce n'est donc pas le cas du locataire de Monsieur Marchand qui n'est pas dans l'impossibilité totale d'utiliser les lieux loués.

GESTION DE COPROPRIÉTÉ

A – Dossier Train

1. Vous présentez les éléments chiffrés qui vous permettront de justifier à M. Train le solde de son compte.
Extrait de l'état de division :

Copropriétaires	N° de lot	Niveau	Nature du local	Tantièmes généraux	Tantièmes ascenseurs
M. Train	2	0	T3	813	0
M. Train	20	0	Parking extérieur	20	
Totaux				10 000	10 000

Explication des chiffres :

	Montant total	Tantièmes TRAIN	Tantièmes total	Part TRAIN	Explication calcul
Budget voté 2017 ➔ Appels de fonds versés					
Ch communes gén	7 465,00	833	10 000	621,83	= 7465 * 813 / 10000
Charges ascenseurs	2 030,00	0	10 000	0	0
Compteurs d'eau	280,00	1	14	20,00	= 280 * 1 / 14
Eau privative				462,00	= 3 * 40 m³ * 3,85
Total Appels de fds				1 103,83	
Charges réelles 2017 ➔ Exercice clos réalisé à approuver					
Ch communes gén	7 583,98	833	10 000	631,75	= 7583,98 * 813 / 10000
Charges ascenseurs	2 039,90	0	10 000	0	0
Compteurs d'eau	280,00	1	14	20,00	= 280 * 1 / 14
Eau privative				519,75	= 135 m³ * 3,85
Total Appels de fds				1 171,50	
Régularisation des charges					
Appels de fds versés				1 103,83	
Charges réelles				1 171,50	0
Solde en notre faveur				67,67	= 1 103.83 – 1 171.50

2. Vous enregistrez au journal de la copropriété l'appel de provisions trimestriel de M. Train en date du 1er avril puis le règlement par chèque bancaire n° 185 le 10 avril 2018.

N° Compte		Libellé	Débit	Crédit
		1/4/2018		
450-2-2		Copropriétaire Train	349,44	
	701	Prov sur opé courantes		349,44
		Appel de fonds 2e trim		
		10/04/2018		
512		Banque	349,44	
	450-2-2	Copropriétaire Train		349,44
		Règlement par ch 185		

B – Résolution n° 14 concernant les travaux d'amélioration portant sur l'espace à vélos

3. Vous présentez, en assemblée générale, aux copropriétaires les modalités dans lesquelles le vote de la résolution n° 14 portant sur le principe des travaux d'amélioration de l'espace à vélos aura lieu.
La majorité absolue de l'article 25 est exigée pour les travaux de transformation, d'addition ou d'amélioration de l'immeuble (ici amélioration du local vélo).
C'est la majorité des voix de tous les copropriétaires, présents, représentés ou absents à l'assemblée générale.
Aucun second vote n'est autorisé pour les travaux de transformation, d'addition ou d'amélioration de l'immeuble.

4. Vous rédigez l'extrait du procès-verbal concernant la résolution n° 14.
Vote de la résolution 14 : travaux d'amélioration de l'espace à vélos.
La majorité absolue de l'article 25 est exigée.
L'assemblée générale des copropriétaires décide de faire couvrir l'espace à vélos sur le parking de la résidence.
Ont voté Pour : 3501 tantièmes (LEGRAND 844t, VIVIER 946t, LEZIN 874t, DUFEAU 427t, PAFY 410t
Ont voté Contre : 2 551 tantièmes
S'est abstenu : 558 tantièmes (LAMBLIN 284 tantièmes, SOLOU 274 tantièmes)
Cette résolution n'ayant pas obtenu au moins 5001 tantièmes est rejetée.

c – Dossier Lézin

5. Vous renseignez M. et Mme Lézin à propos des travaux de l'article 14-2 et répondez à leur question concernant le solde de l'annexe comptable.
L'assemblée générale a voté des travaux d'étanchéité de la toiture terrasse pour un montant de 7 885,00 €. Le syndic les a fait réaliser pour 8 225,64 € sans accord de l'AG sur ce dépassement.
Le solde de l'annexe comptable correspond au dépassement des dépenses réelles (8 225,64) des travaux par rapport au budget voté (7 885,00) et donc aux appels de fonds pour travaux réalisés. Il reste donc un reliquat à payer par les copropriétaires. (8225,64 – 7885,00 = 340,64). Cette insuffisance sera répartie entre les copropriétaires.
Le montant total des travaux d'étanchéité de la toiture terrasse doit être acquitté par l'ensemble des copropriétaires au prorata des tantièmes qu'ils détiennent et un seul d'entre eux ne peut pas exiger, à titre personnel, d'en être exempté.
Cependant, le syndic est, notamment, chargé d'assurer l'exécution des délibérations de l'AG (art. 18 de la loi de 1965).
Il doit, bien sûr, respecter à la lettre la décision votée, sans aller au-delà. Ainsi, si l'assemblée a approuvé un montant déterminé de travaux, le syndic ne peut, de sa propre autorité, commander des travaux pour un montant supérieur.
Dans les faits, nombre de syndics s'abstiennent pourtant de convoquer une nouvelle assemblée pour valider des travaux supplémentaires et « régularisent » les dépassements *a posteriori*...
Cette attitude des syndics constituent un préjudice vis-à-vis des copropriétaires qui pourraient demander réparation.

D – Dossier Legrand

6. Vous expliquez les démarches qu'elle doit entreprendre et dans quelles conditions elle pourrait effectuer cette acquisition. Justifiez votre réponse.
Le copropriétaire LEGRAND demande ici l'aliénation d'une partie commune à son profit personnel, sachant que les 3 mètres de couloirs ne sont utilisés que par lui-même et sont donc inutiles au syndicat. Il demande donc que cette surface lui devienne privative.
Aux termes des dispositions du dernier alinéa de l'article 26 de la loi n°65-557 du 10 juillet 1965, seul le syndicat des copropriétaires est habilité à accepter la cession d'une part des parties communes.

Il est d'usage de définir l'inutilité de parties communes lorsqu'elles n'affectent plus les conditions de confort et d'agrément des autres copropriétaires. En cela, si une partie de palier reliant un lot ne présente plus aucune utilité pour les autres copropriétaires, elle est devenue inutile pour le syndicat.

La double majorité de l'article 26 est requise (50% des copropriétaires en nombre et 2/3 des tantièmes) est nécessaire pour décider une telle aliénation. (l'unanimité est nécessaire dans le cas d'une aliénation de partie commune qui est utilisée par d'autres copropriétaires).

Il est indispensable de porter cette demande à l'ordre du jour de la prochaine assemblée générale ordinaire (ou d'une assemblée générale extraordinaire mais avec risque d'absentéisme important, le quorum pourrait ne pas être atteint).

Il faudra joindre à la demande un dossier le plus complet possible qui contiendra :

- Une description de l'opération : conséquences sur le logement du propriétaire et sur celui des autres copropriétaires.
- Une évaluation des mètres carrés de la partie commune réalisée par un géomètre.
- Un projet de modification du règlement de copropriété et de l'état descriptif de division.
- (Attention : les frais de rédaction de ces documents seront à la charge de l'acquéreur.
- Éventuellement, la consultation de l'architecte de l'immeuble.

BTS BLANC

ANNALES CORRIGÉES 2019

ANNALES 2019

Culture Générale et Expression

Durée : 4 heures

PREMIÈRE PARTIE : SYNTHÈSE (/ 40 POINTS)

Vous rédigerez une synthèse objective, concise et ordonnée des documents suivants :

Document 1 : Emilie DAUDEY et Sandra HOIBIAN, « La société collaborative, mythe et réalité », CREDOC, *Cahier de recherche n°313*, décembre 2014.
Document 2 : Emmanuelle ANDREANI-FACCHIN et Antoine MESTRES, « Coworking mode d'emploi », *Society*, juillet 2018.
Document 3 : Jean GIONO, *Lettre aux paysans sur la pauvreté et la paix*, Editions Grasset, 1938.
Document 4 : Rémi MALINGREY, dessin paru dans *Libération*, décembre 2014.

DEUXIÈME PARTIE : ÉCRITURE PERSONNELLE (/20 Points) :

Selon vous, notre société nous rend-elle solidaires ?
Vous répondrez à cette question d'une façon argumentée en vous appuyant sur les documents du corpus, vos lectures et vos connaissances personnelles.

DOCUMENT 1

L'essor des comportements plaçant l'individu au cœur de l'action (covoiturage, revente et achat de biens d'occasion, dons, participation à des forums d'échange d'informations…) est aujourd'hui incontestable. Ce que l'on pourrait nommer la société collaborative est souvent entouré d'un halo idéaliste et utopiste, à l'instar[1] des mythologies, entourant hier les pionniers d'internet : ces nouvelles pratiques recréeraient du lien entre les gens, amélioreraient l'état de la planète, offriraient une réponse aux nombreuses crises et questionnements entourant l'économie capitaliste, voire même sonneraient la fin du modèle capitalistique des XIXe et XXe siècles. D'autres voix dénoncent au contraire un phénomène de mode destiné à améliorer l'image des acteurs du secteur, bâti sur une forme de concurrence déloyale aux entreprises traditionnelles, et qui pousserait à la monétarisation[2] de tous les aspects de la vie quotidienne auparavant à l'écart du marché.

Certaines pratiques collaboratives supposent une forme d'altruisme de la part du participant : la construction d'un logiciel libre demande du temps, soutenir un projet de crowdfounding[3] suppose un don monétaire, écrire un article sur Wikipédia ou participer à un logiciel libre entraîne une contribution intellectuelle. On est alors rapidement tenté d'assimiler l'économie collaborative à une économie plus sociale et/ou solidaire que l'économie de marché.

Graphique 4 – Les avantages présumés des pratiques collaboratives

« Favorisées par l'essor d'internet, certaines pratiques d'échanges ou de location entre particuliers se développent. Il peut s'agir de covoiturage, de financement participatif, d'échange d'appartements ou de services. Selon vous, quels sont les principaux avantages de ces pratiques ? »

-Cumul des deux premières réponses-

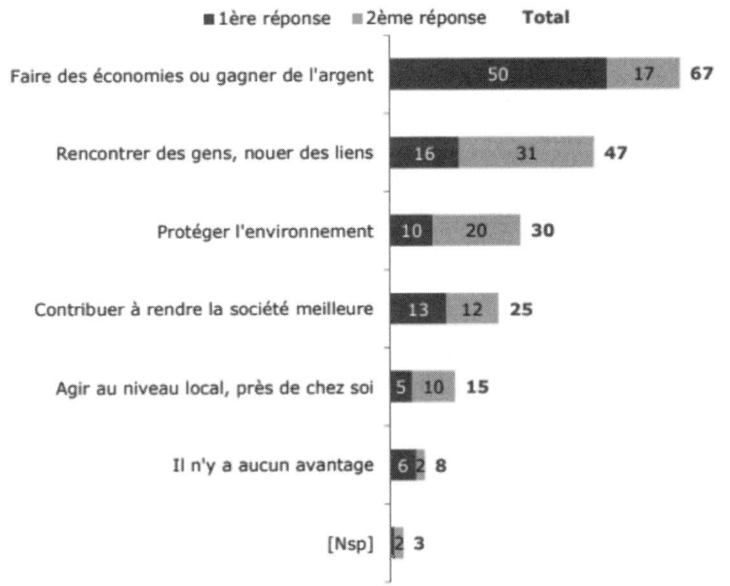

Source : CREDOC, Enquête « Conditions de vie et Aspirations », 2014

Cette éthique sociale est souvent défendue par les acteurs du secteur. Néanmoins de nombreuses pratiques, et souvent les plus populaires, sont guidées par des perspectives en gain de pouvoir d'achat. 67% des Français considèrent même que c'est l'avantage principal de ces pratiques : la réalisation d'un « achat malin » que constitue l'acquisition d'un bien d'occasion, le gain financier obtenu grâce à la mise en location d'une chambre, la recherche d'économies grâce au partage d'équipements… Parmi les pratiques non lucratives[4], il est peut-être utile de sortir de la vision angélique de la gestion d'un bien par une communauté. Raymond rappelle que pour qu'un bien commun survive à long terme, l'utilité collective mais aussi individuelle doit être maximisée, sinon, le commun finit par péricliter. Plusieurs auteurs, comme Botsman et Rogers, abondent en ce sens et expliquent que la société collaborative n'a pas à s'appuyer sur une motivation altruiste ou solidaire, elle est compatible avec le capitalisme et son postulat de la défense de l'intérêt individuel.

La dimension du lien social arrive en deuxième position des avantages associés aux nouvelles pratiques collaboratives : près d'un Français sur deux estime qu'elles sont un moyen pour nouer des liens, rencontrer des gens. L'idéal collaboratif semble s'inscrire dans une volonté collective de renouvellement et de renforcement des liens sociaux tournés vers l'extérieur du foyer. Les plateformes de partage n'aboutissent pas toutes à cet idéal, et se traduisent la plupart du temps par une multiplication de liens faibles, comme dans toute transaction commerciale « classique » entre un acheteur et un vendeur (échange d'informations techniques, prise de rendez-vous). A l'inverse, les individus s'engageant dans un projet d'habitat participatif ou ceux choisissant d'adhérer à une association ont toutes les chances de tisser des liens étroits avec les autres membres de la communauté. […]

La littérature sur les échanges pair à pair prolonge l'utopie des origines d'internet en véhiculant une notion forte de collaboration : l'incitation à participer, à créer un projet ou un contenu à plusieurs. Cette version forte de la collaboration est présente dans certains modèles de l'économie virtuelle et dans les pratiques plus anciennes (hors internet) tels que les Systèmes d'Echanges Locaux. Néanmoins lorsque l'on regarde l'éventail des pratiques collaboratives actuelles, cet idéal de « construction d'un projet commun » ne concerne qu'une petite part des propositions. Et malgré l'apologie de la collaboration, de l'échange convivial, désintéressé et de la réciprocité créatrice revendiquée par nombre d'acteurs du net, la plupart des modèles collaboratifs ne fournissent en définitive à l'usager qu'un étroit espace personnel sur lequel il peut solliciter ou offrir un service ou un bien, mais il n'a pas la main sur la gestion, le contenu, les règles du site.

Emilie DAUDEY et Sandra HOIBIAN,
« La société collaborative, mythe et réalité », décembre 2014

1 A la manière.
2 Fait de donner une valeur marchande.
3 Financement participatif.
4 Qui ne rapportent pas d'argent.
5 Aller vers la ruine.

DOCUMENT 2

Le « coworking » est une organisation de travail regroupant plusieurs travailleurs indépendants dans un même lieu. Ce texte décrit l'un de ces espaces, installé au cœur de Paris par « WeWork », une entreprise américaine.

Pour travailler, les coworkers ont le choix entre d'immenses fauteuils et des banquettes alignées façon *diner* américain ; pour passer leurs coups de fil, ils disposent de confortables cabines téléphoniques insonorisées, peintes en bleu gris. Le service design et architecture de WeWork, qui emploie 120 personnes à temps plein, a pensé à tout. *« En appuyant sur un bouton, on peut ajuster la hauteur des bureaux pour ne pas se faire mal au dos »*, précise Audrey Barbier Litvak. Rien n'a été laissé au hasard. Ni le volume de la musique diffusée en fond […] ni la place de la machine à café – « On l'a mise dans l'entrée, cela facilite les échanges dans la communauté ». Le terme est omniprésent dans sa bouche. Car chez WeWork, on ne se contente pas de louer des bureaux à partager. « On prépare le futur, affirme la dirigeante. La vraie question, c'est : y a-t-il encore de la place pour ouvrir des bureaux classiques aujourd'hui ? Je ne suis pas sûre ; ce n'est pas ça, l'avenir. » […]

En France, le phénomène est en pleine expansion : le nombre de bureaux partagés est passé de 120 à près de 1000 en cinq ans. « On est en train de passer d'une société du vivre-ensemble à une société du faire-ensemble ! » s'enthousiasme Patrick Levy-Waitz, président de la fondation *Travailler autrement.* […] « On voit des lieux collaboratifs émerger partout ». Des espaces « haute-couture » comme ceux de WeWork, mais aussi des cafés associatifs, des colocations d'entrepreneurs et de free-lance dans des appartements, des anciennes usines reconverties en bureaux par des collectivités locales… « J'ai envie de vous dire : bienvenue dans le monde du 'co', de la coopération, du corpo-working, de la collaboration en tous genres ! ». De la cohabitation, surtout. De façon beaucoup plus terre à terre, cette nouvelle façon de travailler a avant tout un effet concret : obliger des gens dont les métiers n'ont rien à voir, qui n'auraient eu aucune raison de se côtoyer, à passer dix à douze heures par jour dans le même bureau.

Mélissa, free-lance dans la culture, n'a jamais vraiment réussi à s'y faire. Son expérience de co-working a duré trois mois, de janvier à mars 2017. A l'époque, elle est en train de traduire un livre. Elle passe ses journées enfermée dans son 20 mètres carrés parisien, souvent en pyjama. Une amie, qui essaie de se lancer en indépendante dans le social, lui propose de tester l'expérience coworking, à raison de trois jours par semaine. « L'idée, c'était de rompre la solitude et de se motiver l'une l'autre. » Les deux jeunes femmes alternent entre deux cafés de l'est parisien qui proposent des formules à la journée : environ 25 euros pour avoir le droit de poser son ordinateur sur une table et profiter du café à volonté.

Rapidement, Mélissa se rend compte qu'elle ne parvient pas à se concentrer. « Ça tournait beaucoup, les nouveaux se présentaient, ce n'était jamais la même personne assise à côté de moi. Dans un bureau normal, il y a une atmosphère, un bruit ambiant qui devient familier. Là, ce n'était jamais le cas. » Les deux espaces mettent eux aussi en avant le concept de « communauté » : en gros, la possibilité pour leurs abonnés de mutualiser leurs compétences, de trouver des clients, d'agrandir leur réseau. Mais dans la réalité, c'est le choc des cultures. L'espace est clairement divisé en deux univers : les entrepreneurs de moins de 40 ans qui sont en train de lancer leur start-up et les free-lances qui galèrent. « Les start-upers, ils étaient là pour bosser, pas pour discuter. Quand tu parlais, ils se retournaient, ça les gênait. » […]

Heureusement, tout le monde ne vit pas l'enfer en coworking. Pierre, 34 ans, consultant indépendant, depuis deux ans dans la pub digitale après une carrière en régie, a fini par trouver un lieu qui lui convenait. […] Sans se faire d'illusions non plus. « Les rencontres, la co-construction, tout ça, c'est du plus, mais la majorité des gens font 9h-19h en mode bureau. » A ceux qui ont des envies de rencontres, Pierre dit qu'il faut simplement apprendre à leur dire non, comme dans la vie de bureau classique. Non à ceux qui démarrent une activité et ont des questions à poser en permanence, donc. Non également à ceux qui ont des attitudes commerciales agressives et passent des journées entières à distribuer des cartes de visite. Pour cela, les bonnes vieilles techniques d'*open space*[2] reviennent inlassablement : « éviter de croiser les regards », « avoir les écouteurs dans les oreilles », « marcher vite pour accentuer le côté 'je suis dans le speed' », et ensuite, « se jeter sur son ordi. » […]

Pierre, lucide : « Finalement, on paie pour se recréer des problèmes de bureau mais sans la sécurité de l'emploi. C'est le prix pour ne pas bosser dans sa chambre… » Il marque une petite pause et complète sa phrase : « Et puis, voir des gens galérer comme nous, soyons honnêtes, ça rassure. »

Emmanuelle ANDREANI-FACCHIN et Antoine MESTRES,
« Coworking mode d'emploi », 2018

1 Entre 25 000 et 40 000 euros actuels.
2 Espace de travail dans lequel les différents postes ne sont pas séparés par des cloisons.

DOCUMENT 3

Je vous ai cent fois raconté la vie de mon père. C'était un artisan cordonnier. Il savait faire une paire de souliers depuis le rouleau de cuir jusqu'aux lacets. Le rouleau de cuir passait entre les mains de mon père et se transformait en souliers à votre mesure et prêts à porter. Il en faisait seul toutes les pièces et il employait toutes les matières propres à faire un soulier : cuir, fil, poix, soie de porc, cire, clous ; il se servait de tous les outils dans leur diversité. Il était entièrement maître de sa vie ; comme un homme digne de ce nom doit être. Pourtant, voyez quel humble métier ! Quand la ville où il travaillait ne lui plaisait plus, il en changeait. Quand le pays où il arrivait lui plaisait, il y restait. Quand ce pays était si beau que tout de suite, la joie du corps de mon père le poussait à se promener et à jouir du monde, il se promenait et jouissait du monde. Il voulait lire : il achetait des livres. Il voulait entendre de la musique (il n'y avait pas encore de phonos en ce temps-là), il entendait de la musique. Il a connu Mozart à un âge où moi je ne savais pas encore que Mozart existait (je vivais pourtant dans le siècle du phonographe). […] De quoi aurait-il eu peur ? Il avait un métier ; il y était habile ; il était sûr de manger et de vivre n'importe où. Au point de vue culture générale, il était mille fois plus cultivé que toutes les maisons de la culture. Il s'est marié quand il a voulu. Il a eu un enfant comme il a voulu. Il l'a élevé comme il a voulu. Il m'a envoyé au collège comme il a voulu. Je ne l'ai jamais vu diminué devant personne. Il a chanté pendant toute sa vie, jusqu'à la guerre. Cet artisan cordonnier[1] est devenu un ouvrier cordonnier. Il travaille chez Bata. Il sait coudre une trépointe. Mon père mettait deux heures pour coudre une trépointe. L'ouvrier de Bata met à peine une demi-heure. Il y est plus habile que mon père mais il ne sait faire que ça. Il ne sait pas monter tout le soulier. Il coud sa trépointe et il passe le travail à un autre. Malheureusement pour lui personne au monde n'a besoin d'une trépointe ; on a besoin de souliers finis. L'ouvrier ne peut pas quitter sa chaise chez Bata. S'il s'en allait de là il ne pourrait pas vivre. Il n'a plus un métier qui le fait vivre n'importe où. Il ne peut plus vivre qu'intercalé à la place des trépointes dans l'ordre Bata. Sous peine de mourir il ne peut ni se déplacer, ni vivre (car vivre est autre chose que coudre des trépointes). Il est obligé de rester là ; il faut qu'il s'y oblige physiquement. Il est prisonnier et sa famille est prisonnière. Et, si on lui donne quinze jours de congés payés par an, je dis qu'à côté des grandes vacances perpétuelles de mon père, ce qu'on appelle ici progrès n'est qu'une sérieuse régression. J'ai toujours eu envie d'être cordonnier comme mon père. Je n'ai pas du tout envie d'être cordonnier chez Bata.

Jean GIONO, *Lettre aux paysans sur la pauvreté et la paix*, 1938

1 Par cette formule, il faut comprendre « ce type d'artisan cordonnier ».

DOMENT 4

Ce dessin illustre un article de journal consacré au co-voiturage.

Rémi MALINGREY, dessin paru dans *Libération*, décembre 2014

E2. Langue vivante étrangère, anglais, session 2019

BREVET DE TECHNICIEN SUPÉRIEUR

PROFESSIONS IMMOBILIÈRES

ÉPREUVE LANGUE VIVANTE ÉTRANGÈRE E2 : ANGLAIS

SESSION 2019

Durée : 2 heures

Coefficient : 2

La clarté des raisonnements et la qualité de la rédaction interviendront dans l'appréciation des copies.

L'usage d'un dictionnaire bilingue papier est autorisé, tout autre matériel est interdit.

IMPORTANT

Ce sujet comporte 3 pages numérotées de 1/3 à 3/3
Assurez-vous qu'il est complet ; s'il est incomplet, veuillez le signaler au surveillant de la salle qui vous remettra un autre exemplaire.

The property battle in Vancouver's Chinatown

The smell of incense fills the narrow stairway of the Yue-Shan Society building, a social club for people with roots in Panyu, part of Guangzhou, a city in southern China. East Pender Street in Vancouver's Chinatown is home to many such clubs for clans or benevolent associations. Melody Ma, in her 20s, recalls: "When I was small my grandma would bring me to one of these places."

The gently sloping streets where Ms Ma grew up have not changed much. Vancouver has had a frantic property market since it hosted the winter Olympics in 2010. The downtown area is forested with new condominiums. Prices have risen by nearly 60% in the past three years, partly because of demand from non-resident Chinese investors. But until recently developers have largely shunned[1] Chinatown. It is part of an area called Downtown Eastside, a district of rundown buildings, methadone clinics and rough sleepers. Many Chinatown residents are old and poor.

Developers now have Chinatown in their sight. Two years ago, one built a 17-storey condo on its edge. This alarmed many residents, who had formed a group to halt the high-rise advance, now called #SaveChinatownYVR. Ms Ma is its leader. Recently it has been successful.

The main theatre of battle is a car park known as 105 Keefer, where Beedie Living proposes to build a nine-storey brick-and-glass apartment block. The development promises 111 luxury flats, with rooftop landscaping and shops below.

The patch of tarmac at 105 Keefer is not much to look at. But it is an area rich with cultural associations, residents say. Just to the south is a monument that commemorates Chinese-Canadian builders of the Canadian Pacific Railway and veterans of the Second World War. Across the street is the Sun Yat-sen Classical Chinese Garden and the Chinese Cultural Centre Museum. "A lot of people were appalled"[2] because of the condo's "proximity to sacred sites in the heart of Chinatown", says Ms Ma. Some residents also fear that it will push up rents.

Conservationists hope that the parking lot is where they can halt development, which they say has spoiled the charm of other Vancouver neighborhoods such as Mount Pleasant. The dispute is part of a debate about the city's identity, says Andy Yan, an urban planner. Vancouverites, he says, are asking themselves, "Who are we? And what are we building for?" The people who might want to buy the flats that do not yet exist are, of course, not being consulted.

The Economist, April 12th, 2018 (abridged)

[1] *shun*: avoid, ignore
[2] *appalled*: horrified

I - Compréhension (10 points)

Après avoir lu attentivement l'article ci-dessus, vous en ferez une synthèse en dégageant les idées essentielles **en français**.
Vous rédigerez votre réponse en 180 mots (+/- 10%).
Vous indiquerez le nombre de mots que vous avez utilisés.

Toute présentation sous forme de notes sera pénalisée.

II - Expression (10 points)

Vous traiterez le sujet suivant **en anglais**.
Vous rédigerez votre réponse en 200 mots (+/- 10%).
Vous indiquerez le nombre de mots que vous avez utilisés.

You are Cathy/Paul Donovan, an estate agent working for Beedie Living Developers in Vancouver, Canada. You are in charge of selling the new 111 luxury flats built by the company.

Ms Ma has invited you to a meeting with #SaveChinatownYVR next week.

Write the speech you will deliver at the meeting to promote and defend the project.

BREVET DE TECHNICIEN SUPÉRIEUR

PROFESSIONS IMMOBILIÈRES

ÉPREUVE E3 :
CONSEIL EN INGÉNIERIE DE L'IMMOBILIER

SESSION 2019

Durée : 3 heures

Coefficient : 4

ALTER-HABITAT

Matériel autorisé :

L'usage de tout modèle de calculatrice, avec ou sans mode examen, est autorisé.

CE SUJET PORTE SUR LES TROIS SOUS-UNITÉS DU CONSEIL EN INGÉNIERIE DE L'IMMOBILIER :

- Droit et veille juridique
- Economie et organisation de l'immobilier
- Architecture, habitat et urbanisme, développement durable

Dès que le sujet vous est remis, assurez-vous qu'il est complet.
Le sujet se compose de 12 pages, numérotées de 1/12 à 12/12.

PRÉSENTATION DE L'ÉTUDE

Vous traitez le dossier à partir de vos connaissances et de la base documentaire jointe.

Vous êtes titulaire d'un BTS « professions immobilières » et vous êtes salarié(e) au sein de la société coopérative d'intérêt collectif ALTER-HABITAT située à Toulouse. La fonction principale de cette structure est d'assurer l'accompagnement des habitants désireux de s'engager dans une démarche d'habitat participatif.

En mars 2015, un appel à participation pour un projet de ce type a été lancé par TOULOUSE MÉTROPOLE qui, assistée de son aménageur TERRÉALIS, a missionné la SA DOMUS LOGIS pour assurer la coordination d'un programme de 90 logements (îlot des « 4 éléments ») dans l'écoquartier de la Cartoucherie.

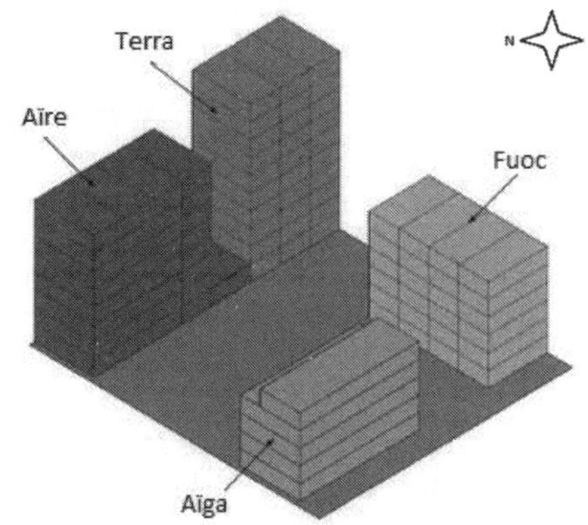

Îlot des « 4 éléments »

La maîtrise d'ouvrage de l'îlot des « 4 éléments » est répartie comme suit :

- maîtrise d'ouvrage SA DOMUS LOGIS : 85% soit 76 logements (« Terra », « Fuoc », « Aïre »)

- maîtrise d'ouvrage libre : 15% soit 14 logements (« Aïga »)

Votre structure, ALTER-HABITAT, a ici pour mission d'accompagner les futurs habitants du programme d'habitat participatif « Aïga » en répondant aux multiples questions qu'ils se posent.

Vous vous trouvez dans la première phase du projet : la phase d'information.

Une réunion publique est organisée dans les locaux d'ALTER-HABITAT. Son but est de présenter le projet d'habitat participatif de l'écoquartier de la Cartoucherie à toutes les personnes intéressées.

1) Vous expliquez ce qu'est un écoquartier et montrez en quoi celui de la Cartoucherie en respecte les principes. (16 points)

Le programme implique l'intervention de plusieurs acteurs.

2) Vous identifiez tous les intervenants dans le programme de l'îlot des « 4 éléments » ainsi que leur statut juridique. Vous présentez également leur rôle dans le projet. (12 points)

3) Vous expliquez ensuite le concept d'habitat participatif ainsi que les attentes habituelles des participants à ce type de projet. (10 points)

Vous centrez maintenant votre présentation sur l'habitat participatif du projet « Aïga ».La loi ALUR prévoit deux formes juridiques de sociétés d'habitat participatif : la **coopérative d'habitants** et la **société d'attribution et d'autopromotion**. Les futurs habitants souhaitent en particulier des informations sur les trois points suivants : le financement, les droits et obligations des associés ainsi que le fonctionnement de ces sociétés.

4) Vous présentez aux futurs habitants d'« Aïga » ces deux types de sociétés. (10 points)

À la fin de votre présentation, vous êtes interpelés par des participants particulièrement intéressés par le système de la coopérative. Ils se demandent s'ils seront réellement propriétaires de leur appartement.

5) Vous répondez à leur interrogation. (6 points)

Quelques semaines se sont écoulées, la phase de programmation a eu lieu. La phase de conception peut donc démarrer.
Le groupe d'habitants de l'immeuble « Aïga » aimerait avoir des précisions sur l'écoconstruction.

6) Vous présentez les avantages de l'écoconstruction et proposez une liste de matériaux qui s'inscrivent dans cette démarche. (8 points)

On entre maintenant dans la phase de réalisation. Le chantier peut démarrer.

7) Vous énumérez les étapes de la construction d'un bâtiment aux futurs habitants. (8 points)

8) Vous les rassurez en leur présentant les garanties légales dont bénéficie l'acquéreur d'un bien neuf. (10 points)

BASE DOCUMENTAIRE

Annexe 1 - L'écoquartier de la Cartoucherie
Annexe 2 - Extrait du site internet d'ALTER-HABITAT
Annexe 3 - Extrait du rapport de gestion de la SA DOMUS LOGIS
Annexe 4 - Extrait de la plaquette d'information de TERREALIS
Annexe 5-1 à 5-4 - Qu'est-ce que l'habitat participatif ?
Annexe 6 - Les deux formes de sociétés d'habitat participatif prévues dans la loi ALUR
Annexe 7 - Un exemple de procédé constructif d'un immeuble situé à Strasbourg

Annexe 1 - L'écoquartier de la Cartoucherie

La Cartoucherie c'est une superficie de 33 hectares :

- 3 000 logements
- 6 000 m² de commerces
- 90 000 m² d'activités
- des structures d'enseignement supérieur
- une maison de projet
- un groupe scolaire
- une crèche
- un équipement enfance famille
- une salle de quartier
- un espace culturel des Halles
- 3 places de quartier
- 2,6 km de pistes cyclables

Dates clés

25 juin au 8 août 2013 : dépollution pyrotechnique sous le parking longeant la voie du Toec.
Février à décembre 2013 : dépollution chimique.
Début 2014 : début des travaux de construction des logements.
Fin 2015 : livraison des premiers bâtiments.
Fin 2015 – début 2016 : arrivée des premiers habitants.

Projet phare de la métropole, la Cartoucherie se donne l'ambition de concilier densité et développement durable, en permettant à ses habitants de faire le choix d'un vivre ensemble innovant, durable et participatif.

C'est à l'issue d'une concertation prolongée entre aménageur, professionnels, élus, riverains et associations, que le chantier de la Cartoucherie, site appartenant anciennement au ministère de la Défense, a été lancé en 2011.

D'environ 33 hectares de superficie, le site de la Cartoucherie est situé à la périphérie du quartier Saint-Cyprien et à proximité du Centre Hospitalier Purpan, d'un campus étudiant et d'espaces culturels (Zénith, Musée des Abattoirs, etc.).

Bien desservi par le tramway et accessible depuis la rocade, faisant la jonction entre les faubourgs en périphérie et le centre-ville de Toulouse, le quartier verra ses accès renforcés vers les équipements de proximité, via des trames paysagères.

À l'intérieur du quartier, les lieux de rencontres et de promenades (esplanades, pistes cyclables, cheminements piétons, promenades jardinées) seront favorisés, en tant que facteurs de lien social entre les résidents.

Le projet a l'ambition d'une part de privilégier la diversité sociale et générationnelle (35% d'habitat social, 25% de logements en accession aidée ainsi qu'une crèche et un groupe scolaire sont prévus sur le site) et d'autre part, de favoriser la performance énergétique et environnementale des habitations.

Outre une conception bioclimatique et une exposition garantissant le meilleur ensoleillement possible, les bâtiments seront dotés d'un chauffage collectif issu de l'incinérateur du quartier du Mirail.

Le quartier accueillera à terme 3 000 logements, 6 000 m² de commerces de proximité et 90 000 m² d'activités. D'ores et déjà lancée, la première phase de programmation prévoit 580 logements répartis en 5 lots et 18 000 m² de tertiaire.
Enfin, la mémoire du site trouvera dans les anciennes halles un lieu d'expression : ce bâtiment exceptionnel de plus de 7 000 m² sera en effet reconverti en espace culturel et associatif.

Source : www.toulouse-metropole.fr/projets/la-cartoucherie

Annexe 2 - Extrait du site internet d'ALTER-HABITAT

ALTER-HABITAT est une Société Coopérative d'Intérêt Collectif (SCIC).

Cette structure collégiale rassemble des collectivités locales, des opérateurs sociaux, des professionnels de l'architecture et de la ville, des structures associatives et des habitants souhaitant collectivement promouvoir, accompagner et développer toute action de médiation culturelle, d'échanges transdisciplinaires, d'études, d'expériences et de recherches et développements opérationnels, qui servent l'innovation dans les modes d'habiter et de vivre ensemble à toutes les échelles du territoire.
ALTER-HABITAT a développé des programmes innovants dans les domaines du développement urbain et de l'habitat.

Avec le soutien de l'État et de fondations, elle s'est notamment engagée au plan national dans des programmes visant à mettre au point des montages innovants dans le domaine de l'habitat social participatif.

ALTER-HABITAT intervient aujourd'hui en Assistance à Maîtrise d'Ouvrage (AMO) auprès des aménageurs et des opérateurs sociaux pour le montage d'opérations participatives, sur les plans juridique et économique, ainsi que pour la médiation et l'accompagnement des futurs habitants dans les phases de programmation.

Annexe 3 - Extrait du rapport de gestion de la SA DOMUS LOGIS

Les origines du Groupe DOMUS LOGIS proviennent de la Société Coopérative de la Haute-Garonne qui, de 1949 à 1966, réalisait des lotissements et des immeubles en location-attribution ainsi qu'en location simple.

Création de la Société Anonyme DOMUS LOGIS
En 1966, DOMUS LOGIS devient une société anonyme. Elle reprend les 3 561 logements gérés par la Coopérative et mène à bien la construction des 1 812 logements qui étaient en chantier.
Ce bailleur social référant de l'aménagement des territoires (habitat, services publics, crèches, commerces...) conçoit les quartiers de façon globale et durable.
Le Groupe DOMUS LOGIS construit et gère des logements locatifs sociaux et des résidences en accession sociale à la propriété. Son but est de proposer une offre de logements diversifiée afin de répondre au mieux aux besoins des plus fragiles et de contribuer à assurer un développement urbain équilibré. (...)
Ses projets sont élaborés sur un mode participatif. (…)

Pleinement engagé pour la mixité sociale, il est impliqué en faveur de l'environnement et du développement durable.

La société travaille en co-production avec les collectivités. Elle produit en moyenne 900 logements par an : logements seniors, étudiants, habitat participatif, location accession, éco-quartiers, pavillons...

Annexe 4 - Extrait de la plaquette d'information de TERREALIS

Créée en 2009, TERREALIS est une société d'économie mixte d'aménagement de 84 personnes. Elle agit principalement pour le compte de collectivités territoriales et d'acteurs publics dans les domaines suivants :

- aménagement ;
- construction d'équipements publics ;
- renouvellement urbain.

Elle peut également intervenir pour son propre compte en promotion immobilière, dans le cadre d'opérations innovantes ou exemplaires, en lien avec la demande sociale et politique.
Son enracinement local depuis plus de 60 ans la positionne comme l'un des acteurs clés du développement de la métropole toulousaine et plus largement de la région Occitanie. TERREALIS s'affirme aujourd'hui comme le partenaire privilégié de Toulouse Métropole dans la mise en œuvre de son nouveau projet urbain.

TERREALIS peut s'engager sur des projets en partenariat avec des acteurs privés dans le cadre de PPP (partenariat public privé).

Près de 15 000 emplois de proximité sont générés par son activité dans le domaine du conseil, des études, des travaux publics, du bâtiment…

TERREALIS, une société d'économie mixte

TERREALIS est une société anonyme. Son capital social est détenu par des collectivités locales majoritaires et des partenaires économiques et financiers publics ou privés. Cette répartition induit un mode d'action conjuguant sens de l'intérêt général et obligation de résultat, engagement sur le long terme et réactivité.

TERREALIS offre un appui quotidien et durable aux collectivités locales pour mener à bien des projets d'aménagement et de renouvellement urbain. Des études de faisabilité aux réalisations, TERREALIS joue un rôle majeur de conseil et d'accompagnement dans la mise en œuvre des politiques territoriales.

TERREALIS travaille en étroite collaboration avec les donneurs d'ordres et assure toutes les missions de maîtrise d'ouvrage. Elle met à leur disposition des équipes pluridisciplinaires : ingénieurs, urbanistes, juristes, fiscalistes, financiers, administratifs, communicants...

Enfin, TERREALIS s'engage pour mettre son expertise au service de nouvelles formes de maîtrise d'ouvrage : partenariat public-privé, contrat de promotion, partenariat avec les sociétés foncières de logement, portage foncier et immobilier...

Annexe 5-1 - Qu'est-ce que l'habitat participatif ?

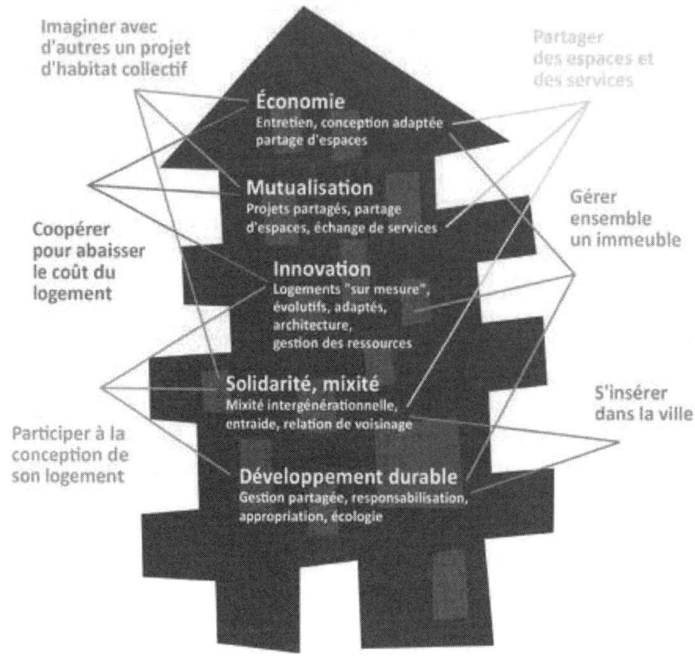

L'habitat participatif est une forme d'habitat intermédiaire entre individuel et collectif.
Les futurs habitants s'engagent et coopèrent aux divers stades de sa production et de sa gestion.

Les habitants se réunissent en amont de l'opération et participent à la programmation, au financement, voire, dans une certaine mesure, à sa conception et à sa construction.
L'habitat participatif place ainsi les hommes au commencement de l'architecture et non à la fin.

Il est une solution pour les familles qui aspirent à un habitat choisi, durablement approprié, et qui ne veulent ou ne peuvent accéder à une maison individuelle isolée.
L'habitat groupé participatif concilie deux aspirations majeures des familles aujourd'hui :
- **l'aspiration à l'individualité de l'habitat familial**, l'intimité de la vie de famille ;
- **l'aspiration à la vie sociale,** les vertus de la vie communautaire.

Ce principe de « circuit court » entre producteurs et consommateurs, parce qu'il implique les habitants en amont de la réalisation de leur habitat, permet par ailleurs de réaliser des logements à des prix plus abordables en évitant dans une large mesure les intermédiaires et les profits spéculatifs.

Annexe 5-2 - Qu'est-ce que l'habitat participatif ?

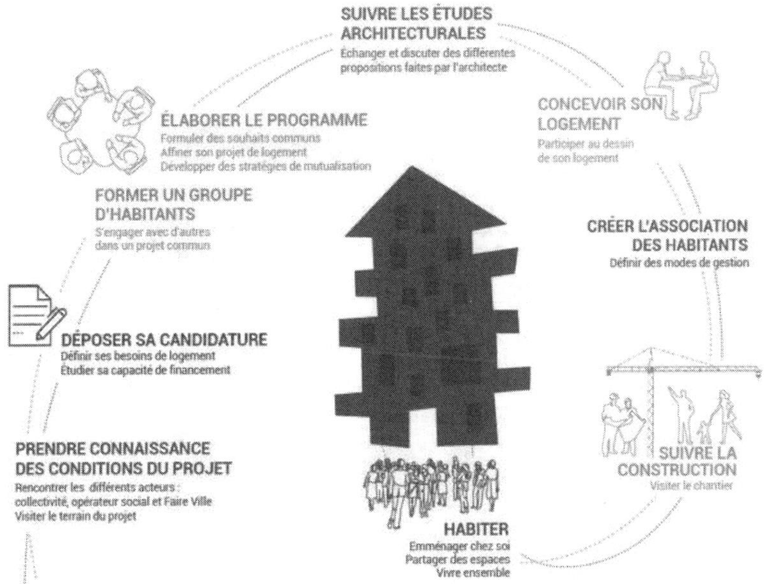

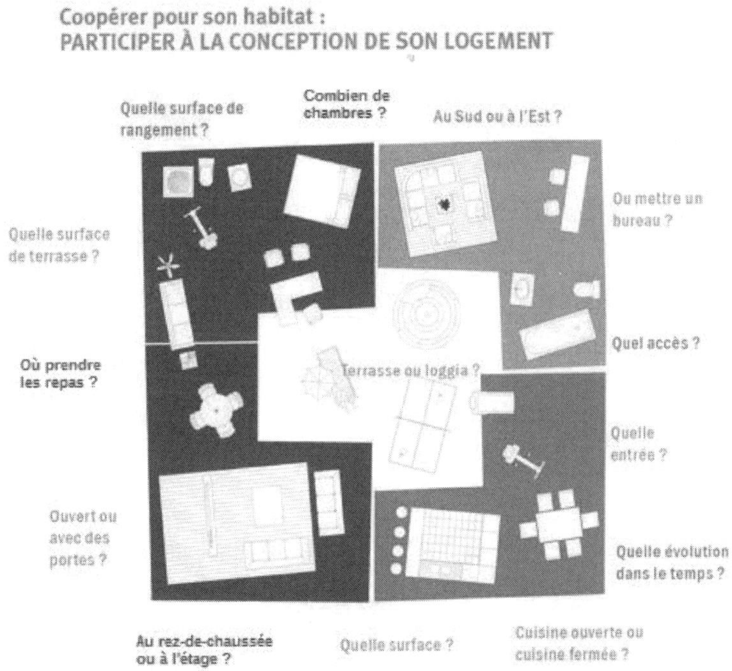

Annexe 5-3 - Qu'est-ce que l'habitat participatif ?

Coopérer pour son habitat :
IMAGINER AVEC D'AUTRES UN PROJET D'HABITAT

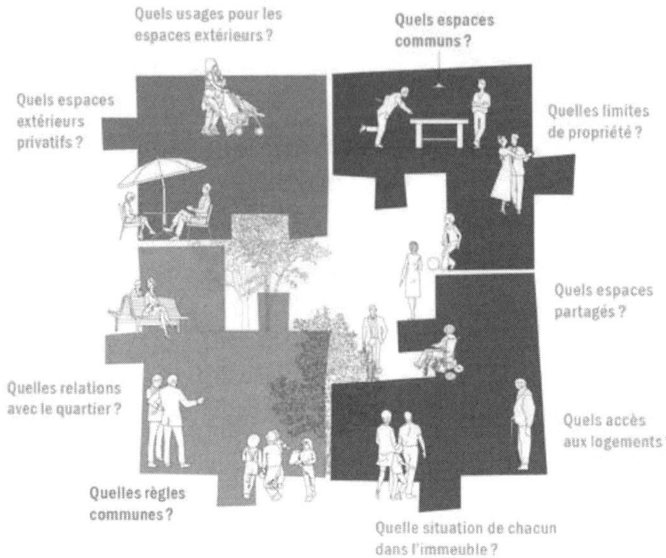

Coopérer pour son habitat :
PARTAGER DES ESPACES ET DES SERVICES

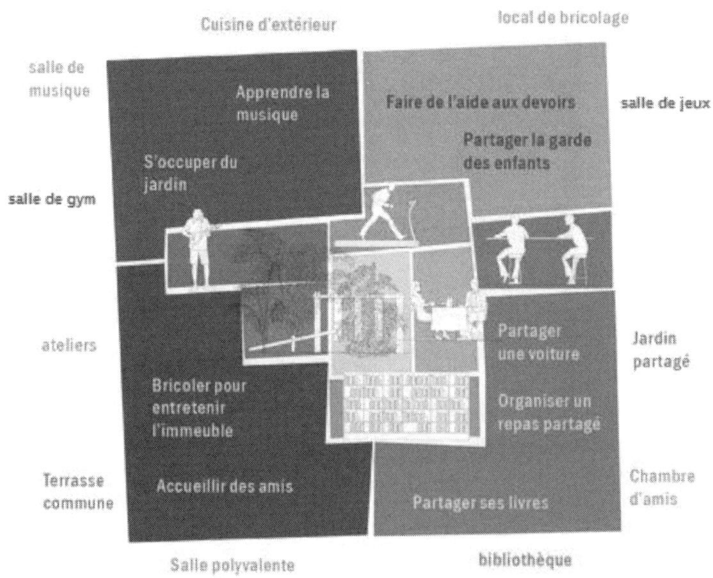

Annexe 5-4 - Qu'est-ce que l'habitat participatif ?

L'habitat participatif permet de tirer tous les bénéfices économiques, sociaux et environnementaux d'une coopération et d'une mutualisation librement choisie.
C'est une alternative aux produits immobiliers standards proposés sur le marché.
Ceux-ci répondent à une rationalité de production et de commercialisation, faisant du logement un produit financier spéculatif, un bien de consommation comme un autre, voire un service social (HLM), mais non un habitat conçu pour vivre ensemble.

L'habitat groupé participatif permet une mixité et une densité intelligente dans l'habitat — mixité et densité négociées, adaptées, et consenties par les futurs habitants.
Il en résulte une qualité d'habitat pluriel et « communautaire » et par conséquent une véritable urbanité propice à l'épanouissement de tous.

Cet habitat, ainsi approprié par les habitants, favorise leur investissement durable dans le quartier où il s'inscrit et contribue à sa valorisation tant sociale qu'immobilière.
En cela, il participe d'un développement urbain durable, et pour les quartiers dévalorisés, d'un véritable renouvellement urbain.

Source : www.faire-ville.fr

Annexe 6 - Les deux formes de sociétés d'Habitat Participatif prévues dans la loi ALUR

Qu'est-ce que la Coopérative d'habitants ?

Dans le cas de la Coopérative d'habitants, la propriété est collective. Le financement du projet est réglé par un emprunt collectif au nom de la coopérative (environ 80 % du coût du projet) et par les apports des personnes que l'on nomme « associés coopérateurs ». Chaque coopérateur n'est pas propriétaire d'un bien immobilier mais de parts sociales. En contrepartie de leurs parts sociales, les personnes physiques se voient attribuer la jouissance d'un logement qui doit constituer leur résidence principale. On parle de « sociétés coopératives d'habitants à capital variable »

Une fois le projet livré, la coopérative rembourse les prêts. Le remboursement est réalisable grâce à une redevance versée par les coopérateurs. Le montant de cette redevance ainsi que sa périodicité et ses modalités de révision doivent être prévues dans un contrat coopératif conclu entre la société coopérative d'habitants et chaque associé coopérateur. Cette redevance sert à rembourser le prêt immobilier (appelée « fraction acquisitive ») mais également les charges diverses, les provisions grosses réparations, les vacances et impayés (appelée « fraction locative »).

À son départ, le coopérateur pourra récupérer ses apports initiaux actualisés au coût de la vie (et donc indépendamment de la valeur du marché) et, selon les cas, une partie de ses redevances, la « fraction acquisitive ».

Annexe 6 - suite

Qu'est-ce que la Société d'Attribution et d'Autopromotion ?

La Société d'Attribution et d'Autopromotion est plus proche du modèle de l'accession à la propriété.

Elle a pour objet d'attribuer aux « associés personnes physiques » la propriété ou la jouissance d'un logement à titre de résidence principale et d'entretenir et animer les lieux de vie collective qui y sont attachés. Autrement dit, les personnes doivent acheter des parts de la société d'attribution.

Une fois l'immeuble construit, la société est dissoute et un acte de partage est rédigé chez le notaire. Les logements sont attribués à chaque famille en fonction des parts qu'elle possède dans la société. Également, un système de gestion est mis en place pour l'immeuble tel que la copropriété, l'association syndicale etc.

En plus de rembourser l'emprunt bancaire, les associés sont tenus de participer aux charges de l'immeuble.

Trois documents doivent impérativement être rédigés pour la validité et le bon fonctionnement de la société : les statuts, l'état descriptif de division et le règlement :
• Les statuts de la société déterminent la société et fixent l'ensemble des règles qui la régissent.
Ils optent également pour l'attribution des logements (exemple : sera attribué à Monsieur A, le lot A).
• L'état descriptif de division doit être annexé aux statuts. Il délimite les lots (exemple : le lot A est un appartement de cinq pièces avec toilettes et salle de bains) et diverses parties de l'immeuble en distinguant celles qui sont communes de celles qui sont à usage privatif (exemple : les fenêtres, volets, caves, greniers sont des parties privatives ; le couloir, l'escalier, le jardin sont des parties communes). S'il y a lieu, il fixe la quote-part des parties communes afférente à chaque lot.
• Enfin un règlement doit être rédigé. Il délimite les diverses parties de l'immeuble (communes, privatives) et leur destination (Exemple : habitation, commerce, bureaux). Il définit les règles de fonctionnement de l'immeuble et précise les droits et les obligations des associés (exemple : un copropriétaire peut faire construire une mezzanine ou un escalier intérieur dans sa partie privative à condition de ne pas toucher à l'aspect extérieur de l'immeuble, ni aux parties communes). Le règlement peut être de jouissance ou de copropriété.

Avant la dissolution de la société, l'associé est propriétaire de parts sociales. Il peut les céder mais seulement si certaines conditions sont respectées. Lorsque la société est dissoute, l'associé devient propriétaire du ou des lots acquis. Il peut alors vendre son appartement ou sa cave via un acte de vente « classique ».

Source : www.notaire.paris-idf.fr

Annexe 7 - Un exemple de procédé constructif d'un immeuble situé à Strasbourg

(...)

Procédés constructifs

Le mode constructif est mixte. La nature du terrain a nécessité la pose de pieux pour les fondations. Les dalles sont en béton, une partie des façades en bois, les murs de refend en maçonnerie (aglos ciment remplis de béton). Les espaces mutualisés sont auto-construits (murs en bois et briques de terre crue) au travers de chantiers collectifs et participatifs. Une VMC simple flux et des menuiseries en aluminium avec volets bois ont été posées.

Approche développement durable

Ce bâtiment s'inscrit dans une démarche HQE et a obtenu le label « basse consommation ». L'orientation bioclimatique, la compacité et la mitoyenneté ont été recherchées. Des revêtements perméables ont été posés pour les cheminements et la place de la voiture a été minimisée. Les arbres abattus sur le terrain ont été réutilisés comme éléments constructifs de décor et de bois de chauffage. Les eaux de pluies des toitures sont récupérées. Les murs de briques de terre crue mis en œuvre derrière les poêles à granulats et bûches permettent de conserver la chaleur. De plus, de la laine de bois et du pin Douglas ont été posés et tous les murs de refend sont enduits sur les deux faces de terre de 4 cm d'épaisseur provenant du terrain. Les cloisons ont été réalisées en bois et cannisse puis enduites de terre. Les simplex disposent d'un chauffe-eau solaire collectif et certains de toilettes sèches.

Mur en briques de terre crue

Test d'enduit

Cloison bois, cannisse et terre

Source : CAUE

E51. Transaction immobilière, session 2019

BREVET DE TECHNICIEN SUPÉRIEUR
PROFESSIONS IMMOBILIÈRES

ÉPREUVE E51 : TRANSACTION IMMOBILIÈRE

SESSION 2019

Durée : 3 heures

Coefficient : 3

"LA QUÊTE IMMOBILIÈRE"

Matériel autorisé :

L'usage de tout modèle de calculatrice, avec ou sans mode examen, est autorisé.

Documents à rendre et à agrafer avec la copie :

- **Annexe 3** - La fiche d'estimation de l'agence – 1ère partie
- **Annexe 4** - La fiche d'estimation de l'agence – 2ème partie
- **Annexe 7** - L'offre d'achat
- **Annexe 11** - La préparation du plan de financement

CE SUJET COMPORTE DEUX DOSSIERS **INDÉPENDANTS** :

DOSSIER 1 : DE L'ESTIMATION D'UN BIEN À L'OFFRE D'ACHAT	40 points
DOSSIER 2 : LE CONSEIL EN FINANCEMENT	20 points
Total :	60 points

NB : tous les calculs doivent être justifiés.

Dès que le sujet vous est remis, assurez-vous qu'il est complet.
Le sujet se compose de 15 pages, numérotées de 1/15 à 15/15.

BTS Professions Immobilières		Session 2019
Epreuve E51 Transaction Immobilière	CODE : 19PI51TIM1	Page : 1/15

PRÉSENTATION DE L'AGENCE ET DE SON ENVIRONNEMENT

L'agence "LA QUÊTE IMMOBILIÈRE", créée en 2006, est située à Sceaux à 10 km de Paris, en banlieue sud, dans le département des Hauts de Seine. Cette ville de 20 000 habitants fait partie du territoire « Vallée Sud - Grand Paris ». Elle est très recherchée pour sa qualité de vie. En effet, Sceaux est une ville qui possède de nombreux atouts, notamment son parc départemental dessiné par André Le Nôtre. Ce parc faisait partie du domaine personnel de Colbert, contrôleur général des Finances de Louis XIV. La ville de Sceaux, traversée par la "Coulée verte du sud parisien", a créé la première zone piétonne d'Île-de-France en 1974. De plus, la ville est très bien desservie par les transports en commun (RER B et bus) ce qui permet de se rendre à Paris en 20 minutes. La ville accueille aussi de nombreuses structures scolaires de qualité (trois lycées, l'université de droit-économie-gestion Paris XI, un institut universitaire de technologie, une école d'ingénieur...).

La typologie de l'habitat à Sceaux est diverse : maisons en meulière (*), immeubles anciens, mais aussi des maisons neuves, des immeubles récents et des résidences pour étudiants. La commune a aussi un riche patrimoine avec quelques maisons d'architectes remarquables : le Chalet Blanc (d'Hector Guimard), la maison Trapenard (de Robert Mallet-Stevens), la villa Alquier (de Bertrand Arnoux), la villa Snégaroff (de Bruno Elkouken), la villa Granet (de "Pol") et la villa Baltard (de Victor Baltard).

L'agence "LA QUÊTE IMMOBILIÈRE", a pour activité principale la transaction. L'équipe de l'agence est composée de cinq personnes qui ont chacune des compétences bien précises.

- Elle est dirigée par son créateur Arthur GARONNE. Il se charge du développement de l'agence et en particulier de la transaction locative en immobilier commercial.

- Alix LEYRE est une négociatrice confirmée, spécialisée dans la « transaction de belles demeures et de propriétés de standing ». Elle est titulaire d'un BTS « professions immobilières » et d'une licence professionnelle « gestion technique du patrimoine », ce qui lui permet de mettre en avant des compétences professionnelles reconnues face à une clientèle très exigeante.

- Medhi LOIRE et Célina DURANCE sont des conseillers expérimentés en immobilier. Ils connaissent parfaitement la ville et ont développé un réseau efficace d'apporteurs d'affaires. Ils sont chargés de la location et de la vente de tous les biens immobiliers à l'exception des propriétés de standing.

- Morgane ADOUR est assistante et gère en particulier l'accueil, le suivi clientèle post-commercial, les relations avec les partenaires locaux (notaires, architectes, entrepreneurs, déménageurs...) et la préparation administrative des dossiers de ventes et de locations. Elle maîtrise parfaitement l'anglais et l'allemand ce qui lui permet d'être une interlocutrice privilégiée pour les clients étrangers.

Arthur GARONNE est très satisfait du développement de son agence et il vient de vous recruter en tant que négociateur(trice) "junior". C'est un dirigeant qui accorde beaucoup d'importance à la qualité du travail et à la déontologie. Il est convaincu que c'est le seul moyen de s'imposer comme professionnel de l'immobilier. Afin de tester vos compétences, il vous confie deux dossiers.

Vous signerez tous les documents professionnels sous le nom de Dominique LASEINE.

(*) Roche siliceuse utilisée dans la construction de villas de la région parisienne entre 1880 et 1930

DOSSIER 1 – DE L'ESTIMATION D'UN BIEN À L'OFFRE D'ACHAT

Vous avez accompagné Arthur GARONNE pour une visite de découverte d'un appartement situé dans une résidence recherchée de la ville de Sceaux. En raison de la notoriété de l'agence et sur les recommandations d'amis, le couple LADEULE s'est adressé à l'équipe commerciale de l'agence afin qu'elle prenne en charge la vente de leur résidence principale. Mario LADEULE vient d'accepter une mutation professionnelle à l'étranger. Le couple souhaite donc vendre rapidement. Arthur GARONNE vous confie l'estimation du bien au prix du marché (hors honoraires d'agence) afin de négocier ensuite un mandat exclusif. Les négociateurs de l'agence ont pour habitude de se référer à l'ensemble des biens vendus comparables au bien à estimer. Il a promis au couple un avis de valeur sous 48 h.

☛ MISSIONS CONFIÉES

1.1 - Vous complétez la fiche d'estimation de l'agence (annexes 3 et 4 à compléter et à rendre avec la copie).

NB :Vous choisissez tous les biens comparables et vous arrondissez votre estimation au millier d'euros le plus proche.

1.2 - Vous rédigez ensuite l'avis de valeur destiné aux vendeurs.

Convaincu par votre estimation, le couple LADEULE vous a confié le mandat exclusif de vente de son bien, signé à l'agence sans démarchage. Les clients sont pressés et ils souhaitent que leur bien soit annoncé à la vente au plus vite sur les différents supports publicitaires utilisés par l'agence.

☛ MISSION CONFIÉE

1.3 - Vous justifiez juridiquement la raison pour laquelle vous ne pouvez pas mettre leur bien immédiatement en publicité et vous précisez le formalisme à respecter sur ce point particulier.

Après l'envoi d'un publipostage dans le cadre de cette vente, José PAILLON, un des prospects-acquéreurs, a adressé le courriel à l'agence (voir annexe 5). Il souhaite connaître avec précision les informations personnelles le concernant qui sont conservées par l'agence au sein de sa base de données. Il a insisté plusieurs fois par téléphone. Morgane ADOUR lui a alors répondu que ces données sont confidentielles et appartiennent à l'agence. Le client, furieux, a menacé d'entamer une procédure contentieuse contre l'agence. Arthur GARONNE prend ce dossier très au sérieux. Il vous demande de lui répondre au plus vite sur les dispositions juridiques en la matière.

☛ MISSION CONFIÉE

1.4 - Vous expliquez à votre directeur d'agence les droits auxquels peut prétendre José PAILLON concernant ses données personnelles et les risques encourus par l'agence.
Vous précisez les sources juridiques qui fondent vos réponses.

Vous avez reçu un couple de retraités qui souhaite acquérir un pied-à-terre proche de Paris. En effet, Yves et Marie TRÉSOR résident en Guadeloupe depuis peu, mais ils souhaitent revenir ponctuellement et régulièrement en métropole, notamment pour voir leurs enfants et leurs petits-enfants. La ville de Sceaux est idéale car elle est très bien située entre Paris et l'aéroport d'Orly, tout en proposant des espaces verts. Le bien du couple LADEULE a retenu leur attention car il correspond à leurs attentes. Ils reviennent aujourd'hui signer une offre d'achat à l'agence. Vous relisez la lettre qu'ils vous ont remise en mains propres le 9 mai 2019 pour préparer le dossier les concernant.

☛ MISSION CONFIÉE

1.5 - Vous êtes chargé(e) de préparer l'offre d'achat des époux TRÉSOR qu'ils viendront signer ce soir à l'agence. (annexe 7 à compléter et à rendre avec la copie)

DOSSIER 2 – LE CONSEIL EN FINANCEMENT

Il y a une semaine, vous avez rencontré à l'agence Leïla et Yohan RHONE. Ce jeune couple de primo-accédants a eu un "coup de cœur" pour un appartement à 510 000 euros hors honoraires d'agence.

Cependant, lors de la phase de découverte, vous vous êtes rendu compte qu'ils n'avaient qu'une idée approximative du financement de leur achat éventuel.

Dans le cadre de votre devoir de conseil, vous avez pris le temps d'étudier la faisabilité financière de leur projet immobilier. Vous leur avez donc demandé de vous communiquer rapidement des informations complémentaires afin de préparer leur plan de financement. Ils viennent de vous envoyer un courriel avec les informations souhaitées car ils veulent acheter rapidement.

☛ MISSION CONFIÉE

2 - Vous préparez votre prochain rendez-vous avec le couple RHONE en renseignant le plan de financement (annexe 11 à compléter et à rendre avec la copie) et en répondant avec précision à leurs interrogations.

NB : Tous les calculs seront clairement justifiés.

BASE DOCUMENTAIRE

Annexe 1 - La fiche d'identité de l'agence immobilière
Annexe 2 - La fiche commerciale du bien du couple LADEULE
Annexe 3 - La fiche d'estimation de l'agence – 1ère partie **(à compléter et à rendre avec la copie)**
Annexe 4 - La fiche d'estimation de l'agence – 2ème partie **(à compléter et à rendre avec la copie)**
Annexe 5 - La réclamation d'un prospect-acquéreur
Annexe 6 - Le courrier déposé à l'agence par les époux TRÉSOR
Annexe 7 - L'offre d'achat **(à compléter et à rendre avec la copie)**
Annexe 8 - La fiche de découverte financière des époux RHONE
Annexe 9 - Le courriel de réponse des époux RHONE
Annexe 10 - Les mensualités de remboursement pour 10 000 € empruntés à taux fixe (hors assurances)
Annexe 11 - La préparation du plan de financement **(à compléter et à rendre avec la copie)**

Annexe 1 - La fiche d'identité de l'agence immobilière

Nom	Agence **"LA QUÊTE IMMOBILIÈRE"**
Date de création	2006
Adresse (siège social)	170 boulevard Colbert - 92330 SCEAUX
Raison juridique **Capital social**	Société par Action Simplifiée Unipersonnelle (SASU) 8 000 euros
RCS **Représentant légal** **NAF**	Tribunal de commerce de Nanterre / n° 739146825 Arthur GARONNE (Responsable d'agence) 6831Z
Téléphone : **Télécopie** : **Adresse électronique**	01.XX.XX.XX.XX 01.XX.XX.XX.XX contact@laqueteimmobiliere.fr
Carte professionnelle	n° CPI 7501 2019 000 022 325 mention "transactions sur immeubles et fonds de commerce" délivrée par la Chambre de commerce et d'industrie de Paris-Île de France
Garantie financière **Établissement émetteur**	Transaction - montant de 160 000 euros GARIM N° 13669 - 2 rue de la paix 75016 Paris
Compte séquestre	Banque de l'Immobilier - Agence de Paris 14 54, avenue du Maine - 75 014 PARIS n° 74 678 90

Secteurs de prospection :
- La ville de Sceaux découpée en huit secteurs de prospection : Robinson (S1), Cheneaux -Sablons (S2), Vieux Sceaux – Curie (S3), Parc de Sceaux (S4), Desgranges – Fontenay (S5), Centre (S6), Blagis (S7), Musiciens - Roosevelt (S8)

- Les communes limitrophes : Antony, Bourg-la-Reine, Chatenay-Malabry, Fontenay-aux-Roses

Nombre d'agences concurrentes : 10 structures (franchisées et indépendantes)

Le marché en quelques chiffres (tous secteurs confondus) – prix / m² constatés :

	Prix / m² (bas)	Prix / m² (moyen)	Prix / m² (haut)
Prix / m² (appartement)	3 947 €	5 263 €	7 895 €
Prix / m² (maison)	4 770 €	6 361 €	9 541 €
Loyer mensuel / m²	14,7 €	19,6 €	23,5 €

Annexe 2 - La fiche commerciale du bien du couple LADEULE

"LA QUÊTE IMMOBILIÈRE"
170 boulevard Colbert
92330 SCEAUX

Références : **264** *(n° mandat)*
Votre conseiller : Arthur GARONNE
☎ : 06.XX.XX.XX.XX

☛ Descriptif du bien

Pièce(s) : 2 **Surface Carrez** : 43,96 m²
Étage : 2 **Bat** : A
Nbre de niveaux : 5 avec ascenseur
Année de construction : 1994
(Bonne isolation thermique et phonique)

Entrée : 4,82 m²
Séjour : 18,66 m²
Cuisine : 4,19 m²
Chambre : 11,31 m²
Salle d'eau : 4,98 m²
Balcon : 5,85 m²

Nature du chauffage : individuel / électrique
n° lots : appartement (n° 33)
+ cave (n° 5) + parking (n°19)

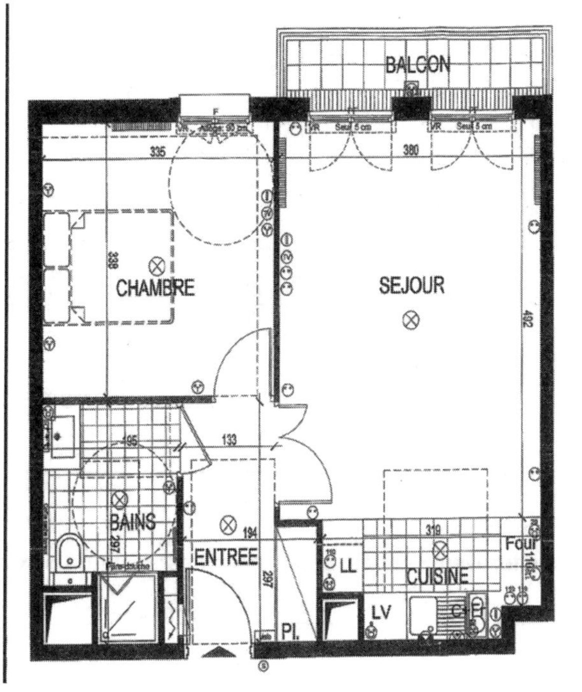

Secteur : Vieux Sceaux – Curie (S3)
(proche centre-ville et commerces)
13 rue de la Mairie – Appart. 203
92330 SCEAUX

Type de bien : appartement

Prix moyen du secteur pour ce type de bien : conforme au prix moyen du marché

Travaux à prévoir : ravalement voté

Statut : copropriété
Nombre de lots : 41
Procédure en cours : non
Montant annuel des charges prévisionnelles : 2 100 euros
Taxe foncière : 980 euros

DPE : (non réalisé)
GES : (non réalisé)
Exposition : Est

☛ Facteurs de :

Plus-value (+)	**Moins-value (-)**
+ Environnement	- Ravalement à effectuer
+ Balcon	- Pas d'espaces verts
+ Centre-ville	- Pas de gardien

Informations complémentaires :

2 pièces, bon état général (quelques peintures à refaire), bien situé (centre ville), sans vis-à-vis, au sein d'une copropriété calme qui devra faire des travaux à court terme (ravalement à effectuer)
Le bien (2ème étage) bénéficie d'un balcon, d'une cave et d'un parking
À 10 min de la station de RER B (Sceaux)
6 % TTC d'honoraires à ajouter au prix estimé (charge acquéreur)

Annexe 3 - La fiche d'estimation de l'agence - 1ère partie

À compléter et à rendre avec la copie

Analyse 1 ☛ Estimation du prix par la méthode de comparaison

Extraction de la base de données - Transactions réalisées - Vieux Sceaux – Curie (S3)

N°	Type	Surface Carrez	Nombre de pièces	Année de construction	Travaux à prévoir	Prix net vendeur (en euros)	Délai de vente	Remarques
1	appartement	52	2	1991	non	280 800	45 j	bien situé
2	appartement	44	2	1975	non	222 000	50 j	immeuble ancien
3	appartement	45	2	1993	non	243 000	25 j	bon état général
4	appartement	44	2	1993	non	224 400	22 j	bon emplacement
5	appartement	49	3	1994	oui	234 600	58 j	mal situé
6	appartement	48	2	1992	oui	215 000	75 j	mauvais état du bien
7	appartement	43	2	1994	non	227 900	27 j	néant
8	appartement	50	3	1994	non	258 500	19 j	prestation de qualité
9	appartement	44	2	1995	non	233 200	21 j	bonne construction

Vous trouverez ci-dessous le numéro des BIENS RETENUS par notre conseiller

Vous trouverez ci-dessous le calcul estimatif du prix au m² (à justifier)

Vous trouverez ci-dessous le prix estimé à l'aide de la méthode par comparaison

A → **Prix estimé en euros :** X =

Analyse 2 ☛ Calcul du prix estimé du bien par la méthode de la surface

Prix moyen du m² / secteur en euros	
Surface à prendre en compte en m²	
Prix estimé en euros	

B →

Annexe 4 - La fiche d'estimation de l'agence - 2ème partie

À compléter et à rendre avec la copie

Analyse 3 ☛ Calcul du prix à partir d'une grille prenant en compte des facteurs de plus-value et de moins-value du bien

Pour faciliter la compréhension de notre démarche d'estimation,

Étape ❶ : Vous trouverez ci-dessous les facteurs correspondants aux caractéristiques de votre bien

(☛ Plusieurs réponses possibles peuvent être entourées par ligne)

Façade	Haussmannienne **+2**	Pierre de Paris/enduit **+1**	Carrelage/brique **-1**	Ravalement à effectuer **- 4**	
Standing	Gardien **+1**	Balcon **+1**	Ascenseur **+1**	Espaces verts **+1**	
Transports en commun	À proximité (moins de 5 min) **+2**	Proches (entre 5 et 10 min) **+ 1**	Éloignés (entre 11 et 15 min) **-1**	Très éloignés (plus de 15 min) **-2**	
Environnement	Calme **+ 2**	Pas de vis-à-vis **0**	Vis-à-vis existant **- 1**	Bruyant **- 2**	
Étage	Au 2ème étage et plus (avec ascenseur) **+3**	Au 1er étage **+ 1**	Au RDC **- 1**	Au 4ème étage et plus (sans ascenseur) **- 3**	
État intérieur	Très bon (pas de travaux à faire) **+ 2**	Correct (quelques petits travaux) **0**	Mauvais (travaux importants) **- 2**		
Année de construction	Jusqu'à 1959 **- 3**	1960-1969 **-2**	1970-1989 **- 1**	1990-2000 **+ 2**	> 2000 **+ 4**
Isolation	Bonne **+2**	Correcte **0**	Moyenne **-1**	Médiocre **- 2**	
Prestations complémentaires	Parking + cave : **+ 2**	Pas de cave **- 1**	Pas de parking **- 2**		

Étape ❷ C → **TOTAL DES POINTS OBTENUS :**

Entre -15 et -10 points, le bien présente de nombreux défauts, il faudra négocier à la baisse le prix de vente.
Entre -9 et 0 point(s), le bien présente des défauts qui ne sont pas rédhibitoires. Il faut le vendre au juste prix du marché.
Entre +1 et +15 point(s), le bien présente peu de défauts, il pourra être proposé au-dessus du prix moyen au m².
Au-delà de 15 points, le bien est d'une qualité exceptionnelle avec un prix hors marché.

ESTIMATION proposée par l'agence
[(A + B) / 2] x [1+(C / 100)] = ________ **euros**

BTS Professions Immobilières		Session 2019
Epreuve E51 Transaction Immobilière	CODE : 19PI51TIM1	Page : 8/15

Annexe 5 - La réclamation d'un prospect-acquéreur

de : jose.paillon@internet.fr

à : contact@laqueteimmobiliere.fr

objet : demande d'accès aux informations personnelles / base de données

---

Madame, Monsieur,

Vous m'avez adressé il y a peu de temps un publipostage pour me proposer encore un bien à la vente.

Pouvez-vous m'indiquer quelles informations personnelles figurent dans vos fichiers informatisés ?

Je vous demande de me faire parvenir une copie dans les plus brefs délais, en langage clair, de l'ensemble de ces informations.

Vous voudrez bien également m'indiquer l'origine des données me concernant !!!

Je vous remercie de répondre rapidement et de m'adresser la copie demandée.

Cordialement,

José PAILLON

Annexe 6 - Le courrier déposé à l'agence par les époux TRÉSOR

M. et Mme TRÉSOR
30 route de la Mangrove
97110 Pointe à Pitre
tél : 06.XX.XX.XX.XX

Jeudi 9 mai 2019

Agence "LA QUÊTE IMMOBILIÈRE"
À l'attention du service transaction

À la suite de notre visite du week-end dernier et après réflexion, nous avons été séduits par le bien que vous nous avez proposé ; il s'agit du bien référencé par vos soins sous le numéro 264 (voir fiche descriptive que vous nous avez remise).

Nous souhaitons faire une offre d'achat au vendeur par votre intermédiaire pour la somme totale de 245 000 euros c'est-à-dire honoraires d'agence inclus.

Comme vous nous le demandiez, nous vous adressons les informations relatives à notre mariage : nous nous sommes mariés le 6 janvier 1968 à la mairie de Deshaies (97126) sans contrat de mariage.

Nous voulons concrétiser rapidement cette offre d'achat (si possible dans la semaine) car nous devons repartir rapidement en Guadeloupe.

Nous avons réussi à négocier avec notre conseiller bancaire un prêt de 40 000 € au taux de 1,2 % par an (hors assurances). Nous financerons le reste sans avoir recours à un emprunt.

Nous passerons à l'agence mercredi 15 mai afin de formaliser et signer l'offre d'achat.

Pour information, nous maintiendrons notre offre 10 jours à compter de la signature de l'offre d'achat à l'agence.

Nous attendons que vous nous recontactiez au plus vite.

Bien à vous,

Remis ce jour en mains propres à l'agence

Yves TRÉSOR

Marie TRÉSOR (née DESPOINTES)

Annexe 7 - L'offre d'achat

À compléter et à rendre avec la copie

Le(s) soussigné(s)

- M ....

- M ....

domiciliés ....

mariés le ....à...

sous le régime ....

dénommé(s) le (les) promettant(s)
s'engage(nt) à acheter, en cas d'acceptation de la présente offre, de façon ferme et irrévocable le bien désigné ci-dessous :

Description du bien

Type de bien et accessoire(s) : ....

Lieu de localisation : ....

N° de mandat : ....

Superficie : ....

Offre d'achat (en euros) : ....

L'offre d'achat est faite à un prix en euros qui sera payé intégralement le jour de la signature de l'acte authentique de vente.

Conditions suspensives
Cette offre est faite sous conditions suspensives :
- obtention d'un ou plusieurs prêts d'un montant maximal de (indiquer le montant) ....euros, au taux hors assurances de .... % par an accordés par un établissement financier ou bancaire au choix du promettant. Celui-ci a pleinement conscience que s'il recourt à un autre prêt que celui (ou ceux) indiqué précédemment, il ne pourra se prévaloir des dispositions de l'article L. 312-12 du Code de la consommation, c'est-à-dire qu'il ne pourra bénéficier de l'annulation rétroactive de la vente ;
- absence de servitude susceptible d'affecter l'usage et la propriété du bien vendu ;
- le promettant devra être vivant au jour de la signature de l'acte authentique.

Extinction de l'offre
En l'absence d'acceptation de la présente offre par le vendeur sous forme d'une réponse écrite et explicite (mention manuscrite de "offre acceptée, datée et signée"), celle-ci s'éteindra le .... à minuit. L'acceptation du vendeur pourra être formulée par tous moyens au domicile des promettants ci-dessus désignés.

La présente offre d'achat du bien décrit ci-dessus, est faite au mandataire du vendeur, ..., domicilié(e).. pour présentation au vendeur.

Offre d'achat réalisée à l'agence le :
signature(s) avec "Bon pour achat" (mention manuscrite à indiquer par l'acheteur)

Annexe 8 - La fiche de découverte financière des époux RHONE

"LA QUÊTE IMMOBILIÈRE"
170 boulevard Colbert
92330 SCEAUX

Degré de motivation / achat : -- - + (++ entouré)

PROSPECTS ÉTUDIÉS

M. et Mme RHONE - couple marié sous le régime de la communauté réduite aux acquêts

(Mme) Leïla RHONE	(M.) Yohan RHONE
Profil / expérience et acte d'achat	**Profil / expérience et acte d'achat**
☑ primo-accédant ☐ acheteur expérimenté	☑ primo-accédant ☐ acheteur expérimenté
Profil / logement actuel	**Profil / logement actuel**
☑ locataire ☐ hébergé(e) ☐ propriétaire	☑ locataire ☐ hébergé(e) ☐ propriétaire
Profession : Ingénieure Ancienneté : 7 ans	Profession : Pharmacien Ancienneté : 13 ans
Profil / activité professionnelle	**Profil / activité professionnelle**
☑ salarié(e) ☐ indépendant(e)	☑ salarié(e) ☐ indépendant(e)
☑ CDI ☐ CDD ☐ CTT ☐ agent commercial ☐ profession libérale ☐ autre :	☑ CDI ☐ CDD ☐ CTT ☐ agent commercial ☐ profession libérale ☐ autre :
Profil / revenus annuels (nets) collectés	**Profil / revenus annuels (nets) collectés**
☑ salaire (hors prime) : 44 200 euros ☐ honoraires perçus : néant ☐ revenus patrimoniaux : néant ☐ rente viagère : néant ☐ autre : néant	☑ salaire (hors prime) : 42 000 euros ☐ honoraires perçus : néant ☐ revenus patrimoniaux : néant ☐ rente viagère : néant ☐ autre : néant
Profil / crédit(s) en cours	**Profil / crédit(s) en cours**
☑ Aucun crédit en cours	☑ Aucun crédit en cours
☐ Crédit à la consommation en cours de ....euros par mois Durée restante : .... (en nombre de mois)	☐ Crédit à la consommation en cours de ....euros par mois Durée restante : .... (en nombre de mois)
☐ Crédit immobilier en cours de ....euros par mois Durée restante : .... (en nombre de mois)	☐ Crédit immobilier en cours de ....euros par mois Durée restante : .... (en nombre de mois)

Annexe 9 - Le courriel de réponse des époux RHONE

de : famillerhone@monmel.com
à : contact@laqueteimmobiliere.fr

Objet : Informations demandées - projet d'achat

Bonjour,

Comme convenu ensemble, nous vous adressons les informations que vous nous avez demandées.
Nous avons bien compris que le calcul du financement était indispensable. Votre conseil en la matière sera précieux car il va nous permettre de déterminer la faisabilité ou non de notre projet d'achat.

Nous avons bien noté qu'au prix de l'appartement s'ajoutaient des frais d'acquisition versés au notaire d'environ 7,25 % de 510 000 euros et que les honoraires d'agence *(soit 3 % de 510 000 euros)* seront aussi à notre charge.

Nous avons donc effectué une simulation bancaire sur internet et nous devrons prendre en plus à notre charge au moment de l'achat 5 000 euros de frais de cautionnement en moyenne sur le prêt et 425 euros de frais de dossier.

Compte tenu de notre profil, le site nous proposait les conditions suivantes :

- un prêt immobilier au taux d'intérêt fixe de 2,20 % par an (hors assurances) ;
- une proposition assurance décès-invalidité au taux de 0,25 % annuel par tête sur le montant à emprunter.

Nos parents effectueront un don familial de 28 000 euros auquel s'ajoutera un héritage de 185 000 euros d'une grande tante. Nous souhaitons aussi ajouter notre épargne personnelle à savoir 15 000 euros.

Nous avons bien réfléchi à tout ce que vous nous avez dit et nous ne souhaitons pas nous endetter à plus de 30 %, assurances comprises et sur une période maximale de 17 ans.

Nous ne souhaitons pas souscrire d'assurance chômage. Nous souscrirons chacun une assurance décès-invalidité à 100 % car nous ne voulons pas prendre de risques.

Nous aimerions connaître le montant de la mensualité pour un emprunt sur 17 ans assurances comprises et ce que vous avez appelé notre taux d'effort final. Pensez-vous que notre projet soit réalisable ?

De plus, pouvez-vous nous expliquer simplement le fonctionnement de ce que vous avez nommé "condition suspensive d'obtention de prêt" et nous indiquer si nous sommes définitivement engagés après la signature de la promesse de vente ?

Nous attendons donc vos réponses et votre proposition de plan de financement.

Bien à vous,

Yohan et Leïla RHONE
06.XX.XX.XX.XX

Annexe 10 - Les mensualités de remboursement pour 10 000 € empruntés à taux fixe (hors assurances)

Taux \ Durées	10 ANS	15 ANS	17 ANS	20 ANS
2,00 %	92,01	64,35	57,86	50,59
2,10 %	92,46	64,81	58,33	51,06
2,20 %	92,91	65,28	58,80	51,54
2,30 %	93,36	65,74	59,27	52,02
2,40 %	93.82	66,21	59,75	52,50
2,50 %	94,27	66,68	60,22	52,99
2,60 %	94,73	67,15	60,70	53,48
2,70 %	95,18	67,62	61,18	53,97
2,80 %	95,64	68,10	61,66	54,46
2,90 %	96,10	68,58	62,15	54,96
3,00 %	96,56	69,06	62,64	55,46

Annexe 11 - La préparation du plan de financement

"LA QUÊTE IMMOBILIÈRE"
170 boulevard Colbert
92330 SCEAUX

À compléter et à rendre avec la copie

Clients : M. et Mme RHONE

Éléments constitutifs du coût d'achat	**Sources de financement**
Total :	Total :

Somme à emprunter :

Revenus mensuels des clients :

☞ **Calcul du montant de la mensualité (hors assurances) :**

☞ **Calcul du coût mensuel de l'assurance décès-invalidité pour les clients :**

☞ **Calcul de la mensualité assurances comprises :**

☞ **Calcul du taux d'effort mensuel des clients (assurances comprises) :**

Projet ⟹ ❍ réalisable ❍ non réalisable

BTS Professions Immobilières		Session 2019
Epreuve E51 Transaction Immobilière	CODE : 19PI51TIM1	Page : 15/15

BREVET DE TECHNICIEN SUPÉRIEUR
PROFESSIONS IMMOBILIÈRES

ÉPREUVE E52
GESTION IMMOBILÈRE

Session 2019

Durée : 3 heures
Coefficient : 3

AGENCE BATIK

Matériels autorisés :
L'usage de tout modèle de calculatrice, avec ou sans mode examen, est autorisé.

Ce sujet comporte deux parties **indépendantes**.
1re partie : Aide à la décision pour un investissement locatif en copropriété .. 35 points
2e partie : Conseil en gestion locative .... 25 points
Total...... 60 points

NB : tous les calculs doivent être justifiés ; toutes vos réponses argumentées.

Dès que le sujet vous est remis, assurez-vous qu'il est complet.
Le sujet se compose de 19 pages, numérotées de 1/19 à 19/19.

Agence Batik
L'agence est située 17 avenue de Colmar à Strasbourg (67). SAS au capital de 100 000 € - RCS de Strasbourg B 312 478 246 SIRET 312 478 241 000068 APE 6832 A N° d'identification TVA FR62 312 478 274 Carte professionnelle n°CPI67 02 2017 000 000 024 ; Mentions : Transaction sur immeubles et fonds de commerce, Gestion Immobilière, Syndic. Carte délivrée par la CCI de Strasbourg Garantie assurée par CGI Assurances – 89 rue de la Boétie – 75008 PARIS

Créée en 1994 par Jean-Paul Tanacher, l'agence Batik offre à sa clientèle une gamme complète de services : transaction, gestion locative et syndic. L'activité d'administration de biens se développe doucement depuis 2 ans ; l'agence cherche encore à augmenter son portefeuille de clients.

Titulaire du BTS « Professions immobilières », vous avez intégré l'agence Batik tout de suite après vos études. Vous partagez votre temps entre la gérance locative et l'administration de copropriétés.

Les services sont peu cloisonnés, aussi est-il courant que vos collègues du service transaction vous adressent certains clients, lorsque ceux-ci s'apprêtent à réaliser un investissement locatif ou à acquérir un bien en copropriété. L'objectif est de les rassurer quant à leur achat, mais également d'obtenir opportunément un mandat de gestion locative, source de revenus réguliers pour l'agence.

Fin avril 2019, votre collègue du service transaction, Mme Arbogast, vous présente le couple Kaplan. Déjà propriétaire de leur résidence principale (en maison individuelle), ce couple, marié sous le régime de la communauté réduite aux acquêts, s'apprête à réaliser son premier investissement locatif. Les négociations sont bien avancées, la signature du compromis devrait se faire dans la semaine. Ils ignorent à peu près tout des obligations du bailleur ainsi que des aspects financiers du fonctionnement d'une copropriété.

Étant donné qu'il s'agit de leur premier investissement, ils se posent légitimement des questions. Votre collègue connaît vos compétences professionnelles. Vous êtes là pour les conseiller au mieux : une vente et un mandat de gestion sont en jeu !

1ère partie - Aide à la décision pour un investissement locatif en copropriété

<u>Situation financière</u>

La résidence Victor Schœlcher dans laquelle se trouve le bien est une copropriété gérée par un confrère, le cabinet Schmitt. En vue de la signature du compromis de vente, Mme Arbogast a réuni les documents qui seront annexés à l'avant-contrat (une partie d'entre eux constitue les annexes de ce sujet).

Votre collègue vous avait dressé un rapide portrait de la copropriété mais vous en prenez plus précisément connaissance lors de l'entretien du 29 avril 2019 avec le couple Kaplan. S'ils ont globalement compris le fonctionnement de la copropriété, quelques interrogations sur sa situation financière et sur leur participation aux charges demeurent.

1.1. Vous donnez votre avis au couple Kaplan sur la situation financière de cette copropriété.

1.2. Vous justifiez le montant des charges porté par Mme Arbogast dans la fiche descriptive du bien en reconstituant les calculs pour le couple Kaplan. Au moment de sa réalisation, seules les données 2017 étaient disponibles.

1.3. Les futurs acquéreurs souhaitent mettre ce bien en location. Vous les aidez à identifier et à évaluer les postes de dépenses qui resteront effectivement à leur charge. Vous informez aussi le couple Kaplan de l'impact qu'auront ces charges sur leur fiscalité.

1.4. L'état des soldes des copropriétaires au 31/12/2018 fait apparaître un solde débiteur dans le compte de M. Parish, l'actuel propriétaire. Vous rassurez les époux Kaplan à l'égard de cette dette.

Travaux en copropriété

Des questions restent en suspens concernant les dépenses liées aux travaux envisagés par le syndicat de copropriété d'une part et par les candidats acquéreurs d'autre part.

Le fonds de travaux a été évoqué par Mme Arbogast mais la négociatrice est restée très évasive dans ses explications.

Par ailleurs, en examinant l'ordre du jour de la convocation à l'assemblée générale du 20 mai 2019, le couple Kaplan a constaté qu'un projet d'installation de caméras de surveillance allait être soumis au vote ; il souhaite prendre part à la décision.

Lors de la visite de l'appartement, le négociateur leur a indiqué que la chaudière individuelle était d'origine (1996) et devait être changée. Le couple envisage l'installation d'un système air-air (climatisation réversible), plus économe en énergie, qui nécessite la présence d'un module extérieur sur la terrasse.

1.5. Vous renseignez les époux Kaplan sur le fonds de travaux et vous les rassurez à ce sujet.

1.6. Vous proposez une solution pour qu'ils puissent participer au vote, si le compromis est signé le 3 mai. Vous évaluez l'impact financier de ces travaux pour le couple Kaplan si l'assemblée générale adopte les résolutions concernant l'installation des caméras.

1.7. Vous renseignez les époux Kaplan sur le statut juridique de la terrasse et sur la faisabilité de leur projet de changement de système de chauffage. Vous faites abstraction des éventuelles autorisations d'urbanisme nécessaires.

2ème partie - Conseil en gestion locative.

La vente s'est bien déroulée, le couple Kaplan, satisfait du travail de l'agence, revient vers vous au cours du mois de juillet. Il est temps de leur proposer un mandat de gestion.

Leurs questions sont nombreuses. Mme Kaplan souhaite avant tout connaître le coût annuel d'une gestion locative assurée par l'agence.

2.1. Vous développez une argumentation succincte en faveur d'une gérance assurée par vos services. En vous appuyant sur le loyer auparavant pratiqué, vous effectuez une simulation des honoraires annuels de gestion, assurance « loyers impayés », option 1, incluse.

Malgré le potentiel du bien, ils ne souhaitent pas faire de location saisonnière touristique. Ils veulent aussi empêcher le futur locataire de sous-louer le bien à des touristes afin d'éviter une dégradation trop rapide de leur bien.

2.2. Vous les rassurez sur le problème lié à la sous-location et vous exposez les risques encourus par le locataire indélicat.

Par ailleurs, inquiets par rapport à la rentabilité de leur investissement, vous les sentez un peu fébriles : ils souhaitent augmenter le loyer de 200 € par mois par rapport à celui antérieurement pratiqué.

2.3. Vous justifiez l'impossibilité de pratiquer cette hausse de loyer. Vous calculez le montant maximum du nouveau loyer.

Enfin, ils ont eu l'occasion de relire le règlement de copropriété, et se demandent dans quelles conditions ils pourront mettre en œuvre l'article 12.

2.4. Vous faites part au couple de votre analyse juridique de l'article 12 du règlement de copropriété.

Vous leur présentez le mandat de gérance utilisé par l'agence. Ils s'interrogent sur la clause de reddition des comptes. Afin d'illustrer vos propos, vous vous munissez d'un exemple de compte rendu de gérance après avoir pris soin de le rendre anonyme. Vous entourez certaines parties du document qui vous paraissent importantes.

2.5. Vous expliquez la logique de ce document. Aucun calcul n'est demandé.

Liste des annexes

Annexes 1-1 à 1-3 - Extraits des annexes financières de la copropriété V. Schœlcher au 31/12/2018

Annexe 2 - Fiche descriptive du bien et renseignements

Annexe 3 - Extraits du règlement de la copropriété V. Schœlcher

Annexe 4 - Consommations d'eau de la copropriété

Annexe 5 – Extrait de l'article 23 de la loi du 6 juillet 1989 tendant à améliorer les rapports locatifs

Annexe 6 - Article 20 de la loi du 10 juillet 1965 fixant le statut de la copropriété des immeubles bâtis

Annexe 7 - Projets de résolutions de l'AG du 20 mai 2019

Annexe 8 - Extraits de la loi du 10 juillet 1965

Annexe 9 - Honoraires de l'agence Batik

Annexe 10 - Caractéristiques du contrat de bail signé par M. Parish avec l'ancienne locataire, Mme Sappa

Annexe 11 - Tableau INSEE – Indice de révision des loyers

Annexe 12 - Décret du 28 juin 2018 relatif à l'évolution de certains loyers dans le cadre d'une nouvelle location ou d'un renouvellement de bail, pris en application de l'article 18 de la loi du 6 juillet 1989

Annexe 13 - Article 8 de la loi du 6 juillet 1989 tendant à améliorer les rapports locatifs

Annexe 14 - Extrait du mandat de gérance utilisé par l'agence

Annexe 15 - Un exemple de relevé de gérance

Annexe 1-1 - Extraits des annexes financières de la copropriété V. Schœlcher au 31/12/2018

Syndicat des Copropriétaires
Résidence Victor Schoelcher
18 rue Schubert

État financier après répartition au 31/12/18

Cabinet SCHMITT
20/04/2019

I - SITUATION FINANCIÈRE ET TRÉSORERIE

	Exercice précédent approuvé	Exercice clos		Exercice précédent approuvé	Exercice clos
Trésorerie			**Provisions et avances**		
50 Fonds placés	2 000,00 €	4 100,00 €	105 Fonds de travaux	2 000,00 €	4 100,00 €
51 Banques ou fonds disponibles en banque	8 341,22 €	8 152,59 €	1031 Avances de trésorerie	6 800,00 €	6 800,00 €
			1032 Avances travaux		
53 Caisse			1033 Autres avances		
			131 Subventions en instance d'affectation		
			12 Solde en attente sur travaux ou opérations exceptionnelles		
Trésorerie disponible total (I)	10 341,22 €	12 252,59 €	Total (I)	8 800,00 €	10 900,00 €

II - CRÉANCES	Exercice précédent approuvé	Exercice clos	**DETTES**	Exercice précédent approuvé	Exercice clos
45 Copropriétaires - Sommes exigibles restant à recevoir	575,05 €	1 535,31 €	45 Copropriétaires - excédents versés	399,63 €	207,13 €
459 Copropriétaires - Créances douteuses	0,00 €	0,00 €			
			Comptes de Tiers		
Comptes de tiers			40 Fournisseurs	1 716,64 €	2 680,77 €
42 à 44 Autres créances			42 à 44 Autres dettes		
46 Débiteurs divers			46 Créditeurs divers		
47 Compte d'attente			47 Compte d'attente		
48 Comptes de régularisation			48 Comptes de régularisation		
			49 Dépréciation des comptes de tiers		
Total (II)	575,05 €	1 535,31 €	Total (II)	2 116,27 €	2 887,90 €
Total général (I) + (II)	10 916,27 €	13 787,90 €	Total général (I) + (II)	10 916,27 €	13 787,90 €
			Emprunts : montant restant dû		

Annexe 1-2 - Extraits des annexes financières de la copropriété V. Schœlcher au 31/12/2018

Syndicat des Copropriétaires
Résidence Victor Schoelcher
18 rue Schubert
67000 Strasbourg

Compte de gestion pour opérations courantes de l'exercice clos réalisé 2018 (N)
et budgets prévsionnels des exercices N+1 et N+2

Cabinet SCHMITT
20/04/2019

	CHARGES POUR OPÉRATIONS COURANTES				
	Pour approbation des comptes			Pour le vote du budget prévisionnel	
	Exercice précédent approuvé	Exercice clos budget	Exercice des soldes à approuver	Budget prévisionnel à voter	Budget prévisionnel à voter
	2017	2018	2018	2019	2020
PC1 - Charges communes générales					
602 EDF	264,14 €	300,00 €	312,78 €	300,00 €	310,00 €
615 Petits travaux d'entretien	647,65 €				
615 Entretien courant espaces verts	7 009,75 €	7 700,00 €	7 294,14 €	7 700,00 €	7 700,00 €
616 Assurance	1 569,63 €	1 674,00 €	1 673,30 €	1 797,00 €	1 920,00 €
621 Honoraires de Syndic	6 987,50 €	7 200,00 €	7 200,00 €	7 200,00 €	7 350,00 €
6213 Affranchissement	182,00 €	180,00 €	179,30 €	180,00 €	180,00 €
TOTAL - PC1	**16 660,67 €**	**17 054,00 €**	**16 659,52 €**	**17 177,00 €**	**17 460,00 €**
PC2 - Charges spécifiques Escalier A					
602 EDF	654,45 €	800,00 €	702,65 €	800,00 €	800,00 €
611 Nettoyage des locaux	2 129,64 €	2 600,00 €	2 600,00 €	2 700,00 €	2 700,00 €
615 Petits travaux	112,19 €	200,00 €	76,94 €	200,00 €	200,00 €
TOTAL - PC2	**2 896,28 €**	**3 600,00 €**	**3 379,59 €**	**3 700,00 €**	**3 700,00 €**
PC3 - Charges spécifiques Escalier B					
602 EDF	597,03 €	700,00 €	703,46 €	700,00 €	700,00 €
611 Nettoyage des locaux	2 129,64 €	2 600,00 €	2 600,00 €	2 700,00 €	2 700,00 €
615 Petits travaux	18,64 €	200,00 €	203,42 €	200,00 €	200,00 €
TOTAL - PC3	**2 745,31 €**	**3 500,00 €**	**3 506,88 €**	**3 600,00 €**	**3 600,00 €**
PC4 - Charges spécifiques Ascenseur A					
602 EDF	225,84 €	300,00 €	237,74 €	300,00 €	300,00 €
614 Contrats de maintenance (récupérable)	1 347,18 €	1 210,00 €	1 445,09 €	1 320,00 €	1 450,00 €
TOTAL - PC4	**1 573,02 €**	**1 510,00 €**	**1 682,83 €**	**1 620,00 €**	**1 750,00 €**
PC5 - Charges spécifiques Ascenseur B					
602 EDF	214,39 €	200,00 €	165,68 €	200,00 €	280,00 €
614 Contrats de maintenance (récupérable)	1 380,02 €	1 240,00 €	1 479,25 €	1 390,00 €	1 460,00 €
615 Fournitures	6,30 €				
TOTAL - PC5	**1 600,71 €**	**1 440,00 €**	**1 644,93 €**	**1 590,00 €**	**1 740,00 €**
PC6 - Charges spécifiques Parking					
602 EDF	477,77 €	500,00 €	483,64 €	500,00 €	500,00 €
615 Petits travaux	117,35 €	200,00 €	80,65 €	150,00 €	150,00 €
TOTAL - PC6	**595,12 €**	**700,00 €**	**564,29 €**	**650,00 €**	**650,00 €**
Charges d'eau froide					
601 Eau individuelle	12 993,75 €	13 000,00 €	14 643,31 €	13 200,00 €	13 500,00 €
TOTAL - Eau Froide	**12 993,75 €**	**13 000,00 €**	**14 643,31 €**	**13 200,00 €**	**13 500,00 €**
PARTS EGALES APPARTEMENTS					
613 Location compteurs eau	765,00 €	790,00 €	788,35 €	790,00 €	800,00 €
TOTAL PARTS EGALES APPARTEMENTS	**765,00 €**	**790,00 €**	**788,35 €**	**790,00 €**	**800,00 €**
TOTAL CHARGES NETTES	**39 829,86 €**	**41 594,00 €**	**42 869,70 €**	**42 327,00 €**	**43 200,00 €**
Provisions copropriétaires	40 500,00 €	41 594,00 €	41 594,00 €		
Solde (excédent ou insuffisance d'opérations courantes affecté aux copropriétaires)	**670,14 €**		**-1 275,70 €**		

Annexe 1-3 - Extraits des annexes financières de la copropriété V. Schœlcher au 31/12/2018

Syndicat des Copropriétaires
Résidence Victor Schoelcher
18 rue Schubert
67000 Strasbourg

Etat des soldes des copropriétaires au 31/12/2018 (extrait)

Cabinet SCHMITT
20/04/2019

Nom du copropriétaire	Solde du copropriétaire à la date de fin d'exercice		Solde charges en attente d'imputation		Solde en tenant compte du solde des charges (sous réserve d'approbation par l'AG)	
	Solde débiteur	Solde créditeur	Débit	Crédit	Solde débiteur	Solde créditeur
…	…	…	…	…	…	…
Parish	17,23 €		255,55 €		272,78 €	
…	…	…	…	…	…	…
TOTAL	**259,61 €**	**207,13 €**	**1 275,70 €**	**- €**	**1 535,31 €**	**207,13 €**

Annexe 2 - Fiche descriptive du bien et renseignements complémentaires

Texte pour l'annonce

Bien exceptionnel ! - Appartement récent –Strasbourg – Orangerie – 96 m²

Cet appartement de trois pièces situé dans le quartier de l'Orangerie est en très bon état. Au quatrième et dernier étage d'une résidence de standing, il comporte un salon avec terrasse (60 m²), vous offrant une vue dégagée plein sud, une cuisine entièrement équipée, et deux chambres. Une cave vient compléter ce bien. N'hésitez pas à nous contacter pour venir le visiter, et découvrir son environnement très agréable. Bien soumis au statut de la copropriété, l'ensemble comprenant 25 lots principaux (sur un total de 75).

Montant des charges : ***2 339,69 €/an***

Année de construction : 1996	Étage : 4, Escalier : A, Ascenseur : A.
Chambres : 2	Pièces : 3
Cave : oui	Salle de bains : 1
Type de chauffage : individuel au gaz.	Terrasse : 1 (60 m²)
Orientation : Sud	Vue : oui
Émissions de gaz à effet de serre : 11 kgeqCO2/m²/an – Classement C	Consommations énergétiques : 224 kWhEP/m²/an – Classement D

Informations complémentaires

La copropriété est constituée de 25 lots à usage exclusif d'habitation. La copropriété est formée d'un seul bâtiment mais dispose de deux entrées distinctes desservant les cages d'escalier A et B. Tous les appartements ainsi que les caves sont accessibles par ascenseur. Les garages sont situés dans des box individuels extérieurs. Les lots sont tous équipés de compteurs individuels d'eau froide, l'eau chaude sanitaire est produite à l'aide de ballons électriques individuels.

Les lots, objets de la mutation, portent les numéros **12, 37.**

Arguments vendeur

Appartement aux belles dimensions, dans une résidence de standing, un marché locatif dynamique, la proximité des institutions européennes. Une location meublée en tant que résidence principale paraît assez pertinente.

La ville de Strasbourg et ce quartier en particulier sont aussi très prisés des touristes. Ils affluent par milliers chaque année lors du marché de Noël et ils peinent alors à se loger. Comme dans beaucoup d'autres villes, la location de courte durée entre particuliers via des sites de mise en relation en ligne s'est développée.

Pour mémoire : le bien se trouve dans l'agglomération strasbourgeoise, en **zone tendue**.

Annexe 3 - Extraits du règlement de la copropriété V. Schœlcher

SECTION II – DÉFINITION DES PARTIES COMMUNES

1°) PARTIES COMMUNES GÉNÉRALES

[...]

Article 3.

Constituent des parties communes générales, les parties de l'immeuble qui sont affectées à l'usage ou à l'utilité de tous les copropriétaires ou de plusieurs d'entre eux (sous réserve de ce qui est dit ci-après au II), ainsi que les droits qui leur sont accessoires.

Elles comprennent, notamment, sans que cette énonciation soit limitative :

I.

La totalité du sol bâti et non bâti du terrain, tel que désigné au chapitre I ci-dessus.

S'il y a lieu, les clôtures en tant qu'elles dépendent de la copropriété.

Les mitoyennetés d'avec les immeubles voisins.

[...]

III.

[...]

4. Les couvertures, toitures, dalle en plate-forme, terrasses (même si elles sont affectées à l'usage exclusif d'un seul copropriétaire) sous réserve de ce qui est dit ci-après à la Section IV - article 6 - II ;

5. Les ornementations, décorations, éléments extérieurs des façades, les balcons (même s'ils sont affectés à l'usage exclusif d'un copropriétaire) sous réserve de ce qui est dit ci-après à la Section IV - article 6 - II, les balustrades, barres d'appui, garde-corps ou parapets des fenêtres, balcons ou terrasses en béton, pierre, briques ou métal ;

6. Les planchers à l'exclusion des revêtements des sols et des plafonds des parties privatives ;

[...]

SECTION IV - DISPOSITIONS DIVERSES

Article 6.

[...]

II. Les terrasses, balcons et, s'il y a lieu, loggias, même s'ils sont en tout ou en partie réservés à l'usage exclusif d'un copropriétaire, n'en sont pas moins des parties communes.

Seuls, les revêtements superficiels des sols des terrasses, balcons et assimilés constitueront des parties privatives pour les espaces réservés à l'usage exclusif d'un copropriétaire, leurs autres éléments (y compris ceux assurant, éventuellement, leur étanchéité), constituant des parties communes. Les dépenses relatives aux terrasses parties communes à usage privatif exclusif seront à la charge des copropriétaires bénéficiaires à la seule exception des "frais de grosses réparations".

[...]

Article 12 - Locations

Le bailleur donnera à son locataire connaissance du règlement de copropriété et lui fera souscrire l'engagement de s'y conformer à peine de résiliation du bail de plein droit après une mise en demeure restée sans effet plus de quinze jours.

[...]

État descriptif de division (extrait)

N°lot	Description du lot	Tantièmes généraux PC1	Tantièmes Escalier A PC2	Tantièmes Escalier B PC3	Tantièmes ascenseur A PC4	Tantièmes ascenseur B PC5	Tantièmes parking PC6
1	Appartement	340	34		510		
...	...	...	...	...	...	...	...
12	Appartement	700	70		1 700		
13	Appartement	250		25		250	
14	Appartement	300		30		300	
15	Appartement	560		56		560	
...	...	...	...	...	...	...	...
25	Appartement	650		82		812	
26	Cave	40	4		40		
...	...	...	...	...	...	...	...
35	Cave	40	4		40		
36	Cave	40	4		40		
37	Cave	40	4		40		
38	Cave	40		4		40	
39	Cave	40		4		40	
...	...	...	...	...	...	...	...
60	Parking - Box	10					40
61	Parking - Box	10					40
62	Parking - Box	10					40
63	Parking - Box	10					40
64	Parking - Box	10					40
...	...	...	...	...	...	...	...
Totaux		10 000	1 000	1 000	8 000	8 000	1 000

Annexe 4 - Consommations d'eau de la copropriété

Les consommations d'eau de la copropriété V. Schœlcher sont les suivantes :

	Pour l'immeuble			Pour le lot n°12		
	Réalisé 2017	**Prévu 2018**	**Réalisé 2018**	**Réalisé 2017**	**Prévu 2018**	**Réalisé 2018**
En m^3	3 375	3 400	3 384	135	135	153

Remarque : seuls les lots à usage d'habitation disposent d'un compteur d'eau individuel.

Annexe 5 – Extrait de l'article 23 de la loi du 6 juillet 1989 tendant à améliorer les rapports locatifs

Les charges récupérables, sommes accessoires au loyer principal, sont exigibles sur justification en contrepartie :

1° Des services rendus liés à l'usage des différents éléments de la chose louée ;

2° Des dépenses d'entretien courant et des menues réparations sur les éléments d'usage commun de la chose louée. Sont notamment récupérables à ce titre les dépenses engagées par le bailleur dans le cadre d'un contrat d'entretien relatif aux ascenseurs et répondant aux conditions de l'article L. 125-2-2 du code de la construction et de l'habitation, qui concernent les opérations et les vérifications périodiques minimales et la réparation et le remplacement de petites pièces présentant des signes d'usure excessive ainsi que les interventions pour dégager les personnes bloquées en cabine et le dépannage et la remise en fonctionnement normal des appareils ;

3° Des impositions qui correspondent à des services dont le locataire profite directement.

La liste de ces charges est fixée par décret en Conseil d'État.
[...]

Annexe 6 - Article 20 de la loi du 10 juillet 1965 fixant le statut de la copropriété des immeubles bâtis

I.- Lors de la mutation à titre onéreux d'un lot, et si le vendeur n'a pas présenté au notaire un certificat du syndic ayant moins d'un mois de date, attestant qu'il est libre de toute obligation à l'égard du syndicat, avis de la mutation doit être donné par le notaire au syndic de l'immeuble par lettre recommandée avec avis de réception dans un délai de quinze jours à compter de la date du transfert de propriété. Avant l'expiration d'un délai de quinze jours à compter de la réception de cet avis, le syndic peut former au domicile élu, par acte extrajudiciaire, opposition au versement des fonds dans la limite ci-après pour obtenir le paiement des sommes restant dues par l'ancien propriétaire. Cette opposition contient élection de domicile dans le ressort du tribunal de grande instance de la situation de l'immeuble et, à peine de nullité, énonce le montant et les causes de la créance. Le notaire libère les fonds dès l'accord entre le syndic et le vendeur sur les sommes restant dues. À défaut d'accord, dans un délai de trois mois après la constitution par le syndic de l'opposition régulière, il verse les sommes retenues au syndicat, sauf contestation de l'opposition devant les tribunaux par une des parties. Les effets de l'opposition sont limités au montant ainsi énoncé.

Tout paiement ou transfert amiable ou judiciaire du prix opéré en violation des dispositions de l'alinéa précédent est inopposable au syndic ayant régulièrement fait opposition.

L'opposition régulière vaut au profit du syndicat mise en œuvre du privilège mentionné à l'article 19-1.

II.-Préalablement à l'établissement de l'acte authentique de vente d'un lot ou d'une fraction de lot, le cas échéant après que le titulaire du droit de préemption instauré en application du dernier alinéa de l'article L. 211-4 du code de l'urbanisme a renoncé à l'exercice de ce droit, le notaire notifie au syndic de la copropriété le nom du candidat acquéreur ou le nom des mandataires sociaux et des associés de la société civile immobilière ou de la société en nom collectif se portant acquéreur, ainsi que le nom de leurs conjoints ou partenaires liés par un pacte civil de solidarité.

Dans un délai d'un mois, le syndic délivre au notaire un certificat datant de moins d'un mois attestant :

1° Soit que l'acquéreur ou les mandataires sociaux et les associés de la société se portant acquéreur, leurs conjoints ou partenaires liés à eux par un pacte civil de solidarité ne sont pas copropriétaires de l'immeuble concerné par la mutation ;

2° Soit, si l'une de ces personnes est copropriétaire de l'immeuble concerné par la mutation, qu'elle n'a pas fait l'objet d'une mise en demeure de payer du syndic restée infructueuse depuis plus de quarante-cinq jours.

Si le copropriétaire n'est pas à jour de ses charges au sens du 2° du présent II, le notaire notifie aux parties l'impossibilité de conclure la vente.

Dans l'hypothèse où un avant-contrat de vente a été signé préalablement à l'acte authentique de vente, l'acquéreur ou les mandataires sociaux et les associés de la société se portant acquéreur, leurs conjoints ou partenaires liés à eux par un pacte civil de solidarité, dont les noms ont été notifiés par le notaire, disposent d'un délai de trente jours à compter de cette notification pour s'acquitter de leur dette vis-à-vis du syndicat. Si aucun certificat attestant du règlement des charges n'est produit à l'issue de ce délai, l'avant-contrat est réputé nul et non avenu aux torts de l'acquéreur.

Annexe 7 - Projets de résolutions de l'AG du 20 mai 2019

Projets de résolutions(extrait)

[...]

Neuvième résolution

Mise en place d'une caméra de vidéosurveillance dans les parties communes.

9.1. Réalisation des travaux

Les copropriétaires concernés, après avoir pris connaissance des conditions essentielles du devis ALSACE TÉLÉSÉCURITÉ notifié, ainsi que l'avis du conseil syndical :

- ⇨ Décident de procéder à la mise en place d'une caméra de vidéosurveillance dans les parties communes
- ⇨ Retiennent la proposition présentée par l'entreprise ALSACE TÉLÉSÉCURITÉ s'élevant à 2 160 € TTC (Taux de TVA normal : 20%)

9.2 Honoraires sur travaux hors du budget prévisionnel et de la gestion courante

Les copropriétaires concernés décident conformément à l'article 18-1-a de la loi du 10/07/1965, que les honoraires du Syndic pour le suivi, la gestion financière, administrative et comptable des travaux s'élèvent à 3% TTC du montant des travaux votés en Assemblée Générale.

9.3 Répartition de la dépense

Les copropriétaires concernés décident que le coût des travaux sera réparti selon les tantièmes généraux attachés aux lots concernés par la dépense.

9.4 Appel de fonds et date d'exigibilité

Les copropriétaires concernés autorisent le syndic à procéder aux appels de fonds correspondants au 3e trimestre 2019, de telle manière qu'il soit en mesure de régler la situation de l'entreprise, et conviennent que la provision correspondante sera exigible au 01/07/2019.

Dixième résolution

Mise en place d'une caméra de vidéosurveillance dans le hall d'entrée A.

10.1. Réalisation des travaux

Les copropriétaires concernés, après avoir pris connaissance des conditions essentielles du devis ALSACE TÉLÉSÉCURITÉ notifié, ainsi que l'avis du conseil syndical :

- ⇨ Décident de procéder à la mise en place d'une caméra de vidéosurveillance dans le hall d'entrée A ;
- ⇨ Retiennent la proposition présentée par l'entreprise ALSACE TÉLÉSÉCURITÉ s'élevant à 1296€ TTC (Taux de TVA normal : 20%)

10.2 Honoraires sur travaux hors du budget prévisionnel et de la gestion courante

Les copropriétaires concernés décident conformément à l'article 18-1-a de la loi du 10/07/1965, que les honoraires du Syndic pour le suivi, la gestion financière, administrative et comptable des travaux s'élèvent à 3% TTC du montant des travaux votés en Assemblée Générale.

10.3 Répartition de la dépense

Les copropriétaires concernés décident que le coût des travaux sera réparti selon les tantièmes « Escalier A » attachés aux lots concernés par la dépense.

10.4 Appel de fonds et date d'exigibilité

Les copropriétaires concernés autorisent le syndic à procéder aux appels de fonds correspondants au 3e trimestre 2019, de telle manière qu'il soit en mesure de régler la situation de l'entreprise, et conviennent que la provision correspondante sera exigible au 01/07/2019.

[...]

Annexe 8 - Extraits de la loi du 10 juillet 1965

Loi n° 65-557 du 10 juillet 1965 fixant le statut de la copropriété des immeubles bâtis
Chapitre I : Définition et organisation de la copropriété.

Article 2

Sont privatives les parties des bâtiments et des terrains réservées à l'usage exclusif d'un copropriétaire déterminé. Les parties privatives sont la propriété exclusive de chaque copropriétaire.

Article 3

Sont communes les parties des bâtiments et des terrains affectées à l'usage ou à l'utilité de tous les copropriétaires ou de plusieurs d'entre eux.
Dans le silence ou la contradiction des titres, sont réputées parties communes :

- le sol, les cours, les parcs et jardins, les voies d'accès ;
- le gros œuvre des bâtiments, les éléments d'équipement commun, y compris les parties de canalisations y afférentes qui traversent des locaux privatifs ;
- les coffres, gaines et têtes de cheminées ;
- les locaux des services communs ;
- les passages et corridors.

[…]

Article 25

Ne sont adoptées qu'à la majorité des voix de tous les copropriétaires les décisions concernant :

a) Toute délégation du pouvoir de prendre l'une des décisions visées à l'article 24, ainsi que, lorsque le syndicat comporte au plus quinze lots à usage de logements, de bureaux ou de commerces, toute délégation de pouvoir concernant la mise en application et le suivi des travaux et contrats financés dans le cadre du budget prévisionnel de charges. Dans ce dernier cas, les membres du conseil syndical doivent être couverts par une assurance de responsabilité civile ;

b) L'autorisation donnée à certains copropriétaires d'effectuer à leurs frais des travaux affectant les parties communes ou l'aspect extérieur de l'immeuble, et conformes à la destination de celui-ci ;

c) La désignation ou la révocation du ou des syndics et des membres du conseil syndical ;

[…]

Annexe 9 - Honoraires de l'agence Batik

À la charge du Mandant :

- **Honoraires de gestion courante** (prélevés sur chaque relevé de compte) :
  5 % HT (6 % TTC) des montants encaissés (loyers + charges).
- **Prestations supplémentaires** (selon tarifs du cabinet et régulièrement révisables)
  - **Aide aux déclarations des revenus fonciers**, sur demande du Mandant :
    - Envoi de l'état récapitulatif annuel relatif à la déclaration des revenus fonciers : OFFERT
    - Réception du mandant à l'agence ½ heure : 25.20 TTC
  - **Assurance « loyers impayés »** : selon modalités du contrat d'assurance Locapolis +
    - Option 1 : Loyers impayés, dégradations et protection juridique : 1,90 % du montant du loyer et des charges.
    - Option 2 : Garanties option 1 + vacance locative : 3,60 % du montant du loyer et des charges.
  - **Assurance « Propriétaire Non Occupant »** (PNO)
    Prime annuelle : 76 € (prorata mensuel pour toute adhésion en cours d'année)
- **Honoraires de location et de rédaction du bail** (en cas de locations nouvelles)
  9 % HT (10.80 % TTC) du loyer annuel (hors charges)
  Partagés par moitié entre le bailleur et le locataire pour les locations assujetties à la loi n°89-462 du 06/07/1989. Dans la limite des plafonds fixés par la loi ALUR.

Annexe 10 - Caractéristiques du contrat de bail signé par M. Parish avec l'ancienne locataire, Mme Sappa

Locataire : Mme Marie Sappa.
Date de signature du contrat de bail : 18 avril 2010.
Location nue à titre de résidence principale.
Date de résiliation du bail : 15 juin 2018.
Montant du dernier loyer mensuel pratiqué : 1 750 €
Montant des provisions pour charges : 230 €/mois
Le bail contenait une clause de révision des loyers. Date de la révision annuelle : 1er mai, IRL de référence du 1er trimestre
Date de la dernière révision pratiquée : 1er mai 2017.

Remarques : L'agglomération strasbourgeoise se situe en zone tendue au sens de l'article 18 de la loi n°89-462 du 6 juillet 1989.

Le loyer pratiqué n'est pas manifestement sous-évalué par rapport au marché. Monsieur Parish n'a réalisé aucun travaux d'amélioration ces derniers mois.

Annexe 11 - Tableau INSEE – Indice de révision des loyers

Référence 100 au 4e trimestre 1998

	Valeur	Évolution annuelle (T/T-4) en %
2016 T1	125,26	+0,06
2016 T2	125,25	0,00
2016 T3	125,33	+0,06
2016 T4	125,50	+0,18
2017 T1	125,90	+0,51
2017 T2	126,19	+0,75
2017 T3	126,46	+0,90
2017 T4	126,82	+1,05
2018 T1	127,22	+1,05
2018 T2	127.77	+1,25
2018 T3	128,45	+1,57
2018 T4	128,90*	+1,64*
2019 T1	129.24*	+1.59*

**données estimées par les auteurs du sujet.*

Annexe 12 - Décret du 28 juin 2018 relatif à l'évolution de certains loyers dans le cadre d'une nouvelle location ou d'un renouvellement de bail, pris en application de l'article 18 de la loi du 6 juillet 1989[1]

(1) Cet article 18 définit les zones locatives dites « tendues ».

Article 2

La présente section est applicable aux logements vacants définis, au sens du présent décret, comme étant des logements inoccupés proposés à la location.
Sont toutefois exclus du champ d'application de la présente section les logements vacants suivants :

a) Les logements faisant l'objet d'une première location ;
b) Les logements inoccupés par un locataire depuis plus de dix-huit mois.

Article 3

Lorsqu'un logement vacant fait l'objet d'une nouvelle location, le loyer du nouveau contrat de location ne peut excéder le dernier loyer appliqué au précédent locataire.

Si aucune révision de loyer n'est intervenue au cours des douze mois précédant la conclusion du nouveau contrat de location, le loyer appliqué au nouveau locataire ne peut excéder le dernier loyer appliqué au précédent locataire révisé en fonction de la variation de l'indice de référence des loyers mentionnée au deuxième alinéa du I de l'article 17-1 de la loi du 6 juillet 1989 susvisée. La date de référence à prendre en compte pour cette révision est celle du dernier indice publié à la date de signature du nouveau contrat de location.

Article 4

Par dérogation aux dispositions de l'article 3, le loyer du nouveau contrat de location peut être réévalué dans les conditions et les limites suivantes :

1° Lorsque le bailleur a réalisé, depuis la conclusion du contrat de location initial avec le précédent locataire ou, au cas où le bail a été renouvelé, depuis son dernier renouvellement, des travaux d'amélioration ou de mise en conformité avec les caractéristiques de décence définies en application des premier et deuxième alinéas de l'article 6 de la loi du 6 juillet 1989 susvisée, portant sur les parties privatives ou sur les parties communes pour un montant au moins égal à la moitié de la dernière année de loyer, la hausse du loyer annuel ne peut excéder 15 % du coût réel des travaux toutes taxes comprises ;

2° Lorsque le dernier loyer appliqué au précédent locataire est manifestement sous-évalué, la hausse du nouveau loyer ne peut excéder la moitié de la différence entre le montant d'un loyer déterminé par référence aux loyers habituellement constatés dans le voisinage pour des logements comparables et le dernier loyer appliqué au précédent locataire, révisé dans les limites prévues à l'article 3 ;

3° Le loyer relatif à un logement qui a fait l'objet depuis moins de six mois de travaux d'amélioration d'un montant au moins égal à la dernière année de loyer peut être librement réévalué.

Annexe 13 - Article 8 de la loi du 6 juillet 1989 tendant à améliorer les rapports locatifs

Article 8

Le locataire ne peut ni céder le contrat de location, ni sous-louer le logement sauf avec l'accord écrit du bailleur, y compris sur le prix du loyer. Le prix du loyer au mètre carré de surface habitable des locaux sous-loués ne peut excéder celui payé par le locataire principal. Le locataire transmet au sous-locataire l'autorisation écrite du bailleur et la copie du bail en cours.

En cas de cessation du contrat principal, le sous-locataire ne peut se prévaloir d'aucun droit à l'encontre du bailleur ni d'aucun titre d'occupation.

Les autres dispositions de la présente loi ne sont pas applicables au contrat de sous-location.

Annexe 14 - Extrait du mandat de gestion utilisé par l'agence

Reddition des comptes

Conformément à l'article 66 du décret n°72 687 du 20 juillet 1972, le compte-rendu de la gestion devra être délivré au mandant dans les conditions prévues ci-dessous, et au moins une fois l'an, en un relevé détaillé des opérations de gérance. Les comptes seront soldés, déduction faite des avances et frais occasionnés pour l'exécution du présent mandat, lesquels restent à la charge du mandant.

Fréquence des comptes-rendus de gestion : tous les trimestres.

Le mandant souhaite consulter son compte client via l'Extranet : OUI – ~~NON~~ rayer la mention inutile

Modalités de règlement : virement mensuel du montant restant.

Annexe 15 - Un exemple de relevé de gérance

Relevé de gérance

Mor[illegible] h
5 ru[illegible]
681[illegible]

N° de compte 4
Libellé O[illegible]
Période du 01/04/2018 au 30/06/2018

IMMEUBLE - 35, route de Neuf-Brisach COLMAR	Détail	Dépenses	Recettes
Lot 003 Appartement			
er entré le 14/05/2015 révisé le 01/05/2018			
Dépôt de garantie détenu par vos soins : 510 €			
11/04/2018			
Loyer avril 2018 FUC[illegible]	510,00 €		
Provisions/Charges Avril 2018 FUC[illegible]	60,00 €		
Sous-total des mouvements			**570,00 €**
10/05/2018			
Loyer mai 2018 FU[illegible]	510,29 €		
Provisions/Charges Mai 2018 FU[illegible]	59,71 €		
Sous-total des mouvements			**570,00 €**
10/06/2018			
Loyer juin 2018 F[illegible]	510,29 €		
Provisions/Charges juin 2018 FU[illegible]	59,71 €		
Sous-total des mouvements			**570,00 €**
Dépenses de l'immeuble			
04/04/2018 Syndicat des cop. TORE Appel de fonds 2e trimestre 2018		266,93 €	
30/04/2018 Honoraires de gestion Avril 2018 (570 * 5%)		28,50 €	
30/04/2018 TVA sur honoraires de gestion Avril 2018		5,70 €	
30/04/2018 Assurance Opt2 - L.I. Avril 2018(570*3,60%)		20,52 €	
31/05/2018 Honoraires de gestion Mai 2018 (570 * 5%)		28,50 €	
31/05/2018 TVA sur honoraires de gestion Mai 2018		5,70 €	
31/05/2018 Assurance Opt2- L.I. Mai 2018(570*3,60%)		20,52 €	
30/06/2018 Honoraires de gestion Juin 2018 (570 * 5%)		28,50 €	
30/06/2018 TVA sur honoraires de gestion Juin 2018		5,70 €	
30/06/2018 Assurance Opt2 - L.I. Juin 2018 (570*3,60%)		20,52 €	
TOTAL immeuble		**431,09 €**	**1 710,00 €**
	Solde	**1 278,91 €**	

RECAPITULATIF DU COMPTE	Détail	Dépenses	Recettes
Récapitulatif par immeuble			
IMMEUBLE - 35, route de Neuf-Brisach COLMAR			1 278,91 €
Versements effectués et autres mouvements			
12/04/2018 Virement BATIK Gestion		248,35 €	
12/05/2018 Virement BATIK Gestion		515,28 €	
15/06/2018 Virement BATIK Gestion		515,28 €	
Pour mémoire, récapitulatif dépôt de garantie			
Détenu par vos soins	510,00 €		
TOTAL du compte		**1 278,91 €**	**1 278,91 €**
	Solde	**0,00 €**	

Corrigé – E1. Culture générale et expression

SYNTHÈSE

Remarques

- Il s'agit d'un corpus très classique, avec trois textes et un document iconographique.
- Les documents sont plutôt récents, entre 2014 et 2018, à l'exception du texte littéraire de J. Giono, daté de 1938. Il faudra donc veiller à ne pas négliger ce texte, qui présente une double difficulté : par son année de parution et la réalité sociale qu'il évoque, déconnectée des autres textes, d'abord ; par l'histoire singulière du père de J. Giono qu'il présente, ensuite.
- Le dernier document, dessin humoristique, ne devra pas être oublié non plus : souvent, les documents iconographiques sont beaucoup moins exploités que les autres, ce qui est une erreur méthodologique.

Tableau synoptique

Émilie DAUDEY et Sandra HOIBIAN, « La société collaborative, mythe et réalité », CREDOC, *Cahier de recherches n° 313* – étude (2014)	Emmanuelle ANDREANI-FACCHIN et Antoine MESTRES, « Coworking mode d'emploi », *Society* – article (juillet 2018)	Jean GIONO, *Lettre aux paysans sur la pauvreté et la paix* – lettre ouverte/essai (1938)	Rémi MALINGREY, dessin sur le co-voiturage, *Libération* – dessin humoristique (décembre 2014)	Pistes de réflexion
• multiplication des pratiques collaboratives • pratiques bénéfiques pour le tissu social et l'environnement, qui permettent une autre voie que la logique capitaliste • mais pratiques qui relèvent de l'engouement passager et d'un modèle de consommation traditionnelle déguisé • pratiques qui supposent don de soi (temps, argent, compétences) : elles impliquent une démarche solidaire • mais qui sont surtout vues comme une pratique financièrement intéressante • les participants recherchent du lien mais il s'agit souvent d'une relation superficielle et limitée à un seul échange.	• dans l'espace retenu comme exemple, tout est pensé pour le confort des participants et pour favoriser l'échange entre eux • mais la proximité des autres est souvent vécue comme une contrainte, un dérangement, sans la création d'un groupe familier • nombreuses stratégies mises en place pour éviter les autres et les contraintes que leur présence génère. • réel intérêt : éviter le travail en solitaire chez soi et se rassurer en constatant les difficultés similaires des autres.	• travail en solitaire et en autonomie totale de l'artisan • artisan mène à bien complètement la réalisation du travail : grande autonomie • cette autonomie permet une totale liberté dans les choix de vie, essentiels ou plus anecdotiques • le travail de l'ouvrier, pris dans un ensemble et dépendant des autres, est aliénant • l'ouvrier ne maîtrise rien, dans son travail comme dans sa vie personnelle • le partage du travail n'a rien d'un progrès : elle réduit l'individu à un rouage et le prive de toute liberté.	• le co-voiturage est une pratique positive : la plupart des participants semblent épanouis • grande diversité des participants : âge, sexe, activités (guitare) • Diversité de réaction aussi : beaucoup de visages souriants, mais d'autres aussi plus fermés, jusqu'à l'abstraction de celui qui ferme les yeux • la caricature souligne l'inconfort : voiture surchargée, nombre de passagers beaucoup trop important pour la taille du véhicule • dimension financière : un passager brandit un billet de banque.	• pratiques collaboratives en plein essor • phénomène de mode ? • pratiques axées sur l'idée d'échange • mais communication/ partage illusoires • pratiques solidaires et responsables • intérêt financier • pratiques aliénantes

Problématique retenue

Les pratiques collaboratives constituent-elles un réel progrès ou une illusion de progrès ?

Proposition de plan détaillé

I. Les pratiques collaboratives en plein essor

1. Une pratique axée sur les échanges

- Le co-working permet de rompre l'isolement des travailleurs indépendants (doc. 2).
- Plus généralement, ces pratiques permettent des rencontres qui n'auraient pas eu lieu autrement (doc. 1, 4).

2. Un intérêt financier

- Le travail à la chaîne, plus efficace, est plus performant économiquement (doc. 3).
- L'aménagement de l'espace collectif ne permet plus la création de bureaux, les espaces collectifs de collaboration sont donc plus rationnels et plus économiques pour ceux qui les utilisent (doc. 2).
- Ces pratiques évitent la surconsommation et permettent des économies (doc. 1, 4).

3. Une pratique solidaire et responsable

- L'objectif affiché, pour beaucoup, est une démarche de consommation plus responsable, pour l'environnement notamment (doc. 1, 4).
- Les participants mettent aussi en avant l'amélioration de la société (doc. 1) et l'entraide (doc. 2).

II. Les limites de ces pratiques

1. Un phénomène de mode ?

- L'engouement pour ces pratiques est indéniable (doc. 1, 2, 4).
- Mais il s'agit de pratiques très récentes (doc. 1, 2, 4), dont on ne peut évaluer la pérennité.

2. Communications et partages illusoires

- Bien qu'il soit entouré en permanence, l'ouvrier, dans la chaîne, est isolé et le contact avec les autres est réduit à la stricte nécessité (doc. 3), de même que le travailleur, dans l'espace de co-working (doc. 2).
- De manière générale, l'aspect financier est surtout retenu (doc. 1, 2, 4).

3. L'aliénation de l'individu

- Ces pratiques brident l'individu et autrui est souvent vécu comme une contrainte pénible (doc. 2, 4).
- La rationalisation du travail de l'ouvrier, qui ne peut travailler qu'en collaboration avec autrui, entraîne une privation de liberté (doc. 3).

Introduction rédigée

Pour répondre à « l'ultra-moderne solitude » des sociétés contemporaines, pointée du doigt par Alain Souchon, on voit se développer, ces dernières années, de nombreuses démarches participatives : des sites de partage, tels que Blablacar, des plateformes collaboratives comme Wikipédia, ou des démarches de production et de consommation telles que les AMAP (Associations pour le Maintien d'une Agriculture Paysanne)... Tous symbolisent ces nouveaux modèles d'organisation sociale et/ou professionnelle. Devant le succès rencontré par ces initiatives, on peut se demander si ces pratiques collaboratives constituent un réel progrès, ou si elles n'en sont qu'une séduisante illusion. On ne peut que constater, tout d'abord, qu'elles sont actuellement en plein essor, pour mesurer, ensuite, qu'elles présentent cependant certaines limites.

Conclusion rédigée

Indéniablement, les pratiques collaboratives bouleversent les habitudes que la société de consommation avait mises en place, et elles sont encore à parfaire, voire à réinventer. Il faut en effet que le collectif fonctionne dans l'intérêt de tous, sans pour autant que l'intérêt individuel soit oublié : le modèle de l'ex-URSS a clairement montré que le collectivisme à outrance, niant l'individu, ne pouvait fonctionner. On voit cependant émerger de plus en plus d'actions solidaires à l'initiative de simples citoyens, dont les lanceurs d'alerte, qui prennent des risques personnellement pour une société plus juste et plus démocratique.

ÉCRITURE PERSONNELLE

Remarques

- Comme c'est souvent le cas, la formulation du sujet offre la possibilité d'une réponse nuancée, avec un plan dialectique. Il est également possible d'adopter une position tranchée, mais il faut alors proposer un travail de qualité qui implique un point de vue justifié et étayé par des références nombreuses et variées.
- Le pronom « nous » utilisé dans le sujet suggère une réflexion sur la société occidentale contemporaine. On sera forcément amené à exploiter des exemples liés à une actualité assez récente. Toutefois, la réflexion ne pourra que s'enrichir de références passées, qui apportent une lumière intéressante sur les pratiques actuelles.
- Les termes du sujet invitent à une réflexion sur les notions d'individualisme et de solidarité, donc à la confrontation d'une entraide altruiste et d'une volonté de s'affirmer indépendamment des autres, mais aussi et surtout à ce que la société actuelle valorise et/ou favorise.

Problématique proposée

La société actuelle amène-t-elle l'individu à faire preuve de solidarité ?

Proposition de plan détaillé

I. Une société fondamentalement individualiste…

- Outre que l'individu a souvent du mal à accepter les autres, comme en atteste dès le XVIIe siècle le personnage d'Alceste dans *Le Misanthrope* de Molière, notre société est aujourd'hui dominée par une économie libérale et la consommation de masse pousse l'individu à la satisfaction immédiate de ses désirs, position on ne peut plus individualiste. *Les Particules élémentaires*, roman de Michel Houellebecq, dénonce cette société à travers ses personnages névrosés.
- Les réseaux sociaux, emblématiques de la société actuelle, sont censés être des espaces de partage. Or, ils soulignent aussi, voire provoquent l'isolement de l'individu. Cet outil de communication et de lien est ainsi souvent utilisé comme vecteur d'exclusion, chez les adultes comme chez les adolescents, classe d'âge où ils peuvent faire des ravages, comme le montre la pièce d'Evan Placey, *Girls like that* : le personnage de Scarlett, rejetée par ses camarades de classe, y subit, via les réseaux sociaux, un harcèlement douloureux, qui ne lui laisse aucun répit.
- À l'heure des déplacements mondiaux extrêmement faciles, cette découverte du monde largement répandue n'empêche pas les replis communautaires : le « Brexit » a été voté à la majorité de 51,9 % des voix par la population du Royaume Uni, qui a pourtant participé à la fondation de la Communauté Européenne, au lendemain de la Seconde Guerre mondiale.

II.... qui promeut pourtant la solidarité

- L'Histoire a souvent montré la grandeur de la solidarité, que ce soit dans la vie professionnelle, avec la naissance du syndicalisme tel que l'esquisse *Germinal*, où Émile Zola montre les mineurs tenter une action collective et solidaire, ou dans l'espace politique : « La Liberté guidant le peuple » d'Eugène Delacroix met en scène des personnages d'âges, d'origines et de sexes différents rassemblés pour défendre le République, pendant la Révolution de 1830.
- Baudelaire, déjà, dans « Les Foules », affirme que la multitude, dans laquelle on peut se fondre, permet de s'identifier aux autres tout en restant soi-même. Pour le personnage de Jean, dans *Loin d'eux* de Laurent Mauvignier, c'est même la solidarité du syndicalisme qui lui permet de parvenir à exister vraiment.
- Au-delà de cette notion de rassemblement pour défendre un intérêt commun, aujourd'hui, les initiatives citoyennes visant à des actions en faveur d'autrui – SDF, migrants, personnes en situation de handicap... –, se multiplient. Or, la création, en 2008, d'une promotion de la Légion d'honneur pour le bénévolat associatif montre à quel point cet altruisme est valorisé par notre société.

Introduction rédigée

Entre Aristote, qui définit l'homme comme « un animal social » et la réflexion sartrienne, qui conclut *Huis-clos*, selon laquelle « l'enfer, c'est les autres », la question de la vie en société se pose depuis longtemps et donne lieu à des réflexions fort contrastées. Il semble légitime, dans cette perspective, de s'interroger sur notre société et sa propension à nous amener à faire preuve de solidarité. Il est certain, en effet, que nous vivons dans un monde où l'individualisme semble roi, mais il apparaît cependant que la solidarité y est une valeur largement partagée et valorisée.

Conclusion rédigée

Même si notre époque tend, plus que toute autre peut-être, à un individualisme forcené, elle met aussi en avant la solidarité comme une valeur essentielle. Au-delà du *Contrat social* dans lequel Rousseau affirme que, pour survivre, les individus doivent sortir de l'état de nature et s'organiser en société, le philosophe Jacques Ion, dans *S'engager dans une société d'individus*, explique que « le souci de soi n'est pas contradictoire avec aller vers autrui ».

Corrigé – E2. Langue vivante étrangère – anglais

Compréhension

L'article tiré de la revue britannique the *Economist* datée du 12 avril 2018 nous informe des projets d'urbanisation à venir concernant le quartier chinois de la métropole canadienne de Vancouver. En effet, cette ville connaît depuis quelques années un essor sans précédent qui a fait augmenter de 60 % en trois ans les prix de l'immobilier grâce en grande partie aux investisseurs chinois.

Cependant le quartier chinois (Chinatown) avait été relativement épargné par les promoteurs jusqu'en 2016, date à laquelle un immeuble de 17 étages avait vu le jour dans son immédiate périphérie. Aujourd'hui, l'emplacement d'un ancien parking au cœur de ce quartier à la fois historique et déshérité a été choisi comme emplacement pour la construction d'un immeuble de luxe de neuf étages, comportant un toit terrasse et proposant 111 appartements à la vente.

La proximité de ce nouvel immeuble avec des sites mémoriels bien ancrés dans l'historique du quartier a suscité une vague de protestation parmi les associations de résidents qui craignent une gentrification du quartier qui ferait augmenter les loyers de manière significative au point d'en dénaturer l'identité.

183 mots

Expression

Dear ladies and gentlemen,

I am Catherine Donovan, the estate agent representing Beedie Living developers, and I'm happy to be given the opportunity to speak to you all about the urban project which will affect the life of your beloved district in the most positive way.

The new 9 storey high condominium we plan to build on a former deserted car park will combine the original style of the district with state of the art modern and sustainable material.

Vancouver has been attracting more and more inhabitants, from Canada and also from around the world. We want our attractive city to remain attractive, and our famous neighbourhood could not possibly be left behind.

To those who worry about the district "losing its soul" or becoming unaffordable for the original inhabitants, let me comfort you : our company has found an agreement with the local authorities by which we have taken the oath to prevent property prices and rents from increasing for the next 5 years.

The 111 flats on offer will accommodate all types of households including large families, and these newcomers will participate in the district's economy. New schools and amenities are planned for the near future and the numerous sacred sites present in the area will be not only preserved but also rehabilitated.

I remain available at all times for any further question.

Thank you for your attention.

229 mots

Corrigé – E3. Conseil en ingénierie de l'immobilier

Durée : 3 heures
Coefficient : 4

1. Vous expliquez ce qu'est un éco-quartier et montrez en quoi celui de la Cartoucherie en respecte les principes.

L'éco-quartier est un quartier d'une ville, conçu et organisé de manière à minimiser l'impact sur l'environnement, dans une perspective de développement durable.
C'est une opération urbaine qui se veut exemplaire, respectant une Charte nationale.
Caractéristiques d'un tel quartier :

- intégration harmonieuse dans le reste de la ville
- densité raisonnée
- préservation des espaces verts et de la biodiversité, cadre de vie agréable et verdoyant
- performance environnementale :
  - limitation des émissions de gaz à effet de serre
  - encouragement à l'utilisation de transports en commun et doux (voies piétonnes, pistes cyclables...)
  - diminution et valorisation des déchets
  - récupération et utilisation des eaux de pluie
  - sobriété énergétique, développement des énergies naturelles renouvelables, éco-construction
- mixité sociale et fonctionnelle (logements sociaux et privés, commerces, équipements publics ...)
- animations
- potentiel de développement économique (emplois locaux...)

On retrouve bien ces caractéristiques dans l'éco-quartier de la Cartoucherie.
En effet, on y parle :

- d'accessibilité depuis la rocade, faisant la jonction entre les faubourgs en périphérie et le centre-ville
- de densité adaptée
- de promenades jardinées, de trames paysagères
- de transports non polluants (tramway, cheminements piétons, pistes cyclables...)
- de performance énergétique et environnementale des bâtiments (orientation bioclimatique, chauffage collectif issu d'un incinérateur...)
- de diversité sociale et générationnelle (logements privés et sociaux, locataires et propriétaires, habitat participatif, crèche, école, enseignement supérieur...)
- de mixité fonctionnelle (logements, commerces, équipements publics)
- de lieux de rencontres, d'une salle de quartier...

2. **Vous identifiez tous les intervenants dans le programme de l'ilot des « 4 éléments » ainsi que leur statut juridique. Vous présentez également leur rôle dans le projet.**

Acteurs	Statut juridique	Rôle
Alter-Habitat	Société coopérative d'intérêt collectif (personne morale privée)	Assistant à maître d'ouvrage : cela signifie qu'elle aide à la conception et à la réalisation des choix techniques relatifs au projet d'habitat participatif quant aux problématiques juridiques et économiques. Elle assiste les aménageurs, les opérateurs et les futurs habitants. Elle assure le suivi des programmes et l'accompagnement de la maîtrise d'œuvre.
DOMUS LOGIS	Société anonyme (personne morale privée)	Il s'agit d'un bailleur social qui assure la maitrise d'ouvrage (coordination et construction) des logements autres que Aïga (Terra, Fuoc et Aïre) soit 76 logements sociaux.
TERREALIS	Société anonyme (personne morale privée)	Aménageur : il acquiert les terrains et s'occupe de les mettre en valeur d'un point de vue juridique (division, lotissement) et technique (viabilisation). Construction d'équipements publics Renouvellement urbain
Toulouse Métropole	Établissement public intercommunal (personne morale publique) regroupant Toulouse et les communes voisines.	Élabore les documents d'urbanisme et décide des projets d'aménagement du territoire. À l'initiative du projet. A demandé à l'aménageur et au bailleur social de concevoir les projets.
Habitants	Personnes physiques privées	Usagers, et dans le cas particulier de l'habitat participatif, concepteurs.

3. **Vous expliquez ensuite le concept d'habitat participatif ainsi que les attentes habituelles des participants à ce type de projet.**

Le concept d'habitat participatif : L'habitat participatif permet à plusieurs personnes de se regrouper pour concevoir leur habitat en commun, de participer à sa programmation, à son financement, voire à sa construction. Un habitat participatif contient généralement des parties communes (cuisine, buanderie, atelier...) et des parties privatives. Il est parfaitement adapté aux besoins de ses habitants. Ces derniers décident en commun des règles de fonctionnement de l'immeuble.

Les attentes des habitants :

- Le « sur-mesure » : les habitants recherchent d'abord et avant tout à réaliser un projet immobilier qui leur convienne parfaitement (choix des matériaux de construction, des techniques de construction, des plans...).
- L'économie : la mutualisation et la recherche de solutions innovantes permettent de réaliser des économies sur les coûts de construction.
- Le vivre-ensemble : le groupe d'habitants va devoir imaginer, concevoir, gérer son projet immobilier en commun. Cela nécessite concertation et conciliation.
- Un mode de vie responsable : les projets d'habitat participatif participent souvent au développement durable, dans tous ses aspects, et notamment écologique (matériaux, chantier, espaces collectifs en accord respectueux de l'environnement) et social (mixité sociale, générationnelle, d'occupation).

4. Vous présentez aux futurs habitants d'« Aïga » les différences entre ces deux types de sociétés.

	La coopérative d'habitants	La société d'attribution et d'autopromotion
Financement	La coopérative contracte un prêt (environ 80 % du montant) et les habitants réalisent des apports.	Chacun des associés contracte un prêt bancaire et finance les charges de l'immeuble.
Droits et obligations	Dans le cadre de la coopérative d'habitants, les associés coopérateurs sont propriétaires de parts sociales. En contrepartie de ces parts, les habitants se voient octroyer un bien qu'ils occupent à titre de résidence principale. Les associés coopérateurs peuvent revendre leurs parts. Ils récupèrent alors leur apport initial actualisé du coût de la vie.	Les associés ont le choix entre l'attribution en propriété d'un bien ou la jouissance d'un bien.
Fonctionnement	Le prêt est remboursé grâce à une redevance payée par les coopérateurs (celle-ci comprend également les charges de gestion de l'immeuble). Le montant et le versement de cette redevance sont fixés dans un contrat coopératif.	La société permet la conception et la construction du projet. Les associés sont alors détenteurs de parts sociales. Les participants peuvent vendre ces parts. Une fois son office réalisé, la société est dissoute et laisse place à un statut de type copropriété ou ASL. Chaque habitant se voit attribuer un logement en fonction des parts qu'il détenait dans la société avant qu'elle ne disparaisse. Il peut ensuite disposer de son bien comme il le souhaite.
Dissolution	La société n'est pas dissoute à l'achèvement de l'immeuble.	Une fois son office réalisé, la société est dissoute.

5. Vous répondez à leur interrogation.

Le droit de propriété est défini à l'article 544 du Code civil comme le droit d'utiliser, de jouir et de disposer de son droit librement, dans les limites fixées par la loi.
Dans le cas de la coopérative d'habitants, ces derniers ne sont pas propriétaires du bien mais de parts sociales. En revanche, ils disposent bien de la jouissance du bien. La coopérative, quant à elle, est propriétaire du bien.

6. Vous présentez les avantages de l'éco-construction et proposez une liste de matériaux qui s'inscrivent dans cette démarche.

L'éco-construction, encore appelée construction durable, se rapproche de la certification HQE (Haute Qualité Environnementale).
Il s'agit de construire un bâtiment avec non seulement de meilleures performances énergétiques mais aussi environnementales et sanitaires.
Sont privilégiés dans l'éco-construction, non seulement les énergies naturelles renouvelables, l'orientation bioclimatique (optimisant les apports solaires), les récupérateurs d'eaux pluviales, mais aussi les ressources locales (ne nécessitant pas de transports énergivores) et les éco-matériaux (matériaux naturels plus sains pour les occupants et plus pauvres en énergie grise (énergie nécessaire à leur production)). Sont parfois même installées des toilettes sèches…
L'éco-construction est donc d'une part, pour ses propriétaires, génératrice de plus-value à la revente (valeur verte), mais aussi source d'économies et de qualité sanitaire pour ses occupants et synonyme d'éco-citoyenneté enfin.

Exemples d'éco-matériaux :

- Bois (à condition de choisir des essences naturellement résistantes aux insectes, champignons, UV… et non imbibées de pesticides)
- Liège
- Huile de lin
- Laine de bois
- Laines animales (laine de mouton…), crin et poils, plumes
- Fibres végétales (chanvre, paille…)
- Peintures sans solvants ni dérivés de pétrole
- Terre crue
- Chaux
- Pierres naturelles (grès, calcaire, ardoise…)
- …

7. Vous énumérez les étapes de la construction d'un bâtiment aux futurs habitants.

Procédons par ordre chronologique.
Tout démarre avec le **gros œuvre** dont les étapes sont les suivantes :

- Terrassement et excavations (préparation du terrain pour accueillir le bâtiment)
- Réserves des réseaux divers (électricité, gaz, distribution d'eau potable et évacuation des eaux usées ou système d'assainissement)
- Fondations, socles de l'habitation, déterminées selon étude du terrain (superficielles, semi-profondes ou profondes)
- Drainage du terrain
- Soubassement (terre-plein, vide-sanitaire ou sous-sol)
- Dallage du rez-de-chaussée (construction du plancher du rez-de-chaussée)
- Élévation des murs extérieurs et de refend (mur porteur intérieur)
- Dallage des niveaux supérieurs
- Hors d'eau : pose de la charpente (traditionnelle ou industrielle) et de la couverture du toit
- Hors d'air : installation des menuiseries extérieures (portes, fenêtres et portes-fenêtres) avec double-vitrage pour les baies vitrées

Puis l'on poursuit avec le **second œuvre** :

- Isolation phonique et thermique (toit, murs et sols)
- Pose des cloisons intérieures pour former la distribution des pièces (travaux de plâtrerie)
- Plomberie pour fournir le bâtiment en eau (tuyauterie, équipements sanitaires et robinetterie)
- Électricité (tableau électrique, câbles et prises électriques, interrupteurs)
- Chauffage / climatisation pour le confort thermique
- Ventilation (VMC) pour la qualité de l'air ambiant

Et enfin arrivent les **finitions** :

- Revêtement de sol (parquet, carrelage, moquette…)
- Peinture, tapisserie des murs - pose de faïence
- Pose des équipements (escaliers, portes intérieures et plinthes, meubles de cuisine et de salle de bain)
- Revêtement extérieur (ravalement ou crépissage…)
- Remise en état du terrain et aménagement des espaces extérieurs
- Clôture éventuelle du terrain

8. Vous les rassurez en leur présentant les garanties légales dont bénéficie l'acquéreur d'un bien neuf.

La loi prévoit plusieurs garanties obligatoires afin de protéger l'acquéreur d'un bien neuf :

- **Les garanties financières extrinsèques** (c'est-à-dire assurées par un tiers-garant, banque ou société d'assurance) **avant achèvement des travaux** :
  - garantie d'achèvement des travaux : en cas de défaillance du promoteur/constructeur, le tiers-garant financera le chantier jusqu'à la livraison du logement à l'acheteur.
  - Ou garantie de remboursement : elle permet à l'acquéreur d'obtenir, après annulation de l'acte de vente, le remboursement des sommes versées. En pratique, la garantie de remboursement est très rarement utilisée car les acquéreurs souhaitent généralement l'achèvement de l'ouvrage plutôt que le remboursement des fonds versés.
- **Les garanties après achèvement des travaux et remise des clés** :
  - garantie phonique : le promoteur/constructeur est tenu de livrer un bien respectant les exigences réglementaires en matière d'isolation phonique. Le promoteur/constructeur est garant de cette obligation pendant un an.
  - garantie de parfait achèvement : pendant la première année, elle couvre tous les éventuels désordres ou défauts de conformité portant sur le gros œuvre (une fenêtre manquante ou mal placée…). Ceux-ci sont constatés et notés sur le procès-verbal au moment de la livraison du bien, ou signalés par lettre recommandée avec accusé de réception au promoteur/constructeur au plus tard avant un an.
  - garantie biennale ou de bon fonctionnement : valable deux ans seulement, d'où son nom, elle ne porte que sur les vices cachés ou les défauts du second œuvre (c'est-à-dire l'ensemble des équipements que l'on peut enlever sans endommager la construction). Sont concernés les volets, la robinetterie, les revêtements… Les mauvaises utilisations et défauts d'entretien de ces équipements ne sont pas couverts. Ces anomalies doivent être signalées au promoteur/constructeur par lettre recommandée avec accusé de réception ou constatées par un huissier.
  - garantie décennale : valable pendant dix ans, comme l'indique son nom, elle couvre toutes les malfaçons et vices cachés qui pourraient rendre le logement inhabitable : les défauts graves d'étanchéité ou de solidité des différentes parties du bâtiment (fondations, murs, planchers, toiture, charpente…). Les défauts d'ordre purement esthétique ne sont pas couverts par cette garantie. Le paiement des travaux de réparation des dommages subis est réalisé par l'assurance dommages-ouvrage sans avance de fonds par l'acquéreur. Cette assurance sur l'ouvrage est obligatoirement souscrite avant le démarrage des travaux (par le promoteur/constructeur) et elle est mobilisable dès que sont constatés les vices ou malfaçons, sans que soit prononcée par un tribunal la responsabilité du professionnel intervenu. Cette assurance prend effet dès que la garantie de parfait achèvement prend fin.

Corrigé – E51. Transaction immobilière

Dossier 1 : De l'estimation d'un bien à l'offre d'achat

1.1. Fiche d'estimation de l'agence

ANALYSE 1 : Estimation par la méthode par comparaison

- Biens retenus : 3-4-7-9 (justification : année de construction et superficie du bien plus précisément en rapport avec le bien à évaluer)
- Prix au m² : Moyenne pondérée à calculer :
  (243 000 + 224 400 + 227 900 + 233 200)/(45 + 44 + 43 + 44) = 928 500/176 = 5 275,57 €
- A : Prix estimé en euros :
  5 275,57 x 43,96 = 231 914,06 €

ANALYSE 2 : Estimation par la méthode de la surface

- Prix moyen du m² par secteur : conforme au prix moyen du marché : 5 263 €
- Surface à prendre en compte en m² : 43,96 €/m²
- B : Prix estimé en euros : 231 361,48 €

ANALYSE 3 : Prix à partir de plus-value et moins-value du bien

- Étape 1 : façade : – 4 ; standing : + 2 (balcon et ascenseur) ; transports en commun : + 1 ; environnement : + 2 ; étage : + 3 ; état intérieur : 0 ; année de construction : + 2 ; isolation : + 2 ; prestations complémentaires : + 2
- C : Étape 2 : Total des points obtenus : 10

ESTIMATION PROPOSÉE PAR L'AGENCE :

[(A + B)/2] x [1 + (C/100)] : [(231 914 + 231 361)/2] x [1 + (10/100)] =
231 637,5 x 1,1 = 254 801 €, soit 255 000 € au millier d'euros le plus proche

1.2. Avis de valeur : Courrier Commercial

FORME :
Émetteur = Agence immobilière avec ses coordonnées et les mentions obligatoires Loi Hoguet et Code du commerce ; Récepteur : M. et Mme LADEULE 13, rue de la Mairie 92 330 SCEAUX ; Titre de civilité : Madame, Monsieur ; Formule de politesse finale : Nous vous prions d'agréer, Madame, Monsieur, nos sincères salutations ; Signature, nom et fonction : Dominique LASSEINE, négociateur (trice)

FOND : 4 paragraphes
Paragraphe 1 : remerciements pour la confiance du client, rappel de la visite rapide du bien, de sa localisation afin de réaliser l'estimation
Paragraphe 2 : explications sur les méthodes retenues pour l'estimation avec prise en compte de la méthode par comparaison, la méthode par la surface, ainsi que la plus-value et moins-value du bien
Paragraphe 3 : présentation du prix net vendeur (255 000 €) et précisions sur les honoraires d'agence à la charge de l'acquéreur (6 % TTC du prix net vendeur)
Paragraphe 4 : conclusion sur le contact à prendre avec l'agence (indiquer le numéro de téléphone et l'adresse mail) pour la mise en place d'une relation d'affaires

1.3. Raison juridique de la non mise en publicité du bien immédiatement et formalisme

DPE et GES non réalisés pour le bien du couple LADEULE ; or depuis la loi Grenelle II du 12 Juillet 2010, et à partir du 1er janvier 2011, l'affichage du diagnostic de performance énergétique est rendu obligatoire sur toutes les petites annonces immobilières de vente, afin de rendre plus claires les propriétés d'un logement pour tout acquéreur. Il sera donc mieux informé afin de choisir son appartement dans les meilleures conditions. La loi Elan du 23 Novembre 2018 rendra même le DPE opposable à partir du 1er Janvier 2021.
Formalisme DPE : étiquette énergie sur annonce Internet et affiche vitrine ; lettre de A à G pour la classe énergie sur les petites annonces presse.

1.4. Droits sur les données personnelles et sources juridiques

Loi informatique et libertés du 6 Janvier 1978, modifiée par la loi du 20 Juin 2018 et RGPD (Règlement Général sur la Protection des données) publié en 2016 et entré en application le 25 Mai 2018 : ont pour vocation de protéger le client sur les données qu'il confie à une agence immobilière afin de respecter sa vie privée. Il pourra ainsi y avoir accès, les rectifier, les modifier, les limiter, les faire supprimer...
Le client, qui n'a pas reçu de réponse satisfaisante du Délégué à la Protection des Données de l'agence immobilière, pourra porter plainte auprès de la CNIL, 2 mois après sa demande.
Des sanctions pourront être prises :

- amende administrative d'au plus 4 % du CA mondial ou 20 millions d'euros
- amende ou prison dans le cadre d'une sanction pénale
- dommages et intérêts

L'image de marque, la notoriété et le professionnalisme de l'agence immobilière seront, par ailleurs, remis en cause.

1.5. Offre d'achat

- Les soussignés : Mme Marie TRESOR (née DESPOINTES) et M. Yves TRESOR domiciliés : 30 rue de la Mangrove 97110 POINTE A PITRE, mariés le 6 Janvier 1968 à la mairie de Deshaies (97126), sous le régime de la communauté légale sans contrat de mariage.
- Description du bien : Appartement 203 de 2 pièces lot n° 33 au 2e étage, avec cave lot n° 5, parking lot n° 19, et balcon, disposant d'un ascenseur et faisant partie d'une copropriété en bon état général ; Lieu de localisation : 13, rue de la Mairie à SCEAUX 92330 ; N° de mandat : 264 ; Superficie Carrez : 43,96 m² ; Offre d'achat : 245 000 € Deux cent quarante cinq mille euros honoraires d'agence inclus.
- Conditions suspensives : prêt d'un montant maximal de 40 000 € quarante mille euros, au taux hors assurances de 1,2 %.
- Extinction de l'offre : le 25 Mai 2019 à minuit ; offre d'achat faite au mandataire du vendeur : Agence LA QUÊTE IMMOBILIÈRE représentée par M. Arthur GARONNE, domiciliée au 170 bd Colbert 92330 SCEAUX, SASU au capital de 8 000 €, RCS Nanterre : 739146825, carte professionnelle T n° CPI 7501 2019 000 022 325 délivrée par la CCI de Paris, garantie financière de 160 000 € par GARIM Paris.

Dossier 2 : Le conseil en financement

PLAN DE FINANCEMENT

Éléments constitutifs du coût d'achat :

- Prix du bien : 510000
- Honoraires d'agence : 3 % x 510000 = 15300
- Frais de notaire : 7,25 % x 510000 = 36975
- Frais de cautionnement : 5000
- Frais de dossier pour le prêt : 425

TOTAL : 567700 €

Sources de financement :

- Don familial : 28000
- Héritage grande tante : 185000
- Épargne personnelle : 15000

TOTAL : 228000 €

Somme à emprunter : 567700 – 228000 = 339700 €

Revenus mensuels des clients : (44200 + 42000)/12 = 7183,33 €

Calcul du montant de la mensualité hors assurance : (58,80 x 339700)/10000 = 1997,44 €

Calcul du coût mensuel de l'assurance décès-invalidité pour les 2 clients :

[(0,25 % x 2) x 339700]/12 = 1698,50/12 = 141,54 €

Calcul de la mensualité assurances comprises : 1997,44 + 141,54 = 2138,98 €

Calcul du taux d'effort mensuel des clients (assurances comprises) :

(2138,98/7183,33) x 100 = 29,77 %

Projet : réalisable car les époux RHONE ne souhaitent pas s'endetter à plus de 30 % ; or 29,77 % < 30 %.

RÉPONSES AUX QUESTIONS

- Fonctionnement de la condition suspensive d'obtention de prêt : la condition suspensive d'obtention de prêt permet au futur acquéreur de renoncer à la promesse de vente s'il n'obtient pas le prêt qu'il a demandé (article 1304-6 du Code civil). L'avant-contrat de vente est lié au contrat de prêt. Mais il doit prouver qu'il a bien fait les démarches nécessaires pour l'obtention de ce prêt. Par ailleurs la condition suspensive doit être précise : le montant, le taux maximal du prêt ainsi que sa durée doivent être mentionnés. D'après le code de la consommation article L313-41, la durée de validité de la condition suspensive d'obtention de prêt ne peut pas être inférieure à un mois à compter de la date de la signature de la promesse de vente. Or les démarches bancaires sont longues, donc le délai prévu pour obtenir le prêt doit être suffisamment long dans la condition suspensive.
- Engagement définitif après la signature de la promesse de vente : l'acheteur et le vendeur s'engagent réciproquement dans le cadre d'un compromis de vente. Et ce dernier vaut vente dès lors que les parties se sont mises d'accord sur la chose et sur le prix (articles 1583 et 1589 alinéa 1 du Code civil). Par contre, l'acheteur (particulier) bénéficie d'un délai de rétractation (ou de réflexion) de 10 jours depuis la loi Macron du 8 Août 2015 pour renoncer à son achat sans qu'il n'ait besoin de justifier d'un motif particulier. Il n'aura aucune pénalité. Il devra juste adresser un courrier en recommandé avec accusé de réception au vendeur l'informant de son souhait de renoncer à l'achat, dans le délai imparti, ce dernier commençant au lendemain de la remise de la promesse de vente (si toutes les pièces à fournir à aux époux RHONE dans le cadre de leur achat d'un lot en copropriété leur ont bien été transmises).

Corrigé – E52. Gestion immobilière

1re PARTIE. Aide à la décision pour un investissement locatif en copropriété

A. SITUATION FINANCIÈRE

1.1. Vous donnez votre avis au couple Kaplan sur la situation financière de cette copropriété.

La trésorerie de cette copropriété est confortable puisqu'il reste 8 152,59 € en banque et que la copropriété a placé 2 100 € en fonds placés cette année. Par contre, les dettes des copropriétaires ont augmenté (1 531.31 € / 575.05 €) ; Le fonds de travaux a été alimenté régulièrement depuis la loi ALUR. La dette fournisseur reste à peu près stable 2 680,77 € / 1 716.64 €).
Les dépenses de la copropriété sur l'exercice dépassent de 1 275,70€ le budget prévisionnel. C'est dû en particulier aux contrats de maintenances et à la consommation d'eau qui ont été sous-estimés.
Les dépenses ont augmenté de plus de 3 000 € sur la dernière année.

→ **Situation financière saine malgré une évolution parfois défavorable de certains postes.**

1.2. Vous justifiez le montant des charges porté par Mme Arbogast dans la fiche descriptive du bien en reconstituant les calculs pour le couple Kaplan. Au moment de sa réalisation seules les données 2017 étaient disponibles.

Les époux Kaplan achètent les lots 12 et 37.

	Tantièmes lots de M. Kaplan	Tantièmes généraux	Charges générales	Quote Part
Lot N° 12				
Charges communes générales	700	10 000	16 660.67	1 166.25
Charges spécifiques escalier A	70	1 000	2 896.28	202.74
Charges spécifiques ascenseur A	1 700	8 000	1 573.02	334.27
Lot N° 37				
Charges communes générales	40	10 000	16 660.67	66.64
Charges spécifiques escalier A	4	1 000	2 896.28	11.59
Charges spécifiques ascenseur A	40	8 000	1 573.02	7.87
Eau	135	3 375	1 2993.75	519.75
Location du compteur d'eau	1	25	765	30.6
			TOTAL	2 339.71

1.3. Les futurs acquéreurs souhaitent mettre ce bien en location. Vous les aidez à identifier et à évaluer les postes de dépenses qui resteront effectivement à leurs charges. Vous informez aussi le couple Kaplan de l'impact qu'auront ces charges sur leur fiscalité.

Le décret n° 87-713 du 26 août 1987 fixe la liste des charges récupérables pris en application de l'article 23 de la loi du 6 juillet 1989 tendant à favoriser l'investissement locatif, l'accession à la propriété de logements sociaux et le développement de l'offre foncière.

Restent à la charge du propriétaire bailleur : Assurance, Honoraires syndic, Affranchissement.....
Évaluation de ces charges :

(1 569.63 + 6 987.50 + 182) * 740 / 10 000 = 646,70 € (sur un total de 2 339.71 €).

Ces charges seront déductibles des revenus fonciers (recettes brutes) dans le cas d'un **régime au réel**.

1.4. L'état des soldes des copropriétaires au 31/12/2018 fait apparaître un solde débiteur dans le compte de M. Parish, l'actuel propriétaire. Vous rassurez les époux Kaplan à l'égard de cette dette.

Lorsqu'un copropriétaire vend un lot en laissant une « ardoise » (charges impayées, ...), un dispositif, désormais régi par l'article 20 I de la loi du 10.07.1965, permet au syndic de s'opposer au règlement du prix de vente pour la recouvrer.
Lors de la vente d'un lot de copropriété, si le vendeur ne lui présente pas un certificat du syndic, daté de moins d'un mois, attestant qu'il est libre de toute obligation à l'égard du syndicat des copropriétaires (SDC), le notaire chargé de la vente doit adresser (par LRAR) un avis de la mutation au syndic (sous 15 jours à partir de la date du transfert de propriété). Dans un délai de 15 jours à compter de la réception de l'avis de mutation, le syndic de la copropriété peut alors former, par acte d'huissier, opposition au versement des fonds (prix de vente), afin d'obtenir le paiement des sommes dues par le vendeur.
Le vendeur a l'obligation de présenter au notaire chargé de la vente une attestation du syndic certifiant qu'il n'a aucune dette à son égard (Article 20). À défaut, le notaire doit, dans les 15 jours suivant le transfert de propriété, signifier au syndic de l'immeuble la vente par lettre recommandée avec AR. À partir de la réception de ce recommandé, le syndic dispose de 15 jours pour faire opposition au versement du prix de vente au vendeur par l'intermédiaire d'un huissier de justice. Ensuite, la somme dont le copropriétaire est redevable est bloquée chez le notaire puis reversée au syndic, sauf en cas de litige. À défaut d'accord du copropriétaire sur cette créance, le juge est saisi. Cependant, seule la somme correspondant aux charges impayées est bloquée, le reste étant versé au vendeur.

→ **Aucun risque pour les époux Kaplan d'avoir à payer les dettes du vendeur.**

A. TRAVAUX EN COPROPRIÉTÉ

1.5. Vous renseignez les époux Kaplan sur le fonds de travaux et vous les rassurez à ce sujet.

Depuis le 1er janvier 2017, le fonds de travaux, institué par la loi Alur, est entré en vigueur dans les communautés immobilières. Concrètement, il s'impose aux immeubles anciens de plus de dix lots en exigeant des copropriétaires qu'ils versent, chaque année, des provisions à hauteur de 5 % du budget provisionnel en vue du **financement de travaux futurs de remise en état de l'immeuble** (article 14-2 de la loi du 10 juillet 1965). Les sommes versées au titre du fonds de travaux sont **définitivement acquises par le syndicat des copropriétaires**.

→ **Elles ne peuvent pas être remboursées en cas de cession d'un lot et restent acquises aux époux Kaplan.**

1.6. Vous proposez une solution pour qu'ils puissent participer au vote relatif à l'installation des caméras de surveillance, si le compromis est signé le 3 mai. Vous évaluez l'impact financier de ces travaux pour le couple Kaplan si l'AG adopte les résolutions concernant l'installation des caméras.

Le vendeur M. Parish peut donner pouvoir aux époux Kaplan de le représenter à l'AG et de voter en son nom...
Impact financier :
VidéoSurveillance partie commune :
Installation Caméra (2 160 € * 740 / 10 000) + Honoraires (159.84 * 3 %) = 159,84 € + 4,80 € = 164,64 €

VidéoSurveillance Hall d'entrée A :
Installation Caméra (1 296 € * 74 / 1 000) + Honoraires (95,90 * 3 %) = 95,90 € + 2.88 € = 98,78 €
Total = 164,64 + 98,78 = **263,42 €**
ATTENTION : S**elon la date de signature chez le notaire, comme la date d'exigibilité de ces charges est au 1er juillet, l'installation sera à la charge du vendeur, si l'acte authentique est signé après le 1er/07 et à la charge des époux Kaplan si l'acte authentique est signé avant...**

1.7. Vous renseignez les époux Kaplan sur le statut juridique de la terrasse et sur la faisabilité du changement de chauffage. Vous faites abstraction des éventuelles autorisations d'urbanisme nécessaires.

Dans le cas où le climatiseur est installé sur un balcon ou une terrasse, une autorisation de l'assemblée générale (AG) des copropriétaires est nécessaire si la réalisation porte atteinte aux parties communes ou à l'aspect extérieur de l'immeuble, comme l'explique l'article 25 de la loi du 10 juillet 1965. Concrètement, si vous décidez d'installer un climatiseur ne nécessitant aucun percement de cloison, vous n'avez aucune autorisation à demander. En revanche, s'il s'agit d'une installation impliquant une fixation sur les murs extérieurs de l'immeuble, considérés comme des parties communes, vous devez obtenir l'accord de l'assemblée générale des copropriétaires.
Pour cela, le copropriétaire doit envoyer un courrier en recommandé avec accusé réception au syndic en lui demandant d'inscrire cette question à l'ordre du jour de la prochaine assemblée générale et en joignant tous les documents utiles (qui devront notamment préciser l'endroit où il a l'intention d'installer le climatiseur) pour appuyer sa demande.

2e Partie. Conseil en Gestion locative

2.1. Vous développez une argumentation succinte en faveur d'une gérance assurée par vos services. En vous appuyant sur le loyer auparavant pratiqué, vous effectuez une simulation des honoraires annuels de gestion, assurance « loyers impayés », option 1, incluse.

Louer son bien peut représenter pour de nombreux bailleurs l'obligation de consacrer beaucoup de leur temps pour s'assurer de la bonne gestion de son bien, de la relation avec son locataire mais également la nécessité de se tenir informé sur toutes les évolutions réglementaires et juridiques.
Au-delà, la disponibilité d'un agent immobilier permet de fluidifier et faciliter les rapports locatifs. Il est présent à toutes les étapes de la vie du contrat : **sélection des biens et des candidats, visites, contractualisation, interventions, résiliation...**
L'encadrement juridique de la location résidentielle est en constante évolution : en atteste l'échelonnement continu des décrets d'application des lois Alur et Elan depuis 2014... Une réalité qui ne va pas sans alourdir la charge des bailleurs assurant directement la gestion de leurs biens : pour ne pas commettre d'impairs et éviter les litiges, **il leur faut tenir une véritable veille juridique** !
C'est justement l'une des garanties offertes par les agents immobiliers, experts en droit immobilier, en droit des contrats mais aussi en fiscalité... Dans le cadre de leurs fonctions de gestion locative, ce sont notamment eux qui sont en charge de la rédaction du contrat de bail conforme aux normes en vigueur (modèle type, surface habitable Boutin...). Ils s'occupent aussi de composer les nombreuses annexes au bail : état des lieux, diagnostics obligatoires, grille de vétusté, règlement de copropriété...
Une responsabilité au bénéfice des bailleurs mais aussi des locataires : l'agent engage sa responsabilité vis-à-vis d'eux également. En cas de difficulté, ils ne sont pas suspendus à la seule bonne volonté de leurs propriétaires.
Honoraires annuels de gestion :

(1 750 + 230) * 12 * (6 % + 1,9 %) = **1 877,04 € / an**

2.2. Vous les rassurez sur le problème lié à la sous-location et vous exposez les risques encourus par le locataire indélicat

La sous-location d'un logement vide est interdite par l'article 8 de la loi du 6 juillet 1989. Pour sous-louer son appartement, il faut l'**accord écrit du bailleur**. Ce dernier doit également donner son accord quant au montant du loyer demandé au sous-locataire. Ce montant ne peut excéder le loyer du locataire officiel.
Afin d'obtenir l'accord de son propriétaire, le locataire doit transmettre sa demande par **courrier recommandé** avec avis de réception ou par huissier.
Une fois l'accord exprès du bailleur obtenu, un **contrat détaillant les modalités de la sous-location** doit être établi entre le locataire principal et le sous-locataire. Le locataire officiel est également tenu de **fournir l'autorisation écrite du bailleur** et la copie du bail en cours au sous-locataire. La sous-location selon la loi n'est soumise à **aucune limitation de durée**, mais le contrat se retrouve automatiquement annulé à la fin du bail du locataire principal. Ce dernier est entièrement responsable des manquements de son sous-locataire (impayés, dégradations...) face à son propriétaire, aucun lien juridique n'existant entre ces deux parties. Le contrat doit donc être accompagné d'un **état des lieux d'entrée et de sortie** et fixer un délai de préavis.

La sous-location d'un appartement meublé reste libre en l'absence d'une clause prévoyant l'accord du bailleur, si le bail a été signé avant le 27 mars 2014. Pour les baux signés après cette date, la loi Alur impose aux locations meublées les mêmes modalités qu'aux logements vides.

La sous-location non autorisée est par définition illégale. Le propriétaire peut faire constater la sous-location illégale par voie d'huissier et adresser au locataire une sommation de respecter les clauses du bail.
Cela peut conduire le propriétaire à exiger l'expulsion du sous-locataire, et/ou la résiliation du bail, voire même des dommages et intérêts. De plus, le locataire principal est susceptible de perdre son droit au renouvellement du bail lorsque celui arrivera à échéance, le bailleur pouvant invoquer un motif légitime et sérieux.

2.3. Vous justifiez l'impossibilité de pratiquer cette hausse de loyer. Vous calculez le montant maximum du nouveau loyer.

Dans les zones tendues (dont Strasbourg fait partie), l'encadrement des loyers à la relocation s'applique au moins jusqu'à l'été 2019. Cela signifie que le loyer du nouveau locataire ne peut y excéder celui du précédent locataire, sauf rares exceptions qui permettraient au bailleur de bénéficier de dérogations :

- il ne s'agit pas d'une première location ;
- le logement n'est pas inoccupé depuis plus de 18 mois ;
- le montant des travaux réalisés est insuffisant ;
- le loyer n'est pas sous-évalué.

Ce dispositif d'encadrement s'applique à toutes les locations vides et meublées à usage de résidence principale du locataire.
Hausse envisageable :
Ancien loyer + variation de l'IRL (car la dernière révision date d'il y a plus d'un an).
Calculs : 1750 * 129.24/ 127.22 = 1 777.79 €
(avec le % de variation : 1750 * 1.0159 = 1 777.83 €)

2.4. Vous faites part au couple de votre analyse juridique de l'article 12 du règlement de copropriété.

L'article 12 impose au propriétaire d'insérer dans le contrat de bail une clause résolutoire dont l'objet serait le non-respect du règlement de la copropriété.

Or ce motif ne peut faire l'objet d'une clause résolutoire telle que prévue par la loi du 6 juillet 1989. Les seules situations prévues par la loi du 6 juillet 1989 qui prévoient la résiliation de plein droit du contrat en cas d'inexécution des obligations du locataire sont :

- le non-paiement du loyer, des charges, du dépôt de garantie,
- ou la non-souscription d'une assurance des risques locatifs,
- ou de défaut de respect de l'obligation d'user paisiblement des lieux loués par le locataire résultant de troubles de voisinage constatés par une décision de justice passée en force de chose jugée,

Ces derniers motifs étant les seuls pour la sanction desquels une clause résolutoire est autorisée.

→ **Par conséquent cette clause serait réputée non écrite.**

2.5. Vous expliquez la logique de ce document (aucun calcul n'est demandé).

La **gérance locative** d'un **bien immobilier** lorsque le propriétaire en a délégué la gestion implique l'envoi d'un compte-rendu de gérance périodique aux propriétaires mandants concernant chaque logement et locataire conformément à l'engagement pris par le mandat de gestion.

Ce compte rendu de gestion locative adressé aux propriétaires mandants précise :

- le détail des sommes appelées au locataire comme le loyer, les charges,
- le détail des sommes reçues (loyer, charges, allocation logement...),
- le détail des sommes payées pour le compte du propriétaire (petits travaux, factures diverses,...),
- les honoraires de gérance retenus sur le loyer,
- les versements d'acomptes mensuels faits au propriétaire,
- le montant du versement de la régularisation trimestrielle de la **gestion immobilière**.

La différence entre les recettes et les dépenses constitue le solde : c'est que l'on doit au bailleur.

Ici : 1 278.91 €

Cette somme est en réalité versée en 3 fois au bailleur, une fois par mois, conformément **au mandat de gestion**.

Ici : le montant du virement d'avril est égal à la quittance d'avril moins les dépenses du mois d'avril.

À la fin du trimestre, le solde est ici logiquement nul.

Cet ouvrage a été achevé d'imprimer en août 2019
dans les ateliers de Normandie Roto Impression s.a.s.
61250 Lonrai (Orne)
N° d'imprimeur : 1902601
Dépôt légal : août 2019

Imprimé en France